육조시대 불교조상이 한반도와 일본에 미친 영향

This book is published with financial support from Chinese Fund for the Humanities and Social Sciences.
Authorized translation from the Simplified Chinese edition, entitled 《六朝佛教造像对朝鲜半岛及日本的影响》, published by Zhonghua Book Company, Copyright © 2021 费泳

이 책의 한국어판 판권은
Zhonghua Book Company와 독점 계약한 예문서원에 있습니다.
저작권법에 의해 한국 내에서 보호를 받는 저작물이므로
무단 전재와 무단 복제를 금합니다.

불교총서 22
육조시대 불교조상이 한반도와 일본에 미친 영향

지은이 페이융(費泳)
옮긴이 중제(鐘潔)·박영록·김하종·김세영
감수자 배재호
펴낸이 오정혜
펴낸곳 예문서원

편집 유미희
인쇄 및 제책 주) 상지사 P&B

초판 1쇄 2025년 8월 28일

출판등록 1993년 1월 7일(제307-2010-51호)
주소 서울시 동대문구 왕산로 239, 101동 935호(청량리동)
전화 925-5914 | 팩스 929-2285
전자우편 yemoonsw@empas.com

ISBN 978-89-7646-499-6 93220
YEMOONSEOWON 101-935, 239 Wangsan-ro, Dongdaemun-Gu, Seoul, KOREA 02489
Tel) 02-925-5914 | Fax) 02-929-2285

값 40,000원

불교총서 22

육조시대 불교조상이 한반도와 일본에 미친 영향

페이융(費泳) 지음
중제(鐘潔)·박영록·김하종·김세영 옮김
배재호 감수

예문서원

서문

만여 년의 농업사회였던 중국에는 산, 물, 나무가 각각 모두 신이라는 "만물유령론"만 있었으며, 서양 역사에 보이는 "개인숭배"의 우상은 없었다. 물론 이후에 "복희伏羲", "여와女媧", "동왕공東王公", "서왕모西王公" 및 "불佛", "보살菩薩"에 대한 숭배는 있었다.

중국인들은 부모, 가족의 은덕을 중시하고 "역사"를 중요시 여기기 때문에 어떤 사람은 "역사가 바로 중국인들의 종교"라고 말한다. 중국 '고고학의 아버지'인 리지(李濟, 1896~1979)는 체질인류학자이자 문화민족학자이다. 그는 중국인의 조상으로 "5대 민족 집단"과 "3개 작은 민족 집단"이 있다고 생각하였다. "5대 민족 집단"이란 짧은 두상과 가느다란 코를 가진 얼굴형(短頭狹鼻型的)의 황제黃帝 자손, 긴 두상과 가느다란 코를 가진 얼굴형(長頭狹鼻型的)의 퉁구스족, 긴 두상과 넓은 코를 가진 얼굴형의 티베트버마어 여러 민족, 짧은 두상과 넓은 코를 가진 얼굴형의 몬크메르어족과 샨어민족이다. 다음으로 중요한 3개의 작은 민족 집단은 흉노족, 몽골족, 키가 작은 사람 즉 난쟁이(侏儒)이다. 5대 민족 집단 속에 북방의 흉노족과 남방의 키가 작은 사람들과 전국에 퍼져 있는 몽골족들이 끼어들어 있다.

인류학자 우쩌린(吳澤林, 1898~1990)은 '몽골인종'을 중앙아메리카의 마야인, 남방과 북방의 중국인, 몽골인, 시베리아인, 에스키모인, 아메리칸인디언 등을 포함한 태평양 연안에 거주하는 하나의 민족 집단으로 생각하였다.

300~400만 년 동안, 인류는 지구에서 여기저기 떠돌아다니면서 살아왔기 때문에 '정착'된 삶은 상대적으로 아주 짧았다. 중국을 예로 들자면, 황하 유역이 가장 최초로 '문명의 발상지'가 되었는데 구석기시대와 신석기시대를 거쳐 '정착'했지만 결국 다시 끝없이 돌아다니기 시작하였다.

중앙아시아에 있는 두 개의 강 유역에서 기원된 아리아인(Aryan)은 기원전 1500~1200년 사이에 남하하여 인도반도에 도착하였는데, 그곳에서 불교의 철학과 문화를 창조해 냈다고 한다. 불교를 만든 석가모니(Sākyamuni)는 외적인 사물이나 개인의 심신을 막론하고 모두 계속 변한다는 일체무상一切無常을 생각하였다. 사물 속에 필연적인 '나'의 근본 실체가 있다는 것과 사물 속에 불변하는 아체(본체)가 없다는 것을 인정하지 않았다. 본질은 모든 것이 고통이라는 점이다. 불교는 모든 사람들을 다 받아들이고 사람과 사람 사이에 어떠한 본질적인 차이가 있다는 것을 인정하지 않는다.

불교는 중국에 전래된 후, 육조 시기에 전례 없이 유행하였다. 기록에 따르면, 동진東晋 시기에 1,768개소의 사원, 263부의 불경 번역, 24,000명의 승니가 있었고, 유송劉宋에서는 1,913개소의 사원, 210부의 경전 번역, 36,000명의 승니가 있었으며, 소제蕭齊에서는 2,015개소의 사원, 72부의 경전 번역, 32,500명의 승니가 있었고, 소량蕭梁에서는 2,863개소의 사원, 238부의 경전 번역, 82,700명의 승니가 있었다고 한다. 한창 흥성했던 시기에는 승니의 숫자가 총 인구의 40분의 1까지 차지하였다.

소제 시기에, 경릉왕竟陵王 소자량蕭子良이 지은 서저西邸에 불러들인 손님 중 많은 수가 "소리를 잘 내는 승려"(善聲沙門)와 "소리를 심사하는 문사"(審音文士)였고, 인도 경전 번역을 전독轉讀할 때 인도에서 전해진 『성명론聲明論』 중 Udatta, Svarita, Anudatta 등 삼성三聲(3개의 소리) 및 당시의 수도(남경) 오락吳洛어의 독특한 상황 아래에서, 한자의 '사성'이 발명되었다. 주옹周顒은 이러한 영향을 받아 『사성균운四聲均韻』을 편찬했으며, 수나라 초기에 육법언陸法言은 『절운切韻』을 엮었는데 보급형 사전의 출판에 있어서 오늘날까지 줄곧 영향을 끼쳤다. '사성'은 발전하여 중국의 고시古詩를 율시로 변화시켰는데, 사언시, 오언시, 칠언시 등 음율문학이 그것으로, 그 영향은 천 년 이상 계속되었다. 양나라 혜교가 쓴 『고승전高僧傳』에는 한대漢代와 육조시대의 승려를 역경譯經, 의해義解, 신이神異, 습선習禪, 명율明律, 망신亡身, 송경誦經, 흥복興福, 경사經師와 창도唱導 등 열 가지로 분류하였다. 소자량蕭子良 때의 선성사문이란 '창도'를 잘 한다는 것이다. '창도'를 잘 하는 승려는 송나라 때 경사京師(수도)에 있던 기원사祇洹寺, 장간사長幹寺, 와관사瓦官寺, 영미사靈味寺에서, 제나라 때 흥복사興福寺, 제복사齊福寺, 정승사正勝寺, 제룡사齊隆寺 등에서 그들의 모습을 늘 볼 수 있었다.

금석金石(타악기)으로 연주하고 노래하는 것을 "악樂"이라 한다. 현악(관현악)으로 설찬設讚하는 것을 "패唄"라고 하는데, 당시 경사京師의 "범패梵唄" 소리는 거의 모든 장소에서 들을 수 있었다. 송무제 유유劉裕(363~422)가 내전內殿에 재齋를 차려, 경사京師에 있는 기원사의 승려 석도釋道에게 노래하도록 했는데, (그는) 노래를 다 한 후에 다음과 같이 말했다. "사람의 한 평생, 백 년이란 세월은 빠르게 흘러 죽음은 갑자기 닥쳐오고, 그 사이 괴로움과 즐거움은 들쑥날쑥 고르지 않으나, 반드시 인과로 말미암아 일어납니다. 붓다의 자비는 육도중생에 응하시듯, 폐하께서 모든 백성을 쓰다듬어 어여삐 여기소서."[1] 황제는 "좋다"고 말하면서 돈 삼만 냥을 주었다. 이들 고승은 또한 가문의 초청에 응하여 노래하였는데, "무릇 요청하는 사람들이 귀천을 막론하고 그곳으로 달려가서" 빈부를 따지지 않고 모두 응해 주었다. "창도唱導"함에 있어서 다음과 같은 것이 요구된다. "사람은 때를 맞춰야 한다. 만일 출가한 오부대중을 위해서는 모름지기 절실하게 덧없음을 말해 주어서, 간곡하게 참회를 베풀어야 한다. 만약 군왕과 장자長者들을 위하는 경우라면, 모름지기 세속의 고전까지 아울러 인용하여, 아름답게 말을 모아 문장을 이루어야 한다. 만약 아득히 먼 범부와 서민을 위하는 경우라면, 모름지기 사물을 지적하고 형태를 만들어서, 직접 보고 들은 것을 이야기해야 한다. 만약 산중의 백성과 들판에 처한 농민을 위하는 경우라면, 모름지기 그에게 해당하는 말로써 피부에 닿게 설하여, 죄를 배척하게 하여야 한다." 고명한 사람은 모두 "일과 더불어 일으켜야만, 시절을 알고 대중을 알아, 더욱더 훌륭하게 설법을 하는 사람이라 말할 수 있다. 비록 그렇다고 하더라도 짐짓 말이 간절함으로써 사람들을 감동시키고, 정성을 기울여서 동물들을 움직이게 할 수 있다."

"창도"할 때, 고승은 도상圖像을 걸어놓고, 청중들은 아래 자리에 앉는다. "가령 팔관재八關齋의 첫날 저녁에 이르러, 선요旋繞(붓다의 주위를 도는 일)하여 두루 도는 것이 끝나고, 안개가 덮이며 분위기가 가라앉아 등불만이 홀로 고요히 빛나면, 사부대중은 마음을 한곳에 모아 두 손을 모으고 입을 다물어 말이 없어진다. 그때 창도하는 이는 향로를 받쳐 들고, 강개한 목소리를 머금고 토하며 누르고 드러낸다. 말솜씨가 궁하지 않아야, 말이 마땅히 끝없이 나아간다. 그리하여 덧없음을 이야기하면, 듣는 사람의 몸과 마음을 전율

---

1) 百年迅速, 遷滅俄頃, 苦樂參差, 必由因召. 如來慈應六道, 陛下撫矜一切.

케 한다. 지옥을 말하면, 무섭게 눈물이 연신 떨어진다. 전생의 인연을 따지면, 마치 지난날의 일을 보듯 한다. 다가올 과보를 파헤치면, 이미 미래의 과보가 보인다. 느긋하고 즐거운 일을 이야기하면, 정과 포부가 화창하고 흐뭇해진다. 애처롭고 슬픈 일을 서술하면, 눈물을 뿌리며 시린 감정을 머금는다. 이에 모든 청중이 마음을 기울이고 온 법당 안이 측은한 슬픔에 잠기리라. 오체를 자리에다 던지면서 머리가 부서져라 슬픔을 말하고, 각각 손가락을 튕기며 사람마다 붓다를 부르리라. 그리하여 한밤중이 지나 새벽에 이르러 종루鐘漏가 곧 파하면, 별자리와 은하수가 바뀌어 회전하여 거룩한 모임도 더 계속할 수 없다고 말하여서, 더욱더 사람들로 하여금 절박한 회포로 가득하여 연모의 정을 싣게 할 것이다."[2]

양계초梁啓超는 불교를 철학의 종교로 보고, 불교사상에는 '계발적이고, 고무적이며, 창조성이 가득할 뿐만 아니라 역사성과 감성까지 풍부하다'라는 등 다섯 가지 특징이 있다고 하였다. 그리고 불교에 대한 신앙은 미신이 아니라 지적인 신앙이며, 독선獨善이 아니라 겸선兼善이며, 사회에 들어가는 것이지 염세적인 것이 아니며, 무량한 것이지 유한함이 아니며, 평등적이지 차별적인 것은 아니며, 자력으로 하는 것이지 타력에 의지하는 것은 아니라고 여겼다.

불경이 중국어로 번역됨에 따라 더 많은 단어들이 늘어났고 중국어 어휘가 더 많아져 약 3만 가지(條) 어휘들이 중국 사람들의 사상, 소원 표현에 있어 큰 도움이 되었다. 예를 들면 다음 단어들이 있다. '대아, 동덕, 결정, 희망, 상대, 절대, 현행, 삼사, 여실, 평등, 세계, 서천, 지옥, 광명, 지혜, 자비, 번뇌, 비상, 내생, 환희, 쾌락, 행선, 성취, 방편, 인연, 세속, 영험, 회과, 애심, 집착, 유정, 찰나, 종자, 찬조, 저축, 평론, 혐오, 전환, 필경, 질책, 고소, 실제, 오만, 진공, 광명, 향수; 대천세계, 불이법문, 청규계율, 현신설법, 오체투지, 본래면목, 일체중생, 일심불란, 육근청정, 법전상전, 보도중생, 치인설몽, 불가사의, 정중노월, 취사성탑; 고해는 끝이 없지만, 고개를 돌리면 거기가 바로 피안彼岸이다. 무기를 놓으면 그 자리에서 성불한다.……'

육조시대 소량 시기, 무제 소연蕭衍(464~549)은 불교를 독신하여 세 번이나 목숨을 불교에 바치려고 했으니 역사적으로 많이 비난·배척을 당했지만 사실상 소연은 매우 다재다능하여 주목할 만한 점이 한두 가지가 아니다. 이를테면 유가의 형이상학을 긍정적으로 평가하였고, 유교, 도교, 불교의 '세 가지 종교가 근원이 같다'고 하였으며, 그중 불교가 가장 높은 자리를 차지한다고 제시하였다. 그는 『대열반』, 『대품』, 『정명』 등을 필사한 것이 수백 권에 달했고, 『통사』 6백 권까지 저술했는데, 안타깝게도 현재까지 전해오지 못하였다. 또한 주흥사周興嗣에게 『천자문』을 편찬하라고 하였으며, 『위기부圍棋賦』를 저술하기도 하였다. 천감 11년(512)에 경사에서 처음으로 「노호문강老胡文康」을 공연했는데, 이는 백거이白居易가 만든 「서량기西涼伎」보다 300년이나 앞선 것이었다. 무차회無遮會[3]도 거행했다.

육조시대에 일본은 중국을 '오吳'로 지칭하였으므로 일본까지 전래된 물건은 '오'자를 붙여 주었는데,

---

2) 至如八關初, 夕旋繞行周, 烟蓋停氛, 灯惟靖耀, 四衆專心, 又指緘默. 爾時導師則擎爐慷慨, 含吐抑揚, 辯出不窮, 言應无盡. 談无常, 則令心形戰栗; 語地獄, 則使怖淚交零. 征昔因, 則如見往業; 核當果, 則已示來報. 談怡樂, 則情抱暢悅; 敍哀戚, 則涕淚含酸. 于是闔衆傾心, 擧堂惻愴. 五體輪席, 碎首陳哀. 各各彈指, 人人唱佛. 爰及中宵后夜, 鐘漏將罷. 則言星河易轉, 勝集難留. 又使人迫懷抱, 載盈戀慕.
3) 역자 주: 성범, 도속, 귀천, 상하 따위의 구별 없이 일체 평등으로 재시와 법시를 하는 대법회.

이를테면 '오음', '오라', '오복', '오죽', '오금', '오정', '오교', '남경미', '남경두'(땅콩), '남경충'(빈대) 등이 있다. 한자는 도문, 갑골문에서 기원한 것으로, 그림이나 도형부터 시작된 것이다.

저우유광(周有光, 1906~2017)은 한자의 도화적 성질과 토템적 성질 간에 밀접한 관련이 있다고 하였다. 한자는 '한족과 한문화의 토템'으로 정착되었다. 동아시아 각국은 모두 한자를 써 왔으니 한자문화권을 형성하였다. 그중에서

조선(위만조선부터 신라통일까지) 800여 년.

일본(왕인이 일본 갈 때부터 『만엽집』 편집될 때까지) 약 500년.

베트남(남월국부터 阮銓이 쓴 『祭鱷魚文』까지) 약 1500년.

한자는 한족의 '자원自源' 문자이지, '차의借意'자도 아니고, '차형借形'자도 아니다. 자원창조는 반드시 원시적 단계를 거쳐야 고전적 단계에 이를 수 있다. 한자의 기호는 세 가지로 나누는데, 하나는 갑골문, 금문, 대전, 소전 같은 도형체이고, 다른 하나는 예서와 해서 같은 필획체이고, 세 번째는 초서와 행서 같은 유선체이다.

한자는 황하 유역에서 기원하여 장강長江 유역, 주강珠江 유역 등으로 전파해 서남쪽으로 베트남까지, 북쪽으로는 역사상의 국가인 거란, 여진, 서하까지, 동쪽으로는 한반도와 일본까지 갔다. 인도문화는 중국에 전래되었는데, 저우유광은 "한자의 막대한 영향력으로 인해 인도문화가 전해왔지만 인도문자는 함께 전해지지 않았다"고 하였다. 서양문화가 동양으로 전해오면서 베트남은 한자를 버리고 알파벳으로 쓰게 되었으며 조선왕조는 한자를 버리고 언문자를 쓰게 되었는데 한국은 한자와 언문의 혼합체를 계속 쓰는 동시에 한자를 크게 줄였다. 일본의 경우는 한자 중에 소수의 가나를 끼워 쓰다가 이후에 가나 중에 소수의 한자를 끼워 쓰는 것으로 바뀌었다.

'한자문화권'의 외곽은 계속 위축되고 있지만, '한자문화권'의 본고장인 중국에서는 한자가 현대에 와서 발전을 거듭하여 더 큰 역할을 발휘하고 있다. 많은 민족이 한자를 누차 수정한 까닭은 그들이 외래문화를 차용했기 때문이다. 이와 반대로, 한족은 자기 나름대로 고유의 문화가 있다. 다만 불교를 흡수하는 것은 한족문화의 부족한 것을 보완해 줄 뿐이며, 고유의 한문화를 폐지시키지 않았기 때문에 오랫동안 발전해 온 한자를 유지할 수 있었다. '문화는 종교를 따라간다'는 규칙은 한족에 적용받지 않는다.

왕인王仁은 고대 백제에 사는 중국 사람이었고 오경박사이며 오진천황 16년(진무제 태강 6년, 285)에 일본에 가서 한자와 유교를 일본까지 전하였다. 일본은 문자가 없었고 『수서隋書』 「왜국倭國」에는 "악기로는 오현五弦, 거문고(琴), 피리(笛)가 있다. 사내와 계집들 가운데 대부분 팔에 먹을 새기거나 얼굴에 점을 박거나 몸에 문신을 하고, 물속에 들어가 물고기를 잡는다. 글자는 없고 나무에 금을 새기거나 새끼줄을 묶어 기록할 뿐이다. 불교를 높이 받들어 백제에서 불경을 구하니 비로소 글자가 있게 되었다. 이에 점을 칠 줄 알게 되었고, 무당과 박수를 굳게 믿게 되었다"는 기록이 있다. 기원 7세기까지 일본은 본국의 문자가 없었고 헤이안시대(794~1192)에 이르러야 가타카나와 히라가나를 창조해 냈다.

중국과 한반도, 일본과의 관계는 뿌리가 깊다. 이에 대해서는 정사正史에 많은 기록이 있으므로 여기에서 이를 굳이 설명할 필요가 없다.

한 가지 부연 설명을 하면 무왕극상武王克商, 즉 주나라 무왕이 상나라를 정벌하였으므로, 상나라 제후인 유후攸侯 희근왕喜勤王은 일찍이 25개 부족을 이끌고 회하淮河 하구를 통해 바다로 나아갔다. 일부 학자들은 그가 화이淮夷 부족 중 하나로 아메리카에 가서 마야(Maya)문명을 창조했으며, 그러므로 마야문화 역시 상나라 문화라고 여겼다. 아직도 인디언들 사이에「유후왕가攸侯王歌」라는 노래가 전해지고 있다.

    이십오족이 모두 형제들이라.
    후희侯喜(유후 희근왕)를 따라 하늘에 떠 있는 저 다리를 건넜다네.
    도중에 힘들었던 것을 잊을 수 없어.
    밀과 기장을 나눠 주면서 서로 하나가 되었네.
    형제는 형제를 모욕하지 마시게.
    천국은 겨울이 지나 다시 봄을 맞이하게 될지니.

'하늘의 다리'란 태평양 난류가 있기에 선박들이 순조롭게 멕시코만에 도착할 수 있게 하는 것이다. 강유위康有爲(1858~1927)는 아메리카에 가서 인디언 돌집이 이미 2천여 년의 역사를 갖고 있는데, 이 돌집은 마치 중국의 가옥인 것 같았기에 이를 위해 시를 지어 주었다. 이름하여 '유민은 마치 중국에서 온 듯하구나'(遺民似是自華來)라고 하였다. 강유위는 멕시코, 페루에 가서 상商시대의 유물을 발견하였고, 검은 머리와 검은 눈동자 백성들이 그를 만나자 술과 음식으로 대접해 주고 동포로 간주하였으며 "남북 아메리카는 모두 중화민족의 후예들이 살고 있는 곳이다"라고 감탄하였다.

페이융 교수는『육조시대 불교조상이 한반도와 일본에 미친 영향』이라는 새 저서를 출판하여 미증유의 커다란 학술연구를 하였으니 사람들을 탄복하게 하였다. 나에게 몇 마디 써 달라고 청탁하셨는데, 나는 학식이 천박하여 감히 망언을 하지 못한다. 그럼에도 불구하고 여러분을 안내하기 위해 서문을 썼으니, 저자와 많은 독자들의 가르침을 삼가 바란다.

량바이취안(梁白泉)
2019년 1월 26일 영매咏梅 산장 의죽원倚竹園에서

역자 서문

중국 불교예술과 외부 지역과의 관계에 대한 연구는 대부분 인도에서의 영향에 주목하는 반면, 중국 불교조상의 대외 전파에 관한 내용은 상대적으로 드물게 다루어져 왔다. 과거에는 불교 유물의 부족으로 인해 문헌에 기록된 육조시대 불교 문명의 찬란함을 입증할 수가 없었다. 이로 인해 한반도와 일본 초기 불상의 기원에 대한 인식이 북조의 영향과 관련된다고 보았으나 최근 남조 불교조상의 새로운 발굴과 관련 연구가 심화되면서 한전불교문화권 형성 과정에서 남조가 주도적인 역할을 수행하였다는 것을 입증할 수 있는 여건이 마련되었다.

이 책은 2013년도 국가사회과학기금 프로젝트의 최종 연구 결과물로서, 현재 중국 불교예술 연구 분야의 선도적인 연구 수준을 대변하고 있으며 해당 분야의 학문적 창의력을 잘 보여 주는 저서이다. 특히 중국 불교예술 학계의 연구 역량을 집약적으로 보여 주는 동시에 이 분야 연구의 새로운 이정표를 제시하였다는 점에서 주목받고 있다.

이 책은 중국과 해동 지역 간 불교조상의 연원 관계를 체계적으로 고찰하고 있으며, 특히 동진·남조시대 불상 양식의 특징과 이것이 한반도의 삼국시대, 일본의 아스카시대와 하쿠호시대 불교조상에 미친 영향 및 전파 경로를 심층 분석함으로써 육조시대가 동아시아 불교예술사에서 차지한 선구적 지위를 규명하였다. 이 책은 육조시대 불교조상이 한반도와 일본에 미친 영향을 종합적으로 고찰한 최초의 전문 저서로서, 사진, 실물, 문헌자료 등을 연구 자료로 활용하여 도판과 글이 결합된 방식으로 내용을 전개하고 있다. 특히 동진과 남조 시대 불상 양식의 특징을 심층적으로 규명하고, 이 양식이 한반도 삼국시대와 일본 아스카와 하쿠호 시대 조상에 미친 영향 및 전파 경로를 체계적으로 제시하였다. 즉 육조시대는 중국 불교예술이 한반도와 일본에 결정적 영향을 미친 시기로, 불상 양식에 보이는 '이대상제二戴像制'·'수골청상秀骨淸像 및 포의박대식褒衣博帶式'·'면단이염面短而艷'·'포의박대식의 변형 양식' 등이 광범위한 지역으로 전파되었다. 이러한 예술적 특징은 한반도와 일본에서 상당한 기간에 걸쳐 중요한 위상을 차지하였는데, 이 분야는 향후 보다 심층적으로 연구해야 할 것으로 평가된다. 이 책은 불교철학, 미학, 불교예술 분야 연구자 및 관련 분야 대학원생들에게 많은 도움이 되리라고 기대된다.

일러두기에서도 밝혔듯이 가능하면 원문 내용을 최대한 존중하면서 번역하려고 노력하였다. 독자들이 쉽게 내용을 이해할 수 있도록 필요할 경우, 역자가 주석을 붙였으며, 이때 원문 주석과 구분하기 위하여 '역자 주'라고 명시하였다. 독자들의 아낌없는 질정을 바란다.

2024년 12월
역자 일동

차례

서문 _ 4
역자 서문 _ 9
일러두기 _ 14
머리말 _ 15

제1장 삼국·서진 불교조상의 특징과 일본으로의 전파 _ 31

1. 남방 장강 유역에 처음 전래된 불교조상 _ 32
   1) 서한과 동한 시기의 소형 동제 인물상 _ 32
   2) 장강 유역 한대 불교조상의 시대적 특징 _ 36
   3) 현존하는 동한 불교조상의 양식적 특징 _ 37
   4) 문헌 기록에 보이는 초기에 전래된 불교조상 _ 42
2. 삼국·서진의 불교조상과 일본으로의 전파 _ 45
   1) 삼국과 서진 시기 장강 중하류 지역의 불교조상 _ 45
     (1) 삼각연불수경 _ 47
     (2) 화문대불수경 _ 48
     (3) 불상기봉경 _ 49
   2) 삼국·서진 시대 불교조상의 시대적 특징 _ 52
   3) 삼국·서진 불교조상의 양식적 특징 _ 54
     (1) 반가사유상 _ 56
     (2) 비천 _ 61
     (3) 손에 연꽃을 들고 있는 인물 도상 _ 64
   4) 3세기 전후 중국(漢地) 불교조상의 일본 전파 경로 _ 65

제2장 동진 불교조상의 특징과 한반도로의 전파 _ 73

1. 현존하는 동진의 불교조상 _ 73
2. 동진 불교조상의 시대적 특징 _ 74
3. '대규·대옹 부자의 불상 형식' 출현 _ 76
4. 고개지 회화에 보이는 불교 주제 _ 80
5. 「죽림칠현과 영계기」에 나타난 '수하인물' 형식의 기원 _ 85
6. 여성화된 중국 보살상의 출현 _ 90
7. 중국에서 한반도로 전파된 불교 관련 문헌 기록 _ 93
   1) 불교의 고구려 전래 _ 93
   2) 불교의 백제 전래 _ 95
   3) 불교의 신라 전래 _ 95
8. 고구려와 백제에 전래된 불교조상에 대한 초보적 인식 _ 98

제3장 남경 서하산棲霞山석굴 남조 불상에 대한 새로운 견해 _ 109

1. 서하산 「강총잔비江總殘碑」의 발견 _ 109
2. 서하산석굴과 유송 시기의 감상(석굴)의 존재 여부 문제 _ 116
3. 서하산 쌍불굴(하019굴) 불상의 내용과 조성 시기 문제 _ 117
4. 서하산 무량전(하020굴) 대불의 조성자 _ 119
5. 남제 경릉왕 조성 미륵입상과 서하사의 현존 불두와의 관련성 문제 _ 121
6. 서하 1호 불상과 서하 삼불굴(하024굴) 법의의 양식 문제 _ 123

제4장 남경 덕기광장에서 새로 발견된 남조 금동불상과 그 원류 _ 125

1. 남경 덕기광장에서 발굴된 남조 불교조상 _ 125
2. 남경박물원 소장 남조 금동불상 2존 _ 133
3. 덕기 출토 불교조상의 조성 시기의 초보적인 고증 _ 137
4. 덕기 출토 남조 금동불상의 특징과 그 원류 _ 138
   1) 아육왕탑 _ 139
   2) 높은 연화대좌 _ 145
   3) 쌍수합장 _ 147
      (1) 붓다가 쌍수합장 자세를 취한 것 _ 148
      (2) 불상 이외의 쌍수합장 조상 _ 151
   4) 배병삼존상背屛三尊像, 일광불삼존상一光佛三尊像 _ 155
   5) 삼계三髻·사계四髻와 삼주관三珠冠 _ 157
   6) X자형 피백과 X자형 영락 _ 161
   7) 시무외인을 한 오른손과 두 손가락을 펼친 왼손을 가진 주존 _ 162
   8) 광배의 비천과 불탑을 받든 역사상 _ 165
      (1) 비천 조형 _ 166
      (2) 탑을 받든 역사(托塔力士) _ 168
   9) 두광 _ 169
   10) 보살의 지인持印 _ 172

제5장 '건강建康 양식'의 형성과 해동에 미친 영향 _ 175

1. '건강 양식'의 형성 및 불상 양식의 특징 _ 175
   1) 건강 불교조상에 관련된 자료들 _ 175
   2) 승우, 장승요와 건강의 새로운 조형 _ 180
   3) 남조 '건강 양식' 불상의 특징 및 기원 _ 184
      (1) "수골청상"에서 "면단이염"으로 _ 184
      (2) 법의 양식의 변화 _ 186
      (3) 육조六朝의 미소 _ 189
      (4) 쌍계 _ 192
      (5) 궐아 모양의 수발 _ 205
      (6) 남방식 비천 _ 207
2. 건강 불교조상의 내용 _ 211
   1) 불상과 보살상 _ 211
   2) 아육왕상 _ 212
3. 남조 능묘의 '벽돌 모자이크화'의 출현 _ 213
4. 육조 도성의 건축재료(와당) 속의 불교적 요소 _ 214
5. 건강·성도·청주·맥적산을 연결하는 '남방식 불교장엄조상 루트' _ 219

제6장 성도 지역의 남조 불상 및 그 원류 _ 223

1. 성도 지역 남조 불교존상의 석각부조 경변 도상 _ 224
   1) 경변화의 내용과 도상 _ 224
   2) 세련된 경변화 표현 형식 _ 235
   3) 불교 경변화에 응용된 중국 회화 중의 산수와 나무 _ 236
   4) 시무외인, 여원인과 『법화경』「보문품」 _ 237
   5) 반가부좌와 교각좌의 보살 _ 238

2. 법의 양식의 변화 _ 239
      1) '포의박대식'에서 '변화된 포의박대식'으로의 전환 _ 239
      2) 성도 지역 남조 불상에 유입된 '중국식 편단우견' _ 241
   3. 성도 지역 '포의박대식' 법의의 연원 _ 241
      1) '중국식 편단우견' 법의 근원 탐구 _ 243
      2) '포의박대식' 가사에서 오른쪽 옷자락을 왼쪽 팔뚝 위에 걸치는 인식 _ 244
      3) '포의박대식' 법의의 발생지에 대한 인식 _ 245
      4) 현존하는 남·북조 초기 '포의박대식' 법의의 비교 _ 246
   4. 조상 주제와 불상 모습의 변화 _ 247
   5. 남조 불교조상에 표현된 박산로와 쌍사자 _ 250
   6. 조상 구성 형식의 변화 _ 252
   7. 보살의 영락, 보관, 지물의 변화 _ 257

제7장 한반도 삼국시대 불교조상에 보이는 남조의 영향 _ 259
   1. 한반도 삼국시대 불교조상의 일본 전파 _ 259
   2. 중국 전래 가능성이 있는 한반도 불상 몇 존 _ 264
   3. 한반도 삼국시대와 중국 남조 불교조상의 밀접한 관련성 _ 266
   4. '남방식 불교장엄조상 루트'의 해동 지역으로의 전파 _ 279
      1) 해동 지역과 중국의 '변화된 포의박대식' 불상 _ 279
      2) 아스카 대불의 착의 양식 고증 _ 288
      3) 해동 지역에서 '부탑쌍견하수식'에 강하게 전파된 '변화된 포의박대식' 법의 _ 299
   5. 한반도 삼국시대 불상 양식의 지역성 _ 301
      1) '우단식' 불입상과 동안 단구형 조상 _ 301
      2) 우임교령 내의와 '좌단식' 내의 _ 302
      3) '탄생불'의 유행 _ 303
      4) 반가사유상 _ 304

제8장 일본 아스카, 하쿠호 불교 조각에서의 남조, 한반도의 영향 _ 309
   1. 아스카, 하쿠호 시대의 불입상 _ 309
      1) 아스카시대 불입상과 남조에서 만들었거나 유행한 조상 양식 _ 309
         (1) '포의박대식' 범주의 불의(착의) 양식 _ 310
         (2) 나발 _ 311
         (3) 두 손가락을 편 왼손 _ 311
      2) 하쿠호시대 불입상과 북조의 조상 양식 _ 312
         (1) '부탑쌍견하수식' 불의 _ 313
         (2) 소발의 육계 _ 313
         (3) 불상의 건장한 체형 _ 314
   2. 아스카, 하쿠호 시대의 가부좌한 불좌상 _ 315
      1) 아스카시대의 가부좌한 불상 _ 315
         (1) 상현좌에 나타난 띠 장식 문제 _ 316
         (2) '포의박대식' 범주 불의와 무상현좌에 대한 인식 _ 316
         (3) 다단의 아(亞)자형 대좌 _ 317
      2) 하쿠호시대의 가부좌한 불좌상 _ 317

3. 구 야마다데라 불두와 '야마다덴노조'명 아미타삼존상의 약간의 문제 _ 319
   1) 구 야마다데라 을유(685) 금동불두와 이와 관련한 하쿠호시대 불상의 변화 _ 319
   2) '야마다덴노조'명 아미타삼존상과 하쿠호시대 불의 착의 양식의 변화 _ 323
   3) '야마다덴노조'명 아미타삼존상 불의와 유사한 몇 건의 불상 예와 관련한 문제 _ 326
   4) '야마다덴노조'명 아미타삼존상 주존과 하쿠호시대 의좌상 _ 334
   5) '야마다덴노조'명 아미타삼존상 주존의 나발과 수인 _ 339
4. 불상의 '좌단식' 내의의 착의법 _ 342
5. 호류지 다치바나 부인 불감 주자 주존 불의 양식 _ 343
6. 아스카, 하쿠호 시대 보살입상 _ 346
   1) 아스카시대 보살입상 _ 346
   2) 하쿠호시대의 보살입상 _ 357
7. 아스카, 하쿠호 시대의 반가사유상 및 원류 고찰 _ 376
   1) "삼산관" 반가사유상 _ 377
   2) 쌍계와 단계 반가사유상 _ 380
   3) "삼면관" 반가사유상 _ 382
      (1) 좁은 어깨와 가는 허리 형식 _ 382
      (2) 동안단구식 반가사유상 _ 384
      (3) 삼면관의 변화 양식 _ 385
   4) "일산관" 반가사유상 _ 386
8. 아스카, 하쿠호 시대 불교회화의 원류 _ 390
   1) 다마무시노즈시의 경변화(변상화) _ 390
   2) 호류지 벽화 _ 393
      (1) 비천의 형태 _ 393
      (2) 호류지 벽화의 신체 묘사 _ 394

제9장 육조 불교조상의 해동 전파 경로 분석 _ 397
1. 육조와 한반도 및 일본의 왕래와 관련된 문헌 기록 _ 397
2. 중·일 해상 항로 _ 407
   1) '신라도' _ 408
   2) '오당의 길' _ 409
3. 중국과 한반도 삼국의 교통 _ 410
   1) 중국과 고구려의 육·해 교통 _ 411
   2) 중국과 백제의 육·해 교통 _ 412
   3) 중국과 신라의 육·해 교통 _ 413
4. 불교조상이 한반도를 거쳐 일본으로 전달된 경로 _ 414

맺음말 _ 417
후기 _ 422
참고문헌 _ 424

【일러두기】

1. 이 책은 費泳, 『六朝佛教造像對朝鮮半島及日本的影響』(中華書局, 2021년 제1판)을 한국어로 번역한 것이다. 다만 원서 저자인 費泳 교수와 상의하여 제3장과 제6장 내용 일부와 제7장을 삭제했다. 또한 한국은 번체자를 사용하는 점을 고려하여 모든 한자는 번체자로 표기하였다.
2. 원문을 최대한 충실하게 번역하였으며, 직역을 원칙으로 하되 정확한 내용 전달을 위해 필요에 따라 극히 일부는 의역을 했다.
3. 본문에서 인용한 핵심적인 고전 원문은 출처와 함께 모두 번역했고, 원문은 각주나 '역자 주'의 형식으로 대조할 수 있도록 함께 배열했다.
4. '역자 주'를 통해 원문과 인용처, 용어설명 및 본문의 오류 등을 밝혔다.
5. 중국 고유명사는 기본적으로 한자 독음으로 표기하였으나, 현대인 또는 국내 언어습관상 어색한 경우(예: 내몽고 허린거얼, 타이베이 등)는 외래어표기법/현지음에 따랐다. 일본 및 기타 나라의 고유명사는 외래어표기법/현지음에 따랐다.

머리말

요시무라 메쿠미(吉村怜) 선생이 말씀하셨듯이, "미술사라는 학문은 실물과 문헌이 마치 수레의 두 바퀴처럼 같이 있어야 성립할 수 있다."[1] 현재 불교예술 연구 분야에서 실물과 문헌은 여전히 연구에 없어서는 안 될 두 가지 가장 중요한 수단이다. 비교적 많이 쓰이는 연구 방법은 실물의 조형적 특징(風格) 분석과 문헌 연구인데, 이 두 가지는 긴밀하게 결합하고 활용해야 서로 보완할 수 있다.

미술사와 고고학 영역에 있는 문헌 해석의 중요성은 매우 자명한 것이고, 조형적 특징 분석과 그와 관련된 개념들, 특히 불교예술을 연구하는 중·일 학자들 사이에서 많이 사용되는 조형적 특징·양식·조상 요소·모식模式·유형·조상 소재 등의 개념들은 이미 예술사, 고고학, 불교도상학 등의 핵심적 술어와 관련된 것이다.

1. 조형적 특징: 본 책에서 다루는 조형적 특징은 예술가의 개성을 초월하고 온갖 패러다임의 제한을 벗어나 가장 시대적 공통성을 지니며, 가장 추상적이고 성숙한 형식을 강조한 지표이다. 예를 들어, 남북조 시기인 5세기 말부터 6세기 중반의 '수골청상秀骨淸像'이라는 불교조상의 조형적 특징, 6세기 중반부터 6세기 말의 '면단이염面短而艶'[2]이라는 조상의 조형적 특징, 그리고 당나라의 '농려풍비濃麗豐肥'라는 불교조상의 조형적 특징 등이 있다. 이 같은 구체적인 조형적 특징에 대해 세부적으로 기술하기 어려운 것은 같은 조형적 특징이더라도 많은 공통점을 지닌 동시에 나름의 개성이 있기 때문이다. 즉, 이들 사이에 서로 다른 양식이 나타나기 때문이다.

2. 양식: '양식'과 '조형적 특징'은 모두 영어의 'Style'(스타일)이라는 단어로 표현될 수 있지만, 두 개념 간에는 실질적인 차이가 존재한다. 기술할 때, '조형적 특징'은 추상성이 더 강한 반면, '양식'은 더 구체적인 편이다. 나가히로 도시오(長廣敏雄)의 견해대로 양식은 반드시 안정성을 유지해야 하고 이런 100%의 안정성은 이런 양식이 '양樣'이나 '형型'의 표준이 되는 것이다. '조형적 특징'이란 양식보다 좀 더 심오한 표현일 뿐이다.[3] 마치다 고이치(町田甲一)는 "양식이란 조성자가 작품을 통해 객관적이고 구체적으로 표현하는 방식이다"라고 주장한다.[4] 양식은 조형상 매우 세부적으로 기술할 수 있는 것이고 비교적 완전성이 있고 절차화되어 있으며 제대로 갖추어져 있는 전반적인 조형이다. 불교예술 연구에 있어, 특히 일본 학자들의 기술에서 '양식'은 불교조상에 더 많이 쓰이고, 양식의 명칭은 그 양식이 만들어진 시대, 지역, 유

---

1) 吉村怜, 「論南北朝佛像樣式史」, 『天人誕生圖硏究』(中國文聯出版社, 2002년판), 83쪽.
2) 역자 주: '面短而艶'과 '秀骨淸像'. 面短而艶은 말 그대로 대상의 모양을 형용한 것으로, '얼굴이 짧다'(面短)는 것은 얼굴에 볼살이 있고 동글동글하여 갸름하지 않으며, '농염하다'(艶)는 것은 입술, 눈매, 코 등에서 아름다운 모습, 특히 아름다운 여성적 특징이 반영된 것을 말한다. 이에 반해 秀骨淸像은 품격을 가리키는 것으로서, 형상에 대한 일종의 느낌이다. 번역하자면 '빼어난 격조의 청정한 형상' 정도가 된다. 이 경우 대상이 되는 인물에서 '수행을 많이 했구나'라는 느낌을 받게 되는데, 이것은 대체로 몸매는 마른 편이며, 선은 세밀하고 분명하면서 모서리 부분이 명확히 드러나는 경향이 있다. '수골청상'은 陸探微가 창안했다고 하며, '면단이염'은 본문에 보이는 것처럼 장승요가 창안한 것이다.
3) 長廣敏雄, 「什麼是美術樣式」, 『美術硏究』 1980년 제4기.
4) 町田甲一, 「南北朝佛像樣式史論批判」, 『國華』 1102號(1987).

파 등과 밀접한 관계가 있다. 예를 들자면, 시대 양식의 예는 '수대隋代 양식'이 있고 지역 양식의 예는 '용문석굴龍門石窟 양식'이 있으며, 유파 양식의 예는 '도리식(止利式)'을 들 수 있다. 이 외에 지역성과 시대성을 겸비한 양식 명칭이 있는데, '북제식'이나 '백제식'이 바로 그런 예들이다.

3. 조상 요소: 양식의 구성 요소로서, 조상 요소 없이는 양식도 존재하지 않고, 양식은 조상 요소가 잘 조합되어 형성된 것이다. 불교예술의 표현은 어떤 의궤를 근거로 해야 한다. 조상 양식을 구성하는 조상 요소는 예를 들어, 조상 조합 방식으로서의 체형, 수인, 용모, 복식, 광배, 대좌 등 모두 비교적 강하게 도식화되었다. 물론 일반적으로 각 조상 요소마다 나름대로 독보적인 양식이 있을 수 있는데, 예를 들어 법의 가운데 '포의박대식褒衣博帶式'과 보살의 보관 중에 '높은 보관' 등이 바로 그런 양식이다. 더 명확히 밝혀야 할 것은 조상 요소는 양식 구성 중 작은 양식으로 이해할 수도 있고 비완정성이 있으며, 주된 기능은 전반적인 조상에 도움을 주는 것이고 완전한 조상의 부분일 뿐이라고 할 수 있다.

4. 모식: 불교예술 분야에서 응용되고 있는 이 개념은 주로 중국 학자들의 석굴사에 관한 고고학 연구에서 많이 볼 수 있다. 구체적인 활용을 살펴보면, 모식은 시기별로 다른 양식, 다른 내용이 포함된 뚜렷한 발전 특색을 갖추고 있고 모방할 수 있는 집합체라고 말할 수 있다. 쑤바이(宿白) 선생이 제시한 '양주모식涼州模式'과 '운강모식雲崗模式'은 이미 석굴 각 시기의 구체적인 내용을 담고 있는 개념이다. 같은 지역에서도 서로 다른 발전 시기에 탄생한 각각 다른 양식은 관련성이 있어서 같은 모식에 귀속시켰다. 이렇게 짐작해 보면 중국 불교예술에 대한 연구에 나타난 모식은, 그 포용성은 조형적 특징과 양식의 중간에 있고 조형적 특징보다 구체적이며 양식보다 좀 더 추상적이다.

5. 유형: 유형은 고고학의 술어로서, 중국 학자들의 석굴이나 사찰 고고학 연구에서 많이 보이고, 실제로 일본 학자들이 흔히 쓰는 '양식'의 개념과 유사하다.

6. 조상 소재: 조상 소재는 내재적 의미의 범주에 속해 있고 도상지圖像志의 기본 요소 중의 하나이자 도상학을 연구해야 하는 전제이며 양식과의 관계가 매우 밀접하다.

상술한 개념의 포용 관계를 굳이 설명하자면, 필자가 이해하는 포용 순위는 조형적 특징 → 모식 → 양식·유형 → 조상 요소여야 한다.

20세기 초, 일본의 한학자이자 미술사가인 오무라 세이가이(大村西崖)의 저서『중국미술사조소편中國美術史雕塑篇』에서는 조소雕塑의 조형적 특징과 양식의 발전을 주로 다루면서 1,600여 개의 조상제기造像題記를 보충하여 양식과 조상제기를 함께 중요시한 기본적인 방법으로써 불교예술 연구의 기초를 다졌다. 한편, 제2차 세계대전 기간에 미즈노 세이치(水野淸一)와 나가히로 도시오(長廣敏雄)가 공동으로 완성한『운강석굴』(16권)의 고고학 연구 보고서에서는 양식에 대한 연구 방법을 더욱 구체화시켰다. 그리고 미즈노 세이치는「아스카와 하쿠호 불상의 계보」(飛鳥白鳳佛の系譜)라는 논문을 발표하면서 양식 연구가 일본의 불교예술 연구 분야에 적용될 수 있는 방법을 시범적으로 추진하였다.

실제 활용 상황을 보면, 불교예술에 종사하는 일본 학자들이라도 양식에 대한 범주가 모호함이 있고, 협의적 개념에서의 조형적 특징, 양식, 조상 요소 이 세 개는 잘 구별하지 못한 채 넓은 의미로서의 양식으로 사용하고 있다는 걸 알 수 있다. 예컨대, 미즈노 세이치의「아스카와 하쿠호 불상의 계보」라는 논문에서는 '육조 양식'이란 개념을 제시하였는데, 육조는 '위, 진, 송, 제, 양, 진' 여섯 개의 시대였고 그동안에 몇 가지 양식의 변천을 겪었다. 여기서 말하는 '육조 양식'은 '육조의 조형적 특징'과 같은 뜻이다. 또한 보살의 보관 양식이나 법의 양식은 '어떤 식'이라고 한다. 이처럼 조상 요소를 양식 범위 속에 포함·융합시킨 것은 일본 연구에서도 많이 보인다.

　나가히로 도시오는 중국 석굴사에 대한 연구 방법을 다음과 같이 요약했는데, 첫째, 석굴의 구조와 조각, 채색의 양식을 파악해야 하고, 둘째, 조상의 명문 기록을 파악해야 하며, 셋째, 신뢰성 있는 역사 문헌 자료를 참고해야 하고, 넷째, 연구사를 많이 참고해야 한다는 것이다. 또한 이 네 개 중 가장 중요한 것은 바로 양식에 대한 연구이다.(여기서 도시오가 나열한 2, 3, 4는 모두 문헌 연구의 범주에 속한다.) 이 연구 방법은 쑤바이(宿白) 선생도 인정한 것이지만, 구체적인 연구 방법에 있어서는 나가히로 도시오와는 약간 다른데, 그의 연구는 오히려 유형類型 고고학에 가깝다.

　나가히로 도시오와 쑤바이는 운강석굴의 분류에 대해 몇 번의 학술 논쟁5)을 벌였는데, 우리는 이를 통해 양식과 문헌 연구의 중요성을 다시 한번 느끼게 된다. 도시오와 쑤바이의 논쟁은 결국 도시오가 쑤바이의 학술 관점을 받아들이는 것으로 끝이 났다.6) 논쟁의 발단은 운강석굴 중 7·8 쌍굴을 1기에 귀속시켜야 할지 또는 2기에 귀속시켜야 할지에 대한 것과 7·8굴의 양식 귀속 문제 및 연구 방법에 대한 논의에서 시작되었다. 이는 근본적으로는 나가히로가 중요 문헌을 제대로 파악하지 못한 탓으로 결론이 났다. 특히 쑤바이가 발견한 「대금서경무주산중수대석굴사비大金西京武州山重修大石窟寺碑」는 그의 주장을 크게 뒷받침해 주었다. 또한 쑤바이는 다음과 같이 언급했다. "운강석굴 중 일련의 석굴들의 개착 시기에 대한 우리의 추정은 나가히로 선생과 다른데, '양식론'이 하나의 요인이 되겠지만 더 중요한 것은 문헌의 출처에 대한 것이다." "양식에 대해 우리는 항상 유형이란 단어를 많이 사용한다. 석굴의 유형을 생각할 때 일반적으로 1. 석굴의 형식, 2. 주요 존상과 존상의 조합(도상 구성과 내용), 3. 문양 장식과 기물, 4. 예술적 조형과 기법을 포괄한다."7)

　나가히로 도시오는 양식 문제를 논의할 때, "양식에 대한 연구는 내용 간의 관계에 계속 주목해야 한다"고 하였다.8) 내용은 도상의 내용이자 도상학 연구의 기초이기도 하다. 종교예술에 나타난 양식은 관련된 경전에 나오는 규범적 요구가 있다. 비록 경전과 상응하는 모습을 찾기 힘든 면도 있으나 도상의 존격, 주제, 내용 등 방면에서 관련된 근거를 찾을 수 있다. 그리하여 도상학은 조형적 특징 분석과 문헌 연구로부터 분리되어 종교예술에 적용 가능한 연구 방법론으로 정착되었다.

　나가히로 도시오의 석굴 연구 방법은 양식과 문헌 연구 외에 도상지圖像志에 관한 연구도 곁들여져 있는 것이다. 쑤바이의 연구 방법은 나가히로의 것과 본질적 차별이 없고 다만 양식 연구를 유형 연구로 바꾸는 동시에, 내용을 유형 속으로 포함시켰다. 하지만 쑤바이가 최종적으로 창조한 '모식模式'설은 시각

---

5) 宿白, 「雲崗石窟分期試論」, 『考古學報』 1978년 제1기; 長廣敏雄, 「宿白氏の雲崗石窟分期論を駁す」, 『東方學』 제60집(1980); 丁明夷, 「關於雲崗石窟分期的幾個問題―兼與長廣敏雄先生商榷」, 『世界宗教研究』 1981년 제4기; 宿白, 「『大金西京武州山重修大石窟寺碑』的發現與研究」, 『北京大學學報』(哲學社會科學版) 1982년 제2기.
6) 長廣敏雄, 「雲崗石窟第9, 10雙窟的特徵」, 『中國石窟·雲崗石窟 2』(文物出版社, 1994년판).
7) 宿白, 「『大金西京武州山重修大石窟寺碑』的發現與研究」, 『北京大學學報』(哲學社會科學版) 1982년 제2기.
8) 長廣敏雄, 「什麼是美術樣式」, 『美術研究』 1980년 제4기.

적 측면에서 '양식설'보다 더 넓은데, 말하자면 서로 다른 양식은 어떤 조건하에서 같은 '모식'에 포함시킬 수 있다.

나가히로 도시오의 석굴에 대한 연구 방법론은 어떤 면에서 조형적 분석과 문헌 연구를 결합시켜 활용하는 것이다. 샤피로(Schapiro)가 『Style(양식)론』에서 지적하였듯이, 조형적 특징은 본질과 의미 있는 표현을 포함한 형식적인 시스템이다.[9] 조형적 분석은 바로 '형식 시스템'과 '본질'에 대한 분석과 탐구인데, 전자는 미술사에 무엇이 등장했는지 설명해 주었고, 후자는 왜 등장했는지를 답해 주었다. 전자는 실물 자료, 예를 들어 석굴, 조상, 벽화 등으로 구성된 형식 시스템이고 혹은 양식과 조상 요소로 불리기도 하며, 후자는 관련된 문헌 해석, 이를테면 조상 명문(造像記), 신뢰할 만한 역사 문헌, 관련된 연구사, 예술 법칙의 발견과 응용 등을 포함한다. 나가히로 도시오는 "미술사는 양식사와 사회사가 서로 관련된 역사학"이라고 주장하고, "양식사가 없는 미술사도 의미가 없고 미술 사회사를 중시하지 않는 미술사도 역시 존재 가치가 없다", "양식 연구는 극히 어렵지만 양식 연구를 방법론의 토대로 삼지 않는 이상 미술사학(고고학도 포함)은 확립될 수 없다"고 하였다.[10] 나가히로 도시오의 미술사관은 양식 연구에만 머무르지 않고 양식사와 관계가 밀접한 미술사에도 관심을 쏟아야 한다는 것이다. 미술사 연구는 미술사가 풀어야 할 핵심 문제와 조형적 분석을 통해 달성해야 할 목적이 서로 맞물려 있기 때문이다.

일본에서는 양식 연구에 대한 인식도 완전히 똑같지 않다. 마치다 고이치는 "양식을 통해 작가, 시대와 지역적 특성을 쉽게 파악할 수 있으니 미술사학자들은 양식 연구를 가장 주목해야 하고 미술사학 분야를 중점적으로 연구해야 하는 부분으로 인식해야 한다. 양식사의 변천과 역사 발전의 인과관계를 검토하는 것이야말로 미술사에서 진정으로 해야 할 일이다. 구체적인 양식 고찰을 소홀히 한 미술사는 다른 학문의 보조적 역할 이외에는 거의 의미가 없고 이는 진짜 미술사가 아니다"라고 주장한다.[11] 마치다 고이치의 말은 양식사가 바로 미술사라는 것인데, 그의 이러한 미술사관이 완전하지 않다고 우리들은 말할 수 없다. 하인리히 뵐플린(Heinrich Wölfflin)으로 대표되는 서양의 형식주의 미술사 이론에서는 미술사가 형성 원인에 대해 해석하는 것이 아니라 표현(description)하는 것이라고 주장한다.[12]

동아시아 불교예술 양식에 대한 연구 현황을 보면 주로 양식의 확립, 양식의 근원 찾기, 전파 경로 확정을 중심으로 연구가 진행된 것을 알 수 있다. 나가히로 도시오가 지적하였듯이, "특히 모종의 양식이 확립된 후에는 바로 표준으로 정착되고 전승되어 왔다. 동시대 전후의 양식을 비교해 보면서 다른 지역으로 전파한 경로를 추적해 나가면 더욱 깊고 넓게 양식을 연구할 수 있다."[13]

육조에 대해서는, 시간성과 지역성에 무게를 둔 두 가지의 이해 방식이 있다. 전자는 삼국시대부터 수隋나라가 중국을 통일하기 전까지의 300여 년의 위진남북조 시기를 가리킨다. 후자는 수도를 건업建業(이후 建康으로 개칭)에 둔 남육조南六朝라고도 명명되는 '오, 동진, 송, 제, 양, 진' 등의 6개 나라를 가리킨다. 이 책에

---

9) Meyer Schapiro, "Style", *Anthropology Today*(Chicago, 1953).
10) 長廣敏雄, 「什麼是美術樣式」, 『美術研究』 1980년 제4기.
11) 町田甲一, 「南北朝佛像樣式史論批判」, 『國華』 1102호(1987).
12) 沃爾夫林, 『美術史的基本概念』(北京大學出版社, 2011년판).
13) 長廣敏雄, 「什麼是美術樣式」, 『美術研究』 1980년 제4기.

서 다루는 육조는 후자를 가리킨다.

　동전東傳 경로를 연구할 때 남육조를 최우선 순위에 둔 것은 다음 몇 가지에서 비롯된 것이다. 첫째, 육조 시기에는 동아시아 한전불교문화권이 형성되었다. 둘째, 해동 지역에서 고구려의 불법은 전진前秦과 동진東晉의 고승들에 의해 전입된 것이고, 백제는 동진에서, 신라는 소량蕭梁에서 전입되었으며, 일본의 불법은 소량에서 백제를 거치는 재전再傳 과정이 있었는데, 이런 전파 구도는 남육조 불교문화가 해동 지역에 영향을 미친 과정 중의 주도적인 위치를 잘 보여 준다. 셋째, 고대 문헌에 기록된 육조 시기 불교 조각의 대가나 불교 화가들도 남육조 시기에 많이 나왔다. 예를 들면 손오孫吳 시기의 강승회, 조불흥, 동진의 대씨 부자, 고개지, 남조의 육탐미, 승우, 장승요 등이 있다. 넷째, 남조의 멸망에 따라 도성인 건강이 수나라 군대에 의해 완전히 파괴되는 바람에, 객관적으로 보면 남육조 수도의 불교 실물이 많이 분실된 점을 이해할 수 있다. 상전벽해의 세월이 지나 남육조 시기에 고도로 발달했던 불교문명은 현재 고대 문헌에만 기록되어 있기 때문에, 한반도와 일본 불교조상의 원류源流에 대한 인식에 큰 영향을 미쳤지만, 사실은 남육조 불상에 대한 연구는 많이 소홀해지거나 점점 주류에서 밀려나고 있다. 다섯째, 최근 남육조 불교 유적들이 점차 발견되고, 특히 장강 유역의 오吳 지역에서 한漢대부터의 서진 초기 불교 문물이 출토되며, 성도成都(만불사, 서안로, 상업가) 및 주변 지역, 남경 덕기광장德基廣場의 공사 현장, 남경 서하산 등지에서 남조 불교조상들이 많이 출토됨에 따라 고대 문헌에 기록된 남육조 불교조상의 발달이 입증되었고 기존의 학설들을 뒤흔들었으니, 한전불교문화권에 남아 있는 남육조 불교조상의 영향력을 재정립할 수 있는 계기를 마련해 주었다.

　최초에 중국의 불교조상이 한반도와 일본에 미친 영향은 일방적인 문화 수출이라고 할 수 있겠는데, 중국 육조 시기부터 한반도와 일본은 중국의 불교예술을 들여오고 흡수하기 시작하였으며, 점차 본국의 조형적 특징을 확립하게 되었다. 그러나 한반도의 통일신라시대와 일본 덴표시대에 나타난 성숙하고 고도로 토착화된 불교예술 조형을 통해서도 중국 육조 불상의 흔적을 여전히 추적할 수 있고, 중국 육조 불상의 그 막대한 영향력이 고스란히 나타나고 있다.

　육조 시기 불교조상이 한반도와 일본에 미친 영향을 연구하려면 가장 핵심적인 문제는 바로 어떤 조상 양식이 중국에서 전입되었는지, 어떤 것이 한반도와 일본의 독자적인 발명인지를 명확히 밝혀야 하는 것인데, 이에 대해서는 제한된 역사 자료 기록에만 의존하면 부족하다. 현존하는 학계의 견해는, 비록 미묘한 변화 과정이 있어 왔지만, 주로 중국, 한반도, 일본 간 불교조상 양식을 비교 연구하여 형성된 것이고, 지금까지는 학계의 관심이 중국 북방[14]이 해동 지역에 미친 영향에 치우쳐 있다가 점차 남북 양쪽을 모두 중시하는 분위기가 나타나고 있다. 또한 연구가 깊어질수록 중국 남방[15] 불교조상의 중요한 역사적 위상이 점차 검증받고 있다. 그동안 실물 자료들이 속속들이 발굴되고 발표되면서 연구자들의 새로운 견해의 형성과 전환에 큰 영향을 미쳤고 관련 연구도 많이 추진되었다. 한때 북방 조상에만 나타나던 조상 요

---

14) 여기서 말하는 북방은 新疆 동쪽, 황하 유역이며, 북쪽으로는 만리장성 안팎까지 넓은 지역을 가리킨다. 任繼愈, 『中國佛敎史』 第三卷(中國社會科學出版社, 1988년판), 666쪽 참고.
15) 여기서 말하는 남방은 장강 유역 및 그 남쪽의 지역을 가리킨다. 任繼愈, 『中國佛敎史』 第三卷(中國社會科學出版社, 1988년판), 734쪽 참고.

소가 남방에서도 점차 발견되면서, 남방을 많이 소홀히 했던 견해들은 아마도 수정이 되어야 할 것 같다.

중국의 남북 대치 정치 판국은 한나라 헌제(獻帝)가 허창(許昌)으로 천도한 뒤부터 기본적으로 정해졌다. 기존의 실물 자료에 따르면, 중국에서 일본에 전입된 최초의 불교조상은 모두 실용 기물과 관련된다. 이는 일본 고분에서 출토된 약 3세기 중엽에서 4세기 초에 불상으로 장식된 한나라 동경(銅鏡)을 통해 볼 수 있는데, 중요한 것으로는 삼각연불수경三角緣佛獸鏡, 불상기봉경佛像夔鳳鏡 및 화문대불수경畫紋帶佛獸鏡 등이 있다.[16] 동경에 있는 불상이 중국의 영향을 받았다는 견해는 학계에서는 의심할 여지가 없는 것이지만 문제는 동경의 생산지와 전파 경로 등 두 가지의 큰 문제가 있다. 전자는 불교조상이 최초에 일본에 전파되기 시작한 것이 북쪽의 황하 유역부터인지 아니면 남쪽의 장강 유역부터인지에 대한 것이고, 이는 일본 본토에서 최초로 불교조상이 생산된 시간과 관련된 문제이기도 하다. 후자는 중・일 간의 왕래에 관한 것이고, 한반도를 거치는 경로 외에, 특히 강남 오(吳)와 일본 간에 3세기 중엽에 직접적으로 통하는 항로가 있었는지에 관련된 문제이다. 히구치 다카야스(樋口隆康)는 이 불수경들이 중국의 '박재경舶載鏡'에서 나왔다고 판단한다.[17] 왕중수(王仲殊)는 일본으로 건너간 오나라 장인들이 직접 일본에서 만든 것이라고 생각하였다.[18] 장강 유역에서도 3~4세기의 비슷한 불수경이 많이 출토되었는데, 주로 소흥紹興과 악성鄂城 두 곳에서 동경이 많이 생산되었으며, 이와 반대로 중국 북방과 한반도에서는 아직 발견되지 않았다. 이 점을 통하여 볼 때, 오나라 지역과 일본 사이에 불수경의 왕래가 있고 위(魏)나라 지역과 한반도와는 관계가 없었다는 것을 짐작할 수 있다. 왕중수도 고대 문헌 기록에 근거하여 "단주亶洲(일본 열도의 일부) 백성들은 서쪽 오나라의 회계군會稽郡으로 건너갈 수 있으니 거울을 주조하는 장인들을 포함한 회계군의 오나라 사람들이 당연히 일본으로 건너올 수 있었다. 사실 위에서 언급한 바와 같이『삼국지』등 문헌에 따르면 동야東冶 등지의 오나라 사람(吳人)이 거센 비바람에 부딪쳐 표류하다가 일본에 왔다든가 계획대로 일본에 가고자 하여 단주에 도착한 사람이 있다"라고 주장하였다.[19] 즉 당시에 오나라 지역과 일본 사이의 직접적인 해상 교통 왕래가 있었을 가능성이 있다.

왕중수의 견해는 다음 두 가지를 의미한다. 1. '불교의 공식적인 전파'가 있기 약 300년 전에 일본에서는 벌써 불상을 직접 만들기 시작하였는데, 물론 이 불상들은 실용 기물에 붙어 있는 것이며 독립된 불상으로 나타나지 않았다. 2. 동오東吳와 일본 사이에 민간에서 직접적인 해상 왕래가 발생했을 가능성이 있다.

늦어도 3세기 말까지 일본과 오나라 지역 사이에 민간에서 이미 직접 왕래가 있었다는 관점에 양홍(楊泓)이 동의하였고, 동경 외에 다른 실물과 문헌을 열거하여 왕중수의 견해를 보완해 주었다. 게다가 양홍은 "종래 학계는 중국 북쪽과 일본 간의 교통 관계를 줄곧 중요시해 왔는데 일본과 중국 강남 지역의 왕래는 주목을 많이 하지 못했다. 중・일 양국은 고고・조사・발굴 작업이 진행되고 연구가 깊어짐에 따라 일본과 중국 강남 지역 간 문화 교류의 중요성에 대해 충분히 인식해야 하고 이는 또한 마땅히 해야 하는

---

16) 水野淸一,「中國における佛像のはじまり」,『中國の佛教美術』(平凡社, 1990년판).
17) 樋口隆康,『古鏡』(新潮社, 1979년판).
18) 王仲殊,「關于日本的三角緣佛獸鏡」,『考古』1982년 제6기.
19) 王仲殊,「日本三角緣神獸鏡綜論」,『考古』1984년 제5기.

일이라고 생각한다"[20]라고 지적했다.

장강 유역에서 한, 위, 서진 시기의 불교조상이 많이 발견됨에 따라 불교가 처음으로 전입된 후, 불교조상이 최초로 남방에서 흥기하였다는 관점을 입증해 주었고[21] 이를 바탕으로 오나라와 일본 간 불교조상의 교류가 비교적 일찍 발생했다는 점도 이해하기 쉬운 일이다.

중국, 한반도 및 일본 세 지역 간에 있어서 불교예술의 전파 방식을 밝히는 것은 오래전부터 학계의 관심사이자 해동 지역 불교예술의 발상지에 관한 문제와 연관된다. 특히 일본에서 비교적 전통적인 관점은 주로 북조 기원설에 기울여져 있는데, 그러나 이는 같은 시기의 문헌에 기록된 동아시아 국제 관계와 육조 시기 남방 불교예술의 우수성에 어긋난 점이 있다. 최근 들어 이 견해는 더욱 심각한 질의를 받고 있다. 따라서 실물 차원에서 육조 시기 중국 불교예술의 전파 경로를 정립하는 것은 더욱 중요해졌으며, 그렇게 하지 않으면 육조시대 불교예술이 해동 지역에 어떻게 전파되어 나갔는지에 대하여 서로 다른 결론을 도출하게 된다.

육조 시기는 중국 영토를 주로 분할 통치하였던 시기였고, 같은 시기에 불교예술이 해동 지역에 전파되었는데, 중국 남방의 건업建業(건강)을 중심으로 한 육조가 불교예술을 해동으로 직접 전파했거나, 아니면 북방을 통해 해동으로 간접 전파했을 가능성을 배제할 수 없다. 현재까지의 연구 현황을 보면, 한반도와 일본 초기 불교예술에서 나타난 많은 조상 요소의 원천은 중국 남방으로 거슬러 올라갈 수 있다. 남방에 현존하는 불교조상의 수량이 북방에 비해 훨씬 적으나 이는 역사의 실상을 결코 반영했다고 할 수 없다. 진송晉宋 시기의 '대규戴逵·대옹戴顒 부자의 불상 형식'의 확립, 송제宋齊 사이에 육탐미의 '수골청상秀骨淸像', 소량蕭梁 사이의 장승요의 '면단이염面短而艶' 격식의 확립은 모두 그 시기의 불상 조상을 선도하는 역할을 하였다. 남방에는 승우僧祐와 같은 계율에 정통하고 '준화의칙准畫儀則'에 뛰어난 불교조상의 대가도 있었다.

『역대명화기歷代名畫記』에 의하면, 육조 시기에 불교예술을 하는 화가들이 북방보다 남방에 훨씬 더 많았다. 이렇게, 남방 불교조상의 우수성에 대한 고전 속의 기록이 새 연구 성과를 통해 입증되어 더욱더 많은 사람들로부터 주목을 받고 있다. 불교예술 외에, 중국 불교학에서는 독자적인 길로 나아가는 지표가 되는 '육가칠종六家七宗' 학파의 창시자들이 모두 절강성浙江省 섬동剡東에서 배출되었다. 또한 서예의 대가인 왕희지, 문학가 도연명과 유협劉勰, 회화이론 분야의 사혁謝赫, 종병宗炳 등의 대가들은 모두 강좌江左(장강의 왼쪽 편)에서 출현하였다.

또 천인커(陳寅恪) 선생은 육조 시기의 문화 판도에 대해 다음과 같이 논하였다. "남·북조는 선후, 고저의 서열이 있고, 남조가 북조보다 선진적이고 발달되었다는 점은 경제생활, 사회풍속 등 여러 측면에서 알아볼 수 있다."[22] 해동 지역의 고구려, 백제, 신라, 일본 중 3개국의 불교가 중국 남방으로부터 직접적이거나 간접적으로 전래되었고, 이는 한전漢傳불교문화권에 남육조 불교문화의 실질적인 위상과 영향력을

---

20) 楊泓, 「吳, 東晉, 南朝的文化及其對海東的影响」, 『考古』 1984년 제6기.
21) 阮榮春, 「早期佛教造像的南傳系統」, 『東南文化』 1990년 제1, 2 합집.
22) 陳寅恪, 「南北社會的差異與學術的溝通」, 『魏晉南北朝史講演錄』(黃山書社, 1987년판), 325쪽.

잘 반영하고 있다. 불교예술을 포함한 남육조 문화는 당시 중국과 동아시아까지의 문화 발전을 추진했던 원동력으로 보인다.

하지만 남방 불교조상의 현재 상황은 오히려 사람들로 하여금 낙담하게 만든다. 고스기 가즈오(小杉一雄)의 묘사는 육조 불교조상의 현재 상황과 그것을 인식하지 못하는 학계의 마음 자세를 능히 대표한다고 할 수 있다. "지금까지 남조 불상 양식을 자세히 알지 못했던 것은 주로 관련 자료 부족으로 인한 것이다. 일단 북조 시기에 속한 많은 석굴 조상을 제외하고 돌과 금속으로 만든 독존의 불상을 따져 보면 현존하는 불상들 중 99%가 북조 시기에 만들어졌다고 해도 과언이 아니다. 확실한 남조 시기 불교조상은 초기 2개, 중기 몇 개만 존재할 뿐이고 나머지의 분포는 전혀 파악되지 않는다. 사실 이 문제는 새 자료가 발굴되어야만 해결될 수 있고 어느 날 갑자기 새로 발견된 자료가 이 문제를 해결하는 결정적인 역할을 할지도 모른다."[23]

남방 불교조상의 보존 상태가 이렇게 엉망이다 보니 사람들의 편견이 생기게 되었고 남방 불교조상의 우수성에 대한 기록도 의심받거나 무시되었으며, 심지어 역사적 기록과 괴리되었다는 인식까지 생기게 되었다. 미즈노 세이치(水野清一)는 "북조 양식의 맥락에 비해 남조는 그렇게 뚜렷하지 않다. 남조의 능묘와 극히 적은 불상 두세 존으로만 추측해 보면 그 양식이 북방과 대략 같다"라고 논했다.[24]

나가히로 도시오는 일찍이 운강雲崗의 북위 때 석굴 중 '포의박대식褒衣博帶式' 법의(나가히로는 '북위식 복제'라고 함)의 유래에 대한 대표적인 견해를 피력하였는데, 이러한 법의가 북위 황제의 면복冕服을 모방하여 만들어졌다고 하였다.[25] 그러나 이 관점은 쑤바이 선생이 다음과 같이 반박하였다. "새로운 복제의 조상과 새로운 조형적 특징 및 기법은 모두 평성平城(북위의 수도) 현지에서 창조된 것이 아니고 그 발상지는 남조일 것이다. 포의박대식 복식을 예로 들자면…… 북위 장인들이 남조 조상을 근거로 했거나 적어도 참조해서 설계·주조했던 것이다."[26] 가히 남방 불교예술에 대한 소홀함이 양식의 기원에 대한 인식에까지 직접적으로 영향을 미쳤다고 볼 수 있다.

중국 남방 불교조상의 발전은 북방의 영향을 많이 받았고, 북위에서 양梁으로 이주한 조각가들이 재능을 발휘하여 불상이 석조에서 청동으로 전환되었다는 견해까지 있다.[27]

알렉산더 소퍼(Soper, A. C.)는 20세기 전반 육조 시기 불교예술에 관한 연구 중 북중남경北重南輕(북방을 중시하고 남방을 경시하는) 학술 현황을 비교적 객관적으로 요약하였다. "오늘날 중국 육조 시기 불교예술은 거의 전적으로 북방에 보존된 자료를 통하여 연구한 것이다. 예술사학자나 감정가들에게는 이런 가시적인 자료를 통해 그 시대의 가치를 평가하는 것이 매우 자연스러운 일이다. 이와 함께 북조라는 이름 하에 북위, 북제, 북주로 전개되었다고 분류하고, 남방에 관한 주제를 거의 언급하지 않았다. 수많은 신중한 작가들은 중국 남방의 불교예술은 이미 완전히 감쪽같이 사라졌고 확실한 것은 거의 없다는 언설에 만족한다."[28]

---

23) 小杉一雄, 『中國佛教美術史の研究』(新樹社, 1980년판).
24) 水野清一, 「飛鳥白鳳佛の系譜」, 『佛教藝術』 4호(1949).
25) 長廣敏雄, 『大同石佛藝術論』(高桐書院, 1946년판).
26) 宿白, 「大金西京武州山重修大石窟寺碑' 的發現與研究」, 『北京大學學報』(哲學社會科學版) 1982년 제2기.
27) P. C. Swann, *An Introduction to the Arts of Japan*(New York: Frederick A. Praeger, 1958).
28) A. Soper, "South Chinese Influence on the Buddhist Art of the Sixth Dynasties Period", *Bulletin of Museum of Far East*

알렉산더 소퍼가 당시에 말한 것은 지금까지도 부분적으로는 지속되고 있다. 소후카와 히로시(曾布川寬)의 저서 『중국 미술의 도상과 양식』(中國美術の圖像と樣式)에서도 남방 불교예술에 관한 기술을 거의 찾을 수 없다. 오카다 겐(岡田健)은 "그 당시는 건강에 큰 사찰이 약 700여 개 있었고 고승들도 많이 배출되어 강남 불교 발전의 절정기였다. 그럼에도 불구하고 그 지역에 존재한 불교미술 작품은 거의 찾을 수 없고 이전 시기와 같이 구체적으로 고증하기가 어렵다", "지금까지 보았던 것처럼 북조에서는 석굴 사원 외에 많은 비상碑像, 독존의 석조불상과 금동불상이 잘 보존되어 왔다. 남조에서는 특히 강남 지역에서 거의 이러한 모습을 확인할 수 없다. 남조에는 온 세상을 놀라게 하는 작품들도 없고 특히 비상도 거의 남아 있지 않아 북조와의 차별이 있다는 것을 일목요연하게 알 수 있다"[29]라고 하였다.

이시마쓰 히나코(石松日奈子)의 견해는 다음과 같다. "남북조 시기의 불교조상에 관하여 남조문화가 북조문화보다 월등하다는 인식을 가지고 보면, 남조의 중앙조상 유물이 거의 없음에도 불구하고 북조가 남조를 모방했다는 남조기원설이 여전히 많이 강조되고 있다. 하지만 지금까지 전해진 수많은 북위 조상을 분석해 보면, 이렇게 내용도 풍부하고 민족적인 특징도 강한 독특한 조형 앞에서 남조기원설이 과연 그럴만한 설득력이 있는가? 석굴 조상과 석조 조상이 모두 북위에서 비로소 제대로 발전되었다는 점은 의심할 여지가 없다. 왜냐하면 황제와 국가의 번영, 선조와 자손들의 평안을 기원하기 위해 만든 조상, 민간 읍의 邑義들이 만든 토속적인 조상 등은 모두 북위에 이르러서야 등장하고 발전하였다고 할 수 있다. 물론 조상의 구체적 조형 문제, 예를 들어 중국식 복제 문제 등이 남조의 영향을 다소 받았다는 점은 반드시 고려해야 하는 문제이다. 하지만 북위가 추구한 한족화漢族化는 반드시 동시대의 남조를 모방한 것이 아니고 더 까마득한 전설 중의 한족 왕조를 모방했을 가능성이 더 높다. 이러한 점에서 남조보다 북위가 더 엄격하게 한족화 원칙을 따랐다고 할 수 있다."[30]

그런데 실물로 뒷받침되지 않는 한 이미 형성된 고정 관념은 바꾸기가 어렵다는 것을 짐작할 수 있다. 고대 문헌 중 육조 남방 불교예술의 선진성과 흥성에 대한 기록은 현실적으로 이해할 때 전혀 도움이 되지 못하거나 혹은 정말로 전설傳說로만 남을 수도 있다. 현실적으로 불교예술 연구에서 육조 시기의 남방은 점차 주류에서 밀려 나가고 있다.

세키노 다다시(關野貞)는 1930년대 전후, 육조 시기 중국 남방 불교조상의 중요성에 주목했을 뿐만 아니라 이에 대응하는 학문적인 관점을 제기한 많지 않은 학자 중 한 명이었다. "북방은 오호五胡 전란 기간에 문화가 정체되었고 북위시대가 되어서야 비로소 평화를 되찾은 것과 달리, 남조는 오랫동안 강남 지역을 통치하고 동진 후 일찍부터 한족의 고유한 예술 형식을 형성하였으며 문학, 회화, 조각 등 각 분야에서 모두 신속하게 발전하여 북방보다 조금 선진적이었다. 양진시대에 월지국月氏國에서 불교예술이 전래되었고, 남조 시기에 이르러 완전히 현지화되었으며, 인도, 서역과 사뭇 다른 모습을 갖추기 시작하였다. 이는 곧 우리나라(일본) 도리(止利) 불사佛師파의 원류가 되었다"[31]고 하였다.

Antiquity 32(1960).
29) 岡田健, 「南北朝後期佛敎美術の諸相」, 『世界美術大全集: 東洋編 3』(小學館, 1998년판), 317~318쪽.
30) 石松日奈子, 『北魏佛敎造像史硏究』(文物出版社, 2012년판), 205쪽.
31) 關野貞, 『朝鮮の建築と藝術』(巖波書店, 1941년판), 497쪽.

세키노 다다시는 육조 시기 남방이 문화예술 분야에서 선진성을 갖추었을 뿐만 아니라 일본 불교조상의 근원이라고 보았다. 비록 백제의 묘실 건축에서 소량蕭梁의 영향을 찾을 수 있으나 남조와 북조 조상의 양식적 차이를 구체적으로 해석해 주지 못하였고 심지어 양자 간 별 차이가 없다고 인식하였다. "남·북조 불상의 양식은 대체로 비슷할 뿐만 아니라 광배와 화염문의 표현 방법에 채용된 인동문 장식 등도 똑같아서 남북 간 차이가 거의 안 보인다. 따라서 비록 고구려가 북조의 양식을 많이 흡수했고, 백제와 신라가 주로 남조의 양식을 받아들였어도 당시 남북 간 큰 차이가 없었기 때문에 한반도 삼국 간에도 큰 차이가 없었다. 따라서 우리나라(일본)에 전래된 남북조 양식도 이와 같았다고 통칭할 수 있다"라고 했다.[32]

알렉산더 소퍼도 역시 육조 시기 불교예술이 남방에서 흥성하였다는 고문헌의 기록을 일찍부터 신뢰했던 학자로, 남북조 시기에 불교예술 분야에서 일어난 큰 규모의 조형적인 변화가 모두 남조로부터 발단되었다고 생각하였다. "남방 불교예술은 진·송 시기에 탄생하였고, 제·양 시기에 더욱더 발전한 동시에 예술적인 수준도 가장 잘 갖추었다. 내가 특별히 말하고 싶은 것은 두 번의 조형적 변화가 북조 예술의 성숙을 가져왔다는 것이다. 첫 번째는 480년 이후 수십 년이며, 두 번째는 6세기 중후반으로, 이 조형적 전환이 강력한 외적 요인에 의해 이루어졌다고 해석했는데, 실제로는 다만 남조의 영향을 많이 받았다고 할 수 있다."[33] 이는 알렉산더 소퍼가 남방 불교조상의 실물 자료가 여전히 부족한 상황에서 북조 불교조상 실물과 고문헌 중 남조 불교가 흥행했다는 기록에 근거하여 제기된 추론이지만, 육조 불교미술사 발전의 주요 맥락을 건드렸다는 것에서 당시로서는 그의 관점이 전위성을 갖추었다고 하겠다.

남북조 불교조상 연구의 문제는 남조, 특히 건강健康 불상의 결핍에 국한하지 않고, 남북방 불교조상에 존재하는 유사성 때문에 그 양식의 발원지가 남방인지 북방인지에 대한 논쟁이다. 요시무라 메쿠미(吉村怜)가 논의했듯이, 남조와 북조에 같은 계통의 미술 양식이 모두 존재한다는 것은 의심할 바가 없다. 그렇다면 문제는 누가 먼저 미술 양식을 만들었는지, 누가 먼저 이를 발전시켰는지에 대한 것이다.[34] 학술 연구가 진행되면서 알렉산더 소퍼의 추론은 일부 학자들의 연구에 의해 점차 입증되었는데, 그중 대표적인 학자가 바로 요시무라 메쿠미이다. 그는 20세기에 육조 시기 남방 불교조상의 우수성을 논의하는 많은 논문을 발표하였다. 논문에서는 많지 않은 남방 불교조상 중 연꽃과 불, 보살, 천인 간의 도상적인 변화 과정을 밝혔고, 아울러 북방에 있는 같은 유형의 조상 소재와의 비교를 통해 육조 시기 남방 불교예술이 확실히 선진적이라는 인식을 갖게 되었다.[35] 구체적으로 말하면, 요시무라 메쿠미는 "남조에 존재하는 독특한 불상 양식은 일찍이 북위의 용문석굴에 영향을 미쳐 남제 양식을 가진 북위식 불상이 조성되게 하였고, 일본에도 영향을 미쳐 양나라 양식을 갖춘 도리식(止利式) 불상을 탄생하게 하였다. 이를테면 이는 북위식과 도리식의 모태가 되는 근본적인 불상 양식이다"라고 했다.[36]

---

32) 關野貞, 『朝鮮の建築と藝術』(巖波書店, 1941년판), 498쪽.
33) A. Soper, "South Chinese Influence on the Buddhist Art of the Sixth Dynasties Period", *Bulletin of Museum of Far East Antiquity* 32(1960).
34) 吉村怜, 「論止利样式起源南朝—止利式佛像的源流」, 『天人誕生圖研究』(中國文聯出版社, 2002년판), 125쪽.
35) 吉村怜, 『天人誕生圖研究』(中國文聯出版社, 2002년판).
36) 吉村怜, 「論止利样式起源南朝—止利式佛像的源流」, 『天人誕生圖研究』(中國文聯出版社, 2002년판), 124쪽.

연구 방법에서도 요시무라는 많은 기여를 하였다. 그도 양식 연구부터 시작하였지만 이전의 학자들과 비교하여 양식의 구성 요소, 혹은 조상 요소에 더 관심을 쏟았다. 남방에 현존하는 육조 시기 불교조상의 수량은 북방에 크게 미치지 못하지만, 온전한 조상 요소도 적지 않다. 불교조상은 특정한 의궤를 따라 제작되며, 불상은 비교적 완정하고 격식화된 조상 요소로 구성된다. 예를 들어, 머리카락 양식, 법의 양식, 광배, 수인, 보관 등으로, 이러한 조상 요소는 단계적인 안정성을 갖추고 있어서 일정한 양식을 띠는 동시에 같은 시기가 아니라도 양식적인 변화가 나타날 수 있다. 조상의 선진성은 수량의 많고 적음에 있는 것이 아니라 분위기를 이끄는 창조성에서 나타난다. 조상 요소는 바로 양식을 이루고, 조형적 특징을 결정하는 요소이다.

육조 시기 남방 불교조상에 대한 인식은 중국 불교조상이 어떻게 해동(한반도와 일본)으로 전파되어 나갔는지에 대한 인식에 직접적인 영향을 미칠 수 있다. 주로 두 가지의 인식관에 반영되는데, 첫째, 육조 시기 남방 불교예술을 무시한다는 전제하에 전파 내용이나 전파 경로를 막론하고 남방과 상관없이 모두 북방에서 발단이 되어 육조가 해동 지역에 전파하였다는 인식을 가지게 되었다. 둘째, 육조 남방 불교예술을 동시대 남북조 양식사樣式史의 차원에서 비교해 보면 이전의 전파 내용 및 전파 경로의 발단에 대한 인식이 수정될 가능성이 있다. 결론적으로 말하자면 남방이 육조 불교예술의 발전을 촉진함과 동시에, 대외적으로 전파와 교류에서도 큰 역할을 했다는 것을 간과할 수 없다.

육조 시기 중국 불교예술의 해동 지역으로의 전파 경로에 대한 전통적 관점은 중국 북쪽에서 한반도 고구려를 거쳐 남하해 백제, 일본까지 갔다는 것, 즉 북조 → 고구려 → 백제 → 일본으로의 전파 경로이다. 북조에서 발단된 구체적 양식에 대해 학자들의 관점은 서로 같지 않은데, 북위식(平子鐸嶺, 「司馬鞍首止利佛師」), 제齊 · 주周 양식(源豊宗, 「飛鳥時代の雕刻」), 용문龍門 양식(水野清一, 「飛鳥白鳳佛の系譜」), 동위東魏 양식(松原三郎, 「飛鳥白鳳佛源流考」[37]) 등이 있다. 마쓰바라 사부로(松原三郎)의 논문에서도 중국 남방의 중요성을 강조하였으나 해동에 미친 영향력을 논의하자면 그의 주장은 북방에 더 치우쳐 있다. "아스카시대인 580년경 이후부터 7세기까지, 앞서 논의한 6세기 전반부터 후반까지와 마찬가지로 고구려 불상과 북조 불상의 막대한 영향력을 고려해야 한다. 다른 한편으로는 앞에서 언급한 반가사유상과 같이 백제 시기의 남조 불상에 대한 수용과 이해를 중요시해야 한다."[38]

모리 히사시(毛利久)도 역시 같은 견해를 가지고 있다. "중국 북방 오호십육국의 변천을 겪는 기간에 강남 지역은 오나라가 멸망하고 진나라가 세워졌고, 그 후 송, 제, 양, 진 4국이 교체하면서 한족의 정통 문화가 잘 전승되어 왔다." "하지만 유감스럽게도 현존하는 남조 불상 작품이 극히 적기 때문에 당시의 상황을 완전히 복원하는 일은 결코 쉬운 일이 아니다. 그렇지만 조선의 백제와 일본의 아스카시대는 남조의 영향을 많이 받았기 때문에 이런 각도에서 연구를 착수하면 더욱 적절한 결과를 도출할 수 있다." "북위 후반부터 동 · 서위까지의 양식이 한반도를 거쳐 일본으로 전파되었고, 아스카시대 도리식(止利)을 형성하게 하였다." 전통적인 전파 경로에 대한 인식과 약간 달리, 모리 히사시는 '북조 → 백제 → 일본'이라는 존

---

37) 감수자 주: 원문에는 「飛鳥白鳳佛淵流考」로 되어 있다.
38) 松原三郎, 「飛鳥白鳳佛源流考 1」, 『國華』 931호(1971).

재 가능한 전파 경로를 제시하였다. "북조 양식이 고구려를 거쳐 백제로 전입되었다는 일반적 관점이 있지만, 충청남도 서산시는 옛날부터 중국 산동 지역과 밀접한 관계를 유지해 왔으니 직접 전파의 가능성도 없지 않다."[39]

오카다 겐(岡田健)은 「불교 조각을 통해 본 한반도와 중국 산동반도의 관계」(佛敎彫刻における朝鮮半島と中國山東半島の關係)라는 논문에서 고구려에서 백제까지의 전파 경로도 있지만 산동에서 백제까지 직접 도착할 수도 있으며, 실제 작품의 유사성을 검토해 보면 후자의 가능성도 높다고 하였다.

세키노 다다시(關野貞)는 일찍부터 위에서 언급한 북조영향설과는 완전히 다른 견해를 제기하였다. "일본 아스카시대의 양식은 백제로부터 들어온 것이 많다. 그럼, 백제 양식은 과연 어떻게 형성되었을까? 그 근원을 탐구해 보면, 백제가 스스로 창조한 것이 아니라 중국 남조, 특히 양(梁) 양식의 영향을 많이 받아 형성된 것이 분명하다. 이전에 학자들은 모두 아스카시대 양식의 뿌리는 북위에 있다고 편하게 단정하였는데, 즉, 북위식이 조선을 통해 일본에 들어와 아스카식으로 바뀌었다고 생각하였다. 그러나 이러한 단정적인 결론은 정확하지 않다."[40] 세키노 다다시의 「전돌을 통해 본 백제와 중국 남북조—특히 양(梁)과의 문화 관계」(塼より見たる百濟と支那南北朝—特に梁との文化關係)라는 논문도 그러한 관점의 유력한 논거라고 할 수 있다. "공주에서 출토된 백제 전돌은 형식과 수법 상 남경에서 출토된 양(梁)의 전돌과 거의 똑같다." "남경에서 발견된 전돌을 보면, 공주에서 출토된 전돌은 내가 처음 상상했던 것과 완전히 상반되게 낙랑, 북위와는 거의 관계가 없으며, 그 제작 수법과 형식도 양(梁)으로부터 직접 전해져 온 것이다. 따라서 이 전돌의 존재도 백제문화가 중국 남북조 시기의 북조와는 관계가 없고 주로 남조, 특히 양(梁)과의 관계가 비교적 많다는 것을 증명해 준다."[41]

요시무라 메쿠미는 선진성을 갖추고 있는 남조 불교예술이 직접적으로는 한반도에, 간접적으로는 일본에 영향을 미쳤으며, 전파 경로는 '양 → 백제 → 일본'이라고 주장했다. 남조 불상이 바로 이 경로를 통해 일본에 전해지고 도리식 불상을 출현하게 하였다. 이러한 전파 방식은 남조문화권이 동아시아에 확대된 것으로 인식하게 한다. 또한 요시무라는 "동아시아 전역에서 북위식과 도리식의 공통 특징을 지닌 불상 양식을 모두 볼 수 있다는 것은 결코 우연한 일이 아니다. 주변 국가들이 남조 절정기의 불상 양식과 불교조상을 잘 흡수하거나 모방했기 때문에 보다 광활한 범위에서 친연성을 갖는 같은 계통의 불교문화가 널리 분포하게 되었다"고 하였다.[42]

양훙(楊泓)은 "중국 동진과 남조가 백제의 불교문화에 미친 영향은 더욱더 심원하다", "불교가 동한(東漢) 때부터 중국에 전래된 이후 동진과 남조 시기에 이르기까지 오랜 시간 동안 불교의 중국화 과정을 거치면서 사찰의 건축적인 특징과 가람 배치가 모두 고인도와 완전히 다른 면모를 나타내었다. (고인도에서) 다시 중국을 거쳐 백제로 전래되었을 때 사찰은 이미 중국화된 종교 건축이었는데, 이후 다시 백제를 거쳐 일본까지 전입되었으므로 동아시아 지역의 사찰은 모두 중국의 사찰과 같은 특징을 보인다", "정림사(定

---

39) 毛利久, 「佛像の東漸と飛鳥彫刻」, 『日本古寺美術全集 1』(集英社, 1979년판).
40) 關野貞, 『日本の建築と藝術』(巖波書店, 1940년판).
41) 關野貞, 「塼より見たる百濟と支那南北特に梁との文化關係」, 『朝鮮の建築と藝術』(巖波書店, 1941년판).
42) 吉村怜, 「論止利樣式起源南朝—止利式佛像的源流」, 『天人誕生圖硏究』(中國文聯出版社, 2002년판).

林寺로 대표되는 백제 사찰은 남조 사찰의 규제를 본받아서 조성된 것이 확실하기 때문에 사찰의 평면 배치와 조상의 예술적 특징이 모두 중국 남조, 특히 소량蕭梁의 문화예술의 깊은 영향을 반영하지 않을 수가 없다. 이는 백제와 중국 남조 간에 교류가 밀접했다는 증거이며, 고대 중·한 교류의 역사를 연구하는 데 매우 중요한 가치가 있다"라고 생각했다.[43] 이렇게 동진과 남조 시기 중국에서 해동 지역까지 불교문화의 전파 경로는 '중국(주로 동진·남조) → 백제 → 일본'으로 이해할 수 있다.

육조 불교예술이 해동 지역에 미친 영향은 확장된 연구 영역으로서 구체적으로는 세 개 방면에서 나타난다. 첫째, 최신 실물 자료를 끌어들여 이용하는 것이다. 이전에 학계에서 관심을 많이 기울였던 사천성 무현茂縣 및 성도成都 만불사萬佛寺에서 출토된 불교조상 외에, 남방 사천 지역에서 성도의 상업가, 서안로西安路, 관항자寬巷子, 하동인로下同仁路, 팽주彭州 용흥사龍興寺, 사천대학 박물관 등 많은 곳에서 발굴되고 공식적으로 발표된 남조 불교조상도 많이 있다.[44] 이 외에 시멘트 층이 벗겨진 남경 서하산棲霞山 불교조상이 있고, 남경 덕기광장에서 출토된 남조 금동불상 등도 있다. 이러한 새로운 실물 자료의 도입은 남방 실물 자료의 부족함을 어느 정도 해결해 주었다. 동시에 육조 시기 남방이 어떻게 북방에 영향을 미쳤는지에 대해 많은 새로운 실증 자료를 제공하며, 육조의 남방과 북방의 불교조상 간의 관계를 객관적으로 확립하기 위한 새로운 실물 증거를 제공하였다.

둘째, 양식 연구를 심화하는 것이다. 학계에서 이미 확립된 육조 시기 불교조상의 양식은 중국은 물론, 한반도와 일본에서 양식적 표현에 대하여 비교적 모호한 편이다. 이로 인해 양식 간의 세부적인 차별점도 잘 드러나지 못하였다. 특히 한 양식의 모본母本을 통한 간접적인 전파 방식 중에서 경유지에서 발생한 변화는 일련의 조상 내용에서 세부적으로만 나타난다. 예를 들어 불상 군의(치마)의 변화, 머리 양식의 변화, 보살의 피백披帛과 영락의 변화 등이다. 일정한 시기에 이러한 요소들에 큰 변화가 일어났는지를 판정하는 것은 새 양식을 확립하는 데 관건이 된다. 학계에서 이미 확립된 양식은 여전히 조상 요소의 측면에서 더욱 구체화되고, 양식의 시간성과 지역성이라는 특징이 더욱더 분명해지기를 기다려야 한다. 이렇게 하면 발상지, 간접적 전파지, 최종 수용지 등 3자의 조상 관계에 대한 무차별한 구분을 피할 수 있고, 최종적으로 불상의 전파 노선과 전파 상황을 분명하게 하는 데 도움이 될 것이다.

셋째, 오吳 지역과 일본 사이의 전파 경로를 찾는 것이다. 남방의 손오孫吳 때부터 일본과 불교조상 교류가 있어 왔는데, 두 지역 간의 전파 경로는 장강 하구(長江口)부터 북상하여 산동성 성산成山 곶을 거쳐 장산長山열도를 따라 요동이나 한반도에 도착하고 나서 일본까지 가는 전통적인 경로 외에 아직도 모르는 민간 경로가 있을지 모른다. 3세기 중엽부터 4세기 초에 동오東吳와 일본 민간 사이에 불상 동경(불수경)의 왕래가 있었던 것으로 보아 육조 시기 남방에서 일찍부터 일본과 직접적으로 왕래했을 가능성도 있을 수 있다. 물론 이러한 교류는 민간에서만 발생하였을 가능성이 높다. 또한 일본 아스카시대 불교조상에 보이는 일련의 조형적 특징과 양식은 중국 남방에 더 가깝고 중국 북방과 한반도와는 거리가 있다. 예를 들어 일본 최초의 기년명 대불인 안고인(安居院)의 아스카 대불은 법의 양식이 '변화된 포의박대식'이고 머

---

43) 楊泓, 「中國南朝對百濟佛敎文化的影响」, 『中國文物報』 2009. 2. 20.
44) 四川博物館 等 編著, 『四川出土南朝佛敎造像』(中華書局, 2013년판).

리카락은 나발이다. 전자는 남조 초기에 발명된 것이고, 후자는 남방에서 일찍부터 유행하였기 때문에 남방과 일본 사이에 존재하였을 가능성이 있는 직접적인 교류 경로에 주목해야 한다.

삼국·양진, 남북조 시기는 불교와 불교조상이 중국에서 해동 지역으로 전파된 중요한 시기로, 결정적인 것은 세 개의 방면에서 나타난다. 1. 불교와 불상이 해동 지방에 정식으로 전입되기 이전에, 이미 삼국시대 장강, 오吳 지역을 통해 일본 민간에 들어갔다. 2. 동진, 남북조 시기에 불교는 중국에서 해동 지방으로 본격적으로 전입되었는데, 북방의 전진前秦이 고구려로, 남방의 동진이 백제로, 소량이 신라로 전하였다. 일본 불교는 백제를 통해 정식으로 전입되었지만, 중국과도 밀접한 관계를 맺고 있다. 3. 동진 이후 생명력을 가진 중국 불교조상 양식이 탄생하기 시작하여 6세기 말인 남북조 시기 후기가 되면 중국 불교조상 역사상 가장 중요한 조상 양식과 기본적인 조상 요소가 만들어진다. 이러한 양식과 조상 요소들은 속속 해동으로 전해져 한반도 삼국시대와 일본의 아스카와 하쿠호 시대의 불교조상에 반영되었다.

동진·남북조 시기는 중국의 분할 통치라는 정치적인 판국으로 인해 지역적인 조상 모식模式과 양식의 형성이 가속화되었고, 이러한 지역 모식과 양식은 방사선식으로 외부로 뻗어나가는 영향력을 지녔다. 중국의 특정 지역의 조상 유형이 해동 지역에 온전하게 잘 흡수되었는지 알 수는 없지만, 적어도 해당 유형의 일부분은 간접적이거나 직접적인 방식으로 해동까지 전파되었다고 할 수 있다.

하나의 비교적 복잡한 문화 현상은 이 지역 양식들이 해동에 들어가기 전에 서로 영향을 주고받았고, 일부 양식이나 조상 요소가 지역을 넘나들며 전파되면서 그 시대의 조상 특징이 형성되었다. 지역 모식이나 양식들이 중국에서의 전파 구도를 확립한 것은 해동 지역과 중국 지역 간 불교조상, 특히 남육조와의 관계를 규명하는 전제조건이다.

앞서 언급한 '모식'과 '양식'의 관계를 살펴보면, 모식은 그 형성 과정에 나타난 다른 양식을 포괄한다. 만약 남조 불교조상에 '건강建康 모식'이 존재한다면, 이 모식이 포괄하는 조상 양식에는 '송宋 양식', '제齊 양식', '양梁 양식', '진陳 양식'이 존재할 가능성이 있다. 현실적인 분위기는 객관적인 조건에 제약을 받기 때문에 모든 지역 조상들의 '모식'이 모두 온전히 분명하게 나타나거나 해석될 수는 없다. 이때 '양식'은 지역 조상을 인식하는 착안점이 된다.

우선 분명하게 할 필요가 있는 것은 남조 양식이다. 요시무라 메쿠미(吉村怜)는 「도리 양식 남조 기원론」(論止利樣式起源南朝)에서 "용문 양식이란 북위에 나타난 일종의 남조 양식으로, 용문석굴에서 만들어진 것이 아니라 남조의 불상을 고스란히 모방한 결과로 나타난 불상 양식이다. 용문석굴에서 전반적으로 남조 양식을 채택했으므로 남·북조의 불상 양식에서 별다른 큰 차이가 안 보인다. 남제 양식과 용문 양식, 양 양식과 용문 후반기부터 동·서위 양식, 진 양식과 북제·북주 양식은 각각 대응관계로 볼 수 있다"라고 하였다.

요시무라 메쿠미 논문의 남조 불상 양식에 대한 기술에서 남조 양식은 한 가지 고정된 모식으로만 구성된 것이 아니라 다른 시기 혹은 단계에서 생산된 관련이 있거나 차이가 있는 다른 양식으로 이루어졌다고 한다. 이러한 인식은 확신적인 추리성을 갖추고 있지만, 예언성을 띤다고 볼 수 있다.

미즈노 세이치(水野清一)는 "북조 양식의 변천과 비교하여 남조 양식은 그렇게 뚜렷하지 않다"[45]고 지적하였다. 남조 양식의 명료화 혹은 구체화라는 것도 남조 불교조상의 발전 맥락을 명확히 하는 필연적인 과정이다. 남조 불상이 단계마다 뚜렷한 양식이 없다면 육조가 중국 북방과 해동까지의 불상에 미친 영향을 확실하게 검토하기는 어렵다.

새로운 고고학적 실물 자료와 관련 연구 결과에 따르면, 남육조가 한반도의 7세기 말 이전과 일본의 7세기 중반 이전의 불교예술에 주도적인 영향을 미친 것은 객관적으로도 맞다. 이하 내용은 위진남북조 시기 중국 지역의 조상 모식과 그 전파 형국을 심층적으로 검토한 것으로, 대략 7세기 말 이전까지 남육조가 해동 지역에 불교조상을 전파하는 과정에서 중요한 위치를 차지했다는 것을 알려 줄 것이다.

---

45) 水野清一, 「飛鳥白鳳佛の系譜」, 『佛敎藝術』 4호(1949).

제1장

삼국·서진 불교조상의 특징과 일본으로의 전파

중국 남방의 육조 시기 불교조상이 한반도나 일본에 미친 영향에 대해 다루려면 우선 동 시기에 중국, 한반도 및 일본에 존재했던 불교조상의 양식관(格局觀)에 대해 밝힌 뒤, 각 지역의 양식에 대해 비교하면 전파 경로를 명확히 드러낼 수 있다.

중국 육조 시기의 불교조상이 전파되는 양상을 보면, 범위가 단지 남방의 육조 영역으로 한정되지 않는다. 남방에 있는 육조에서 해동 지역으로 불교조상이 전파되는 과정에는 직접적 방식 외에 간접적 방식도 포함될 수 있기 때문이다. 예컨대 남방의 육조에서 발생하여 중국 북방을 거쳐 해동으로 전파되는 것은 간접적 전파에 속하는데, 북위北魏 용문龍門석굴의 "용문 양식"이 이런 경우에 속한다. 미즈노 세이치(水野淸一)는 "스이코(推古) 시기의 조상은…… 전체적으로 볼 때 전부 중국 용문 양식을 기초로 한다"[1]고 하였고, 요시무라 메쿠미(吉村怜)는 "이른바 용문 양식이란 북위 지역에 출현한 남조의 양식으로서, 용문에서 창시된 것이 아니라 남조 불상의 양식을 충실히 모방한 결과로 출현하게 된 불상 양식이다"[2]라고 하였다. 해동 지역에 유사한 양식이 출현하기 전에 이러한 양식이 중국의 여러 지역에 어떻게 존재하는지를 우선 파악하지 않으면 실제적 전파 방식을 분명히 파악하기 어렵다.

중국 불상이 해동 지역으로 전파된 것은 해동에 불교가 정식으로 유입된 것을 기준으로 하여[3], 두 시기로 나눌 수 있다. 실물 자료를 보면, 특히 일본의 경우, 불교가 공식적으로 전래되기 이전에 이미 민간에서는 중국과 불교조상 방면에 대한 교류가 있었다. 불교가 한반도에 정식으로 전입된 것은 고구려 소수림왕小獸林王 2년(372)이며, 일반적으로는 한반도로부터 일본에 불교가 전래된 것은 긴메이(欽明) 천황 7년(538)인 것으로 알려져 있다[4]. 이론상으로 볼 때, 해동 지역으로 불교가 정식 전입될 때, 그 당시 중국에 이미 발생하던 불교의 조상 양식이 직접적으로든 간접적으로든 해동으로 전해졌을 가능성이 있다. 육조 시

---

1) 水野淸一, 「飛鳥白鳳佛の系譜」, 『佛敎藝術』 4호(1949).
2) 吉村怜, 「論止利樣式起源南朝—止利式佛像的源流」, 『天人誕生圖硏究』(中國文聯出版社, 2002년판).
3) 문헌 기록에 의하면 한반도와 일본에서는 불교가 정식으로 전래될 때 불상도 함께 들어왔다.
4) 『日本書紀』의 기록에 의하면, 긴메이 천황 13년(552)에 백제의 聖明王이 처음으로 일본 조정에 金銅釋迦佛像과 경전, 幡蓋 등을 보낸 것으로 되어 있다. 그러나 『上宮聖德法王帝說』의 기록에 따르면, 이 일의 발생 시기는 긴메이 천황 7년(538)의 일이다.
역자 주: 긴메이 천황은 제29대 천황이며 539년에 즉위하여 540년을 긴메이 천황 1년으로 계산한다. 이 경우 긴메이 천황 7년이 538년이 될 수 없다. 이것은 제26대 게이타이(繼體) 천황이 531년에 사망하였을 때 긴메이 천황이 이미 즉위하여 제27대인 안칸(安閑) 천황, 제28인 센카(宣化) 천황이 분열 상태에 있었으며, 539년은 이것이 통일된 해라고 하는 두 가지 연도 표기법이 동시에 존재하기 때문이다.

기 중국과 해동 지역에서 비교적 대표성을 지니는 불교조상 양식에 대해 정리하고 비교해 보면, 중국 남방의 육조 불상이 한반도와 일본에 어떻게 영향을 끼쳤는지를 파악할 전제로 삼을 수 있다.

1. 남방 장강 유역에 처음 전래된 불교조상

1) 서한과 동한 시기의 소형 동제 인물상

[1-1] 쿠샨시대 마투라 불상
(『世界美術大全集: 東洋編 13』)

현존하는 유물을 보면, 기원전 2세기에 중국에는 이미 고도로 체계화된 꿇어앉은 자세의 작은 동제 인물상(銅人)이 나타났다. 이 상은 오른손을 위로 들고, 왼손은 무릎에 얹고 있으며, 오른쪽 어깨에 옷을 걸치고 있고, 육계(肉髻)가 있는 등의 조형 특징을 보이고 있어, 인도 쿠샨시대 마투라의 불상과 아주 유사하다. 불상이라는 것 자체가 기원 1세기 무렵에 출현하였다는 것이 일반적인 인식이므로 중국의 작은 동제 인물상을 불상으로 보기는 어렵다. 그러나 이들 조상의 외형과 불상 사이에 존재하는 높은 유사성은 이들과 불상 사이에 어떤 관련이 존재할 가능성을 무시할 수 없게 한다. 이와 관련된 동제 인물상의 예로 다음과 같은 것이 있다.

a. 허북(河北) 만성(滿城) 1호 한묘(漢墓)에서 출토된 동제 인물상 2건: 고고학 보고서에는 이 두 동인에 대해 다음과 같이 서술하고 있다. "앉은 자세, 복식, 조형적 특징은 기본적으로 동일하다. 머리에는 원형 모자를 쓰고 있고, 상투를 높이 틀고, 몸에는 상감기법으로 문양을 넣은 옷(錯金錦紋衣)을 걸치고 있는데, 가슴과 배는 드러낸 상태이다. 1:4168번 유물은 책상다리를 하고 앉아 있으며, 두 손을 무릎 위에 두고 있고, 높이는 7.7㎝이다. 1:4169번 유물은 꿇어앉은 자세[5]에서 오른손은 위로 들고 왼손은 무릎 위에 두고 있으며, 높이는 7.8㎝이다. 이 둘의 표정은 익살스러운데, 착취 계급을 위해 오락을 제공하는 배우들의 모습인 듯하다."[6] 이 발굴보고서에 의하면, 1호 묘의 주인은 무제(武帝) 원정(元鼎) 4년(기원전 113)에 사망하였으며, 1호와 2호 두 기의 묘 모두 장사(長沙) 마왕퇴(馬王堆)의 1호 한묘보다 늦은 시기[7]에 조성된 것이어서, 장례 제도에 현저한 변화가 발생한 서

---

5) 역자 주: 책상다리와 꿇어앉은 자세: 본문의 그림 1-2는 정면에서 찍은 것으로서 둘 다 앉은 자세가 동일하게 보일 수 있는데, 이 기물을 옆에서 찍은 사진을 보면 꿇어앉은 쪽은 다리가 접혀 있는 모양이 명확히 표현되어 있다. 정면에서 볼 때, 꿇어앉은 자세(1:4169)는 무릎과 무릎 사이의 옷자락이 대체로 평평하고, 책상다리 자세(1:4168)는 무릎과 무릎 사이의 발목 부분이 오목하게 들어간 것으로 표현되어 있다. 이런 사항은 그림 1-2에서 조금 더 명확히 보인다.

6) 中國社會科學院考古硏究所 等, 『滿城漢墓發掘報告』(文物出版社, 1980년판), 100쪽.

7) 역자 주: 마왕퇴 한묘는 지금의 호남성 장사시 芙蓉區 동쪽 교외에 있으며, 서한 초기 장사국의 승상이자 軑侯의 봉작을 받은 利蒼의 가족묘이다. 모두 3기인데, 1호 묘가 이창의 아내, 2호 묘가 이창 본인, 3호 묘는 이창의 아들 묘이다. 1호 묘의 묘주인 이창의 아내 辛追는 기원전 168년에 사망하였으며, 이창은 기원전 185년에 사망하였으므로 실제 사망은 이창이 빠르다. 만청 한묘는 2기인데, 1호가 中山靖王 劉勝의 묘, 2호가 유승의 처 竇綰의 묘인데, 사망 시기는 명확하지 않으나 기원전 113~104년 사이로 추정하고 있다. 중산정왕 유승은 『삼국지』의 주요 인물인 유비의 조상이기도 하다.

[1-2] 허북 만성 1호 서한묘 동제 인물상(『中國美術の圖像と樣式』) [1-3] 강소 우이현 한묘 동제 인물상(『考古』 2013년 제10기)

한西漢 중기에 해당한다.

b. 강소江蘇 우이현盱眙縣 대운산大雲山 서한 강도왕릉江都王陵 1호묘 출토된 작은 동제 인물상 4건: 이들의 형태는 만청滿城 한묘와 동일하다. 고고학 관련 보고서에는 이것을 '동진銅鎭'(돗자리 등을 눌러두는 동제품—역자)이라고 보았는데, 구체적인 서술은 다음과 같다. "1벌에 4개이며, 두 개씩 서로 짝이 된다. 율동하며 음악을 연주하는 형상의 토용이다. 남측 회랑의 동쪽 상층에서 출토되었다. M1:5144-1번 유물은 오른손을 귀 옆에 대고 있고, 왼손은 평평하게 다리 위에 올려 두고 있으며, 두 다리는 책상다리를 하고 앉아 있다. 기물의 표면은 도금 방식으로 장식했다. 바닥면의 길이는 5.5, 폭은 5.1, 높이는 7.5㎝이다. M1:5144-3번 유물도 크기는 M1:5144-1번과 비슷하지만 표정은 약간 다르며, 오른손을 아래로 내리고 있다."[8] 고고학 보고서에 따르면, 이 무덤의 매장 연대는 기원전 128년이거나 그보다 약간 뒤에 이루어진 것이라 한다.

c. 광서廣西 서림현西林縣 보타普馱 동고묘銅鼓墓에 출토된 서한 초기 동제좌상銅坐像 4건.[9]

d. 감숙성甘肅省 평량시平凉市 영태현靈台縣 부가구傅家溝 서한묘에서 출토된 동제인물좌상人物銅坐像[10]: 미국 메트로폴리탄박물관에는 이 좌상과 아주 비슷한 서한 시기 인물 좌상 4인 1벌이 수장되어 있다.

e. 강소성江蘇省 비주邳州 동한 환제桓帝 원가元嘉 원년(151)의 묘에서 출토된 금동조상鎏金銅造像: 천융칭(陳

[1-4] 광서 서림 보타 동고묘 인물좌상(『中國美術の圖像と樣式』) [1-5] 감숙 영태 부가구 서한묘 인물좌상(『考古』 1979년 제2기)

---

8) 南京博物院 等,「江蘇盱眙縣大雲山西漢江都王陵一號墓」,『考古』 2013년 제10기.
9) 廣西壯族自治區文物工作隊,「廣西西林縣普馱銅鼓墓葬」,『文物』 1978년 제9기.
10) 靈台縣文化館,「甘肅靈台發現的兩座西漢墓」,『考古』 1979년 제2기.

[1-6] 강소 비주 동한 원가 원년(151) 동조상(『東南文化』 2000년 제3기)   [1-7] 교토대학 문학부박물관 소장 인물좌상(『中國美術の圖像と樣式』)   [1-8] 안휘성박물관 소장 인물좌상(『中國美術の圖像と樣式』)

[1-9] 미국 샌프란시스코아시아미술관 소장 동제인물좌상(『中國美術の圖像と樣式』)   [1-10] 덴리참고관 소장 인물좌상(『中國美術の圖像と樣式』)

[1-11] 브뤼셀국립역사박물관 소장 인물좌상(『中國美術の圖像と樣式』)   [1-12] 감숙 무위 마취자 한묘 채회목제육박용 (『中國美術の圖像と樣式』)

永淸)·장하오린(張浩林)의 논문에서는 이 동상을 불상이라고 보았다.[11] 이 무덤은 일찍부터 도난 정도가 심하였기 때문에 온전한 기물은 발굴되지 않았고, 단지 이 청동 조상만 발굴되었을 따름이다.

 f. 교토대학 문학부박물관에 소장된 동제인물좌상.

 g. 안휘성박물관에 소장된 동제인물좌상.

 h. 미국 샌프란시스코아시아미술관에 소장된 동제인물좌상.

 i. 일본 덴리참고관(天理參考館)에 소장된 동제인물좌상.

 j. 벨기에 브뤼셀국립역사박물관에 소장된 동제인물좌상.

 위에서 열거한 인물상을 보면 단신單身인 것과 2인 1조, 4인 1조의 형식이 있다. 그중에서 단신상인 e와

---

11) 陳永淸·張浩林, 「邳州東漢紀年墓中出土鎏金銅佛造像考略」, 『東南文化』 2000년 제3기.

f는 혹 다른 짝이 있었는데 손실된 것인지는 지금으로선 단정지을 수 없다. 이 인물상들의 신분에 대해서는 여러 가지 의견이 있다. 혹자는 2인 1조나 4인 1조의 인물상은 육박六博놀이[12]를 하는 인물인데[13], 이때 4인 1조의 경우 2명은 놀이를 하는 사람, 2명은 구경꾼이라고 한다. 물론 일리는 있으나 이 주장은 다음과 같은 문제를 잘 설명하기 어렵다.

첫째, 유사한 형상을 보이고 있는 이들 인물 사이에 육박 놀이판이 발견되지 않고 있어[14], 표현하고자 하는 내용이 육박놀이인지 의문이 남는다. 감숙성甘肅省 무위武威 마취자磨嘴子 48호 한묘의 채회목제육박용彩繪木製六博俑 및 미국 메트로폴리탄박물관 소장 동한 육박도용六博陶俑은 모두 육박놀이판이 놓여 있다. 그리고 이 두 벌의 인물은 모두 중국 전통 양식인 교령의交領衣(교차형 옷깃의 옷)를 입고 있으며, 오른쪽 어깨를 드러낸 채 옷을 걸치고 있는 모습은 보이지 않는다.

둘째, 만성滿城의 한묘漢墓와 우이盱眙 대운산大雲山의 한묘漢墓에서 출토된 a와 b의 2인 1조 조상造像은 같은 유형의 조상 중에서 출현 시기가 비교적 이르며 제작 상태도 비교적 정교한데, 조형造型은 동일 근원에서 번각되어 나온 것이라고 볼 수 있다. c~j는 제작 공예 상태가 이 둘보다 약간 뒤처졌지만 양식 자체는 이 두 조상을 따르고 있다. 특히 이들 좌상에 보이는 오른쪽 어깨는 드러낸 채 옷을 입은 것, 오른손을 위로 들고 있는 것, 머리 위의 육계肉髻와 같은 세 가지 요소는 불상에서 가사를 입을 때 오른쪽을 드러낸 것, 오른손으로 시무외인施無畏印을 표현하는 것 및 정수리에 육계를 두는 등의 형상과 서로 맞아떨어지는데, 이것을 단지 우연의 일치라고 하기에는 학술적 엄정함이 부족한 태도이다. 미국 헌팅턴(Huntington) 부부는 일찍이 '불상이 석가모니 입멸 후 얼마 지나지 않아 바로 제작되기 시작했다'[15]고 주장한 바 있고, 또 한漢 애제哀帝 원수元壽 원년(B.C.2) 이전에 이미 불교가 중국에 전래되었다는 말들이 전해지는데[16], 어쩌면 이러한 언급들에 대해 새로이 관심을 가져야 할 수도 있다.

셋째, 위에 열거한 조상들이 육박을 내용으로 했다 하더라도 한대의 육박 활동은 서왕모西王母에 대한 보조 형상에서 출현한 것이어서 종교적 색채를 띠고 있는 것이다.[17] 불교는

[1-13] 사천 신진 출토 화상석 육박그림(『中國美術の圖像と樣式』)

---

12) 역자 주: 六博: 중국 고대 놀이의 일종. 놀이 진행과 관련하여 '棋'가 등장하므로 흔히 고대의 장기라고도 하지만 장기와는 관련이 없다. 한국 윷놀이의 윷처럼 생긴 여섯 개의 대나무 젓가락을 던져서 말을 움직이는데, 이 젓가락을 '博箸'라 하며, 6개의 '박저'를 쓴다고 하여 '六博'이라 한다.
13) 曾布川寬, 「六博の人物坐像銅鎭と博局文について」, 『中國美術の圖像と樣式』(中央公論美術出版, 2006년판), 208~220쪽.
14) 林巳奈夫, 『漢代の文物』(京都大學人文科學硏究所, 1976년판); 孫機, 「漢鎭藝術」, 『文物』 1983년 제6기; 傅擧有, 「論秦漢時期的博具, 博戲兼及博局紋鏡」, 『考古學報』 1986년 제1기.
15) J. C. Huntington, "Origin of the Buddha Image, Early Image, Traditions and the Concept of Buddha-darsanapunya", A. K. Narian(ed), Studies in Buddhist Art of South Asia(New Delhi, 1985); S. L. Huntington, "Early Buddhist Art and the Theory of Aniconism", Art Journal Vol.49(1990).
16) 湯用彤, 『漢魏兩晉南北朝佛敎史』(北京大學出版社, 1997년판), 3~12쪽; 任繼愈, 『中國佛敎史』 第一卷(中國社會科學出版社, 1985년판), 4~67쪽.
17) 李淞, 「漢代藝術中的西王母—中國第一神像的産生與演變」(南京藝術學院 1999年 博士學位論文).

양한兩漢 시기에 정식으로 중국에 전입되었다. 그러나 그 이전에 민간 전파의 방식으로 육박을 포함하여 중국의 민간 오락이나 신앙 활동에 침투하지 않았을까? 가령 일본의 경우 불교가 정식으로 전래되기 200년 전에 이미 중국 불교의 조상 요소가 일본 민간의 불식동경佛飾銅鏡(불상이 장식된 청동거울)에 반영된 것과 마찬가지일 수 있다.

2) 장강 유역 한대 불교조상의 시대적 특징

양한 시기에 불교는 이미 정식으로 중국 내지에 전래되었는데, 동한 시기 불교조상의 시대적 특징은 대체로 다음과 같은 몇 가지 측면을 포함하고 있다.

 a. 동한 시기의 승려들은 서역에서 온 사람들이 많은데, 이들 서역승들이 휴대한 불교조상은 종교적 독자성을 가진 불상[18]일 것이다.

 b. 문헌 기록을 보면, 불교가 전래되던 초기에는 통치 계층에서 불상을 제례에 올리거나 순장품으로 썼다는 기록이 있다. 현존하는 동한 불상의 실물 자료 중 다수는 묘지에서 출토된 것인데, 이것은 당시 사람들이 불상을 어떤 용도로 활용하였는지를 반영하는 것이다.

 c. 동한의 통치 계층이 붓다를 신봉할 때 그들은 대체로 불교를 황로도술黃老道術의 일종으로 간주하였다. 그래서 붓다를 황로 등 중국 전통의 신선이나 귀신(神祇)과 나란히 제사를 지냈다. 현존하는 이른 시기의 실물 가운데는 요전수搖錢樹[19]에 서왕모가 달려 있거나 불식동경에 방위신이 출현하는 사례들이 있는데, 이것은 민간에서도 붓다를 신선과 같이 간주하였음을 나타낸다. 따라서 불상의 종교적 독립성은 아직 구현되지 않은 것이다.

 d. 중국에서 현존하는 동한 불교조상의 실물 자료를 보면[20] '불상'류가 다수를 차지한다. 이들은 그 조형의 기준이 기본 조상 의궤에 부합되는지의 여부에 따라 "표준불상"과 "비표준불상"의 두 유형으로 나눌 수 있다. 표준불상이란 불경佛經에 보이는 붓다의 "32상相"과 "80종호種好"의 모습과 형체 특징을 반영하는 것이다. 아울러 이들은 인도의 불상과 닮았고, 일부의 조상에서는 1불 2협시보살의 조합이 이미 보이기도 하는데, 다만 그 협시보살의 신분이 누구인지 확정하기는 어렵다. 비표준불상이란 예를 들어 육계肉髻·백호白毫·수인手印·광배 등과 같이 불상이 갖는 특징 중 일부만 반영한 것이다. 다만 착의의 표현은 각기 다르며 가사가 아닌 경우가 많다. 즉 착의의 형식과 형태는 모두 붓다가 입는 "삼의三衣"와는 다른 편이다.

---

18) 역자 주: 원문은 "獨立宗敎意義上的佛像". 아래에 보이는 것처럼 민간신앙이나 여타 종교와 뒤섞인 것이 아니라 불교라는 종교적 독자성을 가진 것을 말한다.
19) 역자 주: '요전수'는 청동으로 나무 모형을 만들어 잎을 돈 모양으로 만들거나 돈을 매달아 놓은 조형물로서 財福을 기원하는 것이다.
20) 阮榮春, 『佛敎南傳之路』(湖南美術出版社, 2000년판), 18쪽.

3) 현존하는 동한 불교조상의 양식적 특징

현존하는 동한 시기 표준불상으로는 주로 사천 지역 및 강소성 북부의 공망산孔望山에서 출토된 것이 있다. 이 중 사천 지역 불교조상의 양식은 아래와 같은 특징을 포함한다.

　a. 정수리에 머리를 묶어 육계肉髻를 만든다.
　b. 왼손으로 옷자락을 잡고, 오른손으로는 시무외인施無畏印을 취한다.
　c. 일부에서는 1불 2협시의 조합이 나타난다.
　d. 불상들은 거의 예외 없이 "통견식通肩式" 가사를 입고 있다. 이때 가사의 주름은 크게 두 가지 유형이 있다. 하나는 중심에서 대칭되게 아래로 늘어뜨리는 형식이다. 남경박물원南京博物院 소장품으로서, 팽산彭山 협강夾江의 동한 시기 애묘崖墓(절벽에 굴을 파서 조성한 묘지—역자)에서 출토된 요전수 좌대(搖錢樹礎)의 불좌상(坐佛)[21], 그리고 사천 낙산樂山 마호麻浩 1호 묘의 문머리(門楣)에 새겨진 불상과 낙산 시자만柿子灣 1호 애묘崖墓의 문머리 불상[22] 등이 있다. 또 다른 유형으로는 왼쪽 어깨로 주름이 모이는 형식인데[23], 삼협三峽의 중경重慶 풍도豐都에서 출토된 동한 연광延光 4년(125) 요전수의 불상[24]과 면양綿陽 안현安縣에서 출토된 동한 요전수의 불상[25] 등이 있다.

'통견식' 불상 가사의 주름에 각기 다른 유형이 존재하는 것은 고인도 불교조상에서 지역 및 시간적 차이를 반영하는 것이다. 예컨대 주름이 왼쪽 어깨로 모이는 것은 비교적 이른 시기에 간다라 지역에서

[1-14] 사천 팽산 동한 애묘 요전수 좌대 불좌상 (『世界美術大全集: 東洋編 3』)

[1-15] 사천 낙산 마호 한묘 불상 (費泳 촬영)

[1-16] 삼협 한 연광 4년(125) 불상(阮榮春 제공)

[1-17] 사천 안현 동한시기 요전수의 불상(『中國南方早期 佛教藝術初論』)

---

21) 梅養天, 「四川彭山縣崖墓簡介」, 『文物參考資料』 1956년 제5기; 俞偉超, 「東漢佛教圖像考」, 『文物』 1980년 제5기.
22) 楊枝高, 「四川崖墓略考」, 『華文月刊』 1940년 제6기; 唐長壽, 「樂山麻浩, 柿子灣崖墓佛像年代新探」, 『東南文化』 1989년 제2기; 唐長壽, 「四川樂山麻浩一號崖墓」, 『考古』 1990년 제2기; 吳焯, 「四川早期佛教遺物及其年代與傳播途徑的考察」, 『文物』 1992년 제11기; 何志國, 「四川樂山麻浩一號崖墓年代商榷」, 『考古』 1993년 제8기.
23) 이런 유형의 법의(佛衣)를 흔히 "右袒式"(오른쪽 어깨를 드러내는 양식)이라고 부르기도 한다. 그러나 이것은 타당하지 않은데, 이들 불상이 모두 "원형의 옷깃"(圓領)과 "왼쪽 어깨에 주름을 모은다"(集衣襞于左肩)는 두 가지 특징이 있음을 고려해야 한다. "우단식"의 법의를 입을 경우, "원형의 옷깃"과 같은 것은 나타날 리가 없다.
24) 「重慶豐都槽房溝發現有明確紀年的東漢墓葬」, 『中國文物報』 2002년 7월 5일; 徐光冀 主編, 『永不逝落的文明, 三峽文物搶救紀實』(山東畫報出版社, 2003년판), 49쪽; 費泳, 『中國佛教藝術中的佛衣樣式研究』(中華書局, 2012년판), 116~138쪽.
25) 綿陽博物館·安縣文管所, 「四川安縣文管所收藏的東漢佛像搖錢樹」, 『文物』 2002년 제6기.

[1-18] 라호르 (Lahore) 박물관 소장 간다라 석조불입상 (『佛像大觀』)

[1-19] 간다라 과거칠불상과 미륵보살상 (『パキスタン・ガンダーラ彫刻展』)

출현한 것이며, 이런 양식은 간다라 지역의 불상에서만 보인다. 그런데 같은 시기에 마투라 불상에서는 "우단식右袒式"(오른쪽 어깨를 드러내며 옷을 입는 방식)이 유행하고 있었다.

옷 주름이 몸의 중앙을 중심으로 대칭하여 아래로 처지는 무늬는 2세기 초 이전의 간다라 불상이나 마투라 불상 양쪽 모두에서 잘 보이지 않는 양식이다. 이런 형식은 아마도 카니슈카 왕 재위 시기(대략 78~120) 혹은 그 직후에 만들어진 듯하며, 바로 간다라와 마투라 불상에 구현되었다. 대표적인 사례로는 페샤와르(Peshawar)[26] 샤지키데리(Shāh-ji-ki-Dheri)[27]에서 출토된 카니슈카 왕 사리함[28]의 뚜껑에 새겨진 불좌상[29], 카니슈카라고 새겨진 금화의 붓다[30] 및 간다라[31]와 마투라의 같은 종류 작품 등이 있다.

두 종류의 통견식 법의 중에서 주름을 왼쪽 어깨로 모으는 형식은 비교적 사실적이며, 가사의 한쪽 자

[1-20] 카니슈카 사리함 불상 (Pakistan: Les Arts du Gandhara)

[1-21] 개인 소장 금화의 붓다 (『國華』 1108호)

[1-22] 일본 개인 소장 쿠샨시대 간다라 불상(『ガンダーラ美術の名品』)

[1-23] 쿠샨시대 마투라 불상 (『印度美術』)

---

26) 역자 주: "Peshawar"는 현재 파키스탄의 도시로서, 파키스탄 북서부 카이베르파크툰크와(Khyber Pakhtunkhwa)주의 주도이다.
27) 역자 주: "dheri"는 "언덕"의 의미이다. 샤지키 데리에 카니슈카 왕의 탑(스투파)이 있다.
28) 역자 주: "카니슈카 왕 사리함"은 카니슈카 왕이 붓다의 진신사리를 보관하기 위해 만든 사리함을 말한다.
29) 이 사리함은 탑의 중심에서 발굴된 것이 아니라 측면에서 발견되었다. 그래서 이 사리함이 카니슈카 2세 혹은 3세 때 제작되어 추가로 탑에 부장된 것이라 보는 관점도 있다.
30) 역자 주: 앞면에는 카니슈카왕의 立像과 "왕중왕 쿠샨의 카니슈카"라는 명문이 있고, 지금 논하는 것은 뒷면에 붓다 입상과 '붓다'가 희랍문자로 'BODDO'라고 새겨져 있다. 이 금화 하나는 '1디나르'에 해당한다. 그리고 금화 외에 銅貨도 있는데 4드라크마에 해당하며, 붓다의 입상이 있는 것도 있고, 미륵좌상이 있는 것도 있다. 한편 카니슈카 왕의 금화는 여러 종류가 있어서 붓다 외에 인도의 신 시바나 이란의 태양신 미트라, 그리스신 아네모스가 새겨진 것들도 있다.
31) 栗田功, 『ガンダーラ美術 Ⅱ』(二玄社, 1990년판).

락을 왼쪽 어깨에 걸치는 복식 제도를 형상적으로 표현하고 있는데[32], 중앙대칭 형식의 통견식 의상은 그보다는 더욱 도식화되어 있다.

문제는 사천 지역에서 출토된 동한 시기 불상에 보이는 두 종류의 주름 형식이 고인도에서 어떻게 계승되어 왔는가 하는 점이다.

사천의 풍도豐都와 안현安縣의 요전수에 부착되어 있는 불상은 주름을 왼쪽 어깨로 모으는 유형의 통견식 의상을 하고 있는데, 이러한 착의 형식은 간다라 불상에는 흔히 보이지만 마투라 불상에는 보이지 않는다. 게다가 정수리에 머리를 묶어 육계를 만든 것은 간다라 불상의 지역적 특징이어서[33] 그 조형적 특징의 근원은 간다라에 더욱 접근하고 있다.

팽산彭山 동한묘의 요전수 좌대의 불상 및 낙산 마호 1호 묘 불상은 중앙대칭식 주름 유형의 '통견식' 법의를 하고 있다. 필자의 관점에서는 바로 카니슈카 왕 사리함 뚜껑의 주존불이 이 양식의 원형으로 보인다. 그러니 이러한 불상은 틀림없이 카니슈카 왕의 적극적인 불교 전파에 힘입어 중국으로 들어왔을 것이다.[34]

사천 지역의 동한 시기 불상이 대체로 요전수와 함께 나타나는 현상은 주목할 필요가 있다. 이들 불상은 대개 요전수의 좌대 혹은 나무줄기에 있다. 나무에 돈을 매다는 '요전수'에 관한 비교적 이른 시기의 기록은 『삼국지三國志』 「위서魏書 · 병원전邴原傳」에 보이는 다음과 같은 내용이다.

> 병원이 한번은 출행 나갔다가 누군가 떨어뜨린 돈을 보게 되었는데, 주워서는 나뭇가지에 매달아 놓았다. 그런데 그 돈이 없어지지 않을 뿐 아니라 돈을 매달아 놓는 사람이 더 많아졌다. 그 까닭을 물어보니 대답하는 사람이 "신령스런 나무(神樹)입니다"라는 것이었다.[35]

요전수 도상圖像의 발생 시기는 어쩌면 선진先秦 시기까지 거슬러 올라갈 수 있으며, 그 도상이 표현하는 깊은 의미는 아마도 삼신산三神山이나 토지신(社神) 등의 존재와 관련 있을 수 있다.[36] 그러나 놓쳐서는 안 되는 점이 있다. 돈나무(錢樹)가 동한 시기에 불교조상의 내용 중에 출현하면서 새로운 형상적 의미를 부여받았을 수 있는데, 돈나무가 어쩌면 불교의 보리수와 같은 깊은 의미를 지녔을 수 있다는 것이다.

남경박물관 소장품으로서 팽산彭山 한묘에서 출토된 요전수 좌대의 불상을 보면 필자는 그 형상이 틀림없이 『불본행경佛本行經』에 나오는 "나무의 신이 붓다께 예를 올리다"라고 하는 "수신예불樹神禮佛"이라고 본다. 요전수 좌대에 새겨진 주존불은 곧 석가모니이고, 양측의 이 협시는 수신樹神이며, 이 좌대에 꽂혀 있는 요전수는 보리수라는 상징적 의미도 갖는 것이다.

---

32) 費泳, 「佛像袈裟的披着方式與"象鼻相"問題」, 『敦煌研究』 2008년 제2기.
33) 간다라 계열의 불상에 나타나는 머리를 묶은 육계(또는 파상형 머리카락 모양의 육계라고도 함)는 마투라에서는 보이지 않는데, 서방인의 도상에 근거하여 제작한 것으로 간주할 수 있다. 阮榮春, 「早期佛教造像的南傳系統」, 『東南文化』 1990년 제1·2 합간 참고.
34) 費泳, 『中國佛教藝術中的佛衣樣式硏究』(中華書局, 2012년판), 93~109쪽.
35) "邴原嘗行而得遺錢, 拾以繫樹枝, 此錢旣不見取, 而繫錢者愈多. 問之故, 答者謂之神樹."
  역자 주: 이 내용은 『삼국지』 본문이 아니라 裵松之 주석인 『(邴)原別傳』의 내용이다. 『삼국지』 본문은 280년, 배송지 주석은 429년에 작성되었다. 끝부분의 답변은 마을 사람들은 나무에 갑자기 돈이 매달려 있으니, 신령스러운 나무라 생각하여 너도나도 돈을 매달아 놓게 된 것임을 말한다.
36) 于豪亮, 「"錢樹""錢樹座"和魚龍漫衍之戲」, 『文物』 1961년 제11기. 俞偉超, 「東漢佛敎圖像考」, 『文物』 1980년 제5기.

[1-24] 간다라 「범천권청」
(『パキスタン・ガンダーラ彫刻展』)

[1-25] 라호르박물관 소장 부조 「사천왕봉발」
(『犍陀羅』)

[1-26] 일본 아곤슈 종단 소장 불삼존상
(『ガンダーラ美術の名品』)

　간다라 지역에서 붓다의 위에 있는 산개傘蓋가 보리수의 모양을 띠는 것은 매우 흔한 것이어서 일종의 고정된 양식이라고도 할 수 있다. 또 내용으로 불전 이야기가 많은데, 그래서 내용도 "수신예불樹神禮佛" 외에 "범천권청梵天勸請"(범천이 붓다께 설법을 청하다)이나 파키스탄 라호르박물관(Lahore Museum)에 소장된 불탑의 "사천왕봉발四天王奉鉢"(사천왕이 각각 붓다께 모두 네 개의 발우를 올리다), 그리고 일본 아곤슈(阿含宗) 종단에서 소장하고 있는 불삼존상佛三尊像 및 "우전왕예불優塡王禮佛"(우전왕이 붓다께 귀의하여 예불함) 등이 있다.

　쿠샨왕조의 마투라 지역에서 붓다의 머리 위 산개가 보리수와 비슷한 모양을 띠는 것은 흔하지 않지만, 그 대신 산개가 원판형인 것은 보인다. 사르나트 고고박물관에 소장된 마투라 출토 석가상을 예로 들 수 있는데, 이 불상은 석조원판형 산개가 있다. 마투라의 이러한 원판형 산개가 형상적인 의미라는 측면에서 간다라의 보리수 도상 산개와 동일 유형인지에 대해서는 좀 더 연구가 필요하다.

　『방광대장엄경方廣大莊嚴經』의 「예보리장품詣菩提場品」 경문에 "이때 보살이 바른 생각으로 저 보리수의 나무를 향해 똑바로 보며 나아갈 때 나아갔나니, 이와 같은 한량없는 위의를 갖추고 있었느니라"[37] 하는 문구가 있는데, 이것을 보면 보리수는 이미 불타(붓다) 도량의 상징이 되어 있었다. 현존하는 실물 자료로 볼 때, 사천성의 풍도豐都·안현安縣·팽산彭山 등의 붓다 장식이 있는 요전수의 도상은 간다라 불상에서 붓다의 머리 위에 있는 보리수 도상과 틀림없이 일정한 관계가 있을 것이다.

[1-27] 마투라 석가상(『印度藝術簡史』)

[1-28] 마투라 석가상 산개
(Sculptures of Mathura and Sarnath)

---

37) 『大正藏』 第03冊, No.0187, "爾時菩薩正念向彼菩提之樹直視行, 時便有如是無量威儀."

공망산孔望山의 동한 시기 불상 자료들은 주로 바위산에서 볼 수 있는 부조된 조상들로, 연운항連雲港박물관에서 부여한 번호를 따를 때, 일련번호 X2·X61·X71·X76 등이 일반적으로 불상으로 인식되고 있다.[38] 공망산의 조상들은 불교가 중국에 막 전래되었을 당시의 특징을 반영하고 있다. 즉 "표준

[1-29] 공망산 일련번호 X2 불상 (『中國石窟雕塑全集 10』)

[1-30] 공망산 일련번호 X61 불입상 (『文物』 1989년 제12기)

[1-31] 공망산 일련번호 X76 불좌상 (『文物』 1982년 제9기)

불상"과 "비표준불상"이 병존하는 것이다. X2입상과 X76좌상의 경우 머리에 육계를 하였고, '통견식' 가사를 입고 있으며, 왼손으로는 가사 자락을 잡고 있고 오른손은 시무외인을 하고 있는데, 이것은 이미 표준적 의미를 구현한 불상이라 할 수 있다. 공망산의 불상들 중에 규범에 부합되지 않는 불상들이 있는데, 이 현상 자체가 이들 불상이 시기상으로 서진보다 늦지 않을 것임을 말해 주는 듯하다.

공망산 동한 시기 불상 양식의 연원은 아마도 마투라와 좀 더 밀접한 관련이 있을 듯하다. 예컨대 일련번호 X2와 X76 불상은 눈 테두리가 얼굴에서 비교적 큰 비율로 묘사되어 있다는 점[39], 그리고 붓다의 법의 주름이 선으로 새겨진 형식이라는 점[40] 등이 그러하다.

공망산의 불상이 언제 조성되었느냐 하는 연대에 대한 판정은 중국에서 조기의 불교 전파 양식과 밀접한 관련이 있다. 장강 유역을 따라 한대에서 서진 시기 사이에 출현한 불상은 발생 시기에서 서쪽이 이르고 동쪽이 늦은 현상이 나타나고 있다.[41] 그런데 공망산은 장강 하류 중에서 북쪽으로 치우치면서 황해에 인접한 위치이므로 동한 시기에 이곳에 불상이 출현했다고 한다면 전파 원칙에 어긋나 보일 수 있다. 이에 대해 우줘(吳焯)의 관점은 동한 시기에 해상을 통해 불교가 전래되었을 가능성은 배제하고, 공망산 등 강소성 북부와 산동성 남부의 초기 불상을 낙양洛陽을 중심으로 하는 한전불교문화권에 포함시켰다.[42] 객관적으로 볼 때 우줘의 주장은 장강 유역에서 한, 위, 서진 시기 불교조상이 상류에서 장강을 따라 하류로 내려온다는 전파 경로를 설명하는 데 합리적 근거를 제공하는 것이긴 하다. 그러나 학계에 공망산의 불교조상들이 항로를 통해 전입되었다고 보는 관점이 존재했다[43]는 것을 무시해서는 안 된다.

전체적으로 볼 때 이상에서 서술한 것처럼 동한 시기 장강 유역 표준불상의 연원은 상당히 복잡한데,

---

38) 兪偉超·信立祥, 「孔望山摩崖造像的年代考察」, 『文物』 1981년 제7기; 閻文儒, 「孔望山佛敎造像的題材」, 『文物』 1981년 제7기; 步連生, 「孔望山東漢摩崖佛敎造像初辨」, 『文物』 1982년 제9기; 吳焯, 「孔望山摩崖造像雜考」, 『文物』 1989년 제12기; 阮榮春, 「孔望山佛敎造像時代考辨」, 『考古』 1985년 제1기; 溫玉成, 「孔望山摩崖造像硏究總論」, 『敦煌硏究』 2003년 제5기.
39) 阮榮春, 「早期佛敎造像的南傳系統」, 『東南文化』 1990년 제1·2 합집.
40) 費泳, 『中國佛敎藝術中的佛衣樣式硏究』(中華書局, 2012년판), 93~109쪽.
41) 阮榮春, 『佛敎南傳之路』(湖南美術出版社, 2000년판), 62~63쪽.
42) 吳焯, 『佛敎東傳與中國佛敎藝術』(浙江人民出版社, 1991년판), 115~133쪽.
43) 鎌田茂雄, 『中國佛敎史』 第二卷(東京大學出版會, 1983년판), 76쪽; 吳廷璆·鄭彭年, 「佛敎海上傳入中國之硏究」, 『歷史硏究』 1995년 제2기.

간다라와 마투라 각각의 지역적 영향을 받았을 뿐 아니라 이 두 지역의 종합적 영향을 받기도 한 것이었다.

4) 문헌 기록에 보이는 초기에 전래된 불교조상

문헌 기록으로 볼 때 중국에 처음 전래된 불상 중에는 의좌상倚坐像이 있었을 것이다. 당대唐代 도세道世의 『법원주림法苑珠林』 권13에는 남제南齊 왕염王琰의 『명상기冥祥記』를 인용하고 있는데, 그 내용은 다음과 같다.

> 한나라 명제가 꿈에 한 신인을 보았다. 키는 2장丈이요, 몸은 황금색이며 목뒤로는 태양 같은 빛을 띠었다. 그 일을 신하들에게 물으니, 어떤 이가 답하였다.
> "서방에 한 신이 있어 이름을 불佛이라 하는데 그 모습이 폐하께서 꿈에 보신 것과 같습니다. 혹 그가 아니겠습니까?"
> 이에 곧 사자를 천축에 보냈는데, 경전을 베끼고 불상을 가져오니 그것을 중원 땅에 전파하는 한편, 천자와 왕후로부터 모두 공경하여 섬겼다. 사람이 죽어도 정신은 멸하지 않는다는 말을 듣고는 다들 두려워하여 어쩔 줄을 몰라 했다.
> 처음에 사자 채음蔡愔이 서역의 사문 가섭마등迦葉摩騰 등을 데리고 우전왕이 그린 「석가모니불의좌상」을 가지고 돌아왔다. 명제는 그것을 매우 귀중히 여겼으니 꿈에서 본 것과 같았기 때문이다. 그리하여 화공을 보내 여러 폭을 그리게 하여 남궁南宮의 청량대淸涼臺 및 고양문高陽門과 현절수릉顯節壽陵 위에 모시고 공양했다. 또 백마사白馬寺의 벽에 일천의 수레, 일만의 기마인이 탑을 세 번 도는 그림을 그리게 하였는데, 이것은 여러 책에 실린 것과 같다.[44]

한 명제(생몰 28~75, 재위 58~75)가 꿈을 꾸고서 사신을 파견하여 구법求法했다는 이 기록은 비교적 이른 시기인 동한 「사십이장경서四十二章經序」나 동한 말기 모자牟子의 『이혹론理惑論』에 보인다. 그러나 이 두 편의 기록에서는 명제가 파견한 사신의 이름에 대해서는 장건張騫, 진경秦景, 왕준王遵 등으로 기록되어 있으나 우전왕이 그린 「석가모니불의좌상」을 가져왔다는 언급은 없다.

「사십이장경서」의 내용은 다음과 같다.

> 예전에 한나라 효명황제가 꿈에 몸은 황금색에 목뒤로는 태양 같은 빛을 띠는 한 신인이 대전 앞까지 날아온 것을 보았는데, 마음이 탁 트이며 너무도 기뻤다. 다음 날 여러 신하들에게 "이는 어떤 신인가?" 하고 물으니, 두루 통달한 사람인 부의傅毅가 답하였다.
> "신이 듣건대 천축에 득도한 이가 있어 불佛이라 합니다. 가벼이 움직이며 능히 날 수 있으니, 아마 그 신이 아닐까 합니다."

---

44) 漢明帝夢見神人, 形垂二丈, 身黃金色, 項佩日光. 以問群臣, 或對曰: 西方有神, 其號曰佛. 形如陛下所夢, 得無是乎! 於是發使天竺, 寫致經像, 表之中夏. 自天子王侯, 咸敬事之. 聞人死精神不滅, 莫不懼然自失. 初使者蔡愔將西域沙門迦葉摩騰等, 齎優塡王畫釋迦倚像. 帝重之, 如夢所見也. 乃遣畫工圖之數本. 於南宮淸涼臺及高陽門顯節壽陵上供養. 又於白馬寺壁畫千乘萬騎, 繞塔三匝之像, 如諸傳備載.

이에 황상이 깨닫고는 곧 사자 장건, 우림중랑장[45] 진경, 박사 제자 왕준 등 12명을 대월지국으로 보내 불경 『사십이장경』을 베껴 왔으며 이를 열네 번째 석함에 안치하고 탑과 사찰을 세웠다. 이에 도법이 퍼지니 곳곳에 붓다의 사찰이 세워져 먼 곳의 사람들까지 교화되어 신첩臣妾이 되기를 원하는 자가 이루 헤아릴 수 없었다. 전국은 맑고 편안해지니 의식을 가진 모든 중생들이 은혜를 입고 보호를 받게 되어 오늘날까지도 끊이지 않고 있다.[46]

『이혹론』의 기록은 다음과 같다.

질문: 우리 중국 땅에 불도가 처음 들어온 것은 어디에서 비롯된 것인가?
모자가 말함: 옛날에 효명황제가 꿈에 한 신인을 보았는데, 몸에는 태양 같은 빛이 있었고, 전각 앞까지 날아오니 마음이 탁 트여 아주 기뻐졌다. 다음 날 뭇 신하들에게 두루 묻길 "이는 어떤 사람인가?"라 하니 두루 통달한 사람인 부의가 말하길 "신이 듣건대 천축에 득도한 이가 있어 그를 '불佛'이라 한답니다. 허공을 날아다니며 몸에는 해와 같은 빛이 있다 하니 아마 그 신일 듯싶습니다" 하였다. 이에 황제가 깨달아 사자 장건, 우림낭중 진경, 박사 제자 왕준 등 12명을 대월지국에 파견하여 불경 『사십이장경』을 필사해 와 난대蘭臺 석실의 14번째 칸에 안치하였다. 이때 낙양성 서쪽의 옹문雍門 밖에 불교 사찰을 건립하였는데, 그 벽에 천 대의 수레와 일만의 기마인이 탑을 세 번 도는 모습을 그렸다. 또 남궁의 청량대와 개양성문開陽城門에도 불상을 만들었다. 명제는 재세 시에 미리 수릉을 만들었으니 그것을 '현절릉'이라 하였는데 여기에도 붓다 모습을 그렸다. 이때 나라는 풍요롭고 국민은 평안하였으며 먼 곳의 오랑캐들도 중국의 도의道義를 사모하게 되었으니, 이로부터 불교를 배우는 사람들이 많아졌다.[47]

이후 남제 왕염의 『명상기』 이후로 나타난 관련 기록에는 사자가 장건張騫에서 채음蔡愔으로 바뀌어 있고,[48] 또 석가상의 모습에 대한 기록도 차이가 있다. 양梁 혜교慧皎의 『고승전高僧傳』 권1 「축법란전竺法蘭傳」에 다음과 같은 기록이 있다.

채음은 또 서역에서 석가모니 불의좌상을 얻었는데, 이것은 우전왕의 전단상사栴檀像師가 그린 네 번째 작품이다. 낙양에 이르자 명제는 곧 화공에게 그림을 베껴 그리게 하여 청량대와 현절릉에 두게 하였다. 그때의 구본(옛날) 그림은 지금 전하지 않는다.[49]

---

45) 역자 주: '羽林'은 人名이 아니라 궁궐과 도성을 지키는 禁軍을 말한다.
46) 昔漢孝明皇帝, 夜夢見神人, 身體有金色, 項有日光, 飛在殿前. 意中欣然, 甚悅之. 明日問群臣: "此爲何神也?" 有通人傅毅曰: "臣聞天竺有得道者, 號爲佛, 輕擧能飛, 殆將其神也." 于是上悟, 卽遣使者張騫, 羽林中郞將秦景, 博士弟子王遵等十二人, 至大月支國, 寫取佛經四十二章, 在第十四石函中, 登起立塔寺. 于是道法流布, 處處修立佛寺, 遠人伏化, 願爲臣妾者不可раним數. 國內淸寧, 含識之類蒙恩受賴, 于今不絶也.
47) 問曰: "漢地始聞佛道, 其所從出耶?" 牟子曰: "昔孝明皇帝夢見神人, 身有日光, 飛在殿前, 欣然悅之. 明日, 博問群臣: '此爲何神?' 有通人傅毅曰: '臣聞天竺有得道者, 號之曰佛, 飛行虛空, 身有日光, 殆將其神也.' 於是上悟, 遣通使者張騫, 羽林郞中秦景, 博士弟子王遵等十二人, 於月支寫佛經四十二章, 藏在蘭臺石室第十四間. 時洛陽城西雍門外起佛寺, 於其壁畫千乘萬騎, 繞塔三匝, 又於南宮淸涼臺及開陽城門上作佛像. 明帝存時, 豫修造壽陵曰: 顯節, 亦於其上作佛圖像. 時國豐民寧, 遠夷慕義, 學者由此而滋."
48) 한 명제가 꿈에 감응하여 사신을 보내 법을 구한 기록에 대한 고증은 다음 자료를 참고할 수 있음. 湯用彤, 『漢魏兩晉南北朝佛教史』(北京大學出版社, 1997년판), 17~22쪽; 任繼愈, 『中國佛教史』 第一卷(中國科學出版社, 1985년판), 94~105쪽.
49) (蔡)愔又于西域得畫釋迦倚像, 是優田王栴檀像師第*四作也. 旣至洛陽, 明帝卽令畫工圖寫, 置淸涼臺中, 及顯節陵上. 舊像今不復存焉.
역자 주: 第*: 필자 원문은 '等'이지만 오자임.

북제 위수魏收가 편찬한『위서魏書』권114의「석로지釋老志」에는 이러한 기록이 있다.

채음은 또 불경『사십이장경』과 석가가 서 계신 상을 얻었는데, 명제는 화공에게 불상을 그리게 하여 청량대와 현절릉에 두게 하였다.[50]

이상의 기록은 동일 사건에 대한 각기 다른 시기의 기록이다. 그런데 발생 시기가 비교적 이른 동한시대의 두 기록에서는 그 내용 중에 불교조상의 사항이 기록되어 있지 않은데, 좀 늦게 생겨난 세 편의 기록에는 오히려 석가의 조상 관련 내용이 출현하며, 조상에 대한 기술도 일치하지 않아서 의좌상이라 하기도 하고 입상이라 하기도 했다.

중국 고대 문헌에서 한 명제가 영평永平(58~75) 연간에 서역으로 사신을 파견하여 법을 구하면서 불상을 가지고 왔느냐, 그리고 불상의 양식에 대한 묘사가 왜 일치하지 않느냐 하는 문제에 대해 런지위(任繼愈)는 불교가 중국 내륙으로 전입되었을 때를 한 애제 원수元壽 원년(기원전 2)으로 잡는다 해도 한 명제 때에 불상이 이미 중국으로 전해졌다고 하는 것은 시기적으로 너무 일러 보인다고 하였다.[51]

우전왕이 석가상을 만들었다는 기록으로 비교적 이른 시기의 것은 계빈국(罽賓)의 삼장법사로서 동진에 와 있던 구담瞿曇 승가제바僧伽提婆가 번역한『증일아함경增一阿含經』에 보인다. 이 경문을 보면 우전왕은 석가모니와 동 시기 사람인데, 석가를 사모하여 "이때 우전왕은 우두전단牛頭栴檀으로 높이 5척의 여래 형상을 만들었다"고 되어 있다. 그러나 실물 자료를 보면 고인도에서 불상이 나타난 것은 1세기 무렵에야 등장하였다. 따라서 일반적으로는 우전왕이 석가모니 재세 시에 불상을 조성했다는 것은 신화적 색채를 지닌다고 보고 있다.[52] 우전왕이 불상을 만든 덕에 "여래의 몸은 만들 수 없다"[53]라는 경문에 견강부회한 주장들을 후세 사람들이 타파하게 된 것인지는 지금 와선 이미 알 수 없게 되었다. 그러나 이 고사가 고인도, 중국 및 일본 불교의 조상과 밀접한 관련이 있음은 분명하다.

현존하는 실물 자료로 볼 때 간다라와 마투라에서 비교적 이른 시기의 불상은 대체로 서 있는 자세나 가부좌를 결한 자세가 많으며, 불의좌상佛倚坐像은 대략 간다라 말기(대략 140~230)의 조상 중에 나타난다. 예를 들어 스와트(Swat) 계곡의 부트카라(Butkara)에서 출토된 의좌불倚坐佛 같은 것이다. 현재 페샤와르(Peshawar)박물관에 소장된 "붓다께 불상

[1-32] 스와트 부트카라 출토 불의좌상(費泳 그림)

[1-33] 붓다에게 불상을 들어 보이는 우전왕(『佛陀世界』)

---

50) 愔又得佛經四十二章及釋迦立像, 明令畫工圖佛像, 置清涼臺及顯節陵上.
51) 任繼愈,『中國佛教史』第一卷(中國科學出版社, 1985년판), 101쪽.
52) 任繼愈,『中國佛教史』第一卷(中國科學出版社, 1985년판), 101쪽.
53) "如來身者不可造作."『大正藏』第02册, No.0125.

을 들어 보이는 우전왕" 부조는 간다라 지역에서 발굴된 약 3세기경의 작품이다. 이 부조 속에서 우전왕이 손에 들어 안고 있는 작은 석가상은 결가부좌에 선정인을 하고 있으며, '통견식' 가사를 입고 있다. 이것은 고인도에서 우전왕이 석가상을 만들었다는 명확한 실제 사례이기도 하다. 중국 조기 불상들, 예를 들어 사천이나 강소성 연운항連雲港 공망산孔望山의 불상들도 가부좌를 결하거나 서 있는 모양이 많다.

조상의 발생 시기나 불상의 양식적인 측면에 있어 의심은 남지만, 어쨌든 남제 왕염의 『명상기』에는 채음이 "우전왕이 그린 '석가모니불의좌상'"을 가져왔다는 기록이 있다. 이것은 남제 연간(479~502)에 이미 우전왕이 조성했다는 석가불의좌상의 표준본이 유행하였음을 반영하는 것일 수도 있다. 이런 현상을 당시 사람들이 한 명제 때의 구법 활동에 끼워 맞췄을 수 있는 것이다. 어쩌면 우줘(吳焯)가 말한 것처럼 "채음이 우전왕이 그린 '석가불의좌상'을 가져왔다는 것은 근거가 없는 것"[54]일 수도 있다.

그러나 우전왕이 석가불의좌상(또는 입상)을 만들었으며, 동한 초기의 한 명제 때에 이미 중국에 이것이 전래되었을 가능성을 배제할 수는 없다. 초당初唐 시기에 조성된 용문석굴 조상을 보면 제작 형식이 우전왕이 만든 것처럼 "우단식右袒式" 가사를 입은 의좌상과 같은 유형의 작품이 많이 보이는데, 이런 모습을 어디에서 취했는지는 "조상제기造像題記"에서 확인할 수 있다.[55] 이러한 우전왕상은 현장玄奘법사가 서역에서 돌아올 때 가져온 우전왕상의 복제본에서 나온 것일 수 있다.[56] 현장의 『대당서역기大唐西域記』를 보면 고인도 카우샴비(Kauśāmbī, Kosambī)에서 우전왕이 "자단나무로 불상을 조각"(刻檀佛像)하였던 적이 있었음을 알 수 있다. 다만 실물을 근거로 이 불상의 옛 발상지에 대한 상황을 확실히 단언하기는 어렵다.

[1-34] 용문석굴 경선사구敬善寺區의 당대 우전왕상 (『中國石窟雕塑全集 4』)

2. 삼국·서진의 불교조상과 일본으로의 전파

1) 삼국과 서진 시기 장강 중하류 지역의 불교조상

현존하는 실물 자료를 보면 삼국시대와 서진 시기부터 손오孫吳 판도에 속하는 장강 중하류 지역에서 불교조상이 계속 나타나기 시작하였다. 그중에서 호북湖北·안휘安徽·강소江蘇·절강浙江 등에서 비교

---

54) 吳焯,「西國佛畫論考」,『南亞研究』1988년 제3기, "蔡愔齋來優塡王畫釋迦倚像, 本出無稽."
55) 宮大中,『龍門石窟藝術』(增訂本, 人民美術出版社, 2002년판), 319~325쪽.
56) 曾布川寬,『唐代龍門石窟造像的研究』(臺灣藝術家出版社, 1992년판).

[1-35] 호북 무창 연계사 출토 오 영안 5년(262) 금동띠장식(『中國金銅佛』)

[1-36] 절강 승현 출토 오 영안 6년(263) 불식세발화장함(『佛敎初傳南方之路文物圖錄』)

[1-37] 절강 소흥 출토 오 건형 3년(271) 불상화상벽돌(『佛敎初傳南方之路文物圖錄』)

[1-38] 남경 출토 오 봉황 2년(273) 유도불상 (『佛敎初傳南方之路文物圖錄』)

[1-39] 호북 악주 출토 삼국·서진 시기의 기봉불수경 (『佛敎初傳南方之路文物圖錄』)

[1-40] 북경고궁박물원 소장 손오·서진의 청자불상(『故宮收藏佛像』)

[1-41] 절강 섬현 강하촌 출토 오 천기 4년(280) 불상화상전(『古剡漢六朝畫像磚』)

[1-42] 강소 강녕 출토 서진 태강 원년(280)의 혼병(『佛敎初傳南方之路文物圖錄』)

적 많은 조상이 출토되었다.[57] 예를 들어 호북 무창武昌 연계사蓮溪寺의 오吳 영안永安 5년(262) "금동띠장식(鎏金銅帶飾)에 장식된 보살상", 절강 승현嵊縣에서 출토된 오吳 영안 6년(263)의 "청자불식세발화장함"(靑瓷佛飾三足奩), 절강 소흥紹興에서 출토된 오 건형建衡 3년(271) "불상화상전佛像畫像磚", 강소 남경에서 출토된 오 봉황鳳凰 2년(273)의 "유도불식혼병釉陶佛飾魂瓶", "유도불상釉陶佛像", 호북 악주鄂州 당각두唐角頭의 손오 시기 4호 묘에서 출토된 유도좌불釉陶坐佛[58], 호북 악주 오리돈五里墩에서 출토된 삼국·서진 시기의 "기봉불수경夔鳳佛獸鏡"[59], 북경고궁박물원에 소장된 삼국의 손오에서 서진까지의 "청자불상靑瓷佛像", 절강 섬현剡縣 강하촌江夏村에서 출토된 오 천기天紀 4년(280)의 "불상화상전佛像畫像磚", 강소 강녕江寧에서 출토된 서진 태강太康 원년(280)의 혼병魂瓶, 강소 우이盱眙에서 출토된 서진 태강 9년(288)

---

57) 阮榮春, 『佛敎南傳之路』(湖南美術出版社, 2000년판), 제18~21쪽; 黃文昆 編, 『佛敎初傳南方之路文物圖錄』(文物出版社, 1993년판).
58) 湖北省文物考古硏究所·鄂州市博物館, 「湖北鄂州市塘角頭六朝墓」, 『考古』 1996년 제11기; 楊泓, 「跋鄂州孫吳墓出土陶佛像」, 『考古』 1996년 제11기.
59) 鄂州 五里墩의 "기봉불수경"의 생성 시기가 삼국시대이냐 서진 시기이냐에 대해서는 학계의 관점이 일치하지 않는다. 호북성박물관·악주시박물관 공편, 『鄂城漢三國六朝銅鏡』(文物出版社, 1986년판), 20쪽, 그림81에 첨부된 설명과 黃文昆 編, 『佛敎初傳南方之路文物圖錄』(文物出版社, 1993년판), 164쪽, 그림21에 첨부된 설명을 참고할 수 있다.

분묘의 "불상화상전佛像畵像磚" 및 "비천화상전飛天畵像磚" 등이 있다.

북방에는 조기 불교의 조상 실물이 거의 존재하지 않는 것에 비해, 남방 장강 유역에서는 동한에서 서진 시기에 대량의 불교조상이 나타나고 있다. 이것으로 보아 적어도 중국 불교조상이 남방에서 처음 흥기하였다고 말하는 것이 가능하다.

그리고 바로 삼국·서진 시기에 불교조상이 민간을 통해 중국의 오吳나라 지역에서 일본으로 전래되었으므로 이 시기의 특징이 일본에서 출토된 동 시기의 "불식동경佛飾銅鏡"[60], 특히 "삼각연불수경三角緣佛獸鏡"(가장자리 단면이 삼각을 이루며 붓다와 동물 문양이 있는 청동거울)과 "화문대불수경畵紋帶佛獸鏡"(문양대가 그려져 있으며, 붓다와 동물 문양이 있는 청동거울)에 반영되었음을 볼 수 있다.

(1) 삼각연불수경

"삼각연불수경三角緣佛獸鏡"으로 우선 다음과 같은 실물들이 있다.

① 일본 궁내청宮內廳에 소장된 나라현奈良縣 기타카쓰라기군北葛城郡 고료정廣陵町 오쓰카大塚의 신산新山 고분 출토품.

②~④는 교토대학京都大學 문학부 소장품으로서 ②교토부京都府 무코시向日市 데라토정寺戶町 데라토오쓰카寺戶大塚 고분 출토품, ③ 일본 교토부京都府 후나이군船井郡 소노베정園部町 소노베가키우치園部垣內 고분 출토품, ④ 도쿄국립박물관 소장의 일본 교토京都 니시쿄구西京區 고분 출토품인데, 이들 ②~④는 같은 거푸집에서 나온 거울일 것이다.

"삼각연불수경"은 일본에서만 보이며 중국에서는 보이지 않는다. 이 현상에 대해 "오吳 지역의 장인이 일본으로 건너가서 주조한 것"[61]이라는 주장이 있는데, 이에 대해 학계에서 의구심을 갖는 것은 당연하다. 그 주장대로라면 장인들이 왜 중국에서는 이런 유형의 동경을 만들지 않고 일본에 가서야 제작하기

[1-43] 일본 나라 기타카쓰라기군 고분 출토 삼각연불수경(『佛敎初傳南方之路文物圖錄』)

[1-44] 일본 교토부 무코시 고분 출토 삼각연불수경(『古鏡』)

[1-45] 일본 교토부 후나이군 고분 출토 삼각연불수경(『佛敎初傳南方之路文物圖錄』)

[1-46] 일본 교토부 후나이군 고분 출토 삼각연불수경(『佛敎初傳南方之路文物圖錄』)

[1-47] 일본 교토 니시쿄구 고분 출토 삼각연불수경(『佛敎初傳南方之路文物圖錄』)

---

60) 왕중수(王仲殊)의 주장: "동한 중기 이후에 새로 나타나기 시작한 神獸鏡과 畵像鏡이 대량으로 제작된 곳으로는 우선 장강 하류에서 紹興을 중심으로 하는 會稽郡을 꼽을 수 있다. 물론 장강 중류의 江夏郡은 지리적 위치면에서 아주 중요하여 경제가 발달하였고, 경내에는 또 銅鑛이 많았으니 동제 거울을 주조하는 주요 공장들의 소재지였을 것이다. 鄂城에서 발견된 것이 바로 이 점을 증명한다. 앞서 말한 것처럼 악성에서 발굴된 동경에는 신수경이 많으며, 아울러 또 화상경도 일부 존재한다."(王仲殊, 「關于日本三角緣神獸鏡의 문제」, 『考古』 1981년 제4기)
쉬핑팡(徐苹芳)의 주장: "오나라의 동경 주조업에는 두 개의 거점이 있는데, 하나는 회계군의 山陰 즉 지금의 절강성 紹興이고, 하나는 강하군의 武昌 즉 지금의 호북성 鄂城이다."(徐苹芳, 「三國兩晉南北朝的銅鏡」, 『考古』 1984년 제6기)

61) 역자 주: 출처는 王仲殊, 「關于日本三角緣神獸鏡의 문제」, 『考古』 1981년 제4기, 355쪽.

시작하였는지 설명하기 어렵기 때문이다.[62] 이러한 반박에 대해 왕중수(王仲殊)가 재반박하였는데, 그 핵심적 근거는 "현재까지 중국 경내(조선 경내를 포함하여)에서 '삼각연신수경'이 발견되지 않았을 뿐 아니라 '삼각연불수경'도 발견되지 않고 있다.…… 일본에서 출토된 '삼각연신수경'은 이미 삼백 수십여 개에 이르는데, '삼각연불수경'은 10개도 되지 않는다. 이것은 '삼각연불수경'이 독자적인 체계를 이루지 못하며 대량의 '삼각연신수경'의 범주의 일부로 포함됨을 나타내는 것"[63]이라는 것이다. 또 이어서 "오나라의 장인이 일본으로 건너간 후 오나라 지역에서 유행하던 신수경과 불수경을 결합하여 중국 내에서는 일찍이 존재하지 않았던 새로운 형식의 '삼각연신수경'을 제작하였다"라고 하였다.

여기에서 한 가지 지적해야 할 것은 동경銅鏡 가장자리의 단면이 삼각형 모양을 이루는 양식은 중국에서 출토된 삼국·서진 시기의 동경에서 찾아볼 수 있다는 점이다. 예를 들어 강소 우이현도서관 소장의 우이현 출토품 중에 "삼각연신수동경"으로 불리는 직경 19㎝의 동경이 하나 있다.[64] 이 거울의 삼각연은 한 줄이어서 일본에서 출토된 거울의 삼각연이 대체로 두 줄인 것과는 다르다. 그러나 우이현에서 이 삼각연신수동경이 발굴됨에 따라 일본에서 출토된 삼각연신수동경이나 삼각연불수경이 중국 삼국시대 오나라 지역에서 이미 제작되었을 가능성이 있는 것이다.

[1-48] 강소 우이 출토 삼각연불수경 일부
(『佛敎初傳南方之路文物圖錄』)

(2) 화문대불수경

일본 나가노현(長野縣) 가이젠지(開善寺)에 소장된 나가노현 이다시(飯田市) 오사루도(御猿堂) 고분에서 출토된 "화문대불수경畫紋帶佛獸鏡", 교토국립박물관에 소장된(원래는 大阪府 河内 金剛輪寺 소장) "화문대불수경", 도쿄국립박물관에 소장된 오카야마현(岡山縣) 구라시키시(倉敷市) 히바타·아카이(日煙赤井)의 오보산(王墓山) 고분에서 출토된 "화문대불수경", 고토미술관(五島美術館)에 소장된 지바현(千葉縣) 기사라즈시(木更津市) 쓰루마키

[1-49] 일본 나가노 이다시 고분 출토 화문대불수경(『佛敎初傳南方之路文物圖錄』)

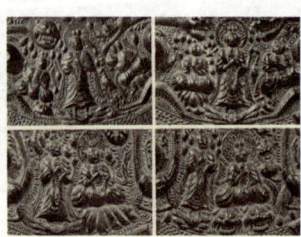
[1-50] 문화청 소장 화문대사불수경 일부(『古鏡』)

[1-51] 도쿄국립박물관 소장 화문대불수경(『古鏡』)

[1-52] 일본 지바현 기사라즈시 쓰루마키 고분 출토 화문대불수경(『古鏡』)

---

62) 西田守夫, 「鉛同位體比法にょる漢式鏡研究への關係資料について」, 『博物館』 1982.1.
63) 王仲殊, 「關于日本的三角緣佛獸鏡」, 『考古』 1982년 제6기.
64) 黃文昆 編, 『佛敎初傳南方之路文物圖錄』(文物出版社, 1993년판), 163쪽의 圖20 문자 설명.

(鶴卷) 고분에서 출토된 "화문대불수경", 궁내청 소장품으로서 지바현 기사라즈시 기온(祇園) 충적지의 오쓰카산(大塚山)에서 출토된 "화문대불수경"(이 거울은 아마 일본의 모방품일 것이다).⁶⁵⁾ 그 외에 나고야시와 독일 베를린 민속박물관⁶⁶⁾도 각기 "화문대불수경"을 한 점씩 소장하고 있다.

지금까지 보이는 "화문대불수경"은 모두 일본의 고분에서 발굴된 것이며 모두 같은 유형의 부조 조형을 띠고 있는데, 중국에는 이와 같은 유형의 동경이 발굴된 바가 없다. 그럼에도 "화문대불수경"이 중국에서 일본으로 전파되었을 것으로 보는 이유는 주로 "화문대불수경"이 형식 및 문양 장식의 측면에서 "화문대신수경"과 비슷하여 "화문대신수경"의 일종으로 볼 수 있으며, 후자의 "화문대신수경"은 동한⁶⁷⁾ 및 손오·서진 시기에 흔히 보이는 동경이기 때문이다.

또 1964년에 호북성 악주鄂州에서 출토된 "불식동경"(불상이 표현된 동경)은 좀 더 분명한 증거가 될 수 있다. 이 거울은 직경이 15㎝이며, 제작 연대는 대략 3세기 중기이다. 거울

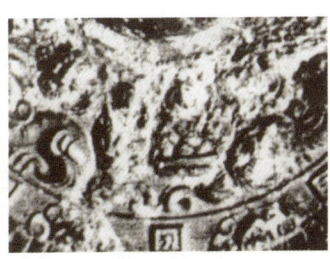

[1-53] 일본 지바현 기사라즈시 기온 충적지 출토 화문대불수경 (『佛敎初傳南方之路文物圖錄』)

[1-54] 호북성 악주 한계寒溪도로 출토 화문대불식동경(『고고』 1982년 제6기)

의 외곽 가장자리는 주로 각종 동물 도안으로 구성된 띠 문양을 이루고 있으며, 그 안쪽 면의 주요 문양은 네 벌(組)의 신상神像과 네 마리의 동물로 구성되어 있다. 그중 한 벌의 경우 좌상 하나와 입상 하나의 두 인물상으로 구성되어 있다. 이 중 좌상은 가부좌를 결하고 있으며 목뒤에 광배를 장식하고 있고 연화좌에 앉아 있어 불상으로 봐야 한다. 그 우측에 시립侍立한 상은 손에 연꽃을 들고 있다. 불교를 소재로 하는 이 인물 조형은 일본의 고분에서 출토된 "화문대불수경"에서 하나는 앉고 하나는 서 있는 두 인물의 조합과 형태상으로 유사하다. 악주의 이 동경을 "화문대불수경"으로 볼 수 있음은 의심의 여지가 없으며, 아울러 "화문대불수경"이 중국의 오나라 땅에서 나왔다는 것이 신빙성 있음을 증명하는 것이기도 하다.

(3) 불상기봉경

왕중수가 삼국·서진 시대의 "불상기봉경佛像夔鳳鏡"에 대해 통계를 낸 바 있는데, 대대로 전해져 온 것이 4개이고 발굴된 것이 6개⁶⁸⁾이다. 이들 중 전해져 온 것 4개는 각각 도쿄박물관, 미국 하버드대학미술관(Fogg Museum), 보스턴미술관(Boston Museum of Fine Arts), 독일 베를린박물관(Staatliche Museen zu Berlin)에 소장되어 있다. 고고학적으로 발굴된 '불상기봉경'의 출토 지역은 호북 악주 오리돈五里墩, 절강 무의현武義縣, 절강 항주, 절강 금화金華, 남경 서선교西善橋, 호남 장사 좌가당左家塘 등 여섯 곳이다.

---

65) 樋口隆康, 『古鏡』(新潮社, 1979년판), 도판190-218.
66) 梅原末治, 『歐米に於ける支那古鏡』(刀江書院, 1931년판), 揷圖22.
67) 현존하는 작품 중 연대가 명확히 동한 시기인 화문대불수경으로는 동한 桓帝 永康 원년(167)의 작품과 靈帝 中平 4년(187)의 작품이 있다. 陳佩芬, 『上海博物館藏青銅鏡』(上海書畫出版社, 1987년판), 32~33쪽, 그림54-55 참고.
68) 王仲殊, 「論吳晉時期的佛像夔鳳鏡」, 『考古』 1985년 제7기.
　역자 주: 왕중수(王仲殊)가 전해진 것과 발굴된 것을 구별하는 이유는 왕중수 자신의 말(앞의 책, 637쪽)에 따를 때, 세상에서 전해져 온 것은 그것이 언제 어디에서 제작되었는지를 추측만 할 수 있을 뿐 정확히 알 수 없기 때문이다.

[1-55] 도쿄박물관 소장 불상기봉경 일부
(『佛教初傳南方之路文物圖錄』)

[1-57] 보스턴미술관 소장 불상기봉경 일부
(『古鏡』)

[1-56] 하버드대학미술관 소장 불상기봉경
(『考古』1985년 제7기)

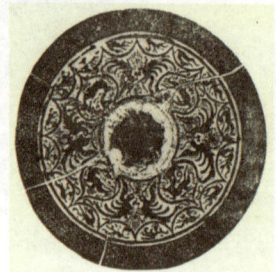
[1-58] 강서 정안현 출토 서진 태강 9년 (288) 불상기봉경
(『中國南方早期佛教藝術展』)

[1-59] 호북 악주 서진 시기 묘 출토 불상기봉경
(『佛教初傳南方之路文物圖錄』)

    그런데 이상은 왕중수의 통계이고, 사실 오에서 서진까지의 "불상기봉경"은 위에 열거한 것 외에도 더 많은 현존 작품들이 있는데, 도쿄예술대학에 소장 중인 "동오시대 불상기봉경"[69], 그리고 강서江西성 정안현靖安縣박물관 소장품으로서 강서 정안현에서 출토된 서진 태강太康 9년(288)의 "불상기봉경"[70], 호북 악주시박물관에서 소장하고 있는 대략 서진 시기의 "불상기봉경"[71] 두 개, 남경시박물관에서 소장하고 있는 서진 시기 "불상기봉경", 강서 의춘시宜春市 황치산黃梔山에서 출토된 "불상기봉경", 강서 신감현新贛縣에서 출토된 "불상기봉경" 등을 예로 들 수 있다.

    "삼각연불수경"은 단지 일본에서만 보이고 있지만 "화문대불수경"은 중국과 일본에서 모두 보이고 있는 반면, "불상기봉경"은 장강 유역에서 발견되고 있는데, 일본에서도 출토되었는지는 의심스럽다. 이에 대해 왕중수는 다음과 같이 생각하고 있다.

---

69) 『中國南方早期佛教藝術展』(南京博物院, 1991년판), 14쪽.
70) 黃文昆 編, 『佛教初傳南方之路文物圖錄』, 그림25의 문자 설명이다. "안쪽 구획 속의 4개의 잎사귀에는 달리고 있는 동물이 있으며, 잎사귀 사이에는 마주보는 봉황이 장식되어 있다. 봉황의 머리 사이에 '大吉' 등의 명문이 주조되어 있다. 16개의 弧(둥근 형태)로 이루어진 바깥쪽 구획 속에는 짐승들의 문양으로 장식되었는데, 그중 하나의 호 안에는 비천이 표현되어 있다."(文物出版社, 1993년판), 165쪽)
71) 黃文昆 編, 『佛教初傳南方之路文物圖錄』(文物出版社, 1993년판), 164쪽. 그림23·24에 첨부된 문자 설명.

확신할 수 있는 것은 기봉경의 지역적 분포는 중국 전역에 걸쳐 있지만 불상기봉경의 분포는 주로 장강 중하류의 강남 지역이었는데, 이 지역은 삼국시대 오나라 경내에서 가장 발달된 곳이었다. 도쿄박물관 소장품 등 전해져 온 거울 네 개는 형식과 도안이 상술한 지역에서 출토된 거울과 비슷하므로 그것들도 장강 중하류의 강남 지역 산물일 것이다.[72]

미즈노 세이치(水野淸一)는 "삼각연불수경"이 삼국시대 즉 3세기 중엽에 발생한 것으로 보고 있으며, "불상기봉경"의 발생은 대략 서진 시기인 270년에서 300년 전후, "화문대불수경" 또한 대략 300년 전후의 서진 시기에 발생한 것으로 보고 있다.[73]

왕중수는 "삼각연불수경"은 일본으로 건너간 오나라 지역 장인의 작품으로서 위나라 장인의 작품은 아니며, 또한 선박에 실어서 옮겨간 것도 아니고, 연대는 대체로 3세기 중엽이지만 그중 일부 동경의 경우는 좀 더 늦어서 3세기 말이나 혹은 4세기 초일 가능성을 배제할 수 없다고 생각하고 있다. "불상기봉경"은 주로 장강 중하류의 강남 지역에 분포하는데, 삼국시대 오나라 경내의 가장 발달된 지역에 해당하며 시간은 오吳 중후반 즉 3세기 중엽이다. "화문대불수경"은 사실 "화문대신수경"의 일종이다. 기존의 "화문대불수경"이 비록 대부분 일본의 고분에서 발굴되고 있지만, 분명 중국 장강 유역에서 수입한 오나라 거울로서 선박에 실어 옮긴 것이다. 그것이 일본에서 제작된 시기는 아마 서진 시기일 것인데, 중국에서 발생된 시기는 오吳의 중후기이다.[74]

왕중수는 "삼각연불수경", "불상기봉경"과 "화문대불수경"은 발생 시기가 대략 같으며, 모두 3세기 중엽으로 보고 있다.

이와 달리 미즈노 세이치는 "삼각연불수경", "불상기봉경"과 "화문대불수경"은 발생 시기에 있어 비록 일부 중첩되는 기간은 있으나 선후 관계가 있다고 보고 있다. 이러한 관점은 동경의 불상이 그 이전 시기에 있었던 유사한 신선상으로부터 좀 더 진정한 불상으로 발전되었다는 생각을 갖게 하는 원인이 되기도 한다. 아울러 그는 이 과정 속에서 차츰 비천飛天, 연화수보살蓮花手菩薩, 반가사유상 등이 나타나게 되며, 4세기에 들어서면서 각종의 형식이 비로소 대체로 완비되었다고 생각하였다.[75]

미즈노 세이치는 여러 종류의 불식동경이 생겨난 것과 형상의 변화는 직선적인 발전 관계가 있다고 보고 있다. 그러나 왕중수의 관점에서 보면, 불식동경은 대다수가 3세기 중엽에 탄생되었고, 거울 뒷면의 형상은 집중적으로 탄생하여 폭발적으로 나타난 것이지 선후 관계는 거의 존재하지 않는다.

구체적으로 볼 때, 미즈노 세이치는 세 종류의 불식동경 중에 "화문대불수경"의 발생 시기가 가장 늦다고 보았다. 그런데 일본에서 출토된 "화문대불수경"에 보이는 특징은 그것을 "표준불상"이라고 하기 어렵다. 이 외에 반가사유상은 "불상기봉경"과 "화문대불수경"에 모두 출현하는데 그 발생 시기는 3세기 말이나 4세기 초까지 내려가지는 않을 것이다. 따라서 불식동경의 시대에 대해서는 왕중수의 관점이 좀 더 합

---

72) 王仲殊, 「論吳晉時期的佛像夔鳳鏡」, 『考古』 1985년 제7기.
73) 水野淸一, 『中國の佛敎美術』(平凡社, 1966년판), 27쪽.
74) 王仲殊, 「關于日本的三角緣佛獸鏡」, 『考古』 1982년 제6기; 王仲殊, 「論吳晉時期的佛像夔鳳鏡」, 『考古』 1985년 제7기.
75) 水野淸一, 『中國の佛敎美術』(平凡社, 1966년판), 27쪽.

리적이라 할 수 있다.

삼국시대 불식동경의 지역적 속성에 대해 왕중수는 다음과 같이 생각한다.

> 중국의 삼국시대에 불상을 문양으로 하는 동경은 오나라 거울로 한정된다. 위나라 지역 내에서는 부조 방식으로 조성된 동왕부東王父나 서왕모西王母 같은 신선 형상으로 문양을 삼는 신수경이나 화상경이 없을 뿐 아니라 불상을 문양으로 하는 화문대불수경이나 불상기봉경은 아예 존재하지 않는다. 사실상 위나라 지역에서는 거울 외에 기타 물건에서도 불상을 장식 문양으로 한 것은 아직까지 보이지 않고 있다. 이 점은 삼각연불수경을 포함하여 삼각연신수경이 위나라 거울이 아님을 더욱 분명히 입증하는 것이다.[76]

이 주장은 실물 자료에 근거하는 것으로서 일본에서 발생한 불식동경이 중국 오나라 지역에서 기원하였다는 학술적 주장의 타당성을 지지하는 것이다.

2) 삼국·서진 시대 불교조상의 시대적 특징

전체적으로 보면 삼국·서진 시대 불교조상의 시대적 특징은 동한東漢과 유사하여, 독립적으로 모시는 대상이 되는 불상이나 순장殉葬 및 기타 기물에 부착된 불상이 병존하고 있었으며, 이른바 "표준불상"과 "비표준불상"이 공존하고 있었다. 그러나 동한과의 차이가 있다면 불교조상이 장강 중하류 지역에서 급속히 발전하였으며, 아울러 일본에까지 영향을 미치게 되었다는 점이다.

『고승전』 권9의 「불도징佛圖澄」편에 "한나라의 명제가 꿈에 감응하여 처음 그 도를 들여온 이래 오로지 서역인이 도읍에 사찰을 건립하고 그 신을 모시는 것이 허락되었을 뿐 한족은 출가할 수 없었다. 위나라 역시 한나라의 제도를 계승하여 그 전례를 따랐다"[77]는 기록이 있다. 한족의 출가를 금지하는 규정은 동한과 위대魏代에 활약했던 엄불조嚴佛調, 주사행朱士行 등의 한인에 의해 타파되었다. 위나라 황초黃初 연간(220~226)에 더욱 많은 사람들이 불교에 귀의하게 되었다. 『수서隋書』 권35 「경적지經籍志」에는 "위나라 황초 연간에 중국 사람들이 불교의 계율에 귀의하기 시작하여 머리를 깎고 승려가 되었다.…… 불교가 동쪽으로 흘러드는 것이 이때 이후로 흥성하였다"[78]라는 기록이 있다.

위나라 정권이 불교를 배척하였던 것에 비하면 오吳는 불교에 대해 상대적으로 관용적이었다. 『고승전』에는 대대로 천축에 살던 강승회康僧會가 난을 피해 오나라로 들어온 기록이 있다.

> 이때 오나라는 대법大法이 처음 젖어들기 시작한 때라 풍속화되는 것이 아직 완전하지 않았다. 강승회는 불도를 진작시키기 위해 강동江東에 탑과 사찰을 세우고자 석장을 짚고 동쪽으로 떠나서 오나라 적오赤烏 10년(247)에 처음 건업建業에 와서 띠집을 잇고 불상을 진설하여 도를 행하였다.[79]

---

76) 王仲殊, 「關于日本的三角緣佛獸鏡」, 『考古』 1982년 제6기.
77) 往漢明感夢, 初傳其道, 唯聽西域人得立寺都邑, 以奉其神, 其漢人皆不得出家. 魏承漢制, 亦循前軌.
78) 魏黃初中, 中國人始依佛戒, 剃髮爲僧.……佛教東流, 自此而盛.
79) 時吳地初染大法, 風化未全. 僧會欲使道振江左, 興立圖寺, 乃杖錫東游, 以吳赤烏十年初達建業, 營立茅茨, 設像行道.

『도화견문지圖畫見聞志』에는 촉蜀의 승려 인현仁顯이 쓴『광화신집廣畫新集』의 내용이 다음과 같이 기록되어 있다.

> '조씨'에 대해서는 다음을 언급해야 한다. 예전에 천축에 강승회란 사람이 있었는데 처음 오나라에 들어와 불상을 안치하고 도를 행하였다. 이때 조불흥曹不興이 서쪽 나라의 불화를 보고 그것을 의제와 규범으로 삼아 묘사하였다. 이에 천하에 '조'라는 명성이 크게 전해지게 되었다.[80]

혹자는 "강승회는 단지 불조佛祖의 그림뿐만 아니라 불화의 화법과 불화의 이론까지 아울러 전수하였다. 이것은 동방화론의 근본 원리, 즉 '사혁謝赫의 6법'에 참고 사항을 제공한 것이기도 하다"라고 보기도 한다.[81] 조불흥은 "불화의 아버지"(佛畫之祖)라는 칭호가 있는데, 그의 그림을 전승한 자로 위협衛協, 고개지顧愷之, 육탐미陸探微 등이 나와 불화佛畫를 더욱 빛나게 하였다.

서진의 태강太康 연간(280~290)에 한때 한족의 출가를 금지하는 규정이 다시 강화되었으나 그 효과가 크지는 않았다.『법원주림法苑珠林』권28「신이편神異篇」에 다음과 같은 기록이 있다.

> 진나라의 저세상抵世常은 중산中山 사람으로 집안이 경제적으로 풍족하였다. 태강 연간에 진나라 사람이 사문이 되는 것을 금지하였다. 저세상은 불법을 받들어 정진하였으며, 은밀히 저택에 정사를 지어 두고 사문들을 봉양하였으니, 우법란于法蘭도 여기에 포함되었다.[82]

한족은 출가할 수 없다는 금지령은 진 초기 이후로 이미 효력이 없어 명실상부하지 않게 되었다.『법원주림』의 기록에 의하면, 서진 시기에 불교 사찰이 180곳, 승려는 3,700여 명이 있었다. 그 가운데 불교 사찰이 분포된 지역으로 그 자료가 남아 있는 것만 해도 하서河西·농우隴右와 북방의 중원中原, 그리고 남방의 오나라 지역 등이 있다.[83]

서진 시기 불상의 표현 형식에 대해 낙양洛陽을 예로 들면,『위서魏書』「석로지釋老志」에 다음과 같은 내용이 있다.

> 낙양 지역에 백마사를 세우면서 불화(佛圖)를 성대하게 장식하였는데, 필치가 절묘하여 사방에서 모방하게 되었다. 스투파의 형식에 있어서는 여전히 천축의 옛 모양을 따르되 새로운 구조를 취하였으니, 1층부터 3층, 5층, 7층, 9층까지 있게 되었다. 세상 사람들이 이를 계승하였으며 '부도浮圖'나 '불도佛圖'라 불렀다.[84]

---

80) 言曹曰, 昔竺乾有康僧會者, 初入吳, 設像行道. 時曹不興見西國佛畫儀范寫之, 故天下盛傳曹也.
81) 梅澤和軒,『六朝時代の藝術』(アルス[ARS]社, 1928년판), 130~131쪽.
82) 晉抵世常, 中山人也, 家道殷富, 太康中, 禁晉人作沙門. 世常奉法精進, 潛于宅中起立精舍, 供養沙門, 于法蘭亦在焉.
83) 顏尙文,「后漢三國西晉時代佛教寺院之分布」,『臺灣師範大學歷史學報』제13기(1985); 木田知生,「江浙早期佛寺考」,『東南文化』1992년 제1기.
84) 自洛中搆白馬寺, 盛飾佛圖, 畫迹甚妙, 爲四方式. 凡宮塔制度, 猶依天竺舊狀而重構之, 從一級至三, 五, 七, 九. 世人相承, 謂之'浮圖', 或云'佛圖'.

이 인용문에서 앞부분의 "불화를 성대하게 장식한 것"(盛飾佛圖)의 '불도佛圖'와 뒷부분의 '부도浮圖'는 서로 다른 것이다. 전자는 불상을 그리는 것이고 후자는 불교의 탑을 말한다.[85] 이를 통해 서진 시기에 불상이 이미 종교적 독립성을 상당히 갖추게 되어 승려나 신도들이 공양하는 대상이 되었음을 알 수 있다. 하지만 고고학적으로 출토된 동 시기의 실물 자료를 보면 불상은 다수가 여전히 퇴소관堆塑罐(혼병) 같은 장례용 부장품에 표현된 방식으로 나타나고 있다. 따라서 종합적으로 보면 서진 시기의 불상은 차츰 종교적으로 독립되는 방향으로 나아가는 과정에 있었으며, 한위漢魏 시기에 불상을 부장품으로 쓰던 풍습이 여전히 이어지고 있었다고 할 수 있다.

3) 삼국 · 서진 불교조상의 양식적 특징

삼국 · 서진 시기 장강 중하류 지역에 출현한 표준불상은 양식적 통일성을 보이고 있는데, 대체로 다음과 같은 점에서 드러난다.

첫째, "통견식通肩式" 가사를 입고 있다.

둘째, 옷 주름은 대칭을 이루며 아래로 드리워져 있다.

셋째, 두 손은 선정인禪定印을 취하고 있다.

넷째, 가부좌를 결하고 있다.

다섯째, 목뒤에 광배가 있다.

여섯째, 높은 육계肉髻가 있다.

동한 시기 장강 상류 지역의 불상들은 하나같이 왼손으로 옷자락을 잡고 오른손은 시무외인을 취하고 있었으므로, 위의 특징들 가운데 '셋째, 붓다의 두 손이 선정인을 취함'은 기존의 특징과 달라진 점이 된다.[86] 그 외에 강소 · 절강 · 안휘의 퇴소관 및 호북의 동경에 부조된 불상의 연화좌 양 측면에는 사천 지역의 서왕모西王母 용호좌龍虎座와 비슷한 조형이 보인다. 일본에서 출토된 화문대불수경 및 중국에서 출토된 불상기봉경이나 퇴소관과 화상전 표면에는 불교가 중국으로 전해진 이래 불교문화권에서 현존하는 가장 이른 시기의 반가사유상半跏思惟像, 비천상飛天像 및 손에 연꽃을 들고 있는 인물 도상圖像 등이 보인다.

강소 · 절강 · 안휘 등 지역의 퇴소관에 부조된 불상은 흔히 둥근 얼굴에 큰 눈을 하고 있어 고인도古印度 마투라 지역 불상의 특징을 보이고 있다.[87] 선정인은 시무외인과 마찬가지로 고인도 불상에서 비교적

---

85) 역자 주: 이 인용문에서 '佛圖'가 두 번 보이는데, 따라서 실제 학계에서는 이 둘 다 '탑'을 의미하는 '佛圖'라고 오해하는 경우들이 존재한다. 특히 '爲四方式'을 "네 모서리가 있는 방식"으로 해석하여 '스투파'가 원래 인도에서는 둥근 언덕 모양인데 이것이 중국에서 각진 형태로 바뀌게 된 것을 의미한다고 보는 견해도 있었다. 그러나 이러한 주장은 옳지 않으며, '爲四方式'은 '爲'가 피동을 이끌며, '式'은 '모방하다, 흉내내다'의 의미로서 "사방에서 모방되다"의 의미이다. 한편, '宮塔'에서 '宮'은 인도의 스투파(탑)란 규모가 아주 큰 것임을 형용하는 것이다.

86) 장강 상류에 위치한 사천 지역의 경우, 삼국시대에 搖錢樹로 대표되는 불상의 표현 양식은 동한 시기 불상 양식이 이어지고 있어서 가부좌를 결하고 있으며, '통견식' 가사를 입고 있고, 왼손으로 옷자락을 잡고 오른손으로 시무외인을 취하는 기본 양식의 특징을 보이고 있다. 黃文昆 編, 『佛教初傳南方之路文物圖錄』(文物出版社, 1993년판), 그림9–15 참고.

87) 阮榮春, 『佛教南傳之路』(湖南美術出版社, 2000년판), 30쪽.

이른 시기부터 나타난 수인의 모습으로서 마투라와 간다라 지방의 쿠샨시대의 불상과 보살상에서 모두 보이던 형식이다. 혹자는 간다라 불상에서 선정인을 취하는 것이 모두 마투라 불상에서 유래하였다고 본다.[88] 일단 강소·절강·안휘 등 지역에서 출토된 퇴소관의 경우 선정인을 취하고 있는 불좌상이 대체로 둥근 얼굴에 큰 눈을 하고 있는 것만 놓고 보면, 불상의 조형적 특징 면에서 마투라 지역의 불상에 더욱 가깝다고 해야 할 것이다.

가부좌를 결하고 선정인을 취하는 양식이 마투라에서 출토된 자이나교(耆那敎)의 조사상에도 보이는데, 예를 들면 마투라에서 출토된 5세기 자이나교 조사상이 그러하다. 현존하는 비교적 이른 시기의 자이나교 조사상으로 기원 1세기에 봉헌된 명판銘板이 있는데, 그 중심에 있는 도상이 곧 결가부좌에 선정인을 취하고 있다.

[1-60] 강소 금단 출토 청자불식혼병 일부 (『佛敎初傳南方之路文物圖錄』)

[1-61] 호북 악주 출토 삼국·양진 시기 기봉불수경 일부(『佛敎初傳南方之路文物圖錄』)

[1-62] 사천 신번新繁 화상전 서왕모 상(費泳 촬영)

[1-63] 마투라 출토 2세기 보살상 (『インド・マトゥラー彫刻展』)

[1-64] 간다라 출토 2~3세기 석가보살상 (『パキスタン・ガンダーラ彫刻展』)

[1-65] 마투라 출토 5세기 자이나교 조사상 (*The Golden Age of Classical India the Gupta Empire*)

---

88) J. E. van Lohuizende leeuw, *The Scythian Perido*(Leiden, 1949).

(1) 반가사유상

　반가사유상은, 현존하는 3, 4세기 사이 기물인 '불식동경'에서 보면, 중국역사박물관 소장품으로서 호북 악주 오리돈에서 출토된 불상기봉경, 호남 장사에서 출토된 불상기봉경, 절강 안길安吉 매계梅溪에서 출토된 불상기봉경 등과 일본 고분에서 출토된 거의 대부분의 화문대불수경에 출현하는 반가부좌상이 있다. 그리고 장강 하류 지역에서 출토된 대략 3세기의 혼병, 예컨대 안휘 선주宣州 향양향向陽鄉에서 출토된 서진 시기 혼병에서도 반가사유상이 보인다. 이들은 중국 불교문화권에서 현존하는 가장 이른 시기의 반가사유상들이기도 하다.

　악주 오리돈에서 출토된 불상기봉경은 감꼭지 모양(柿蒂形) 꼭지받침(紐座)[89]의 네 개 꽃판 중 세 개의 꽃판에는 선정인에 가부좌를 결한 불상이 1존씩 있는데, 나머지 한 개의 꽃판에는 3존의 조상이 있고, 그중 중간의 주존불이 반가사유의 형상을 하고 있으며, 높은 육계, 목 부분의 광배, 연화좌 등으로

[1-66] 안휘 선주 향양향 출토 혼병
(『佛敎南傳之路』)

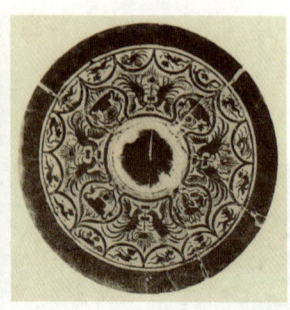
[1-67] 호북 악주 오리돈 출토 불상기봉경
(『中國南方早期佛敎藝術展』)

꾸며져 있다. 또 그 우측에 있는 1존의 입상立像에 대해 왕중수는 "자루가 굽은 일산을 손에 들고 있다"[90]고 서술한 바 있다.

　장사에서 출토된 불상기봉경은 꼭지받침이 감꼭지 모양을 이루는데, 이들 네 개의 꽃받침은 각기 붓다를 주존으로 하는 3존의 조상으로 구성되어 있다. 이때 서로 대칭되고 있는 두 꽃받침은 조상 형식이 서로 같은 유형을 이룬다. 그래서 두 벌은 주존불이 결가부좌에 선정인을 취하고 있고, 붓다의 두 어깨 뒤에 각기 연꽃의 가지 같은 모양의 물체로 장식하고 있다. 그리고 나머지 두 벌의 경우는 악주 오리돈에서 출토된 불상기봉경에서 주존이 반가사유상인 그 도상과 같은 유형이다. 차이점이라면 전자의 경우 붓다 좌측에 꿇어앉은 쪽에도 광배가 장식되어 있으나 오리돈의 거울에는 그것이 없다는 정도이다.

　화문대불수경의 안쪽 구역에 중심을 향해 배치된 네 세트의 조상에서 서로 마주 보고 있는 두 쌍은 인물의 수와 형태가 서로 유사하다. 예컨대 두 세트 중 한 세트는 한 분은 앉아 있고 한 분은 서 있는 2존상의 조합이고, 다른 한 세트는 중간에 입상이 있고 그 양측에 각각 하나씩 좌상이 있는 3존상의 조합이다. 후자의 경우 주존은 광배 장식이 있고, 양측의 협시는 광배가 없다. 그런데 이 3존상 중에 1존의 좌상은 그 자세가 반가사유상의 형태를 띠고 있으며 아울러 연화좌와 두 개의 상투가 묘사되어 있다. 여기에서 지적해야 할 것은 일본에서 출토된 화문대불수경에서 불상으로 간주되고 있는 조상의 경우 비록 연화좌, 광배, 가사 등과 같이 불상이 갖는 일련의 특징을 띠고는 있으나 대체로는 두 개의 상투를 틀고 있거나 가

---

89) 역자 주: 꼭지받침(紐座)과 감꼭지 모양(柿蒂形): 청동경의 뒷면에 끈으로 묶을 수 있도록 구멍 난 꼭지를 다는데, 이것을 '紐'라고 하고, 이 '뉴'의 주변 부분을 '뉴좌'라 한다. 감꼭지는 네 개의 잎사귀(실제는 꽃받침)로 구성되어 있으므로, 감꼭지 모양(柿蒂形)이란 그림 1-67처럼 '뉴좌' 부분에 네 개의 잎사귀 모양 도형이 들어가는 것을 말한다.

90) "手持曲柄傘." 王仲殊, 「論吳晉時期的佛像夔鳳鏡」, 『考古』 1985년 제7기.

[1-68] 개인 소장 간다라 「수하관경樹下觀耕」 싯다르타(『ガンダーラ美術の名品』)

[1-69] 프리어갤러리 소장 간다라 「항마성도降魔成道」의 마왕(『ガンダーラ美術の名品』)

[1-70] 라호르박물관 소장 대신변 중 반가사유보살 (Pakistan: Les arts du Gandhara)

사 위에 피백帔帛 장식을 넣고 있다. 이러한 요소 때문에 이들 조상은 표준적 보살상으로 보기도 어렵고[91], 표준불상의 범주에 귀속시키기도 어렵다.[92]

반가사유상은 쿠샨왕조 시기에 간다라와 마투라에서 모두 출현하였는데, 지금까지의 연구에 따르면[93] 간다라에서 반가사유상이 응용된 조상 내용으로는 다음과 같은 예가 있다.

우선 불전佛傳 이야기 중에서 싯다르타와 마왕魔王의 도상이 있다. 그리고 대신변도大神變圖 중의 보살상이 있는데, 반가사유상이 서로 쌍을 이루어 출현하고 있다. 일반적으로는 이렇게 쌍을 이루는 경우 한쪽이 손에 연꽃 봉오리를 들고 있으면 다른 한쪽은 화만花鬘(꽃을 엮어 만든 꽃다발—역자)을 들고 있게 마련이다. 이때 연꽃 봉오리를 든 쪽이 관세음보살이라면 화만을 든 쪽의 신분은 어떻게 해석할 것인지의 문제가 있으므로 "대신변도"에서 쌍을 이루어 출현하는 반가사유상 주인공의 신분에 대해서는 아직 확정하지 못하고 있다.

[1-71] 콜카타인도박물관 소장 간다라 부조 삼존상 (『涅槃和彌勒的圖像學』)

[1-72] 마쓰오카미술관 소장 반가사유상(『特別展·菩薩』)
[1-73] 마투라 반가사유상(『特別展·菩薩』)

불삼존상에서 협시보살. 이 조상에서 다리를 교차하고 있는 쪽은 미륵보살이며, 반가사유상을 취하고 있는 쪽은 관세음보살이다.

독존의 보살상. 이러한 독존의 반가사유상은 흔히 왼손에 연꽃이나 연꽃 봉오리를 들고 있어 관세음보살로 인식되고 있다. 마투라에서도 약 2세기 무렵 독존의 보살상이 출토된 적이 있다. 이 조상의 경우, 머

---

91) 표준보살상의 법의는 상반신은 나신으로 피백을 장식하며, 하반신에는 치마를 입는다.
92) 費泳, 『中國佛教藝術中的佛衣樣式研究』(中華書局, 2012년판), 129~134쪽.
93) 宮治昭, 『涅槃と彌勒の圖像學』(吉川弘文館, 1992년판).

리에 쓴 두건에 화불化佛 장식이 있어 이 또한 관세음보살로 인식되고 있다.[94]

기존의 연구 성과를 보면 아무래도 반가사유상은 간다라에서 기원한 듯하다.[95] 중국에서 반가사유상이 발전해 온 체계는 여전히 불분명하다. 이에 대해 미즈노 세이치는 이렇게 생각하였다.

> 비록 일본에 주인공이 미륵보살인 반가사유상이 있을 수도 있지만 중국에서는 반가사유상의 주인공이 미륵보살이라고 증명할 수 있는 자료는 찾을 수 없다. 반가사유상 중에 미륵상이나 관음상이 전혀 없다고 말할 수는 없으나 기본적으로는 주로 태자의 사유상을 표현한 것이다. 위魏대 습연초習延超 등의 비석에서 부조 부분에는 나무 아래에서 반가사유하고 있는 인물이 쌍雙을 이루고 있긴 하지만 이 도상 중에 '백마'가 명확히 새겨져 있어 비록 쌍상雙像이라 해도 태자의 사유상임이 분명하다.[96]

반면에 미야지 아키라(宮治昭)는 "반가사유상은 중국, 한반도, 일본에서 미륵보살의 계보를 형성하였다"[97]고 하였다.

동일하게 불교조상의 하나인 반가사유상이라 해도 고인도와 중국은 그 내용이나 형식 면에서 완전히 일치하지는 않는다. 한전불교문화권에 속하는 일본의 경우는 확실히 반가사유의 모습을 취하는 미륵상을 볼 수 있는데, 예를 들어, 야추지(野中寺)의 반가사유상은 '병인년丙寅年(666) 미륵보살반가사유상'[98]이라고 명문이 새겨져 있다. 그러나 고인도에서는 미륵보살상이 극히 드물다. 또 운강雲崗석굴 제6굴에 있는 작품으로 싯다르타가 반가부좌로 사유하는 모습을 취하고 애마愛馬와 이별하는 사례가 있는데[99], 고인도에서는 이런 내용의 경우 태자가 서 있는 모습을 취한다. 따라서 중국에서 반가사유상이 발전하는 과정에 보이는 복잡한 상황을 무시해서는 안 되며, 고인도의 반가사유상으로 중국의 반가사유상을 해석할 때는 보다 신중한 접근이 필요하다.

한위·서진 시기에 중국 불교와 불교조상은 비록 아직은 도입 위주의 시기였지만[100] 어느 정도는 중국 초기 출현한 반가사유상의 신분에 대해 변별적 특징을 부여할 수 있다.

위에서 언급했던 호북 악성鄂城과 호남 장사에서 출토된 불상기봉경에

[1-74] 일본 야추지 병인년(666) 미륵보살 반가사유상(『飛鳥・白鳳の在銘金銅佛』)

---

94) 미야지 아키라(宮治昭)는 고인도 존상에 두 계열이 있다고 보는데, 하나는 머리에 두건관을 쓴 것으로서 제석천에서 관세음보살에 이르는 계열이며, 또 하나는 머리를 묶은 것으로서 범천에서 미륵보살에 이르는 계열이다. 만약 미야지 아키라의 이러한 관점을 따른다면 머리에 화신불로 장식된 두건관을 쓰고 있는 이 마투라 반가사유상의 주인공은 관세음보살일 수 있다.
95) 高田修, 「ガンダ-ラの菩薩思惟像」, 『美術研究』 235호(1965).
96) 水野清一, 『中國の佛敎美術』(平凡社, 1966년판), 243~250쪽.
97) 宮治昭, 「ガンダ-ラにおける半跏思惟の圖像」, 『半跏思惟像の硏究』(吉川弘文館, 1985년판), 61~114쪽.
98) 이 반가사유상의 명문은 다음과 같다. "丙寅年四月大旧八日癸卯開記. 栢寺智識之等詣, 中宮天皇大御身勞坐之時, 誓願之奉彌勒御像也, 友等人數一百八, 是依六道四生人等, 此敎可相之也."(병인년 큰달의 4월 구력 8일 계묘 開日에 기록함. 백사의 여러 승도들이 모여 중궁천황의 옥체가 미령하실 제 서원을 세웠던 미륵어상으로서, 벗 등 118명은 육도사생에 따라 사는 사람이니 이 가르침은 서로 이어지게 함이 옳다.)
99) 운강석굴 제6굴 後室 明窗의 서측에 있는 좌우 두 존의 반가사유상이 있고, 이 중 한쪽의 사유상 옆에 말 한 필이 보인다. 그래서 이 두 존의 반가사유상은 불교전래고사 중에서 싯다르타가 애마와 이별하는 장면인 것으로 받아들여지고 있다.
100) 費泳, 『漢唐佛敎造像藝術史』(湖北美術出版社, 2009년판), 51~61쪽.

[1-75] 일본 개인 소장 간다라 「붓다와 예배자」(『涅槃和彌勒的圖像學』)

는 반가사유상과 일산을 든 인물, 꿇어앉은 인물의 조합이 등장한다. 이와 유사한 특징을 가진 도상은 붓다의 전기를 소재로 한 간다라의 부조 작품 중 「붓다와 예배자」에서 볼 수 있다. 이 그림 속에서 붓다의 형상은 아직 득도하기 전의 태자가 반가사유를 하고 있는 모습을 나타내고 있는데, 좌측 아래쪽에 한쪽 무릎을 꿇어앉은 예배자가 있고, 우측 아래쪽에는 일산을 든 자가 있다.

꿇어앉는 방식으로 붓다께 예배하는 것도 불전 이야기들 중에 묘사된 바가 있는데, 『현우경賢愚經』 권10 「수달기정사품須達起精舍品」에 이런 이야기가 있다.

그때 붓다께서는 수달이 올 줄을 아시고 밖에 나와 거닐고 계셨다. 수달이 멀리서 붓다를 뵈니, 몸은 마치 금산金山과 같았으며 상호와 위용은 의젓하고 빛나 획미護彌의 말보다 만 배나 더 훌륭하였으니, 그 모습을 보면서 마음이 너무 기뻐 예법을 알지 못하고 바로 붓다께 문안드렸다.
"구담瞿曇이시여, 기거하심이 어떠하십니까?"
붓다께서는 그를 자리에 앉게 하셨다.
그때 수타회천首陀會天은 수달이 붓다를 뵈었으나 예배하고 공양하는 법을 알지 못하는 것을 멀리서 보고는 곧 네 사람으로 변하여 줄을 지어 내려와 붓다께 나아가 발에 대고 예배한 뒤에 꿇어앉아 문안드리길 "지내심에 편안하십니까?" 하고는 오른쪽으로 세 번 돌고 한쪽에 물러앉았다.
그때 수달은 그들이 그렇게 하는 것을 보고 놀라면서 '공경하는 법은 일이 이러해야 하는구나'라고 생각하였다.[101]

이 이야기에는 수달이 붓다를 뵐 때 취해야 할 예법을 어떻게 배우고 응용하는지가 묘사되고 있다. 꿇어앉아 붓다께 예배하는 것은 불전 이야기를 다룬 간다라의 부조 작품에서 보기 드문 것이 아니며, 어떤 특정 내용으로 한정되지 않는다.

실제로 조각 작품에 있어서는 설사 완전히 동일한 내용을 대상으로 한다 해도 표현 형식은 동일하지 않을 수 있다. 예를 들어, 간다라에서 출토된 「싯다르타의 혼인」 조각품의 경우, 『보요경普曜經』 및 『과거현

---

101) 『大正藏』 第04册, No.0202, "爾時世尊知須達來, 出外經行. 是時須達遙見世尊, 猶如金山, 相好威容, 儼然炳著, 過踰護彌所說萬倍, 覩之心悅. 不知禮法, 直問世尊, 不審瞿曇, 起居何如. 世尊卽時, 命令就坐. 時首陀會天, 遙見須達, 雖覩世尊, 不知禮拜供養之法, 化爲四人, 行列而來, 到世尊所, 接足作禮, 長跪問訊, 起居輕利, 右遶三匝, 却住一面. 是時須達, 見其如是, 乃爲愕然, 而自念言, 恭敬之法, 事應如是. 卽起離坐, 如彼禮敬."

재인과경過去現在因果經』에서 여러 차례 언급되고 있는 것을 내용으로 취한 것이다. 그런데 『과거현재인과경』의 묘사는 다음과 같다.

왕은 신하들을 모아놓고 함께 의논하여 말하길, "태자가 이제는 이미 장대하였으니, 그를 위하여 혼인할 곳을 찾도록 하여야겠소"라 하였다. 신하들은 대답하였다. "석가 종족에 한 바라문이 있사온데 이름은 마하나마摩訶那摩이옵니다. 그 사람에게는 야수다라耶輸陀羅라는 딸이 있사온데 얼굴 모습이 단정하고 총명하여 슬기로우며 어질고 재주가 남보다 뛰어나며 예의를 모두 갖추었습니다. 이와 같은 덕이 있으므로 태자의 비妃가 될 만합니다." 왕이 곧 대답하였다. "만약 그대들의 말과 같다면 곧 태자를 위하여 받아들이겠다."…… 왕은 즉시 신하들에게 길일을 가려 수레 만 대를 보내어 가서 영접하게 하였고, 궁중에 도착한 뒤에는 태자의 혼인 예식을 완전히 갖추었다. 또 게다가 여러 기녀들을 더 보태어 밤낮으로 재미있게 즐기게 하였다. 그때 태자는 언제나 그 비와 함께 가고 서고 앉고 누워서 일찍이 함께하지 않음이 없었으나, 그 자신은 아예 세속의 뜻은 없었으므로 고요한 밤중에는 오직 선관禪觀만을 닦았었다. 이때 왕은 날마다 여러 채녀綵女들에게 물었다. "태자와 태자비가 서로 가까이 하더냐?" 채녀들이 대답하길 "태자께서 부부로서의 길을 행하는 것을 보지 못하였습니다"[102]라 하였다.

이것을 소재로 하는 작품이 페샤와르(Peshawar)박물관과 라호르(Lahore)박물관에 각각 소장되어 있는데, 이 둘은 모두 화면의 중심에 키가 아주 크게 묘사된 싯다르타가 새겨져 있고, 태자의 좌측에는 왼손으로 딸을 데리고 있는 바라문 마하나마가 새겨져 있으며, 또 두 조각품 모두 좌측 아래쪽에는 반가사유상이 한 존씩 새겨져 있다.[103] 이 양자의 차이는 주로 태자 오른쪽의 신도가 한 작품에선 꿇어앉은 자세로, 또 다른 작품에선 서 있는 자세로 묘사되었다는 점이다.

[1-76] 페샤와르박물관 소장 「싯다르타의 혼약」
(『半跏思惟像の研究』)

[1-77] 라호르박물관 소장 「싯다르타의 혼약」(『涅槃和彌勒の圖像學』)

---

102) 王集諸臣, 而共議言, 太子今者年已長大, 宜應爲其訪索婚所. 諸臣答言, 有一釋種婆羅門, 名摩訶那摩, 其人有女, 名耶輸陀羅, 顏容端正, 聰明智慧, 賢才過人, 禮儀備擧, 有如是德, 堪太子妃. 王卽答言, 若如卿語, 便爲納之……王卽令諸臣擇采吉日, 遣車萬乘, 而往迎之, 旣至宮已, 具足太子婚姻之禮. 又復更增諸妓女衆, 晝夜娛樂. 爾時太子, 恒與其妃, 行住坐臥, 未曾不俱, 初自無有世俗之意, 于靜夜中, 但修禪觀. 時王日日問諸婇女, 太子與妃, 相接近不. 婇女答言, 不見太子有夫婦道.
103) 이 반가사유상은 어쩌면 내심 세속세계와 해탈세계 사이에서 동요하는 태자를 상징하는 것일 수도 있다.

간다라에서 나온 「붓다와 예배자」가 어쩌면 중국의 불상기봉경에 보이는 반가사유상이 조합된 조상의 원형일 수 있다. 다만 기봉경에 보이는 반가사유상은 육계를 지닌 불타의 형상으로 출현한다는 점이 다른데, 이런 형상은 고인도에서는 보이지 않으며, 또한 중국에서 5세기 초 이후에 보살의 형상으로 출현하는 반가사유상과도 차이가 있다. 그러나 이것이 동진 이전 중국 불교조상의 시대적 특징에는 부합된다.[104] 호북 악성과 호남 장사에서 출토된 불상기봉경에 보이는 반가사유상은 어쩌면 석가모니불로 이해할 수도 있다.

일본의 고분에서 출토된 '화문대불수경'에 출현하는 삼존상에서 한 분은 반가사유상을 취하고 있는데, 그 내용은 바로 간다라 삼존상 중의 사유상에서 취했을 수 있다. 이러한 사유상은 아마 틀림없이 관세음보살인 것으로 이해할 수 있을 것이다.

(2) 비천

3세기 중엽 불식동경佛飾銅鏡 및 서진의 화상전畫像磚에는 모두 비천飛天의 조형이 나타나고 있다. 그중 불식동경의 비천은 대체로 불상기봉경에 보인다.[105] 예를 들어, 미국 보스턴미술관에 소장된 불상기봉경(앞 그림 1-57)의 경우, 3존이 한 세트인 조상에서 주존은 연화좌 위에서 가부좌를 결하고 선정인을 취하고 있고 광배 장식에 육계가 있다. 그리고 그 양측에 각 한 존씩 날아다니는 비천이 장식되어 있는데, 광배 장식이 있고 피백帔帛을 착용하고 있다.

이 삼존상의 우측 아래쪽으로 동경의 가장자리 그림 부분에 거꾸로 날고 있는 비천이 하나 묘사되어 있다. 이 비천이 묘사된 위치나 몸의 형체 등은 당시 동경 속 비천 중에 상당히 대표성을 띠고 있다. 위치상으로 동경에서 가장자리를 이루는 호弧 문양 띠 안에 있으며, 신체의 형태는 대체로 가로 방향으로 허공을 날고 있는 모습을 하고, 광배가 있으며 치마를 입고 피백을 착용하고 있다. 현존하는 3세기 중엽의 불상기봉경의 비천 역시 출현 위치는 대략 이와 같다. 또 남경 서선교西善橋에서 출토된 동경이나 강서江西 의춘시宜春市 황치산黃梔山에서 출토된 동경 같은 경우도 그러하다.

그 외에, 1978년 강소 우이현에서 출토된 서진 태강太康 9년(288)의 '비천화상전飛天畫像磚'은 벽돌 측면에

[1-78] 강서 의춘시 출토 불상기봉경
(『中國南方早期佛敎藝術展』)

[1-79] 강소 우이현 출토 서진 태강 9년(288) 비천화상전(『佛敎初傳南方之路文物圖錄』)

---

104) 費泳, 『中國佛敎藝術中的佛衣樣式硏究』(中華書局, 2012년판), 134~138쪽.
105) 王仲殊, 「論吳晉時期的佛像夔鳳鏡」, 『考古』 1985년 제7기.

3존의 비천이 찍혀 있다. 이 조형은 강서 정안靖安에서 출토된 서진 태강 9년의 불상기봉경(앞 그림 1-58)의 테두리 그림 부분 안에 보이는 비천과 유사하여, 몸은 가로 방향으로 허공을 날고 있으며, 광배 장식이 있고 치마를 입고 피백을 착용하고 있다.

반가사유상과 마찬가지로 이들 동경과 화상전畵像磚에 나타난 비천은 한전불교문화권 내에서 현존하는 가장 이른 비천 모습들이다.

비천은 불교에서 말하는 신과 같은 존재들 중 '제천諸天'인 것일까, 아니면 '제천' 중에서도 '천룡팔부天龍八部', 혹은 나아가 '천룡팔부' 중의 건달바乾闥婆와 긴나라緊那羅일까? 여기에 대해 학계의 의견은 일치하지 않는다.[106] 실제 조사를 해 보면, 신체가 허공에서 날고 있는 동시에 악기를 연주하는 형상의 특징을 가진 비천의 경우, 그 형상은 모두 건달바나 긴나라로 해석할 수 있다.[107] 그 외에 악기를 연주하지 않지만 몸은 허공에서 가로 방향으로 날고 있는 인물 모습들이 있는데, 이들 또한 비천의 범주에서 배제시킬 수는 없다. 다만 이들 비천의 경우는 신분이 무엇인지 분명히 해석하기 어렵다. 이 점은 고인도나 중국 모두 그러하다.

[1-80] 콜카타인도박물관 소장 쿠산 마투라 불상
(『佛像의 系譜』)

[1-81] 뉴델리국립박물관 소장 마투라 불삼존상
(『インド・マトゥラー彫刻展』)

[1-82] 마투라 출토 아치형 문 비천
(『インド・マトゥラー彫刻展』)

---

106) 趙聲良, 『飛天藝術』(江蘇美術出版社, 2008년판), 1쪽.
107) "乾闥婆"와 "緊那羅": ① 僧肇의 『注維摩詰經』, "乾闥婆, 什曰: 天樂神也, 處地上寶山中. 天欲作樂時, 此神體上有相出, 然後上天也. 肇曰: 天樂神也, 居地上寶山中. 天須樂時, 此神體上有異相現, 然後上天也." "緊那羅, 什曰: 秦言人非人, 似人而頭上有角, 人見之言人耶非人耶, 故因以名之. 亦天伎神也, 小不及乾闥婆."(건달바, 구마라집은 이렇게 말하였다. "하늘의 음악신으로서 지상의 보배산에 거처한다. 하늘이 음악을 울리려 하면 이 신의 몸에서 도상이 생겨나며 그런 뒤 하늘에 오른다." 승조는 이렇게 말한다. "하늘의 음악신으로서 지상의 보배산에 거처한다. 하늘의 음악이 필요할 때 이 신의 몸에서 특별한 도상이 생겨나며 그런 뒤 하늘에 오른다.")(긴나라, 구마라집은 이렇게 말하였다. "중국말로는 '인비인'이다. 사람과 비슷한데 머리에 뿔이 있다. 사람이 그것을 보면 '사람이냐, 사람이 아니냐' 한다고 하여 이렇게 이름 붙였다. 이 또한 하늘의 기악을 담당하는 신이지만 작아서 건달바에는 이르지 못한다.")
② 智者대사, 『妙法蓮華經文句』, "乾闥婆, 此云嗅香, 以香爲食, 亦云香陰. 其身出香, 此是天帝俗樂之神也." "緊那羅, 亦云眞陀羅. 此云疑神, 似人而有一角, 故號人非人. 天帝法樂神, 居十寶山, 身有異相, 卽上奏樂."(건달바, 중국말로는 '후향'이며, 향기를 식사로 삼는다. 또 '향음'이라고도 한다. 그 몸에서 향기가 나며, 천제의 속악을 담당하는 신이다.)(긴나라, 또 '진타라'라고도 한다. 이곳 말로는 '의신'이다. 모양이 사람과 비슷한데 뿔이 하나 있다. 그래서 '인비인'이라 한다. 천제의 법악을 담당하는 신으로서 십보산에 거처하며 몸에 기이한 도상이 나타나면 곧 음악을 연주한다.)

비천은 쿠샨 시기의 마투라와 간다라 지역에서 모두 등장하고 있다. 마투라 지역에서는 예를 들어 마투라박물관에 소장된 불삼존상(앞 그림 1-1)이나 콜카타박물관에 소장된 불삼존상과 뉴델리국립박물관에 소장된 불삼존상 세 작품은 배경 부분의 좌우측 윗부분에 각기 비천이 하나씩 장식되어 있으며, 또 뉴델리국립박물관에 소장된 마투라 출토의 아치형 문(拱門) 정면에는 3층에 걸쳐 6존의 비천이 있다. 이들로부터 쿠샨시대에 마투라의 비천은 두건관을 두르고, 치마를 입으며 피백을 착용하고 광배가 없음을 알 수 있다.

간다라 지역에서 비천의 기본 조형은 일치성이 없다. 가령 라호르박물관에 소장된 스투파[108]에서 붓다 본생담 내용의 작품 「불타와 용왕 가리가迦梨加」에는 뒷줄 우측 위쪽에 비천이 하나 출현하는데, 두건관을 두르고 주름치마를 입고 있으며 머리에는 광배가 있다. 광배 장식이 있다는 점에서 마투라의 비천과는 뚜렷한 차이를 보이는 것이다. 일본에서 개인이 소장 중인 불전 이야기의 작품 「열반涅槃」의 경우, 화면 상단의 왼쪽과 오른쪽에 나부끼며 날고 있는 두 비천이 있는데, 모두 치마에 피백을 착용하고 두건관을 두르고 있으나 광배는 장식되어 있지 않다.

위에서 말한 두 개의 간다라 작품에 보이는 비천이 치마와 피백, 그리고 두건관을 착용하고 있다는 측면에서는 마투라의 비천과 유사성이 있다고 한다면, 간다라 작품 중 대신변大神變[109]을 소재로 한 작품에서 비천의 형상은 비교적 큰 변화가 나타나고 있다. 예컨대 페샤와르(Peshawar)박물관에 소장된 「사위성대신변舍衛城大神變」의 경우, 화면에서 주존불의 우측 위쪽으로 비천이 하나 있다. 머리를 묶어서 상투를 틀고, 손에는 화관花冠을 들고, 치마는 얇아서 몸에 달라붙어 있는데 피백帔帛이나 광배는 없다. 유사한 내용과 형식의 작품으로 마쓰오카(松岡)미술관에 소장 중인 「대신변」이 있다. 여기에도 붓다 머리의 우측 위쪽에 손에 화관을 든 비천이 하나 있다. 이 비천의 조형은 페샤와르박물관에 소장된 「사위성대신변」과 유사한데 다만 화관이 좀 파손되었을 따름이다. 동일하게 대신변을 내용으로 한 것으로 라호르(Lahore)박물관에 소장된 또 다른 작품에는 붓다 머리 위쪽 양측에서 두 비천이 두 손으로 화관을 들고 허공에서 날고 있는데,

[1-83] 마투라 「불타와 용왕 가리가」
(『犍陀羅』)

[1-84] 일본 개인 소장 마투라의 「열반」
(『ガンダーラ美術の名品』)

[1-85] 페샤와르박물관 소장
「사위성대신변」(『犍陀羅』)

[1-86] 라호르박물관 소장
「사위성대신변」(『パキスタン・ガンダーラ彫刻展』)

---

108) 역자 주: 여기에서 말하는 '스투파'는 시크리(Sikri) 지역의 스투파이며, 라호르박물관에서는 그 외벽의 석조 부조물을 발굴하여 보관하고 있다.
109) 역자 주: 붓다가 사위성에 계실 때 육사외도의 도전을 받아 큰 신통력을 보이신 이야기. 가장 유명한 것으로 雙神變과 千佛化現, 망고나무 되살리기 등이 있다.

이들 비천은 머리를 묶어서 상투를 틀고 있고 광배는 없으며, 나체 상태로 어깨와 허리춤에 띠를 두른 장식을 넣고 있고 등 부분에는 날개까지 장식되어 있다.

중국에서 3세기 전후에 출현한 비천상의 조상 요소로 치마, 피백, 광배 같은 것은 모두 고인도의 비천에서도 찾아볼 수 있다. 주의할 것은 3세기 무렵의 이들 비천은 신체가 비교적 평평하게 곧게 펴져 그 형태가 고인도의 비천에 근접하고 있는 데 반해, 대략 5세기 초엽 중국의 비천은 몸체와 두 다리가 굽어지게 되는 변화가 나타나며, 피백과 치마의 표현도 복잡해지는 경향이 있고, 또 상투가 두 개로 나타나게 되는 등, 점차 독자적인 발전의 길로 변화가 나타나게 된다는 점이다. 5세기 초 이후로 중국의 비천이 두광頭光을 장식하느냐의 문제에 있어서는 통일성이 보이지 않는다.

(3) 손에 연꽃을 들고 있는 인물 도상

손에 연꽃을 들고 있는 인물 도상은 일본에서 출토된 화문대불수경畫紋帶佛獸鏡에 보이는데, 미즈노 세이치는 "연화수보살蓮華手菩薩"이라 불렀다.[110] 동경 속에 표현된 네 세트의 인물 중에 연꽃을 들고 있는 인물은 목뒤에 광배가 장식된 주존(앞 그림 1-50, 1-51)과 주존 곁의 협시보살이다. 즉, 동경의 인물들 가운데 반가사유상의 두 존을 제외하면 나머지는 손에 연꽃을 쥐고 있다. 연꽃을 쥔 인물들은 대체로 상투가 두 개이며, 경우에 따라 광배 장식이 있어 보살의 외관적 특징을 이미 갖추고 있다. 다만 상반신이 아직 나신裸身이 아니어서 보살과는 구별된다. 중국 호북 악성에서 출토된 화문대불수경에도 손에 연꽃을 들고 있는 인물 도상이 나타난다(앞 그림 1-54).

고인도 쿠샨 시기의 간다라와 마투라에서는 모두 손에 연꽃을 들고 있는 보살도상이 출현하였다. 간다라 지역의 것으로는 예컨대 미국의 개인 소장품인 관세음보살상은 두 손에 연꽃을 받들고 있다. 로스앤젤레스의 개인이 소장하고 있는 삼존상의 경우는 주존 좌측에서 연꽃을 들고 있는 보살이 '관세음보살'임이 명문에 명시되어 있다.[111] 페샤와르박물관에 소장된 간다라 삼존상은 주존 양측의 보살이 모두 오른손에 연꽃을 들고 있다. 일반적으로는 화불이 장식된 보관을 쓰고, 한 손에 연꽃을 든 형상은 '관세음보살'인 것으로 해석되지만, 미야지 아키라는 이 삼존상의 경우 두 보살이 동시에 연꽃을 들고 있는 것이 그 인물이 누구냐 하는 것과

[1-87] 미국 개인 소장 간다라 관세음보살상(『ガンダーラ美術の名品』)

[1-88] 페샤와르박물관 소장 간다라 삼존상(『涅槃和彌勒의 圖像學』)

---

110) 水野淸一, 『中國の佛敎美術』(平凡社, 1966년판), 22~27쪽.
111) J. Brough, "Amitābha and Avalokiteśvara in an inscribed Gandhāra Sculpture", *Indologica Taurinensia* Vol.X(Torino, 1982), pp.65~70.

직접적 관련이 없다고 보았다.[112]

쿠샨 시기의 마투라에서도 붓다를 주존으로 하는 삼존상(佛三尊像)에서 협시가 연꽃을 들고 있는 사례가 있다. 예를 들어, 뉴델리박물관에 소장된 불삼존상佛三尊像(앞 그림 1-81)에서 주존 좌측의 협시가 관세음보살로서 오른손에 연꽃을 들고 있으며, 오른쪽의 협시보살은 오른손에 금강저를 들고 있다.[113]

화문대불수경에서 연꽃을 들고 있는 인물 도상은 한전불교문화권 내에서 현존하는 가장 이른 시기의 연꽃을 들고 있는 불교 인물이다. 이것은 틀림없이 고인도의 '연꽃을 들고 있는 관세음보살'로부터 영향을 받았을 것이다. 다만 도상적인 특징 면에서는 인도 불상과 유사한 듯하면서도 그와는 다른 특징들이 나타나는데, 이 또한 동한과 서진 사이에 불교의 초기 전파 단계에서 불교조상의 민족화가 진행되면서 나타나는 특유의 현상이기도 하다.[114]

서진과 동진 시기에 중국 불학佛學이 독자적인 길을 걸어가게 되면서 그 역할이 단일화되고 사람들에게서 공양받는 불상이 차츰 주류로 부상하게 된다. 그러면서 불상을 무덤의 부장품으로 쓰는 풍속은 차츰 사라지게 되며 앞선 시기에 출현하였던 "비표준보살상"과 "비표준불상"도 그와 함께 점차 소실된다. 이와 함께 강한 생명력을 가진 민족화된 불교조상 양식이 유행하기 시작하였다.

4) 3세기 전후 중국(漢地) 불교조상의 일본 전파 경로

왕중수는 일본 고분에서 출토된 화문대불수경이 중국의 오나라 지역에서 일본으로 전입된 것이라 생각하고 있다. 삼각연불수경三角緣佛獸鏡을 포함하여 삼각연신수경三角緣神獸鏡은 위나라의 동경이 아니고 또한 오나라의 동경도 아니며, 일본으로 건너간 오나라 장인이 직접 일본에서 제작한 것이다. 일본 고분에서 출토된 삼각연신수경[115]이 오와 요동遼東 공손公孫씨 정권의 왕래와 관련이 있다는 견해도 있기는 하다.[116] 그러나 위魏에서 직접 일본으로 전래되었을 가능성도 배제할 수는 없다.[117] 불식동경이 중국에서 일본으로 유입된 경로에 대한 것은 이미 한전불교조상의 조기 전파와 관련하여 중요한 논제가 되어 왔다.

『삼국지』「오서吳書·오주전吳主傳」에는 다음과 같은 기록이 있다.

(황룡) 2년(230) 춘 정월. 위나라가 합비合肥에 새로운 성을 지었다. 조칙으로 도강제주都講祭酒를 설치하여 여러 아들들을 가르쳤다. 장군 위온衛溫과 제갈직諸葛直을 파견하여 갑병 만여 명을 이끌고 바다로 나가 이주夷洲와 단주亶洲로 가는 길을 찾도록 하였다. 단주는 큰 바다 속에 있는데, 장로들은 이렇게 말하였다. 진시황이 도사 서복徐福에게 동남동녀 수천 명을 데리고 바다로 나가 봉래신산에 가서 선약을 구해오도록 시켰는데, 그 주에 머물면

---

112) 宮治昭, 「犍陀羅三尊形式中二脇侍菩薩圖像」, 『涅槃和彌勒的圖像學』(文物出版社, 2009년판).
113) 『インド・マトゥラー彫刻展』(東京國立博物館, 2002년판), 77쪽, 도판10 문자 설명.
114) 이른 시기 중국에서 불교문화의 영향을 받아 조성된 문물의 도상이 갖는 함의에 대한 해석은 溫玉成, 「公元1至3世紀中國的仙佛模式」(『敦煌研究』1999년 제1기), 「早期佛教初傳中國南方之路」質疑(『四川文物』2000년 제2기), 「用"仙佛模式"論說錢樹老君」(『新疆師范大學學報』2006년 제1기) 등을 참조.
115) 역자 주: 필자의 원문에서는 "三角緣神鏡"이라 썼지만 "三角緣神獸鏡"의 오기일 것이다.
116) 森浩一, 『シンポジウム古墳時代の考古學』(學生社, 1970), 144~146쪽.
117) 坪井清足, 「日記から－三角緣神獸鏡」, 『朝日新聞』1982년 5월 22일(夕刊).

서 돌아가지 않았다. 여러 세대를 거치면서 (그때의 동남동녀들이) 수만 호에 이르게 되었고, 그곳의 주민들이 가끔 회계會稽에 와서 베를 사갔다. 회계 동현東縣의 사람이 바다에 나갔다가 또한 풍랑을 만나 표류하다 단주에 이르게 된 자가 있었다. 그들이 있는 곳은 지극히 멀어서 결국 다 다를 수 없었다. 다만 이주 쪽으로 갔던 수천 명은 돌아올 수 있었다.[118]

이 기록을 보면 오에서 단주亶洲와 이주夷洲로 가는 해로를 찾기 위해 병력을 파견했는데, 결과적으로 단주로 보낸 무리 중에는 살아 돌아온 자가 아무도 없고, 이주를 찾으러 갔던 무리는 수천 명이 귀환하였다. 그런데 단주 사람은 흔히 오 지역의 회계에 나타나 물건을 구매해 갔었다. 회계 사람 중에도 바다에 나갔다가 풍랑을 만나 표류하다 단주에 이른 사람이 있는데, 단주는 곧 일본 혹은 일본 열도 중 어느 곳일 것이며[119], 이주는 대만이다.

위의 인용문 외에 『삼국지』「오서·오주전」의 다른 기록을 보면 손권의 오나라는 위나라에 타격을 가하기 위해 해로로 북상하여 요동의 공손씨公孫氏 정권과 연합하려 하였으나 그것이 성사되지 못하자, 한반도의 고구려와 연합하려고 하였다는 기록이 보인다.

가화嘉禾 원년(232) 3월, (오나라는) 장군 주하周賀, 교위 배잠裵潛을 파견하여 바닷길을 통해 요동으로 가게 하였다. 가을, 9월에 위나라 장수 전예田豫가 길목을 막고 공격하여 성산成山에서 주하를 참살하였다. 겨울, 10월에 위나라 요동태수 공손연公孫淵이 교위인 숙서宿舒, 낭중령 손종孫綜을 파견하여 손권孫權에게 번신이 되겠다고 하면서 담비 가죽과 말을 바쳤다. 손권이 크게 기뻐하며 공손연에게 작위를 더해 주었다.

가화 2년(233) 3월, 숙서와 손종을 돌려보내면서 (오나라의) 태상 장미張彌, 집금오 허안許晏, 장군 하달賀達 등에게 병사 만 명을 이끌고 가게 하였고, 아울러 금은보화와 진귀한 물건에 '구석九錫'의 예를 행할 수 있는 일체의 물품까지 딸려 보내, 바다를 건너가 공손연에게 하사하도록 하였다. 이에 대해 승상 고옹 이하 온 조정의 대신들이 모두 손권에게 간하길, 공손연은 사람됨이 믿을 수 없는데 지금 너무 큰 은사를 베풀고 있으니 관병 수백 명 정도로 숙서와 손종을 호송하는 정도면 된다고 하였다. 그러나 손권은 끝내 그러한 간언을 듣지 않았다. 공손연

---

118) (黃龍)二年(230)春正月, 魏作合肥新城. 詔立都講祭酒, 以敎學諸子. 遣將軍衛溫, 諸葛直將甲士萬人浮海求夷洲及亶洲. 亶洲在海中, 長老傳言秦始皇帝遣方士徐福將童男童女數千人入海, 求蓬萊神山及仙藥, 止此洲不還. 世相承有數萬家, 其上人民, 時有至會稽貨布, 會稽東縣人海行, 亦有遭風流移至亶洲者. 所在絶遠, 卒不可得至, 但得夷洲數千人還.
119) 亶洲는 祖洲라고도 한다. 漢 東方朔의 『十洲記』에 "조주는 가까이 동해에 있는데, 땅은 사방 오백 리이며 서쪽의 해안으로부터는 칠만 리 떨어져 있다. 그 땅에는 불사초가 있다…… 진시황이 탄식하며 말하기를 '캐어 올 수 있는가?'라 하였다. 그리고 사자 서복을 시켜 동남동녀 500명씩을 뽑아 누선 선단을 이끌고 바다로 나가 조주를 찾아 나서게 하였는데, 결국 돌아오지 않았다"(祖洲近在東海中, 地方五百里, 去西岸七萬里. 上有不死之草……始皇于是慨然言曰, '可采得否?' 乃使使徐福發童男童女五百人, 率攝樓船等入海, 尋祖洲, (遂)不返.[※ 괄호 속 '遂'는 『正統道藏』本에 근거하여 추가함—역자])라 하였다. 唐 李泰가 주편한 『括地志』에는 "단주는 동해에 있다. 진시황은 서복에게 동남동녀를 데리고 바다로 나가 선인을 구하게 시켰다. 서복은 단주에 이르자 머물러 살았는데, 모두 수만 호를 이루게 되었다. 오늘날 단주의 사람들 중에 회계까지 와서 교역을 하는 자가 있다"(亶洲在東海中, 秦始皇使徐福將童男童女入海求仙人, 止住此洲, 共數萬家, 至今洲上人有至會稽市易者)라고 하였다. 이 두 기록에는 모두 진시황이 서복에게 바다로 나가 장생불사의 방책을 구하게 시킨 일이 기록되어 있으며, 그 목적지는 '조주' 혹은 '단주'로 기록되어 있다. 또 다른 자료로는 귀스타브 슐레겔(希勒格; Gustave Schlegel) 저, 馮承鈞 역, 『中國史乘中未詳諸國考證』(商務印書館, 1928년판)을 참고할 수 있다.
역자 주: 원문 가운데 "가까이 동해(近在東海中)"와 "칠만 리 떨어져 있다"가 모순되게 느껴질 수 있다. 이것은 두 가지로 이해할 수 있다. 첫째, 『십주기』의 '바다'는 중국에 존재할 수 없는 동해, 서해, 남해, 북해가 모두 등장하여 전체 대륙 땅덩이에 대해 동서남북의 바다 자체가 이미 먼 곳을 나타내는데, 그중 가까운 동해 쪽이라는 말로 볼 수 있다. 둘째, 이들 열 개의 주는 모두 극히 멀리 떨어져 있는데 그중 '조주'의 '7만 리'는 가장 가까운 거리이므로 다른 주에 비해서는 가깝다는 의미일 수 있다.

은 과연 장미 등을 참수하고 그 수급을 위나라에 보냈으며, 병사와 물자는 몰수하였다. 손권은 크게 노하여 직접 공손연을 정벌하고자 하였다.[120]

가화 3년(234)에 손권은 공손연 대신 고구려와 연합하고자 했다.
(오나라 사람이) 이에 진단秦旦과 황강黃疆을 재촉하여 나아가라 하였다.…… 진단과 황강은 그들과 헤어진 지 며칠 만에 고구려 왕궁에 이를 수 있었다. 그래서 고구려왕 '위궁' 및 그 주부 등에게 조서를 선포하게 되었는데, 조서에서 말하길 고구려에 하사품이 있었으나 요동에서 공격받아 탈취당하였다고 하였다.[121] 위궁 등은 크게 기뻐하며 조서를 받들었다.…… 그해에 위궁은 조의 25인을 보내어 진단 등을 오나라로 돌려보내면서, 표문을 올려 신하라 칭하고, 담비 가죽 천여 장, 갈계피 10구를 공물로 바쳤다. 진단 등은 손권을 알현하게 되자 주체할 수 없이 슬픔과 기쁨이 복받쳐 올랐다. 손권은 그들이 의기롭다 여겨 모두 교위校尉에 제수하였다. 1년 뒤 사신 사굉謝宏, 중서 진순陳恂 등을 파견하여 위궁을 선우로 삼고 옷과 물품, 진귀한 보배 등을 하사하였다. 진순 등은 안평구安平口에 도착하자 우선 교위 진봉陳奉을 보내 위궁을 알현하게 하였다. 그런데 위궁은 그 전에 위나라 유주자사가 보낸 풍지[122]의 문건을 받았는데, 오나라 사신으로써 스스로 성의를 보이라[123]고 하였다. 진봉은 그런 말을 듣자 안평구로 되돌아가 버렸다. 위궁은 주부 착자笮咨와 대고帶固 등을 안평으로 보내 사굉과 만나보게 하였다. 사굉이 곧 그들 삼십여 명을 포박하여 인질로 삼으니 위궁이 이에 사죄하며 말 수백 필을 올렸다. 그리고 사굉이 착자와 대고를 돌려보내며 오황제의 조서와 하사품을 받들고 가서 위궁에게 주게 하였다. 이때 사굉은 타고 온 배가 작아서 말을 여든 필만 싣고 돌아왔다.

이런 기록을 보면 삼국시대에 오나라에서 요동 혹은 한반도에 이르는 바닷길이 잘 통하고 있었던 것을 알 수 있다.

『삼국지』「위서魏書·동이전東夷傳」의 왜인倭人에 관한 기록을 보면, 삼국시대 북방에 위치한 조씨의 위나라와 야마대국邪馬台國 사이에 왕래가 있었는데 위나라 측의 증정품 중에 동경이 포함되어 있었다.

왜인은 대방帶方 동남쪽의 큰 바다에 있고 산과 섬에 의지해 나라와 도읍을 이루고 있다. 예전에 백여 개 나라가 있었는데 한나라 때 입조한 곳이 있었고, 지금 사역소使譯所에서는 삼십여 개 나라와 통한다. 대방군에서 왜까지는 해안을 따라 바닷길을 간다. 한국을 지나 잠깐 남쪽으로 가다 잠깐 동쪽으로 가다 하여 그 북쪽 해안의 구사拘邪 한국에 도달하게 되었는데, 칠천 리에 비로소 바다를 한 번 건너게 된다. 천여 리를 가면 대마국對馬國에

---

120) 嘉禾元年(232)三月, (吳國)遣將軍周賀, 校尉裴潛乘海之遼東. 秋九月, 魏將田豫要擊, 斬賀于成山. 冬十月, 魏遼東太守公孫淵遣校尉宿舒, 閬中令孫綜稱藩于權, 幷獻貂馬. 權大悅, 加淵爵位. 嘉禾二年(233)三月, 遣舒, 綜還, (吳)使太常張彌, 執金吾許晏, 將軍賀達等將兵萬人, 金寶珍貨, 九錫備物, 乘海授淵. 擧朝大臣, 自丞相雍已皆諫, 以爲淵未可信, 而寵待太厚, 但可遣吏兵數百護送舒, 綜, 權終不聽. 淵果斬彌等, 送其首于魏, 沒其兵資. 權大怒, 欲自征淵.
121) 역자 주: 여기에서 진단과 황강은 현토군에 갇혀 있다 가까스로 탈출한 상황이므로 그들이 고구려에 와서 읽었다는 '조서'는 그들이 지어낸 말로 봐야 하며, 실제로 '조서'를 읽은 것이 아니라 그러한 조서가 있었다고 구두로 언급한 것이라 봐야 한다. 아래 문장에 보이듯이 진단과 황강이 고구려의 도움 덕에 오나라로 돌아간 뒤 235년에 손권은 사굉, 진순 등을 고구려에 사신으로 보낸다.
122) 역자 주: 諷旨: '諷'은 넌지시 일깨우는 것이고, '旨'는 '聖旨', '令旨' 등과 같이 황족, 고위관료 등의 포고문을 말한다. 유주자사가 고구려 국왕에게 대놓고 명령한 것이 아니라 상황을 설명하며 설득하는 서신형의 공문을 보낸 것으로 보인다.
123) 역자 주: 오나라 사신으로써 스스로 성의를 보이다(以吳使自效): '自效'는 자신의 모든 정성과 노력을 다 쏟아붓는 것을 말한다. 즉 유주자사는 동천왕에게 오나라 사신을 잡아서 보내거나 쫓아내거나 하는 방식으로 위나라에 성의를 보여 달라고 요구하는 것이다. 이 당시에 고구려는 요동의 공손씨 정권을 견제하는 것이 우선이었으므로 위나라와는 가까운 관계였으나 238년 공손씨 정권이 위나라에 망하면서부터 서로 대립하게 되었다.

이르게 된다.…… 남쪽으로 사마일국邪馬壹國에 이르게 되는데 여왕의 도읍이며, 물길로 열흘, 육로로 한 달을 가는 길이다.

…… 경초景初 2년(238) 6월, 왜의 여왕이 대부 난승미難升米 등을 파견하여 대방군에 이르렀는데, 그들은 천자의 궁정에 가서 조헌하고자 하였다. 태수 유하劉夏는 사신을 파견하여 그들을 경사로 보냈다. 그해 12월에 조서로 왜의 여왕에게 일렀다. "친위왜왕 비미호卑彌呼(히미코)에게 조서를 내리노라. 대방 태수 유하가 사신을 보내 그대의 대부 난승미(나시메), 차사 도시우리(쓰시고리) 등을 보내왔는데, 그대가 헌상한 남자 노비 4인, 여자 노비 6인, 반포 두 필 두 장을 받들어서 도착하였다. 그대가 있는 곳은 머나먼데 사신을 보내 공물을 보내왔으니 이는 그대의 충성과 효심으로서, 나는 그대를 심히 동정하노라. 이제 그대를 '친위왜왕'으로 삼아 금인金印과 자주색 인끈을 수여하되, 봉함하여 대방 태수에게 주어 그대에게 수여하도록 하노니, 그대의 종족을 잘 보살피며 효순함에 힘쓸지어다. 네가 보내온 사신 난승미와 우리가 먼 길을 건너왔는데, 도중에서 노고가 많았노라. 이제 난승미를 솔선중랑장率善中郞將으로 삼고, 우리를 솔선교위로 삼아 은도장과 푸른 인끈을 주며, 조정에 불러들여 수고를 위로하고 선물을 하사하여 돌려보내노라. 이제 강지교룡금 5필, 강지추속계[124] 10장, 천강[125] 50필로써 네가 올린 공물에 답하노라. 또 특히 그대에게 감지구문금紺地句文錦 3필, 세반화계細班華罽 5장, 백견 50필, 황금 8량, 오척도 2자루, 동경 100개, 진주와 연단 각 50근을 하사하며, 모두 봉함하여 난승미, 우리에게 주어서 보내니 도착하면 기록하여 받으라. 이 모든 것을 그대 나라 사람들에게 보여 천자의 나라에서 그대를 동정하고 있음을 알게 할 만하다. 그래서 정중하게 그대에게 좋은 물품을 하사하는 것이다."[126]

정시正始 원년(240), 태수 궁준弓遵이 건중교위建中校尉 제준梯俊 등에게 조서와 인끈을 받들어 지니고 왜국에 가서 '왜왕'이라 임명하여 주게 하였으며, 아울러 조서를 지니고 가금, 비단, 비단 융단, 칼, 거울, 채색 의복을 하사하였으니, 왜왕은 이로 인해 조서에 사은하는 답례의 표문을 올렸다.[127]

이러한 기록을 보면 위나라에서 일본에 이르는 해로가 상당히 명확하고 구체적으로 기술되어 있음을 볼 수 있다. 아울러 위나라에서 경초 2년(238)과 정시 원년(240) 두 번에 걸쳐 왜의 여왕 비미호에게 하사한 물품 중에 모두 '동경'이 포함되어 있는데 그 중 한 번은 수량이 '백 개'라고 명시되어 있다.

이상 정사의 기록을 보면, 삼국시대에 중국 남방 오나라는 그 당시 일본과 어쩌면 단지 민간의 왕래만 있었으나 위나라는 당시의 일본과 이미 관방官方의 왕래가 있었다는 것, 그리고 동경을 포함하는 예물 증정이 있었음을 알 수 있다. 하지만 그렇다고 하여 이것이 위나라가 '불식동경'의 전파에 있어 어떠한 작용을 하였음을 설명하는 것은 아니다. 첫째로, 앞서 삼국시대와 서진 시기에 장강 중하류 지역 불교조상의 특징을 서술할 때 위나라 정권은 관방에서 불교의 확장을 제한하였으며, 한족의 출가를 금지하였다. 그러므로

---

124) 역자 주: 絳地縐粟罽: 문구대로 직역하면 "진한 붉은색 바탕에 추속 문양 융단"이지만 '추속'은 무엇인지 명확하지 않다.
125) 역자 주: 蒨絳: 직역하면 "꼭두서니풀로 물들인 선명한 빨간색의 비단"이다.
126) ……景初二年(238)六月, 倭女王遣大夫難升米等詣郡, 求詣天子朝獻, 太守劉夏遣吏將送詣京都. 其年十二月, 詔書報倭女王曰: "制詔親魏倭王卑彌呼: 帶方太守劉夏遣使送汝大夫難升米, 次使都市牛利奉汝所獻男生口四人, 女生口六人, 班布二匹二丈, 以到. 汝所在愈遠, 乃遣使貢獻, 是汝之忠孝, 我甚哀汝. 今以汝爲親魏倭王, 假金印紫綬, 裝封付帶方太守假授汝. 其綏撫種人, 勉爲孝順. 汝來使難升米, 牛利涉遠, 道路勤勞, 今以難升米爲率善中郎將, 牛利爲率善校尉, 假銀印青綬, 引見勞賜遣還. 今以絳地交龍錦五匹, 絳地縐粟罽十張, 蒨絳五十匹, 紺青五十匹, 答汝所獻貢直. 又特賜汝紺地句文錦三匹, 細班華罽五張, 白絹五十匹, 金八兩, 五尺刀二口, 銅鏡百枚, 眞珠, 鉛丹各五十斤, 皆裝封付難升米, 牛利還到錄受. 悉可以示汝國中人, 使知國家哀汝, 故鄭重賜汝好物也."
127) 正始元年(240), 太守弓遵遣建中校尉梯俊等奉詔書印綬詣倭國, 拜假倭王, 并齎詔賜金, 帛, 錦罽, 刀, 鏡, 采物, 倭王因使上表答謝恩詔.

이러한 정권이 불상이 장식된 동경을 제작하여 다른 나라에 증정하였으리라고는 상상하기 어렵다. 둘째로, 현존하는 실물 자료를 볼 때, 위나라 동경에서 불교를 내용으로 하는 불상이 발견된 바가 없다.

이와 반대로 오나라에서는 불교에 대해 비교적 관용적이었다. 강승회康僧會는 오나라 적오赤烏 10년(247)에 오나라 땅으로 피난 왔을 때, 이미 "띠집을 지어 불화를 진설하고 도를 행하는 것"(營立茅茨, 設像行道)이 가능하였다. 나아가 고고학적 자료를 보면 오나라 시대에 '불식동경', '퇴소관' 등을 포함하여 붓다가 장식된 일용기물이 많이 보이는데, 이는 오나라의 민간에서 이미 불교문화가 비교적 두텁게 기초가 닦아졌음을 나타낸다. 불교조상 외에도 기존의 고증에 의하면 일본 오사카부의 스가(須賀) 고분에서 출토된 수혜기須惠器(스에키)[128]인 장식호(子持壺)[129]나 나라현의 신산新山 고분에서 출토된 동혁대장식(銅帶飾)은 각각 동한과 서진 시기 중국 강남의 오련호五聯壺와 은혁대장식(銀帶飾)과 유사하다.[130] 이러한 사실은 오나라와 일본이 3세기 전후에 민간 교류에서 생활에 필요한 여러 방면을 포함하고 있음을 나타낸다.

여기에서 지적해야 할 것은 한반도에서는 3세기 전후의 '불식동경'이 발견되지 않고 있다는 점이다. 따라서 오나라의 동경이 북상하여 고구려로 간 뒤 다시 일본으로 전해졌을 가능성에 대해서는 아직 실물 증거가 없는 것이다.

관방의 정책이든 민간의 신앙이든, 어느 쪽에서 보더라도 오나라는 위나라보다 불교조상을 해외로 확산하는 데에 우세를 보인다. 왕중수는 "단주 사람이 서쪽으로 바다를 건너 오나라 회계군으로 올 수 있었다면 동경주조 장인을 포함하여 회계군의 오나라 사람이 동쪽으로 바다를 건너 일본으로 가는 것도 가능했다"라고 말했다.[131] 이것이 바로 『삼국지』「오서吳書·오주전吳主傳」의 "단주는 큰 바다에 있는데, …… 그곳의 주민들이 가끔 회계에 와서 베를 사갔다. 회계 동현의 사람이 바다에 나갔다가 또한 풍랑을 만나 표류하다 단주에 이르게 된 사람도 있었다"는 기록이다.

그로부터 수백 년 후에 감진鑒眞이 일본으로 건너가는 일이 발생하였는데, 이 사건으로부터 그때까지도 민간 차원에서 오나라에서 곧바로 일본으로 항해하는 것이 참으로 어려웠다는 것이 드러난다. 감진이 도일한 과정은 마히토 겐카이(眞人元開)가 그 처음부터 끝까지를 기록한 것이 『당대화상동정전唐大和上東征傳』[132]에 전해지는데, 그 요점만 보면 다음과 같다.

제1차 도일渡日:
당 천보天寶 원년(742) 겨울 10월(일본은 天平 14년, 세차는 임오년), 이때 감진대사는 양주揚州 대명사大明寺에서 대중을 위하여 율법을 강의하고 계시었다. 이때 요에이(榮睿)와 후쇼(普照)가 대명사에 와서는 감진대사의 발에 정례하고, 찾아온 뜻을 자세히 말하였다. "불법이 동쪽으로 흘러 일본에까지 이르렀는데, 비록 그 법은 왔으나 법을 전할 사람이 없다. 일본은 예전에 쇼토쿠다이시(聖德太子)가 있었는데, 이르시길 '이백 년 뒤에 성스러운 가르침이

---

128) 역자 주: 須惠器(스에키): 가야 토기의 영향을 받은 일본 고분시대의 토기.
129) 역자 주: 子持壺(고모치쓰보): 이 용어의 직역은 '아이(子)가 딸려 있는(持) 단지(壺)'라는 것으로 병이나 단지의 표면에 그 본체와 유사한 모양의 작은 병이나 단지가 여러 개 붙어 있는 자기이다. 우리나라에서는 이 작은 단지들이 장식품인 것으로 보아 '장식호'라 부른다.
130) 楊泓, 「吳, 東晉, 南朝的文化及其對海東的影响」, 『考古』 1984년 제6기.
131) 王仲殊, 「日本三角緣神獸鏡綜論」, 『考古』 1984년 제5기.
132) 『大正藏』 제51冊, No.2089.

일본에 흥성하리라' 하셨다. 이제 이 운때를 만났으니 원컨대 대사께서 동쪽으로 가시어 교화를 일으켜 주시옵소서."…… 이렇게 하여 약속이 이루어지자 동하東河에 가서 배를 건조하였다. 양주 창조倉曹 이주李湊가 이임종李林宗에게서 편지를 받아 검교로서 선박을 건조하고 양식을 마련하였다. 감진대사와 요에이, 후쇼 스님 등도 함께 기제사旣濟寺에서 양식을 마련하였다.[133]

그런데 감진의 제1차 도일은 정부의 허가를 받지 못한 것이어서 결국 "그들이 만든 배는 관가에 몰수되고, 여러 가지 물건은 절의 스님들에게 돌아가는"(其所造船沒官, 其雜物還僧) 사태가 발생하였으며, 이렇게 하여 제1차 도일은 항해를 해보지도 못하고 파산하였다.

제2차 도일:
천보天寶 2년(743) 12월에 돛을 올리고 동쪽으로 출발하였으나[134] 낭구포에 도착했을 때 사나운 바람이 불고 거센 파도가 밀려 배를 파손시키니, 파도에 맞아 배가 난파되자 사람들이 모두 해안에 상륙하였는데, 조수가 밀려와 사람의 허리까지 이르렀다. 감진대사는 오구초 위에 올라가 있었고 나머지 사람들은 모두 물속에 있었는데, 한겨울의 차가운 바람이 세차게 불어와 고초가 아주 심하였다.[135]

제3차 도일:
(같은 해에) 다시 배를 수리하여 내려가다 대판산大坂山에 이르렀으나 배를 댈 수가 없어서 서산嶼山까지 갔다. 여기에서 한 달을 머물렀는데 순풍이 불어오면 상석산桑石山까지 가려하였으나 바람은 거세고 파도는 높아 배를 접안할 수 없었고 좋은 방법도 생각해 낼 수 없었다. 막 험한 해안을 벗어났는데 또 암초에 걸려 배가 파손되니 사람들은 모두 해안에 올랐다. 식수도 쌀도 다 떨어져 사흘 동안 목마름과 배고픔에 시달렸는데, 바람이 멈추고 파도가 잠잠해지자 어부들[136]이 물과 쌀을 가져와 구해 주었다.[137]

제4차 도일:
(약 744년) 요에이, 후쇼 스님 등은 비록 앞뒤로 재난을 당하며 그 고생이 이루 말로 다 표현할 수 없을 지경이었지만, 법을 구하기 위함이었으므로 그 굳은 뜻은 일찍이 물러나거나 후회하지 않았다. 감진대사는 그들의 이런 점을 보고 기뻐하며 그 소망을 이루어 주고자 하였다. 이에 승려 법진法進과 신도[138] 두 사람에게 경화輕貨를 지니고 복주福州에 가서 선박을 사고 먹을 양식 등을 갖추게 하였다.…… 감진대사는 붓다의 자취를 순례한 뒤

---

133) 是歲唐天寶元載(742)冬十月(日□天平十四年歲次壬午也), 時大和尚在揚州大明寺, 爲衆講律. 榮睿, 普照至大明寺. 頂禮大和尚足下, 具述□意曰, 佛法東流, 至日本國, 雖有其法, 而無傳法人. 日本國昔有聖德太子, 曰二百年后, 聖教興于日本. 今鐘此運, 願大和上東游興化……要約已畢. 始抵東河造船. 揚州仓曹李湊依李林宗書亦同檢校造船備糧. 大和上, 榮睿, 普照師等, 同在旣濟寺備辦乾糧.
134) 역자 주: 東下(동쪽으로 가다): 중국은 서쪽이 높고 동쪽이 낮은 西高東低 지형이므로 동쪽으로 갈 때 흔히 '東下'(동쪽으로 내려간다)라 한다.
135) 天寶二載(743)十二月擧帆東下, 到狼沟浦, 被惡風漂浪波擊船破, 波擊舟破, 人總上岸, 潮來水至人腰, 大和上在烏蘆草上, 餘人并在水中, 冬寒風急, 甚太辛苦.
136) 역자 주: 어부들(泉郞): '郞'은 지금의 복건성 泉州 등지에 거주하던 이족 夷戶로서 바닷가에 배를 띄워 놓고 생활하며 어업이나 교역에 종사하였던 사람들이다. 현재 감진대사 일행이 고립된 곳은 杭州灣에서 크게 벗어나지 못한 곳이며, 明州(현재의 寧波) 관할이었으므로 '천랑'은 보통명사로 '어부'를 가리키는 것으로 보인다.
137) (同年)更修理舟, 下至大坂山泊舟不得, 卽至下嶼山. 住一月, 待好風發, 欲到桑石山, 風急浪高, 舟無着岸, 無計可量, 才離嶮岸, 還落石上, 舟破, 人并舟上岸. 水米俱盡, 飢渴三日, 風停浪静, 泉郞將水米來相救.
138) 역자 주: 신도: '近事'는 불교용어인 '近事男'의 약어로서 불교의 남자 재가수행자인 '優婆塞'(upāsaka)를 말한다.

풍현豐縣을 나와 임해현臨海縣으로 들어갔다. 데려온 무리를 백봉白峰까지 인도하여 강을 찾아 이윽고 황암현黃巖縣에 이르자 곧 영가군永嘉郡의 길을 택해 선림사禪林寺로 가서 숙박하고 다음 날 아침 조식 공양 후 온주溫州로 향해 떠나려 하였다.[139]

그러나 감진대사의 이번 도일은 그의 제자 영우靈祐가 관부의 힘을 빌려 저지하였으므로 중도에 좌절되었다.

제5차 도일:
천보 7년(748) 봄, 요에이와 후쇼가 동안군同安郡에서 양주 숭복사崇福寺의 감진대사 거처까지 왔다. 감진대사는 다시 두 스님과 함께 방편을 강구하여 배를 만들고 향약을 구입하며 온갖 물품을 갖추길 앞서 천보 2년 때 준비했던 것과 같이 하였다. 동행하는 사람으로는 상언祥彦, 신창神倉, 광연光演, 돈오頓悟, 도조道祖, 여고如高, 덕청德淸, 일오日悟, 요에이, 후쇼, 사탁思托 등의 승려와 속인을 합쳐 14명이었고, 이 외에 교화하여 얻은 뱃사람 18명, 또 즐거이 따라가고자 하는 사람이 35명이었다. 6월 27일에 숭복사에서 출발하여 양주 신하新河에 이르러 배를 타고 상주 경계의 낭산狼山에 이르렀는데 바람이 세고 파도가 높아 삼산三山을 빙빙 돌았다. 그다음 날 순풍을 만나 월주越州 경계의 삼탑산三塔山에 이르러 한 달을 머물다가 순풍을 만나 서풍산署風山까지 이르러서는 또 한 달을 머물렀다.[140]

이번 항해도 또 실패했는데, 그러는 사이에 감진대사를 모시기 위해 처음 건너왔던 일본 승려 요에이도 세상을 떠나게 된다.

제6차 도일:
천보 12년(753), 세차 계사년 12월 15일 임오일, 일본은 대사 특진特進 후지와라노아손 기요카와(藤原朝臣淸河)와 부사 은청광록대부 광록경 오토모노스쿠레 고마로(胡麻呂)[141], 부사 은청광록대부 비서감 기비노아손 마키비(吉備朝臣眞備), 위위경 아베노아손 조코(安倍朝臣朝衡) 등이 중국으로 와서 연광사延光寺에 이르러 감진대사에게 이렇게 아뢰었다. "저희 제자들은 일찍이 대사께서 다섯 차례나 바다를 건너 일본으로 오시어 가르침을 전하려 하셨음을 알고 있습니다. 그래서 지금 직접 뵙고 정례 드리니 환희에 차게 됩니다. 저희들은 앞서 큰스님의 존함과 율법을 잘 지키고 있는 제자 다섯 분의 이름을 적어 대당 황상께 '일본으로 가셔서 계율을 전파'하게 해주십사 아뢰었습니다. 황상께서는 도사를 데리고 가라 하였습니다. 일본의 군왕이 지금까지 도교를 숭상하지 않았기 때문에 슌토우겐(春桃原) 등 4명을 당나라에 머무르게 하십사 말씀드렸더니 머물러 도교의 교법을 배우도록 하셨습니다. 이 때문에 큰스님을 보내주십사 했던 상주문을 취소했습니다. 큰스님께서 방편을 취해 주시옵길 바라옵니다.

---

139) (約744)榮叡, 普照師等爲求法, 故前後被災, 艱辛不可言盡, 然其堅固之志, 曾無退悔. 大和上悅其如是, 欲遂其願. 乃遣僧法進及二近事, 將輕貨往福州買船, 具辦糧用……大和上巡禮聖迹, 出始豐縣, 入臨海縣, 導于白峰, 尋江遂至黃巖縣, 便取永嘉郡路, 到禪林寺宿, 明朝早食, 發欲向溫州.
140) 天寶七載(748)春, 榮叡, 普照師從同安郡至揚州崇福寺大和上住所. 大和上更與二師作方便, 造舟買香藥, 備辦百物, 一如天寶二載所備. 同行人僧祥彦, 神倉, 光演, 頓悟, 道祖, 如高, 德淸, 日悟, 榮叡, 普照, 思托等道俗一十四人, 及化得水手一十八人, 又餘樂相隨者合有三十五人. 六月二十七日發自崇福寺, 至揚州新河, 乘舟下至常州界狼山, 風急浪高, 旋轉三山, 明日得風, 至越州界三塔山, 停住一月. 得好風發至署風山, 停住一月.
141) 역자 주: 胡麻呂: 판본에 따라서는 이름 중 뒤의 두 글자 '麻呂'를 한 글자 '麿'로 쓰기도 한다.

저희들이 국신물國信物을 싣고 온 배가 네 척이고, 행장은 이미 다 갖추고 있으니 가시는 데 어려움은 없을 것입니다." 이때 감진대사는 허락하였다. 이 무렵 양주의 도인과 속인도 모두들 말하길 '큰스님께서 일본으로 가려 하신다'고 하였다. 용흥사龍興寺에서 큰스님을 단단히 방호하고 있었으므로 나아갈 방법이 없었다. 이때 인간仁幹 선사가 무주婺州에서 왔다가 감진대사가 떠나려 한다는 것을 은밀히 알고는 강가에 배를 준비하고 기다렸다. 감진대사는 천보 12년 10월 19일 술시에 용흥사를 나섰다. 강가에 도착하자 배를 타고 하류로 내려갔다.…… 23일 경인일에 일본 대사가 결정하길 큰스님 이하 여러 사람이 부사 이하의 선박들에 나뉘어 타도록 하였다. 이렇게 한 뒤에 대사 이하 사람들이 모여 의논하길 "이제 광릉군廣陵郡에서 큰스님께서 일본으로 가시는 것을 알게 되면 배를 수색하려 할 것이고, 수색하여 들키면 우리 사행단이 가는 길에 방해가 될 것이다. 또 풍랑을 만나 표류하다 당나라 경내에 도착하게 되면 죄를 면치 못할 것이다"라 하였다. 그래서 스님들이 모두 배에서 내려 머물렀다.

11월 10일 정미일 밤, 부사 오토모(大伴)가 은밀히 감진대사와 다른 스님들을 불러 자신의 배에 태우고, 다른 사람들은 알지 못하게 하였다.

13일에 보조스님이 월의 여요군余姚郡에서 와서 부사 기비(吉備)의 배에 탔다.

15일 임자일에 네 척의 배가 동시에 출발하였다. 꿩 한 마리가 첫 번째 배 앞에서 날았다. 닻을 내려 머물렀다가 16일에 출발하였다.

21일 무술일에 첫 번째, 두 번째 배가 아코나하시마(阿兒奈波島)에 도착하였는데, 이 섬은 다네가시마(多禰島) 서남쪽에 있다. 세 번째 배는 전날 밤에 이미 이곳에서 정박하였었다.

12월 6일 남풍이 불어왔다. 첫 번째 배가 암초에 끼여 움직이지 못했다. 두 번째 배가 출발하여 다네가시마로 갔으며 7일에 야쿠시마(益救島)에 도착하였다. 18일에 야쿠시마에서 출발하였다. 19일에 비바람이 크게 몰아쳐 사방을 분간할 수 없었다. 오시가 되자 파도 위로 산꼭대기가 보였다.

20일 을유일 오시, 두 번째 배가 사쓰마노쿠니(薩摩國) 아타군(阿多郡) 아키메야 항구(秋妻屋浦)에 도착하였다.

26일 신묘일, 엔케이(延慶) 스님이 감진대사를 맞이하여 다자이후(大宰府)로 들어갔다.

감진대사는 당시로 말하면 주중국 일본 대사의 도움으로 일본에 건너가 계율을 전파하겠다는 발원을 이루게 된다. 이 과정을 보면, 민간의 힘만으로는 오나라에서 일본으로 항해하여 가는 것은 당나라 때에도 쉽지 않은 일임을 알 수 있다. 그렇지만 재력과 기술적 지원만 있다면 이러한 항로의 안전성은 충분히 보장할 수 있다는 점도 소홀히 할 수 없으니, 예컨대 일본 대사가 감진스님에게 "가시는 길에 어려움은 없을 것입니다"라 한 것과 같다.

오나라 지역과 일본 사이에 해상을 통한 직접적 왕래는 삼국시대에 단초가 보이기 시작하고, 그 이후로 특히 남북조 시기에 왕래가 더욱 밀접해지는데, 이것은 남조가 일본 불교의 조상에 끼친 영향 관계에 반영되어 있다. 쉬핑팡(徐苹芳)은 "일본이 한반도를 거쳐 중국 북방과 교류하는 것은 3세기에 절정에 달하였는데, 이것은 동시에 막바지에 이르고 있음을 나타내는 것이기도 하다. 대신 일본은 해로를 통한 중국 남방과의 교류가 막 생겨나 한창 발전하고 있었으니, 이것이 5세기와 6세기까지 계속 이어지게 된다. 고대 교통사에서 중국과 일본 두 나라 사이에 형성된 이 사실은 동경의 연구로부터 입증할 수 있다"고 하였다.[142]

---

142) 徐苹芳,「三國兩晉南北朝的銅鏡」,『考古』1984년 제6기.

제2장

동진 불교조상의 특징과 한반도로의 전파

1. 현존하는 동진의 불교조상

"한 말 위진남북조시대는 중국에서 정치적으로 가장 혼란스럽고 사회적으로 몹시 고통스러운 시대였지만 사실 정신사적인 측면에서는 매우 자유분방하며 가장 지적이고 열정적인 시대였다. 그리하여 예술정신이 가장 넘쳐흐르는 시대이기도 했다. 왕희지王羲之 부자의 글씨, 고개지顧愷之와 육탐미陸探微의 그림, 대규戴逵와 대옹戴顒의 조소, 혜강嵇康의 광릉산廣陵散(琴曲), 조식曹植, 완적阮籍, 도잠陶潛, 사령운謝靈運, 포조鮑照, 사조謝脁의 시, 역도원酈道元과 양현지楊衒之의 사경문寫景文[1], 운강雲崗석굴과 용문龍門석굴의 웅장한 조상, 낙양洛陽과 남조의 크고 아름다운 사원 등 눈부시지 않는 것이 없고 유례가 없던 것으로 후대 문학과 예술의 근간과 방향성을 다졌다."[2] 위 글에서 쭝바이화(宗白華) 선생이 열거한 인물들은 대부분 남방 출신이었고, 대표적인 예술작품들도 대부분 동진과 남조에서 나왔다.

동진의 불교조상은 현존하는 실물과 당시 실상이 크게 다르다. 현존하는 불교조상은 극히

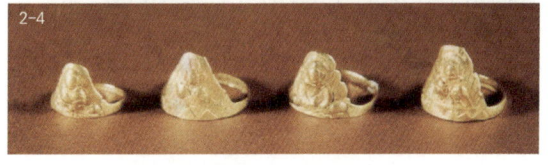

[2-1] 동진 영창 원년(322) 청자불식혼병(『佛敎初傳南方之路文物圖錄』)
[2-2] 진강박물관 소장 불식동훈로(『佛敎初傳南方之路文物圖錄』)
[2-3] 진강박물관 소장 동진 금불상패(『佛敎南傳之路』)
[2-4] 남창 동진 묘 출토 금반지 불상(『文物』 2001년 제2호)

---

1) 역자 주: 사경문이란 당시의 풍광을 묘사한 글을 말하는데, 역도원(469~527)은 지리서인 『수경주』 40권을, 양현지(?~555년경)는 『낙양가람기』 5권을 저술하였다.
2) 宗白華, 『美學散步』(上海人民出版社, 2005년판), 356쪽.

희귀한 반면 문헌상에는 동진의 불교조상이 흥성하였고 또 선진적인 것으로 기록되어 있고, 같은 시기 불교 회화와 조각의 대가들도 동진에서 많이 나왔다. 현존하는 주요 동진 불교조상은 다음과 같다. 절강浙江 소산蕭山에서 출토되어 현재 절강성박물관에 소장되어 있는 동진 영창永昌 원년(322) 청자불식퇴소관靑瓷佛飾堆塑罐[3], 즉 퇴소관 몸체에 덧붙여진 하나의 원 속에 불상이 있다. 불상은 '통견식通肩式' 가사를 입고, 선정인禪定印을 하고, 연화좌 위에 가부좌를 결하고 있으며, 두광頭光이 장식되어 있다. 이는 동진 초기 작품으로 불상의 스타일은 서진의 혼병魂甁불상과 유사하다.

강소江蘇 구용현句容縣에서 출토되어 진강시鎭江市 박물관에 소장되어 있는 불식동훈로佛飾銅熏爐(불상이 장식된 금동향로)는 동진 작품으로 여겨지는데[4], 향로 몸체의 넓은 테두리 위에 주조된 4존의 불상이 보인다. 불상은 육계가 높고 '통견식' 가사를 입고 있으며 선정인을 하고 가부좌를 결하고 있다. 주목할 것은 향로의 4존 불상의 옷 주름이 새겨지지 않았다는 점인데, 이러한 현상은 4세기 초 고인도 사르나트(Sarnath)의 불상과 유사하다. 같은 박물관에 소장되어 있는, 진강에서 출토된 또 다른 동진 금불상패는 대략 동진 말기인 융안隆安 원년(397)부터 원희元熙 2년(420) 사이의 것으로[5], 불상은 나체로 서 있고 육계와 두광이 있어 발굴 보고서는 이를 붓다의 탄생상으로 여기고 있다.

1997년, 남창南昌역 동진 묘에서 불상이 새겨진 금반지 4점[6]이 출토되었는데, 불상은 모두 연화좌에 가부좌를 결하고서 선정인을 하고 있으며, 육계와 두광, 신광身光이 있다.

2. 동진 불교조상의 시대적 특징

기존의 실물 자료에 의하면, 동진의 고분에서 불교조상이 돌연 감소하며, 불상 양식은 대체로 삼국·서진 불상의 옛 방식을 계승하는 동시에 일부 새로운 변화도 있다. 이를테면, '통견식' 가사, 선정인, 결가부좌 등의 전통적 요소 외에 나체로 된 붓다의 탄생상, 신광身光이 장식된 붓다 등 기존에 볼 수 없었던 표현 형식이 등장한 것이다.

동진의 순장용 불상이 급격히 감소했다는 점은 그것이 명기明器[7]에 딸린 불상이든 명기 자체든 간에[8] 모두 사실이지만, 이것이 동진의 불교조상이 처한 실제 상황을 제대로 반영하는 것은 결코 아니다. 사실 무덤에 사용되는 불교조상이 줄어든 현상과는 상반되게도, 동진시대 사람들의 불교 및 불교조상에 대한 인식과 표현은 새로운 단계로 접어들었기 때문이다.

---

3) 黃文昆 編, 『佛敎初傳南方之路文物圖錄』(文物出版社, 1993년판), 186쪽.
4) 黃文昆 編, 『佛敎初傳南方之路文物圖錄』(文物出版社, 1993년판), 166쪽.
5) 劉建國, 「鎭江東晉墓」, 『文物資料叢刊』 제8집(1983), 그림2-3 전장박물관 소장 동진금불 육계, 신광.
6) 江西省文物考古硏究所·南昌市博物館, 「南昌火車站東晉墓葬群發掘簡報」, 『文物』 2001년 제2기.
7) 역자 주: 明器란 고대 사람들이 매장 시 무덤에 같이 묻었던 부장품을 가리킨다. 고대 제후들이 작위를 받을 때 제왕이 내려준 제사용 그릇이나 귀중품을 말하기도 한다. 명기는 일반적으로 도자기와 나무, 돌로 만들지만 금속이나 종이로 만든 것도 있다.
8) 唐長壽, 「四川早期佛敎遺物辨識」, 『東南文化』 1991년 제5기; 賀雲翱, 「中國南方早期佛敎藝術初探」, 『東南文化』 1991년 제6기; 木田知生, 「江浙早期佛寺考」, 『東南文化』 1992년 제1기; 蔣明明, 「佛敎與六朝越窯靑瓷片論」, 『東南文化』 1992년 제1기.

동진 불상의 시대적 특징에 관련해서 쑤바이(宿白) 선생은 다음과 같이 개괄한 적이 있다. "영가永嘉의 난으로 인하여 불법과 현리玄理가 남방으로 전파되고, 불상이 성행한 것을 문헌으로 살펴볼 수 있는데, 습착치習鑿齒의 『여석도안서與釋道安書』에 다음과 같이 기록되어 있다. '명황제 숙종肅宗[9](재위 322~325)은 실로 하늘에서 내린 덕을 지녔으니 비로소 이 불도를 흠모하여 손으로 여래의 모습을 그려 냈고'(『홍명집』, 권12), 손창지孫暢之와 고개지의 저술과 대략 명황제와 동시대인 위협衛協(265~316)이 그린 「칠불도」(『歷代名畫記』, 권5)를 시작으로 4세기 후반 대규 · 대옹 부자가 불상과 보살상을 조합하여 주조하기까지는 이역의 뭇 신들의 반열에 올라 있던 동진시대 불상이 종교적 주존으로 존숭받는 과정을 반영한 것이라 대략 말할 수 있다. 그리하여 『홍명집弘明集』 권2에서는 5세기의 종병宗炳의 『명불론明佛論』을 인용하여 불교의 '오묘한 교화가 진晉에서 실로 번창하였고 강좌江左에서 성행하였다'라고 하였다. 그러므로 부장副葬된 오련관五聯罐에다가 불상이나 불상과 관련된 서역인(胡人)을 재현하는 것이 부적절했으니, 어쩌면 이런 이유로 불상과 서역인을 특징 중 하나로 하는 오련관이 장강 하류 지역의 부장품에서 차츰 도태된 것인지 모르겠다. 그 밖에 장강 중하류에서 흔히 볼 수 있던 거울, 향로(薰), 화장함(奩), 쌍계관(雙系罐) 등의 용기에 불상을 주조하여 만들던 것도 사라졌다."[10]

중국 불학佛學이 동진과 서진에서 자리 잡아 감에[11] 따라, 이에 상응해 이전의 사람들이 불교를 황로도술黃老道術의 일종으로 보고 불상을 신선으로 간주해 부장품으로 사용하던 상황에서 벗어났으며, 불교가 독립적인 종교적 의의를 갖게 되면서 사람들에게 숭배되는 불교조상이 한족 지역에서 널리 유행하게 되었다. 이 기간 동안 대규 · 대옹 부자로 대표되는 조각의 대가들은 상황의 요구에 맞춰 외래 불상을 현지화하게 되었다. 동시에 중국에 지속적으로 미친 외래 불상의 영향도 무시할 수 없었는데, 이는 다음 두 사례에 반영되어 있다.

첫째, 『양서梁書』 「제이諸夷」에 사자국獅子國(스리랑카)에서 진晉 의희義熙(405~418) 연간에 처음으로 바쳤던 1존의 옥상은 높이 4척 2촌으로, 옥의 색깔이 독특하고 사람의 솜씨가 아니었으며, 진을 거쳐 송宋까지 와관사瓦官寺에 있었는데, 와관사의 대안도戴安道(대규)가 손으로 만든 5존의 불상과 장강長康(고개지)이 그린 유마힐維摩詰과 더불어 '삼절三絶'로 불리었다.

둘째, 법현法顯의 『불국기』의 기록에 따르면, 법현은 후진後秦 홍시弘始 원년(399)에 장안長安을 떠나 서쪽의 천축天竺과 사자국 등의 나라를 거쳐 동진 의희 7년(411)에 배를 타고 돌아왔는데 그 배에 대량의 경전과 불상이 실려 있었다고 한다. 원래 목적지는 남방 광주廣州였으나 거센 비바람을 만난 후, 의희 8년(412)에 청주靑州 장광군長廣郡(지금의 山東 崂山縣)에 표류하여 도착하였는데, 이때 청주는 이미 동진의 판도에 들어가 있었음으로 이듬해 법현은 건강으로 돌아왔다.

동진시대에는 한편으로는 중국 사람들에게 외래 불교조상에 대한 변혁을 이루어야 한다는 요구가 있었으나 동시에 외래 조상이 여전히 지속적인 영향을 미치고 있었는데, 즉 새로운 불상의 창작과 외래 불

---

9) 역자 주: 숙종 명황제는 동진시대의 두 번째 황제인 司馬紹이고 시호는 명황제이며 묘호는 숙종이다. 원문 중 "肅祖"는 오타이고 "肅宗"이어야 한다.
10) 宿白, 「四川錢樹和長江中下游部分器物上的佛像」, 『文物』 2004년 제10기.
11) 任繼愈, 『中國佛教史』 第二卷(中國社會科學出版社, 1985년판), 207~222쪽.

상의 수용이 공존하고 있었던 것이다. 주목할 만한 것은 외래 불상 수용 시기는 바로 고인도 굽타(Gupta)왕조 시기로, 이때는 마투라(Mathura)와 사르나트(Sarnath)의 두 가지 스타일이 한창 유행하고 있었는데 이러한 스타일의 불상이 중국 땅에 고르게 영향을 주었다는 점이다.

같은 시기에 불교와 불상은 중국 북방의 전진前秦 정권과 남방의 동진 정권을 거쳐 각각 정식으로 한반도의 고구려와 백제에 전파되었다.

3. '대규 · 대옹 부자의 불상 형식' 출현

동진의 대규(약 326~396)와 대옹(약 377~441)[12]이 살았던 시대는 외래 불상이 존폐 위기에 닥쳐 현지화의 변혁이 절실하였는데 대규 · 대옹 부자는 이러한 조류에 상응하여 단호히 불상을 혁신함으로써 역사에 길이 빛나는 인물이 되었으니 이는 아래 몇 가지 기록에 나타나 있다.

『송서宋書』「은일隱逸 · 대옹戴顒」편에 다음 기록이 있다.

한漢대부터 불상이 시작되었으나 형상 제작 기술이 미숙했다. 대규가 그 일에 매우 뛰어났고 대옹도 참여하였다.[13]

『법원주림法苑珠林』에는 다음 기록이 있다.

붓다께서 열반하신 뒤로 천년이 지나 서방의 불상을 만드는 법이 중국으로 흘러들어 왔다. 경전에 의거하여 주조鑄造할 때 각기 붓다의 모습과 비슷하게 하려고 힘써서 명사名士와 기장奇匠들이 마음과 힘을 다투어 경주하였지만 그 정묘함이 뛰어나지 못했었다. 진晉나라 때 초국譙國의 대규는 자가 안도安道인데, 그는 기개가 맑고 고상하며 옛 오吳나라를 피하여 은거하며 스스로 그 즐거움을 얻고 있으면서 성품에 자리하고 이치에 살며 마음을 불교에 두었다. 또 깊이 생각하고 관찰하여 묘하게 조화를 이루는 불상을 만들었다. 이에 법상法相을 본뜨고 응신應身을 척도로 삼아 이에 무량수불과 그 협시挾侍보살을 만들기로 하고, 생각을 갈아 묘함을 이루고 정예하게 결정해 만들었다. 장막 안에 그것을 감추어 두고 가만히 여럿의 평을 들어 그 비판을 따라 고칠 때는, 그 미세한 것까지 상고하고 빛의 짙고 묽음을 살펴서 먹과 채색을 조화시키고 그 법대로 새겼으니, 주周나라의 진책盡策과 송宋나라의 상저象楮의 미묘한 솜씨도 이보다 더할 수 없었다. 전심전력을 다한 지 3년 만에 비로소 이루니, 지금까지 없었던 것이었다.…… 대규는 또 행상行像 5존을 조성하기 위하여 10년 동안 생각하였다. 이 불상을 오랫동안 와관사瓦官寺에 두었다. 대규의 둘째 아들 옹顒의 자는 중약仲若이다.…… 그윽하고 맑음을 좋아하면서도 또한 재교才巧에 뜻을 두어 대규가 불상을 지을 때마다 항상 참여하였다.…… 대교 · 대옹 부자의 불상 형식은 역사상 독보적이다.[14]

---

12) 『宋書』, 93권, 「隱逸」, "元嘉 18년(441)에 64세의 나이로 사망하였는데 아들이 없었다. 경양산이 만들어졌을 때 옹은 이미 죽었다." 『宋書』(中華書局, 1974년판), 2278쪽 참조.
13) 『宋書』, 「隱逸 · 戴顒」, "自漢世始有佛像, 形制未工, 逵特善其事, 顒亦參焉."
14) 道世, 『法苑珠林』, "自泥洹以來, 久逾千祀, 西方像制, 流式中夏, 雖依經鎔鑄, 各務仿佛, 名士奇匠, 競心展力, 而精分密數, 未有殊絶. 晉世有護國戴逵字安道者, 風淸概遠, 肥遁舊吳, 宅性居理, 遊心釋教. 且機思通贍, 巧擬造化, 乃所以影響法相, 咫尺應身, 乃作

『역대명화기』에는 다음 기록이 있다.

　　대규는 생각을 치밀하게 하고, 또 불상을 잘 주조했으며 조각을 잘했다. 그는 일찍이 무량수불의 나무 조각상을 만들었는데 높이가 1장 6척이나 되었고, 또한 보살상을 함께 조각했다. 대규는 옛 제작 방식이 소박하고 고졸하여 공경심을 낼 만큼 사람의 마음을 감동시킬 수 없었기에 휘장 안에 조용히 앉아서 은밀히 중론을 들었다. 칭찬하고 비난하는 것을 들어 상세하게 연구하고 3년이나 생각한 후에 비로소 조각상을 완성했다. 이것은 산음山陰의 영보사靈寶寺에 안치되었다.
　　한漢 명제明帝는 금으로 된 사람을 꿈꾸었는데 키가 크고 머리 위에서 빛이 났다. 명제는 여러 신하에게 물었고 어떤 신하가 "서방세계에는 붓다라 하는 신이 있는데 키가 육척이나 되고 황금빛으로 되어 있습니다"라고 대답했다. 이에 명제는 채음蔡愔을 시켜 천축天竺국 우다야나(Udhayana)왕이 그린 「석가모니불의좌상釋迦牟尼佛坐像」을 가져오게 하고, 공인工人에게 남궁의 청량대淸涼臺 및 현절릉顯節陵 위에 그리게 했다. 그러나 불상 제작 기술이 예스럽고 졸박하여 이를 보고 경탄할 수 없었다. 「아육왕상阿育王像」(인도 Asoka왕이 만든 석가모니불상)은 지금도 남아 있는 것이 있어서 볼 수 있다. 후에 진晉 명제明帝와 위협衛協이 모두 불상을 잘 그렸지만 그것의 오묘함을 다 표현하지 못했다. 대규·대옹 부자에 이르러, 모두 그림을 잘 그렸고 또한 석가모니를 숭배하여 금을 녹여 불상을 주조하고 색을 칠했는데, 이것이 언제나 규범이 되었다. 대규가 휘장 안에서 고요히 생각하는 동안 대옹이 멀리서 보고 팔과 어깨가 살찐 것을 아니 어찌 천기天機의 발동과 신비스러운 솜씨가 아니겠는가. 그 후 북제北齊의 조중달曹仲達과 양梁의 장승요張僧繇, 당의 오도현吳道玄(즉 오도자)과 주방周昉은 저마다 장단점이 있다. 성현(불상)이 왕성하게 일어나 사방으로 전파된 것은 사람을 감동시키기에 충분하지만, 영락과 천의에 대한 창의적인 표현은 각각 달랐다. 지금에 이르기까지 조각가와 화가는 그들의 모범을 열거하면서 조중달 양식이니, 장승요 양식이니, 오도현이나 주방 양식이니 하는데, 이것은 영원히 변하지 않을 것이다.[15]

이작李綽의 『상서고실尙書故實』에는 다음 기록이 있다.

　　불상은 본래 오랑캐의 것으로서 촌스럽고 초라해서 사람들이 보고 공경심이 생기지 않았다. 지금의 그림과 조각은 대규·대옹으로부터 시작되었다.[16]

"형상 제작기술이 미숙했다", "서방의 불상을 만드는 법이…… 뛰어나지 못했었다", "옛 제작 방식이 소박하고 고졸하여 공경심을 낼 만큼 사람의 마음을 감동시킬 수 없었다", "오랑캐의 불상은 촌스럽고 초라해서 사람들이 보고 공경심이 생기지 않았다" 등 위의 상술한 기록을 통해 대규가 살았던 시기에 서쪽

　　　無量壽挾侍菩薩. 硏思致妙, 精銳定制, 潛於帷中, 密聽衆論, 所聞褒貶, 輒加詳改. 核准度於毫芒, 審光色於濃淡, 其和墨點彩, 刻形鏤法, 雖周人盡策之微, 宋客象楮之妙, 不能逾也. 委心積慮, 三年方成, 振代迄今, 所未曾有……逵又造行像五軀, 積慮十年. 像舊在瓦官寺. 逵第二子顒, 字仲若……旣負荷幽貞, 亦繼志才巧. 逵每制像, 常共參慮……二戴像制, 歷代獨步."
15) 張彦遠, 『歷代名畫記』, "逵旣巧思, 又善鑄佛像及雕刻, 曾造無量壽木像, 高丈六, 並菩薩. 逵以古制樸拙, 至於開敬, 不足動心, 乃潛坐帷中, 密聽衆論, 所聽褒貶, 輒加詳硏, 積思三年, 刻像乃成, 迎至山陰靈寶寺.……漢明帝夢金人, 長大, 頂有光明, 以問群臣, 或曰: 西方有神名曰佛, 長丈六, 黃金色. 帝仍使蔡愔取天竺國優塡王畫釋迦倚像, 命工人圖於南宮淸涼臺及顯節陵上, 以形制古樸, 未足瞻敬. 阿育王像至今亦有存者可見矣. 後晉明帝, 衛協皆善畫像, 未盡其妙, 泊戴氏父子皆善丹靑, 又崇釋氏, 範金賦采, 動有楷模, 至如安道潛思於帳內, 仲若懸知其臂胛, 何天機神巧也. 其後北齊曹仲達, 梁朝張僧繇, 唐朝吳道玄, 周昉, 各有損益, 聖賢盱蠻, 有足動人, 瓔珞天衣, 創意各異, 至今刻畫之家, 列其模範, 曰曹曰張曰吳曰周, 斯萬古不易矣."
16) 李綽, 『尙書故實』, "佛像本胡夷村陋, 人不生敬, 今之藻繪雕刻, 自戴顒始也."

에서 들어온 불교조상이 중국 땅에서 발전하기 위해 당면했던 문제를 알 수 있다. 서쪽에서 들어온 불상 양식은 사람들의 마음에 경외심을 불러일으키지 않았을 뿐 아니라 사람들에게 용납되지 않는 지경에까지 이르게 되었으므로 한漢문화에 어울리는 불상으로의 개혁이 시급했다. 대규는 이러한 상황을 인식하고 민심을 수렴하여 정성을 들여 불상 형식을 창조하였는데 후대 사람들은 이를 가리켜 '대규·대옹 부자의 불상 형식'이라고 했다.

대규·대옹 부자가 중국의 불상에 미친 영향은 일시적인 것이 아니라 적어도 당대까지 미쳤다. '대규·대옹 부자 불상 형식'의 영향력은 계속되었는데, 도세道世가 당唐 총장總章 원년(668)에 완성한 『법원주림』에서 "대규·대옹 부자의 불상 형식은 역대로 독보적이다"(二戴像制, 歷代獨步)라고 칭찬한 이 '역대'라는 말은 도세가 살았던 시대도 포함된다. 또한 장언원의 『역대명화기』도 장언원이 속했던 중당中唐과 만당晩唐 시기까지 대규·대옹 부자는 북제北齊의 조중달, 양梁의 장승요, 당唐의 오도자, 주방과 함께 모두의 모범이자 만고불변으로 여겨졌다고 설명하고 있다.

대규·대옹 부자가 만든 불상의 실물이 지금은 남아 있지 않아 그들이 창조한 '대규·대옹 부자의 불상 형식'의 구체적인 양식에 대해서 고찰할 수 없지만 조형적 특징의 관점에서 현존하는 불상 중 가장 오래된 불상을 추려 낸 결과, '포의박대식' 불상이 대규·대옹 부자의 손에 의해 만들어졌을 가능성이 가장 커 보인다. 이 불상 형식은 당나라 때까지 비교적 큰 영향력을 미쳤는데, 그 이유는 다음과 같다.

a. '포의박대식' 법의는 남방 장강 유역에서 처음으로 흥기하여 오래도록 생명력을 지속한 법의 양식이다. 현존하는 가장 이른 불상은 사천성 무문茂文에서 출토된 제齊 영명永明 원년(483)의 석현숭조상비釋玄崇造像碑 앞뒷면에 새겨진 2존의 불상이다.

[2-5] 사천 무문 제 영명 원년(483) 불비상 앞뒷면
(『世界美術大全集: 東洋編 3』)

b. '포의박대식' 불상은 현존하는 불상 가운데 비교적 이른 시기의 불상이자 가장 한족漢族적인 불상 양식[17]으로 한족의 특징이 불상의 용모와 체형에 뚜렷하게 반영되어 있다. 진송시대부터 성행하기 시작한 '빼어난 몸매에 맑은 인상'(秀骨淸像)의 특징이 드러나 있으며, 법의를 입는 형태는 중국 사대부의 전통 유복儒服에서 나타나는 포의박대와 유사하다.

c. '포의박대식' 법의는 외관상 사대부의 포의박대 복장과 유사하지만 이 둘 사이의 형태와 제작 방법은 근본적으로 다르다. 전자는 가사로서 펼치면 커다란 직사각형 큰 천이지만[18], 후자는 재단하고 바느질하여 옷을 만든 것으로 소매와 깃이 있다. 가사를 기존의 사대부의 옷처럼 만들면서도 불교의 규제를 벗어나지 않도록 디자인하는 것은 불교의 율장에

---

17) 현존하는 唐 불상에서 '포의박대식' 법의보다 먼저 발생한 '중국식 편단우견식'(半披式)과 '垂領式' 같은 중국 스스로 만든 법의 양식을 볼 수 있는데, 이 두 법의 양식에 대한 근원을 따져 보면 그것의 출처는 간다라 불상에 더 가깝다.(費泳,『中國佛教藝術中的佛衣樣式研究』, 中華書局, 2012년판, 205~206, 254~256쪽 참조)
18) 小杉一雄,「裳懸座考」,『佛教藝術』 제5호(1949).

정통하면서 외래의 불상을 중국적으로 개혁하겠다는 소명을 가진 사람만이 할 수 있다.

위와 같은 요구에 부합하는 사람은 진송시대의 대규·대옹 부자밖에 없는 것 같다. 대규·대옹 부자가 섭렵한 불상들을 기록한 다룬 문헌에서 '무량수협시보살無量壽挾侍菩薩'이 포함되어 있는데, 이는 틀림없이 무량수불을 관음보살과 대세지보살이 협시하는 삼존상의 조합일 것이다.[19]

『법원주림法苑珠林』에 다음과 같이 기록되어 있다.

> 대규의 둘째 아들 옹顒의 자는 중약仲若이다.…… 대규가 불상을 만들 때마다 항상 참여하였다. 제양濟陽의 강이江夷는 젊어서부터 옹과 친한 벗이었다. 강이의 부탁으로 대옹은 관세음상觀世音像을 만들기 시작했다. 힘과 마음을 다하여 아주 묘하게 만들려 하였으나 상호가 원만하지 못해 여러 해가 넘도록 완성하지 못했다. 후에 꿈에서 어떤 사람이 일러 가로되 "강이는 관세음보살과 인연이 없다. 미륵보살로 고쳐라" 하였다. 대옹은 곧 하던 일을 멈추고 편지를 써서 이 사실을 강이에게 알리고자 하였다. 편지를 보내기도 전에 강이의 편지가 먼저 왔다. 그도 그날 밤에 그런 꿈을 꾸었다 하였으니 그 일이 부합했다. 대옹은 신의 감응을 기뻐하면서 미륵으로 고치고자 하였다. 손을 대자 곧 묘하게 이루어져 그다지 마음을 쓰지 않아도 빛나는 얼굴이 원만하여 얼마 안 되어 다 마쳤다. 친구들은 찬양하면서 모두 인연이 어긋나지 않음을 깨달았다. 이 상은 옛날에 회계會稽의 용화사龍華寺에 있었다.[20]

이 기록은 대옹과 그의 절친한 친구 강이가 관음보살과 인연이 없음을 동시에 감응하자 두 사람이 원래 만들 계획이었던 관음보살을 미륵보살로 수정하여 만들었는데, 이 불상은 옛날에 회계의 용화사에 있었다는 것을 명확하게 기술하고 있다. 이는 진송 시기에 남방의 미륵신앙이 만들어 낸 미륵상이 미륵보살을 배제하지 않았다는 점을 보여 준다.[21]

성도成都 만불사萬佛寺에 있는 WSZ49호 조상비의 뒷면에 부조된 경변상도에도 교각보살의 모습이 나타나 있는데, 이 조상비가 만들어진 시기는 도상적·조형적으로 유사한 만불사에서 출토된 원가元嘉 2년(425)의 조상비와 비슷할 것이다. 도상을 분석해 보면 조상비의 앞뒷면에 그려진 내용은 『법화경』「서품序品」의 내용이고, 도상 속에 나타나는 교각보살은 경전의 내용에 따라 미륵보살이어야 한다.

이 밖에 성도 서안로西安路에서 출토된 제齊 영명永明 8년(490)의 석법해釋法海 조상造像(승려 법해가 조성한 불상)과 상업가에서 출토된 제齊 건무建武 2년(495)의 석법명 조상의 뒷면에도 모두 교각미륵보살이 있다.

쑤바이 선생은 중국 남방의 불교가 신봉하는 무량수불과 미륵보살이 모두 중원지방에서 기원한 것으로 본다. 남방에서 미륵신앙은 무량수불 신앙과 동시에 유행하였는데 4세기 후반을 넘기지 않는다. "미륵에 대한 남방과 북방의 요구가 서로 달랐기 때문에 북방에서 받드는 불상은 남방에서 유행하던 불상과 동일한 좌상 혹은 입상과는 뚜렷한 차이가 있었다"[22]고 한다. 혹은 현존하는 미륵존상의 일반적 모습만 반

---

19) 康僧鎧 역, 『佛說觀無量壽佛經』에는 "무량수불이 공중에 서 계시니 관세음과 대세지 두 보살이 좌우에서 시립한다"(無量壽佛住立空中, 觀世音, 大勢至, 是二大士侍立左右)라는 기록이 있다.
20) 道世, 『法苑珠林』, "逵第二子顒字仲若,……逵每制像常共參慮. 濟陽江夷少與顒友. 夷嘗托顒造觀世音像, 致力罄思欲令盡美, 而相好不圓積年無成, 後夢有人告之日, 江夷於觀世音無緣, 可改爲彌勒菩薩, 戴卽停手馳書報江, 信未及發而江書已至, 俱於此夕感夢, 語事符同, 戴喜於神應卽改爲彌勒, 於是觸手成妙, 初不稽思, 光顔圓滿俄爾而成, 有識贊仰慨悟因緣之匪差, 此像舊在會稽龍華寺."
21) 袁曙光, 「四川省博物館藏萬佛寺石刻造像整理簡報」, 『文物』 2001년 제10기.
22) 宿白, 「南朝龕像遺跡初探」, 『考古學報』 1989년 제4기.

[2-6] 후조 건무 4년(338) 금동상
(『海外遺珍』)

[2-7] 병령사 169굴 제6감실 관음보살상
(『中國石窟雕塑全集 2』)

영되었을 수도 있다.

한 가지 짚고 넘어갈 것은 현재 남아 있는 십육국 시기 대표적인 금동불상으로 미국 샌프란시스코 아시아미술관에 소장되어 있는 후조後趙 건무建武 4년(338)의 금동불좌상에 이미 아시아인의 외모가 드러나고 있지만 이때는 대규가 아직 어렸다는 점이다. 이는 동진·십육국 시기에 외래 불상을 중국식으로 개조한 것이 대규·대옹 부자만은 아니었다는 것을 말해 준다. 그렇다면 '대규·대옹 부자의 불상 형식'이라는 찬란한 업적은 도대체 어디에 표현되어 있는 것인가?

필자는 이렇게 생각한다. 서진西秦 건홍建弘 원년(420) 전후의 병령사炳靈寺 169굴 불상에 나타난 '육조의 미소'[23]와 같이 지극히 상징적으로 중국화된 모습의 특징은 대규가 동진의 불교조상에 응용하기 시작해 이후에 병령사까지 전해졌을 것으로 추정된다. 그러나 그 당시 이렇게 미소를 짓는 모습의 남방 불상은 오늘날 많이 남아 있지 않다. 대규·대옹 부자는 '포의박대식' 불상의 창립자이자 '수골청상', '포의박대식', '육조의 미소'라는 세 가지 특징을 한 불상에 아우른 집대성자이기도 하였다. 현존하는 최초의 '포의박대식' 기념紀年 불상인 제齊 영명 원년(483)의 사천 무문茂汶 출토 석현숭조상비(앞 그림 2-5)에는 이 세 가지 특징이 융합되어 있는 것을 볼 수 있고 이러한 불상의 조성에 공헌한 사람만이 "대규·대옹 부자의 불상 형식은 역대에 독보적이다"라는 찬사에 부합될 것이다.

4. 고개지 회화에 보이는 불교 주제

고개지(약 348~409)[24]는 대규보다 20여 세 연하지만 두 사람은 대부분 같은 시대를 살았다. 장언원의 『역대명화기』에 의하면 고개지는 중국 '불교화의 시조'인 조불흥曹不興의 재전제자再傳弟子로 '화성畵聖'인 위협衛協에게서 직접 사사했다. 고개지의 제자 중에는 '수골청상'[25]의 창립자인 육탐미가 있다. 동진 와관사에서 고개지가 그린 「유마힐」은 대규가 만든 5존의 불상과 동진 의희 연간(405~418)에 사자국이 처음으로 바친 옥상과 더불어 삼절로 일컬어졌다.

---

23) 費泳, 「"建康模式"的形成及佛像樣式特徵」, 『南京藝術學院學報』(美術與設計版) 2017년 제1기.
24) 고개지 연표는 林樹中 編著, 『六朝藝術』(南京出版社, 2004년판), 334~345쪽 참조.
25) 육탐미의 화풍을 '秀骨淸像'이라 한 것은 당 개원 연간 장회관의 『화단』에서부터 비교적 일찍 보이지만 이 책은 이미 소실되었다. 현재는 장언원이 『역대명화기』에서 고개지, 육탐미, 장승요, 오도현 4명을 해석한 글만 남아 있다.

고개지가 불교 주제로 그린 작품은 「유마힐」 외에도 「강승회상康僧會像」, 「삼천녀상三天女像」, 「팔국분사리도八國分舍利圖」(당대 裴孝源, 『貞觀公私畫史』 참조), 「정명거사도淨名居士圖」, 「삼천녀미인도三天女美人圖」(송 『宣和畫譜』 참조) 등이 있다.

고개지의 화격(그림의 품격)은 고대 문헌자료와 지금까지 전해 내려온 회화 모사본을 통해 어느 정도 짐작할 수 있다. 장회관張懷瓘의 『화단畫斷』에는 다음과 같이 기록되어 있다.

> 고개지의 정밀하고 신령스러운 생각은 헤아릴 수가 없다. 비록 필묵에 기탁하지만 그 신령스러운 기운은 하늘에 구름처럼 두둥실 떠 있으니 그림 사이에서 구할 수 있는 것이 아니다. 사람의 아름다움을 장승요는 육肉에서, 육탐미는 골骨에서, 고개지는 신神에서 찾는다. 신묘함은 다른 사람이 쫓아갈 수 없을 정도로 고개지가 최고였다.[26]

장언원 『역대명화기』의 「고개지, 육탐미, 장승요, 오도자의 용필(붓 쓰는 방법)을 논하다」(論顧陸張吳用筆)에는 다음과 같이 기록되어 있다.

> 어떤 사람이 나에게 고개지, 육탐미, 장승요, 오도자의 붓 쓰는 방법이 어떠냐고 묻기에 다음과 같이 대답했다. "고개지의 필적은 팽팽하게 연결되어 서로 순환하는 듯하며 초월적이다. 격조가 뛰어나고 쉽게 그린 듯하며, 바람이 불고 번개가 내리치는 듯하다. 붓끝에 뜻이 있어 필획이 끝나도 뜻은 여전히 남아 있으니, 이것이 신기를 완전하게 하는 까닭이다." …… 어떤 사람이 또 나에게 "대저 생각이 정교하고 치밀한 사람은 필치 또한 빈틈없이 치밀한데 필치가 그렇지 않은 사람은 무엇 때문입니까?"라고 물었다. 나는 다음과 같이 대답했다. "육탐미와 고개지 작품의 신령스러운 것은 형태의 윤곽선을 볼 수 없는데, 이른바 필적이 빈틈없이 면밀하다는 것이다. 장승요와 오도자의 오묘한 작품에는 붓을 겨우 한두 번 놀렸는데도 사물의 형상이 이미 완성되어 있다. 점과 획이 흩어져 있어서 때때로 결락된 것 같은데, 이것은 필치가 주밀하지는 않지만 뜻이 주밀한 것이다. 그림에는 성근 선(疏體)과 주밀한 선(密體)이라는 두 체體가 있다는 사실을 알아야만 비로소 그림에 대해 논할 수 있다."[27]

장회관과 장언원의 기록을 요약하면 고개지가 주밀한 선으로 전신傳神의 표현 기법을 만들어 냈다는 것이다.

고개지의 화격은 「낙신부도洛神賦圖」에 구체적으로 드러나 있는데, 북경 고궁박물원에 소장되어 있는 「낙신부도」는 현존하는 송대宋代 모사본 중 가장 예술적 조예가 뛰어나고 보존이 잘된 판본이다.[28] 특히 남북조시대에 성행했던 불교예술 표현 형식인 남방식 비천飛天과 예불행렬 등의 모태를 모두 이 작품에서 원천을 찾을 수 있고, 또한 산수화의 기원과 '수하인물樹下人物' 형식을 연구하는 데도 중요한 참고가 된다.

---

26) 張懷瓘, 『畫斷』, "顧公運思精微, 襟靈莫測. 雖寄跡翰墨, 其神氣飄然在煙霄之上, 不可以圖畫間求. 象人之美, 張(僧繇)得其肉, 陸(探微)得其骨, 顧得其神. 神妙亡方, 以顧爲最."
27) 張彥遠, 「論顧陸張吳用筆」, 『歷代名畫記』, "或問餘以顧(愷之), 陸(探微), 張(僧繇), 吳(道子)用筆如何, 對曰, 顧愷之之跡, 緊勁聯綿, 循環超忽, 調格逸易, 風趣電疾, 意存筆先, 畫盡意在, 所以全神氣也. …… 又問餘曰, 夫運思精深者, 筆跡周密, 其有筆不同者謂之如何, 餘對曰, 顧陸之神, 不可見其盼際, 所謂筆跡周密也. 張吳之妙, 筆才一二, 像已應焉, 離拔點畫, 時見缺落, 此雖筆不周而意周也. 若知畫有疏密二體, 方可議乎畫."
28) 고개지 「낙신부도」의 송 모사본은 네 종류가 남아 있다. 고궁박물원 소장권(27cm×572cm), 타이베이고궁박물원 소장권(25.5cm×52.4cm), 遼寧박물관 소장권(26cm×648cm), 미국 프리어(Freer)미술관 소장권(24cm×310cm).

[2-8] 북경 고궁박물원 권「낙신부도」의 낙신 부분(『六朝藝術』)

[2-9] 만불사 송 원가 2년(425) 불비상 비천상(『成都萬佛寺石刻藝術』)

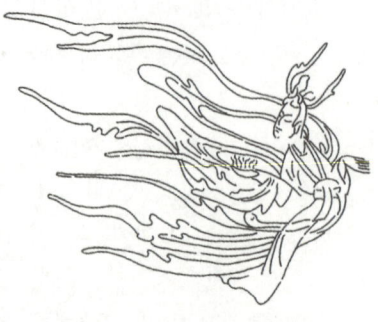
[2-10] 단양 호교 오가촌 묘 비천(費泳 그림)

「낙신부도」에 나오는 낙신 등 여성 인물들의 조형적 특징은 이후 남조의 비천상과 매우 유사한데, 송宋 원가 2년(425)의 만불사萬佛寺 조상비 뒷면의 비천, 강소江蘇 단양丹陽 호교胡橋 오가촌吳家村의 남제 묘의 화상전 비천 등 남조의 비천상의 원형으로 볼 수 있다. 서로 비교해 보면 확인되는데, 특히 몸이 한쪽으로 활처럼 휘어져 있고 다른 쪽의 옷자락은 바람에 어지럽게 나부껴 구조가 복잡한 것에서 남조 비천과 고개지가 그린 낙신의 모습이 일맥상통한다는 것을 알 수 있다.

「낙신부도」중 조식曹植이 시종을 데리고 낙신을 맞이하는 장면에서 조식과 그 의장儀仗의 표현 방식은 중국 인물화에서 의례 장면을 행렬로 표현하는 새로운 형식을 열었다. 대열을 이룬 인물들의 높이는 대체로 일치하고 세부 묘사를 통해 인물들에 변화를 나타냈으며 서로 다른 인물들은 선의 표현과 관련이 있는데, 그중에서도 촘촘한 세로 선들이 특히 두드러지고 여기에 가로 선들을 보충함으로써 화면이 장엄하면서도 생동감을 잃지 않게 하고 있다. 이전에 마왕퇴馬王堆에서 출토된 서한西漢시대 두 폭의 T형 백화(비단 그림)의 행렬 인물들은 서로 높낮이가 다르거니와 선의 소밀疏密에도 변화가 없었다.

고개지의 「낙신부도」이후 이렇게 인물을 선으로 구성하여 그리는 형식은 거의 하나의 표준 양식이 되어 이어져 내려갔다. 약 6세기 초에 완공된 용문석굴 빈양중동의 굴문 안 문벽(동벽) 양쪽의 도난당한 「황제

[2-11] 북경 고궁박물원 소장 「낙신부도」의 인물 행렬 부분(『六朝藝術』)

[2-12] 마왕퇴 1호 T자형 비단화 부분(『美術辭林』)

[2-13] 마왕퇴 3호 T자형 비단화 부분(『美術辭林』)

예불도皇帝禮佛圖」와 「제후예불도帝后禮佛圖」는 인물, 복식, 화개華蓋, 인물의 선 구성 방식 등이 균일하게 고개지의 「낙신부도」와 동일하고 이와 유사한 예불공양도禮佛供養圖는 공현鞏縣석굴 제1, 3, 4굴에서도 보인다. 이 밖에 일본 나라(奈良) 덴리(天理)대학 참고관에 소장되어 있는 북위 석관상石棺牀(석관의 받침돌)에 새겨진 선각화線刻畵 「사녀주악도仕女奏樂圖」에서 볼 수 있듯이 북위의 선각화에도 반영되어 있다. 북송北宋 화가인 무종원武宗元의 「조원선장도朝元仙杖圖」, 「87신선도八十七神仙圖」와 원元대 영락궁永樂宮의 도교 벽화에 이르기까지 고개지가 창시한 행렬 형식이 계승되는 것을 볼 수 있다.

[2-14] 메트로폴리탄박물관 소장 용문석굴 빈양중동 「황제예불도」(Wisdom Embodied)

중국에 산수화가 출현한 정확한 시기는 알 수 없으나 늦어도 동한 전기에 산수도 형식이 한漢대 무덤의 묘실 벽화에

[2-15] 공현 제4굴 남벽 동측 예불도
(『中國美術全集: 雕塑編 13』)

[2-16] 북위 석관상 선각화 「사녀주악도」
(『世界美術大全集: 東洋編 3』)

서 이미 나타나고 있는 것을 볼 수 있다. 예를 들어 산서山西성 평륙平陸 조원棗園촌의 동한 벽화묘에서 출토된 「오벽도塢壁圖」와 농경도, 내몽고 허린거얼(和林格爾) 벽화묘에서 출토된 장원도莊園圖 등의 벽화에 나타난 산수는 무덤 주인이 생활하는 모습을 그린 것으로, 대부분 원경이고 선으로 윤곽을 그린 후 간단한 채색을 더했다.

고개지의 「낙신부도」와 「여사잠도」[29]에 나타난 산수도 형식은 산수화의 초창기 표현 형식을 보여 주는 현존하는 최초의 실물 자료이다. 이 산수는 원경 구도로 주로 선과 훈염으로 그려졌으며 준법이 적어서 산과 바위가 매끄러워 보인다. 한대 「오벽도」의 산수도 형식과 비교하면 고개지의 산수는 주로 인물화의 배경으로서 기법의 측면에서 근본적으로 새로운 진전이 있는 것은 아니지만 산수의 구도 면에서는 복잡해지고 표현은 더욱 섬세해졌다.

[2-17] 산서성 평륙 조원촌 벽화 「오벽도」
(『漢代墓室壁畵硏究』)

---

29) 고개지의 「여사잠도」는 현재 당대와 남송 두 개의 모사본이 남아 있는데, 전자는 예술 수준이 비교적 높고 보존 상태도 좋으며 런던 대영박물원에 소장되어 있다. 후자는 북경 고궁박물원에 소장되어 있으며 런던본보다 3단의 내용이 더 있다. 즉 1.『여사잠』문의 머리글을 베껴 씀. 즉 '婦德尙柔'라고 적음. 2. '樊姬感莊'. 3. '衛女矯桓'.

[2-18] 북경 고궁박물원 소장 「낙신부도」의 산수 부분(『六朝藝術』)

[2-19] 「여사잠도」의 도망융이불살도罔隆而不殺
(『世界美術大全集: 東洋編 3』)

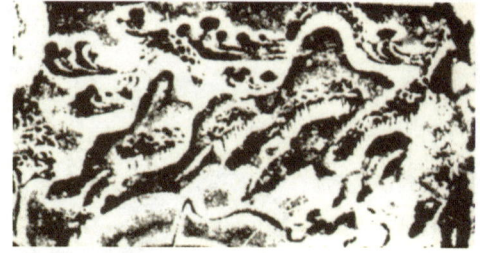

[2-20] 송 원가 2년(425) 불비상 뒷면 탁본 부분
(『四川出土南朝佛敎造像』)

산수화와 불교예술의 관련성에 대해, 고개지가 「낙신부도」를 창작했던 비슷한 시기에 산수화 이론이 등장하기 시작했다는 점과 산수화 형식이 불상에도 나타나기 시작했다는 점에서 확실하다고 할 수 있다. 종병宗炳(375~443)의 『화산수서畵山水序』와 왕미王微(415~443)의 『서화敍畵』는 현존하는 최초의 산수화 이론 저술이다. 장언원은 『역대명화기』에서 종병이 "글씨와 그림을 잘했다. 강하왕江夏王 의공義恭[30]이 종병을 재상에 천거한 적이 있는데, 계속해서 조서를 내려 불러도 결국 나가지 않았다. 거문고와 글씨를 잘했고 산수를 좋아했다"라고 기록하였다.

늦어도 종병, 왕미와 같은 시기에 산수화는 불교조상에 나타나는데 성도 만불사에서 출토된 송宋 원가 2년(425)의 조상비는 뚜렷하게 산수화가 나타난 대표적인 남조 조상으로, 거기에 그려진 산의 모양은 둥글고 매끈하며 형태가 고개지의 「낙신부도」에 그려진 산수와 유사하다.

종병과 왕미가 쓴 두 글에는 산수화가 불교와 관련이 있다는 점이 명확하게 나타나 있지는 않지만 종병이 제시한 "성인은 도를 머금고 만물을 비춘다"(聖人含道映物), "산수는 형상으로써 도를 아름답게 보여 준다"(山水以形媚道)는 문장은 거의 산수화의 종지가 되어 이후 줄곧 규범이 되었고 중국 산수화 발전에 영향을 미쳤다. 이러한 산수의 '형形'을 빌려 자연의 '도道'를 논하는 방법은 산수화에 일정한 종교적 정취를 부여해 주었다.[31]

산림을 숭상하는 것은 불교에서 지혜를 얻는 법문이기도 하다. 오吳나라 강승회康僧會가 번역한 『육도집경六度集經』에는 다음과 같은 기록이 있다.

옛날에 보살은 사문행을 할 때 항상 산림에 거처하며 자비의 마음으로 중생을 가엾게 여겼다. 중생들이 오래도록 삼계에서 윤회의 고통을 겪는데 어떻게 이를 구제할 것인가. 마음을 가지런하게 하고 사유하면서 널리 그 원인을 찾고자 하였다.[32]

---

30) 여기서 말하는 강하왕 의공은 「金陵攝山栖霞寺碑文」에 서하산 대불을 건립한 '송 태재 강하왕'으로 기록되어 있다.
31) 王伯敏, 「中國山水畵的發展與道釋思想的關係」, 『學術月刊』 1983년 제9기.
32) 『大正藏』 제03책, No.0152, "昔者菩薩爲沙門行, 恒處山林, 慈心悲潛. 衆生長苦輪轉三界, 何以濟之, 靖心思惟索道弘原."

후진後秦의 불타야사佛陀耶舍와 축불념竺佛念이 번역한 『장아함경長阿含經』에는 다음과 같은 기록이 있다.

> 붓다께서 비구比丘들에게 말씀하셨다. 또 일곱 가지 법이 있는데, 법은 점점 커지고 줄어들거나 닳아 없어지지 않게 하는 것이다. 첫 번째는 일이 적은 것을 좋아하고 일이 많은 것을 좋아하지 않으면 곧 법은 더욱 자라나 줄어들거나 닳아 없어지지 않을 것이다. 두 번째는 침묵하기를 좋아하고 많은 말을 좋아하지 않는 것이다. 세 번째는 잠을 적게 자고 혼매昏昧한 데에 빠지지 않는 것이다. 네 번째는 패거리를 만들어 쓸데없는 일로 언쟁하지 않는 것이다. 다섯 번째는 아무 덕德도 없으면서 스스로 자랑하지 않는 것이다. 여섯 번째는 악한 사람과 짝하지 않는 것이다. 일곱 번째는 산이나 숲속의 한적한 곳에서 혼자 있기를 좋아하는 것이다. 비구들이여, 이렇게 하면 법은 더욱 커져서 줄어들거나 닳아 없어지지 않을 것이다.[33]

동진의 구담승가제바瞿曇僧伽提婆가 번역한 『중아함경中阿含經』에는 다음 기록이 있다.

> 여래는 두 가지 이유 때문에 일 없는 곳이나 산림 또는 나무 밑에 머무르고 높은 바위에 머물기를 좋아하며, 고요하여 아무 말이 없고, 멀리 떠나 악이 없고, 사람이 없는 곳에서 순리를 따라 연좌하는 것이니라. 첫째는 자기가 현재 세계에서 즐겁게 살기 위해서이고, 둘째는 후세 사람을 사랑하고 가엾이 여기기 때문이다.[34]

종병의 산수화론과 산림을 즐기는 불교, 이 두 가지의 공통점은 모두 산수를 빌려 정신적 향상을 도모하는 것임을 알 수 있다. 동진 이후 산수화의 함의와 불교 교의가 이렇게 가깝게 된 것은 중국 미술사 발전 과정에서의 중요한 현상이 되었다.

5. 「죽림칠현과 영계기」에 나타난 '수하인물' 형식의 기원

남경南京 부근 몇 기의 육조시대의 대묘大墓에서 「죽림칠현과 영계기」가 새겨진 화상전 그림이 발견되었는데, 구도와 조형이 유사하여[35] 동일한 모본에서 나온 것 같다. 그중 남경 서선교西善橋 궁산묘宮山墓의 「죽림칠현과 영계기」가 새겨진 화상전 그림의 발생 시간이 상대적으로 이르고[36] 수준이 높으며 보존도 비교적 완전한 편이다. 이 묘의 조성 시기는 대략 고개지와 육탐미의 사이에 해당되기 때문에 묘의 「죽림칠

---

33) 『大正藏』 第03冊, No.0001, "佛告比丘, 複有七法, 令法增長, 無有損耗. 一者樂於少事, 不好多爲, 則法增長, 無有損耗. 二者樂於靜默, 不好多言. 三者少於睡眠, 無有昏昧. 四者不爲群黨, 言無益事. 五者不以無德而自稱譽. 六者不與惡人而爲伴黨. 七者樂於山林閑靜獨處. 如是比丘, 則法增長, 無有損耗."
34) 『大正藏』 第03冊, No.0026, "如來但以二義故, 住無事處, 山林樹下, 樂居高巖, 寂無音聲, 遠離, 無惡, 無有人民, 隨順燕坐. 一者爲自現法樂居故. 二者爲慈湣後生人故."
35) 南京博物院·南京市文物保管委員會, 「南京西善橋南朝墓及其磚刻壁畫」, 『文物』 1960년 제1기; 羅宗眞, 「南京西善橋油坊村南朝大墓的發掘」, 『考古』 1963년 제6기; 南京博物院, 「江蘇丹陽胡橋南朝大墓及磚畫」, 『文物』 1974년 제2기; 林樹中, 「江蘇丹陽南齊陵墓磚印壁畫探討」, 『文物』 1977년 제1기; 南京博物院, 「江蘇丹陽縣胡橋, 建山兩座南朝墓葬」, 『文物』 1980년 제2기.
36) 南京博物院·南京市文物保管委員會, 「南京西善橋南朝墓及其磚刻壁畫」(『文物』 1960년 제1기): 이 무덤을 진송 사이로 봄; 薛永年, 「新中國的考古收獲」(『科學通報』 1962년 제4기): 동진 시기로 봄; 長廣敏雄, 「晉宋間의 竹林七賢과 榮啓期의 畵圖」(『國華』 857호, 1963): 진송 시기로 봄; 林樹中, 「江蘇丹陽南齊陵墓磚印壁畫探討」(『文物』 1977년 제1기): 진송 시기로 봄; 羅宗眞, 『六朝考古』(南京大學出版社, 1994년판, 69쪽): 유송 시기로 봄; 楊泓, 『美術考古半世紀』(文物出版社, 1997년판, 199쪽): 유송 시기로 봄.

[2-21] 남경 서선교 「죽림칠현과 영계기」 화상전 그림(『世界美術大全集: 東洋編 3』)

현과 영계기」 화상전 그림 역시 육조시대의 인물화를 이해하기 위한 보기 드문 근본적인 실물 자료가 된다.

고개지의 『위진승류화찬魏晉勝流畫贊』 내용에서 알 수 있듯이, 동진에서 칠현七賢을 소재로 그린 사람은 대규와 고개지가 비교적 대표성을 지니되 후자가 더욱 두각을 드러냈다. 『위진승류화찬』 중 대규가 그린 「칠현」에 대한 평가를 보면, "오직 혜생嵇生(즉 혜강)의 초상 하나만이 훌륭하다고 하고 그 나머지는 비록 묘합妙合하지는 않으나 이전의 죽림 그림과 비교하자면 어떤 것도 그에 미치지 못한다"[37]라고 하였다. 고개지 관점에서 보면, 대규가 그린 칠현 중 오직 혜강의 초상만이 비교적 탁월하며 나머지는 여전히 부족한 바가 있지만, 그러나 역시 이 이전에 칠현을 그린 것이 미칠 수 있는 바가 아니다. 고개지의 이런 성죽흉중의 평가는 은연중에 그가 그린 칠현에 다른 사람보다 뛰어난 점이 있어야만 했다는 점을 드러낸 것이다. 장언원은 『역대명화기』에서 손창지의 『술화기述畫記』를 인용하며, "(고개지가) 얼굴이 없이 관면冠冕만을 그렸지만 대규보다 뛰어나다"라고 했다. 고개지의 인물화는 밀체일맥密體一脈[38]의 창시일 뿐만 아니라, 그가 『논화論畫』에서 제시한 '이형사신以形寫神'과 『위진승류화찬』에서 제시한 '천상묘득遷想妙得'은 후세의 회화에 심원한 영향을 끼친 두 가지 미학의 명제가 되었다.

린수중(林樹中) 선생의 연구에 따르면, "동진, 남조에서 칠현을 그린 사람으로는 대규, 고개지, 사도석史道碩(이상 동진), 육탐미(송), 모혜원毛惠遠(제)이 있고, 「칠현」과 「영계기」를 그린 사람은 다만 고개지와 육탐미가 있을 뿐"[39]이라고 한다. 그는 남경 서선교 궁산묘 「죽림칠현과 영계기」 화상전 그림의 모본의 제작자가 대규일 가능성은 매우 적고, 고개지, 육탐미일 가능성이 크며, 특히 육탐미일 가능성이 아주 크다고 생각하였다.

「죽림칠현과 영계기」 화상전 그림의 수하 인물은 한 그루의 나무 아래 한 사람이 앉아 있는 형식을 이미 나타내고 있다. 이 이전의 중국 회화에서도 수하 인물의 장면이 표현되었는데, 전국시대의 칠렴화漆奩畫인 「영빈출행도迎賓出行圖」, 동한의 섬서陝西 순읍旬邑 백자촌百子村 묘의 벽화, 조위曹魏시대의 감숙 가욕관嘉

---

37) 역자 주: "唯嵇生一像欲佳, 其餘雖不妙合, 以比前諸竹林之畫, 莫能及者." 원문은 "頗佳"인데 "欲佳"의 오타로 판단된다.
38) 역자 주: '密體一脈'은 그림에는 성근 선(疏)과 주밀한 선(密)이라는 두 體가 있다는 사실을 알아야만 비로소 그림에 대해 논할 수 있다는 말이다. '密體'는 주밀한 선으로 그림을 그렸다는 의미이다.
39) 林樹中, 「江蘇丹陽南齊陵墓磚印壁畫探討」, 『文物』 1977년 제1기.

峪關 신성新城 5호묘 전실前室벽화 등으로, 여기서는 나무와 사람의 조합이 아직 형식적으로 정해지지 않았다.

「낙신부도」에서는 조식이 등장하기만 하면 그 뒤에 나무가 있게 마련이어서, 분명하게도 나무와 인물 양자 사이가 일종의 도상적 의의를 함축하고 있는 것이 틀림없다. 더욱이 조식처럼 이렇게 신분이 높은 인물의 배경으로 나타나는 데에는 비록「낙신부도」에 보이는 한 나무에 한 사람씩 배치하는 형식은 차용하지 않았으나 나무가 지닌 특별한 의미를 한층 더 드러내고자 하는 것이다.

[2-22] 전국「영빈출행도」칠렴화(『中國墓葬史』)
[2-23] 동한 후기 섬서 순읍 백자촌 묘의 벽화(『中國墓室壁畵全集 1』)
[2-24] 조위시대 감숙 가욕관 신성 5호묘 전실벽화(『中國墓室壁畵全集 1』)

나무 하나, 사람 하나의 모델이 되는 형식의 실물 자료는 비교적 이른 시기에 고인도의 간다라(Gandhara) 지역에서 보이는데, 주로 '범천권청', '수하관경', '사위성대신변' 등의 주제 중에서 나무 아래에 앉아 있는 붓다로 표현되었다. '범천권청'은 파키스탄 라호르박물관 소장 약 1세기 작인「범천권청」(앞 그림 1-24), 파키스탄 스와트(Swat)박물관 소장「범천권청」, 그리고 파키스탄 페샤와르대학 고고박물관 소장「범천권청」등이 있다. '수하관경'은 페샤와르박물관 소장 2~3세기의「왕자수하관경王子樹下觀耕」(앞 그림 1-64), 파키스탄 스와트박물관 소장「왕자수하관경」등이 있다. '사위성대신변'은 라호르박물관 소장 3~4세기의「사위성대신변」, 아곤슈(阿含宗) 소장의「사위성대신변」(앞 그림 1-26), 페샤와르박물관 소장「사위성대신변」등이 있다.

문헌에 따르면, 간다라의 나무 아래의 붓다(佛陀)의 모습은 모두 상응하는 불교 경전에 의거하고 있다.『방광대장엄경方廣大莊嚴經』에는 다음 기록이 있다.

이때 범천들의 왕이 68꼬띠(koti)의 범천의 무리와 함께 붓다가 계신 곳에 와서 붓다의 발에 이마를 대는 예를 행하고서 오른쪽으로 3번 돌고 물러나 한쪽 면에 서서 붓다에게 말했다. "세존이시여, 세간의 중생들에게 이제 (선법이) 줄어들게 생겼습니다. 왜냐하면 여래께서 뭇 중생들을 위해 위없는 깨달음을 구하셨고 이제 붓다가 되었으면서도 가만히 침묵하고 있으며 법륜을 굴리지 아니하기 때문입니다. 이런 까닭에 중생들에게 (선법이) 줄어들게 생긴 것입니다. 훌륭하십니다, 세존이시여, 훌륭하십니다, 선서善逝이시여, 중생들에게 가여운 마음을 내시어 법륜을 굴리시길 원하옵니다. 세존이시여, 심오한 법法에 깨달아 들어가는 것을 감당해 낼 수 있는 중생들이 많이 있으니, 부디 세존께서 법륜을 굴리시길 원하옵니다."[40]

---

40)『大正藏』第03册, No.0186, "是時梵王與六十八拘胝梵衆, 來詣佛所, 頂禮佛足右繞三匝卻住一面, 而白佛言: '世尊, 世間衆生今當損減, 何以故? 如來爲諸衆生求無上覺, 今得成佛默然而住不轉法輪, 以是之故衆生損減. 善哉世尊, 善哉善逝, 願爲衆生起哀潛心而轉法輪. 世尊, 多有衆生堪能悟入甚深之法, 惟願世尊轉於法輪.'"

[2-25] 파키스탄 스와트박물관 소장 「범천권청」
(Pakistan: Les arts du Gandhara)

[2-26] 파키스탄 스와트박물관 소장 「왕자수하관경」(「犍陀羅」)

[2-27] 라호르박물관 소장 간다라 출토 「사위성대신변」
(「パキスタン・ガンダーラ彫刻展」)

[2-28] 페샤와르박물관 소장 「사위성대신변」
(「犍陀羅佛敎藝術」)

경문에는 범천 등 천부의 여러 신들이 석가모니불에게 중생들을 위해 법륜을 굴리라고 권청하는 일이 기술되어 있다. 『보요경』에는 다음의 기록이 있다.

그때 태자의 나이가 드디어 차차 자기 부왕에게 아뢰고 여러 신하들과 함께 마을에 가서는 쟁기질을 하는 자를 관찰하다가 땅이 새로 뒤집혀 벌레가 흙과 함께 나오자 까마귀와 다른 새들이 쪼아 먹는 것을 보았다. 보살은 알면서도 일부러 재차 질문을 내며 쟁기질하던 그자에게 물었다. "이는 어떤 것을 위함입니까?" 답하였다. "곡식을 심어 이를 통해 국왕에게 세금을 바치기 위해서입니다." 보살은 한탄하였다. '한 사람 탓에 백성들이 근심스럽고 소란하게 하는구나. 관리들이 채찍과 몽둥이로 벌을 가하는 재앙이 두려워 떨며 매우 불안해하는구나. 사람 목숨은 너무 짧고 근심은 무량하게 기니, 세월이 흘러 뱉은 호흡이 돌아오지 못하면 다음 세상으로 가게 되는데, 천신과 인간에게는 언제나 3악의 고통과 근심이 그 무게를 잴 수 없고 5취의 생사윤회는 한도가 없으니, 깨닫지 못한 사이 독의 고통에 빠져듦은 설명하기 어렵도다. 산에 들어가 도를 이뤄 시방 3계에서 생멸하는 위급한 재앙의 근심을 제도하리라.' 쟁기질하던 자를 관찰한 이후 다시 이리저리 다니는데, 그때 보살이 여기저기 다니며 혼자서 수행자 없이 그 땅을 지나가다가 잠부(Jambu)나무가 그늘이 좋고 무성한 것을 보고는 그 나무 그늘 시원한 데에 앉아 한마음으로 좌선하여 초선의 삼매에 들었다.[41]

---

41) 『大正藏』第03冊, No.0186, "爾時太子年遂長大, 啟其父王, 與群臣俱行至村落, 觀耕犁者, 見地新摘蟲隨土出, 烏鳥尋啄. 菩薩知之, 故復發問, 問其犁曰: '此何所設?' 答曰: '種穀用稅國王.' 菩薩歎嗟. '乃以一夫令民憂擾, 畏官鞭杖加罰之厄, 心懷恐懼匆匆不安, 人命甚短憂長無量, 日月流邁, 出息不報, 就於後世, 天人終始, 三惡苦患不可稱載; 五趣生死輪轉無際, 沉沒不覺毒痛難喻; 入山成道, 乃度十方三界起滅危厄之患.' 觀犁者已更入游觀, 時菩薩游行無侶, 經行其地, 見閻浮樹陰好茂盛, 則在彼樹陰涼下坐, 一心禪思三昧正定."

경문은 성불 이전의 태자가 자연계의 약육강식이라는 고난의 순환을 보고서 마음에 연민심이 생겨 나무 밑에서 해탈의 도를 깨닫는 장면을 묘사하고 있다.『보요경』에는 다음의 기록이 있다.

> 그때 세존이 사위성舍衛城 여기저기를 다니며…… 마귀들의 판을 항복시키고 여래 십력 무외를 모두 갖추었으며 뭇 붓다들의 무량한 경전을 널리 선포하고 과거 여래들이 최고로 참되게 설하신 가르침을 베푸셨다. 과거의 도의는 여전히 세존과 같는데, 연꽃 위의 붓다는(蓮華上佛),…… 일체의 외도들과 뭇 삿된 무리들을 항복시키고 뭇 마라들을 복종시키며, 보살들이 마땅히 해야 할 바를 선포하고, 이제 뭇 보살 중 대승을 행하는 자들에게 정진을 유발하고 정법을 보호하여 삼보가 자재로워 끊어지지 않고, 붓다의 몸을 모두 갖추어 시방에 모두 나타냅니다.[42]

이 경은 석가모니불이 사위성에서 환술을 통해 시방의 뭇 붓다들이 외도들과 요괴를 항복시킨 사건을 진술한다.

불경 중에는 석가가 보리수 아래에 앉아 있는 사건을 기술하는 것이 꽤 많은데, 이를테면『방광대장엄경』중의「좌보리좌坐菩提座」,「관보리수觀菩提樹」,『본행경本行經』중의「마군거전魔軍拒戰」,「보살항마菩薩降魔」,『보요경』중의「성등정각成等正覺」등을 들 수 있다. 제1장에서『예보리장품詣菩提場品』경문 내용을 인용한 것과 같이 보리수는 실로 이미 붓다 도량의 상징이 되어 있었다.

[2-29] 사천 충현 출토 요전수
(『佛敎初傳南方之路文物圖錄』)

[2-30] 사천 충현 출토 요전수
(『佛敎初傳南方之路文物圖錄』)

중국에서는 사천 지역 동한시대의 불교조상 중에 비교적 일찍 나무 하나에 앉아 있는 사람 하나의 도상 형식이 나타난다. 이를테면 사천 풍도豐都 요전수搖錢樹(앞 그림 1-16) 및 팽산彭山 한漢묘에서 출토된 요전수의 대좌(앞 그림 1-14)이다. 이후 촉한蜀漢 시기에도 여전히 계속되었는데, 이를테면 충현忠縣 출토 요전수가 그것으로, 나무 아래의 불상과 요전수가 나무 하나에 앉아 있는 사람 하나의 도상을 이루고 있다. 성도 만불사에서 출토된 송宋 원

[2-31] 송 원가 2년(425) 조상비 뒷면 탑본 일부(『四川出土南朝佛敎造像』)

가 2년(425) 조상비의 뒷면 부조 탁본에는 여러 세트의 수하 인물 도상이 있는데, 앉아 있는 사람들 중 다수가 상투(髮髻)가 있으며, 그중 한 사람은 두광과 육계를 가지고 있어서 불상으로 생각된다.

---

42) 『大正藏』第03冊, No.0186, "爾時世尊游舍衛城……降伏魔場, 具足如來十力無畏, 頒宣諸佛無量經典, 敷演過去如來至眞所講說法. 往昔道義, 猶若世尊, 蓮華上佛……降伏一切外學衆邪, 攝伏衆魔, 宣佈菩薩所行義, 現諸菩薩行大乘者, 鹹超精進將護正法, 三寶自在令不斷絶, 具足佛身盡現十方."

나무 하나, 앉아 있는 사람 하나의 도상에서 나무와 인물에 각기 가르침을 널리 펴는 도량과 붓다라는 함의가 부여될 경우, 「죽림칠현과 영계기」 화상전 그림에서 고사高士와 그의 뒤에 있는 나무의 특별한 의의를 이해하는 것은 어렵지 않다. 진晉 · 송宋 사이에 고사 부류의 나무 아래의 인물도상이 출현하였고, 아마도 불교 도상 형식과 관련되는 것의 영향을 받아 죽림칠현 등 인물의 형상에 깨달은 자라는 종교적 의미가 부여되었을 것이다.

6. 여성화된 중국 보살상의 출현

중국 동진 · 십육국 시기의 보살은 여성적 특징이 분명하게 나타나는데, 이는 현존하는 하서河西, 농우隴右 등지의 5세기 전반에 조성된 북량北涼과 서진西秦의 조상 유적[43]에서 주로 보인다. 이를테면 감숙甘肅 무위武威 천제산天梯山 북량시대 석굴의 보살, 감숙 주천酒泉 문수산文殊山 금탑사金塔寺 동굴과 서굴의 보살, 병령사 169굴의 서진시대 관세음보살(앞 그림 2-7) 등이다. 이전의 무창武昌 연계사蓮溪寺에 소장된 오吳 영안永安 5년(262)의 금동띠장식(鎏金銅帶飾)에 새겨진 보살상과 일본 고분에서 출토된 약 3세기 중반의 금동불수경에 새겨진 보살반가사유상 등에서는 아직 눈에 띌 만큼 여성적인 특징이 보이지 않는다.

보살은 협의로는 성불 이전의 싯다르타(Siddhartha) 왕자만을 가리키나[44], 광의로는 중생들의 깨달음을 제도하는 분이다. 최초의 보살은 물론 쿠샨시대 간다라 혹은 마투라에서 모두 청년 남성의 모습으로 출현하였다.

물론 보살의 여성화가 중국인에 의해 시작된 것은 아니다. 현존 실물이 보여 주었듯이, 약 2세기 쿠샨시대 마투라의 보살 모습이 여성화 추세를 보여 주기 시작하였는데, 일본의 한 개인이 소장한 마투라에서 약 2세기에 조성한 연꽃을 지닌 보살상이 그러한 예이다. 이는 같은 시기 간다라 보살상이 작은 콧수염을 기르고 체격이 건장한 청년 남자의 형상을 한 것과 비교된다. 양자는 특히 얼굴 윤곽을 표현한 선각에서 성별 차이가 이미 나타나고 있다. 주목해야 할 점은 간다라 지역에서 약 3세기 말까지 조성된 조상 중 보살은 여전히 청년 남자의 모습으로 나타나며 아울러 작은 콧수염을 기른 경우가 많다.

2세기 전후의 마투라 보살상 중에 아직 여성화의 양상을 띠지 않은 보살상이 허다하게 병존하고 있었는데, 이를테면 뉴델리국립박물관에 소장된 미륵보살상, 마투라박물관에 소장된 샤간즈(Shahganj) 출토의 미륵보살상 등을 들 수 있다. 사르나트 지역은 대략 5세기 이후부터 보살상의 여성화가 보다 진전되었는데, 이를테면 사르나트 고고학박물관에 소장된 5세기 보살상, 콜카타(Kolkata)인도박물관에 소장된 5세기 관세음보살상, 사르나트 고고학박물관에 소장된 6세기 보살상, 뉴델리국립박물관에 소장된 6세기 보살상

---

43) 甘肅省文物工作隊, 「馬蹄寺 · 文殊山 · 昌馬諸石窟調査簡報」, 『文物』 1965년 제3기; 宿白, 「涼州石窟遺迹與 "涼州模式"」, 『考古學報』 1986년 제4기; 閻文儒 · 王萬青, 『炳靈寺石窟』(甘肅人民出版社, 1993년판), 1~93쪽.
44) 佛陀耶舍 · 竺佛念 공역, 『佛說長阿含經』, "성마왕의 아들 이름은 烏羅婆이고, 오라바에게 아들이 있으니 이름은 渠羅婆이며, 거라바에게 아들이 있으니 이름은 尼求羅이고, 니구라에게 아들이 있으니 아들 이름은 師子頰이며, 사자협에게 아들이 있으니 이름은 白淨王이고, 백정왕에게 아들이 있으니 이름은 菩薩이고, 보살에게 아들이 있으니 이름은 羅睺羅이다."

[2-32] 무위 천제산 4굴 중심기둥(중심주) 보살(『世界美術大全集: 東洋編 3』)

[2-33] 문수산 금탑사 동굴 중심기둥 서쪽 위층 보살입상(『世界美術大全集: 東洋編 3』)

[2-34] 문수산 금탑사 서굴의 중심기둥 서쪽 중간 사유보살상(『中國石窟寺研究』)

[2-35] 병령사 169굴 제17감실 보살상 (『中國石窟雕塑全集 2』)

[2-36] 일본 개인 소장 마투라 2세기 연꽃을 든 보살상(『特別展·菩薩』)

[2-37] 오사카 가메히로(龜廣)기념의학회 소장 간다라 2세기 보살상(『特別展·菩薩』)

등을 들 수 있다.

사르나트의 이런 식의 여성화된 보살의 표현 방식은 또 6세기의 카슈미르(Kashmir)의 보살 표현에 영향을 미쳤는데, 그 보살 조형은 기존의 간다라의 영향을 받는 동시에 또 사르나트의 조형적인 요소가 섞여 들어가 보살의 자세가 곡선을 이룸으로써 부드럽고 아름다움을 갖추게 된다. 대략 7세기와 8세기에 카슈미르의 보살상에서는 여성화가 한층 강조된다.

고인도에서 발생한 보살 여성화의 상황을 보면, 중국에서 5세기 전반의 여성화 경향을 보이는 보살 표현에 영향을 준 것은 중인도中印度 마투라 지역의 조상임에 틀림없다. 이것에 대해 주목할 필요가 있는 몇 가지 사항은 다음과 같다.

a. 5세기 중국에서 보살상의 여성화된 모습은 이미 중국화가 되었는데, 가장 전형적인 것이 바로 병령사 169굴 보살에 나타난 '육조의 미소'이다. 동진 시기 보살의 실물을 참고할 수 없기 때문에 그래서 이 미

[2-38] 뉴델리국립박물관 소장
2세기 미륵보살상
(『涅槃和彌勒的圖像學』)

[2-39] 마투라박물관 소장
샤간즈 출토 미륵보살상
(『涅槃和彌勒的圖像學』)

소 짓는 모습이 동진의 대규·대웅 부자의 손에서 나온 것인지 증명할 방법은 없지만, 필자는 여전히 그럴 가능성이 매우 크다고 생각한다.

b. 같은 하서河西 지역에서 조성된 여성화된 보살상들은 서로 간의 모습에서 큰 차이가 있는데, 이를테면 천제산天梯山석굴 제4굴 보살상과 병령사 169굴 보살상의 모습이 큰 차이를 보이는 것이 그것이다. 전자는 얼굴 형태가 짧고 둥글며 눈언저리가 얼굴에서 차지하는 비율이 큰 것으로 보아 중인도 마투라 불상의 특징을 갖추고 있으며, 후자는 완전히 중국인의 모습이다. 설사 같은 여성 모습의 보살이라고 하더라도 민족화가 진행되는 과정에서 지역 간에 차이가 있다는 것을 설명해 준다.

c. 현존하는 실물 자료는 동진과 십육국시대에 간다라의 유풍이 농후한 금동보살상이 출현한 것을 보여 준다. 이를테면 섬서성陝西省 삼원현三原縣에서 출토되어 일본 후지이유린칸(藤井有鄰館)에 소장된 보살입상, 후지이유린칸 소장의 십육국 시기의 금동보살입상과 형식적으로 유사한 북경 고궁박물원에 소장된 한 존의 보살입상 등이 그것이다. 후지이유린칸에 소장된 이 보살입상에는 명문이 없는데, 일찍이 오무라 세이가이(大村西崖)가 『중국미술사소조편』에 수록하였고[45], 그 후 마쓰바라 사부로(松原三郎)가 그의 『중국불교조각사연구』에서 이 보살상에 대하여 보다 구체적

[2-40] 사르나트 고고학박물관 소장
5세기 보살상
(The Golden Age of classical India the Gupta Empire)

[2-41] 콜카타인도박물관 소장
5세기 관음보살상
(The Golden Age of classical India the Gupta Empire)

[2-42] 사르나트 고고학박물관 소장
6세기 보살상
(The Golden Age of classical India the Gupta Empire)

[2-43] 뉴델리국립박물관 소장
6세기 보살상
(The Golden Age of classical India the Gupta Empire)

---

45) 大村西崖, 『支那美術史彫塑篇』(國書刊行會, 1972년판), 595쪽, 그림820 관련 설명.

[2-44] LA미술관 소장 카슈미르 6세기 보살상(『涅槃和彌勒的圖像學』)
[2-45] 록펠러3세 소장 카슈미르 7-8세기 동보살상(『小金銅佛の魅力』)
[2-46] 일본 후지이유린칸 소장 십육국시대 반가사유보살상(『涅槃和彌勒的圖像學』)
[2-47] 북경 고궁박물원 소장 십육국시대 금동보살상(『中國美術全集: 雕塑編 3 - 魏晉南北朝雕塑』)
[2-48] 콜카타인도박물관 소장 간다라 3세기 미륵보살상(『犍陀羅佛教藝術』)

으로 설명하였는데, 즉 보살상은 섬서 삼원에서 출토되었으며 조성 시기는 대략 4세기 초라는 것이다[46]. 북경 고궁박물원에 소장된 이 보살상은 형식적으로 후지이유린칸 보살상과 유사하여 같은 시기의 작품이지만, 이 보살상은 출토지를 상세하게 알 수가 없어서 북방의 작품인지 남방의 작품인지를 확정할 방법이 아직 없다.

이 두 존의 보살상은 모두 왼손에 정병을 든 미륵보살로서 간다라 지역의 2~3세기 작품 중에서 그 원형을 찾을 수 있다. 작은 콧수염을 기른 얼굴 모습에는 여성화가 아직 나타나지 않았는데, 위에서 언급한 5세기 전반의 하서河西와 농우隴右 지역의 보살상에서 전반적으로 이미 여성화된 표현 형식이 나타나는 것과는 매우 큰 차이가 있다. 이 2존의 보살상은 우리들을 대규가 변혁의 시기에 "오랑캐는 촌스럽다"(胡夷村陋)라는 말로 평가한 외래 불상의 진짜 모습으로 인도해 주고 있으며, 보살상들은 참조할 만한 실제 유물이 된다.

7. 중국에서 한반도로 전파된 불교 관련 문헌 기록

1) 불교의 고구려 전래

김부식의 『삼국사기』 권18 「고구려본기」에 기록된 바에 따르면, 고구려 소수림왕 "2년(372) 여름 6월, 전진前秦의 왕 부견符堅이 사신과 승려 순도順道로 하여금 불상과 경문을 보냈다. 왕이 사신으로 하여금 감사를 전하고 지역 토산물을 공납했다. 태학을 세워 자제들을 교육하였다. 3년(373), 처음으로 율령을 반포했다. 4년, 승려 아도가 왔다. 5년 봄 2월, 성문사省門寺를 창건하고 순도를 머물게 하였다. 또 이불란사伊弗蘭

---

46) 松原三郎, 『中國佛教彫刻史研究』(吉川弘文館, 1961년판), 221쪽, 도판1 관련 설명.

寺를 창건하여 아도를 머물게 하였다. 이것이 해동에서의 불법의 시작이다"라고 한다. 이것이 불교가 정식으로 고구려에 전래된 것에 관한 정사의 기록이다.

『해동고승전』권1「순도전」에는 다음 기록이 있다.

> 승려 순도는 어디 사람인지 알 수 없다. 뛰어난 덕과 고매한 품격을 지녔으며 자비와 인용으로 뭇 존재들을 제도하다가 (불법을) 널리 펴겠다고 서원하고서 여기저기 돌아다니다 진단(한반도)까지 흘러들어 와, 머무는 집을 바꿔 가며 근기에 맞게 사람을 가르치기를 게을리하지 않았다. 고구려 제17대 해미류왕解味留王(혹은 소수림왕) 2년 임신년 여름 6월, 전진의 부견이 사신과 승려 순도를 파견해 불상과 경문을 보냈다. 이에 임금과 신하가 만남의 예로 성문城門까지 맞이하러 나갔고, 정성을 다해 공경하고 신앙하니 감격과 경사가 널리 퍼져 사신으로 하여금 감사를 전하고 지역 토산물을 공납했다. 혹설에는, 순도가 동진에서 와서 처음 불법을 전했다고 하여 전진과 동진 중에 어떤 것이 옳고 어떤 것이 그른지 판단이 되지 않으나, 스승께서 이국으로 와 서역의 자비의 등불을 전해 동이東夷의 지혜의 태양을 매다니…… 그 후 4년, 신승神僧 아도가 북위로부터 와서 성문사省門寺를 처음 창건하고 순도에게 맡겼다. 기록에 이르길 '성문을 절로 만들었다'라고 하니, 지금의 흥국사興國寺가 바로 그것이고 후일 초문이라고 잘못 베껴 쓴 것이다. 또 이불란사를 창건하여 아도에게 맡겼다.[47]

이 글에서는 순도의 출신지에 대하여 명확하게 기술하지 않았는데, 즉 "어디 사람인지 알 수 없다"든가 "혹은 순도가 동진에서 와서 처음 불법을 전했다고 하여 전진과 동진 중에…… (어디서 불법이 전해졌는지) 판단이 되지 않는다"고 하고, 동시에 아도가 북위에서 왔다고 하기도 한다.

『삼국유사』권3「순도조려」에는 다음의 내용이 있다.

> 「고구려본기」에 이르길, 소수림왕 즉위 2년 임신년, 곧 동진 함안咸安 2년 효무제가 즉위한 해에, 전진의 부견이 사신과 승려 순도로 하여금 불상과 경문을 보냈다.(당시 관중 지역의 도읍은 곧 장안이다.) 또 4년 갑술년, 아도가 동진에서 왔다. 다음 해인 을해년 2월, 초문사를 창건하여 순도에게 맡겼다. 또 이불란사를 창건하여 아도에게 맡겼다. 이것이 고구려에서의 불법의 시작이다. 『승전』에 순도와 아도 두 사람이 북위에서 왔다고 하는데, 오류이다.

이 글에서는 아도가 동진에서 왔다는 것을 명확히 했고, 아울러 『승전』(곧 『해동고승전』)에서 순도와 아도 두 사람이 북위에서 왔다고 한 것이 오류라고 강조하고 있다.

박영선이 집록한 『조선선교고』에서는 불교가 전진에서 요동을 거쳐 고구려에 이르는 경로를 언급했다. "소수림왕 때 전연前燕의 왕 모용위慕容暐가 부견에게 항복해, 요동길이 이때 열려서 이 전진의 승려가 고구려에 도착할 수 있었다."[48]

---

47) 『大正藏』第50, No.2065.
48) 『續藏經』第87, No.1622.

2) 불교의 백제 전래

『삼국사기』권24 「백제본기」에 기록된 바에 따르면, 백제 침류왕 원년(384) "9월, 서역 승려 마라난타가 동진에서 와서, 왕이 궁으로 맞이하여 그에게 예경禮敬하였으니, 불법이 여기서 시작되었다. 2년 봄 2월, 한산에 불사佛寺를 창건하고 10명의 사람을 제도하여 승려로 삼았다"라고 하였다. 이것이 바로 불교가 백제에 처음 전래된 것에 대한 정사의 기록이다.

『해동고승전』권1 「마라난타전」에는 다음의 기록이 있다.

> 승려 마라난타는 서역 승려다. 신통력이 누구도 그 수준을 헤아리지 못하고, 여기저기 돌아다니기로 뜻을 새겨 한 귀퉁이에 매여 있지 않았다. 옛 기록을 살피니, 축건竺乾(즉 인도)에서 중국으로 들어왔다. 지팡이에 의지해 몸뚱이를 옮기고 연기를 피우고 무리를 소집해 위험한 곳을 지나며 온갖 고생을 겪으니, 인연이 있으면 따라갈 뿐 멀다고 가지 않음이 없었다. 백제 제14대 침류왕 즉위 9년 9월에, 동진에서 오니, 왕이 교외까지 나와 그를 환영하고는 궁궐 내로 모셔 온갖 예경을 하며 그의 말씀을 받으니 위아래가 좋아하며 교화되어, 불사를 크게 넓히고 다 함께 받들어 모시니 이를테면 연락소를 두어 가르침을 전달할 정도였다. 2년 봄 한산에 절을 창건하고 승려 10인에게 도첩을 제공하였으니 법사를 존경한 까닭이다. 이로써 백제는 고구려 다음으로 불교를 진작시켰던 것이다.[49]

글에서는 마라난타가 축건에서 중국으로 들어온 서역 승려이며 또 동진을 경유해 백제로 갔다는 점을 분명하게 밝히고 있다.

3) 불교의 신라 전래

한반도의 삼국 중 신라는 비록 528년이 되어야 양梁으로부터 정식으로 불교가 전래되었지만, 동진과 십육국 시기에 중국 불교가 이미 민간을 통하여 신라로 전해졌을 가능성이 있다. 『삼국사기』권4 「신라본기」에는 다음 기록이 있다.

> (법흥왕) 15년(528), 처음 불법을 시행하였다. 애초에 눌지왕 때(재위 417~458), 사문 묵호자가 고구려에서 일선군一善郡에 도달하였는데, 모례毛禮라는 사람이 집안에 움집을 짓고 그를 안거하게 했다. 당시에 양梁(503~557)에서 사신을 보내 의복과 향료를 선물하였으나 여러 신하들이 그 향료의 이름과 그 쓰임새를 알지 못했다. 사람을 보내 향을 휴대하고는 널리 묻도록 했다. 묵호자가 이것을 보고는 그 명칭을 일컬으며 "이는 태우면 향기가 널리 퍼지며 이것을 가지고 신성神聖에게 충실히 봉사할 수 있다. 이른바 '신성'이란 삼보를 넘어서는 것이 없으니, 첫째가 붓

---

49) 『海東高僧傳』, 「摩羅難陀傳」, "釋摩羅難陀, 胡僧也. 神異感通, 莫測階位, 約志游方, 不滯一隅. 按古記本從竺乾入於中國. 附杖傳身, 征煙召侶, 乘危駕險, 任曆艱辛, 有緣則隨, 無遠不履. 當百濟第十四枕流王, 卽位九月, 從晉乃來, 王出郊迎之, 邀致宮中, 敬奉供養, 稟受其說, 上好下化, 大弘佛事, 共贊奉行, 如置郵而傳命. 二年春創寺於漢山, 度僧十人, 尊法師故也. 由是百濟次高麗而興佛教焉."

다요 둘째가 법이요 셋째가 승가다. 만약 이를 불사르며 소원을 빈다면 반드시 신령한 응답이 있을 것이다"라고 하였다. 당시 왕의 딸이 병이 위독했기에 왕이 묵호자로 하여금 향을 불사르며 서약을 표하도록 하자 공주의 병이 갑자기 나았다. 왕이 매우 기뻐하며 선물에 선물을 더하였다. 묵호자가 나와서 모례를 보고는 얻은 물건을 그에게 주며 말하길, "나는 이제 돌아갈 곳이 있어 감사의 표시를 하고자 한다"라고 했다. 이내 어디 갔는지 알 수 없었다. 비처왕(소지왕이라고도 한다. 재위 479~500) 때에, 당시 아도阿道(原注: 我道라고도 한다) 화상이 시자 3인과 함께 모례의 집에 왔다. 몸가짐과 위의가 묵호자와 유사했으며 수년간 살다가 병이 없이 죽었다. 그의 시자 3인이 머무르며 경과 율을 강독하니 종종 신봉자가 있었다. 이때에 이르러 왕 또한 붓다의 가르침을 진작시키려 했으나, 여러 신하들이 믿지 못하며, 수다스레 혀를 놀려 왕이 이를 난처해하였다. 측근 이차돈(原注: 處道라고도 한다)이 상주하며 말하길, "소신을 베어 중론을 결정키를 간청합니다"라고 하니, 왕이 말하길, "애초 도를 진작시키고자 함이니 무고한 자를 죽이는 것은 그릇된 것이다"라고 하였다. 답하길, "만약 도가 시행될 수 있다면, 신이 비록 죽더라도 한이 없을 것입니다" 하였다. 왕이 이에 여러 신하들을 소집하여 질문하니, 모두 말하길, "이제 승려들 무리를 보니 까까머리에 기이한 복장을 하고 논설하는 바가 기이하고 궤변스러우니 정상적인 도가 아닙니다. 이제 만약 이를 따랐다가는 후회가 있을까 저어되어 신 등은 비록 중죄이긴 하나 조칙을 감히 받들지 못하겠습니다"라고 하자, 이차돈 홀로 말하길, "지금 여러 신하들의 말은 틀렸습니다. 무릇 비상한 사람이 있고 나서야 비상한 일이 있습니다. 이제 들으니 붓다의 가르침이 지극히 심오하니 믿지 않으면 안 될 것 같습니다"라고 하였다. 왕이 말하길, "여러 사람들의 말이 고집스러워 깨뜨릴 수 없다. 너 혼자 다른 말을 하니, 양쪽 다 따를 수가 없구나"라고 하였다. 그러고는 하급관리가 그를 베었다. 이차돈이 죽음에 임박해 말하길, "나는 법에 따라 형벌에 처해질 것이나, 붓다에게 만약 신성이 있다면 내가 죽을 때 반드시 기이한 사태가 있을 것이다"라고 하였다. 그를 베자, 피가 잘린 곳에서 솟아오르는데 색이 희어 마치 젖과 같았다. 무리들이 이를 괴이하게 여겨 다시는 불사와 관련해 훼방 놓지 않았다. 16년(529), 명을 내려 살생을 금지하였다.

(진흥왕) 5년(544) 봄 2월에, 흥륜사가 완성되었다. 3월, 사람들이 출가해 비구, 비구니가 되어 붓다를 받드는 것을 허락하였다.…… 10년(549) 봄에, 양梁에서 사신과 유학승 각덕覺德을 시켜 붓다의 사리를 보내왔고 왕은 백관들로 하여금 흥륜사 앞길에서 받들어 맞이하라고 하였다.

이것이 불교가 정식으로 신라에 전래된 것에 관한 정사의 기록이다. 『해동고승전』 권1 「아도전」에 상술한 것과 유사한 기록이 있다.

승려 아도는 본래 인도 사람이라고도 하고 오吳에서 왔다고도 하며 고구려에서 북위로 들어갔다가 후에 신라에 귀착했다고도 하는데, 어떤 것이 옳은 것인지 모르겠다. 풍모와 거동이 특이하였고 신이함은 기이하였으며, 항상 돌아다니면서 교화하는 것을 임무로 삼았다. 강의를 열 때마다 하늘에서 묘한 꽃이 비처럼 내렸다. 애초 신라 눌지왕 때 묵호자란 자가 있었는데 고구려에서 일선군에 도달해 교화를 펼침에 인연이 있어 일선군의 사람 모례가 집에 움집을 지어 안치시켰다. 이때 양蕭梁에서 사신을 보내 의복과 향료를 선물하니, 임금과 신하가 향의 이름과 용도를 알지 못해 중사中使를 파견해 향료를 지닌 채 여기저기서 널리 묻도록 하니, 묵호자가 이를 보고 그 명칭을 일컬어 주며 말하길…… .

무슨 이유인지는 모르지만,『해동고승전』「아도전」에는 아도가 신라에서 불법을 펼친 일만 기재되어 있고,『삼국사기』에 아도가 374년 고구려에 가서 전법했다는 이 중요한 사건에 대해서는 명확히 언급하지 않아서, 이 두 가지 기록의 '아도'가 같은 사람인지 아닌지는 알 수 없다.『해동고승전』에서는 아도가 중국에 있는 천축(인도) 사람으로 기록되어 있으나 그가 오나라 땅에서 신라로 갔다는 것은 배제하지 않고 있다.

이 두 가지 문헌의 상관관계와 관련된 문제는 다음과 같다.

첫째, 글에서는 신라에서 불법을 처음 시행한 것이 법흥왕 15년(528), 살생 금지의 명령을 내린 것이 법흥왕 16년(529)이라고 명확하게 기록하고 있다. 그런데 글에서 신라 눌지왕(재위 417~458) 때에 고구려에서 온 승려 묵호자가 있었는데 그가 양梁에서 사신을 파견해 신라에 보낸 향을 어떻게 사용하는지에 대해 설명해 주었다는 내용이 있다. 눌지왕 재위 기간은 동진 의회 13년(417)부터 남송南宋 대명大明 2년(458)까지로, 신라가 정식으로 불법을 받아들이기 전에 중국의 동진·송 정권 및 한반도의 고구려와 공식적으로 혹은 민간 차원에서 불교문화의 왕래가 있었는데, 문장의 이 시기 중국의 남방 정권을 '소량蕭梁'이라고 칭한 것은 잘못 읽은 것이다.

둘째, 글에서 불교가 신라에 정식으로 전래되기 전 신라의 일선군의 모례의 집에 전후 두 차례 방문을 한 서역 승려처럼 보이는 사람을 제기하였는데 이 사건 역시 주목할 만하다. 앞서 눌지왕 때 왔던 사람은 고구려 승려로 '묵호자'라고 하였고 그다음에 비처왕(재위 479~500) 시기에 왔던 사람 중 한 명이 '아도'라 불렸는데, 그의 몸가짐과 위의가 당시의 묵호자와 유사했다고 한다. 이 '아도'는 아마도 374년 고구려에 전법한 승려 '아도'일 것이다. 문헌에 기록된 '묵호자'는 응당 서역 승려의 외모를 묘사한 호칭이지 진짜 이름은 아닐 것이다. 일연의『삼국유사』에서는 "아도, 묵호, 난타가 연도와 사적이 서로 같으니 세 사람 중에 아마도 한 사람이 이름을 바꿨을 것 같다"고 인식하고 있다.[50]

셋째, 신라가 불교를 받아들일 때 처음에는 지배집단 내부의 큰 저항이 있었으나 이후 이차돈의 순교를 겪고 나서 마침내 528년에 양梁으로부터 정식으로 불교가 전입되었다.

앞서 인용한 불교가 한반도에 처음 전해진 것과 관련한 문헌을 통해 다음 결론을 얻을 수 있다.

a. 동진과 십육국 시기, 한반도의 고구려와 백제의 불교는 각기 서기 372년과 384년에 북방의 전진과 남방의 동진을 경유해 연이어 정식으로 전래되었다. 한반도의 세 나라 중에서 신라가 비록 528년이 되어서야 양梁에게 정식으로 불교를 받아들였지만, 중국 불교와의 민간 교류는 일찍이 5세기 전반에 이루어졌다.

b. 불교가 한반도에 처음 전해질 때, 삼국을 돌아다니며 불법을 펼친 자 중 상당수는 한결같이 본래 천축 승려였던 아도, 마라난타와 같은 중국에 있던 서역 승려로, 이는 동진과 십육국 시기에 중국에 있던 고승의 상당수가 서역 승려였다는 정황과 서로 부합한다.

c. 한반도 삼국 중 두 나라의 경우 불교가 남방의 오吳나라의 정권을 경유해 전래되었고 또한 한반도에 처음 불법을 전한 승려들이 오나라에서 많이 나왔기 때문에, 남방 육조의 불교문화가 매우 강한 영향력을

---

50)『大正藏』第49, No.2039.

가졌다는 점을 알 수 있다.

　　d. 불교가 전파된 경로와 관련해서는, 문헌상에는 오직 전진에서 고구려로 가는 경로만 기록되어 있고 남방 오나라에서 어떻게 백제, 신라로 통했는지에 대해서는 거의 언급되어 있지 않다.

8. 고구려와 백제에 전래된 불교조상에 대한 초보적 인식

　　불교가 본격적으로 한반도에 전입됨에 따라 오늘날까지 잘 보존된 불상의 실체는 오늘날에 이르러서는 검증할 수 없으나, 그 양상에 대해서는 어느 정도 추적할 수 있다.

　　한반도에 현존하는 비교적 최초의 불상은 서울 뚝섬에서 출토되었으며 한국 국립중앙박물관에 소장된 약 4세기의 금동불좌상이다. 이 불상은 '통견식' 가사를 입고 선정인을 하여 가부좌를 결하고 있으며, 대좌 앞면 양쪽에 각각 사자 한 마리가 장식되어 있다. 이 불상은 불교가 백제 시기에 최초로 전해진 불상과 어떤 관련이 있는 것으로 보이며, 동진 불상 당시의 모습을 어느 정도 반영하고 있다.

　　서울 뚝섬에서 출토된 이 불상과 유사한 중국 불상은 바로 미국 샌프란시스코 아시아미술관에 소장된 후조後趙 건무建武 4년(338)의 불좌상(앞 그림 2-6)이며, 이 불좌상은 현존하는 십육국 시기 최초의 기년 불상이기도 하다. 이 불상은 머리를 묶고 가부좌를 결하며 선정인을 하고 있고 얼굴 윤곽을 보면 아시아인임을 판단할 수 있다. 또한 통견식 가사를 입고 옷 주름을 계단형으로 하여 U자형으로 대칭되게 배열을 하고 있다. 가사 오른쪽 옷깃을 왼쪽 어깨에 걸친 방식은 그 당시 불상을 제작하는 방법에서 법전규제를 엄격하게 준수했다는 것을 알 수 있다.[51] 이 불상은 직육면체 대좌에 앉아 있으며, 대좌 앞면에 구멍 세 개가 있고 좌우 대칭식으로 하였는데, 그 속에 물건이 하나씩 배치되어 있었을 것이다. 마치다 고이치(町田甲一)는 좌우 양쪽에는 웅크린 사자상이 하나씩 있고, 가운데는 공양화供養花와 박산로가 있었을 것이라고

[2-49] 서울 뚝섬 출토 금동좌불
(『한국불교미술』)

[2-50] 프리어미술관 소장 동한 건안 7년 신선동경
(『중국도교미술사』)

---

51) 가사의 오른쪽 상단 모서리를 왼쪽 어깨에 걸쳐야 하는 것은 불교법전의 규제에 부합하고, 가사의 오른쪽 상단 모서리를 어떻게 덧대야 하는지도 중국 불의 양식의 변화를 탐구하는 중요한 요소이다. 費泳, 「佛像袈裟的披著方式與"象鼻相"問題」, 『敦煌研究』 2008년 제2기; 費泳, 『中國佛教藝術中的佛衣樣式研究』(中華書局, 2012년판), 25~44쪽.

생각했다.[52]

건무 4년 불상의 수인은 서울 뚝섬 불상의 것과 같다. 이러한 불상 수인의 특별한 점에 대해 양홍(楊泓)은 "두 손을 가슴과 복부 사이에 모아 손바닥을 안쪽으로 엇갈리게 합치는 동작 양식을 과거에 선정인으로 판단했다는 생각은 옳지 않다. 하지만 일반적인 신선상神仙像은 모두 이런 손동작을 하고 있으니 불상의 손동작도 이 영향을 많이 받아왔기 때문에 하나의 특별한 스타일로 거듭났다. 이상의 분석을 통해 남북조의 불상에 나타난 간다라 예술(혹은 마투라식)의 몇 가지 특징은 한나라 전통 예술 수법을 계승 받아온 결과라고 할 수 있다"라고 하였다. 한나라 신선의 조상 중에는 두 손을 모아 손가락이 안 보이는 존상의 예가 확실히 많이 나타난다. 예를 들어, 미국 프리어미술관에 소장된 동한 건안建安 7년(202)의 중렬식 신선동경(重列式神像鏡)에 손을 모은 좌상이 많이 있다. 사천 신번현新繁縣 동한 묘의 서왕모 화상전에 있는 서왕모 동상도 그런 예이다. 하지만 신선의 양손이 가슴과 복부 사이에 모아져 있는 모습은 비교적 드물다. 이후 후조後趙 건무 4년명 불상 등 금동불상에 나타난 수인의 양식은 고인도의 선정인이 중국에서 변천된 형태로 볼 수 있다.

이 수인 양식은 중국 북방과 한반도의 불상에도 많이 나타난다. 예를 들어, 일본 개인이 소장한 북위北魏 태화太和 22년(498) 비구니 법도 조상, 한국 개인이 소장한 약 6세기쯤의 고구려 시기 금동불좌상[53], 한국 국립중앙박물관에 소장된 부여 군수리에서 출토된 백제 시기 약 6세기 후반의 석조불좌상 등이 있다.

후조後趙가 한때에 북방 대부분 지역을 점령하면서 불법이 번성했으며, 중국 불교 발전에 막대한 영향을

[2-51] 일본 개인 소장 북위 태화 22년(498) 비구니 법도 조상
(『海外及代佛像珍品紀年圖鑒』)

[2-52] 한국 개인 소장 고구려 금동불좌상
(『한국불교미술』)

[2-53] 국립중앙박물관 소장 불좌상
(『한국불교미술』)

---

52) 町田甲一, 「南北朝佛像樣式史論批判」, 『國華』 1102호(1987).
53) 감수자 주: 이 불상은 현재 진위 문제로 한국 조각사에서는 연구 대상으로 다루지 않는다.

미친 고승 불도징佛圖澄과 도안道安이 탄생하였다.

이른바 "상대相台가 육조 불법의 중심지가 된 것은 아마도 불도징으로부터 시작되었을 것이다. 그리하여 하북河北의 불교 성행도 역시 승려 불도징으로부터 시작되었다. 그의 제자 도안은 역시 최초로 하북에서 수년간 교화를 행한 바가 있었다."

『고승전高僧傳』「불도징전佛圖澄傳」에는 다음과 같은 내용이 있다.

> 건평建平 4년(333) 4월에 이르러, 하늘은 고요해지고 바람마저 불지 않았다. 하지만 탑 위에서 방울이 홀로 울려 퍼졌다. 징澄이 대중에게 일러 가로되, "영음鈴音에 이르길, '나라에 큰 상喪이 있을 때에는 올해 나가지 말라'고 했다" 하였다. 이해 7월 륵勒(석륵)이 죽자, 아들 홍弘(석홍)이 제위를 이었다. 어렸을 적, 호虎(석호)가 석홍을 폐위시키고 자신이 즉위했다. 그리하여 업鄴으로 천도하여 건무(335~348) 원년이라 칭했다. 석호는 륵勒보다 징澄(불도징)을 더욱 성심껏 모셨다. 이에 서書(기록)에서는 다음과 같이 말했다. "화상和上(和尙, 승려인 징을 일컬음)께서는 국가의 큰 보배입니다. 영작榮爵도 마다하시고, 고록高祿도 받지 않으십니다. 이는 영화와 녹봉을 초월함이니, 이 덕을 어찌 밝히리오? 이왕 이렇게 된 이상 지금부터 능금綾錦을 입으시고서 조연雕輦(천자가 타는 수레)에 타심이 마땅하십니다. 조회가 열리는 날, 화상이 절에 오르려 하니 상시常侍 이하 모든 사람들이 힘을 모아 수레를 들어 올렸다. 그리고 태자와 모든 신하들도 들어 올려 앉혔다. 임금께서 화상이 이르렀다고 말씀을 하시자 앉아 있던 모두가 일어나 존경을 표했다."

위의 글을 통해 건무 4년 불상이 탄생한 시대 배경을 알 수 있다. 그때 석호石虎가 즉위한 지 4년쯤이었고, 불도징은 석호에게서 막대한 존경과 숭배를 받았다. 338년에 대규는 겨우 13세밖에 안 되었고 그때 '대규·대웅 부자의 불상 형식'은 아직 출현하지 않았지만 강한 현지화 특색이 있는 불상 형식이 이미 나타났다. 이 현상이 불도징과 무슨 관련이 있는지 더 검토를 해 보아야 알 수 있다. 위의 인용문을 통해 석륵이 불도징에게 '능금을 입으시고'(宜衣以綾錦)라고 칭한 것은 중국 승려들이 비단 가사를 착용했다는 최초의 기록인 것을 알 수 있다. 이 사건은 중국 불상의 법의 양식 형성에 깊은 영향을 미쳤을 것이라고 할 수 있다.[54]

건무建武 4년 불상 수인의 형식은 동진·십육국 시기의 불상과 유사하고 이 외에 일본 개인 소장 금동불좌상, 도쿄예술대학에 소장된 불좌상, 교토대학에 소장된 금동불좌상, 일본 신타(新田) 씨 소장 금동불좌상, 미국 샌프란시스코 아시아미술관에 소장된 금동불좌상 등이 있다. 또한 서진 건홍建弘 원년(420)의 병령사석굴 169굴 제3감 주존, 송 원가元嘉 14년(437) 한겸韓謙 불상이 있는데, 모두 가슴과 배 사이에 양손을 올려놓은 양식이다.

5세기 전반의 금동불좌상 중에도 두 손을 겹쳐 손바닥을 위로 올려놓은 선정인의 수인 형태가 있었는데, 예를 들어 일본 오사카시립미술관에 소장된 대하승광大夏勝光 2년(429)의 불좌상, 하북河北성에서 출토된 다자와탄(田澤坦) 씨 개인 소장 금동불좌상[55], 미국 넬슨미술관에 소장된 금동불좌상 등이 있다.

---

54) 費泳, 「佛像袈裟的披著方式與"象鼻相"問題」, 『敦煌硏究』 2008년 2기.
55) 町田甲一, 「南北朝佛像樣式史論批判」, 『國華』 1102호(1987).

[2-54] 일본 개인 소장 불좌상
(『小金銅佛の魅力』)

[2-55] 일본 개인 소장 금동불좌상
(『海外及港臺藏歷代佛像珍品紀年圖鑒』)

[2-56] 도쿄예술대학 소장 금동불좌상
(『國華』1002호)

[2-57] 교토대학 인문연구소 소장 금동불좌상
(『國華』1002호)

[2-58] 일본 신타 씨 소장 금동불좌상
(『海外及港臺藏歷代佛像珍品紀年圖鑒』)

[2-59] 샌프란시스코 아시아미술관 소장 금동불좌상
(『海外及港臺藏歷代佛像珍品紀年圖鑒』)

[2-60] 병령사석굴 169굴 제3감 주존(馬德 촬영)   [2-61] 송 원가 14년 한겸 불상(『佛像大觀』)   [2-62] 오사카시립미술관 대하 승광 2년(429) 금동불좌상(『佛像大觀』)

    미국 하버드대학미술관에 소장된 금동불좌상은 기년명문紀年名文이 없고 콧수염을 기르고 있으며 통견식 가사를 입고 왼쪽 어깨에 의벽衣襞이 있다. 여기에서 농후한 간다라 조상 유풍이 보인다. 불상의 육계 윗부분에는 네모난 홈이 만들어져 있는데 형태가 특이하고 제작 시기는 4세기 초반으로 보는 것이 더 합리적인 것 같다.[56] 대좌는 앞이 넓고 뒤가 좁은 사다리 모양으로, 대좌 앞의 정면 양쪽에 각각 사자 한 마리로 장식하고 있으며 가운데는 연꽃이 핀 보병寶瓶의 도형이 있다. 이러한 대좌의 장식 수법은 십육국 시기 이후의 불상에서도 계속 볼 수 있으나 다만 대좌는 직방체에 더욱 가깝다. 이 불상 형태와 흡사한 또

[2-63] 일본 다자와탄 씨 소장 금동불좌상(『國華』1002호)   [2-64] 넬슨미술관 소장 금동불좌상(『海外及港臺藏歷代佛像珍品紀年圖鑒』)   [2-65] 하버드대학미술관 소장 십육국 시기 금동불좌상(『海外遺珍』)

---

56) 宿白, 「四川錢樹和長江中下游部分器物上的佛像」, 『文物』 2004년, 제10호. 이 동상의 시기를 3세기로 잡고 당시 중국에서 거주했던 호인 예불의 동상일 것으로 판단하였다. 이 관점은 연대가 너무 이른 시기로 추정되었다는 걸 알 수 있다. 이유는 다음 두 가지인데 첫째, 이 동상은 간다라 불상의 유풍을 띠고 있으나 육계에 대한 처리 방식이 비교적 특이하다. 고대 인도나 신장의 불상에서는 찾아볼 수 없으나 漢地에서도 예외가 아니라 그곳에서 직접 만든 육계의 형에 가깝다. 둘째, 3세기(약 서진 중기 이전)에 한지에서 이처럼 성숙한 불상이 만들어졌다면 같은 시기 중국 불상의 전반적인 제작수준과 비교적 큰 격차가 존재한다. 이것은 같은 기간 중국 불상이 보여 준 전체적인 제작 수준과는 큰 차이가 있다. 그러므로 그것을 십육국 시기로 추정하는 것이 더욱 합리적이다. 費泳, 『中國佛教藝術中的佛衣樣式研究』(中華書局, 2012년판), 140쪽.

[2-66] 도쿄국립박물관 소장 십육국 시기 불좌상
(『海外及港臺藏歷代佛像珍品紀年圖鑒』)

[2-67] 쿠샨 간다라 불좌상
(『ガンダーラ美術の名品』)

[2-68] 쿠샨 간다라 미륵보살상
(『パキスタン・ガンダーラ彫刻展』)

다른 불상은 도쿄국립박물관에 소장된 불좌상[57]이다. 이 두 불상은 모두 콧수염을 기르고 있고, 육계도 같으며, 조성 시간도 비슷하다. 하버드대학미술관에 소장된 이 금동불좌상은 건무 4년 불상의 원형일 가능성이 높다.

쿠샨시대 간다라와 마투라 불상에서 대좌 앞면에 모두 사자로 장식된 경우가 있는데, 예를 들면 간다라 페샤와르박물관에 소장된 약 2~3세기 불좌상과 보살좌상으로, 불상과 보살상의 입방체 대좌 앞면 양쪽에 매우 형식화된 사자를 각각 장식하고 있다. 마투라 킴벨(Kimbell)박물관에 소장된 카니슈카(Kanishka) 4년의 불좌상은 대좌 양쪽에 각각 사자의 측면상이 조각되어 있다. 라크나우박물관에 소장된 사헤트 마헤트(Saheth-Maheth)에서 출토된 약 3세기의 작품도 그 예로, 대좌 양쪽에 혀를 내밀고 있는 비교적 사실적인 정면관의 사자상이 조각되어 있다. 이와 비슷한 사자 형태는 인도의 뉴델리박물관에 소장된 3~4세기의 조상에서도 볼 수 있다.

요약하자면, 미국 하버드대학미술관에서 소장되고 있는 콧수염을 기르고 있는 금동불좌상의 용모 특징은 간다라 불상과 비슷하지만, 두 사자가 정면에 서 있고 혀를 내밀고 있는 형태는 마투라 불상과 유사한 것을 생각해 보면 이 불좌상은 간다라와 마투라의 조상 요소를 동시에 흡수했다는 것을 알 수 있다.

4세기의 금동불좌상[58]은 소장지가 명확하지 않고 기년명문도 없다. 불상은 왼손이 옷자락을 쥐고 있고 오른손이 시무외인을 하며 콧수염을 길렀다. 중국 초기 불상 양식의 발전 과정을 살펴보면, 동한 시기의 불상은 대부분 왼손이 옷자락을 잡고 있고 오른손이 시무외인을 하고 있으며 삼국·서진 시기의 불상과 동진·십육국 시기의 금동불상은 선정인을 많이 한 편인 것을 알 수 있다. 이러한 불상 수인은 비교적 이른 시기의 조상 요소를 계승해 왔다. 또한 이 불상에 나타난 아(亞)자형 대좌는 쿠샨 시기 마투라 불좌상(앞 그림 1-1) 양식을 답습하였으며, 불상의 계단식 옷 주름은 중국에서 처음으로 만들어졌을 것이다. 이 불상은

---

57) 松原三郎, 『中國佛教彫刻史研究』(吉川弘文館, 1961년판), 도판4.
58) 松原三郎, 『中國佛教彫刻史研究』(吉川弘文館, 1961년판), 도판3c.

[2-69] 킴벨박물관에 소장 카니슈카 4년명 불좌상(『東南文化』 1992년 5기)

[2-70] 라크나우박물관 소장 마투라 불좌상(『インド・マトゥラー彫刻展』)

콧수염을 기르고 있어서 외국 조상의 조형적 특징이 농후하지만 중국 요소가 이미 들어 있기 때문에 외국에서 만들어진 것이 아니고 중국에서 만들어진 것임을 짐작할 수 있다. 종합해 보면 이 불상은 동진·십육국의 비교적 이른 시기의 작품일 것이다.

교토국립박물관에 소장된 4세기 불입상[59]은 콧수염을 기르고 있으며, 불상 육계 양식은 하버드대학미술관에 소장된 금동불좌상과 일본 도쿄국립박물관에 소장된 불좌상의 양식과 같고 조성 시기도 비슷하다. 불상은 왼손이 옷자락을 쥐고 있고 오른손이 시무외인을 하며 '통견식' 가사의 계단식 옷 주름은 U자형을 이루며 대칭식으로 배열되어 있다. 주목해야할 점은 이 붓다의 발밑에 반구형의 앙련이 하나 있고, 붓다의 두 발은 연봉 위에 서 있다는 점이다. 일본 후지이유린칸에 소장된 섬서陝西 삼원현三原縣에서 출토된 약 4세기 초의 보살입상은 두 발이 연봉 위에 서 있으며, 연봉 아래의 좁은 장부형(榫形) 구

[2-71] 뉴델리박물관 소장 3-4세기 불좌상 (『佛像的系譜』)

[2-72] 개인 소장 십육국 금동불좌상 (『佛像的系譜』)

조는 밑에 앙련에 꽂아야 했는데 앙련은 이미 분실되었다. 이 불입상은 우리들에게 위는 좁고 아래는 넓은 반구형 중국식의 높은 연화대좌 양식을 보여 주는데, 이러한 대좌의 표현 양식은 남북조의 불입상에서 많이 활용되었고 그 영향도 심원하다.

일본 오사카시립미술관에 소장된 대하승광 2년(429)의 불상(앞 그림 2-62)과 건무 4년의 불상은 모두 현재까지 남아 있는 기년이 있는 십육국 시기의 금동불상이다.[60]

대하승광 2년의 불상은 뚝섬 불좌상, 건무 4년 불상의 양식과 거의 같지만, 다만 수인은 매우 표준적인 선정인이다. 방형의 대좌 아래에는 4개의 다리가 있는데, 이는 송 원가 14년(437)의 한겸韓謙 조상에 있는

---

59) 松原三郎, 『中國佛教彫刻史硏究』(吉川弘文館, 1961년판), 도판3ab.
60) 『中國史紀年表』에 따르면 서기 420년에 이미 남북조 시기로 접어들었지만, 420년 이후 북방 십육국 시기에 일부 왕조는 아직 북위에 병합되지 않았다.

[2-73] 교토국립박물관 소장 불입상
(『海外及港臺藏歷代佛像珍品紀年圖鑒』)

[2-74] 5세기 초 금동불좌상
(『海外及港臺藏歷代佛像珍品紀年圖鑒』)

[2-75] 도쿄예술대학 소장 금동불좌상
(『小金銅佛の魅力』)

아亞자형 대좌 아래에 4개의 방형 다리가 세워진 것과 유사하다. 4개의 방형 다리는 5세기 이후에 새로 출현한 조상 요소일 것이다.

현존하는 동진·십육국 시기의 금동불교조상의 광배를 고정하던 촉이 많이 남아 있는 것을 보면 원래 두광이나 거신광이 있다가 없어졌을 가능성이 있다는 것을 알 수 있다. 동진·십육국 시기 불교조상의 참모습은 5세기 전반기의 금동불상 몇 존을 통해 더 전반적으로 인식할 수 있다.

예1: 5세기 초 금동불좌상(소장지 명확하지 않음).
예2: 하북성 석가장石家莊 출토 도쿄예술대학 소장 1불 2제자상.[61]
예3: 하북성 석가장 북송촌北宋村 출토 하북성박물관 소장 1불 2제자상.[62]
예4: 감숙성 경천현涇川縣 출토 십육국 시기 금동불상.[63]
예5: 일본 이데미쓰미술관出光美術館 소장 1불 4협시상.

위에서 기술한 다섯 작품을 통해 다음과 같은 인식을 얻을 수 있다.

a. 조상 부품: 이 다섯 개 작품은 붓다가 직육면체 대좌 위에 앉아 있고 대좌 양쪽에는 각각 사자 한 마리로, 가운데는 공양 연꽃으로 장식하였다. 이러한 주체 양식은 하버드대학미술관에 소장된 금동불좌상, 건무 4년의 불상과 유사하다. 하지만 이 다섯 작품은 모두 두광과 거신광을 모두 잘 보존하고 있고 또한 그중에 두 개는 4개의 다리를 가진 방형대좌까지 잘 보존했다는 것이 차이점이다. 두광이나 신광은 모두 동진·십육국 시기 금동불상에 반드시 나타나는 조상 요소이다. 승려 법림法琳의 『변정론辯正論』 중에

---

61) 이 상은 村田靖子, 『小金銅佛の魅力: 中國·韓半島·日本』(里文出版, 2004년판), 도판6에 수록되어 있으며, 저자는 5세기 십육국 시기의 것으로 본다.
62) 『中國美術全集: 雕塑編 3—魏晉南北朝雕塑』(人民美術出版社, 1988년판), 도판35에 수록된 이 불상은 십육국 시기부터 북위 전기까지의 것으로 본다.
63) 金申, 『佛像的鑒藏與辨僞』(上海辭書出版社, 2002년판), 도판3.

[2-76] 하북성박물관 소장 1불 2제자상
(『中國美術全集: 雕塑編 3 - 魏晉南北朝雕塑』)

[2-77] 감숙성 경천현 출토 십육국 시기 금동불상
(『佛像的鑒藏與辨僞』)

다음의 기록이 있다. 대규戴逵가 초은사招隱寺를 위해 "다섯 개 불상을 직접 만들어 주었는데 다른 것에 비견할 수 없을 만큼 좋고 늘 신광을 발하였다."(手制五夾紵像, 並相好無比, 恒放身光) 그중에 '신광을 발하다'는 것은 거신광을 가리켰을 것이다. 그리고 4개 다리가 달린 방형대좌는 십육국 시기 이후에 비교적 늦게 나타난 것이다.

b. 두광과 신광의 양식: 동진·십육국 시기의 금동불상은 모두 두광이나 신광으로 장식하고 있다. 그중 원형 두광으로만 장식한 것은 예1에서 볼 수 있다. 또한 원형 두광이나 원형 신광으로 합체하고 주조하여 광배의 윤곽이 호박처럼 생긴 것은 예2~4에서 볼 수 있다. 이는 5세기 전반기 하서河西, 농우隴右의 석굴 조상들의 광배가 배(舟) 모양인 것과 차이를 보인다. 예를 들어 문수산文殊山 천불동, 금탑사金塔寺 석굴, 병령사炳靈寺 석굴의 조상들이 그것이다.

c. 조상의 조합: 위에서 기술한 다섯 작품 중에 세 건은 조합식 조상으로, 그중 두 건은 1불 2제자의 삼존상 조합이며 다른 하나는 1불, 1제자, 3보살의 5존상 조합체이다. 협시불상인 경우, 대부분 광배와 연결되고 있어서 만약에 배경(광배)이 분실되었다면 협시불상도 대부분 없어졌다. 대규의 '손으로 5존의 협저상을 만들었다'(手制五夾紵像)는 기록에 나온 불상은 1불 4협시의 5존 조합 불상일 것이다. 또한 대규는 '무량수협시보살'도 만든 바가 있었는데, 무량수불, 관세음보살, 대세지보살로 구성된 삼존상이었을 것이다. 이 불상의 소재는 병령사 169굴 제6감실에 나타나고 있다. 고대 문헌의 기록과 현존하는 불교조상 실물들은 동진·십육국 시기 불교조상의 기본 모습을 비슷하게 잘 반영하였다.

d. 산개傘蓋: 예3과 예4의 불상에서 산개가 출현한다. 예2의 조상 형상과 구조는 예3과 유사하고 모두 2제자와 2비천이 옆에서 협시하고 있다. 다만 예2는 광배 위 작은 불좌상(현재 고정하기 위한 구멍이 남아 있음)과 산개는 분실되었다. 산개는 현존하는 고인대 불교조상들 중에서는 많이 보이

[2-78] 이데미쓰미술관 소장 불좌상(『海外及港臺藏歷代佛像珍品紀年圖鑒』)

[2-79] 감숙성 경천현 출토 십육국 시기 금동광배(『佛像的鑒藏與辨偽』)

지 않고, 마투라에서 출토되었으며 사르나트 고고박물관에 소장된 카니슈카(Kanishka) 3년[64]의 명문이 있는 불입상에서 보이고 있는데(앞 그림 1-27) 이 산개는 불입상 뒤의 기둥 위에 있었을 것이다. 산개를 사용한 간다라 불상은 없지만 불상 위에 산개 모양의 보리수가 많이 사용되었다. 동진·십육국 시기 불상 위에 산개가 많이 사용된 것은 마투라에서 기원되었을 것이다.

중국 땅에서 발견된 조성 시기가 더욱 이른 4세기의 금동불상은 간다라 불상의 유풍을 농후히 보존하고 있다. 예를 들면 미국 하버드대학미술관에 소장된 금동불좌상, 일본 도쿄국립박물관에 소장된 금동불좌상, 4세기의 금동불좌상, 일본 교토국립박물관에 소장된 4세기 금동불입상들은 모두 콧수염을 기르고 있고 위에서 기술한 5세기 전반의 금동불상보다 간다라의 유풍이 훨씬 농후하다. 대규가 개혁하기 전에 『상서고실尙書故實』에 기록된 기록했던 중국 불교조상에 출현했던 이른바 '촌스럽고 초라한' 시대적 모습에 대한 기술에 비교적 더 가깝다.

현재 일반적으로 생각하고 있는 동진·십육국 시기의 금동불상 중 그 지역적 속성이 명확한 것 몇 개를 제외하고는 대부분 불상의 시대는 불분명하다. 이 조상들은 모두 일반적 특징을 갖고 있는데 예를 들어, 가부좌를 결하고 선정인을 하며 '통견식' 법의를 입고 있고 장방형의 대좌 앞 양쪽을 사자로 장식하는 것이다. 옛날에 이런 조상의 시대적 특징이 분명한 불상은 모두 북방 십육국의 것으로 여겨졌다. 이런 불상들은 백제 초기 금동불과 매우 흡사한데, 백제의 불교는 동진으로부터 전입되었기 때문에 위에서 기술한 불상의 공통성이 보이는 것은 매우 당연한 일이라고 이해될 수 있다. 또한 이 불상들은 동진 불상의 시

---

64) 카니슈카 왕이 재위한 시간은 알 수 없으며 일반적으로 서기 1세기 말 또는 2세기 중반의 어느 시점에 재위하는 것으로 추측된다.

대적 특성도 반영할 수 있다. 특히 송 원가 14년(437) 한겸 조상과 송 원가 28년(451) 유국지劉國之 조상, 유송 초기의 이 두 존의 금동불상 주존의 조형은 동진·십육국 시기의 금동불상과 일치하며, 확실한 것은 틀림없이 동진 불상의 양식을 잘 이어받았다는 것이다.

위에서 기술한 금동불상들에 나타난 공통적인 특징은 각각 372년 전진 시기에 고구려에, 384년 동진 시기에 백제에 전파된 불교조상의 양식과 비슷하다.

제3장

남경 서하산棲霞山석굴 남조 불상에 대한 새로운 견해

남조南朝 수도인 남경에 남아 있는 유일한 석굴임에도 불구하고 남경의 서하산석굴은 잘 보존되지 못한 데다가 중요한 감상龕像 대부분은 건립 연대에 관한 기록이 없다. 그리하여 지금까지 서하산석굴에 관한 연구가 일정한 진전을 이루기는 했지만 깊이 있는 후속 연구가 어려웠다. 그러나 남경에서 새로 출토된 관련 유물들, 특히 남경 신가구新街口 덕기광장德基廣場에서 출토된 남조 불교조상 및 서하산 무량전無量殿 유적지(遺址) 앞에서 발견된 진陳 강총江總의 「섭산서하사비문攝山棲霞寺碑文」 잔비殘碑 등에 근거하여 종래 판정하기 어려웠던 문제에 대해 새롭게 검토할 수 있게 되었다.

현재까지 남아 있는 남조 불상은 주로 남경, 절강성浙江省 신창新昌, 사천 지역에 집중되어 있다. 필자는 일찍이 세 지역의 남조 불상에 대해 전문적 연구[1]를 진행한 적이 있으며, 이후 관련 유물들이 계속 발견됨에 따라 후속 연구를 진행한바, 남경을 중심으로 한 남조 불상이 제량齊梁 연간에 어떠한 단계적 변화가 일어났는지 명확하게 알게 되었다.

1. 서하산 「강총잔비江總殘碑」의 발견

1990년대 남경시 문화재연구소는 서하산석굴 무량전 부근의 도랑을 정비하는 과정에서 2002년 전당 앞 유적지에 대한 고고학적 발굴[2]을 진행했는데, 당시 출토된 비교적 중요한 문화재는 다음과 같다.

서하 1호: 남조 석불좌상은 현재 남경시박물관에 소장되어 있으며 불상의 머리는 부서졌고 높이는 약 30㎝ 정도이다. 또한 비구니가 입는 승기지僧祇支 내의를 입고 가사는 '반피식半披式'(중국식 편단우견식)에 변화된 '포의박대식'(褒衣博帶演化式) 양식을 동시에 보여 주고 있으며[3] 다리는 가부좌를 틀고 두 팔은 팔뚝이 부서진 상태이다.

서하 2호: 남조 보살 두상은 현재 남경시박물관에 소장되어 있다. 높이는 약 35㎝ 정도이며 보살의 머

---

[1] 費泳, 「南朝佛敎造像硏究」(南京藝術學院 2001年 碩士學位論文).
[2] 2003년 4월 16일 필자는 梁白泉, 羅宗眞, 阮榮春, 傅雲仙 등의 학자들과 함께 발굴을 주관하고 있던 車廣錦 선생의 안내로 서하산 무량전 앞 유물 발굴 현장을 답사했다.
[3] 費泳, 「中國佛敎藝術中的佛衣樣式硏究」(中華書局, 2012년판), 217~219쪽.

[3-1] 무량전 앞 빈터 유물 발굴 현장(費泳 촬영)

[3-2] 서하산에서 출토된 남경시박물관 소장 남조 석불좌상(費泳 촬영, 그림)

[3-3] 서하산에서 출토된 남경시박물관 소장 남조 시기 보살 두상(費泳 촬영)

[3-4] 서하산에서 출토된 「강총잔비」(費泳 촬영)

리카락과 보관, 보관의 띠 장식과 드리워진 머리카락 부분은 파손되어 있으며 양 눈썹 사이에는 백호의 모습이 있으며, 두 눈은 살짝 뜨고 입꼬리는 올라가 미소를 머금고 있다.

진陳 지덕至德 2년(584) 이부상서吏部尚書(중앙정부 六部의 하나) 강총江總의 「섭산서하사비문병명攝山棲霞寺碑文並銘」의 잔비(이하 「江總殘碑」로 약칭)는 남경시박물관에 소장되어 있다. 이 비석의 윗부분은 쌍룡雙龍이 서로 휘감고 있는 이수螭首 양식이며, 비석의 앞면과 뒷면에는 명문銘文이 새겨져 있다.

「강총잔비」의 앞면은 위와 오른쪽 아래가 파손되어 있다. 새겨진 글의 내용을 보면 청淸대 엄관嚴觀이 기록한 「금릉섭산서하사비金陵攝山棲霞寺碑」의 내용과 거의 일치한다. 주목할 만한 것은 이 비석 앞면 밑에서 두 번째 줄의 "…… 진陳 정명禎明 2년"이라는 문자와 밑에서 첫째 줄의 "…… 폐후가 이 비석을 세웠다"(廢后修立此碑)라는 글인데, 이는 엄관의 기록과 약간 차이가 있다.

「강총잔비」 뒷면에는 남조 시기 송宋, 제齊, 양梁 왕조의 황실 귀족들이 공양인으로서 서하산에 석굴을 개착하고 불교조상을 만든 사실이 기록되어 있는데, 주로 석굴의 개착 위치와 조상 크기 및 진陳 지덕至德 2년에 비석을 세운 강총의 낙관落款 등이 새겨져 있다. 이런 내용은 지금까지 전해지는 문헌 기록에는 보이지 않는 것이다. 또한 강총비문 뒷면 왼쪽 위에는 당 대중大中 8년(854) 승려 지상智祥이 민중을 데리고 감상龕像을 수리했다는 내용이 새겨져 있다.

청대 엄관이 기록한 「금릉섭산서하사비」에 있는 낙관落款은 "이 비석은 진陳나라 시중이자 상서령, 선혜

장군으로 보살이 제자들을 경계하고 가르쳤던 사실을 기록하고 편찬하는 일을 관장했던 제양濟陽 강총江總이 집찬執撰하였다. 진나라 익전翊前장군 회계왕會稽王 진장陳莊이 경조京兆 위참군韋參軍을 따라갔을 때, 패沛에서 비석을 썼다."4)라고 되어 있고, 앞줄에는 "송 황제가 승려에게 정문旌門을 하사했으니 정문은 다시 써서 내린 것이고, 하사할 때 전서로 쓴 현액도 함께 내렸다"5)라는 내용이 있으며, 또한 엄관이 비석의 연혁에 관해 기록한 부분 말미에는 "이 비는 당唐 회창會昌 연간 훼손된 후 다시 세워졌으나, 송宋대에 이르러 다시 부서졌고 송 강정康定 원년(1040) 3월 17일 승려 계선契先이 옛날에 새겨진 것에 근거해서 복원시켜 지금에 이르고 있다"라는 설명이 있다. 그러나 이는 최근 발굴 조사된 「강총잔비」 실제 내용과 일치하지 않으므로 엄관이 보고 기록한 비석은 송나라 때 중건된 비석임이 분명하다.

그러므로 최근 서하산에서 새로 발굴된 「강총잔비」는 진陳나라 강총이 처음 세운 비석임이 확실하다. 비석의 뒷면에는 강총의 낙관 외에 다른 기록이 없으나 비석 이수螭首는 쌍룡이 얽힌 양식으로 6세기 후반의 시대적 특징을 갖고 있기 때문이다.6) 비석 앞면 왼쪽에 "陳禎明二年"(진 정명 2년)과 "廢后修立此碑"(폐후수립차비)라는 글자가 보이는데, 진 정명 2년(588)은 비석 뒷면에 강총이 비석을 세우고 낙관을 했다고 기록한 지덕 2년(584)보다 4년 후이다. 이러한 시간 차이가 나는 이유는 수隋나라가 남쪽으로 내려가 진나라(정명 2년[588])를 정벌하는 전쟁 중에 이 비석이 파괴되었다가 오래가지 않아 다시 재건되었기 때문인 것으로 사료된다. 이후 이 비석은 당唐 회창會昌 연간 불교를 억압할 때 다시 파괴되었는데, 바로 엄관이 기록한바 "일찍이 중건한 적이 있다"(已曾重立)라는 내용과 일치한다. 곧 현재 남아 있는 「강총잔비」에 각인된 당대唐代 '승려 지상 명문'(僧智詳銘文)이 새겨진 시기는 당 회창 연간 법난 직후였으며, 이 비석은 법난 직후 수선修繕만 했을 뿐 그 원형은 훼손하지 않고 그대로 보존한 것이다. 그러다가 북송시대에 다시 훼손되어 일실되었다가 지금 비로소 새로이 발굴된 것이다.

「강총잔비」의 발견으로 서하산에 있는 중요한 석굴 조상의 내용, 건립자를 검토하는 데 있어 비교적 믿을 만한 이른 시기의 조상 실물과 문헌자료를 제공받게 되었다. 비석 앞면의 내용은 엄관이 기록한 「금릉섭산서하사비金陵攝山棲霞寺碑」를 통해 자세히 알 수 있으므로 별다른 추가 논의를 하지 않기로 한다. 여기서는 옛 문헌에서 언급된 바 없으나 비석 뒷면에 기록되어 있고 새롭게 알게 된 사실들에 기초하여 구체적 조상 실물들을 함께 살펴봄으로써 서하 지역 남조 시기 불교조상에 대한 깊은 논의를 전개해 보기로 한다.

새로이 발굴된 「강총잔비」 뒷면에 남아 있는 내용은 다음과 같다.

> 불상은 앉은키가 3장 1척 5촌, 바닥부터 대좌臺座를 포함하면 4장, 육계肉髻 포함 머리의 길이는 8척 5촌…… 손의 길이는 6척 9촌, 양 무릎 사이는 2장 5촌, 나란히 서 있는 두 보살은 3장의 높이로…… 만들어졌다. 제나라 문혜태자 소장무蕭長懋(493년 졸)가 공양하고, 예장 문헌왕 소억蕭嶷(492년 졸)이 공양하고, 경릉 문선왕 소자량蕭子良(494년 졸)이…… 미명보사 15인과 큰 장인大匠은…… 에서 장인을 초래하여…… 건원 연간…… 불상은 앉은키가

---

4) 右碑陳侍中尙書令宣惠將軍參掌選事菩薩戒弟子濟陽江總持撰, 陳翊前會稽王行參軍京兆韋沛書此碑.
5) 聖宋賜紫沙門懷則懷則重書, 賜紫沙門有朋篆額.
6) 保利예술박물관에 소장된 北周시대 석가모니조상비(釋迦造像碑)를 예로 들 수 있다. 『保利藏珍』(嶺南美術出版社, 2000년판), 214·218쪽.

8척 9촌이다. 제나라 옹주자사 전환田奐(493년 졸)이 파릉왕을 위해 건립한 것이다.…… 임기령臨沂令 명중장明仲璋이 만들었다. 제3감상은 앉은키가 7척 9촌이다.…… 미륵하생 감상은 키가 1장 4척이다. 송나라 재상이 곽씨 부인을 위해 조성하려 했으나 완성하지 못했다. 제나라 경릉…… 위와 가업(섭) 감상 2좌는 앉은키가 5척 4촌이다. 양나라 동양주자사東陽(揚)州刺史 반우番禺가…… 태건 11년 황태자, 동궁학사 부택傳澤 등이 무량불을 중건하여 장엄했고…… 지덕 2년 이부상서 강총이 뭇 대중을 이끌어 장엄불을 중건했다.……[7]

「강총잔비」의 뒷면 위의 좌측에는 아래와 같이 당唐 대중 8년(854) 승려 지상智詳이 민중을 데리고 감상(석굴)을 수리했다는 명문銘文도 함께 새겨져 있다.

당 대중 8년 11월 □일 승려 지상은 스스로 일을 작파하고 인연 있는 대중을 모아서 함께 불두佛頭를 보수하고 2존의 보살과 감실을 보수하고 장엄하여 사찰을 수호하고자 하는 마음을 내었으며 이를 도운 자들은 모두 법회에 참여하여 수기授記를 얻고자 염원했다. 제자 양소륜楊少倫은 1만 5천 전錢을 기부하고 불상을 설치하여 온 집안이 맑고 길함을 보우하길 바랐다. 하진夏珍은 인연 있는 자들을 모아 관음보살 1구를 만들어 안치하고 감실에 다보법신불 2구와 수많은 작은 보살상을 함께 보수하고 꾸몄으며 또한 2개의 감실에 2구의 불상과 보살상을 새로이 안치하였으니 결연자들은 정토를 함께 태어나기를 염원했다. 탕기湯沂는 인연 있는 자들을 모아 대세지보살 1구와 제가諸家의 존자와 동자상을 새로이 세웠으니 청정하고 선함을 보우하여 형제자매가 함께 공양하길 바랐다. 이옹李顒은 1만 4천 문文을 기부하여 부모와 죽은 처 민씨가 명계에서 평안하기를 기원했다. 허언許言은 3천 문文을 기부하여 공덕비를 조성했다.[8]

「강총잔비」의 비문 뒷면에는 다음의 글자들이 떨어져 나갔다.

　a. "沂令明仲璋造"(기령명중장조) 중 "沂"(기)자 앞에 "臨"(임)이 떨어져 나갔다. 엄관이 집록한 진 강총의 「금릉섭산서하사비金陵攝山棲霞寺碑」 중에 "기제이자중장위임기령其第二子仲璋爲臨沂令"(그 둘째 아들 중경이 임기령이 되었다)이라는 기록이 있다.

　b. "勒下生龕像身高八尺九寸"(늑하생감상신고팔척구촌) 중 "勒"(륵)자 앞에 "彌"(미)자가 떨어져 나갔다. "미륵하생彌勒下生"이란 미륵이 (지상사바세계; 閻浮提에 내려와) 성불하는 것을 가리키는데, 이는 "미륵상생彌勒上生"이 도솔천의 보살임을 가리키는 것에 상대하여 이르는 말이다.

　c. "衛迦業龕二像坐身並高五尺四寸"(위가업감이상좌신병고오척사촌) 중 "衛"(위)자 앞에 "維"(유) 혹은 "惟"(유)가 떨어져 나갔다. 서진西晉 시기 강남 지역에 유위惟衛와 가섭迦葉의 석상이 오吳 송강 하구에 떠내려 왔다는 "오송강석불부강吳淞江石佛浮江"의 이야기가 전한다.『고승전高僧傳』권13 「혜달전慧達傳」에 아래와 같이 자세

---

7) 身坐高三丈一尺五寸, 通坐四丈, 含髻頭長八尺五寸……手長六尺九寸, 兩膝相去二丈五尺, 並二菩薩, 立高三丈……造, 齊文惠太子隨喜, 齊豫章獻王隨喜, 齊竟陵文宣……未明寶寺十五人, 大匠在□之□國寶, 來匠建元□……像身坐高八尺九寸, 齊雍州刺史田奐, 爲巴陵王造……沂令明仲璋造, 東第三龕像身坐高七尺九寸……勒下生龕像身高一丈四尺, 宋太宰爲霍夫人造未成, 齊竟陵……衛迦業(葉)龕二像坐身並高五尺四寸, 梁東陽(揚)州刺史番禺……太建十一年皇太子, 東宮學士傅澤等重莊餝無量……至德二年, 吏部尙書江總率化衆緣重莊餝……

8) 唐大中八年十二月□日僧智詳自廢置□募衆緣, 弁修裝佛頭並二菩薩兼龕, 寺可護心, 伍助者願龍會中同得授記. 弟子楊少倫舍錢十五千裝聖像, 保閣家淸吉. 夏珍慕緣修裝觀音菩薩一軀, 並且修裝正龕多寶法身佛二軀並諸小身菩薩, 又修裝二龕二軀佛並菩薩, 結緣者同淨土. 湯沂慕緣修裝大勢至菩薩一軀諸家尊幼, 願保淸休, 同生供養. 李顒舍拾肆千文奉爲考妣及亡妻閔氏, 冥界又保平安. 許言舍三千文助成功德.

한 고사가 전한다.

혜달은 성스러운 불상이 신령하고 기이하기에 발돋움하며 힘쓰기를 두 배나 더했다. 그는 후에 동쪽 지역인 오현吳縣에 노닐면서 석상에 예배를 올렸다. 이 석상은 서진西晉이 거의 끝나갈 무렵인 건흥建興 원년(313) 계유년에 오吳 송강松江 호독구滬瀆口에 떠내려온 것이다. 어부가 해신海神으로 오인해서 무축巫祝으로써 그것을 맞이했다. 그러자 거센 바람과 성난 파도가 일어나 놀라고 두려워 그냥 돌아왔다. 당시에 황로黃老를 숭상하는 자가 있었으니, 이를 일러 천사天師의 신이라 했다. 다시 함께 나아가 영접하려 했으나 회오리바람과 파도가 처음과 같이 사납게 일었다. 후에 불교를 숭배하는 거사인 오현吳縣 사람 주응朱應이 이를 듣고 찬탄하며 말했다. "혹여 붓다의 감응이 드리우신 것이 아닐까?" 이에 몸을 깨끗하게 결재潔齋한 후, 동운사東雲寺의 백帛 비구니와 신자 여러 명과 함께 호독구에 도착했다. 머리를 조아리며 가장 경건한 모습으로 범패를 부르며 지극한 공덕을 찬양하니 즉시 바람과 파도가 멈추었다. 멀리서 두 사람이 강 위로 떠서 도착하는 모습이 보였는데 알고 보니 사람이 아니라 석상이었고 그 석상 뒷면에는 새김글이 있었으니, 한 석상은 유위惟衛, 다른 석상은 가섭迦葉이라 적혀 있었다. 이에 즉시 영접하여 통현사通玄寺에 안치했다.

돈황막고굴敦煌莫高窟 당唐 초기 323굴 남벽 서쪽의 벽화가 바로 이 주제를 표현한 것이다.

「강총잔비」는 비석의 뒷면 오른쪽 상단과 왼쪽 하단의 명문이 훼손되어 있다. 그러나 오른쪽 상단에 훼손된 문자와 그 숫자는 대략 짐작할 수 있으며, 그 내용은 엄관이 집록한 「금릉섭산서하사비金陵攝山棲霞寺碑」보다 더 상세하다. 또한 비석 왼쪽 하단의 훼손도 심하지 않고 낙관이 비교적 완전하게 보존되어 있기 때문에 비석 명문의 내용을 이해하는 데 거의 영향을 미치지 않는다. 이처럼 강총이 당시 기록한 주요 내용은 지금도 명확하게 알아볼 수 있다.

「강총잔비」에 각인된 조상造像 관련 기록은 감상의 위치, 조상 내용, 조상의 자세, 치수, 공양인 관지款識의 순서로 되어 있다. 「강총잔비」 비문의 내용은 주로 서하산 무량전 대

[3-5] 막고굴 323굴(「西晉吳淞江石佛浮江」 故事畵, 「中國敦煌壁畫全集 5」)

[3-6] 서하 무량전 부근 여러 석굴의 외경(費泳 촬영)

제3장 남경 서하산棲霞山석굴 남조 불상에 대한 새로운 견해 | 113

불을 중심으로 그 주위에 황실 귀족들이 자금을 기부하여 감실을 조성한 내역을 기록한 것이다. 무량전 부근의 석굴군은 대체로 동서 방향으로 개착되어 있는데 주요한 것으로 하019굴(쌍불굴), 하020굴(무량전), 하021굴, 하022굴, 하024굴(삼불굴), 하026굴 등을 들 수 있다. 그중 하019굴과 하024굴은 현재까지 유일하게 남아 있는 쌍불굴과 삼불굴이다.

이들 석굴 조상을 실제 측량한 수치와 「강총잔비」에 새겨진 감상(석굴)의 내역, 공양인 관지款識를 서로 대비한 목록은 다음과 같다.

〈표 3-1〉 「강총잔비」에 기록된 감상龕像의 내역과 공양인을 현존 서하산석굴 감상과 대비한 대조표[9]

조상의 내용, 자세, 치수	공양인 관지	현존 석굴 감상
…… 불상의 높이는 3장 1척 5촌(약 770cm), 대좌를 포함한 높이는 4장(약 978cm), 육계 포함 머리 길이는 8척 5촌(약 207.8cm)…… 손의 길이 6척 9촌(168.7cm), 양 무릎 사이 길이는 2장 5촌(약 501.2cm)이며 함께 서 있는 보살의 키는 3장 3척(약 740.8cm)[10]이다.……	…… 만들어졌다. 제 문혜태자 수희, 제 예장 헌왕 수희, 제 경릉 문선…… 미명보사 15명.(……造, 齊文惠太子隨喜, 齊豫章獻王隨喜, 齊竟陵文宣……未明寶寺十五人)	하020굴(무량전) 무량전 대불주존의 앉은키는 782cm, 대좌 포함 높이는 964cm, 머리 높이는 272cm, 양 무릎 간격은 620cm이다.
불상의 높이는 8척 9촌(약 217.6cm)이다.	제나라 옹주자사인 전환田奐이 파릉왕巴陵王을 위해 건립한 것이다. …… 기령 명중장이 만들었다.(齊雍州刺史田奐爲巴陵王造……沂令明仲璋造)	무량전 동쪽에 위치한 석굴은 하021굴, 하022굴이다. 두 굴의 주존의 높이는 각각 약 205cm와 215cm로 비슷하다.(전환이나 명중장이 그중 하나를 만들었다.)
동 제3감상은 높이가 7척 9촌(약 193cm)이다.	송나라 재상이 곽씨 부인을 위해 조성하려 했으나 완성하지 못했다.(宋太宰爲霍夫人造未成)	무량전 동쪽에 위치한 하024굴(즉 삼불굴)이다. 삼불 주존은 서로 높이가 비슷하고 약 175cm이다.
미륵하생彌勒下生 감상은 높이 약 342cm이다.	제나라 경릉(齊竟陵……)	서하사 대전 내에 현존하는 불두이다. 육계를 포함한 높이는 약 60cm[11]이다.
유위維衛와 가섭의 감상 2불은 좌신坐身으로 그 높이가 5척 4촌(약 132cm)이다.	양나라 동양(양)주자사 반우番禺가……(梁東陽[揚]州刺史番禺……)	무량전 서측에 위치한 하021굴(즉 쌍불굴)이다. 유위와 가섭 2불은 높이가 서로 같으며 약 145cm이다.
비고	서하산의 석굴 불두佛頭는 많은 수가 부서졌다가 다시 붙여진 흔적들이 남아 있다. 표에 보이는 실측 수치는 대체로 지금 남아 있는 조상들의 불두 높이를 포함한 것이다.	

---

9) 표에서 사용된 길이 환산법은 吳承洛의 『中國度量衡史』에서 제시한 1척=24.45cm 기준을 따랐다. 표 가운데 棲霞無量大佛의 실측 수치는 '魏正瑾·白寧, 「棲霞山石窟南朝無量壽大像勘察記」, 『石窟寺研究』 제3집(文物出版社, 2012년판)'의 기록을 원용한 것이며, 그 이외의 실측 수치는 필자 본인이 직접 측정한 것이다.
10) 「江總殘碑」 비석의 앞면 내용과 엄관이 집록한 「金陵攝山棲霞寺碑」를 통해 비석 뒷면 명문 가운데 "三丈" 뒤에 "三寸"이라는 문자가 缺失되었음을 알 수 있다.
11) 현존하는 佛頭는 南朝의 유물이고, 佛身은 현대에 새로 만든 것이다. 淸 工布查布가 지은 『佛說造像經量經解』에 기록된 불두와 불신의 비율에 따라 환산해 보면, 불상의 전체 높이는 약 360cm이다.

아래의 〈표 3-2〉는 현재까지 전해지는 문헌 기록 가운데 남조 시기 서하산석굴 감상의 개착과 보수에 관한 기록들을 일괄해서 정리한 것이다.

〈표 3-2〉 남조 시기 서하산석굴 개착과 보수에 관한 문헌 기록

문헌 출처	개착하거나 보수한 사람	감상龕像의 내역
청淸 엄관嚴觀이 집록輯錄한 「금릉섭산서하사비金陵攝山棲霞寺碑」, 「강총잔비江總殘碑」	송宋 재상 유의공劉義恭(江夏王에 책봉됨, 465년 졸)	동 제3감상은 앉은 높이가 7척 9촌이다.(東第三龕像身坐高七尺九寸)
청 엄관이 집록한 「금릉섭산서하사비」(「강총잔비」와 관련 있는 서하산대불棲霞山大佛과 2존의 협시보살의 조성자에 대한 내용은 온전하지 않으나 조상造像 크기에 대한 기록은 남아 있다.)	제齊나라 명승소明僧紹(484년 졸)가 미처 착공하지 못했으나 명승소의 아들 명중장明仲璋과 법도法度(497 혹은 500년 졸)가 개착하여 완성함. 공양한 사람으로는 제나라 문혜태자文惠太子 소장무蕭長懋(493년 졸), 예장豫章 문헌왕文獻王 소억蕭嶷(492년 졸), 경릉竟陵 문선왕文宣王 소자량蕭子良(494년 졸), 시안왕始安王 소도생蕭道生(499년 졸) 등이 있음.	서하산 무량전 대불과 2존의 협시보살.(棲霞山無量殿大佛並二菩薩)
「강총잔비」	제나라 옹주자사雍州刺史 전환田奐(493년 졸), 임기령臨沂令 명중장明仲璋	불상은 앉은 높이가 8척 9촌이다.(像身坐高八尺九寸)
	제나라 경릉왕竟陵王	미륵하생 감상은 높이가 1장 4척이다.([彌]勒下生龕像身高一丈四尺)
양梁나라 승우僧佑가 지은 『출삼장기집出三藏記集』, 권12, 「법원잡연원시집法苑雜緣原始集」	양나라 태위太尉 임천왕臨川王 소굉蕭宏(518년 졸)	섭산攝山 감대석상龕大石像을 완성했다.(成就攝山龕大石像)
청 엄관이 집록한 「금릉섭산서하사비」	천감天監 10년(511) 양나라 임천 정혜왕靖惠王 소굉	서하산에 재산을 아끼지 않고 공양하여 다시금 화려하게 재건했다.(於棲霞山"爰撒帑藏, 復加瑩飾")
당唐 고종高宗 「섭산서하사명정군비攝山棲霞寺明征君碑」	천감 15년(516) 임천왕 소굉	서하사 내에 무량수불 1존을 조성하였는데 대좌와 광배를 합쳐 높이가 5척이다.(於棲霞寺內"造無量壽佛一區, 帶地連光合高五丈")
양 혜교慧皎가 지은 『고승전高僧傳』, 권11, 「승우전僧佑傳」	양나라 승우(518년 졸)	섭산 등지의 대불을 조성하기 위해서 준거에 따라 의식을 세웠다.(爲攝山等大像"准畫儀則")
「강총잔비」	양 동양주자사東揚州刺史	유위와 가섭 좌불 감상 2존은 모두 높이가 5척 4촌이다.([維]衛迦葉龕二像坐身並高五尺四寸)
	태건太建 11년(579) 황태자皇太子, 동궁학사東宮學士 부택傅澤 등	장엄무량수불을 중건했다.(重新莊嚴無量壽佛)
	지덕至德 2년(584) 이부상서吏部尚書 강총江總	장엄 감상을 중건했다.(重新莊嚴龕像)

2. 서하산석굴과 유송 시기의 감상(석굴)의 존재 여부 문제

일찍이 저명한 고고학자 옌원루(閻文儒)는 "제齊 문혜태자文惠太子, 예장豫章 문헌왕文獻王, 경릉竟陵 문선文宣, 시안왕始安王, 송宋 강하왕江夏王 곽희霍姬, 제齊 전환田奐[12]이 돌을 깎아 감상龕像을 조성했고 양梁나라 임천臨川 정혜왕靖惠王이 다시 화려하게 재건했다"[13]라고 기록했으니, 옌 선생은 송 강하왕 곽희가 유송劉宋 6대 황제 명제明帝 소란蕭鸞이 낳은 강하왕 보현寶玄이어야 한다고 생각한 것이다. 이러한 인식에 근거하여 서하산석굴에 유송 연간의 감상이 존재할 가능성이 거의 없다고 보았지만, 이러한 견해는 옌원루 선생이 서하산석굴 조성과 관련된 유송 왕조의 역사적 맥락을 오해한 데서 비롯된 것으로 바른 해석이 아니다.

쑤바이 선생은 "두 감상[14] 근처 석벽에 여러 장식과 채색을 한 작은 감상들이 널리 분포하고 있어 원래 형태를 간략하게 살펴볼 수 있다. 앉은 감실 존상, 기대앉은 감실 존상, 천불 감실 존상과 사유 감실 존상 등이 있다. 그중 삼불 굴감(석굴 감실)과 우단 복식(右袒—오른쪽 어깨를 드러낸 복장)을 한 불좌상 감실 존상에 주목해야 한다. 이 감실 존상들은 초기에 조성된 것으로 법도法度(497년 혹은 500년 졸)가 만들었을 것이며 「강총잔비」에 보이는 기록[15]이 아마도 이들 감실 존상의 조성 경과를 말하고 있는 것으로 보인다. 그러므로 이 감실 존상들은 위의 두 감실 존상보다 일찍 출현한 것임이 분명한데, 다만 모양이 흐트러진 데다가 후세 사람들이 수많은 수식修飾을 덧대어 상세한 내용을 검증할 수 없게 되었다"[16]라고 했다. 무량전 주변에는 삼불 굴감이 오직 하나밖에 없으므로 쑤바이 선생이 삼불 굴감의 조성 시기를 무량전과 쌍불굴보다 앞선 것으로 인식했을 가능성을 배제할 수 없다.

엄관이 집록한 「금릉섭산서하사비」에서 "송 태재 강하왕 곽희는 번왕의 부인으로 안으로 덕이 있었고, 제 옹주자사 전환은 지방관원으로 훌륭한 신하였으니, 정견正見에 정통하고 후세 인과를 깊이 깨달아 함께 재물을 널리 보시하여 이 암벽에 거대한 돌을 갈아내 붓다의 법신을 드러냈다"[17]라는 기록이 있다. 「강총잔비」에는 "동 제3감상은 높이가 7척 9촌인데…… 송 재상이 곽씨 부인을 위해 조성하려 했으나 완성하지 못했다"[18]라는 기록이 있다.

서하산의 유송 연간 불교 유적 존재 여부에 대하여 「강총잔비」는 "송 태재가 곽씨 부인을 위해 조성하려 했으나 완성하지 못했다"(宋太宰爲霍夫人造未成)라는 사실과 더불어 "동쪽 제3감상 불상의 앉은키는 7척 7촌이다(약 193㎝)"라는 감상의 구체적 위치와 조상 형태, 치수 정보를 모두 제공하고 있다. 이를 통해 송宋 태재太宰가 조성한 감상이 당시 대충 틀은 갖추었으나 최후의 완성은 보지 못했음을 알 수 있다. 즉 서하산에 유송 태재가 그의 부인인 곽씨를 위해 감실 불상을 조성하였으나 결국은 완성하지는 못했다는 역사적 사실은 분명히 존재하는 것이다.

---

12) 역자 주 : 『南齊書』에는 田奐에 관한 내용이 없으나 권49 「王奐傳」에 '일찍이 옹주, 양주, 남태주, 북태주 등 4주의 총독으로 충당되어…… 진북장군 옹주자사로서……'(曾充都督雍, 梁, 南北泰四州……鎭北將軍雍州刺史)라는 기록이 보인다.
13) 閻文儒, 『中國石窟藝術總論』(天津古籍出版社, 1987년판), 49~51쪽.
14) 원문에서 말하는 두 감상이란 棲霞無量殿과 그 우측 바로 곁에 있는 雙佛龕을 가리킨다.
15) 宋太宰江夏王霍姬蕃閫內德, 齊雍州刺史田奐方牧嘉臣, 深曉正見, 妙識來果, 並于此巖阿廣抽財施, 琢磨巨石, 影擬法身.
16) 宿白, 「南朝龕像遺跡初探」, 『考古學報』 1989년 제4기.
17) 宋太宰江夏王霍姬蕃閫內德, 齊雍州刺史田奐方牧嘉臣, 深曉正見, 妙識來果, 並於此巖阿廣抽財施, 琢磨巨石, 影擬法身.
18) 東第三龕像身坐高七尺九寸……宋太宰爲霍夫人造未成.

「금릉섭산서하사비」에 언급된 "송 태재와 강하왕"은 유송 시기 송宋 고조高祖 유유劉裕의 아들인 의공義恭이 제수받은 두 벼슬의 명칭이다. 필자는 2001년 서하산의 유송 시기 불교조상에 대한 연구에서 이 문제에 대해 논의한 바가 있다.[19] 송 태재 강하왕 의공이 곽씨 부인을 위해 서하산에 조성했던 감상을 미처 완공하지 못한 원인은 그가 궁궐 싸움에 휘말려 비참한 결말을 맞이했기 때문인 것 같다.

『송서宋書』 권61 「의공전義恭傳」에 "폐위된 전 황제(前廢帝) 유자업劉子業이 패악무도하였다. 이에 유의공과 유원경 등이 그를 폐위시키려고 모의하였다. 영광永光 원년(465) 8월 유자업이 우림군을 거느리고 유의공의 저택을 급습하여 유자업과 그의 네 아들을 모두 죽였다. 향년 53세였다. 유자업은 유의공의 사지를 절단하고 내장을 꺼내어 찢고 눈알을 파내어 꿀로 재워 두고는 귀목정鬼目精이라 불렀다"[20]라는 기록이 있다. 유의공은 폐위된 전前 황제인 유자업이 패악무도하다고 여겨 정변을 일으키고자 했다가 미리 발각되어 일가가 도륙되고 자신도 처참하게 죽었다. 태시泰始 원년(465) 태종 유욱劉彧이 난을 평정하고는 유의공의 억울함을 씻어 주고 공명을 서훈하고 국가의 전례에 따라 추모해 주었다. 태시 7년(471)에 태종은 자신의 여덟 번째 아들 유제劉躋를 의공의 양자로 삼고는 강하왕으로 봉하였다.

그러므로 유의공의 서하산 감상(감실 존상) 조성 공사는 아무리 늦어도 영광永光 원년에 중단되었을 것이며, 양梁 천감天監 10년(511) 임천왕 소굉이 돈을 기부하여 서하산 감상을 수보하는 공사를 하면서 유의공이 이전에 미완성한 채로 두었던 감상을 함께 완성시켰을 것이다. 그렇기 때문에 삼불굴에 있는 불좌상 형태와 비율이 비교적 고졸古拙한 반면, 법의의 양식은 오히려 선진적인 기이한 현상이 나타난 것이다. 이와 관련된 조상造像 양식상의 문제는 추후 다시 논하기로 하겠다.

3. 서하산 쌍불굴(하019굴) 불상의 내용과 조성 시기 문제

쌍불굴은 지금까지 법도法度가 조성한 것으로 간주되었고 내용은 석가불과 다보불, 두 불상이 나란히 앉아 있는 이불병좌상이라고 생각해 왔다.

---

19) 『宋書』 권61 「義恭」에 보면, "강하 문헌왕 의공은 어려서부터 영특하고 외모가 수려하여 高祖가 특히 총애했으며 다른 왕자들은 의공에 미치지 못했다.…… 元嘉 元年(424) 강하왕에 봉해졌으며 식읍 5천 호가 내려졌다.…… 이때는 (孝建 2) 11월이었다.…… 이에 太宰의 직에 올라 司徒를 거느리고…… 前廢帝가 패악무도하여 의공과 元景 등이 폐할 것을 모의했다. 永光 元年(465) 8월 폐제가 우림군을 거느리고 저택을 급습하여 네 아들과 그를 함께 살해했으니 향년 53세였다"라고 했고, 의공의 사후에 江夏王을 책봉 받은 자는 子綏와 躋 두 사람이 있다. 그런데 『宋書』 권61 「義恭」에는 "太宗泰始元年 征南將軍의 시호가 내려졌고 강하왕에 책봉되었는데…… 子綏는 受命하지 않았고 태시 7년(471)에 태종이 여덟 번째 아들 躋(字가 仲升)를 의공의 양자로 삼아 강하왕에 봉하고는 식읍 5천 호를 내렸다"라는 기록이 보인다. 그러므로 송 태재인 의공은 劉宋 영광 원년(465) 죽은 것이니 '강총잔비'에 기록된바, 섭산에 "큰 돌을 갈아내어 법신을 드러낸" 불사는 바로 劉宋 연간의 일이다. 南朝 시기 자못 많은 수의 왕자들이 불교를 신봉하였는데 유송에는 임천왕 도규, 그 아들 의경, 강하왕 의공 등이 있었으니 송 태재가 불교를 신봉하여 섭산에 불상을 조성한 일은 응당 중시를 받았을 것이다.(『宋書』, 卷六十一, 「義恭」 記載, "江夏文獻王義恭, 幼而明穎, 姿顏美麗, 高祖特所鍾愛, 諸子莫及也……元嘉元年[424], 封江夏王, 食邑五千戶……是歲[孝建二年]十一月……乃進位太宰, 領司徒……前廢帝狂悖無道, 義恭, 元景等謀欲廢立. 永光元年[465]八月, 廢帝率羽林兵於第害之, 並其四子, 時年五十三." 義恭之後受封江夏王的有子綏和躋. 『宋書』, 卷六十一, 「義恭」, "太宗泰始元年, 進號征南將軍, 改封江夏王……子綏未受命. [泰始]七年[471], 太宗以第八子躋字仲升, 繼義恭爲孫, 封江夏王, 食邑五千戶." 宋太宰死於劉宋永光元年[465], 其在攝山 "琢磨巨石, 影擬法身", 當是劉宋年間的事. 南朝王子頗多信佛, 宋有臨川王道規, 嗣子義慶, 江夏王義恭等宋太宰崇佛並於攝山抽財造像應得到重視.)

20) 前廢帝狂悖無道, 義恭, 元景等謀欲廢立. 永光元年八月, 廢帝率羽林兵於第害之, 並其四子, 時年五十三. 斷析義恭支體, 分裂腸胃, 挑取眼精, 以蜜漬之, 以爲鬼目精.

쑤바이 선생은 쌍불굴에 대해 다음과 같은 견해를 제시했다. "서하 무량수불 대감大龕 우측 바로 곁 대감은 평면상으로 보면 횡으로 긴 타원형이며 전벽前壁이 없고 감실 내에 'ㄇ'자 형으로 석단石壇을 돌출시켰으며 석단의 정면에 석가와 다보 두 좌불을 나란히 안치하고 양 측면으로 각각 보살상을 세웠다. 석가불과 다보불은 모두 통견식으로 선정의 모습을 하고 광배光背 안에 연화문대를 두었으며 신광身光은 높고 넓은데 신광의 문양은 이미 닳아 희미해져 분간이 불가능하다. 주의할 점은 석가불과 다보불 두 불상 오른쪽 어깨에 명확하게 호형弧形을 이루는 주름선이 있다는 점이다. 이런 종류의 주름선은 중원中原에서는 용문석굴 빈양동賓陽洞과 공현鞏縣 제1, 2, 4굴에서도 보인다. 이 감실은 위에서 앞서 언급한 무량수불 대감에 인접해 있고 형태와 양식 또한 비슷하여 두 감실의 개착 시기 또한 서로 그리 멀지 않음을 알 수 있다. 앞서 인용한 「고종비高宗碑」에 '승려 법도法度가 지전智殿(문수보살전)의 동량棟梁을 세운 곳이 바로 여기 옛 자리인데, 다시금 새 제도에 따라 불상을 조성하고 석굴 10여 개를 조성했다'라고 기록되어 있으니 아마도 이 석굴은 법도가 따로 조성한 '10여 개의 감실 존상 가운데' 하나일 것이다."[21]

새로 발굴된 「강총잔비」를 통해 쌍불굴의 실제 공양인은 양梁 동양주자사東揚州刺史임을 확인할 수 있게 되었으나 이 사실이 쌍불굴의 실제 조성자가 법도法度라는 이전 학설을 부인하는 근거가 될 수는 없다. 물론 주존 조상의 내용이 유위維衛와 가섭迦葉임은 여전히 이론異論이 없다.

한편, 소량蕭梁 시기 동양주자사를 역임한 사람은 아홉인데 아래의 표와 같다.

〈표 3-3〉 소량 시기 동양주자사 역임자 일람표

사건	출처
보통普通 5년(524), 회계태수會稽太守 무릉왕武陵王 기紀(551년 졸) 동양주자사 역임	『양서梁書』, 권55, 「무릉왕기武陵王紀」
대동大同 4년(538), 악양왕嶽陽王 찰察(562년 졸) 동양주자사 역임	『북사北史』, 권10, 「주본기周本紀」
중대동中大同 원년(546), 무창왕武昌王 암喦(546년 졸) 동양주자사 역임	『양서』, 권3, 「무제하武帝下」
중대동 원년(546), 임천왕臨川王 정의正義(졸년 미상) 동양주자사 역임	『양서』, 권3, 「무제하」
태청太淸 원년(547), 남군왕南郡王 대련大連(551년 졸) 동양주자사 역임	『양서』, 권44, 「태종십일왕太宗十一王」
대보大寶 원년(550), 안륙왕安陸王 대춘大春(551년 졸) 동양주자사 역임	『양서』, 권4, 「간문제簡文帝」
대보 2년(551), 진패선陳霸先(559년 졸) 동양주자사 역임	『남사南史』, 권9, 「진본기陳本紀」
대보 3년(552), 두감杜龕(553년 졸) 동양주자사 역임	『양서』, 권46, 「두감杜龕」
대략 천성天成 원년(555), 장표張彪(556년 졸) 동양주자사 역임	『남사』, 권64, 「장표張彪」

21) "棲霞無量壽佛大龕右側緊鄰一次大龕, 平面亦略作橫橢圓形, 無前壁, 龕內鑿出平面呈'ㄇ'形石壇, 壇正面雕釋迦, 多寶並坐像, 兩側面各立一菩薩. 釋迦, 多寶皆著通肩服裝, 作禪定相, 項光中雕蓮座, 身光高且寬, 身光中紋飾已漫漶不可辨. 値得注意的是, 釋迦, 多寶兩肩右肩有明顯之弧形飾線. 此種飾線在中原亦見於龍門賓陽洞和鞏縣第1, 2, 4窟. 此龕旣毗連上述無量壽大龕, 形制又相似, 可知兩龕開鑿時間亦相距不遠, 前引「高宗碑」記'沙門法度爲智殿之棟梁, 卽此舊基, 更與新制, 又造尊像十有餘龕', 因疑此龕或卽法度另造之'尊像十有餘龕'之一." 宿白, 「南朝龕像遺跡初探」, 『考古學報』 1989년 제4기.

「강총잔비」에 언급된 '동양주자사'가 〈표 3-3〉에 언급된 인물 가운데 누구인지 지금으로서는 확정할 수 없다. 다만 위의 표에 의하면, 소량 시기 동양주자사의 재임 기간은 대부분 6세기 전·중반에 집중되어 있으며 쌍불굴의 서쪽 불좌상은 '반피식半披式'(중국식 편단우견)에 '포의박대식褒衣博帶式'을 겹쳐 입었고, 동쪽 불좌상은 '반피식'에 '변화된 포의박대식'(褒衣博帶演化式)을 겹쳐 입고 있다는 점[22]을 종합적으로 고려해 본다면, 쌍불굴의 개착 시기는 대략 6세기 전반일 것으로 생각된다.

[3-7] 서하 하019굴 유위가섭병좌불상(費泳 촬영)

4. 서하산 무량전(하020굴) 대불의 조성자

〈표 3-2〉에 따르면 제량齊梁 시기 서하산 무량전 대불을 조성한 사람으로는 명승소明僧紹, 명승소의 아들 명중장明仲璋, 법도法度, 임천왕臨川王 소굉蕭宏, 승우僧佑가 있고, 그중 명승소는 대불 개착의 최초 발원자일 뿐 구체적인 실행자는 아니다. 그런데 명승소 이외 대불 조성에 직접 참여한 위에 기록된 4명의 인물들에 대한 기술은 문헌마다 내용에 차이가 있다. 양梁 승우僧佑의 『출삼장기집出三藏記集』에서는 임천왕 소굉만을 기록했고, 양梁 혜교慧皎의 『고승전高僧傳』에서는 승우僧佑만을 기록했으며, 청대 엄관이 집록한 진 강총의 「금릉섭산서하사비金陵攝山棲霞寺碑」에는 명중장과 법도를 명확히 언급하고 있을 뿐만 아니라 임천왕臨川王 소굉蕭宏이 천감天監 10년(511)에 서하산에서 감실 존상을 헌납했다는 사실도 언급하였다. 반면, 당 고종의 「섭산서하사명정군비攝山棲霞寺明徵君碑」는 명중장明仲璋만을 기록하고 있다.

위의 문헌들은 동일한 대불에 대해 기록했지만 불상 조성자에 대한 기술이 통일되거나 혹은 중복되는 내용 없이 서로 다른 내용을 기록하고 있어서 혼동을 준다. 승우僧佑의 『출삼장기집』에서는 임천왕 소굉이 서하산 대불을 완성한 일만 기록하였고 명중장이 창건한 공로는 누락하였으며, 게다가 승우 본인이 서하산 대불 조성을 위해 "준거에 따라 의칙을 명확히 세운"(准畫儀則) 공덕도 언급하지 않았다. 전자의 행위는 별다른 합리적인 설명이 어렵고, 후자는 스스로 겸양하여 회피한 것으로 볼 수 있다. 반면, 혜교慧皎는 승

---

[22] 宿白의 『南朝龕像遺跡初探』, 圖3, 下019를 보면, 쌍불굴의 법의 오른쪽 어깨에는 호형의 수식선(弧形飾線)이 있으므로 두 불상은 각각 하나는 '반피식'에 '褒衣博帶式'을 겹쳐 입고, 다른 하나는 '반피식'에 '변화된 포의박대식'(褒衣博帶演化式)을 겹쳐 입었을 것이다. '반피식' 법의와 기타 양식을 겹쳐 입는 것에 관한 논의는 費泳의 「포의박대식 법의 양식과 그 남방, 북방에서의 변화와 발전」(佛衣樣式中的"褒衣博帶式"及其在南方的演繹), 『故宮博物院院刊』 2009년 제2기와 費泳의 「佛衣樣式中的"半披式"及其在南北方的演繹」, 『敦煌研究』 2009년 제3기를 참고하기 바람.

우 한 사람만을 기록했는데 이는 승우가 대불 조성에 가장 많은 기여를 했다고 생각했기 때문일 것이다. 그러나 좀처럼 이해할 수 없는 사실은 진 강총이 서하산 불상 조성에 관한 비문을 쓰면서 당시 불교조상의 대가인 승우의 큰 공덕을 빠뜨린 점이다.

현재까지 확실한 사실은 서하산 대불의 조성은 남조 시기 두 차례 중요한 단계를 거쳤다는 것이다. 첫 단계는 소제 연간 명승소가 세상을 떠난 484년 이후부터 5세기 말 이전으로, 황실 귀족의 지원 아래 명중장明仲璋과 법도가 조상造像의 임무를 맡아 구체적인 실무를 실행한 때이다. 다음 단계는 소량蕭梁 연간으로 임천왕 소굉이 천감 10년(511)에 즈음하여 기존 서하 불상을 '다시금 장엄하게 장식을 하고'(復加瑩飾), 승우가 '준거에 따라 의칙을 명확히 세운'(准畫儀則) 때이다.

「금릉섭산서하사비金陵攝山栖霞寺碑」에서는 임천왕 소굉이 천감 10년(511) 서하 석굴을 비교적 큰 규모로 장엄하게 중수한 사실을 다음과 같이 기록하고 있다. "이 산의 석굴 불상은 규격이 주도면밀하지 못하여 효용이 거의 없었기에 양 천감 10년 8월 국고를 헌납하여 다시금 장엄하게 중수했다. 단청으로 채색하고 황금을 새겨 넣었으니 석굴들 절반에서 이처럼 하자 천륜千輪이 환하게 빛났다.……"[23] 당시 불사에는 무량전 대불도 함께 포함되었는데 이는 승우의 『출삼장기집』에 "태위 임천왕은 섭산감대석상을 완성했다"(太尉臨川王成就攝山龕大石像)라는 기록이 있기 때문이다.

그런데 여기서 문제는, 명중장의 대불 조성공사가 5세기 말에 완공되었다면, 그 후 약 10여 년 뒤 임천왕 소굉이 대불을 다시 장엄하게 중수한 일은 '섭산감대석상을 완성했다'고까지는 말할 수 없고, 기껏해야 대불을 새롭게 장식하는 정도였을 것이라는 점이다.

이전에 필자는 법의佛衣 양식의 변천, 불상의 수인과 머리 부분의 시대적 특징을 종합적으로 판단하여 승우가 소량 연간 불상의 머리 부분, 법의와 두 손을 포함하여 서하 대불을 개조하였다고 보았는데[24] 당시 이 불사를 지원해 주고 완성시킨 인물이 바로 임천왕이다.

한 가지 더 주목할 점은 엄관이 집록한 진 강총의 「금릉섭산서하사비」에 임천왕이 당시 공덕을 발기한 동기를 기록하면서 '이 산의 석굴 불상은 기획이 주도면밀하지 못하여 효용이 거의 없었기에'라는 함축적이고 모호한 표현을 사용했다는 것인데, 이는 당시 서하산에 참배하여 분향하는 사람이 별로 없었음을 뜻한다. 당시 서하산의 참배객이 적었던 이유가 애초에 명중경이 만든 무량수 대불의 완성도가 낮았기 때문이었는지의 여부를 지금 우리가 확인할 방법은 없지만, 이후 승우는 『출삼장기집出三藏記集』을 기록하면서 대불의 처음 조성자인 명중경을 기록에서 완전히 누락시켰다.

임천왕 소굉이 서하산 감실 존상들을 장엄하고 중수한 결과 '천륜이 환하게 빛나게 되었다'(千輪啟煥)라고 했으니 그가 단지 무량전 감실 존상 하나만을 중수한 것이 아니라 주위 다른 석굴 감실 존상들도 함께 중수했음을 알 수 있다. 서하산에 5세기 말 조성된 불교조상을 검토할 때는 반드시 6세기 초 장엄莊嚴 불사가 끼친 영향도 함께 고려해야 하는데, 왜냐하면 이 두 시기는 공교롭게도 중국 불교조상의 풍격이 크

---

23) 見此山制置疏闊, 功用稀少, 以梁天監十年八月爰撒帑藏, 複加瑩飾. 績以丹靑, 鏤之銑鐾, 五分照發, 千輪啟煥.……
24) 費泳, 「棲霞山大佛衣著樣式考辨」, 『南京藝術學院學報』(美術與設計版) 2012년 제4기.

게 전환되었던 시기이기 때문이다. 곧 5세기 말 중국 남과 북에서 크게 유행하던 '수골청상秀骨淸像'[25]과 '포의박대식'의 조상 양식이 6세기 초에 이르러 건강 지역에서 '면단이염面短而艶'[26]과 '변화된 포의박대식'의 새로운 양식으로 변화되고 있었다. 그러므로 임천왕 소굉이 6세기 초 서하산에 소재한 감실 존상들에 대해 대규모의 장엄 불사를 행하는 과정에서 당시 새롭게 유행하기 시작한 양식이 기존 불상들에 융합되었을 것이다.

5. 남제 경릉왕 조성 미륵입상과 서하사의 현존 불두와의 관련성 문제

「비」의 기록에 따르면 제齊 경릉왕竟凌王이 조성한 "미륵하생 감실 존상의 신장(身高)은 1장 4척(약 342㎝)이다." 불상의 높이에 대한 「비」의 기술을 보면, 여기서만 '신고身高'라는 용어를 쓰고 있어 다른 조상에서 '좌고坐高'나 '좌신고坐身高'라는 용어를 쓴 것과 구별된다. 그러므로 미륵하생 감실 존상은 입상立像이었음이 틀림없다. 지금 현존하는 서하 감실 존상들 중 이 높이에 대응하는 불상을 찾을 수 없지만, 서하사 대전에 모셔져 있는 좌고坐高 2미터쯤 되는 석불의 불두가 제 경릉왕이 조성한 미륵하생 감실 존상과 밀접한 관련이 있는 것으로 사료되기에 본 절에서 상세히 논하기로 한다.

쑤바이 선생은 이 불상에 대해 다음과 같은 견해를 제기했는데 내용이 중요하니만큼 아래와 같이 일부를 그대로 발췌한다.

[3-8] 서하사 대전 내의 석불상(費泳 촬영)

서하사 석불은 현재 대전 왼쪽에 북경에서 옮겨온 청대 불감 안에 안치되어 있다. 승사承寺 설번雪煩, 원담圓湛 두 큰 스님은 다음과 같이 말해 주었다. "이 불상의 머리는 예전부터 본 사찰에 있던 것으로 사찰 근처 깊은 골짜기에서 출토되었다. 불상의 몸통은 몇 년 전에 남경예술대학 장샹수이(張祥水) 선생이 석고로 새로 만든 후 옛것을 모방하여 채색해 주었다. 그런데 장 선생이 불상의 몸통을 만들 때 북방 불좌상을 참고하였기에 목이 짧고 어깨가 넓으며 우단右袒식 양식에 진흙을 붙여 만든 방식의 의복 문양의 옷 주름을 갖추게 되어 중원 북방에서 유행

---

25) 역자 주: 전체적인 얼굴형은 직사각형으로 이목구비는 곡선이 부드럽고 얼굴이 청아하게 수려하고 목이 가늘고 어깨가 작으며 가슴은 평평하고 몸의 근육은 대체로 강조되지 않거나 법의에 가려져 있다.
26) 역자 주: 전체적인 얼굴형은 직사각형인데 짧고 통통하여 머리가 전신에서 차지하는 비율은 '수골청상'의 불상보다 더 크고 목도 비교적 굵다. 몸매는 풍만한데 여기에 주름이 많지 않은 얇은 옷을 밀착하여 걸치고 있다.

했던 형식을 띠게 되었으나 불상의 몸통은 이처럼 후대에 보수한 것이니 별도로 논의할 것이 없다."

현존하는 불상의 머리 형식을 살펴보면, 얼굴은 길고 턱이 넓은데 이는 앞서 언급한 천감 12년(513)에서 15년(516) 사이 승우가 새로이 중수한 섬계剡溪 석성石城의 대불과 유사한 점이 있다. 또한 사천 성도 만불사萬佛寺 유지에서 출토된 중대통中大通 원년(529)에 만든 석조 석가불입상과도 비슷하다. 그러므로 이 불두는 소량 연간에 만들어졌음을 알 수 있다. 따라서 이 불두가 혹시 당 고종「섭산서하사명정군비攝山棲霞寺明征君碑」에 기록된, 양 임천왕 소굉이 서하사에 조성한 또 다른 무량수불의 일부일 가능성도 있는 것 같다.「명정군비明征君碑」 비문에는 다음과 같이 기록되어 있다.

"양梁 왕조의 운세가 흥성함에 왕성한 황실은 그 공덕을 중생과 불가에 돌렸으니 큰 숲에 정사를 짓고 더불어 석감들을 장엄하게 다시 중수했네. 임천왕께서 조정이 내린 관직의 부절을 싣고 내려와 양주揚州의 땅에 덕을 펼쳤으니 내원柰苑(사찰)을 찾으라고 말하셨음은 마음속으로 불사를 연이어 흥성하게 하려 하심이었네. 천감 15년(516)에 무량수 불상 1구를 만들었는데 바닥부터 광배를 포함한 전체 높이가 5장丈이나 되었네. 보름달이 뜨는 밤에는 상서로운 기운이 내려 안개구름 일어나는 단애 사이로 맑은 구슬인 듯 거울인 듯 빛나고, 햇살이 눈부신 찬란한 한낮에는 옥바퀴가 하늘에 떠 있는 듯 연기 가득한 속세를 밝게 비추네. 불상의 주위로 새 날개와 같은 방들을 만들어 화려하게 장식하고 웅장하고 높고높은 대전은 물고기 비늘 같은 기와로 장식했네."[27]

이처럼「명정군비」 비문에는 무량수불이 기와로 지붕을 얹은 정사에 안치되었다고 기록했다. 그러므로 이 불상은 앞서 언급한「강총비」에 기록된 천감 10년(511) 임천왕이 중수한 감실 존상과 관계가 없음이 확실하다. 그럼에도「명정군비」에 기록한 이유는 이 불상을 명승소가 건립한 서하사에 모셨기 때문이다. 비문에서 언급한 "바닥부터 좌대와 광배를 포함한 전체 높이가 5장丈이나 되었네"(帶地連光合高五丈)라는 구절은 사찰 경내 바닥부터 계산한 것으로 보았다. 그러나 현재는 불상의 머리 이외에 불신(몸통), 대좌, 광배와 원래 절 바닥이 모두 남아 있지 않기 때문에 '전체 높이가 모두 5장이다'(合高五丈)라는 수치를 유물로 실증하기 어렵게 되었다.[28]

쑤바이 선생의 글에서 언급된 서하사 대전 안에 소장된 석조불좌상의 머리는,「비」에 기록된 '(미)륵불 하생 감실 존상의 신장은 1장 4척(약 342cm)이다'라는 기록과 연관이 있다. 지적해야 할 것은 여기서 말하는 1장 4척의 높이는 불상 자체의 키만을 말하는 것이고 광배, 대좌 등은 포함되지 않은 것이다. 필자가 실제로 측량한 서하사 대전에 있는 좌고坐高 약 2m인 이 석조불좌상의 머리 부분은 육계 등 두발 부분을 포함하면 총 길이가 약 60cm 정도 된다. 청淸의 공포사포工布查布가 편찬한『불설조상량도경해佛說造像量度經解』[29]에서 제시한 입상 불상의 신장과 불두 비율 환산 규정, 곧 불상의 두발을 포함한 머리 높이는 20지指(손가락 하나의 굵기), 전신의 높이는 120지指라는 비율에 따라 계산해 보면, 서하사 대전 안에 안치된 이 불좌상이 만약 입상이라면 불상의 신장은 360cm 정도가 되므로「강총잔비」에 기록된 1장 4척의 크기와 비슷하게 된다.

윗글에서 쑤바이 선생은「명정군비」에서 임천왕이 천감 15년 '바닥부터 광배를 포함한 전체 높이가 5장丈이 되는'(帶地連光合高五丈) 무량수불을 만들었다는 기록을 인용하였는데, 이를 지금의 치수로 환산하면 약

---

27) 及梁運載興, 銳心回向, 大林精舍, 並事莊嚴. 臨川王載剖竹符, 宣化惟揚之境; 言尋柰苑, 心想拔茅之義. 以天監一十五載(516)造無量壽像一區, 帶地連光合高五丈. 滿月之瑞, 湛珠鏡以出雲崖; 聚日之輝, 升璧輪而皎煙路. 參差四注, 周以鳥翅之房; 迢遞千尋, 飾以魚鱗之瓦.

28) 宿白,「南朝龕像遺跡初探」,『考古學報』1989년 제4기. 이 글에서 말하는「강총비」는 바로 청 엄관이 집록한 진 강총의「金陵攝山棲霞寺碑」이고,「明征君碑」는 바로 당 고종이 건립한「攝山棲霞寺明征君碑」이다.

29)『大正藏』제21권, No.1419.

12m가 된다. 당시 불상의 제작 규격과 현존하는 남조 시기 불입상의 광배, 신장, 기단基壇의 비율에 비추어 보면, 단지 60cm 크기에 불과한 불두를 가진 불입상이 기단과 광배를 모두 합치더라도 12m가 되는 불상이 되기는 어렵다.

또한 쑤바이 선생은 윗글에서 두 스님의 말을 인용하여 "불두는 사찰 근처 계곡 바다 밑에서 출토되었다"(傳出土於寺側峪底)라고 밝혔다. 그러나 「명정군비」에는 분명히 "불상의 주위로 새 날개와 같은 방들을 만들어 화려하게 장식하고 웅장하고 높디높은 대전은 물고기 비늘 같은 기와로 장식했네"(周以鳥翅之房, 迢遞千尋, 飾以魚鱗之瓦)라고 기록되어 있으므로, 임천왕臨川王이 조성한 무량불은 석굴 안에 조성되었던 것이 아니라 정사精舍 곧, 서하사 대전 내에 있었다.

결국 이상을 종합하면, 현재 서하사 대전에 소장되어 있는 좌고坐高 약 2m인 불상의 머리는 「강총잔비」에 "미륵하생 감실 존상은 신장이 1장 4척(약 342cm)이다"라고 기록한 바로 그 불상의 머리이며, 이는 곧, 제경릉왕이 조성한 신장 1장 4척의 미륵불입상의 머리인 것으로 추정된다.

6. 서하 1호 불상과 서하 삼불굴(하024굴) 법의의 양식 문제

서하 1호 불상과 서하 삼불굴 정벽 주존을 상해박물관에 소장된 양梁 중대동中大同 원년元年(546) 혜영慧影 조상 및 같은 박물관에 소장된 남조 석조상과 비교해 보면, 이들 불상들의 법의 양식은 모두 '반피식'에 '변화된 포의박대식'을 겹쳐 걸치고 있음을 알 수 있다. 서하 삼불굴(하024굴) 정벽 주존의 법의는 오랜 세월로 인해 마모되어 희미해져서 판독하기 어려운데, 서하 1호 불상의 출토는 이 법의 양식이 당시 건강建康(남경)에 이미 존재했었고 그의 발생 시기는 건강 연간 '변화된 포의박대식' 법의 양식의 출현보다 조금 늦었음을 증명해 준다.

서하 삼불굴 동·서 측 벽 좌불 2기의 법의 양식은 '변화된 포의박대식'이다. 이는 5세기 말 '포의박대식' 법의가 한창 성행하고 나서 6세기 중반부터 청주青州, 남경南京, 성도成都, 맥적산麥積山, 막고굴莫高窟을 연결하는 새롭게 유행한 법의 양식으로서, 건강 지역에는 아마도 6세기 전반보다 일찍 출현했을 것이

[3-9] 서하 하024굴 정벽 주존(費泳 촬영)

[3-10] 상해박물관 소장 남조 조상(費泳 촬영)

[3-11] 서하 하024굴 우측벽 주존(費泳 촬영)   [3-12] 서하 하022굴 주존(費泳 촬영)

다. 서하산 남조 감실 존상 가운데 삼불굴 주존 불상의 복식과 유사한 것은 쌍불굴(하019굴) 동측 주존, 하022굴 주존 등이 있다. 다만 서하 삼불굴 주존의 상체는 같은 종류의 법의를 입은 다른 두 불상보다 몸통이 더 굵고 짧아서 더욱 고졸古拙해 보인다.

서하산 하026, 하024굴 불상의 몸통도 굵고 짧으며 네모난데, 중국의 초기 금동불상의 몸통도 역시 사각형이다. 예를 들면 복격예술관福格藝術館 소장 석가좌상釋迦坐像, 후조後趙 건무建武 4년(338) 불좌상 등이 여기에 속한다. 이런 조형적 특징은 5세기 전반까지 지속되어 왔고 그 후부터 몸통이 점차 길어졌다. 굽타(Mathurā gupta) 시기 마투라 불상의 몸통도 쿠샨(Kushan) 시기보다 훨씬 길어졌는데 인도 중부 지역에서 일어난 이러한 조상의 조형적인 변화가 서하산에도 유사하게 나타나고 있었던 것이다. 곧, 인도 마투라 지역에서는 4세기 초 전후를 경계로, 중국에서는 5세기 중기 전후를 경계로 불좌상의 몸통이 짧고 굵은 정방형에서 점차로 길어지는, 높이와 폭의 비율 변화가 일어났다. 그래서 서하 삼불굴 불상들이 몸통은 비교적 이른 시기의 양식적 특징을 드러내는 반면, 걸치고 있는 법의는 이보다 늦은 시기의 특징을 드러내게 되었다.

서하 삼불굴 불상들이 이러한 양식 혼합적 특징을 갖게 된 원인은, 영광永光 원년(465) 유의공劉義恭이 모반을 꾀하다가 처형당했으므로 삼불굴 공사가 부득이 중단되었고 그때까지 삼불굴 불상의 몸통은 완성되었으나 불상의 법의는 당시 미완성 상태였다가, 이후 법의를 포함한 나머지 공사가 6세기 전반까지 지연되었다가 완공되었기 때문이 아닐까? 즉 불상에 채용된 '변화된 포의박대식' 법의는 임천왕臨川王 소굉蕭宏이 천감天監 10년(511)에 서하산 감실 존상에 대해 비교적 대규모의 장엄 불사를 진행할 때 조성되었거나 혹은 그보다 조금 늦게 완성되었을 것이다. 이 시기는 바로 '변화된 포의박대식'이 남조에서 발생한 시기이기도 하다.

제4장

남경 덕기광장에서 새로 발견된 남조 금동불상과 그 원류

2008년에 남경 덕기德基광장 상업가 제2기 공정의 공사 진행 과정에서 남조의 금동불교조상이 다수 발굴되었다. 정식으로 발굴 작업을 거치지 않았기 때문에 그중 많은 조상이 이미 유실되어 버렸는데, 남경의 문박文博(문물과 박물) 부서에서 수집한 것과 민간에 분산된 조상으로 볼 때 대체로 높이 약 20㎝의 배병식背屛式 금동불金銅佛이다. 그리고 잔편 상태의 조상 작품들에서 볼 때 동 시기에 비교적 큰 대형의 금동불 조상이 존재했던 것으로 보인다.

1. 남경 덕기광장에서 발굴된 남조 불교조상

아래에서는 잔편을 포함하여 17건의 불교조상에 대해 서술할 것이다. 이를 통해 남경 덕기광장에서 출토된 것은 모두 배병식 조상으로서, 뒷부분의 벽면인 '배병背屛'이 없이 단지 주존불 혹은 협시보살만 있는 것은 사실 배병이 손실된 것이며, 반대로 어떤 것은 조상이 손실되고 머리 뒤의 광배나 배병만 남은 잔편도 있다는 점 등을 확인할 수 있다.

덕기 1호號: 남경시박물관 소장의 양梁 대통大通 원년(527) 1불 2보살로 구성된 삼존의 입상으로 배병이 온전하다.

배병 뒷면의 명문은 "대통 원년 8월 23일에 초월超越이 삼가 만들어 공양한다"[1]로 되어 있다.

주존불상은 매끈한 육계[2]에, 얼굴 부분이 풍만하며, 입꼬리는 위쪽으로 올라가 미소를 띠고 있다. 겉에는 '변화된 포의박대식' 법의佛衣를 입고 있는데, 가사는 오른쪽 옷깃을 왼쪽 어깨에 걸치고 있다. 그리고 오른손으로는 시무외인을 취하고 있으며 왼손은 손바닥을 밖으로 향하게 하면서 검지와 중지는 아래쪽으로 펴고 있고, 맨발로 높은 연화 대좌 위에 서 있다. 머리 부분의 후광인 두광頭光이 세 겹으로 형성되어 있고, 몸통 부분의 후광인 신광身光도 세 겹으로 이루어져 있는데, 가장 바깥쪽의 두광과 바로 그 앞인 둘

---

1) 大通元年八月廿三日超越敬造供養.
2) 역자 주: 매끈한 육계(磨光肉髻): 불상의 육계를 만들 때 실선을 넣어 머리카락을 표현할 수도 있으나 대략 4~5세기, 십육국시대에서 북위 초까지는 이러한 머리카락 문양 없이 매끈한 반구형으로 표현하는 것이 대세였다. 이것을 속칭 '磨光肉髻'(잘 갈아서 반들반들하게 만든 육계, 매끈한 육계)라 한다.

[4-1] 덕기 1호 양 대통 원년(527) 조상(費泳 촬영)　[4-2] 덕기 2호(費泳 촬영)　[4-3] 덕기 3호(費泳 촬영)

째 층의 두광 사이에는 연꽃잎이 새겨져 있다. 다만 마모가 많이 되어 그 대부분이 이미 선명하지 않은 상태이다. 주존불의 좌우에 있는 협시보살도 얼굴에 미소를 띠고 있으며 머리카락은 두 어깨를 따라 늘어뜨려져 있고 두 손은 가슴 앞에 합장하고 있는데 피백帔帛은 배 앞쪽에서 X자 형으로 교차되고, 그러면서 몸의 양측 면에서 밖으로 펼쳐지면서 아래로 늘어뜨려져 있다. 두 보살은 모두 머리에 세 개의 상투를 틀고 있는 모양의 보관을 쓰고 있는데, 우협시보살은 치마 부분에 손상이 있다. 배병(거신광)은 테두리가 표현된 주형(배 모양) 광배로, 불꽃 문양을 새겨서 장식하고 있고 위쪽에는 연화좌에 앉아 있는 작은 화불化佛이 3존 있으며, 화불의 두 손은 모두 가슴 앞에서 합장하고 있다.

덕기 2호: 남경시박물관 소장, 1불 2보살로 구성된 삼존입상이며 배병 부분이 일부 부서졌다.

이 불상의 배병은 형상과 구조 측면에서 대통 원년의 조상과 많은 유사성이 있다. 우선 주존불이 '변화된 포의박대식' 법의를 입고 있고, 오른손은 시무외인을 취하고 있으며 왼손은 두 손가락을 아래로 펴고 있고, 미소를 띠면서 맨발로 연화대좌 위에 서 있다. 두 협시보살은 모두 두광이 물방울 모양인데 머리 부분은 마모되고 손상되어 선명하지 않다. 두 손은 가슴 앞에 합장하고 있고, 피백은 배 앞쪽에서 X자형으로 교차하고 있다. 배병의 오른쪽 윗부분에 연꽃 위에 앉아 있는 작은 화불이 한 존 있는데, 두 손은 합장하고 있다. 아마 배병의 파손된 부분에 원래는 같은 유형의 작은 화불 2존이 더 있었을 것이다.

덕기 3호: 남경시박물관 소장, 1불 2보살로 구성된 삼존입상이며 배병 부분이 비교적 온전하다.

배병의 윗부분에 두 가닥으로 균열이 있으며 약간 파손된 부분이 있다. 배병 부분은 형식과 구성 면에서 앞의 두 불상과 유사하다. 주존의 두광은 4겹으로 되어 있고, 중심에는 연꽃이 새겨져 있으며 신광도 4겹이다. 주존불 우측의 협시보살은 상투가 부채모양이고, 좌측의 협시보살은 상투가 세 개인데, 두 보살

[4-4] 덕기 4호(費泳 촬영)　　　[4-5] 덕기 5호(費泳 촬영)　　　[4-6] 덕기 6호(費泳 촬영)

의 광배는 머리에서 몸통까지 배 모양을 이루고 있다. 배병의 위쪽에는 3존의 작은 화불이 있는데, 모두 두 손을 합장하고 있다.

　　덕기 4호: 남경 육조박물관六朝博物館 소장, 1불 2보살로 구성된 삼존입상이며 배병 부분이 비교적 온전하다.

　　조상의 형식과 구성은 대통 원년의 조상과 같은 유형이며, 다만 배병 부분에 조금 손상이 있는 정도이다. 양측의 협시보살은 상투 부분이 뚜렷하지 않으며, 상투의 외형은 부채모양이다.

　　덕기 5호: 남경 육조박물관 소장, 1보살과 2협시보살로 구성된 삼존입상이며 배병 부분이 온전하다.

　　이 작품은 위에 서술한 배병 조상과 형식과 구성에서 대체로 같은 유형인데, 다만 주존이 보살상이다. 주존 보살은 오른손으로는 시무외인을 취하고 있고, 왼손은 두 손가락을 아래로 펴고 있으며, 머리에는 보관을 쓰고 있는데 약간 손상되었지만 "삼주관三珠冠"인 듯하다. 머리에는 세 겹의 두광을 장식하고 있는데, 이 두광의 중심에는 연꽃을 새겨 놓았고, 머리카락은 두 어깨를 따라 흘러내리고 있다. 신광은 네 겹이며, 피백과 치마는 몸의 양측에서 밖으로 펼쳐지면서 아래로 늘어뜨려지고 있고, 피백의 끝자락은 배 앞에서 X자형으로 교차하고 있다. 주존 보살의 양측 협시보살은 상투가 세 개이며, 모두 두 손을 합장하고 있다.

　　덕기 6호: 남경 육조박물관 소장, 1보살과 2협시보살로 구성된 삼존입상이며 배병 부분이 비교적 온전하다.

　　이 작품은 덕기 5호와 기본적으로 동일하다. 주존 보살은 머리에 보관을 쓰고 있으며 세 겹의 두광을 장식하고 있고, 두광의 중심에는 연꽃을 새겨 놓았다. 피백은 배 앞쪽에서 X자형으로 교차하고, 양측 면의 의복과 장식은 밖으로 펼쳐지고 있다. 오른손은 시무외인을 취하고 있으나 왼손의 모양은 분명하지 않다. 양측의 협시보살은 머리의 상투가 두 개인 것 같으며, 두 손은 합장하고 있다. 배병 부분에 화불이 없으며, 불꽃 문양을 새겨 놓았는데, 주존의 머리 부분을 기준으로 우측 윗부분의 배병 테두리 쪽에 파손이 있다.

남경 육조박물관에는 이 외에도 배병이 손실된 소형의 독존 금동불입상金銅佛立像이 2존 있다. 이 두 불상의 뒷면에는 배병과 결합시킬 용도의 꼬다리(촉)가 남아 있다.

이 2존의 불입상은 위에 서술한 덕기 1호~6호의 배병식 불상에 나타나는 주존과 비교할 때 그 규모가 확실히 좀 더 큰 편이다. 추측건대 이 2존尊의 입불에 붙어 있던 배병은 좀 더 클 것이다. 이들 조상은 다음과 같다.

덕기 7호: 남경 육조박물관 소장의 불입상佛立像으로 배병이 손실되었다.

이 불상은 입꼬리가 위로 올라가 미소를 띠고 있으며, '변화된 포의박대식' 가사를 입고 있고, 오른손은 시무외인을 취하고 있으며 왼손은 두 손가락을 아래로 펴고 있는 등, 조상의 형식과 구성은 대통 원년 조상의 주존불과 같은 종류이다. 이 조상의 뒷면에 광배 부착을 위한 꼬다리(촉)가 있는 것으로 볼 때 이 불상은 원래 배병식 조상의 주존불이었을 것이다.

덕기 8호: 남경 육조박물관 소장 불입상으로 배병이 손실되었다.

이 불상은 얼굴 부분에 약간의 손상이 있는 것을 제외하면 법의의 양식이나 머리 양식, 수인 등 조상의 요소가 모두 대통 원년 조상의 주존과 같은 종류이다. 이 불상은 연화대좌가 온전하며, 뒷면에 광배 부착을 위한 꼬다리(촉)가 있어 이 역시 원래는 배병식 조상의 주존이었을 것이다.

그리고 필자는 이미 정식으로 출판된 책에서 어느 정도 온전한 금동불교조상 및 관련 부재部材들을 확

[4-7] 덕기 7호(費泳 촬영)

[4-8] 덕기 8호(費泳 촬영)

[4-9] 덕기 9호(費泳 그림)

[4-10] 덕기 10호(費泳 그림)

인한 바 있는데[3], 다음과 같다.

덕기 9호: 1보살과 2협시보살로 구성된 삼존입상이며 배병이 기본적으로 온전하다.

주존 보살은 높은 연화대좌 위에 서 있고, 머리에는 "삼주관"을 쓰고 있는데 두 손과 의복의 장식은 녹슬고 마손되어 분명하지 않다. 양측의 협시보살은 모두 두 손을 가슴 앞에서 합장하고 있고, 머리는 세 개의 상투인 것 같다. 배병은 테두리가 있는 주舟형 광배이며, 불꽃 문양을 새겨 놓았고, 주존의 머리 위쪽에는 연꽃 위에 앉아 있는 작은 화불 1존을 장식했다.

덕기 10호: 보살입상.

보살이 연화대좌 위에 서 있으며, 머리는 네 개의 상투를 틀고 있고 목에는 복숭아 모양의 목걸이 장식을 하고 있다. 얼굴은 큼지막해서 풍만하며 입꼬리가 위로 올라가 미소를 띠고 있고, 머리카락은 두 어깨를 따라 흘러내리는데 어깨에는 둥근 물건으로 장식을 하고 있다. 피백은 배 앞쪽에서 X자형으로 교차하는데, 몸의 양 측면에서 밖으로 펼쳐지면서 아래로 늘어뜨려져 있다. 왼손은 손바닥을 안쪽으로 향하게 하여 연꽃 꽃봉오리를 쥐고서 왼쪽 가슴까지 들어 올리고 있으며, 오른손은(물건을 쥐고 있는지는 명확하지 않음) 오른쪽 복부까지 내려뜨리고 있다.

덕기 11호: 보살입상, 머리 부분 손실됨.

보살이 연화대좌 위에 서 있으며 목걸이 장식을 하고 있고, 머리카락은 궐아蕨芽(고사리 싹) 모양을 띠며 두 어깨를 따라 아래로 늘어뜨려지고 있다. 피백은 몸체의 양 측면에서 밖으로 펼쳐지면서 아래로 늘어뜨려지고 있는데, 피백과 영락은 모두 배 앞쪽에서 X자형으로 교차하고 있고, 교차되는 지점에는 둥근 물건으로 장식하고 있다. 왼손은 손바닥을 안으로 향하게 하여 연꽃 꽃봉오리를 쥐고 왼쪽 가슴까지 들어 올리고 있으며 오른손은 복숭아 모양의 물건을 쥐고 오른쪽 배 부분까지 아래로 내려뜨리고 있다.

덕기 12호: 두광 잔편.

이 두광은 파손 상태가 비교적 심각하지만, 중심에 광배 부착을 위한 꼬다리(촉)를 끼우는 구멍이 있어 원래는 다른 독립된 조상과 연결된 작품이었을 것으로 추정할 수

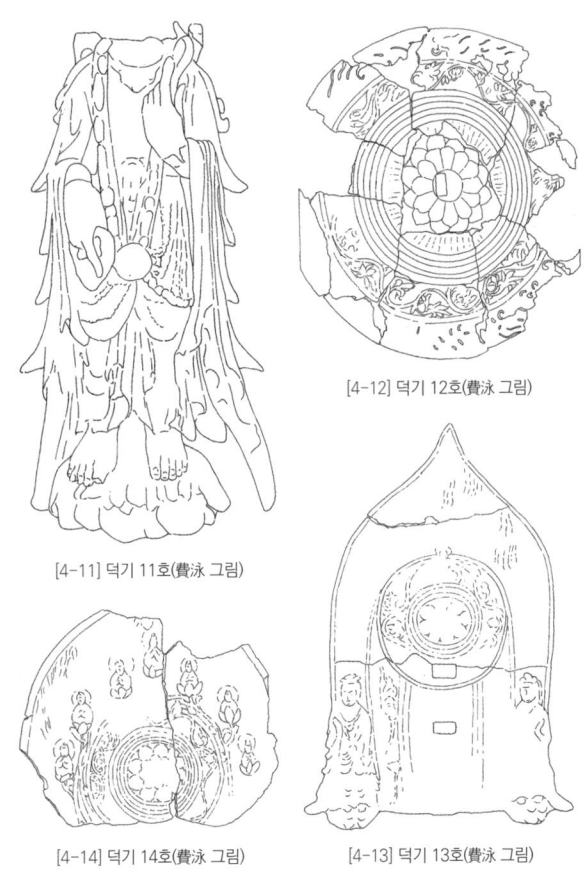

[4-11] 덕기 11호(費泳 그림)

[4-12] 덕기 12호(費泳 그림)

[4-14] 덕기 14호(費泳 그림)   [4-13] 덕기 13호(費泳 그림)

---

3) 賀雲翶,「六朝都城佛寺和佛塔的初步硏究」,『東南文化』2010년 제3기; 賀雲翶 等,「三至六世紀東西文化交流的見證: 南朝銅器的科技考古硏究」,『南方文物』2013년 제1기.

있다. 두광의 중심부에서 바깥쪽으로 차례대로 연꽃잎의 부조, 음각陰刻(凹刻)의 방사선 무늬, 돌출되게 표현된 다섯 가닥의 동심원, 구불구불 굽은 가지의 인동忍冬무늬 부조, 그리고 음각된 불꽃 문양이 표현되어 있다.

덕기 13호: 남경대학 문화와 자연유산 연구소(文化與自然遺産研究所)에서 소장하고 있으며, 배병식의 1불 2보살로 구성된 삼존입상이지만 주존은 소실된 상태이다.

배병은 테두리가 있는 주형 광배로, 횡으로 균열이 생겨 세 조각이 난 상태이지만 그래도 모아서 맞추면 비교적 잘 들어맞는다. 주존 자리는 비어 있는데, 현존하는 2존의 협시보살을 보면 얼굴 부분이 풍만하고, 피백은 모두 배 부분에서 X자형으로 교차하고 있으며 몸의 양 측면에서 밖으로 펼쳐지면서 아래로 늘어뜨려져 있다. 주존의 좌측 보살은 왼손을 가슴까지 들어 올리고 있는데, 손에 무엇인가를 쥐고 있는지는 불분명하다. 우측의 협시보살은 머리카락을 세 개로 상투 튼 것 같으며, 오른손은 오른쪽 가슴까지 위로 들어 올리고 있고 왼손은 복숭아 모양의 물건을 들고서 왼쪽 배 부분까지 내려뜨리고 있는 듯하다. 주존이 놓일 자리에 있는 두광은 중심에서 바깥쪽으로 연꽃잎, 세 가닥의 동심원, 구불구불한 가지의 인동 문양이 차례대로 표현되어 있다. 신광은 세 겹인데, 가장 바깥층과 그 안층 사이에는 연꽃 문양이 새겨져 있고, 배병의 다른 부분에는 불꽃 문양이 새겨져 있다.

덕기 14호: 남경대학 문화와 자연유산 연구소에서 소장하고 있으며, 배병의 잔편이다.

이 잔편은 테두리가 있는 주형 광배의 윗부분 반쪽이다. 두광 부분은 중심에서 바깥쪽으로 연꽃잎, 다섯 가닥의 동심원, 구불구불한 가지의 연꽃 문양이 차례대로 표현되어 있다. 그리고 구불구불한 연꽃 문양의 넝쿨에 달려 있는 가지 끝에는 연꽃 위에 앉아 있는 일곱 존의 화불이 표현되어 있는데, 두광을 둥그렇게 둘러싸는 모양으로 분포되어 있고, 두 손은 모두 합장하고 있다. 배병의 여타 부분에는 불꽃 문양이 새겨져 있다.

덕기 15호: 배병의 최상층부에 삽입되었던 부재.

이것은 배병의 꼭대기 부분에 끼워 넣는 부재로 비천상이다. 중앙에는 거의 나신에 가까운 역사力士가 연화좌에 앉아 있는데, 얼굴 부분이 풍만하며 머리에는 관모를 쓰고 있고, 왼손은 위쪽을 향해 아육왕탑阿育王塔을 들고 있으며, 오른손은 아래로 늘어뜨려 무릎에 대고 있다. 피백은 어깨를 두른 뒤 아래로 늘어뜨려지다가 그 끝단 부분은 위로 말려 소용돌이 모양을 이루고 있다. 역사의 양측에는 역사를 둘러싸고 있는 비천이 한 존씩 표현되어 있다. 이들 비천의 머리카락은 날개 모양으로 높이 치솟은 두 개의 상투를 틀고 있고, 요대가 있는 긴 겉옷을 입고 있으며, 피백은 위쪽으로 나부끼고 있다. 가장 꼭대기 부분의 아육왕탑은 기단基壇(塔基), 탑신塔身, 탑첨塔檐(탑의 처마), 파초잎(蕉葉)[4], 탑찰塔刹 부분으로 구성되어 있으며, 탑신은 평면이 네모난 모양이고 사면에 감실이 있다.

이 외에 필자는 개인이 소장 중인 덕기광장 출토품 중 비교적 온전한 남조 시기 금동 배병식 조상 2건[5]

---

4) 역자 주: 파초잎(蕉葉): 탑의 상륜부에는 꽃잎이 표현되는 부분이 있는데, 이 부분을 우리나라에서는 '仰花'라 하고, 중국에서는 '受花'라 한다. 이때 '수화' 부분에 흔히 묘사되는 것이 '山花蕉葉'이다.
5) 이 두 작품 중 하나는 사진을 찍기가 어려워 단지 대략적으로 묘사만 하기로 하는데, 아래와 같다. 1불 2보살의 배병식 금동조상이며 높이는 약 20㎝ 가량이다. 주존은 '포의박대식' 법의를 입고 있고, 두 협시보살은 피백이 몸의 양 측면에서 아래로 펼쳐

및 일부 조상들의 잔편을 본 적이 있는데, 아래와 같다.[6]

덕기 16호: 개인이 소장 중인 1보살과 2협시 제자로 구성된 삼존입상으로 배병이 비교적 온전하다.

이 상의 높이는 약 16㎝이다. 주존 보살은 두광과 몸체의 신광이 각각 네 겹이고, 머리에는 '삼주관'을 쓰고 있으며, 목에는 목걸이 장식을 두르고 있고 보증寶繒(보관 띠)을 어깨까지 늘어뜨리고 있다. 피백은 배 부분에서 X자형으로 교차되고, 그러면서 몸의 양측 면에서 밖으로 펼쳐지면서 아래로 늘어뜨려져 있다. 이 보살은 오른손으로는 시무외인을 취하고 있고, 왼손은 손가락 두 개를 아래로 펴고 있으며 높은 연화대좌 위에 맨발로 서 있다. 그 좌우에는 각기 협시 제자가 한 사람씩 있는데, 두 손은 합장하고 옷깃은 교차된 모양이다. 배병은 테두리가 있는 주형 광배로, 불꽃 문양을 새겨 장식하였다.

덕기 17호: 개인이 소장하고 있는 보살 두상.

이 보살의 두상은 높이가 약 12㎝이고, 얼굴에는 미소를 띠고 있으며 머리에는 화만관花鬘冠을 쓰고 있다. 이마에 세 갈래의 묶음 머리가 있고, 보증은 어깨로 내려뜨리고 있다. 왼쪽 어깨에 둥근 모양의 장식이 있으나 오른쪽 어깨는 둥근 모양의 물체가 소실되어, 단지 일부의 영락瓔珞이 남아 있을 뿐이다. 목에는 목걸이가 장식되어 있다.

[4-15] 덕기 15호(費泳 그림)   [4-16] 덕기 16호(費泳 그림)   [4-17] 덕기 17호(費泳 그림)

지면서 늘어뜨려져 있다. 보살이 쓰고 있는 보배관은 위가 넓고 아래가 좁은 역사다리꼴(倒梯形)을 보이고 있으며 높은 연화단 위에 서 있고, 그 연화 아래에는 사자가 하나 있다. 배병은 세 분의 작은 좌불로 장식되어 있는데 배병에서 불꽃 문양이 있는 부분에 위치하고 있으며, 위측에 한 분, 그리고 좌우에 대칭을 이루며 각기 한 분씩 있다.

6) 필자는 대략 어른 손바닥의 1/2 크기쯤 되는 잔편으로서, 與願印을 취하고 있는 금동불조상의 손 부분 잔품을 본 적이 있다. 이 작품은 끌을 써서 새기는 방식의 수공예로 성형한 것인데, 만약 온전한 조상이라면 현존하는 금동불 중에서는 보기 드문 크기일 것이다.

지금까지 살펴본 바로는 덕기광장 공사장에서 출토된 남조 금동불교조상은 다음과 같은 공통적 특징이 있다.

① 배병삼존상背屏三尊像.

② 불상과 보살상은 대체로 입꼬리가 위로 올라가 미소를 띠고 있다.

③ 불상과 보살상 및 제자상들의 얼굴이 비교적 풍만하고 둥글하여 "얼굴이 짧고 아름답다"(面短而艶)는 풍격을 갖추고 있다.

④ 불상은 매끈한 육계(磨光肉髻)를 하고 있고, 여러 겹의 두광과 신광을 지닌다.

⑤ 불상의 가사는 오른쪽 옷깃을 왼쪽 어깨에 걸치고 있어 '변화된 포의박대식' 불상의 형식을 보이고 있다.

⑥ 주존은 대체로 오른손은 시무외인을 취하고, 왼손은 두 손가락을 아래로 뻗고 있다.

⑦ 협시보살이나 제자들, 또는 배병에 표현된 작은 화불들은 대체로 두 손을 합장하고 있다.

⑧ 보살의 피백은 배 부분에서 X자형으로 교차되고, 몸의 양측 면에서 밖으로 펼쳐지면서 아래로 늘어뜨려져 있다.

⑨ 주존은 대체로 높은 연화대좌 위에 서 있다.

⑩ 배병은 대체로 테두리가 있는 주형 광배로, 불꽃 문양을 새겨 놓았고, 상반부에는 대개 연꽃에 앉아 있는 작은 화불 3존을 새겨 놓았다.

위에 나열한 사항 외에 이들 출토 조상들은 일련의 비교적 전형적인 조상 요소들에서도 아주 중요한 학술적 가치를 갖추고 있다. 예를 들면 보살이 머리에 '삼주관'을 쓰고 있고, 머리를 두 개 또는 세 개나 네 개의 상투로 묶었으며, 머리카락이 두 어깨를 따라 궐아(고사리 싹) 모양으로 늘어뜨려지거나 어깨에 보증을 늘어뜨리고, 어깨에 원형의 장식이 있는 것, 보살이 물방울 모양의 두광을 갖거나 배(舟) 모양의 신광을 갖는다는 점, 보살이 몸에 X자형의 영락을 걸치고 있으며, 영락이 교차하는 부분에 둥근 모양의 물건으로 장식하고 있는 것, 왼손은 연꽃 봉오리를 쥐고 왼쪽 가슴까지 들어 올리고 있고, 오른손으로는 복숭아 모양의 물건을 들고 아래로 우측 배 부분까지 내려뜨리고 있는 것, 본체가 소실되어 단독으로 남은 것이긴 하지만, 단독의 두광 작품에서 두광 속에 구불구불한 가지의 인동 문양과 연꽃 문양이 장식되어 있는 것, 배병 꼭대기 부분에 삽입된 것 중에 탑을 들고 있는 역사 및 아육왕탑이 출현하며 날개 모양을 한 비천의 상투가 두 개인 것 등이다.

이상 금동불상이 드러내고 있는 풍부한 예술적 특징은 고대 문헌에 보이는 것으로 건강을 중심으로 하는 남조 불교조상의 선진성을 보다 확실히 증명하고 있으며, 학계에서 그에 합당한 인식을 할 수 있도록 귀중한 실물 자료를 제공하고 있다.

2. 남경박물원 소장 남조 금동불상 2존

위에서 언급한 덕기광장 출토의 남조 불교조상 외에, 남경박물원에서 근년에 수집하여 전시하고 있는 작품으로 보존 상태가 비교적 온전한 배병식 금동불교조상 두 존이 있다. 이 두 작품을 살펴보면 모두 분명하게 남조 풍격을 갖추고 있는데, 이에 대해 주의를 기울일 필요가 있다.

남경박물원 금동불 1호: 높이는 23.5㎝로서 한 불상에 두 보살상이 협시하고 있는 삼존입상이며, 배병이 온전하다.

이 작품에 대해 전시품 설명문에는 '남조'라 적혀 있다. 주존불은 매끈한 육계(磨光肉髻)를 하고 있고, 얼굴은 풍만하며 미소를 띠고 있다. 상체에는 겉옷 안에 승기지僧祇支를 입고 있으며, 복부에는 요대를 매고 있고, 겉옷으로는 '포의박대식' 가사를 입고 있다. 손은 시무외여원인施無畏與願印을 취하고 있고, 높은 연화대좌 위에 서 있으며, 두광은 네 가닥의 동심원으로 나타내었는데, 신광은 한 가닥으로 되어 있다. 가장 바깥쪽 두광과 바로 그 안쪽 열의 두광 사이에는 연꽃 문양으로 장식하였고, 두광의 꼭대기 부분에는 보주를 장식하였다. 그리고 신광의 안쪽 여백에는 꽃문양으로 장식하였으나, 이미 마모되어 분명하지 않다.

불상 좌측의 협시보살은 머리에 '삼주관'을 쓰고 있으며, 보증을 어깨로 늘어뜨리고 있고, 어깨에는 둥근 형태의 물건을 장식하고 있다. 피백은 배 부분에서 X자형으로 교차되고, 그러면서 몸의 양측 면에서 밖으로 펼쳐지면서 아래로 늘어뜨려졌다. 두 손으로는 보주를 받들고 있다. 우측의 협시보살은 머리에 세 개의 상투를 하고 있고, 어깨에 둥근 물건을 장식하고 있다. 피백은 몸의 양측 면에서 밖으로 펼쳐지면서 아래로 늘어뜨렸다. 몸에는 영락을 걸치고 있는데, 배의 아래쪽에서 X자형으로 교차하고 있고 영락이 교차하는 지점에 하나의 둥근 물건을 장식하고 있다. 왼손은 복숭아 모양의 물건을 쥐고 아래로 늘어뜨리고 있으며 오른손은 연꽃 봉오리를 쥐고 우측 가슴까지 들어 올리고 있다. 두 보살 모두 물방울 모양의 두광을 장식하였다. 배병은 테두리가 있는 주형 광배이다. 이 배병의 상단에는 연꽃에 앉아 있는 작은 화불 일곱 존이 부조되어 있는데, 모두 두 손은 합장을 하고 있고, 배병의 나머지 부분은 불꽃 문양이 새겨져 있다.

남경박물원 금동불 2호: 전체 높이는 64.2㎝이며 정교하고 아름답게 만들었다. 1불 2보살로 구성된 삼존입상이며, 배병이 온전하다.

[4-18] 남경박물원 금동불 1호(費泳 촬영)

[4-19] 남경박물원 금동불 2호(費泳 촬영)

전시장의 설명문에는 '남조'라고 되어 있다.[7] 주존불의 머리카락은 나발이며, 얼굴은 둥근 모양에 큼직하며, 입꼬리가 올라가 미소를 띠고 있고, 윗눈꺼풀은 약간 도톰하다. 상체에는 겉옷 속에 승기지를 입고 있으며 겉에는 '포의박대식' 법의를 입고 있는데, 목을 두른 옷깃이 드러나 보이고, 그 겉으로는 두 겹으로 가사를 입었는데 가슴에서 띠를 묶어 아래로 늘어뜨리고 있다. 오른손은 시무외인을 취하고 있으며 왼손은 두 손가락을 아래로 펴고 있다. 불상은 높은 연화대좌 위에 맨발로 서 있는데, 이 연화대좌는 두 층의 연꽃잎으로 구성되어 있고, 그중 아래층 기단 중앙부에 연꽃 봉오리가 장식되어 있다. 그리고 그 꽃봉오리 양측으로는 인동 문양이 장식되어 있고 그보다 더 뒤쪽으로는 각기 사자가 한 마리씩 조각되어 있다.

주존 좌측의 협시보살은 상투를 두 개 틀고 있고, 아울러 보배관을 쓰고 있는데 보배관의 중앙에는 고리형 물건으로 장식되어 있으며 그 양측에 있을 보증은 이미 소실된 것 같다. 머리카락은 어깨를 따라 궐아(고사리 싹) 모양으로 늘어뜨려져 있다. 어깨에는 원형의 물건이 장식되어 있으며, 피백과 영락은 복부의 아랫부분에서 X자형으로 교차하고 있는데, 교차되는 부분에 원형의 물건이 있고, 아울러 몸의 양측 면에서 밖으로 펼쳐지면서 아래로 늘어뜨려져 있다. 왼손은 손바닥을 안으로 향하게 하여 연꽃 봉오리를 쥐고 좌측 가슴까지 들어 올리고 있으며, 오른손은 복숭아 모양의 물건을 들고 우측 배까지 내려뜨리고 있다. 불상 우측의 협시보살은 머리에 '삼주관'을 쓰고 있고, 보증을 어깨로 늘어뜨리고 있으며, 머리카락도 궐아(고사리 싹) 모양을 이루면서 두 어깨를 따라 늘어뜨리고 있다. 피백과 영락은 모두 배 부분에서 X자형으로 교차되고 있는데, 영락이 교차되는 곳에 둥근 물건을 장식하고 있다. 피백은 몸의 양측 면에서 밖으로 펼쳐지면서 아래로 늘어뜨려져 있다. 오른손은 손바닥을 밖으로 향하여 연꽃 봉오리를 위로 들어 올리고 있고, 왼손은 복숭아 모양의 물건을 들고 왼쪽 배까지 내려뜨리고 있다. 두 협시보살의 얼굴은 미소를 띠고 있으며, 두 눈은 가늘게 뜨고 있고, 몸체는 큼지막하고 풍만하다. 목에는 윤곽이 굵은 고리형 걸이가 걸려 있는 목걸이 장식을 하고 있다. 그리고 연화좌 위에 맨발로 서 있다.

배병 부분은 테두리가 없는 배(舟) 모양을 이루고 있다. 두광은 네 겹의 동심원을 이루고 있는데, 그 중심에 연꽃잎을 부조했고, 가장 바깥층과 바로 그 안쪽의 두광 사이에는 가지가 구불구불하게 뻗은 인동 문양을 새겨 놓았으며 아울러 배병의 가장 윗부분에는 연화 보주를 장식했다. 몸체의 신광은 두 겹인데, 그 사이에는 각기 좌우 대칭으로 연꽃 한 떨기가 있고, 그 안에는 연화생[8], 그리고 연꽃 속에 앉아 있는 작은 화불이 묘사되어 있다. 배병에서 두광과 신광의 바깥 부분 중 상반부에는 연꽃에 앉아 있는 다섯 존의 작은 화불이 장식되어 있고, 그 나머지 부분은 불꽃 문양을 새겨 놓았다. 또 배병의 바깥을 두르는 방식으로 비천상 7존이 배치되어 있는데, 현재 보이는 것은 가는 나무 조각을 꼬다리처럼 써서 배병과 서로 이어 놓고 있다. 이들 비천상 중 배병의 꼭대기에 있는 부재에는 탑을 들고 있는 역사力士와 아육왕탑이 등

---

7) 남경박물원에서 2014년에 전시를 시작하였을 때는 푯말을 붙이지 않았고, 2017에 '南朝'라고 푯말을 붙였는데, 이때 출토된 지역은 밝히지 않았다.

8) 역자 주: 蓮華生은 흔히 '파드마삼바바'(Padmasambhava)라고 하는 인도 밀교의 고승을 가리키는데, 그는 747년에 티베트에 들어가 밀교를 정착시킨 인물로 평가되고 있다. 현재 남조가 시대 배경이므로 당연히 이 '파드마삼바바'를 가리킬 수 없으나 '연화생'이라는 단어가 가리키는 개념은 관련이 있다. 즉, '연화생'은 일반 사람처럼 胎에서 나는 胎生이 아니라, "연꽃에서 났다"는 의미이며, 여기에서는 부조에 묘사된 연꽃과 작은 화신불이 일련의 시간적 연관성(타임라인)을 가지고 있으며, 연꽃떨기가 생성되고 그 꽃송이 속에서 작은 화신불이 태어나게 되는 전체적 상황을 묘사하는 말이다.

장하고 있다. 탑을 들고 있는 역사 양측의 비천은 머리카락이 솟아 있어서 상투 두 개가 날개 모양을 이루고 있다. 그 외 6건의 부재에 있는 비천은 의복과 띠가 나부끼고 있고, 아랫배가 볼록하게 솟아 있으며, 전체적인 몸의 자세는 무릎에서부터 뒤쪽으로 휘어지는 형세이고, 머리카락은 역시 대체로 날개 모양을 이루는 두 개의 상투를 보이고 있다.

이 두 작품에 대한 보고서에 따르면, 남경박물원 금동불 1호는 남경박물원이 2013년에 사천에서 수집한 것이고, 남경박물원 금동불 2호는 2014년에 수집한 것인데 출처는 명확하지 않다. 그런데 이해하기 어려운 점이 하나 있다. 남경박물원 금동불 2호의 경우, 배병 제일 윗부분의 부재가 이미 「육조 도성 불교사찰과 불탑에 대한 초보적 연구」(六朝都城佛寺和佛塔的初步硏究)라는 논문에 나타나 있는데[9], 논문의 필자는 그것이 덕기광장에서 출토된 남조 금동 잔편의 사례라고 명시하였는데, 그것은 곧 이 책에서 제시한 덕기 15호 비천 부재이다. 이것은 남경박물원 금동불 2호가 덕기광장 공사 현장에서 출토된 남조 조상임을 암시하는 것 아닐까? 필자가 볼 때 남경박물원 금동불 2호가 남북조 시기의 작품임은 의심의 여지가 없으며, 아울러 조각이 정밀하고 아름다우며 기타 여러 가지 남방식 불교조상의 요소를 갖추고 있기 때문에 남조 건강(建康)의 작품이지 싶기도 하다. 그러나 남조의 작품이라 단정하기에는 몇 가지 의심의 여지가 있다.

a. 다음의 세 가지 요소로 볼 때, 배병 주변의 비천 부재가 배병의 원래 조합이 아닌 것 같다.

① 부재와 배병에 슨 녹의 색이 일치하지 않는다. 부재의 녹은 색깔이 다양하고 풍부하여, 청동기물의 녹이 나타내는 차갑고 따뜻한 색감의 차이가 비교적 크게 나타나고 있는 데 반해 배병은 녹의 색이 균일하다.

② 조상의 주존과 협시보살이 서 있는 기단(基壇=壇基) 부분을 보면 이미 짧지 않은 세월 동안 세상에 유전되었음을 알 수 있다. 예를 들어 연꽃잎이 볼록하게 솟은 부분에는 이미 녹이 슨 흔적이 없어졌으며, 광(光澤: 包漿)을 낸 듯한 윤기가 있어 오랜 세월 동안 사람의 손을 탔거나 인위적 처리를 하였음이 드러나고 있다. 이런 점은 이 조상 배병의 부재 및 덕기광장에서 출토된 여타 금동조상 표면에 전체적으로 녹이 슬어 있는 것과 다르다.

③ 비천 부재는 형태가 경쾌하고 민첩한 느낌을 주는 반면, 배병의 형상은 강건하고 반듯한 느낌을 주고 있다. 이 둘 사이에는 조형적인 차이가 보이므로 이 둘을 하나로 결합시키면 서로 어울리지 않는다.

b. 남경박물원 금동불 2호 배병의 외부 윤곽을 덕기 1, 3~6, 9, 13, 16호 배병의 외부 윤곽과 서로 비교해 보면 어떨까? 우선 이들을 등비례 관계에 두고 윤곽선 모양을 모아 보면 가는 선들은 밀집되고 중첩되는데 이들은 덕기의 남조 배병들로서 형식이 대체로 같은 유형임을 알 수 있다. 굵은 선은 남경박물원 금동불 2호 배병인데, 굵은 선과 가는 선들을 비교해 보면 배병 어깨 부분의 곡선 처리에서 분명한 차이가 보인다. 굵은 선은 곡선이 상대적으로 완만하고 펑퍼짐한 데 반해 가는 실선들은 경사가 급하여[10] 이 둘은

---

9) 賀雲翺, 「六朝都城佛寺和佛塔的初步硏究」, 『東南文化』 2010년 제3기.
10) 역자 주: 완만한 것과 경사가 급한 것: 원문에서는 '장력이 작다'(張力小), '장력이 크다'(張力大)라고 하였다. '張'은 '펼친다'는 뜻이며, '장력'이란 쉽게 말하면 양쪽에서 잡아당기는 힘이다. 가령 힘센 사람 A가 끈을 양쪽으로 잡아당겨 직선 모양으로 만들었는데, 또 다른 B가 이 끈의 중간 부분에 손가락을 대고 자기 쪽으로 잡아당기면 끈이 휘어지게 마련이다. 이때 A가 끈을 양쪽으로 잡아당기는 힘의 정도에 따라 끈이 B쪽으로 휘는 정도가 달라지게 된다. 현재 그림 4-20은 수직 방향이므로 장력이 크면 배병의 어깨 부분이 좀 더 급경사로 떨어지고, 장력이 작으면 바깥쪽으로 많이 부풀게 되므로 완경사가 된다. 한국어에는 이러한 '장력'이

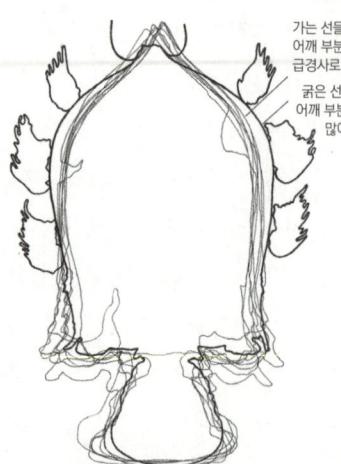

[4-20] 남경박물원 금동불 2호와 덕기에서 출토된 많은 남조 배병 윤곽 비교도(費泳 그림)

[4-21] 상해 송강 원응탑 지궁 출토 남조 동불상(『佛峙天姥』)

동일 유형에 속하지 않는다.

c. 남경박물원 금동불 2호의 주존은 '포의박대식' 법의를 착용하고 있는데, 현존하는 작품 중 기년이 명시되어 있으면서 '포의박대식' 법의를 착용하고 있는 남조의 배병 조상 중에는 배병 윤곽이 이와 동일한 유형의 조상 사례를 찾기 어렵다. 가령 상해 송강松江 원응탑圓應塔 지궁에서 출토된 남조 청동불상[11], 보스턴미술관에 소장 중인 제齊 건무建武 원년(494) 석조석가모니불좌상, 고궁박물원故宮博物院에 소장 중인 양梁 대동大同 3년(537) 승성僧成 제작의 금동미륵불삼존상, 상해박물관 소장의 양 중대동中大同 원년(546) 혜영慧影 제작의 석조불좌상, 이 외에 사천 지역 동 시기의 배병석조상 등이 모두 이와 같다.[12] 현존하는 남조의 배병 조상에서 배병 어깨 부분의 형식을 보면 모두 남경박물원 금동불 2호와 같이 어깨 부분이 바깥쪽으로 도는 곡선을 보이는 유형은 보이지 않는다. 이 또한 남조의 조상들이 전체적으로 일관되게 유지하고 있는 함축적으로 내포하고 있는 조형적인 특징과 차이점이 된다.

[4-22] 보스턴미술관 소장 제 건무 원년 (494) 석가조상(Chinese Sculpture)

[4-23] 고궁박물원 소장 양 대동 3년 (537) 승성 금동미륵상(『中國金銅佛』)

d. 남경박물원 금동불 2호에도 남조 조상과 유사한 여러 가지 특징들이 있다. 예를 들어 주존이 높은 연화대좌 위에 서 있거나, 불상의 머리카락이 나발인 것, '포의박대식' 법의를 입고 있는 것, 오른손으로 시무외인을 취하며 왼손은 아래로 두 손가락을 펴고 있는 것, 보살이 두 개의 상투를 틀고 있으며, 삼주관을 쓰고 있고, 피백과 영락이 X형을 이루는 것 등이다. 그러나 남경박물원 금동불 2호에 보이는 보살의 경우, 얼굴형이 일반적으로 네모난 남조 보살에 비해 아래턱이 더욱 둥글고, 두 개의 상투 및 삼주관이 더

전문용어로서 일상언어에서는 잘 사용하지 않으므로 각각 경사가 완만한 것과 경사가 급한 것으로 표현을 바꾸어 번역하였다.
11) 張斯鴻·何秋雨 主編, 『佛峙天姥』(中國書店, 2016년판), 18쪽.
12) 四川博物院 等 編著, 『四川出土南朝佛教造像』(中華書局, 2013년판).

욱 세밀하고 정교하며, 불상과 보살상의 눈이 초승달 모양으로 미소 띤 모습을 보이는 것, 보살의 신체가 건장하고 큼직한 편이며, 양측의 의복이 밖으로 충분히 펼쳐지지 않는다는 점 등의 특징은 원래 남조에 연원을 둔 산동山東 청주靑州 지역의 불교조상에 더욱 근접하는 것이다.

이상에서 서술한 문제들로 볼 때, 남경박물원 금동불 2호 조상의 출처에 대해서는 향후 좀 더 진전된 연구가 필요하다.

3. 덕기 출토 불교조상의 조성 시기의 초보적인 고증

덕기에서 출토된 남조의 금동 불교조상에는 대통大通 원년(527)을 기년으로 표기한 조상이 포함되는데, 모두 '변화된 포의박대식'(褒衣博帶演化式) 가사를 입은 불상 6존(덕기 1~4, 7, 8호)이다. 이것은 '포의박대식' 법의에서 변화된 것으로서 6세기 중엽에 성행했던 법의 양식이다.[13] '변화된 포의박대식'을 '포의박대식'과 비교할 때 가장 큰 차이점은 가사의 오른쪽 옷깃을 왼손 팔이 접히는 팔꿈치 앞에 걸치던 것에서 좀 더 올려 왼쪽 어깨에 걸치게 된 것이다. 이런 형식은 덕기에서 발굴된 대통 원년에 초월超越이 제작한 조상과 극히 유사하다. 또 상해 송강松江에 있는 원응탑圓應塔의 지궁地宮에서 출토된 남조 동불상銅佛像[14]의 경우 주존불이 '변화된 포의박대식' 법의를 입고 있으며, 오른손은 시무외인을 취하고, 왼손은 두 손가락을 아래로 펴고 있다.

이 외에 용모의 특징을 분명히 구분할 수 있는 불교조상 14존(덕기1~10, 13, 15~17호)이 있는데, 그 인물들의 생김새는 모두 '면단이염面短而艷'의 외형적 특징을 지니고 있다. 이런 형상은 '수골청상'의 뒤를 이어 나타난 새로운 양식으로서, 남조 양梁대의 장승요[15]가 창안한 것이다. '면단이염'과 '변화된 포의박대식' 조상의 조형적 특징은 6세기 중엽에 남·북방 모두에서 성행하였는데, 이 새로운 조형적 특징의 발원지인 건강建康에서는 더욱 이른 시기에 발생하였을 것이다.

조형적 특징 요소 외에 또 『양서梁書』의 기록을 보면 양 무제가 불교를 숭상하여 대대적으로 금동불을 제작하였는데, 결국은 이 때문에 구리(銅)가 부족할 지경에 이르렀다. 그래서 보통普通 4년(523)에 철전鐵錢을 주조하는 정책을 내놓기도 하였다.[16] 하지만 이 정책이 국가의 혼란을 야기하였으므로 대동大同 원년(546)에 다시 '동전銅錢'을 주조하는 것으로 정책을 바꾸게 된다. 그러나 이미 때를 놓쳤기 때문에 태청太淸 2년(548)에 '후경의 난'(侯景之亂)이 일어나게 되었다. 이처럼 소蕭씨의 양나라는 6세기 중엽 이후로 국세가 쇠락하게 되어 실제로는 이미 대규모로 금동불을 제작할 여력이 없게 되었다. 따라서 종합적으로 볼 때 상술한 14존의 작품은 대체로 6세기 전반에 제작되었을 것이다.

덕기 11호와 덕기 10호의 보살입상은 두 손의 자세 및 피백이 밖으로 펼쳐지면서 아래로 늘어뜨려져

---

13) 費泳, 「佛衣樣式中的"褒衣博帶式"及其在南北方的演繹」, 『故宮博物院院刊』 2009년 제2기.
14) 張斯鴻·何秋雨 主編, 『佛峙天姥』(中國書店, 2016년판), 18쪽.
15) 林樹中 編著, 『六朝藝術』(南京出版社, 2004년판), 359~376쪽.
16) 『梁書』, 卷三, 「武帝下」, "普通四年十二月戊午, 始鑄鐵錢."(姚思廉, 『梁書』, 中華書局, 1973년판, 67쪽)

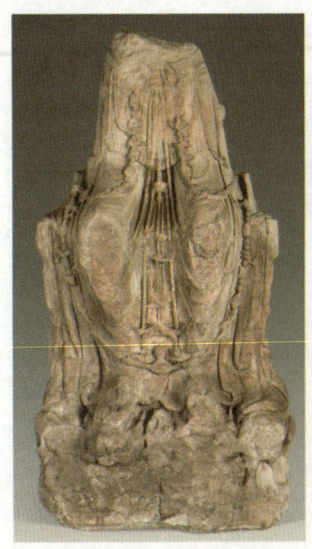

[4-24] 만불사 천화 2년(567) 보살좌상 (『四川出土南朝佛敎造像』)

[4-25] 진 태건 원년(569) 보살입상 (『特別展·菩薩』)

있다는 점에서는 같은 유형인데, 차이점이라면 덕기 11호 보살은 X자형의 피백 위에 X자형의 영락을 하나 더 걸치고 있다는 것이다. 6세기 중엽 이후로 중국 남방의 보살은 피백이 몸의 양측 면에서 밖으로 펼쳐지며 아래로 늘어뜨려지고 있던 것이 차츰 수직 모양으로 변하게 된다. 이 모양은 성도 만불사萬佛寺에 있는 북주北周 천화天和 2년(567)의 보살좌상 및 진陳 태건太建 원년(569)의 보살입상 등에 모두 구현되어 있다. 그런데 남조의 보살 조상에서는 X자형 영락의 출현이 X자형 피백의 출현보다 다소 늦다. 서하산석굴에 있는 무량전無量殿 우측의 쌍불굴雙佛窟에서 양측의 협시보살은 모두 X자형 피백과 X자형 영락으로 장식하고 있다. 이것은 아마도 이미 알려진 가장 이른 시기의 영락 장식 남조 보살의 사례일 것이다. 그 조성 시기는 5세기 말엽에 조성된 무량전과 멀지 않다고 볼 수 있다.[17] 이렇게 보면 덕기 10호, 덕기 11호 조상은 5세기 말에서 6세기 전기의 작품이라 추정할 수 있다.

이상은 이미 알려진 덕기 출토의 작품 중 15존에 대해 조성 시기를 개략적으로 추정한 것이다. 그 나머지 2존 중 덕기 12호는 머리 부분 광배(頭光) 작품의 잔편이고, 덕기 14호는 배병 잔편인데, 모두 두광 부분은 덕기 13호와 유사하다. 따라서 이들 남조 배병식 금동불교조상의 탄생 시기는 대체로 6세기 전반기로 볼 수 있다.

4. 덕기 출토 남조 금동불상의 특징과 그 원류

덕기에서 출토된 남조 금동불에는 그 이전에 남경에서는 보기 드물었던 양식적 특징들이 나타나는데, 심지어 잔편에도 아주 중요한 정보들이 반영되어 있어서 남조 불교조상의 발전 유형을 연구하는 데 있어 중요한 의의를 지닌다. 필자는 일찍이 가장 전형적이라 할 수 있는 남방식(南式) 조상의 요소들, 예컨대 조상의 용모가 '면단이염面短而艷', '육조의 미소'(六朝的微笑), 보살이 두 개의 상투를 틀거나 머리카락을 궐아蕨芽(고사리 싹) 모양으로 늘어뜨린 것, 법의가 여러 양식 중 '변화된 포의박대식'인 것과 남방식 비천 등에 대한 생각을 발표하였다.[18] 그러므로 여기에서는 아육왕탑, 높은 연화대좌, 합장, 배병삼존상, 보살의 상투가 세 개인 것과 네 개인 것, 머리에 '삼주관三珠冠'을 쓴 것, X자형의 피백과 영락, 왼손의 두 손가락을 아래로

---

17) 宿白,「南朝龕像遺迹初探」,『考古學報』1989년 제4기.
18) 費泳,「"建康模式"的形成及佛像樣式特徵」,『南京藝術學院學報』(美術與設計版) 2017년 제1기.

펴는 것 등의 요소에 대해서만 구체적인 분석을 진행하고자 한다.

1) 아육왕탑

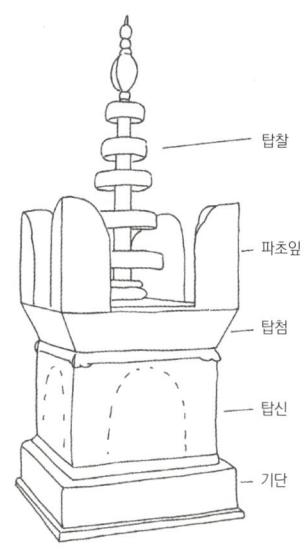

[4-26] 남경 장간사 지궁 출토 아육왕탑 (費泳 그림)

배병의 꼭대기 부분에 끼우는 부재인 덕기 15호에는 아육왕탑阿育王塔의 조형이 분명히 나타나고 있으며(앞 그림 4-15) 아울러 남조 건강建康(남경) 금동배병 주변부를 장식하는 비천이 존재하였음이 드러나고 있다. 덕기 15호에서 역사가 들고 있는 탑의 조형은 남경 장간사長幹寺의 아육왕탑과 같은 유형이다. 2008년에 남경시박물관에서 명대明代 금릉金陵(남경) 대보은사大報恩寺 유적지에서 북송대 장간사의 지궁地宮을 발굴하게 되었는데, 이때 그 지궁에서 금동보탑鎏金寶塔을 발견하였다. 이 보탑이 봉안된 석함石函 표면에는 '칠보아육왕탑七寶阿育王塔'이라고 명문이 새겨져 있었고, 탑 꼭대기 부분에는 북송대 대중상부大中祥符 4년(1011)이라는 명문이 새겨져 있었다. 그리고 이 탑은 기단基壇(塔基), 탑신塔身, 탑첨塔檐, 파초잎(蕉葉), 탑찰塔刹로 구성되어 있다. 탑신의 단면은 사각형이며, 4면에 모두 감실龕室이 있다.

중국이나 일본에는 장간사 아육왕탑과 형식적으로 유사한 탑의 사례가 더 많이 있다. 가령, 영파寧波의 아육왕사阿育王寺 사리전舍利殿에 안치된 작은 목탑, 항주杭州 남병산南屛山 뇌봉탑雷峰塔 지궁의 보탑寶塔, 진화金華[19] 만불탑萬佛塔에서 출토된 금도탑金涂塔[20], 일본 신타(新田) 집안에서 소장하고 있는 금도탑, 일본 세이간지(誓願寺)에서 소장하고 있는 금도탑 등이 있다. 이들 중 대다수는 오대五代 시기 오월왕吳越王 전홍숙錢弘俶이 인도의 아육왕이 탑을 만들었던 일을 모방하여 탑을 만들어 공덕을 쌓았던 것과 관련이 있다.[21] 『불조통기佛祖統紀』 권43에는 다음과 같은 내용이 실려 있다.

오월왕 전숙은 천성이 붓다를 공경하였으니, 아육왕이 탑을 만든 일을 사모하여 금동, 정련강을 써서 팔만사천의 탑을 주조하고, 그 속에 『보협인심주경寶篋印心呪經』을 넣어 역내에 두루 퍼뜨렸는데, 10년 만에 완료하였다.[22]

남경 장간사에서 아육왕탑이 출토되기 이전에는 이런 형식의 아육왕탑이 있었음을 뒷받침할 수 있는

---

19) 역자 주: 金華의 원문은 '舍華'로 되어 있으나 '舍華'라는 지명은 없으며 '華舍'는 紹興 柯橋區에 있는 지명이고, 만불사는 浙江省 金華市에 있다.
20) 역자 주: '金涂塔'이라는 용어 자체는 '금으로 도금한 탑'이라는 의미이지만 吳越國의 왕 錢俶(원래는 '錢弘俶'이지만 일반적으로는 송 태조의 부친 趙弘殷을 피휘하여 '錢俶'이라고 한다)의 명에 의해 제작한 아육왕탑, 특히 만불사에서 발굴된 아육왕탑을 가리킨다. 금도탑은 전체 높이가 23.4㎝(탑찰의 높이는 12.8㎝) 정도의 작은 탑인데, 탑신 안쪽에 "吳越國王錢, 敬造八萬四千寶塔. 己卯歲記"(오월국의 왕 전씨가 삼가 팔만 사천의 보배탑을 만듭니다. 기묘세에 씀)라는 명문이 있다. '기묘년'은 955년에 해당하며, 만불탑에서 모두 15건의 금도탑이 발굴되었다.
21) 金申, 「吳越國王造阿育王塔」, 『東南文化』 2002년 제4기. 그 외에 浙江省博物館 編, 『東土佛光: 浙江省博物館典藏大系』(浙江古籍出版社, 2008년판), 158·161~168쪽에 수록된 전숙이 조상한 아육왕탑에 대한 집록 자료 참조.
22) 『大正藏』 제49冊, No.2035, "吳越王錢俶, 天性敬佛, 慕阿育王造塔之事, 用金銅精鋼造八萬四千塔, 中藏『寶篋印心呪經』布散部內, 凡十年而訖功."

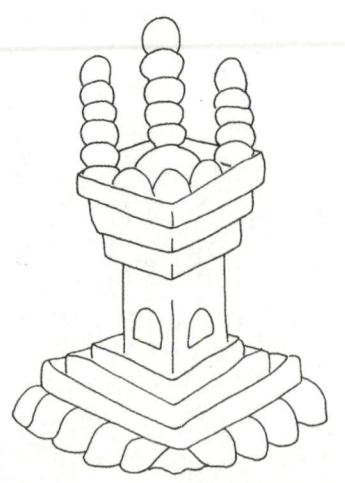
[4-27] 성도 서안로 남조 양 중대통 2년(530) 배병의 꼭대기(費泳 그림)

[4-28] 북위 정광 5년(522) 석가불 배병의 꼭대기 부분(費泳 그림)

[4-29] 운강 제14굴 서쪽 벽의 부조탑 (費泳 그림)

[4-30] 성도 상업가 출토 천감 10년 (511) 배병의 꼭대기 부분(費泳 그림)

[4-31] 운강 제14굴 서벽의 누각식 불탑(費泳 그림)

실증 자료가 없었다. 이런 탑은 외형상 보협寶篋(보물상자)과 비슷하면서 기능상으로도 『보협인심주경寶篋印心咒經』을 보존하고 있는 것이어서 원래는 '보협인탑寶篋印塔'이라 불리었었다.[23] 장간사 아육왕탑이 출토된 이후로는 이런 유형의 탑이 모두 아육왕탑이라고 분명히 할 수 있다.

배병식 조상 중에서 덕기 15호의 아육왕탑과 유사한 불탑 조형인 남방의 사례로 성도成都에서 출토된 남조 조상 중 비교적 흔히 보이는 것으로는 성도 서안로西安路에서 발굴된 남조 양梁 중대통中大通 2년(530)의 석가상 배병의 꼭대기 부분 서안로에서 출토된 양 대동大同 11년(545) 장원張元이 제작한 석가다보상釋迦多寶像 배병의 꼭대기 부분, 만불사萬佛寺 쌍신보살입상雙身菩薩立像 우측에 부조된 네모탑方塔, 문천汶川에서 출토된 삼불좌상三佛坐像 배병의 꼭대기 부분 등[24]이 있다. 그리고 북방의 사례로는 북위北魏 정광正光 5년(522) 석가불釋迦佛 배병의 꼭대기 부분, 미국 메트로폴리탄박물관美國大都會博物館에 소장 중인 대략 6세기의 배병 금동불입상, 운강석굴 제14굴 서쪽 벽의 부조 등이 있다.

[4-32] 사천 십방현 출토 불탑화상전(『佛敎初傳南方之路文物圖錄』)

---

23) 楊富學·王書慶,「敦煌文獻頁2977所見早期舍利塔考」,『敦煌學輯刊』2010년 제1기.
24) 본문에서 거론한 사천 지역의 남조 아육왕탑에 대해서는 四川博物院 等 編著,『四川出土南朝佛敎造像』(中華書局, 2013년판), 157·162·106·205쪽 참고.

주의해야 할 것은 남방에서 발견된 아육왕탑 조형에는 대체로 '복발覆鉢' 즉 엎어 놓은 발우와 같은 모양이 표현되지 않는다는 점이다. 이와 달리 북방의 경우는 대개 탑처마(塔橝) 위에 '복발'을 표현한다. 이 외에 성도 상업가에서 출토된 천감天監 10년(511) 석가불입상 배병의 꼭대기 부분에 중층 누각식 탑이 출현하며, 운강석굴 제14굴 서벽의 부조에는 아육왕탑이 출현하면서 아울러 누각식 탑이 출현하고 있다. 이러한 사실은 동 시기에 아육왕탑과 함께 기타 다른 유형의 불탑도 존재하고 있음을 나타내는 것이다. 비교적 이른 시기 중국 불탑의 사례로는 사천 십방현什邡縣에서 출토된 동한 시기 불탑화상전佛塔畫像磚이 있다. 이 화상전에는 3기의 누각식탑이 나란히 표현되어 있는데, 탑 꼭대기 부분에 아육왕탑의 조형과 같은 구조는 아직 나타나지 않고 있다.

고인도 마우리아 왕조[25]의 아육왕(기원전 269~기원전 236)이 시행했던 불법을 널리 알리는 방법에는 불교 사찰과 탑의 건립 및 조칙이 새겨진 석주를 세우는 것이 포함되어 있었다. 이것이 바로 유명한 '아육왕탑'과 '아육왕의 석주'이다. 아육왕 석주는 대체로 마우리아 왕조의 경내에 설치되었지만 아육왕탑이 전파된 범위는 아주 광범위하다.

중국의 정사에도 아육왕탑에 대한 기록이 있는데,『양서梁書』의 권54「제이諸夷」편에서 양 무제武帝 천감天監 3년(504)에 다음과 같은 기록이 있다.[26]

> 고조께서 아육왕사의 탑을 개축하셨는데, 옛 탑 아래에서 사리 및 붓다의 손톱과 머리카락이 나왔다.…… 아육왕은 곧 철륜성왕鐵輪聖王으로서[27] 염부제의 왕 노릇을 하였으며 천하를 통일하였다. 붓다께서 멸도하신 후 한낮과 하룻밤 동안 귀신을 부려 8만 4천 기의 탑을 조성하셨는데, 고조께서 개축하신 것은 바로 그중 하나이다. 오나라 때 한 비구니가 그 땅에 거주하면서 작은 정사를 이루었지만, 손침孫綝이 곧 그것을 훼손시켜버렸고, 탑 또한 함께 무너져 없어졌다. 진나라가 오나라를 평정한 뒤 뭇 도인들이 옛 땅에 이를 다시 건립하였다. 진나라가 중종 초에 강남으로 내려오자 다시 그곳을 개수하였다. 간문 황제[28] 함안 연간에 사문 안安법사에게 작은 탑을 건조하게 하였으나 미처 완성하지 못하고 죽게 되었는데, 그 제자 승현僧顯이 이어서 수축하였다. 효무황제 태무 9년(384)이 되어서야 금상륜金相輪과 승로承露를 올리게 되었다. 그 뒤에 서하군 이석현에 계호족稽胡族인 유살하劉薩何라는 사람이 있었는데, 어쩌다 질병을 얻어 급사하였다. 그러나 심장이 따뜻하여 가족들이 차마 장례를 치르지 못하고 있었는데, 열흘 만에 소생하였다.…… (유살하는) 그렇게 하여 단양丹陽에까지 이르렀으나 탑이 있는 곳을 알 수 없어서 곧 월성越城에 올라 사방을 둘러보니 장간리長幹里에서 특이한 광채가 보이기에 가서 예배를 드렸는데, 과연 아육왕탑이 있던 곳이었고, 여러 차례 광채를 내뿜었다.[29]…… 곧 이 사리를 가까운 북쪽으로 옮

---

25) 역자 주: 孔雀王朝는 고대 인도의 마우리아 왕조. 찬드라굽타가 마가다 왕조를 무너뜨리고 세웠으므로 찬드라굽타 왕조라고도 한다. 기원전 4세기~기원전 2세기.
26) 역자 주: 양 武帝 天監 3년(504) 조의 기록: 실제로는 '천감 3년'이 아니라 '大同 3년'(537)이 옳다. 본문의 기록은 「諸夷」편 아래의 「扶南國」(대략 지금의 캄보디아) 기사 중 '大同 5년'(539)에 '부남국'에 붓다의 머리카락이 있다는 말을 듣고 사신을 보내 그것을 영접해 오게 했다는 일에서 시작된다. 인용문의 첫 줄에 보이는 "고조가 아육왕탑을 개축하다…… " 부분에서 원문에는 "先是, 三年八月"(이보다 앞서 3년 8월에)라는 말이 있는데, 일반적으로 연호를 별도로 표시하지 않으면 연도 표시는 바로 앞에 출현한 연호를 기준으로 해야 한다. 따라서 '대동 3년'이 옳다.
27) 轉輪聖王의 輪寶에는 금, 은, 동, 철의 네 가지가 있다. 이에 따라 전륜성왕 또한 金輪王, 銀輪王, 銅輪王, 鐵輪王의 4종류로 나뉜다. 丁福保 編,『佛學大辭典』(上海書店, 1991년판).
28) 역자 주: 簡文은 진 간문황제 司馬昱(319~372)을 말한다. 앞서 나온 원제 사마예의 아들로서 371년 11월에 제위에 오르지만 8개월 만에 사망한다. 묘호는 太宗이고, 연호인 咸安은 371~372년에 해당한다.
29) 역자 주: 유살하 기록 관련: '劉薩何'는 '劉'가 성이며 이름은 문헌에 따라 '薩訶', '薩荷', '薩河', '屑荷', '窣和' 등 다양하게 기록되

겨 간문 황제가 축조하고 있는 탑의 서쪽에 1층 탑을 쌓았다. 16년(391)[30]에 또 사문 상가尙伽에게 3층탑으로 만들게 하였는데, 이것이 곧 고조가 개축하신 것이다.……

(대동) 11년(545) 11월 2일에 사찰의 승려들이 또 고조에게 청원하길 『반야경』 제목의 함의를 드러내 주십사 하였는데, 이날 저녁에 두 탑에서 모두 광명이 비치었다. 이에 조칙으로 진동장군 소릉왕 소윤蕭綸에게 명하여 사찰의 「대공덕비」 비문을 짓게 하였다. 이보다 앞서 (대동) 2년(536)에 회계 무현탑鄮縣塔을 개수하게 하였는데, 옛 탑을 열었을 때 사리가 나왔다. 이에 고조는 광택사光宅寺의 승려 경탈敬脫 등 4명과 사인舍人 손조孫照 등을 보내 우선 궁궐로 모셔 오게 하였다. 고조는 그 사리에 예배를 올리자 다시 원래의 무현으로 돌려보내 새로운 탑 아래에 모시게 하였다. 이 현의 탑 역시 유살하가 발견한 것이었다.[31]

유살하劉薩何(또는 劉薩訶)란 곧 석혜달釋慧達을 말한다. 양梁 『고승전高僧傳』 권13 「혜달전慧達傳」을 보면 동진 간문제簡文帝가 조성한 아육왕탑이 장간사에서 나왔다는 기록이 있다.

(혜달은) 진 영강(373~375) 연간에 경사에 이르렀다. 그보다 앞서 간문 황제가 장간사에 3층 탑을 조성한 바 있다. 그 탑은 낙성된 후 매일 밤마다 빛을 발했다. 혜달이 월성에 올라 사방을 둘러보다 이 탑 끝에 유독 특이한 빛깔이 있음을 보고는 곧 가서 참배를 드렸는데, 아침저녁으로 간절하게 하였다. 밤에 보니, 탑 아래에서 수시로 빛이 밖으로 나왔다. 곧 사람들에게 알리고 함께 파 보았다. 한 길쯤 파고 들어가자 돌 비석 세 개를 얻게 되었다. 그중 가운데 비석에는 공간이 있었는데, 그 속에 쇠로 된 함이 하나 있었고, 그 쇠상자 속에는 또 은으로 만든 상자가 있었으며, 그 은상자 속에 또 금상자가 있었다. 그 금상자 속에 사리 세 개가 있었으며, 그리고 손톱 하나와 머리카락이 한 가닥 있었다. 머리카락은 펼치면 길이가 수 척尺이었는데 말리니 소라 모양이 되었으며 광채와 색깔이 휘황하였다. 중국으로는 주 경왕(재위 기원전 519~기원전 476)에 해당하는 시기에 인도 아육왕이 팔만 사천 기의 탑을 수축하였는데, 이 탑이 곧 그중 하나이다. 도인과 속인이 모두 기이하다고 감탄하고는 곧 옛 탑의 서쪽에 다시 탑을 하나 세우고 사리를 안치하였다. 진 태원 16년(391)에 효무황제가 3층으로 개축하였다.[32]

어 있는데, 이것은 '보살마하살'의 줄임말로서 그에 대한 존칭이다. 이 기록에 보이는 것과 같은 사건을 겪은 후 승려가 되어 법명은 '慧達'이며 '利賓菩薩'로도 불렸다. 유살하는 중국 역사에서 최초로 인도에 가서 경전을 가져온 사람으로, 당 삼장법사보다 230년 빨랐으며 중국 불교 홍양에 중요한 업적을 남겨 불교 제22대 종사로 꼽히기도 한다. 본문의 흐름을 이해하기 위해 생략된 부분을 소개하면 다음과 같다. "유살하…… 깨어나서는 그간의 일을 이야기하는데 '두 명의 저승사자가 자신을 잡고는 서북 방향으로 거리가 얼마나 되는지 가늠할 수 없이 걸어가서는 18층 지옥에 도착하였다. 거기에서는 생전 죄악의 경중에 따라 여러 가지 혹된 처벌을 받는다. 관세음보살을 뵈었는데, 이르길 '그대는 아직 인연이 다하지 않았으니 만약 다시 살아나면 사문이 되거라. 낙하, 제성, 단양, 회계에 모두 아육왕탑이 있으니 가서 예배를 드리거라. 그리하여 목숨이 다하면 지옥에 떨어지지 않으리라' 하셨다. 말씀을 마치자 마치 높은 절벽에서 떨어지는 것 같았는데 문득 깨어나게 되었다'라고 하였다. 이런 인연으로 출가하여 법명을 혜달이라 하였다. 여러 곳을 다니며 예배를 하였는데, 단양에 이르렀을 때 탑이 어디 있는지 알 수 없었다. 곧 월성에 올라 사방을 둘러보니 장간리에서 특이한 광채가 보이기에 가서 예배를 드렸는데, 과연 아육왕탑이 있던 곳이었고, 여러 차례 광채를 내뿜었다. 이런 연유로 필시 사리가 있을 것이라 확신하여 무리를 모아 그곳을 발굴하였다. 한 길을 파고 들어가자 돌 비석 세 개가 나왔는데 모두 길이가 6척이었다."(돌 비석 이하의 내용은 본문의 『고승전』 참조)

30) 역자 주: 16년은 晉나라 孝武황제 太元 16년을 말한다. 유살하는 390년에서 397년 사이에 강남의 건업, 단양, 회계, 오군 등을 遊歷하였다.
31) 高祖改造阿育王佛塔, 出舊塔下舍利及佛爪髮.……阿育王卽鐵輪王, 王閻浮提, 一天下, 佛滅度後, 一日一夜, 役鬼神造八萬四千塔, 此卽其一也. 吳時有尼居其地, 爲小精舍, 孫綝尋除之, 塔亦同泯. 吳平後, 諸道人復於舊處建立焉. 晉中宗初渡江, 更修飾之. 至簡文咸安中, 使沙門安法師程造小塔, 未及成而亡, 弟子僧顯繼而修立. 至孝武太元九年, 上金相輪及承露. 其後西河離石縣有胡人劉薩何遇疾暴亡, 而心下猶暖, 其家未敢便殯, 經十日更蘇.……(劉薩何)至丹陽, 未知塔處, 乃登越城四望, 見長幹里有異氣色, 因就禮拜, 果是阿育王塔所, 屢放光明.……卽遷舍利近北, 對簡文所造塔西, 造一層塔. 十六年, 又使沙門僧尙伽爲三層, 卽高祖所開者也.……十一年十一月二日, 寺僧又請高祖於寺發『般若經』題, 爾夕二塔俱放光明, 敕鎮東將軍邵陵王綸製寺大功德碑文. 先是, 二年, 改造會稽鄮縣塔, 開舊塔出舍利, 遣光宅寺釋敬脫等四僧及舍人孫照暫迎還臺, 高祖禮拜竟, 卽送還縣入新塔下, 此縣塔亦是劉薩何所得也.
32) (慧達)晉寧康中, 至京師. 先是, 簡文皇帝於長干寺造三層塔, 塔成之後, 每夕放光. 達上越城顧望, 見此刹杪獨有異色, 便往拜敬,

이상의 인용문에서 다음과 같은 몇 가지 사실을 알 수 있다.

첫째, 아육왕탑이 중국에 전래된 시기에 대해『고승전』에서는 주 경왕 때라고 하였는데, 이것은 사실과 부합되지 않는다. 아육왕은 기원전 3세기의 사람이므로 아육왕이 건조한 탑이 그보다 더 이른 서주의 경왕 재위 시기(기원전 519~기원전 476)에 전래될 수는 없는 것이다.

둘째, 중국 땅에서 아육왕탑에 공양한 것에 대한 신뢰할 수 있는 비교적 이른 시기의 기록으로는『양서梁書』를 꼽을 수 있다. 여기에 보면 손오孫吳 시기에 한 비구니가 있었는데 자신의 거처를 작은 정사로 꾸며 아육왕탑을 공양하였다는 사적이 보인다. 그러나 이 탑은 동오東吳의 대장군 손침孫綝이 파괴해 버렸다. 동오가 망한 이후에 아육왕탑은 기존 터에서 중건되었으며 아울러 동진 연간에 원제元帝, 간문제簡文帝, 효무제孝武帝 등 황실의 공양을 받았고, 아무리 늦어도 간문제 시기에는 이 사찰이 이미 '장간사'로 불리었다. 그 뒤 동진 사문 혜달이 장간사 아육왕탑의 서쪽에 다시 탑을 하나 세우고 장간사 아육왕탑의 탑기塔基에서 나온 사리를 나누어 봉안하였다.[33] 이 두 기의 탑은 혜달이 저장성 회계會稽에 건립한 무현탑鄭縣塔과 함께 양무제梁武帝의 예배를 받았다.

북송대의 장간사는 응당 동진의 장간사와 명맥이 이어지는 것이며, 덕기 15호의 보탑과 남경에서 출토된 북송 장간사의 아육왕탑이 갖는 외형상의 유사성에서 볼 때 양 무제 당시에 개축한 아육왕탑은 형식이

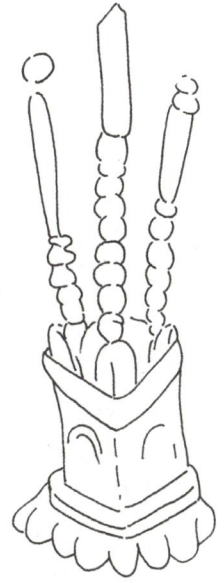

[4-33] 충남 부여군 출토 청동 잔편
(『文物』2010년 제11기)

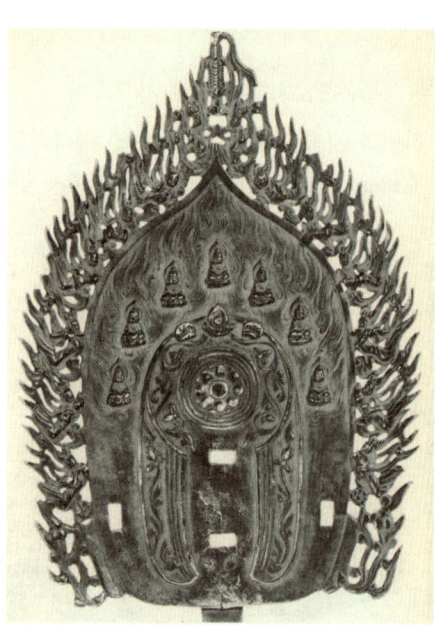

[4-34] 호류지 헌납 갑인년(594) 명문이 새겨져 있는 '왕연손석가상배병'(『飛鳥・白鳳の在銘金銅佛』)

[4-35] 호류지 157호 반가사유보살상
(『御物金銅佛像』)

晨夕懇到. 夜見刹下時有光出, 乃告人共掘, 掘入丈許, 得三石碑. 中央碑覆中, 有一鐵函, 函中又有銀函, 銀函裏金函, 金函裏有三舍利. 又有一爪甲及一髮, 髮申長數尺, 卷則成螺, 光色炫耀. 乃周敬王時阿育王起八萬四千塔, 此其一也. 旣道俗嘆異, 乃於舊塔之西, 更竪一刹, 施安舍利. 晉太元十六年(392), 孝武更加爲三層.

33) 1960년에 발굴된 鎭江 甘露寺 鐵塔의 塔基에서 銘文과 실물이 증명하는 바를 보면, 이 탑기에 나온 11개의 사리는 唐代에 장간사 아육왕탑에서 가져온 것이다. 鄭金星・劉受農・楊榮春・梁白泉,「江蘇鎭江甘露寺鐵塔塔基發掘記」,『考古』1961년 제6기 참조.

[4-36] 산치(Sanchi) 대탑(『印度藝術簡史』)

북송 장간사의 아육왕탑과 같은 유형일 것이다.[34]

비교해 보자면 한국 충청남도 부여군扶餘郡에서 출토된 대략 6세기 중후기 잔편 상태의 기물에 보이는 불탑[35], 일본에 소장 중인 것으로서 갑인년(594)의 명문이 새겨져 있는 '갑인명왕연손석가상배병甲寅銘王延孫釋迦像背屛' 꼭대기 부분의 보탑, 그리고 아스카(飛鳥) 말기[36]에 조성된 것으로 호류지(法隆寺)에서 헌납한 157호號 반가사유보살상半跏思惟菩薩像 두광 부분의 보탑 등에는 모두 '복발覆鉢' 모양이 나타나지 않고 있어 양식 측면에서 덕기 17호의 아육왕탑 조형에 더 근접해 있다.

이러한 기록에서는 아육왕이 8만 4천 기의 탑을 조성하였으며, 그중에 중국으로 전래된 것도 있다고 한다. 그러나 고인도에서 오늘날까지 전해지고 있는 불탑 중에서는 덕기 17호의 보탑이나 장간사 아육왕탑과 유사한 조형은 발견되지 않고 있다. 중인도 산치(Sanchi)의 대탑은 대략 아육왕 시대에 건립된 것인데 그 후 숭가(Sunga) 왕조 시대(대략 기원전 187~기원전 175)에 본체의 복발이 확장되었으며 아울러 탑 꼭대기 부분에 평평한 누대(平臺) 및 탑찰塔刹이 추가되었다. 이 탑은 아랫부분이 원형이어서, 아랫부분이 정방형인 중국의 아육왕탑과 다르다.

파키스탄 라호르(Lahore)박물관 소장품으로서 파테푸르 시크리(Fatehpur Sikri)에서 출토된 석탑에 대해 존 마샬(John Marshall)은 1세기 말엽 간다라 지역의 대표적 작품이라 생각하였는데[37], 이 탑 또한 바닥 부분이 원형이다. 위에 언급한 두 탑은 복발의 꼭대기 부분에 네모난 평평한 누대와 탑찰이 설치되어 있는데, 이

[4-37] 라호르박물관 파테푸르 시크리 출토 석탑(『犍陀羅』)

[4-38] 페샤와르박물관 소장 석탑(『犍陀羅』)

[4-39] 스와트박물관 소장 석탑(『犍陀羅』)

[4-40] 택실라의 진흙 바른 석조탑(『犍陀羅』)

---

34) 북송 장간사 아육왕탑의 원형은 틀림없이 손씨 오나라 시기에 손침에 의해 파손된 아육왕탑일 것이다. 원래 탑이 이미 훼손되었으므로 엄격하게 말하자면 동오 이후에 원래 탑의 자리에 새로 수축한 아육왕탑은 아육왕탑의 모방품, 아육왕식 탑, 또는 아육왕탑 조형에 속한다고 해야 한다.
35) 蘇鉉淑, 「古代東亞諸國單層方塔研究」, 『文物』 2010년 제11기.
36) 小林剛, 『御物金銅佛像』(國立博物館, 1947년판), 99쪽.
37) J. Marshall, *The Buddhist Art of Gandhara*(Cambridge, 1960).

두 요소는 중국의 아육왕탑과 유사한 면이 있다. 조금 뒤의 시기로 내려오면 간다라 지역에서도 아랫면을 네모로 하는 탑을 볼 수 있게 되는데, 페샤와르(Peshawar)박물관 소장품으로서 약 2세기에서 3세기 사이의 석탑, 파키스탄의 스와트(Swat)박물관 소장품으로서 니모그램(Nimogram)에서 출토된 석탑, 그리고 3세기에서 4세기 사이 택실라(Taxila)의 진흙 바른 석조탑(石胎褙泥塔) 같은 예를 들 수 있다.

중국 불탑의 기원에 대해서는 다층누각(重樓), 간다라탑(犍陀羅塔), 또는 문궐(門闕) 등 여러 주장이 있다.[38] 중국에 출현한 아육왕탑만 놓고 볼 때, 필자는 아육왕탑이 두 개의 뚜렷한 조형적 특징을 갖추고 있다고 보는데, 바로 탑찰과 탑찰 하단의 방형 구조물이다. 이 두 요소는 중인도 혹은 간다라에서 대략 1세기를 전후하여 이미 출현한 것이다.

남조 소씨의 양나라 초기에서 북송 시기까지 대략 500년 동안 아육왕탑의 조형은 극히 안정적이어서 근본적인 변화가 발생하지 않았다. 이와 동 시기에 중국 불교 영역에서 조성한 보탑의 유형은 이미 아육왕탑과는 다른 유형이 되어 있었다.[39] 이것으로 보아 아육왕탑은 각기 다른 시기에서도 일종의 특수한 사례로 간주되었음을 알 수 있다. 예컨대, 소씨 양나라 연간에 수많은 아육왕상이 출현하였다거나[40], 또 용문석굴에서 우전왕상(優塡王像)이 대량으로 출현한 것[41]과 마찬가지로 당시에 기준으로 따를 만한 표준본이 존재했을 것이다. 이 때문에 아육왕탑의 조형이 안정적이었던 것이다.

2) 높은 연화대좌

덕기에서 출토된 남조 배병상의 주존은 불상이든 보살상이든 대개 맨발로 높은 연화대좌 위에 서 있는데, 이 높은 연화대좌는 형태상 위는 좁고 아래는 넓은 반구체 모양이다. 이것은 남북조 시기에 가장 흔히 보이던 특징이기도 한데, 그 이후 시기의 조상에도 사라지지 않고 계속 응용되었다.

현존하는 불교조상 중에서 비교적 이른 시기의 연화대좌로는 아육왕이 법음(法音)의 전파를 위해 칙령으로 건립한 고문석주(誥文石柱)가 있으며, 대표적으로 사르나트 고고박물관에 소장 중인 '사르나트 사자 기둥 머리(柱頭)'를 꼽을 수 있다. 이것은 네 마리의 사자가 원형의 받침대 위에 서 있고, 그 원형 받침대 아래에는 앙련(仰蓮)[42]대좌로 장식하고 있다. 그 후, 연화대좌는 2세기에서 3세기 사이 쿠샨 간다라 지역의 불상이나 보살상에서 자주 보인다. 이들 조상의 내용은 『불본행집경(佛本行集經)』 중의 한 부분인 「수하탄생(樹下誕生)」

---

38) 중국 불탑의 기원에 대해서는 孫機, 「中國早期高層佛塔造型之淵源」, 『中國聖火—中國古文物與東西文化交流中的若干問題』(遼寧敎育出版社, 1996년판), 293쪽 참조.
39) 孫機, 「中國早期高層佛塔造型之淵源」, 『中國聖火—中國古文物與東西文化交流中的若干問題』(遼寧敎育出版社, 1996년판), 278~294쪽.
40) 소씨 양나라 연간에 대량으로 출현한 아육왕입상은 통견식 가사를 입고 있으며, 머리의 육계가 큼지막하고, 머리카락은 소라 모양으로 말려 있으며 콧수염이 있다. 그 사례로는 성도 萬佛寺 및 성도 西安路에서 출토된 몇 기의 조상이 있다. 四川博物院 等 編著, 『四川出土南朝佛敎造像』(中華書局, 2013년판) 참조.
41) 宮大中, 『龍門石窟藝術』(增訂本, 人民美術出版社, 2002년판), 322~323쪽.
42) 역자 주: '仰蓮'이 아니라 '覆蓮'인데, 필자가 착각한 듯하다. 주춧돌 등 각종 석조물의 둘레를 연꽃으로 장식할 경우, 연꽃잎이 위로 향하는 것을 '앙련'이라 하고 아래로 향하는 것을 '복련'이라 한다. 일반적으로 모든 꽃이 그렇듯 연꽃의 꽃받침대보다 꽃잎이 넓게 마련이므로 '앙련'은 위가 넓은 사발 모양을 이루고, 반대로 '복련'은 아래가 넓은 '엎어진 사발(覆盆)' 모양을 이루게 된다. 아소카왕석주에서 사자상 아래의 연꽃 대좌는 석주 전체의 원통형을 유지하기 위해 위아래의 기본 직경은 같으면서 아랫부분에 약간 彎曲을 넣어 위쪽이 넓어 보일 수도 있으나, 연꽃 꽃잎이 아래쪽으로 향하게 묘사되어 있으므로 '복련'이라 함이 옳다.

과 관련 있는 경우가 많다. 이 부분의 경문을 보면 싯다르타 태자가 강생할 때 발아래 연꽃이 생겨났던 일이 기록되어 있는데, "보살이 태어나자 아무도 부축하지 않는데 곧 동서남북 네 방향으로 걸었다. 각 방향으로 일곱 걸음을 걸었는데, 걸음걸음 발을 뗄 때마다 큰 연꽃이 나왔다"[43]라고 되어 있다. 그리고 불상 중에서 붓다가 연화좌에 앉아 있는 것은 대체로 「사위성현대신변舍衛城現大神變」(사위성에서 큰 신통변화술을 보이심)을 내용으로 하는 조상에서 많이 보인다. 가령 라호르(Lahore)박물관에 소장 중인 「사위성현대신변」(앞 그림 1-86)의 경우, 연화좌 꼭대기 부분에 연방蓮房(蓮蓬)이 둥근 덮개의 형식으로 표현되어 있는데, 이 내용은 『보요경普曜經』에 보이는 내용으로, 석가가 사위성에서 연화좌에 앉아 계시면서 시방제불十方諸佛로 화현하여 외도外道와 마귀의 항복을 받았던 일에서 취한 것이다.

보살이 연화좌에 앉아 있는 상의 사례로는 라호르(Lahore)박물관에 소장 중인 불탑에 부조로 표현된 「보살거도솔천궁菩薩居兜率天宮」(보살이 도솔천 천궁에 계심) 같은 것이 있다. 여기에는 보살 몸 아래의 연꽃이나 연방이 아주 분명하게 만들어져 있다. 또 콜카타박물관에 소장 중인 간다라 미륵보살은 흔치 않은 사례로서 미륵보살이 연화대좌 위에 서 있는 양식인데(앞 그림 2-48), 여기에서도 대좌에 연방과 연꽃을 포함하고 있다. 다만 대좌의 형태가 반구체인 중국의 것과는 다르다.

쿠샨 시기 마투라 지역의 불교조상에서 연화대좌는 극히 드물다. 중국 불교에서 연화좌는 비교적 이른 시기인 3세기 중기 오나라 지역의 도자기나 청동기물 등에 나타나고 있다. 예를 들어 1983년에 남경 우화대雨花臺 장강촌長崗村에서 출토된 청자반구호靑瓷盤口壺에는 모인模印된 불좌상이 있는데, 이 작품에서 불상은 쌍사자연화대좌雙獅蓮花壇基 위에 앉아 있다. 그리고 연화좌에 서 있는 입상으로 가장 이른 시기의 사례로는 교토국립박물관에 소장 중인 대략 4세기 초의 금동입불金銅立佛(앞 그림 2-73)[44]이 있다. 여기에서는 반구체를 이루는 높은 연화대좌가 이미 형성되어 있는데, 이처럼 위는 좁고 아래가 넓은 반구체 모양의 높은 연화대좌 조형은 중국에서는 약 4세기 초에 이미 정립되었다. 같은 시기 섬서陝西 삼원현三原縣에서 출토되었고, 일본 후지이유린칸(藤井有隣館)[45]에 소장 중인 보살입상이 있다. 이 조상은 연꽃 부분은 이미 훼손되었고, 보살 발아래에 연방과 대좌에 고정하기 위한 촉이 남아 있는데, 만약 대좌가 완전하다면 교토국립박물관에 소장 중인 금동불입상의 대좌와 같은 유형일 것이다. 아울러 후지이유린칸의 보살입상은 앞에서 말한 콜카타박물관 소장 간다라 미륵보살과 머리 모양, 영락, 피백, 치맛자락, 수인手印, 지물持物, 대좌 등의 조상 요소에서 모두 고도의 유사성을 보이고 있다. 따라서 중국의 불상 혹은 보살상이 높은 연화대좌 위에 서 있는 형식의 원형은 간다라 조상과 밀접한 관계가 있다고 볼 수 있다.

여기에서 한 가지 지적해야 할 사항이 있다. 남조의 높은 연화대좌는 대체로 단층 연판인 것과 쌍층 연판(즉, 두겹 연판(復瓣)인 것으로 나눌 수 있을 듯하다는 점이다. 이들 중 단층 연판으로 구성된 높은 연화대좌의 형식은 위에서 서술한 일본 교토국립박물관의 금동불입상과 유사하며, 사례로는 성도 상업가에서 출

---

43) 『大正藏』 제03冊, No.0190, "菩薩生已, 無人扶持, 即行四方, 面各七步, 步步擧足, 出大蓮華."
44) 松原三郞, 『中國佛敎彫刻史硏究』(吉川弘文館, 1961년판), 도판3ab.
　　감수자 주: 대좌는 6세기의 것으로 본다.
45) 역자 주: 후지이유린칸(藤井有隣館): 후지이 젠스케(藤井善介, 1873~1943)가 설립한 중국 고미술 주제의 사립 전시관. 교토(京都)에 있으며 1926년 개관하였다.

토된 양梁 천감天監 10년(511) 왕주자王州子⁴⁶⁾ 조상이나 남경 덕기에서 출토된 1~3, 5~6, 8, 9, 16호 등이 있다. 이들 남조 조상에는 불상 외에 보살상도 단층 연판으로 구성된 높은 연화대좌에 서 있는 사례들이 있어 아주 흔히 보이는 형식이다. 쌍층 연판으로 이루어진 높은 연화대좌의 발생 시기는 상대적으로 좀 더 늦겠지만 이 역시 남조 시기에 형성되었을 것이

[4-41] 성도 상업가 출토 양 천감 10년(511) 왕주자 조상(費泳 촬영)   [4-42] 성도 만불사 양 보통 4년(523) 강승 조상 (『四川出土南朝佛敎造像』)

다. 사례로는 성도 만불사萬佛寺 양梁 보통普通 4년(523) 강승康勝의 조상, 덕기 4, 10호 조상, 도쿄예술대학미술관에 소장된 진陳 태건太建 원년(569) 관음입상 등이 있다.

3) 쌍수합장

덕기 1~6, 9, 14, 16호의 작품 9건에는 삼존불이 출현하는데, 주불 양측의 협시보살 또는 제자는 모두 쌍수합장雙手合掌 자세를 취하고 있으며, 아울러 배병에 화불이 출현하면 또한 쌍수합장을 취하고 있다. 화불은 3신身, 혹은 7신의 형식으로 출현하는데 3신 형식이 다수를 차지한다. 이것이 현존하는 덕기 출토 조상의 보편적 현상이다. 삼존불 중에서 주존의 양측 협시가 쌍수합장 자세를 취하는 것이 건강建康에서 창시된 것인지는 아직 확정하기 어렵다. 그러나 배병의 화불이 쌍수합장을 취하는 것은 건강에서 가장 처음 창안된 것이라 할 수 있다.

합장은 또 합십合十이라 하기도 하는데, 후진後秦의 불타야사佛陀耶舍와 축불념竺佛念이 번역한 『장아함경長阿含經』, 유송 시기 구나발타라求那跋陀羅가 번역한 『잡아함경雜阿含經』, 송대 법천法天이 번역한 『불설칠불경佛說七佛經』 등에 모두 이에 관한 기록이 보인다. 이들 경문을 보면, "합장合掌"의 본의에는 "손바닥을 모아 공경하며 한마음으로 우러러 봄"(合掌恭敬一心瞻仰)의 의미가 있으며, 합장을 하는 주체(合掌者)로는 천신(범천), 불제자(아난, 뭇 비구)와 공양인(질다라장자⁴⁷⁾) 등이 있다.⁴⁸⁾

---

46) 역자 주: 王州子는 해당 불상의 조성자로서 재가 신자로 보이며, 불상의 뒷면 발원문에 '왕주자'와 '妻 李慧女'라는 이름이 음각되어 있다.
47) 長者는 『妙法蓮花經玄贊』 권10에 다음과 같이 설명하고 있다. "마음은 평온하고 성품은 곧으며, 말은 신실하고 행동은 도탑고, 나이가 많으며 재물이 가득한 사람을 이름하여 장자라 한다."(心平性直, 語實行敦, 齒邁財盈, 名爲長者.) 경문에서 질다라장자는 공양인의 신분으로 출현하고 있다.
48) 역자 주: 이 부분에서 원문은 필자가 선택한 일반적 용어 뒤에 괄호를 써서 경전에 보이는 용어를 첨부하였는데, 번역에 반영하면 괄호가 여럿 나타나서 복잡하므로 주석에 첨부하면 다음과 같다. "天神(梵天), 佛弟子(阿難, 衆芯芻)和供養人(質多羅長者)."

쌍수합장은 밀교密敎의 수인手印에 등장하는 용어인데, 자세의 세밀한 차이에 따라 "굳고 신실한 마음 합장"堅實心合掌), "허심합장虛心合掌", "귀명합장歸命合掌" 등과 같이 여러 종류로 나뉠 수 있다.[49]

실물 자료를 보면, 쌍수합장은 불교조상에서 고인도보다 중국 불교에서 응용 범위가 더 넓어 보인다. 고인도에서 쌍수합장은 대체로 '천부天部'에서 나타나며, 공양인에 표현되는 것은 소수이다. 그런데 중국에서는 쌍수합장이 천부 외에도 제자, 보살, 붓다 등의 형상에 응용되고 있다.

(1) 붓다가 쌍수합장 자세를 취한 것

붓다가 쌍수합장 자세를 취한 불상 중 중국의 사례로 가장 이른 것은 3세기 손오 시기의 혼병魂瓶까지 거슬러 올라갈 수 있다. 가령 남경 감가항甘家巷에서 출토된 유도혼병釉陶魂瓶이 있다. 이 작품은 기명器皿이 상하 2층으로 나뉘어 있으며 서로 모양이 같은 여러 개의 작은 모인상模印像이 부착되어 있는데, 이들은 모두 쌍수합장 자세를 취하고 있고, 두광頭光, 신광身光, 백호白毫가 장식되어 있으며, 육계肉髻는 명확하지가 않다.

남방에서는 대략 6세기 전반부터 붓다가 쌍수합장하는 표현 형식이 명확히 출현하는데, 덕기에서 출토된 남조 시기 배병에 보이는 작은 화불을 대표로 삼을 수 있다. 한漢-진晉 시기에 번역된 『대방편불보은경大方便佛報恩經』,[50] 『불설보살본행경佛說菩薩本行經』[51]에 "목욕 샘 하나하나마다 일곱 연꽃이 있고, 연화대 위에는 일곱 화불이 있었다"[52], "빛 하나하나마다 보배로운 연꽃이 있고, 꽃 송이송이마다 모두 화불이 있

[4-43] 남경 감가항 출토 유도혼병
(『佛敎初傳南方之路文物圖錄』)

[4-44] 산동 제성 출토 북제 금동불삼존상
(『世界美術大全集: 東洋編 3』)

[4-45] 산동 박흥 출토 수 인수 원년(601) 관세음상(『山東博興銅佛像藝術』)

---

49) 『密敎印圖集』, 日本密敎辭典編纂會, 『密敎大辭典』(法藏館, 1931년판).
50) 『大正藏』 第03册, No.0156.
51) 『大正藏』 第03册, No.0155.
52) "一一浴池有七蓮花, 於花臺上有七化佛."
역자 주: 이 구절은 『대방편불보은경』 권5의 「慈品」 제7의 문구이며, 사리불이 신통력을 보여 1천 두의 보배 코끼리(寶象)를 화

었다"⁵³⁾ 등과 같은 구절이 있는데, 배병 조상 속 작은 화불의 형상은 여기에 근거하였을 것이다.

현존하는 자료로 볼 때 북방에서 화불이 쌍수합장 자세를 취하는 것은 대략 6세기 중엽, 청주靑州 지역에서 출현하는데, 건강(남경) 지역과 비교할 때 발생 시기가 약간 늦은 편이다. 같은 시기에 건강과 청주 외에 중국의 여타 지역에서는 이러한 유형의 사례를 찾기 어렵다. 6세기 중기 이후로 산동山東의 청주 지역, 가령 제성諸城박물관에서 소장하고 있는 북제北齊 금동불삼존상의 경우, 배병 속의 작은 화불 3존은 모두 쌍수합장 자세를 취하고 있다. 그리고 주존 양측의 두 협시보살 또한 쌍수합장 자세를 하고 있는데, 이러한 표현 양식은 덕기 1, 3, 4, 5호 배병의 금동조상과 궤를 같이하는 것이다. 이 현상은 청주의 조상이 남조에서 유래했다는 주장에 대한 보충 자료가 될 것이다.⁵⁴⁾

배병 속의 화불이 쌍수합장하는 것은 남조 진陳 태건太建 원년(569) 보살입상의 두광頭光에서도 볼 수 있다. 남조가 역사 속으로 사라진 뒤 건강(남경)에서 유래한 화불이 쌍수합장하는 표현 형식은 산동山東 지역의 수대隋代 배병금동조상을 통해 이어졌다. 예를 들면, 박흥博興 용화사龍華寺에서 출토된 수隋 인수仁壽 원년(601)에 장견張見이 조성한 관세음상 같은 것이 있다.

배병에 세 존의 작은 불좌상을 장식하는 형식은 중국에서 늦어도 5세기 중기의 남방에서는 이미 출현하였고, 조금 뒤에는 북방의 조상에서도 이런 형식이 나타났다. 다만 기존에 있던 이들 6세기 이전의 작은 불좌상은 모두 선정인을 취하고 있었으며, 아울러 작은 불좌상 아래에 연화좌가 없는 것이 많다.⁵⁵⁾ 덕기의 남조 조상 배병에 출현하는 연화좌에 앉은 화불 3존은 그 이전에 있던 조상의 조합 형식을 계승한 것이겠지만 새로이 창안된 점은 곧 붓다가 쌍수합장 자세를 취하고 있다는 것이며, 이런 형식의 발생 시기는 6세기 전반이거나 그보다 좀 더 빠를 것이다.

한반도의 삼국시대 금동불 조상에서는 남경 덕기와 표현 형식이 아주 유사한 작은 화불을 볼 수 있다. 예를 들면, 김동현金東鉉이 소장하고 있는 고구려 신묘년辛卯年(571)의 명문이 있는 금동무량수불삼존상⁵⁶⁾은 배병에 있는 3존의 작은 화불이 모두 연화좌에 앉아 있으며, 그중 위쪽과 주존 우측 상방에 있는 두 분의 작은 화불은 쌍수합장 자세를 하고 있다. 한국 국립부여박물관에서 소장하고 있는 백제 6세기 후반 정지원鄭智遠이라는 명문이 있는 삼존상에서 배병의 위쪽에 있는 작은 화불은 연화좌에 앉아 있으며 쌍수합장 자세를 하고 있다. 한국 국립청주박물관에서 소장하고 있는 백제 건흥建興 5년(596)이라는 명문이 있는 석가 배병의 삼존상은 작은 화불 3존의 배치 형식이 고구려 신묘명 금동무량수불삼존상과 동일하다. 이들은 모두 연화좌가 표현되어 있는데, 다만 쌍수합장이 아니라 선정인을 취하고 있다.

일본에서 아스카(飛鳥) 시기의 불교조상에서도 작은 화불이 출현한다. 예를 들어 호류지(法隆寺) 무자년戊子年(628) 명문의 석가삼존상은 배병에 다섯 존의 작은 화불이 부조되어 있는데 모두 연화좌가 표현되어 있

현시켰는데, 각각의 보배 코끼리는 7개의 어금니(상아)가 있고, 이 일곱 개의 어금니 각각에 '일곱 개의 목욕 샘'(七浴池)이 있다는 상황이다.

53) "一一光頭有寶蓮花, 一一花上皆有化佛."
역자 주: 이 구절은 『불설보살본행경』 권中의 문구로서, 붓다가 신통력을 보인 것인데 입에서 오색 광채를 내뿜는 상황이다.

54) 費泳, 「"靑州模式"造像的源流」, 『東南文化』 2000년 제3기.

55) 예를 들면 宋 元嘉 28년(451)에 劉國之가 조상한 彌勒佛坐像, 北魏 正始 원년(504)에 조상된 佛坐像, 북위 永平 2년(509)에 조상된 佛坐像 등이 있다.

56) 감수자 주: 신묘명 금동무량수불삼존상은 김동현 씨에서 리움미술관을 거쳐 현재 국립중앙박물관에 소장되어 있다.

[4-46] 고구려 신묘명(571) 금동불삼존상
(『世界美術大全集: 東洋編 10』)

[4-47] 백제 정지원명 불삼존상
(『三國時代佛敎彫刻』)

[4-48] 백제 건흥 5년 삼존상 배병
(『三國時代佛敎彫刻』)

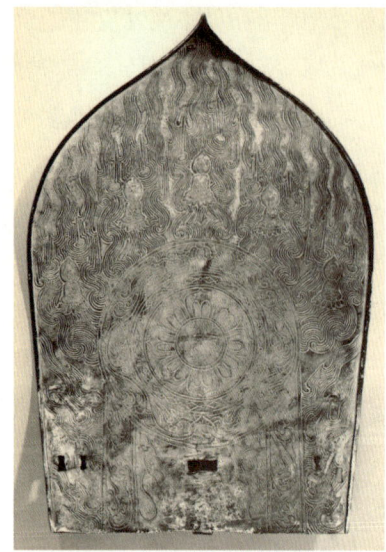
[4-49] 일본 무자년(628) 호류지 석가삼존상배병
(『飛鳥·白鳳の在銘金銅佛』)

[4-50] 호류지 헌납 143호 석가삼존상 배병
(『御物金銅佛像』)

[4-51] 일본 하쿠호 말기 혹은 나라 초기 배병
(『御物金銅佛像』)

고 쌍수합장 자세를 하고 있다. 호류지 헌납유물 143호 석가삼존상은 배병에 일곱 존의 작은 화불이 모두 연화좌에 앉아 있고, 쌍수합장 자세를 취하고 있어 덕기 14와 화불의 숫자 및 조형이 모두 동일하다. 대략 하쿠호(白鳳: 7세기 후반~8세기) 말기 혹은 나라(奈良: 710~784) 초기의 배병에는 그보다 이전에 나타났던 일곱 존의 작은 화불이 연화좌에 앉아 있는데[57], 쌍수합장의 표현 형식 또한 여전히 나타나고 있다.

---

57) 이 배병은 일부가 파손되어 현재는 6존의 작은 좌불만 남아 있다.

요시무라 메쿠미(吉村怜)는 남조 시기에 연꽃에서 천인天人으로 형상이 변화한 것에 대해 창의적인 견해를 제기한 바 있다.58) 그 주장은 "하늘 연꽃(天蓮華) → 변화하여 생겨난 존재(變化生) → 천인天人"이라는 변화 도식으로 요약할 수 있다. 남조에서는 연화에서 천인에 이르는 일련의 변천도상만 창안한 것이 아니라 연꽃과 화불이 조합되는 도상도 처음 창안하였다. 이러한 도상은 간다라 조상과 일정한 관계가 있을 것이다.

[4-52] 요시무라 메쿠미가 제기한 하늘 연꽃에서 천인으로의 변화도(『天人誕生圖硏究』)

[4-53] 스와트 부트카라 출토 연화인물(『涅槃和彌勒的圖像學』)   [4-54] 일본 개인 소장 연화인물(『涅槃和彌勒的圖像學』)

간다라 지역에서는 연꽃 속에 동자를 장식하는 도상을 볼 수 있다. 예를 들어 스와트(Swat) 계곡의 부트카라(Butkara)에서 출토되어 로마 국립동양미술관에 소장 중인 연화인물蓮花人物은 연꽃 속에 한 사람을 새겨 넣었는데, 오른발은 왼발 뒤에 있고 무릎을 꿇고 있다. 또 다른 작품으로 일본의 개인 소장품인 연화인물이 있다. 이 작품에는 연꽃 속에 발을 교차한 동자가 있다. 어떤 연구자는 간다라의 이러한 연화인물 도상은 어쩌면 하포크라테스(harpocrates)59)나 범천, 미륵보살과 관련 있다고 보고 있다.60)

남조 배병의 연화인물은 간다라 지역의 조형과는 차이가 있지만 조상 내용이 모두 연꽃과 붓다라는 점에서 양자는 서로 관련성이 있어 보인다.

(2) 불상 이외의 쌍수합장 조상

중국에 현존하는 불교조상에서 불상 이외의 대상으로서 쌍수합장임이 분명한 사례로는 병령사炳靈寺 169굴에서 나온 보살상과 공양인상이 있는데, 남벽 제22호 감실 주존 좌측의 협시보살, 그리고 북벽 제12호 감실 벽화의 주존 우측의 협시보살과 공양인 등이 모두 쌍수합장 자세를 취하고 있다. 169굴에서는

---

58) 吉村怜, 「雲崗石窟における蓮華生の表現」, 『美術史』 37호(1960); 吉村怜, 「龍門北魏窟における天人誕生の表現」, 『美術史』 69호(1968); 吉村怜, 「南朝天人圖像の北朝及び周諸國への傳播」, 『佛教藝術』 159호(1985).
59) 역자 주: 하포크라테스(harpocrates)의 중국어 표기는 '哈波奎迪斯'인데 그리스 신화에 등장하는 '침묵의 신'이다. 이집트 신화 속 하늘의 신인 호루스(Horus)에서 기원하였다. 호루스는 성인과 아동의 두 가지 형상이 있는데, '하포크라테스'라는 명칭은 '어린 호루스'를 뜻하는 이집트어 'Har-pa-khered'에서 나온 것이다.
60) M. Taddei, "Harpocrates-Brahmā-Maitreya: A Tentative Interpretation of a Gandharan Relief from Swāt", *Dialoghi di Archeologia*, AnnoⅢ, Numero3(1969), pp.364~390; 宮治昭, 「犍陀羅彌勒菩薩的圖像學」, 『涅槃和彌勒的圖像學』(文物出版社, 2009년판).

[4-55] 병령사 169굴 제22호 감실 주존 및 좌협시보살
(『中國石窟雕塑全集 2』)

[4-56] 병령사 169굴 북벽 제12호 감실 벽화(馬德 촬영)

[4-57] 운강석굴 제20굴 정면 벽 주존의 배광 속에 공양하는 천인
(『中國石窟雕塑全集 3』)

[4-58] 운강석굴 제19굴 라훌라 형상
(『中國石窟雕塑全集 3』)

쌍수합장 외에도 쌍수합장을 하고 연꽃을 쥐고 있는 조형도 있는데, 예를 들면 북벽 제11호 감실 벽화에서 주존 좌측의 보살이 그러하다.

불경에서는 쌍수합장 및 손에 연화를 쥐고 있는 것[61]에 대해 각기 언급하고 있는 바가 있다. 그렇지만 고인도 불교조상 중에는 쌍수합장하고서 연꽃을 쥐고 있는 조상의 사례는 찾아보기 어렵다. 그러므로 이러한 형식은 중국에서 탄생한 것이며, 그 시기는 5세기 초보다 늦지 않을 것이다.

병령사炳靈寺 169굴에 출현하는 쌍수합장 자세는 운강석굴 1기 조상에도 이어서 사용되었다. 예를 들어 제20굴 정면 벽과 좌측 벽 주존의 광배 속에 묘사된 공양하는 천인이나 제19굴 남벽 상층부 서측의 라훌라 형상, 그리고 남벽 하층부 서측에 조성된 불감佛龕 외부 서쪽에 있는 보살입상이 그러하다. 운강석굴 1기의 조상 중에는 또 병령사 169굴에서 쌍수합장하고 물건을 쥐고 있는 사례와 유사한 조형도 보인다.

---

61) 손에 연꽃을 쥐고 있는 것과 관련하여 北涼 曇無讖 번역의 『悲華經』에서는 "爾時無畏王子, 手持蓮華上寶藏佛, 作如是言, 世尊, 若我所願成就得己利者, 以佛力故今在佛前, 願我當得悉見種種莊嚴三昧, 復願天雨種種蓮華大如車輪, 遍滿十方如恒河沙世界微塵數等諸佛國土, 亦令我等皆遙見之"(그때 무외왕자가 손에 연꽃을 들고 보장불께 올리면서 다음과 같이 아뢰었다. '세존이시여, 가령 제가 소원성취하여 제 자신의 이익을 얻는다면, 붓다의 힘으로써 지금 붓다 앞에서 원컨대 갖가지 장엄삼매를 볼 수 있게 하시고, 하늘에서 갖가지 수레바퀴처럼 큰 연꽃이 비처럼 내려서 시방항하의 모래알처럼 많은 세계의 티끌처럼 많은 모든 불국토에 가득하게 된 것을 또한 저희들이 모두 멀리서 볼 수 있게 해 주십시오)라 하였다. 또 後秦의 鳩摩羅什이 번역한 『佛說千佛因緣經』에는 "時千童子聞佛因緣, 各持蓮華以供養像頂禮像足"(이때 1천 동자가 붓다의 인연을 듣고 각각 연꽃을 들어 불상에 공양하고 불상의 발에 정례를 올렸다)이라고 하였다.

예를 들어 16굴 남벽 중층 동쪽의 감실 내부에서 우측의 공양하는 천인은 손에 연꽃을 쥐고 있는데, 꽃잎까지 아주 선명하게 조각되어 있다.

용문석굴과 공현鞏縣석굴에서도 쌍수합장의 많은 조상 사례를 볼 수 있는데, 이들 중 다수는 불제자, 협시보살 혹은 공양인 신분으로 출현한다. 예를 들어, 용문 고양동古陽洞 북벽 중층 제2감실의 공양인상, 고양동 북벽 중층 제4감실의 공양하는 비구상, 자향동慈香洞 정면 벽 주존 양측의 제자상, 보태동普泰洞 전면 벽 북측 삼존상의 우협시보살 등이 여기에 해당한다. 공현석굴은 폐굴된 제2굴 외에 나머지 제1, 3, 4굴에 모두 쌍수합장의 조상들이 있다.[62] 마찬가지로, 병령사 169굴 및 운강석

[4-59] 용문석굴 고양동 북벽 공양인상(『中國石窟·龍門石窟』)

[4-60] 용문석굴 보태동 전면 벽 북측 삼존상의 우협시보살 (『中國石窟·龍門石窟』)

[4-61] 용문석굴 빈양중동 북벽 공양하는 천인상 (『中國石窟·龍門石窟』)

[4-62] 용문석굴 황포공동 북벽의 공양하는 보살 (『中國石窟·龍門石窟』)

굴에서 출현한 쌍수합장하고 물건을 쥔 조형은 또 용문의 조상으로 계승되었다. 예를 들어 빈양중동賓陽中洞 북벽 내측 상부에 있는 공양하는 천인상은 합장하고 있는 손 사이에서 한 가지의 연꽃이 생겨 나오고 있다. 이와 유사한 것으로 황포공동皇甫公洞 북벽의 석가불상과 다보불상 감실 우측에 있는 공양하는 보살의 경우 두 손바닥 사이에서 생겨나고 있는 연화의 중앙에 이미 연방蓮房이 드러나고 있다. 같은 굴 서북 모퉁이 상부에 한 세트의 제자상이 새겨져 있는데, 모두 쌍수합장 자세를 취하고 있다. 그중 윗줄의 왼쪽에서 첫째와 둘째 위치에 놓인 두 제자상은 각기 손에 연화와 연뢰蓮蕾를 하나씩 들고 있다. 6세기 중기 이전의 북방 불교조상에서는 쌍수합장 자세가 대체로 비구나 보살, 혹은 공양인의 표현에 활용되었는데, 이러한 유형의 표현 형식은 6세기 중엽까지 남·북방에서 아주 보편적으로 응용되었다.

고인도의 불교조상에서 쌍수합장은 천인 혹은 공양인의 내용에만 등장한다. 간다라 지역에서 대략 1세기 말에 건축된 것으로서 파테푸르 시크리(Fatehpur Sikri)에서 출토된 석탑石塔에는 탑 기단을 빙 둘러 13편의 불전 고사가 부조되어 있다. 이 중 대다수 그림에는 쌍수합장하고 있는 천신 형상이 등장하는데, 이들 천신은 붓다를 둘러싸고 공손하게 쌍수합장하고 있는 자세를 취하고 있다. 예를 들어, 「범천권청도梵天勸請圖」의 경우 석가의 좌우 양측에 각기 범천梵天과 제석천帝釋天이 시립하고 있는데, 모두 쌍수합장 자세

---

62) 陳明達·丁明夷 主編, 『中國美術全集: 雕塑編 13』(文物出版社, 1989년판), 15·21·27·31쪽.

이다. 폐샤와르(Peshawar)[63] 샤지키데리(Shāh-ji-ki-Dheri)의 카니슈카 사리함(앞 그림 1-20)의 경우, 사리함 뚜껑의 주존불 양측에 범천과 제석천이 시립하고 있는데 모두 쌍수합장 자세를 하고 있다. 이 사리함 제작 시기의 하한선은 대략 3세기 초일 것이다.[64]

마투라 지역의 마홀리(Maholi)에서 출토된 2세기 석가보살좌상은 보살 양측에 공양인 세 명이 있는데, 모두 쌍수합장하고 있다. 이와 함께 마투라박물관에 소장되어 있고 칸카리 틸라(Kankali Tila)에서 출토된 2세기 불전 고사 '이용 관수二龍灌水'[65]에서 두 마리 용을 대표하여 석가 양측에 서 있는 인물도 쌍수합장 모습을 보이고 있다.

[4-63] 아마라바티에서 출토된 석주 부조 「석가 최후의 여행」
(『涅槃和彌勒的圖像學』)

남인도 아마라바티(Amaravati)에서 출토된 약 2세기의 석주에는 「석가 최후의 여행」이 부조되어 있는데, 나무 앞에 한 사람이 두 손으로 어린아이를 안고 있고 또 한 사람은 쌍수합장 형상을 보이고 있다. 석주의 명문에는 "자녀를 많이 낳게 하는 성스러운 나무/바이샬리의 여러 성스러운 나무"(多子聖樹/毗舍離諸聖樹)로 되어 있다. 이 성스러운 나무는 석가가 바이샬리를 지나갈 때 보았던 여섯 그루의 성스러운 나무 중 세 그루이며, 그중에 한 그루가 자손을 많이 점지하는 성스러운 나무인데, 민간의 성스러운 '나무 신앙'을 구현한 것이다. 쌍수합장하고 있는 사람, 자손 점지하는 성스러운 나무, 그리고 나무 앞에서 아기를 안고 있는 사람으로 구성된 도상은 공양인이 자녀를 바라고 있다는 함의를 지니고 있다.[66]

쌍수합장의 유래는 불교 경전에서 근거를 찾을 수 있다. 고인도에서 출토된 대략 2세기의 불교조상 중에서 이미 나타나기 시작하였고, 현존하는 실물 자료로 보면 범천, 제석천, 용 등과 같은 천신이나 공양인 등에게서 구현되었다. 이러한 쌍수합장을 붓다의 제자, 보살 및 화불 등에 응용한 것은 중국에서 창안한 것이다. 남경 감가항에서 출토된 3세기의 혼병에는 쌍수합장하는 인물 조형이 이미 출현하고 있다. 이것은 남방 지역이 이러한 개조에 비교적 일찍 관련되었음을 나타내며, 덕기광장에서 출토된 금동배병조상에 출현하는 쌍수합장 조상은 어느 정도는 기존 제도가 이어진 것으로 볼 수 있다.

---

63) 역자 주: "Peshawar"는 현재 파키스탄의 도시로서, 파키스탄 북서부 카이베르파크툰크와(Khyber Pakhtunkhwa)주의 주도이다.
64) 이 사리함이 탑의 내부에서 발굴된 것이 아니라 탑의 측면에서 발견되었기 때문에 이 작품은 카니슈카가 2세기 혹은 3세기에 제작한 후 추가로 탑에 봉안한 것이라 보기도 한다. 적어도 간다라 후기(대략 140~230)의 작품으로 볼 수 있다.
65) "두 마리 용이 물을 뿌리다."
『本行經』에는 아홉 마리 용이 물을 뿜어 태자를 목욕시켰다는 이야기가 있는데, 칸카리 틸라에서 출토된 이 작품에는 단지 두 마리의 용이 붓다를 목욕시키는 것으로 표현되었다.
66) 宮治昭, 『涅槃和彌勒的圖像學』(文物出版社, 2009년판), 71~73쪽.

4) 배병삼존상背屏三尊像, 일광불삼존상一光佛三尊像

덕기에서 출토된 남조 금동조상은 거의 예외 없이 '주형 배병을 한 삼존상'(舟形背屏三尊像)의 형식을 이루고 있으며, 내용은 1불 2보살, 3보살, 1보살 2제자를 포괄하고 있다.[67] 배병삼존상이 이처럼 집중적 출현 양상을 보이는 것은 건강(남경) 지역 불교조상이 6세기 전반에 존재했던 일종의 기본적 표현 형식을 반영한 것으로 보아야 한다.

현존하는 북방 십육국에서 북조 시기의 금동배병조상은 독존상이 다수를 차지한다. 이 외에 2존의 불상이 나란히 앉아 있는 '이불병좌상二佛竝坐像'도 많이 보이는데, 배병삼존상은 결코 주류가 아니다. 덕기에서 출토된 남조금동조상은 삼존상이 가장 흔히 보이는 형식이므로, 이것이 남북의 차이를 보이는 것이다.

중국에서 삼존상 제작에 관한 문헌 기록으로 비교적 이른 시기의 것으로는 당唐 도세道世의 『법원주림法苑珠林』에 동진東晉의 대규戴逵가 "무량수불과 협시보살상을 만들었다"는 기록이 있는데, 장원언의 『역대명화기』를 보면 대규가 단지 1불 2보살의 목상木像만을 만든 것이 아니라 1불 2보살의 동상銅像도 만든 것으로 되어 있다[68]. 이 외에 법림法琳의 『변정론辯正論』에는 대규가 신광身光을 지닌 다섯 구軀의 협저상夾紵像[69]을 만들었다고 하였다.[70] 『법원주림』과 『역대명화기』에서 대규가 "무량수불과 협시보살상을 만들었다", "일찍이 무량수불 목상을 지었는데 높이가 1장 6척이었고, 아울러 보살상도 함께 만들었다"고 한 것은 틀림없이 조위曹魏 시기 강승개康僧鎧가 번역한 『불설관무량수불경佛說觀無量壽佛經』에 나오는 "서방삼성西方三聖" 즉, 무량수불無量壽佛과 관세음보살, 대세지보살大勢至菩薩로 이루어진 삼존상 조합일 것이다.

쿠샨시대 간다라 지역의 삼존상은 도상 구성이 다양하였다. 그래서 붓다와 범천, 제석천으로 이루어진 조합이 있는가 하면, 붓다와 미륵보살, 관세음보살의 조합도 있고, 붓다와 한 쌍의 관세음보살로 이루어진 조합 등이 있었다. 동 시기에 마투라에서도 붓다와 신분이 불명확한 한 사람으로 이루어진 조합이 나타났다.[71] 간다라에서 조성 시기가 비교적 이른 것으로 카니슈카 사리함이 있는데, 이 사리함의 덮개에 삼존상이 입상으로 표현되어 있다. 주존의 경우 불상이 갖는 일련의 특징, 예컨대 육계, 자태, 법의 주름 등

---

67) 덕기의 남조 金銅背屏三尊像 중에 8건은 비교적 온전하게 전해졌지만 덕기 13호는 주존이 소실되었고, 두 협시보살 또한 일부 손상되었다. 덕기 7, 8호도 원래는 배병의 주존이었을 것이다.

68) 張彦遠, 『歷代名畫記』, "대규는 기묘한 생각이 있는 데다가 또 불상의 주조 및 조각에 뛰어났다. 일찍이 무량수불 목상을 지었는데 높이가 1장 6척이었고, 아울러 보살상도 함께 만들었다. 대규는 기존의 기법이 투박하고 졸렬하여 신도들에게 공개하여 공경을 표하게 할 때 감동시키기에 부족하다고 생각하였다. 그래서 조용히 장막 뒤에 앉아 사람들이 평론하는 것을 은밀히 들었으며, 자신이 들은 칭찬과 비판의 말에 근거하여 상세히 연구하고 생각하여 3년 동안 조각한 끝에 마침내 완성하여 산음현 영보사에 안치하였다.…… 이 외에도 대규가 직접 주조한 동불과 2보살이 오늘날에도 고 낙양성 백마사에 있는데, 수 문제 때 형남 흥황사에서 가져온 것이다."(達旣巧思, 又善鑄佛像及雕刻, 曾造無量壽佛像, 高丈六, 幷菩薩. 逵以古制朴拙, 至于開敬不足軌心, 乃潛坐帷中, 密聽衆論, 所聽褒貶, 則加硏詳精思, 三年刻像乃成, 迎至山陰靈寶寺.……今亦有逵手鑄銅佛幷二菩薩, 在故洛陽城白馬寺, 隋文帝自荊南興皇寺取來.)

69) 역자 주: '夾紵'의 직역은 '저마, 삼베로 끼우다'로서 이때 '끼우다'(夾)라는 것은 칭칭 감는 것을 말한다. 진흙으로 소조한 다음 삼베를 감고 옻칠하는 것을 여러 번 반복한 뒤, 속의 진흙은 파 내고 겉만 남기는 제작법이다.

70) 法琳의 『辯正論』에는 대규가 "학문과 예능에 우수하게 정통하였으며, 초은사를 건설하면서 직접 다섯 분의 협저상을 만들었는데 모두 상호가 비할 데 없었으며 항상 몸에서 광채를 내고 있었다"(學藝優達, 造招隱寺, 手制五夾紵像, 幷相好無比, 恒放身光)라고 되어 있다.

71) 고인도의 삼존상에 관하여는 다음 참조. Marshall and A. Foucher, "The Monuments of sānchī", *Calcutta*, 1940, Vol. Ⅱ; 高田修, 「ガンダーラ美術における大乘の徵証—彌勒と觀音像」, 『佛教藝術』 125호(1979); 宮治昭, 「佛像の起源和秣菟羅造像」, 『東南文化』 1992년 제5기.

[4-64] 교토국립박물관 소장 화문대불수경(『古鏡』)

이 표현되어 있어 사천 지역에서 보이는 한위漢魏 시기의 같은 종류 조상의 원형으로 볼 수 있다. 불상 좌우 양측 협시의 신분에 대해 기존의 고증을 따르면 범천과 제석천[72]인데, 이러한 도상의 근거는 불본행佛本行 이야기 중에 보이는 "범천과 제석천이 붓다께 예배한다"라는 부분일 것이다.[73]

중국에서 현존하는 가장 이른 시기의 불삼존상은 남경박물원에 소장 중인 작품으로 사천 펭산彭山의 한대 분묘에서 출토된 요전수搖錢樹 받침대에 구현된 삼신조상三身造像(앞 그림 1-14)이다. 이것은 의심의 여지없이 1불 2협시의 조합인데, 주존은 불상이지만 두 협시의 신분에 대해서는 의견이 갈린다. 그래서 일부에서는 대세지보살과 관세음보살이라 하고[74], 또 일부에서는 길조가 있기를 기원하는 일반 인도인(胡人)이라고 한다[75]. 지금 보면 이것은 덕기 16호의 두 협시 제자와 모습이 아주 유사한데, 특히 입고 있는 옷의 옷깃이 교차한다는 점에서는 한족화(漢化)된 특징이 보인다. 대략 3세기를 전후하여 오 지역의 장인들이 만든 동경銅鏡에서도 삼존상의 조합이 나타난다. 예를 들어, 교토국립박물관에 소장된 화문대불수경畫紋帶佛獸鏡[76], 도쿄국립박물관에 소장된 오카야마현(岡山縣) 오보산(王墓山) 고분 출토의 불식동경佛飾銅鏡(불상 장식이 있는 동경)은 거울 뒷면에 조성된 네 세트의 조상 중에 두 세트가 모두 삼신상이다. 이 두 건의 작품 중에서 반가사유보살은 확정할 수 있으나[77] 주존 및 또 다른 협시의 신분은 붓다인지 보살인지 확정하기 어렵다. 그러나 이처럼 확정하기 어렵다는 사실 또한 당시 중국 내의 불교 삼존상의 구체적 표현 형식이라 할 수 있다.

병령사 169굴 제6호 감실의 삼존상은 먹으로 쓴 제기題記가 있는데, 주존은 무량수불, 좌협시는 대세지보살, 우협시는 관세음보살임이 명시되어 있다. 이것은 일찍이 대규가 만든 적이 있는 서방삼성西方三聖의 내용이기도 하다. 여기에서 한 가지 주의할 점은 이 삼존상이 미소 짓는 얼굴을 하고 있다는 것, 그리고 보살의 얼굴이 이미 여성화되어 있다는 점이다. 이 두 요소는 고인도에 존재했던 것이 아니며 중국에서 창안한 것이다. 169굴에서는 제6호 감실의 삼존상 외에도 삼존상의 다양한 표현 형식들이 있는데, 조상의

---

72) 栗田功, 『ガンダーラ美術Ⅰ佛傳』(二玄社, 1988년판), 31쪽.
73) 闍那崛多 역, 『佛本行經』(『大正藏』第03册, No.0190), "이때 또 한량없고 끝없는 모든 하늘들 천만 억과 사바세계의 주인, 대범천왕 및 제석천왕 등이 모두 다 크게 기뻐하였으니, 온몸 가득 기쁨에 차 어쩔 줄 몰라 하며 열 손가락 모아 합장하고 보살에게 정례하였다."(爾時復有無量無邊諸餘天等, 千萬億數, 娑婆世主, 大梵天王, 及帝釋等, 皆大歡喜, 乃至遍體, 不能自勝, 合十指掌, 頂禮菩薩.)
역자 주: "娑婆世主, 大梵天王": 필자의 구두점을 따르면 '사바세계의 주인'과 '대범천왕'은 별개의 주체(사람으로 비유하면 '두 사람')인데, 여타 경전의 註를 보면 '대범천왕'이 곧 '사바세계의 주인'이다.
74) 俞偉超, 「東漢佛敎圖像考」, 『文物』1980년 제5기.
75) 吳焯, 「四川早期佛敎遺物及其年代與傳播途徑的考察」, 『文物』1992년 제11기.
76) 水野清一, 『中國の佛敎美術』(平凡社, 1966년판), 20~27쪽; 王仲殊, 「關于日本的三角緣佛獸鏡」, 『考古』1982년 제6기; 徐苹芳, 「三國兩晉南北朝的銅鏡」, 『考古』1984년 제6기.
77) 간다라에서 반가사유상은 싯다르타 태자, 마왕, 관세음보살 등에 채용되고 있다. 한전불교문화권에서 반가사유상은 미륵보살의 계보를 형성하고 있다. 宮治昭, 『涅槃和彌勒的圖像學』(文物出版社, 2009년판), 268~291쪽 참고.

조합으로는 1불 2보살, 1불 1보살 1천왕, 3불 등이 있다.

외부에서 전래되어 온 불교 삼존상의 표현 형식이 동한과 서진 시기에 요전수나 동경에 응용되었고, 동진 시기에 와서는 대규의 중요한 표현 내용이 되었으며, 남조 건강에서는 6세기 전반에 대량의 금동삼존상이 출현하였다. 각기 다른 역사적 단계들에서 모두 남방의 장강 유역이 삼존상의 표현에서 갖는 특수한 입지와 영향력을 드러내고 있는 것이다.

5) 삼계三髻・사계四髻와 삼주관三珠冠

남경 덕기에서 출토된 남조 불교조상 중에는 보살이 상투를 두 개 올린 것 외에 세 개의 상투와 네 개의 상투를 한 조상들이 있다. 상투가 세 개인 것으로는 덕기 1, 4, 5, 9호 주존 우측의 협시보살, 덕기 2, 3호 좌측의 협시보살이 있다. 상투가 네 개인 것으로는 덕기 5호의 좌협시보살, 덕기 10호의 보살 등이 있다.

보살의 상투가 세 개인 것은 산동山東 청주靑州 지역 및 맥적산麥積山석굴에서 출토된 북위 시기의 조상에서 볼 수 있는데, 예를 들면 청주 칠급사七級寺에서 출토된 여래삼존상의 우협시보살, 맥적산석굴 제163굴 좌측 벽의 주존 보살 등이 있다. 이 외에 해동 지역에서도 보이는데, 일본의 경우는 네즈(根津)미술관에서 소장하고 있는 하쿠호(白鳳)시대 금동보살입상이 있고, 한반도의 경우는 국립중앙박물관에 소장하고 있는 금동보살입상이 있다. 상투가 세 개인 한반도의 보살상은 덕기 10호 보살과 형태상 아주 유사하다.

보살의 상투가 네 개인 것은 청주 지역 북조 불교조상 중에서도 볼 수 있다. 예를 들면 박흥博興 용화사龍華寺 유적지에서 출토된 동위東魏 보살입상[78]이 있는데, 이 입상은 머리 부분의 장식 조형이나 자태가 덕기 10호 보살입상과 궤를 같이하고 있다. 청주 칠급사에서 출토된 불삼존상佛三尊像 중에서 주존 좌측의 보살이 정수리에 네 개의 상투를 하고 있다.[79] 일본에서는 아스카시대 후기의 작품에서 보살이 정수리에 네 개의 상투를 하고 있는 예를 볼 수 있는데, 예를 들면 호린지(法輪寺)의 허공장보살상虛空藏菩薩像이 있다.

한전불교문화권에서 보살의 상투가 이처럼 다양하게 나타나는 것에 대해서는 그 원인을 고찰해 볼

[4-65] 국립중앙박물관 소장 금동보살입상
(『三國時代佛敎彫刻』)

[4-66] 라호르박물관 소장 간다라 미륵보살상
(『涅槃和彌勒的圖像學』)

---

78) 張淑敏, 『山東博興銅佛像藝術』([臺北]藝術家出版社, 2005년판), 81쪽.
79) 이 보살의 정수리에는 네 개의 상투가 있는데, 그중 좌측에 있는 상투 하나는 파손된 상태이다. 다음 참조. 劉鳳君, 『山東佛像藝術』(文物出版社, 2008년판), 85쪽.

필요가 있다. 간다라 지역에서 미륵보살의 상투는 "∞" 모양을 띠는데, 외관상 쌍상투(雙髻)와 비슷하게 보일 수 있다. 예를 들면 라호르(Lahore)박물관에 소장 중인 간다라 미륵보살이 그러하다. 대략 2세기에서 6세기의 미륵보살은 기본적으로 모두 비교적 일정한 조형 양식을 보이고 있다. 예컨대, 콧수염을 조금 기르고 있으며, 목에 장식을 두르고 있고, 하반신에는 치마를 입고 있으며 상반신에는 천의天衣를 입고 있고, 왼손에는 병을 쥐고 있으며 오른손은 위로 들고 있는 점 등이 그러하다. 이러한 예로 로스앤젤레스미술관 소장품으로 카슈미르(Kashmir)에서 출토된 6세기 미륵보살이 있다.[80] 여기에 대해 미야지 아키라(宮治昭)는 "미륵보살의 머리 모양을 분석해 보면 대체로 땋은머리형식(束髮式)과 상투식(髮髻式)의 두 종류로 나눌 수 있는데, 이 두 기본 형식의 변화형은 다시 분류해야 한다. 이런 다양한 머리 모양은 비록 서방의 영향을 받은 것이겠지만, 추측건대 기본적으로는 바라문 행자들의 다양한 머리 모양에서 기원할 것이다"라고 생각하였다.[81] 그 사례로 제시된 바라문 행자들의 머리 모양 중에는 상투식과 땋은머리형식에서 변화되어 나온 정수리나비매듭형(頂結蝴蝶結形)이 포함되어 있다.

쿠샨시대에 간다라와 동시에 발달한 마투라 지역의 미륵보살은 두 손의 자세와 의상이 간다라의 미륵보살과 유사하다. 그 머리 모양에 대해서 미야지 아키라는 육계 없는 나발(無肉髻螺髮), 발계관髮髻冠, 보관 형태의 관장식(寶冠形冠飾)으로 귀납하였다.[82] 이 중에서 발계관은 땋은머리형식이기도 하다. 그래서 조형이 간다라 미륵보살의 땋은머리형식과 좀 유사한데, 다만 "∞"형의 외관이 없고, 상투가 평평하면서 넓고 큰데, 그 위에 선을 몇 가닥 새겨 넣어 땋은형식임을 표시하고 있다. 예를 들어 러크나우(Lucknow)박물관에 소장 중인 마투라 출토의 미륵보살좌상이 있다.

이제 다시 시선을 중국으로 돌려 보면, 대략 동진·십육국 시기에 조형적인 유형이 같은 일련의 금동미륵보살입상이 출현하였다. 이들 조상의 조형적인 특징은 간다라 미륵조상과 같은 유형으로서, 어쩌면 당시 중국에 들어와서 살던 호인胡人들이 예불 올리던 조상일 수 있을 것이다.[83] 이것은 간다라 미륵보살이 중국에 전래된 후 머리 모양의 변화 양상을 고찰하는 데 근거 자료를 제공할 수 있다. 사례로는 후지이유린칸에 소장 중인 미륵보살입상(앞 그림 2-46)이 있고, 고궁박물원 소장의 미륵보살입상이 있는데, 이 두 미륵보살상은 모두 기년 표시가 없지만 일반적으로는 4세기의 유물로 보고 있다.[84] 이 두 보살의 정수리 상투는 여러 가닥 땋은선의 집합 형태로 이루어져 있는데, 후지이유린칸의 미륵보살은 정수리 상투 부분의 가운데가 대략 "凹" 모양으로 함몰되어 있어 간다라 미륵보살의 "∞"형을 유지하고는 있으나, 다만 그 모양이 아주 분명하지는 않다. 고궁박물원에서 소장하고 있는 미륵보살은 정수리 상투의 땋은머리에서 "∞" 모양의 흔적이 완전히 사라져서 세 개의 상투처럼 되었다. 이들 두 미륵상은 비록 일정한 조형상의 기본 틀이 있었지만 머리카락 상투의 표현에 있어서는 원형에서 벗어난 것이다. 따라서 앞에서 말했던 것 중에 간다라 보살이 갖는 나비형 상투와 마투라 보살의 발계관에서 이들 상투에 표현된 여러 가닥의 땋은

---

80) 이 보살은 상반신에 天衣를 걸치지 않고 있으며 왼쪽 어깨에 사슴 가죽을 걸치고 있다.
81) 宮治昭, 『涅槃和彌勒的圖像學』(文物出版社, 2009년판), 237쪽.
82) 宮治昭, 『涅槃和彌勒的圖像學』(文物出版社, 2009년판), 302쪽.
83) 宿白, 「四川錢樹和長江中下游部分器物上的佛像」, 『文物』 2004년 제10기.
84) 大村西崖, 『支那美術史彫塑篇』(國書刊行會, 1972년판), 도판820; 松原三郎, 『中國佛敎彫刻史硏究』(吉川弘文館, 1961년판), 도판1; 林樹中主 編, 『中國美術全集: 雕塑編 3—魏晉南北朝雕塑』(人民美術出版社, 1988년판), 도판27.

머리 구조가 중국으로 전파되는 과정에서 네 개의 상투 또는 다섯 개의 상투 등으로 변화되었다고 보는 것도 완전히 가능한 것이다.

보살이 삼주관을 장식하고 있는 것은 기존에 북조 불교조상에서는 흔히 보였으나 남조에서는 드물게 보였던 것이다. 그런데 덕기 5, 6, 9, 16호 배병에 등장하는 보살은 모두 머리에 삼주관을 쓰고 있다. 그 외관상 특징으로는 상투보다 좀 더 높게 솟고 비교적 큼지막한 세 개의 구슬형 구조가 보관 위에 끼워져 있다는 점이다. 이것은 삼주관이 쌍계(두 개의 상투), 삼계(세 개의 상투), 사계(네 개의 상투)와 함께 대략 6세기 전반에 건강(남경)의 보살 조상에서 비교적 유행했던 관冠과 상투의 표현 형식임을 나타내는 것이다.

삼화관三花冠과 삼주관三珠冠은 외형이 아주 유사하여 모두 세 개의 원형 물체를 관의 윗부분에 장식하였다는 공통점이 있는데, 차이점이라면 거의 동일 평면상에 위치한 세 개의 원형 물체가 하나는 구슬형이고 하나는 꽃모양이라는 점이다. 일본 미야기(宮城)[85] 후나가타산(船形山) 신사神社에 보살입상이 있는데, 이에 대해 구노 다케시(久野健)는 이 보관이 "삼화관"[86]이라 하였다. 이 보살입상은 일반적으로 한반도에서 삼국시대에 전래된 것으로 보고 있다. 한반도에서 대략 7세기에 조성된 보살상에도 이와 유사하게 세 개의 꽃송이형 물체로 구성된 보관이 출현한다. 또 북위 영안永安 3년(530)의 보살입상이나 일본에서 개인이 소장 중인 동위 금동보살입상에도 유사한 삼화관이 보인다.

기존의 덕기 출토 조상들 중에서는 아직 삼화관이 출현하는 예는 보이지 않는다. 그러나 이러한 관모 양식이 장강 유역에서 유래하였는지에 대해서는 주의할 필요가 있다. 사천 충현忠縣의 삼국시대 애묘崖墓

[4-67] 일본 미야기 후나가타산 신사 보살입상(『古代小金銅佛』)

[4-68] 사천 충현 출토 삼국시대 토용 (『佛敎初傳南方之路文物圖錄』)

[4-69] 막고굴 제272굴 주존 우측의 협시보살 (『中國敦煌壁畵全集 1』)

---

85) 역자 주: '宮城'의 원문은 '宮成'으로 되어 있는데 오자이다.
86) 久野健, 『古代小金銅佛』(小學館, 1982년판), 146쪽.

(절벽에 굴을 뚫어 조성한 묘)에서 백호상白毫相을 지닌 토용이 발굴된 바 있다.[87] 이들 중 몇 개는 세 개의 상투에 각기 꽃 한 송이씩을 꽂고 있는 표현 양식을 보이고 있는데, 외관상 삼화관과 비슷해 보인다. 비교적 이른 시기에 남방에서 출현하였으며, 아울러 불교의 영향을 받은 이들 토용에 보이는 세 송이 꽃의 머리 장식 조형은 그보다 뒤에 나타난 보살의 삼화관과 조형 면에서 유사성을 보이므로 양자 사이에는 어떤 전승 관계가 존재할 것이다.

막고굴의 경우 삼주관은 조기 석굴 벽화에 등장하는 보살 보관의 거의 유일한 표현 양식이다. 예를 들어 제272굴 주존 양측의 협시보살은 머리에 삼주관을 쓰고 있으며, 그 외에도 "보관 양측에 돌출된 물체"가 있다. 제275굴에서 정벽 주존 양측의 협시보살과 공양보살도 모두 삼주관을 쓰고 있다.

여기에서 지적해야 할 것은 막고굴의 벽화에 그려진 보살의 삼주관과 소조상으로 제작한 보살이 쓰고 있는 보배관은 형식 면에서 완전히 같은 것은 아니라는 점이다. 벽화 속 삼주관에 보이는 세 개의 둥근 구슬은 대체로 같은 평면에 놓여 있는 반면, 소조상 속 보배관의 구슬 세 개는 3면에 각기 나뉘어 놓여 있다. 예를 들면 제275굴 정벽의 주존인 교각미륵보살상의 보관은 외형이 원통형이다. 이러한 형식의 보배관은 막고굴 소조상 중에서 비교적 흔히 보인다. 또한 비교적 장시간 지속되어 수대隋代의 보살에서도 나타나며, 아울러 운강석굴, 용문석굴, 맥적산석굴 등의 조기 보살 조상에서 가장 흔히 보이는 보관 형식이기도 하다. 지금 가장 판단하기 어려운 문제는 막고굴의 벽화에 보이는 보관과 소조상에 보이는 보관의 모양에 차이가 생긴 원인에 관한 문제이다. 막고굴 벽화의 삼주관과 덕기 보살의 삼주관을 비교해 보면, 형태가 서로 유사하다. 가령 막고굴 조기에 형성된 268호, 272호, 275호 세 개의 굴[88] 및 맥적산석굴의 제74호, 78호굴이 운강석굴의 제1기 굴보다 늦게 조성되었다는 관점에서 본다면, 막고굴의 소조 보살상에서 유행한 보관의 형식은 운강석굴 1기 조상의 영향을 받았을 수 있으며, 그 길을 따라 맥적산석굴에도 파급되었을 수 있다.

북조에서 특히 6세기 전반 이후의 소조상에서는 막고굴의 벽화에 보이는 삼주관과 비슷한 표현 형식이 나타나기 시작하였다. 예를 들면 북위 영안永安 3년(530)의 보살입상이 있다. 이 유형의 삼주관은 수대隋代에 이르기까지 계속 출현하는데, 예를 들면 일본에서 개인이 소장하고 있는 수 개황開皇 16년(596) 금동관세음보살입상[89]이나 산동 박흥博興 용화사龍華寺 유적지에서 출토된 수대 보살입상 등이 있다.

해동 지역의 경우, 삼화관과 삼주관은 한반도에서 많이 보이는 듯하다. 현존하는 사례로 삼화관의 경우는 앞에서 예시한 쌍신보살조상(兩身菩薩造像)이 있고, 삼주관으로는 호암미술관湖巖美術館(현재는 국립중앙박물관

---

87) 四川省文物管理委員會, 「四川忠縣涂井蜀漢崖墓」, 『文物』1985년 제7기; 黃文昆 編, 『佛敎初傳南方之路』(文物出版社, 1993년판), 108~109・111~113쪽.
88) 제268, 272, 275굴은 막고굴에서 현존하는 가장 이른 시기의 굴인 것으로 공인되고 있다. 이들은 모두 紀年 표기가 없는데, 이들 세 굴의 조성 시기에 대해 대체로 "北涼說"과 "北朝說"로 나눌 수 있다. "북량설"을 주장하는 논문으로는 樊錦詩・馬世長・關友惠, 「敦煌莫高窟北朝洞窟의 分期」, 『中國石窟・敦煌莫高窟 1』(文物出版社, 1982); 段文傑, 「八十年代의 敦煌石窟硏究」, 『中國文物報』제40기(1988.10.7); 馬德, 『敦煌莫高窟史硏究』(甘肅教育出版社, 1996) 등이 있고, "북조설"의 관점으로는 宿白, 「莫高窟現存 早期洞窟의 年代問題」, 『中國文化硏究所學報』제20권(1989); 黃文昆, 「十六國의 石窟寺與敦煌石窟藝術」, 『文物』1992년 제5기 등이 있다.
89) 이 조상의 기년 명문에는 '觀世音'으로 명시되어 있는데, 받침대의 네 다리에 적힌 명문은 다음과 같다. "(수나라) 개황 16년(596) 병진년 2월 22일, 중생 유양이 사승과 부모 및 권속을 위하여, □이 중생이 관세음상 1구를 공경하는 마음으로 조성하였습니다. □술일, 구각."(開皇十六岁次丙辰二月廿二日衆生劉樣爲師僧父母及眷属□衆生敬造觀世音象一區□戌丘覺.) 『東アジアの金銅佛―中國・韓國・日本』(大和文華館, 1999년판), 圖47 참고.

소장)에서 소장하고 있는 6세기 금동보살삼존상이 있는데, 이 배병상은 덕기 16호와 극히 유사하다. 주존 보살이 머리에 삼주관을 쓰고서 왼손의 손가락 두 개를 아래로 뻗고 있으며 X자형 피백을 두르고 있는 경우이든, 아니면 좌우의 협시 제자들이 쌍수합장을 하고 있는 경우이든 관계없이 배병 삼존상은 모두 남조에서 그 연원을 찾을 수 있다. 이 외에 또 계미명(563) 금동불삼존상의 두 협시보살, 국립부여박물관에 소장된 백제의 6세기 금동보살입상, 국립중앙박물관에 소장 중인 대략 6세기 중엽 백제의 보살입상 등이 있다. 이렇게 보면 한반도에서 보살이 삼화관이나 삼주관을 쓰는 양식이 유입된 경로는 직접 남조에서 건너왔거나 혹은 청주靑州를 거쳐 들어왔을 가능성이 크다.

6) X자형 피백과 X자형 영락

[4-70] 국립중앙박물관 소장 금동보살삼존상
(『韓國美術全集 5』)

덕기에서 출토된 남조 불교조상 중에서 보살상에는 대체로 X자형 피백이 출현한다. 이 외에 덕기 11호 보살에는 X자형 피백과 함께 X자형 영락이 출현하며, 덕기 17호 보살상 잔편의 오른쪽 어깨 부분에도 영락이 잔존한다. X자형 피백과 X자형 영락은 중국 남조 시기 보살의 복장에서 창안된 것이다.

중국에서는 현존 실물 자료로 볼 때 대략 5세기 말부터 X자형 피백이 대량으로 나타나기 시작한다. 남방에서 X자형 피백이 등장하는 비교적 이른 시기의 사례로 사천 무문茂汶에서 출토된 제 영명永明 원년(483)의 조상에서 좌우 양측의 석주에 새겨진 보살상이 있고, 북방에서는 비교적 이른 것으로 운강석굴 2기(465~494)의 쌍굴인 제1, 2굴에 조성된 보살이 있다. 이 굴 속 불상의 복식은 당시 새로이 출현한 '포의박대식'과 기존에 있던 '반피식', '통견식'이 함께 나타나고 있다. 보살의 복장 또한 새로이 출현한 X자형 피백과 기존에 있던 비스듬히 걸친 낙액絡腋(조백)[90]이 섞여 나오고 있다. 그 뒤의 제5, 6굴에서 불상의 법의는 '포의박대식'이고 보살은 모두 X자형 피백을 두르고 있다. 제1, 2굴에 출현하는 '포의박대식' 법의와 X자형 피백은 대체로 효문제의 개혁 기간에 운강석굴에서 조상의 조형이 전반적으로 급격한 변화가 발생하는 전주곡이라 할 수 있다.[91] 운강석굴이 3기(494~524)의 후반기로 접어들면 피백이 X자형으로 교차할 때 옥벽玉璧 구멍을 통과하는 형식이 유행하게 된다.

X자형 영락이 중국의 보살에 사용된 것으로 비교적 이른 시기의 작품은 운강석굴 제6굴에서 후실後室

---

90) 역자 주: 斜披絡腋의 직역은 '비스듬하게 걸쳐 겨드랑이에서 묶는다'이다. 장방형의 천을 왼쪽 어깨에 걸치고 오른쪽 겨드랑이 아래로 보낸 다음 등 뒤에서 묶는 것이다. 초기에는 이것이 가장 안에 입는 옷으로 이 위에 3衣를 걸치는 것이었지만, 그 후 늘어뜨리는 부분이 길어지면서 가장 겉에 착용하는 방식으로 바뀌어 지금에 이른다.
91) 운강 제1, 2굴의 생성 시기 및 감실 속 조상의 양식과 조형적 특징 등에 대해서는 다음을 참고. 宿白, 「雲崗石窟分期試論」, 『考古學報』 1978년 제1기; 宿白, 「平城市里의集聚和"雲崗模式"의形成與發展」, 『中國石窟·雲崗石窟 1』(文物出版社, 1991년판).

[4-71] 운강석굴 제6굴 반가사유상(『中國石窟雕塑全集 3』)

명창(光窓)의 서쪽에 있는 두 존의 반가사유상이 있다. 이들 중 하나의 사유상은 생각하고 있는 인물 옆에 말 한 필이 있는데, 일반적으로 불전고사의 싯다르타 태자가 애마와 작별하는 장면으로 간주되고 있다. 이 두 존은 학계에서 반가사유상을 연구하는 데 중요한 사례로 꼽히고 있다. 이 두 존의 반가사유상은 모두 X자형 영락을 장식하고 있으며, 영락이 교차하는 곳에는 납작한 원형 물체가 장식되어 있다. 주의할 것은 이 조상의 피백 양식은 여전히 하서河西, 농우隴右에 있던 십육국 시기의 옛 형식을 따르고 있다는 점이다. 북방 보살의 영락 장식이 기존의 V자형 구조에서 X자형으로의 전이가 나타나게 된 시기는 효문제의 낙양 천도에서 그리 멀지 않다. 그 뒤로 용문석굴에서 비교적 일찍 조성된 고양동古陽洞의 경우 X자형 피백과 X자형 영락이 서로 모여들어 하나로 합쳐지고 있으며, 아울러 배 앞부분에서 옥벽玉璧을 통과하여 교차하고 있다. 이 양식의 출현 시기는 대략 경명景明 원년(500)쯤이다.[92]

현존하는 남조의 보살상으로서 X자형 영락을 장식하고 있는 조상의 사례는 대개가 6세기 전반에 출현한 것이다. 덕기에서 출토된 조상 외에도 서하棲霞 쌍불굴雙佛窟(하단, 019굴)에 있는 두 존의 협시보살은 영락이 잔존하고 있다. 또 성도 지역에서 출토된 남조의 불교조상의 예를 들면 보통普通 4년(523) 강승康勝의 조상에 보이는 양측의 협시보살[93], 중대통中大通 5년(533) 상관법광上官法光의 조상에 보이는 양측의 협시보살, 중대동中大同 3년(548) 법애法愛의 조상에 보이는 주존과 두 협시보살 등이 있다. 이들 조상은 모두 X자형 피백과 X자형 영락이 하나로 합쳐지며 아울러 배 앞부분에서 옥환玉環(玉璧)을 통과하여 교차하고 있다.

이상의 분석을 종합하면, 북방의 X자형 피백은 틀림없이 남조에서 기원하였을 것이며, 그 시기는 대략 5세기 말엽일 것이다. 아울러 '포의박대식' 법의와 함께 효문제 개혁과 더불어 북쪽으로 올라와 영향을 주어 운강석굴 2기의 좀 늦은 시기에 출현하였을 것이다. X자형 영락 및 이 X자형 영락이 X자형 피백과 결합되는 표현 양식은 현존하는 실물 자료들로 볼 때 북위에서 시작되었을 것이며, 발생 시기는 대략 6세기 초로서 X자형 피백보다 조금 늦은 시기일 것이다.

7) 시무외인을 한 오른손과 두 손가락을 펼친 왼손을 가진 주존

덕기에서 출토된 남조 배병조상의 주존불과 보살의 수인은 거의 예외 없이 오른손은 시무외인을 취하

---

92) 溫玉成, 「龍門北朝小龕的類型, 分期與洞窟排年」, 『中國石窟·龍門石窟 1』(文物出版社, 1991년판).
93) 역자 주: (普通) 4년(523) 康勝의 조상의 명칭은 '佛立像'으로서 주존은 붓다이며, 양옆으로 협시보살과 제자, 천왕, 역사 등 모두 9존으로 구성되어 있다. 여기서는 주존불 양측의 협시보살을 말하는 것이다.

며, 왼손은 두 손가락을 아래로 뻗고 있다. 이것은 현존하는 십육국 및 유송 시기의 금동불이 대체로 선정인禪定印을 취하는 것과 분명한 차이를 보인다.

중국의 불교조상에서 주존의 수인이 언제 선정인에서 시무외인과 여원인으로 바뀌어 대량으로 출현하게 되었는가 하는 점은 좀 더 살펴볼 필요가 있다. 우선 조상의 왼손 손바닥을 밖으로 향하게 하면서 아래로 뻗는 모양의 수인을 여원인이라 한다. 이러한 여원인은 고인도의 불상에서는 보이지 않으며, 중국에서 여원인을 취하는 불상으로 비교적 이른 시기의 작품은 도쿄국립박물관 소장의 북위 태평진군太平眞君 4년(443)의 완신菀申 조상을 꼽을 수 있을 것이다. 한편 사천 무문茂汶의 제 영명永明 원년(483) 조상은 왼손의 두 손가락을 아래로 뻗고 있는 사례 중 기년 기록이 있는 가장 이른 시기의 조상이다(앞 그림 2-5). 앞면과 뒷면의 두 불상이 모두 '포의박대식' 법의를 착용하고 있으며, 오른손은 시무외인을 취하고 있고, 왼손은 두 손가락을 아래로 뻗고 있다. 이보다 이후 시기로서 성도 지역에서 발굴된 제·양 시기 '포의박대식' 불상은 모두 시무외인과 여원인을 취하고 있다. 다만 왼손이 취하고 있는 여원인이 형식 면에서 각기 조금씩 차이가 있는데, 어떤 것은 검지와 중지 두 손가락을 아래로 뻗고 있고, 어떤 것은 단지 검지 하나만 아래로 뻗고 있으며, 또 어떤 것은 검지가 안으로 고리 모양을 취하는가 하면, 또 어떤 경우는 네 손가락이 모두 안으로 굽어 있기도 한데, 이들은 모두 여원인의 범주에 포함된다. 현존하는 실물들로 볼 때, 이러한 시무외인과 여원인은 늦어도 5세기 말에는 '포의박대식' 법의와 고정된 조합을 이룬 것으로 보인다.

동한에서 십육국 시기의 불상 중 온전하게 현존하는 조상들을 보면, 오른손이 시무외인을 취하는 경우 왼손은 모두 옷자락을 잡고 있다. 두 손의 이러한 처리 방식은 고인도 불상에서 유래한 것인데, 쿠샨시대의 간다라와 마투라 불상은 모두 이러한 표현 형식을 취하고 있다(앞 그림 1-23).

착의 방식을 보면 가사의 오른쪽 윗자락은 왼쪽 어깨에 걸치고, 왼쪽 아랫자락과 오른쪽 아랫자락은 왼손으로 잡게 되어 있다. 이것은 불교의 율전에서 석문釋門(승가)의 제자들에게 규정하고 있는 가사 착용 규칙이기도 하다. 그러나 중국에서 왼손이 여원인을 취하는 불상을 보면 본래 왼손으로 잡아야 하는 옷자락을 왼쪽 팔 부분에 걸쳐 놓고 있으며, 이렇게 하여 자유롭게 된 왼손으로 여원인을 취하고 있다. 이러한 형식은 '포의박대식' 불상 및 5세기 전반 북방의 '통견식' 불상 중 일부에 모두 반영되고 있다. 중국의 불상에서는 왜 가사의 전통적 착용 방식에서 이와 같은 부분적인 변화가 발생하게 된 것일까? 이 점에 있어 필자는 동진·십육국 시기에 비단견사(絹絲; 絲織) 재료가 가사의 옷감으로 도입되면서 가사의 착용 형식에 '코끼리 코 모양'(象鼻相)이 생겨난 것과 관련이 있다고 본다.[94] 기존의 고인도 불교조상 중에는 붓다가 오른손은 시무외인을 취하면서 왼손으로 여원인을 취하는 수인 조합은 보이지 않는다. 이러한 수인의 조합은 중국에서 창안된 것으로 봐야 하는데, 이것은 '포의박대식' 불상의 출현과 밀접한 관련이 있다. 이 '포의박대식'은 6세기 중엽까지도 '변화된 포의박대식' 불상 속에서 광범위하게 활용되었다.

---

94) 費泳, 「佛像袈裟的披着方式與"象鼻相"問題」, 『敦煌硏究』 2008년 제2기.
역자 주: 象鼻相: 『四分律』과 『摩訶僧祇律』을 보면 승려들의 내의 착용법 중에서 "코끼리 코"(象鼻) 모양으로 착용하는 것을 금지하는 내용이 있다. '코끼리 코'란 내의의 '한쪽 자락을 늘어뜨리는 것'(사분율: ①垂前一角, ②下垂一角; 마하승기율: 一角偏垂)을 말한다.

[4-72] 호류지 금당 계미명(623) 금동불삼존상
(『韓國佛敎美術』)

[4-73] 고구려 연가칠년명(539) 금동불입상
(『韓國美術全集 5』)

일본 아스카시대의 불상은 거의 모두가 오른손은 시무외인을 취하고, 왼손은 두 손가락을 뻗고 있다.[95]

주존의 왼손이 손가락 두 개를 뻗고 있는 수인은 6세기 한반도의 작품에서는 아주 흔히 보인다. 예를 들어, 고구려의 연가칠년명(539) 금동불입상, 한국 국립중앙박물관에 소장 중인 금동보살입상(국보 제333호), 간송미술관에 소장 중인 계미명(563) 금동불삼존상의 주존불상, 한국 호암미술관(현재는 국립중앙박물관 소장)에 소장 중인 금동보살삼존상의 주존 보살상(국보 제134호), 김동현金東鉉 소장품(현재는 국립중앙박물관 소장)인 고구려의 신묘명(571) 금동불삼존상의 주존불상(앞 그림 4-46) 등이 여기에 해당한다.

불상이 왼손의 두 손가락을 아래로 뻗는 수인은 현존 남조 불상 중에서 가장 흔히 보이는 수인이다. 예를 들면 덕기에서 출토된 조상 외에 성도 지역의 경우, 서안로의 제 영명 8년(490) 법해法海 조상의 주존, 상업가의 제 건무 2년(495) 법명法明 조상의 주존 등이 있으며, 이 외에 보스턴미술관 소장의 제 건무 원년(494)의 조상, 상해박물관 소장의 양梁 중대동中大同 원년(546) 혜영慧影의 조상 등에서 주존불이 모두 왼손의 두 손가락을 뻗고 있다.

북조에서 불상이 두 손가락을 뻗는 수인이 나타난 비교적 이른 시기의 작품으로는 북위가 494년에 낙양으로 천도한 후 개착한 용문석굴 빈양중동賓陽中洞 북쪽 벽의 불입상인데, 그 조성 시기는 남조보다 늦은 편이다. 따라서 한반도 삼국시대의 작품이든 일본 아스카시대의 작품이든 불상이 왼손의 두 손가락을 뻗고 있는 것은 모두 남조에서 기원한 것이다.

불상이 두 손가락을 뻗고 있는 것이 혹 위진시대에 유행한『유마힐경』에 보이는 불이법문을 상징하는 것은 아닐까? 요진姚秦의 구마라집鳩摩羅什이 번역한『유마힐소설경維摩詰所說經』의 「입불이법문품入不二法門品」에 다음과 같은 구절이 있다.

---

95) 아스카대불(飛鳥大佛)은 왼손을 손바닥이 위로 보게 한 상태로 왼쪽 다리 위에 얹어두고 있다. 따라서 현존하는 아스카 불상 중에서 거의 예외적으로 손가락 두 개를 뻗지 않고 있는 사례로 거론되고 있다. 다만 원래 이렇게 제작된 것인지, 아니면 고토바(後鳥羽) 겐큐(建久) 7년(1196)에 화재로 손상되었다가 복구할 때 잘못 제작하여 이렇게 된 것인지는 알 수 없다.

(유마힐이) 문수사리에게 물었다. "보살이 둘 아닌 법문에 들어간다 함은 무엇을 말합니까?"

문수사리가 답하였다. "제 생각으로는 일체의 법에 있어 말함도 설함도 없고, 드러내 보임도 없으며 인식함도 없이 모든 문답을 떠나는 것, 이것을 불이법문에 들어가는 것이라 봅니다." 이렇게 말하고 문수사리가 유마힐에게 물었다. "우리는 각자 말하기를 마쳤습니다. 어떤 것이 보살이 불이법문에 들어가는 것인지 당신께서 말하실 차례입니다."

이때 유마힐이 말없이 침묵하였다. 문수사리가 감탄하며 말하였다.

"훌륭하고도 훌륭합니다! 문자와 언설이 없는 경지에 이르셨으니, 이것이 참으로 둘 아닌 법문에 들어가는 것입니다."[96]

유마힐과 문수의 이 대화를 주제로 하는 후세 사람의 그림에서 유마힐과 문수보살의 형상은 손가락 두 개를 뻗어 보이는 모습으로 흔히 표현된다. 예를 들면, 막고굴에서 초당初唐 시기 203굴의 문수보살은 왼손 손가락 두 개를 위로 뻗고 있으며, 성당盛唐 시기 103굴의 유마힐은 왼손에 주미麈尾를 쥐고 있으면서 손가락 두 개를 아래로 뻗고 있다. 이에 대해 런지위(任繼愈)는 이렇게 생각했다.

『유마힐경』의 이론 체계는 삼국 및 서진과 동진 시기 불교 이론이 중국에서 발전해 온 주요 경향을 반영하고 있다.…… 보편적 의미로 볼 때, 유마힐의 출현은 대승불교의 세속화 운동이 이미 고조기에 달하였다는 기준이 된다.[97]

중국에서는 5세기 말에 '포의박대식' 불상이 흥기하였는데, 이와 함께 평범하고 친근한 느낌을 주는 불상의 미소는 모두 불교의 세속화, 중국화를 구체적으로 구현한 것이다. '포의박대식'은 원래 사대부 문인들의 품이 넓은 도포와 큰 소매에서 유래한 것이며, 붓다와 보살이 미소 짓는 얼굴 표정은 동진 시기의 도용陶俑과 닮아 있다. 육조 시기 남방의 불교는 의미와 이치(義理)를 숭상하였는데, 유마힐 거사는 논변에 뛰어났으므로 특히 그를 추앙하였다. 그런데 주존 조상에서 왼손의 두 손가락을 뻗는 것이 불이법문을 상징하는 것인지의 여부에 대해서는 앞으로 좀 더 연구해 볼 가치가 있는 현상이다.

8) 광배의 비천과 불탑을 받든 역사상

덕기 15호의 배병 꼭대기 부분에 끼우는 부재에는 비천, 아육왕탑과 불탑을 받들고 있는 역사상이 또렷이 나타나고 있다. 이것은 남조 건강에서 제작한 배병이 가장자리를 비천으로 장식한 금동불교조상이 존재하였음을 증명하는 것이다.

---

96) 『大正藏』第14冊, No.0475, "問文殊師利: '何等是菩薩入不二法門?' 文殊師利曰: '如我意者, 於一切法無言無說, 無示無識離諸問答, 是爲入不二法門.' 於是文殊師利問維摩詰: '我等各自說已, 仁者當說何等是菩薩入不二法門?' 時維摩詰默然無言. 文殊師利歎曰: '善哉, 善哉! 乃至無有文字, 語言, 是眞入不二法門.'"
97) 任繼愈, 『中國佛敎史』第一卷(中國社會科學出版社, 1985년판), 398~400쪽.

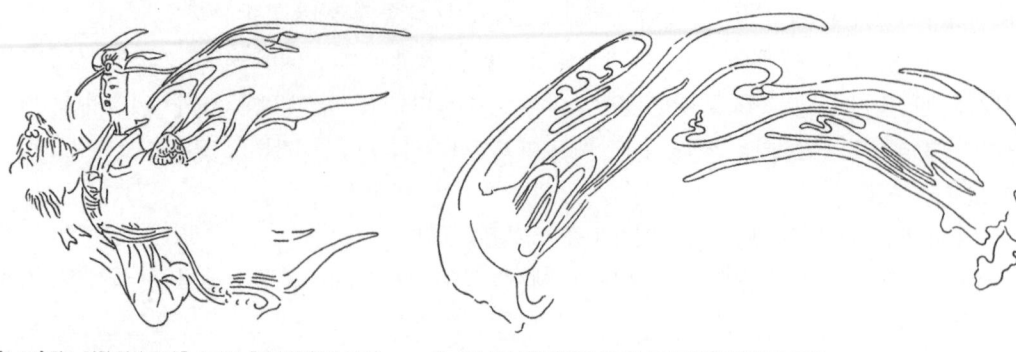

[4-74] 강소 단양 건산 금가촌 소제 묘 출토 비천(費泳 그림)   [4-75] 서하 하단 002굴 천장에 그려진 비천벽화(費泳 그림)

(1) 비천 조형

덕기에서 발견된 비천飛天은 1968년에 건강(남경) 지역에 속하는 강소 단양 호교胡橋 오가촌吳家村의 소제蕭齊 시기 묘에서 출토된 벽돌벽화(磚印壁畫)의 비천(앞 그림 2-10), 단양 건산建山 금가촌金家村의 소제蕭齊 시기 묘에서 출토된 벽돌벽화의 비천[98], 남경 서하산 천불암千佛巖의 하단 002굴 천장에 그려진 비천벽화가 발견된 이후 새로이 발견된 비천 모습이며, 아울러 조성 시기도 기존 서하산의 비천보다 확실히 빠르다.

중국의 비천 조형의 변화 양상은 대체로 다음과 같은 특징이 있다.

5세기 초에서 494년 이전까지 양주涼州 지역 및 운강석굴 조기의 조상으로 대표되는 북방에서는 비천의 모습이 사실성寫實性, 즉 실제 대상을 그리는 듯한 성격이 강하면서 몸통과 두 다리는 90도를 이루고 있다. 남방에서는 성도 지역의 남조 조상을 대표로 하여 "남방식 비천"을 형성하고 있다. 그 전형적 특징은 과장스럽게 나풀거리는 천의 및 도안화된 연꽃 모양의 외관을 보이고 있으며 아울러 몸은 두 무릎 부분에

[4-76] 문수산석굴 천불동 천장 북량시기 비천(費泳 그림)   [4-77] 금탑사 석굴 동굴 중심탑주 서쪽 북량시기 비천(費泳 그림)   [4-78] 운강석굴 제8굴 5세기 비천 1(費泳 그림)   [4-79] 운강석굴 제8굴 5세기 비천 2(費泳 그림)

---

98) 1961년에 江蘇 丹陽 胡橋 鶴仙坳에서는 소씨 제나라 시기의 분묘라고 알려진 고분의 발굴 과정에서 '天人'이라 새겨진 벽돌을 발견했는데, 표면의 그림은 이미 소실되어 버렸다. 이에 관하여는 다음 참조. 南京博物院,「江蘇丹陽胡橋南朝大墓及磚刻壁畫」,『文物』1974년 제2기. 또 1968년에 丹陽 胡橋 吳家村 및 丹陽 建山 金家村에서 소제 시기의 분묘 두 기를 발굴하였는데, 이 두 곳에서 각기 비천이 그려진 벽돌 벽화가 출토되었다. 吳家村의 墓에 대한 고고학 관련 보고서의 내용에 따르면, "大龍의 위쪽에 '天人'(벽돌에 새겨진 명문에 근거함)이 있는데 모두 여성처럼 보인다. 머리는 상투를 틀고 허리는 묶고 있는데 꽃무늬 모양의 긴 천(花帶)이 함께 나풀거리고 있어, 허공을 날고 있는 자세를 취하고 있다. 앞쪽에 있는 한 사람은 두 손으로 쟁반을 받쳐 들고 있으며, 쟁반에는 세 발 솥이 하나 놓여 있고, 그 솥에서는 화염이 솟구쳐 오르고 있는데, 그 속에서 굽고 있는 것은 아마 丹藥일 것이다. 중간에 있는 사람은 오른손으로 쟁반을 받쳐 들고 있는데 거기에는 仙果가 담겨 있고, 얼굴은 뒷사람을 돌아보고 있다. 뒤에 있는 사람은 오른손으로 막대기를 짚고 있는데, 지팡이 머리쪽에는 경쇠(磬)가 하나 걸려 있다"고 한다. 또 金家村의 경우는 "大虎 위측에 세 사람의 '천인'이 있는데, 앞쪽 사람은 두 손에 각기 선과 한 꿰미씩을 들고 있고, 가운데 사람은 벽돌의 벽화 면이 훼손되어 손에 들고 있는 것이 무엇인지 확정하기 어려우며, 제일 뒤의 사람은 두 손으로 피리를 받들어 올리고 있다"고 한다. 南京博物院,「江蘇丹陽縣胡橋, 建山兩座南朝墓葬」,『文物』1980년 제2기 참조.

서부터 뒤쪽으로 휘어져 있는데, 무릎 아래의 다리와 발은 대개 천의로 가려져 있고, 천의는 연꽃 모양으로 처리되고 있다(앞 그림 2-9). 5세기 말에 효문제의 개혁이 진행되면서 남방식 비천이 지역적인 한계를 넘어 북방에까지 영향을 끼치게 되었다. 6세기 초, 기존에 유행하였던 남방식 비천에 변화가 생기기 시작하였다. 구체적인 차이를 보면, 비천의 몸에서 곡선으로 휘는 부분이 예전에는 두 무릎에서부터였다면 이것이 배 부분으로 바뀌었다.

[4-80] 용문석굴 고양동 비천 (費泳 그림)

[4-81] 성도 서안로 양 대동 11년(545) 비천(費泳 그림)

[4-82] 공현석굴 제3굴 비천(費泳 그림)

[4-83] 막고굴 제285굴 비천(費泳 그림)

수당 시기에는 남방식 비천은 점차 없어졌으며, 그것을 대신하여 유행한 비천은 장식성이 약화되고 사실적寫實的 표현이 더욱 강해졌다. 그래서 발 부분도 묘사가 되었는데, 이는 조기의 북방 비천 양식으로 회귀하는 경향이 나타난 것이다. 아울러 비천의 몸은 가슴부터 뒤쪽으로 꺾이기 시작하여, '풍만하고 농염한'(穠麗豐肥) 중국적 특징이 반영된 조형을 드러내었다.[99]

이상과 같은 인식에 기반할 때, 서하산 천불암 하단 002굴의 비천은 형체나 동작의 자태 면에서 가슴부터 뒤로 휘어 있어 수당 시기 비천의 특징을 보인다. 그러나 동시에 남방식 비천의 특징도 보이고 있는데, 예를 들어 도안화된 연꽃 모양의 외관이라거나 발 부분을 새기지 않은 점, 작은 '연꽃' 혹은 '변화생變化生'을 표현한 것 등이 그러하다. 어쩌면 남조에서 수·당으로 넘어가는 과도기의 비천 조형으로서, 그 조성 시기는 대략 남조 말엽인 것으로 볼 수 있을 듯하다.[100]

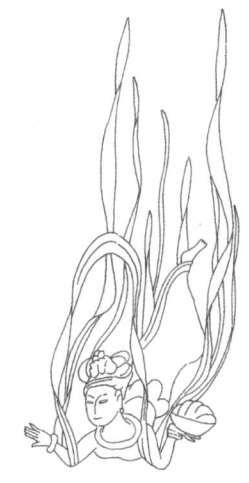
[4-84] 막고굴 제406굴 수대 비천 (費泳 그림)

배병에 끼우는 부재인 덕기 15호에 출현한 비천 조형도 '남방식 비천'의 특징을 보이지만 몸체가 배 부분에서부터 뒤로 휘는 현상이 이미 나타나고 있어, 이 작품의 조성 시기의 상한선은 틀림없이 6세기 초일 것이다. 여기에 '면단이염'한 특징을 갖춘 탑을 받든 역사상과 함께 생각해 보면 이 부재는 틀림없이 6세기 초엽 이후 남조의 작품일 것이다.

---

99) 費泳, 「南朝佛敎造像硏究」(南京藝術學院 2001년 碩士學位論文), 16~17쪽.
100) 楊秀淸, 「飛天裊裊會棲霞」, 『南京棲霞山石窟藝術與敦煌學』(中國美術學院出版社, 2002년판), 342쪽.

(2) 탑을 받든 역사(托塔力士)

배병의 부재인 덕기 15호에 보이는 탑을 받든 역사상은 비교적 드물게 보이는 것이다. 이 도상이 갖는 함의에 대해서는 서진의 천축삼장 축법호竺法護가 번역한 『불설역사이산경佛說力士移山經』에 보이는 다음 내용과 관련이 있다.

여러 역사가 세존께 여쭈었다. "대성께서는 이미 젖 먹는 힘·신족의 힘·지혜의 힘·의행의 힘과 열 가지 힘을 이미 나타내셨습니다. 이들 힘을 뛰어넘는 또 다른 힘이 있습니까?"
세존께서 말씀하셨다. "일체의 여러 힘들이 비록 강성하여, 백 배·천 배·만 배·억 배가 된다 하더라도 무상의 힘이 가장 강력하니, 그 센 힘들을 굴복시키고 소멸시킨다. 이는 무슨 까닭인가? 여래의 몸은 그 수명이 금강과 같지만 무상의 힘은 이런 나를 이겨 무너뜨리고 파괴한다. 나는 오늘 한밤에 역사들이 태어난 땅에서 멸도에 들 것이니, 네거리에서 사리에 공양하고 탑과 절을 세우라. 무슨 까닭인가? 사방에서 사람들이 갖가지 꽃과 향을 들고 찾아와 깃발을 세우고, 비단과 방울·일산을 달며, 등불을 바치면 그들이 모두 참되고 묘한 법으로 나아가게 되기 때문이다."
붓다께서 이에 게송을 읊으셨다.

법은 일어나면 반드시 다함이 있고
흥한 것은 쇠하고야 마나니
만물은 모두 무상한 것
이것을 생각하면 편안하리라.

일백, 일천의 황금산을 얻는 것은
그 복덕을 비유하기 어렵지만
그래 봐야 진흙 탑에 공양을 올리고
기뻐하며 좋은 절에 귀의함만 못하네.

일백, 일천의 보물 창고를 얻는 것은
그 복과 경사가 헤아리기 어려운 것이지만
그런다 한들 진흙 탑에 공양을 올리고
기뻐 뛰며 좋은 절에 귀의함만 못하네.

일백, 일천의 보배로 장식한 수레에
자금 같은 미색의 여인을 싣더라도
흙으로 만든 절에 공양을 올리고
기뻐 뛰며 붓다께 귀의함만 못하네.

붓다께서 이 경을 말씀하시자 5백 명의 역사들은 세상이 무상하며 삼계三界는 믿어 의지할 만한 것이 못 되어 참된 진리란 하나도 없는데, 오직 도만이 의지해야 할 것임을 알았다. 그래서 곧 교만한 마음을 버리고, '나'라는 것을 따지지 않으며, 모두 위없이 바르고 참된 도의 뜻을 발하여 그 즉시 물러남이 없는 경지에 서게 되었다. 또한 무수한 백천의 하늘과 사람들도 먼지와 때를 멀리 여의고 모든 법에 대한 법안이 생겼다. 붓다께서 이처럼 말씀하시자 기뻐하지 않는 이가 없었고, 각기 머리를 땅에 대어 붓다께 예를 올렸다.[101]

이 경문은 역사와 붓다가 '역량'을 대상으로 문답한 내용이며, 최종적으로는 역사들이 탑과 사찰을 지어 불법이 말하는 무상의 힘을 믿어 받들었다.

9) 두광

덕기 12호는 두광頭光 잔편인데, 이것은 현재까지 남경에서 발견된 남조의 유일한 독존의 금동불상 두광으로 보아야 한다. 실물 자료를 보면 불교조상에서 단독의 두광은 대체로 두리새김 조상에 많이 활용되며, 소수의 조합형 조상도 있으나 주로 단독 조상이 많다. 덕기광장에서 출토된 남조의 이 두광은 건강(남경)에 단지 석굴 조상이나 배병 조상만 있는 것이 아니라 독존의 두리새김 조상도 있었음을 증명하는 것이다.

두리새김 조상, 배병 조상, 비석형 조상(造像碑) 및 석굴 조상은 불교조상에서 흔히 보이는 4종류의 표현 형식이다. 이들 중 후자의 세 종류는 뒷면이 대체로 배병이나 비석 본체, 혹은 산의 본체에 이어져 있는

[4-85] 성도 서안로 출토 불입상
(『四川出土南朝佛敎造像』)

[4-86] 성도 서안로 양 태청 5년(551) 아육왕상(『世界美術大全集: 東洋篇 3』)

[4-87] 사천 문천현 출토 남조 삼존상
(『四川出土南朝佛敎造像』)

---

101) 『大正藏』 第02册, No.0125, "諸力士白世尊曰: '大聖已現乳哺, 神足, 智慧, 意行及十種力, 寧有殊異復超諸力乎?' 世尊告曰: '一切諸力雖爲强盛, 百倍千倍萬倍億倍, 無常之力計爲最勝多所消伏. 所以者何? 如來身者金剛之數, 無常勝我當歸壞敗, 吾今夜半, 當於力士所生之地而取滅度, 於四衢路供養舍利興建塔寺, 所以者何? 其四方人齎諸華香, 跱立幢幡, 懸繒鈴蓋, 然燈奉進, 一切皆就眞妙之法.' 佛於是頌曰: '法起必歸盡, 興者當就衰. 萬物皆無常, 慮是乃爲安. 得百千金山, 福祚難爲喩. 不如供泥塔, 欣豫歸勝寺. 獲寶百千藏, 福慶不可計. 不如供泥塔, 喜踊歸勝寺. 設百千寶車, 載色如紫金. 不如供土寺, 踊躍歸命佛.' 佛說是經時, 諸力士衆五百人等, 知世無常三界難枯, 無一實唯道可依, 貢高卽除不計吾我, 皆發無上正眞道意, 應時皆得立不退轉之地. 有無央數百千天人, 遠塵離垢諸法法眼生, 佛說如是, 莫不歡喜, 各以頭面著地爲佛作禮."

[4-88] 청주 용흥사 출토 북위시기 불입상 (『山東靑州龍興寺出土佛敎石刻造像精品』)

[4-89] 보리예술박물관 소장 동위 보살입상 (『保利藏珍』)

[4-90] 빅토리아앤알버트박물관 소장 북제 불좌상 (Chinese Sculpture)

[4-91] 뉴욕 개인 소장 보살입상 (Chinese Sculpture)

[4-92] 일본 소장 동위 무정 2년(544) 반가사유상 (『海外及港臺藏歷代佛像珍品紀年圖鑒』)

경우가 많다. 이에 반해 두리새김 조상은 그 뒷면도 조각을 해야 하는데, 이러한 형식은 사찰에서 예불을 올리기에 적합하다. 일단 남북조 시기 사천 성도와 산동 청주 지역 조상의 조형적 특징이나 이들이 숭상하던 형식으로부터 추측하자면 당시 도성인 건강(남경)에도 비석형 조상이 제작되었을 것인데, 이 점에 대해서는 이후 진전될 고고학적 발견을 기대할 수밖에 없다.

남북조에서 출현한 두리새김 조상의 두광은 바깥 윤곽이 대체로 원형과 복숭아형의 두 종류로 나뉜다. 그런데 덕기 12호 두광은 테두리가 손상되었으므로 외형을 명확히 단정을 지을 수 없다.

현존하는 남조의 두광 장식이 있는 두리새김 조상은 주로 사천 지역에서 보이는데, 그중 독존인 조상으로는 성도 서안로에서 출토된 남조의 불입상이 있다. 이 불상도 두광 부분에 손상은 있으나 두광 위쪽 부분의 윤곽을 볼 때 그 형태는 복숭아형이라 볼 수 있다. 서안로에서 출토된 양梁 태청太淸 5년(551)의 아육왕상은 두광이 상당히 많이 손상되었다. 조합형 조상으로는 문천현汶川縣에서 출토된 남조 삼존상이 있는데, 이들 세 조상의 두광은 모두 복숭아형을 띠고 있다.

중국 북방에서 두광 장식이 있는 두리새김 조상의 사례들도 대체로 6세기 중기에 조성되었다. 예를 들어 청주 용흥사에서 출토된 북위의 불입상, 보리保利예술박물관[102]에 소장된 동위 보살입상, 영국의 빅토리아앤알버트박물관(Victoria and Albert Museum)에 소장된 북제北齊의 불좌상, 뉴욕의 개인 소장품인 6세기 중후기 보살입상[103] 등은 두광이 원형이다. 그리고 두광이 복숭아형인 것으로는 일본 쇼도書道박물관에 소장된 동위 무정武定 2년(544)에 융애락戎愛洛 등이 제작한 반가사유상, 북제 청동불입상[104] 등이 있다.

두리새김의 두광은 간다라와 마투라 조기의 불교조상에서 모두 나타났다. 예를 들어 마투라 2세기의 불입상(앞 그림 1-23), 뉴델리국립박물관에 소장된 2세기 미륵보살입상(앞 그림 2-38) 등이 있다. 간다라의 경우,

---

102) 역자 주: 保利藝術博物館: 1999년, 중국의 保利그룹이 중국 최초로 국영기업이 주체가 되어 건립한 박물관. 북경에 소재함.
103) Osvald Siren, *Chinese Sculpture: From the Fifth to the Fourteenth Century*(SDI Publications, 1998), PL.267A.
104) 松原三郎, 『中國佛敎彫刻史硏究』(吉川弘文館, 1961년판), 도판123a.

[4-93] 북제 청동불입상 (『中國佛敎彫刻史硏究』) [4-94] 페샤와르박물관 소장 2세기 미륵보살입상 (『犍陀羅』) [4-95] 라호르박물관 소장 2세기 석가고행상 (『印度美術』) [4-96] 국립부여박물관 소장 백제 6세기 보살입상 (『古代朝鮮佛と飛鳥佛』)

예를 들자면 페샤와르(Peshawar)박물관에 소장된 2세기 미륵보살입상, 라호르(Lahore)박물관에 소장 중인 2세기 석가고행상 등이 있다. 이들의 두광은 모두 원형으로서, 아직 복숭아형 두광은 발견되지 않고 있다.

중국에서 약 6세기 중기 불교조상에서 출현하는 원형의 두리새김 두광은 그 원형을 고인도로 거슬러 올라갈 수 있다. 그러나 복숭아형 두리새김 두광은 6세기 중기나 좀 더 이른 시기에 중국에서 처음 창안된 것으로서, 건강(남경)도 그 발생지일 가능성이 있는 지역에 포함된다. 덕기 12호의 발견은 이러한 유형의 두광 전파에 대한 고찰에 있어 새로운 시각과 실물 자료를 제공하는 것이다.

한반도 삼국시대 및 일본 아스카시대(538~645)[105]의 두리새김 불교조상에서도 두광은 복숭아형과 원형

[4-97] 경주 배리 신라 석조삼존상 (『世界美術大全集: 東洋篇 10』) [4-98] 일본 정묘년명(607) 호류지 금당 약사여래좌상 (『飛鳥·白鳳の在銘金銅佛』) [4-99] 일본 스이코 30년(622) 호류지 유메도노 관세음보살상 (『特別展·百濟觀音』) [4-100] 일본 호류지 헌납 제149호 석가입상 (『御物金銅佛像』)

---

105) 아스카(飛鳥) 및 하쿠호(白鳳) 시대의 구분에 대해 학계의 관점이 일치되는 것은 아니다. 첫째, 불교의 전래(538)로부터 다이카(大化) 개신(645)까지가 아스카시대이고, 다이카 개신으로부터 나라(奈良) 천도(710)까지가 하쿠호시대라는 관점. 둘째, 불교의 전래에서 덴무(天武) 천황의 즉위(672)까지가 아스카시대이며, 그 이후로 몬무(文武)대 말(707)까지가 하쿠호시대라는 관점. 필자는 대체로 전자의 관점을 지지한다.

제4장 남경 덕기광장에서 새로 발견된 남조 금동불상과 그 원류 | 171

의 두 종류로 나뉜다. 복숭아형의 예로는 국립부여박물관에 소장된 부여 규암리窺岩里의 신리新里에서 출토된 약 6세기 금동보살입상, 경주 배리拜里의 약 7세기 전기 신라 석조삼존상이 있다. 두광이 원형인 예로는 호류지法隆寺 금당金堂의 정묘년명(607) 약사여래좌상[106], 호류지 유메도노夢殿의 관세음보살상, 호류지에서 헌납한 제149호 석가입상 등이 있다.

10) 보살의 지인持印

덕기 10, 11, 13호 작품에서는 보살이 한 손에는 연꽃 봉오리를 쥐고 가슴까지 손을 들어 올리고 있으며, 다른 한 손은 복숭아 모양의 물건을 쥐고서 아래로 늘어뜨리고 있다. 남경박물원 금동불 2호 조상에서도 이러한 도식이 분명히 드러나고 있다.

보살이 손에 복숭아형의 물건을 쥐고 있는 것으로 비교적 이른 시기의 것은 성도 서안로에서 출토된 제 영명 8년(490) 석법해釋法海 조상에서 주존 우측의 협시보살에 보인다. 이 보살의 왼손은 좀 손상되었으나, 오른손은 복숭아형의 물건을 쥐고 오른쪽 배 부분에 내려뜨리고 있다. 이 외에 서안로에서 출토된 천감 3년(504) 조상에서 주존 우측의 협시보살도 오른손에 복숭아형의 물건을 쥐고 있으며, 좌측의 보살은 오른손을 손바닥이 안쪽으로 향하게 하면서 연꽃 봉오리를 쥐고 있다.

실물 자료가 나타내는 바를 보면 북조에서는 보살이 손에 연꽃 봉오리를 쥐는 것이 복숭아형 물건을 쥐는 것보다 시기적으로 좀 더 이른 셈이어서, 연꽃 봉오리의 경우 5세기 후반에 나타났는데, 복숭아형 물건은 6세기 초에 나타났다. 비교적 이른 시기 조상의 예로는 북위의 금동관세음보살상이 있는데, 예를 들어 일본에서 개인이 소장하고 있는 북위 황흥皇興 4년(470) 왕종王鍾 부부가 조성한 관세음보살상, 역시 일본에서 개인이 소장하고 있는 북위 황흥 5년(471) 구기노仇寄奴가 만든 관음상 등이 있다. 이들 두 작품은 명문

[4-101] 성도 서안로 제 영명 8년(490) 석법해 조상(『四川出土南朝佛教造像』)

[4-102] 성도 서안로 양 천감 3년(504) 법해가 만든 물량수불(費泳 촬영)

---

106) 이 약사여래좌상이 스이코(推古) 15년(607)의 작품인지에 대해서는 일본 학계에서 아직 의문부호를 남기고 있다. 그중 하나의 주장은 계미년(623)에 도리(止利)가 만든 호류지(法隆寺) 금당의 석가삼존상과 비교할 때 확실히 평온하면서 둥글둥글하고 윤기가 있어 좀 더 늦은 시기에 옛것을 모방하여 만든 작품이라는 것이다. 이 점에 대해서는 다음을 참조. 毛利久, 「佛像の東漸と飛鳥彫刻」, 『日本古寺美術全集 1』(集英社, 1979년판), 90~96쪽. 또 다른 관점은 이 약사여래좌상의 명문에 '발원문'(願文)이 빠져 있어 일반적인 상황에 어긋난다는 것이다. 이 점은 다음을 참조. 福山敏男, 「法隆寺問題管見」, 『東洋美術』 19호(1933); 大西修也, 「再建法隆寺と藥師銘成立の過程」, 『佛教藝術』 133호(1980). 필자가 볼 때 기존의 주장들은 이 석가여래좌상의 연대에 대해 의문을 제기하기에 부족한 점이 있어 보인다. 아스카시대에 기년이 비교적 이른 시기의 조상들은 조형적인 특징 면에서 다양성이 보이는데, 이 자체가 일종의 문화적 현상이기 때문이다. 이 점은 다음 참조. 費泳, 『中國佛教藝術中的佛衣樣式研究』(中華書局, 2012년판), 356~360쪽.

에 주존이 관세음보살임이 명시되어 있는데, 오른손에는 대체로 줄기가 긴 연꽃 봉오리를 쥐고 있다. 북위의 황흥 연간(467~471)에서 북조 말엽까지 이러한 유형이 계속 유지되었는데, 그중에서 특히 태화太和 연간(477~499)의 작품이 다수를 차지한다.[107]

보살이 복숭아형 물건을 쥐고 있는 사례는 북조에서도 일찍이 6세기 초 용문석굴에 보이는데, 보살이 복숭아형 물건을 쥐고 있으면서 연꽃 봉오리를 쥐고 있는 것은 용문에서도 완전히 새로운 표현 양식이다. 예를 들면, 고양동 정면 벽 주존 우측의 협시보살의 경우, 오른손은 아래로 내려뜨려 복숭아형 물건을 쥐고 있는데, 왼손은 손상된 상태이다. 이것이 완성된 시기는 대략 경명 원년(500) 전후이다.[108] 빈양중동 정면 벽 주존의 좌협시보살은 왼손에 복숭아형 물건을 쥐고 있는 상태와 오른손을 들어 올리면서 연꽃 봉오리를 쥐고 있는 조형이 잘 보존되어 있다.[109] 이 외에, 연화동蓮花洞 정면 벽 좌협시보살, 위자동魏字洞 정면 벽 좌측의 보살 및 보태동普泰洞 정면 벽에

[4-103] 북위 황흥 4년(470) 관세음보살상(『海外及港臺藏 歷代佛像珍品紀年圖鑒』)

[4-104] 북위 황흥 5년(471) 관세음보살상(『海外及港臺藏 歷代佛像珍品紀年圖鑒』)

[4-105] 일본 개인 소장 북제 관세음보살상(『海外及港臺藏 歷代佛像珍品紀年圖鑒』)

[4-106] 용문석굴 고양동 우협시보살 (『中國石窟·龍門石窟』)

[4-107] 용문석굴 빈양중동 좌협시보살 (『中國石窟·龍門石窟』)

서 좌협시보살 등은 모두 왼손에 복숭아형 물건을 쥐고 있다. 그러나 보태동 정면 벽의 우협시보살은 오른손에 복숭아형 물건을 쥐고 있다. 따라서 용문석굴에서 보살이 어느 손에 복숭아형 물건을 쥘 것인지에 대해서는 정해진 틀이 없는 듯하다. 그러나 보살이 연꽃 봉오리를 드는 경우는 대체로 오른손이 많다.

한 가지 지적해 두어야 할 것은 북조에서 5세기 후반에 관세음보살이 손에 쥐고 있는 줄기 긴 연꽃 봉오리와 성도 지역 및 용문석굴에서 6세기 초에 나타난 줄기 없는 연꽃 봉오리는 표현 형식 면에서 비교적

---

107) 松原三郎,「北魏太和金銅佛の諸問題」,『中國佛敎彫刻史硏究』(吉川弘文館, 1961년판).
108) 溫玉成,「龍門北朝小龕的類型, 分期與洞窟排年」,『中國石窟·龍門石窟 1』(文物出版社, 1991년판).
109) 빈양중동은 대략 正始 2년(505)에 시작하여 延昌 말에서 熙平 초(516~517) 또는 正光 4년(523)에 완성되었다. 이에 대하여는 다음을 참고. 溫玉成,「龍門北朝小龕的類型, 分期與洞窟排年」; 李文生,「龍門石窟北朝主要洞窟總敍」. 이 두 논문은『中國石窟·龍門石窟 1』(文物出版社, 1991년판)에 함께 수록됨.

큰 차이를 보인다는 점이다. 아울러 성도 지역과 용문석굴은 모두 같이 보살상에서 나타나는데, 한 손은 위로 올려 연꽃 봉오리를 쥐고 있고, 다른 한 손은 내려뜨려 복숭아형 물건을 쥐고 있다. 이것은 중국에서 창안된 것으로서 형식화의 정도가 비교적 강한 표현 형식이다. 북조에서 이런 형식은 효문제의 개혁에 따른 산물로서 그 원형은 성도로 대표되는 남조의 불교조상으로 봐야 할 것이다.

보살이 손에 연꽃을 쥐는 것은 고인도 보살상에서 이미 표현되던 것이다. 쿠샨시대의 간다라 보살상이 손에 연꽃 봉오리를 쥐는 것은 대략 두 가지 상황을 포함한다.

첫째는 삼존상 중에서 주존불 양측에 있으면서, '땋은머리'를 한 보살이나 머리에 건관巾冠(터번)을 두른 보살이 모두 손에 연꽃 봉오리를 쥐고 있는 것으로 나타난다. 이것은 좌우 보살이 쥐고 있는 물체의 대칭성을 고려하여 배치한 것으로서 존격과 직접적인 관련은 없어 보인다.

둘째는 삼존 조상 중 머리에 건관을 쓴 한 존의 협시보살만 손에 연꽃 봉오리를 쥐고 있다면, 그 보살은 관세음보살로 판정할 수 있다.[110] 다만 간다라 지역에서 관세음보살이 연꽃을 쥐고 있는 경우 오른손에 쥐는 것으로 한정되지는 않아 중국처럼 일정한 형식을 이루지는 않았다.

한반도에서는 부여 군수리 절터에서 출토된 6세기 백제 금동보살이 있는데, 왼손을 왼쪽 배 부분까지 내려뜨리고 손에 복숭아형의 물건을 쥐고 있다. 또 부여 규암면에서 출토된 6세기 백제 보살은 오른손을 오른쪽 배 부분까지 내려뜨리고 손에 복숭아형 물건을 쥐고 있으며, 왼손은 손바닥을 안쪽으로 향하게 하여 연꽃 봉오리를 쥐고 있다. 일본의 경우는 아마 고구려 등의 국가에서 바다를 건너 일본으로 건너왔을 것으로 추정되는 아스카 보살상이 있는데, 그 오른손에는 짧은 줄기에 반쯤 핀 연꽃을 쥐고 있다. 이 조상의 경우 오른손에 쥐고 있는 연꽃의 형태는 줄기 없는 연꽃 봉오리와 다르며, 줄기 긴 연꽃 봉오리와도 다른데, 일본에서 개인이 소장 중인 북제의 관세음보살과 유사하다(앞 그림 4-105).

남경 덕기광장에서 출토된 이들 금동불상은 건강(남경)이 남조 불교조상의 중심적 지위를 갖는다는 점을 실물로 증명하는 객관적 존재로서 중요한 학술적 가치를 갖고 있다. 이들이 갖추고 있는 여러 가지 조상 요소들이 기존에는 사천 지역의 남조 조상에서 나타나기도 하였고, 혹은 북조의 조상에서 나타나기도 하였지만, 남조의 도성인 건강에서는 거의 발견되지 않고 있었다. 이들 조상은 대체로 6세기 전반의 작품이어서 건강의 불교조상이 얼마나 선진적인지를 나타낸다. 아울러 남조가 해동 지역(한반도와 일본)의 불교조상에 끼친 영향 관계를 탐구함에 있어서도 더욱 많은 실물 근거를 제공하고 있다.

[4-108] 부여 군수리 출토 백제 보살입상
(『世界美術大全集: 東洋編 10』)

[4-109] 일본 아스카 보살입상
(『御物金銅佛像』)

---

110) 高田修, 「ガンダーラ美術における大乘の徵証―彌勒と觀音像」, 『佛敎藝術』 125호(1979); 宮治昭, 『涅槃和彌勒的圖像學』(文物出版社, 2009년판).

제5장
'건강建康 양식'의 형성과 해동에 미친 영향

1. '건강 양식'의 형성 및 불상 양식의 특징

남조는 시기에 따라 서로 다른 양식이 나타났다. 요시무라 메쿠미는 "남제南齊 양식과 용문 양식, 양梁 양식과 용문 후기부터 동위·서위까지의 양식, 진陳 양식과 북제·북주 양식이 각각 대응되는 관계로 볼 수 있다"고 했다.[1] 남조의 수도였던 건강은 이러한 양식들의 단계적 발전에 있어 초창기 발원지였을 것이고, 이러한 양식들 또한 건강 불교조상의 단계적 발전 양식을 구성하는 것이므로 이들을 이른바 '건강 양식'이라고 부른다.

여기서 지적해야 할 것은 '건강 양식'을 구체적인 조상 양식들에 실제적으로 적용해 보면, 여전히 설명이 되지 않는 빠진 부분들이 존재한다는 점이며, 이는 주로 유물 실물 자료의 부족 때문이다. 그러나 '건강 양식'의 주요한 발전 맥락은 이미 밝혀진 핵심 내용을 통해 다음과 같이 기술될 수 있다. (1) 불상의 용모는 '수골청상'에서 '면단이염'으로, (2) 법의는 '포의박대식'으로부터 '변화된 포의박대식'으로 변화되었고, (3) 소위 '육조의 미소'를 띠고 있으며, (4) 쌍계雙髻(두 갈래로 틀어 올린 머리)를 틀고, (5) 궐아蕨芽(고사리 싹) 모양의 수발垂髮(드리운 머리카락)을 하고 있으며, (6) 남방식 특유의 비천 형상 등을 보여 주고 있다.

1) 건강 불교조상에 관련된 자료들

당나라 법림法琳이 편찬한 『변정론辯正論』에는 다음의 기록이 있다.

동진 104년 동안 사찰은 모두 1,768개소, 불경은 27명이 263부를 번역했고, 승려는 모두 24,000명이었다. 유송 시기 사찰은 총 1,913개소, 불경은 23명이 2,110부를 번역했고…… 승려는 모두 36,000명이었다. 남제 시기 사찰은 총 2,015개소, 불경은 16명이 721부를 번역했고…… 승려는 총 32,500명이었다. 소량 시기 사찰은 총 2,846개소, 불경은 42명이 238부를 번역했고, 승려는 총 82,700여 명이었다. 후량의 두 황제(孝宣과 孝明皇帝)가 강릉江陵을 다스린 35년 동안(555~585) 사찰은 총 108개소, 승려는 총 3,200명이었다. 진陳대 다섯 황제가 통치한 기간은 34

---

1) 吉村怜, 「論止利樣式起源南朝—止利式佛像的源流」, 『天人誕生圖研究』(中國文聯出版社, 2002년판), 125쪽.

년으로, 이 기간 동안 총 1,232개의 사찰이 있었다.[2]

위의 기록에 따르면, 남조의 여섯 왕조 가운데 소량 시기에 건립된 사찰, 역경인, 승려의 수가 가장 많았음을 알 수 있으니, 이는 사찰에 조성된 불교조상의 수도 소량 시기에 가장 많았음을 뜻한다.

남조에서 금동불상을 조성하는 일이 너무 성행하여 유송 시기에는 금동불상의 주조를 제한하거나 금지하는 법령이 두 번이나 반포되었다.

첫 번째 반포 내용은 『송서宋書』 권97 「이만夷蠻」에 아래와 같이 보인다.

원가元嘉 12년(435)에 단양윤丹陽尹인 소모지蕭謨之가 상주하여 말하기를, "중국이 붓다의 영향을 받게 된 것이 이미 4대가 지나, 불상과 탑사塔寺가 천여 개를 헤아리게 되었기에 사찰에 들어가면 마음을 귀의할 수 있고 사찰을 나서면 가리켜 권면할 수 있을 정도가 되었습니다. 그러나 근래에 와서는 허황되고 지엽적인 것에 마음이 쏠려 정성을 최고로 보지 않게 되어 경쟁적으로 사치하는 일을 중시하고 있습니다. 옛날의 사찰이 무너지고 퇴락해지면 그것을 수리하려 하지 않고 도리어 각자 새로운 사찰을 지어 서로 자랑하기를 좋아합니다. 고급스럽고 귀한 집은 이에 거의 사라져 가고 목재, 대나무, 구리, 견직물 등의 낭비는 끝이 없습니다. 이는 천신天神과 지기地祇의 문제가 아니라, 인간들이 만들어 낸 일입니다. 건축함에 있어 정도를 벗어나면 마땅히 제재하고 단속해야 하는데, 이를 막지 않으니 방종하여 방탕함에 끝이 없습니다. 청하옵건대 지금 이후로는 동상銅像을 주조하고자 하는 사람이 있으면, 전부 관청에 출두하여 직접 보고하게 해야 합니다. 탑사나 정사精舍를 조성하려면, 먼저 소재지의 이천석二千石(군태수)에게 서면으로 보고하게 하고, 군군에서는 사실대로 해당 주州에 보고하고 나서, 허가를 통보받은 연후에야 비로소 시공할 수 있게 해야 합니다. 그중 제멋대로 사원과 정사를 건축한 자는 모두 조서와 법률을 준수하지 않은 것으로, 동상과 저택과 정원을 모두 관청에서 몰수해야 합니다"라고 하였다. 이에 조서를 내려 이를 허락하였다. 또한 출가한 승려들을 대폭 정리하니 환속한 자가 수백 인이 되었다.[3]

두 번째는 『남제서南齊書』 권1 「고제상高帝上」에 유송 승명升明 2년(478)에 아래와 같이 반포한 내용이 보인다.

대명 태시太始 이후로 사치스러운 풍조가 계승되어 백성들의 풍속이 되어 버렸다. 이에 태조가 정치를 도와주어 어부령禦府令을 폐지하고, 이상방二尙方의 장식품과 애완품을 살폈다. 그리고 민간의 화려하고 허황된 잡물을 금지하도록 했다. 즉, 금은으로 잠박鐕箔하지 말 것, 말 타는 도구에는 금은을 사용하지 말 것, 수놓은 치마를 짜지 말 것, 길에 비단을 깔고 밟지 말 것, 붉은색을 사용하여 기치를 세우고 옷을 만들지 말 것, 화려한 비단을 잘라 잡화雜花로 만들지 말 것, 무늬 있는 비단인 능綾으로 옷을 꾸미지 말 것, 녹행금鹿行錦 및 굽은 다리받침을 세운 정백상樿柏牀, 상아 상자 등 잡물을 만들지 말 것, 화려한 비단으로 병풍을 만들거나 방석의 테두리를 두르지 말

---

2) 『大正藏』 第52冊, No.2110.
3) 元嘉十二年(435), 丹陽尹蕭摹之奏曰, "佛化被於中國, 已歷四代, 形像塔寺, 所在千數, 進可以系心, 退足以招勸. 而自頃以來, 情敬浮末, 不以精誠爲至, 更以奢競爲重. 舊宇頹弛, 曾莫之修, 而各務造新, 以相姱尙. 甲第顯宅, 於茲殆盡, 材竹銅彩, 靡損無極. 無關神祇, 有累人事. 建中越制, 宜加裁檢, 不爲之防, 流遁未息. 請自今以後, 有欲鑄銅像者, 悉詣台自聞; 興造塔寺精舍, 皆先詣在所二千石通辭, 郡依事列言本州島; 須許報, 然後就功. 其有輒造寺舍者, 皆依不承用詔書律, 銅宅林苑, 悉沒入官." 詔可. 又沙汰沙門, 罷道者數百人.

것, 사사로이 기장器仗(전쟁에 쓰는 병기와 의식에 쓰는 의장을 아울러 이르는 말)을 만들지 말 것, 칠보로 악기를 꾸미거나 옻칠을 한 잡물을 만들지 말 것, 금은으로 화수花獸를 만들지 말 것, 제멋대로 금동으로 불상을 주조하지 말 것. 이상은 모두 황제가 직접 하달하여 시행하는 묵칙墨勅으로 총 17조이다. 궁중과 번왕들도 따라야 하고 비록 예전의 관습에 따른 것일지라도 또한 상세히 살펴야 할 것이다.[4]

원가 12년(435)에 처음으로 "동상을 주조하고자 하는 사람이 있으면 전부 관청에 출두하여 직접 보고해야 한다"(有欲鑄銅像者, 悉詣台自聞)라고 금동불상의 제작을 제한한 것은 금동령禁銅令에 따라 함께 반포된 것이고, "금동불상을 제멋대로 만들 수 없다"라고 다시 반포한 것은 사치스러운 풍조에 반대하기 위해서였다. 이처럼 위의 두 기록에 따르면, 남조 금동불상의 주조는 유송 원가 12년(435) 금동령이 제정되면서 제한을 받았다가, 송 명제 태시泰始 연간(465~471년 사이) 금동불의 주조가 다시 활발해졌고, 송 승명升明 2년(478)에 이르러서는 금동불의 주조가 나라에서 허용할 수 없을 만큼 유행하게 되자 더욱 엄격한 금지령이 시행된 것이다. 이는 건강에서 오랜 세월 잘 보존될 수 있는 불교조상의 소재와 제작 방식이 발전하는 데 제약을 준 것임에 틀림없다.[5]

양 초기에 이르러서 양무제梁武帝는 유학으로 나라를 다스리려던 애초의 방침을 바꿔 불교를 국교로 삼았다. 게다가 당시 승우 같은 불교조상의 대가까지 등장하면서 건강의 금동불상 주조는 다시 회복되기 시작했다.

양무제가 즉위한 후, 불교조상과 관련하여 도선의 『집신주삼보감통록集神州三寶感通錄』에는 다음이 기록하고 있다.

> 양 세조가 등극한 후, 불교를 숭상하고 존중하여 옛 종사의 가르침(유학)을 폐하였으며, 매일 고승들을 불러들여 심오한 뜻에 대하여 담론을 펼쳤다. 세조는 또한 금과 은으로 만든 등신불 2구를 조성하고 중운전重雲殿에서 새벽과 저녁에 예불을 드리기를 50여 년 동안 계속하였다.[6]

도선의 『속고승전續高僧傳』에는 다음과 같은 기록이 있다.

> (양무제가) 태조 문황제文皇帝를 위하여 종산鍾山의 대나무 숲 시냇가에 대애경사大愛敬寺를 세웠는데…… 중원中院의 정전正殿에는 전단栴檀나무로 된 불상佛像이 있었다. 높이가 1장 8척에 달했는데 장인匠人이 작업량을 헤아리고 아침에 일을 시작하여 저녁에 멈추었으나 밤마다 항상 작업하는 소리가 들려왔으니 아침에 나가보면 매번 그 성과가 크다는 것을 알았다. 마침내 불상이 완성되었는데 높이가 2장 2척에 달했다. 모습과 생김새가 단아하

---

4) 大明泰始以來, 相承奢侈, 百姓成俗. 太祖輔政, 罷禦府, 省二尙方諸飾玩. 至是又上表禁民間華僞雜物. 不得以金銀爲箔, 馬乘具不得金銀度, 不得織成繡裙, 道路不得著錦履, 不得用紅色爲幡蓋衣服, 不得翡彩帛爲雜花, 不得以綾作雜服飾, 不得作龍行錦及局脚檉柏林, 牙箱籠雜物, 彩帛作屛鄣, 錦緣薦席, 不得私作器仗, 不得以七寶飾樂器又諸雜漆物, 不得以金銀爲花獸, 不得輒鑄金銅爲像. 皆須墨敕, 凡十七條. 其中宮及諸王服用, 雖依舊例, 亦請詳衷.
5) 남경 서하산은 지질시대로 보면 푸석하게 잘 부서지는 쥐라계(jurassic system) 長石砂巖層에 속한다. 그래서 서하산의 석상들은 쉽게 벗겨지고 침식된다. 乾漆夾紵 불상도 木胎乾漆夾紵이든지 脫胎乾漆夾紵이든지 상관없이 모두 쉽게 불에 타 버린다. 금동 소재의 불상만이 비교적 오랜 세월 동안 잘 보존될 수 있다.
6) 『大正藏』 52권, No.2106, "梁世祖登極之後, 崇重佛敎, 廢絶老宗. 每引高僧談敍幽旨, 又造等身金銀像兩軀, 於重雲殿晨夕禮事五十許年."

면서도 엄숙하고 신체의 모양이 몹시 뛰어나서 거의 신神의 조화를 따른 듯하였으며 여러 번 기이한 징험이 있었다. 황제는 또 절 안에 있는 용연별전龍淵別殿에 금동불상을 만들어 두었는데 높이가 1장 8척이나 되었다.…… 또한 태후太后에게 바치기 위해 푸른 시냇가의 서쪽 언덕 건양성建陽城의 문으로 통하는 길 동쪽에 대지도사大智度寺를 세웠다. 이곳은 수도(京師)에서 으뜸가는 곳으로서 지대가 높고 습기가 없으며 사방으로 통하는 조정과 저자의 중심 도로이자 수로와 육로의 드러난 요충지였다. 전당은 크고 넓으며 보탑은 7층이며 방들은 회랑으로 연결되고 꽃과 열매가 사이사이에 피어 있었다. 정전正殿에는 또한 1장 8척의 금불상을 만들어 놓았다.[7]

『남사南史』의 대동大同 원년(535)에는 다음과 같은 기록이 있다.

(양무제가) 동태사同泰寺에 행차하여 시방은상十方銀像을 주조하였다.…… 3년(537)…… 5월 계미, 동태사에 행차하여 시방금동상을 주조하였다.[8]

건강 광택사光宅寺에 있는 장팔丈八(1장 8척을 뜻함)금동대불의 주조는 송宋, 제齊, 양梁 세 개 왕조의 조상 능력을 부분적으로 반영하는 것으로 볼 수 있는데, 혜교의 『고승전高僧傳』 「법열전法悅傳」에는 다음과 같은 기록이 있다.

예전에 송 명제明帝(재위 465~472)가 1장 8척의 금불상을 조성하고자 하여 네 번이나 주조했으나 완성하지 못하였고 이에 계획을 바꾸어 1장 4척으로 조성하였다. 법열은 마침내 백마사白馬寺의 사문인 지정智靖과 더불어 인연을 같이하는 사람들과 힘을 모아 1장 8척의 무량수불로 개조하고자 하였고 그 뜻을 널리 알렸다. 마침내 금동을 모았으나 당시는 북제 말기에 속한 시기로 세상의 도의가 짓밟히고 쇠약해졌기에 또다시 밀려 배척당하였다. 양梁나라 초기에 이르러 다시금 이 일을 나라에 상계하였다. 그러자 칙명이 내려져 이를 허가하였다. 아울러 불상의 대좌 조성도 돕게 하였다. 관에서 보내는 재료와 솜씨 있는 장인에게 필요한 대로 비용을 지급하여서, 양 천감 8년(509) 5월 3일에 소장엄사小莊嚴寺에서 주조에 착수하였다.…… 당시 법열과 지정 두 승려가 차례로 세상을 떠났다. 그러자 칙명으로 불상 조성의 일을 정림사定林寺의 승우에게 맡겼다. 그해 9월 26일에 불상을 광택사光宅寺로 옮겼다.…… 총하蔥河의 왼쪽 지역에서, 금불상으로 가장 뛰어난 것은 오직 이 한 구가 있을 따름이다.[9]

윗글에 따르면, 광택사光宅寺에서 만들어진 장팔무량수불丈八無量壽佛은 원래 송 명제 유욱劉彧이 "네 번이나 주조했으나 완성하지 못하였고 이에 1장 4척으로 바꾸어 조성하였다"(四鑄不成, 於是改爲丈四). 송 명제가 이러한 불사를 진행한 시기는 유송 원가 12년(435)에 금동령이 내려진 이후 약 30년이 지난 때였다. 명제는

---

7) (梁武帝)爲太祖文皇於鍾山竹澗, 建大愛敬寺.……中院正殿有栴檀像, 擧高丈八. 匠人約量, 晨作夕停, 每夜恒聞作聲, 旦視輒覺功大. 及終成後, 乃高二丈有二, 相好端嚴, 色相超挺, 殆由神造, 屢感征跡. 帝又爲寺中龍淵別殿造金銅像, 擧高丈八……又爲獻太后於靑溪西岸建陽城門路東, 起大智度寺. 京師甲里, 爽塏通博, 朝市之中途, 川陸之顯要. 殿堂宏敞, 寶塔七層, 房廊周接, 花果間發. 正殿亦造丈八金像.
8) (梁武帝)幸同泰寺, 鑄十方銀像……三年(537)……五月癸未, 幸同泰寺, 鑄十方金銅像.
9) 昔宋明皇帝(465~472在位)經造丈八金像, 四鑄不成, 於是改爲丈四. 悅乃與白馬寺沙門智靖率合同緣, 欲改造丈八無量壽像, 以申厥志. 始鳩集金銅, 屬齊末, 世道陵遷, 復致推斥. 至梁初, 方以事啓聞. 降敕聽許, 並助造光趺. 材官工巧, 隨用資給. 以梁天監八年(509)五月三日於小莊嚴寺營鑄……時悅, 靖二僧, 相次遷化. 敕以像事委定林僧佑. 其年九月二十六日移像光宅寺……自蔥河以左, 金像之最, 唯此一耳.

8년 동안 재위하면서 '태시泰始'라는 연호를 7년간 사용하였다. 『남제서南齊書』에서는 "대명 태시 이후, 사치스러운 풍조가 계승되어 백성들 사이 풍속이 되었다"(大明泰始以來, 相承奢侈, 百姓成俗)라는 기록이 있는데, 이는 바로 송 명제 재위 기간의 사회 풍조를 기술한 것이다. 이 불상은 제나라 말기에 사문 법열法悅과 지정智靖이 장팔불로 개조하고자 하였는데 "당시는 북제 말기로 세상의 도의가 짓밟히고 쇠약해졌기에 또다시 밀려 배척당하였다"(屬齊末, 世道陵遲, 復致推斥). 양梁나라 초기에 이르러 양무제는 이 일을 승우에게 맡겨 드디어 완성시켰다. 이 불상은 타림(塔里木, Tarim)강 동쪽 지역에서 가장 뛰어난 금동불상으로 알려져 있으며, 이 불상을 통해 승우의 뛰어난 조상 수준을 엿볼 수 있다.

양무제 소연蕭衍은 불교 숭배로 유명하였으나 재위 말기에 구리 부족으로 인해 보통普通 4년(523) 철전鐵錢을 주조하는 정책[10]을 실행한 후부터 왕권의 운명이 다하였다.[11]

진陳은 6세기 중반 혼란스러운 정세를 바꿔 놓았다. 『수서隋書』「식화지食貨志」에서는 "진나라 초기에 양나라의 혼란스러움을 이어받아 철전이 잘 유통하지 못했다"고 했고, 법림法琳의 『변증론辯正論』에서는 "진陳의 다섯 황제가 통치한 기간은 모두 34년으로, 사찰은 총 1,232곳이 있었는데 국가에서 새로 지은 것이 17곳이고 백관들이 조성한 곳이 68곳이며 성 안에 있던 큰 사찰만 3백여 곳이었다. 「여지도輿地圖」에 이르기를 옛날에 수도에는 7백여 개의 사찰이 있었는데 후경侯景이 난을 일으켜 이곳들을 모두 태워 버렸다. 진나라가 크게 통일시키자 백성들이 물자를 두루 모아 파괴된 사찰들을 수리하고 다시 지었다"라고 기록했다. 진陳 무제武帝는 "금동 등신상 100만 구軀를 조성하였고", 진陳 선제宣帝는 "금동상 등 2만 구를 조성하고, 옛 불상 130만 구를 수리하였다."[12]

수隋나라가 진陳나라를 멸망시킨 후 수도인 건강에 있던 황실 재산과 전리품들은 모두 북방으로 약탈되어 옮겨갔고 아울러 건축물, 경작지도 모두 파괴되었다. 이는 지금 남경에 현존하는 남조 불교조상이 매우 드물게 된 주요한 이유였을 것이다. 『송고승전』에 진나라 멸망 후 수도 건강의 모습이 다음과 같이 기술되어 있다. "궁궐이 전부 훼손되었고, 대성臺城도 모두 무너져 돌무더기로 남았다. 가시덤불이 길을 덮었고 경양궁景陽宮은 마치 변방에 있는 듯 황막하고, 화려했던 결기각結綺閣은 그 터조차 무너졌으니 진陳 황실의 문물과 의관이 모두 흩어져 사라져 버렸다."[13]

진陳나라 시기 건강에서 만들어졌다고 확신할 수 있는 불교조상이 지금까지 하나도 전해지는 것이 없

---

10) 『梁書』卷三「武帝下」의 기록에 따르면, 보통 4년(523) "12월 무오일 철전(쇠돈)을 주조하시 시작하였다"(十二月戊午, 始鑄鐵錢)라 하였다. 『梁書』(中華書局, 1973년판), 67쪽.
11) 『梁書』권3「武帝下」에는 다음과 같은 기록이 있다. "중대동 원년(546)에 다음과 같이 조서를 내렸다. '아침에 네 개 저녁에 세 개 주겠다고 하자, 원숭이들이 모두 기뻐하였다. 하루에 일곱 개라는 名과 實이 아무런 변화가 없는데도 기뻐하고 노여워하는 마음이 작용하였다. 방금 밖에서 대체로 九陌錢(90전으로 100전을 충당하는 돈)을 사용한다고 들었는데, 돈이 줄면 물건은 비싸지고, 돈이 풍족하면 물건은 싸진다. 이것은 물건에 귀천이 있는 것이 아니라 마음이 전도된 것이다. 먼 곳에 이를수록 나날이 더욱 더 심해진다. 그러니 어찌 나라에 통일되지 못한 정사가 행해지고 집집마다 이르러 다른 관례가 생기는 것뿐이겠는가! 이는 헛되이 왕제를 어지럽히고 백성들의 재산에 전혀 이롭지 못한 것이다. 이제부터는 足陌錢(100전으로 100전을 충당하는 돈)을 통용시키겠다. 명령서가 행해진 이후 백 일이 지나서도 만약 명령을 어기는 자가 있으면 남자는 죄를 받아 3년 동안 물건을 옮기는 일을 하고, 여자는 3년 동안 저당 잡혀 부역을 하게 될 것이다.'"(中大同元年[546]詔曰: 朝四而暮三, 衆狙皆喜, 名實未虧, 而喜怒爲用. 頃聞外間多用九陌錢, 陌減則物貴, 陌足則物賤, 非物有貴賤, 是心有顚倒. 至於遠方, 日更滋甚. 豈直國有異政, 乃至家有殊俗, 徒亂王制, 無益民財. 自今可通用足陌錢. 令書行後, 百日爲期, 若猶有犯, 男子謫運, 女子質作, 並同三年.)
12) 『大正藏』第52冊, No.2110.
13) 『大正藏』第50冊, No.2061.

으므로[14] 건강의 진陳 양식에 대한 연구를 제대로 진행할 수 없게 되었다. 그러므로 진 양식을 잘 파악하고자 한다면, 남조의 양식이 북조의 양식에 시기별로 대응 관계를 이루어 영향을 미쳤고 진 양식은 북제와 북주의 양식에 시기적으로 대응된다는 요시무라 메쿠미(吉村怜)의 견해에 따라, 현존하는 북제, 북주의 양식을 통해서만 역으로 진나라 건강 시기의 양식을 이해할 수 있을 것이다.

2) 승우, 장승요와 건강의 새로운 조형

6세기 중반에 남조 불교조상의 새로운 조형 탄생에 가장 밀접하게 관계된 인물은 바로 승우僧佑(약 445~518)와 장승요張僧繇(약 484~562)이다.[15]

승우는 고승으로서 『고승전』에는 그가 율학에 뛰어나고 불교조상 의궤에도 정통했다고 기록되어 있다. 승우가 '전거典據에 따라 세운 의칙'(准畫儀則)에 따라 조성된 대불로는 광택사光宅寺 대불, 섭산攝山(棲霞山) 대불, 섬현剡縣(新昌) 대불이 있고, 이 가운데 두 기基는 현재까지 남아 있다. 장승요는 승우보다 40여 년 뒤에 태어났는데, 승우가 불상 조소 분야에서 큰 업적을 세운 데 반해, 장승요는 주로 불교 회화에 더 능통했다. 그는 불교 회화에 외래 예술의 표현 방식을 융합시켜 육조시대 인물화에 있어 소체疏體 유파를 개척한 걸출한 예술가이다.[16]

승우는 대규·대응 부자에 이어 중국 남방에서 출현한 불교조상의 대가로서 그가 불상을 제작한 시기는 대략 6세기 초인 소량蕭梁 시기였는데 당시는 때마침 중국 불교조상에 있어 또 한 번의 큰 변혁이 막 발생하기 직전이었다. 곧 승우가 제작한 불상들은 남방 불교조상의 중심인 건강에서 새로운 풍조가 형성된 것과 밀접한 관련이 있는 것이다.

『고승전』권11「승우전」에 아래와 같은 기록이 있다.

승우의 본래 성은 유兪씨이며, 그의 선조는 팽성彭城의 하비下邳 사람이었다. 부친의 세대부터 건업建業에 거주하게 되었다. 승우의 나이가 겨우 몇 살밖에 되지 않았을 때 건초사建初寺에 들어가 예배를 드리고는 펄쩍펄쩍 뛰면서 불도를 즐거워하여 집으로 돌아가려 하지 않았다.…… 처음 스님 법영法穎(416~482)에게서 배웠다. 법영은 당시 이름난 장인이자 율학律學의 종사宗師이기도 했다. 이에 승우는 온 마음을 다해 참구하여 새벽부터 밤까지 게으름이 없었다. 마침내 율학에 크게 정통하고 선현들을 배움에 더욱 힘쓰게 되었다. 남제 경릉竟陵 문선왕文宣王 소자량蕭子良(460~494)이 늘 초빙하여 율학을 강의하게 하였는데, 듣는 대중들이 매번 7, 8백 명이나 되었다.…… 승우는 천부적으로 생각이 치밀하고 안목이 정확하여 마음속으로 구상할 수 있었다. 장인들이 와서 표준에 근거해서

---

14) 陳 太建 元年(569)의 동관음보살입상이 도쿄예술대학에 소장되어 있으나 출토 장소가 확실하지 않다.
15) 林樹中 編著, 『六朝藝術』(南京出版社, 2004년판), 359~376쪽.
16) 張彦遠, 『歷代名畫記』, 卷二, 「論顧陸張吳用筆」에 다음과 같은 언급이 있다. "고개지와 육탐미의 神은 그 뜻하고자 하는 바를 볼 수 없으니 이른바 필적이 세밀하고 꼼꼼하기 때문이다. 장승요와 오도자의 妙는 한두 번의 필획으로도 그 형상이 이미 응하여 드러나나 필획은 섞이고 흩어진 듯 종종 뭔가 빠지고 떨어져 나간 것 같으니 이는 비록 필획은 주도면밀하지 못하나 그 뜻(意)은 치밀하기 때문이다. 만약 그림에 이처럼 疏와 密의 두 가지 體가 있다는 것을 알게 된다면 비로소 그림을 평론할 수 있게 되니 누군가는 고개를 끄떡일 것이다."(顧[愷之]陸[探微]之神, 不可見其盼際, 所謂筆跡周密也. 張[僧繇]吳[道子]之妙, 筆才一二, 像已應焉, 離披點畫, 時見缺落, 此雖筆不周而意周也. 若知畫有疏密二體, 方可議乎畫, 或者頷之而去.) 張彦遠, 『歷代名畫記』(人民美術出版社, 1983년판), 25쪽.

비교해 보면, 한 자 한 치도 어긋남이 없었다. 그런 까닭에 광택사光宅寺와 섭산攝山의 대불, 섬현剡縣의 석불상 등은 모두 승우를 초청하여 시공하고 그가 세운 의칙에 기준하여 계획하였다. 금상 폐하께서도 깊이 예우하여 승려의 일에 관한 큰 의문은 모두 칙명으로 그를 찾아가 심의하여 결정토록 하였다. 나이가 들어 노쇠하고 다리에 병이 생기자, 칙명으로 가마를 타고 내전에 들어오는 것을 윤허하였다. 여섯 후궁에게도 계를 받게 하니, 그가 조정에서 존중받음이 이와 같았다. 개선사開善寺의 지장智藏(458~522)과 법음사法音寺의 혜곽慧廓도 모두 그의 덕행을 숭상하여 자청하여 스승의 예로 섬겼다. 양 임천왕臨川王 소굉蕭宏과 남평왕南平王 소위蘇偉, 의동의同 진군陳郡 원앙袁昻, 영강永康 정공주定公主, 귀빈貴嬪 정씨丁氏 등도 모두 그 모범적인 계율을 숭배하여 제자로서 예를 다하였다. 무릇 승려와 속인 제자가 모두 1만 1천여 명이었다. 천감天監 17년(518) 5월 26일에 건초사에서 세상을 떠났다. 향년 74세였다.[17]

위의 기록들과 관련 문헌 및 실제 유물 자료들을 함께 고찰하여 승우에 대해 다음과 같은 몇 가지 사실을 알 수 있다.

a. 승우는 유송 원가 22년(445)에 출생하여 소량 천감天監 17년(518)에 죽었으며, 송, 제, 양 세 왕조에 걸쳐 활동했는데, 그의 주요한 불상 조성 활동은 소량 초기에 집중된다.

b. 승우는 불교 율전律典에 정통하고 불상 조성에도 뛰어나 세상에 널리 알려졌다. 이른바 '율학에 크게 정통했고'(大精律部) '의칙을 분명하게 세웠다'(准畫儀則).

c. 승우가 소량 시기 이전부터 중용되었는지에 대해 정확히 알 수는 없지만, 소량 초기에 양무제에게 신임을 받았다는 사실은 분명하다. 예를 들어 양무제 소연은 승려와 관련된 일은 모두 승우에게 맡겨 처결하도록 했다.[18]

d. 승우가 광택사光宅寺와 섭산攝山, 섬현剡縣에 조성한 불상 3존의 구체적인 조성 시기는 모두 양나라 때였을 것이다.

광택사 장팔금동불상은 바로 양무제의 칙령을 받들어 양 천감天監 8년(509)에 승우가 최종적으로 개조·완성시켰다.

섬현에 있는 석불은 승우가 양 건안왕建安王의 칙명에 응해 개조한 것으로 양 천감 12년(513)부터 천감 15년(516) 사이에 완성되었다. 『고승전』 권13 「승호전僧護傳」에는 "(건안)왕이 즉시 이상의 내용을 듣고 승우 율사를 보내 조상과 관련된 일을 전담하라는 칙서를 내렸다.…… 처음에는 승호僧護가 만들었다. 하지만 감실을 너무 얕게 뚫었기에 5장丈을 더 깎았다.…… 불상은 천감 12년 봄에 착공하여 15년 봄에 완성되었다"[19]라는 기록이 있다.

---

17) 智昇의 『開元釋教錄』에도 승우에 대해 이와 유사하게 기록하고 있다. 『大正藏』 55권, No.2154 참조. "釋僧佑, 本姓俞氏, 其先彭城下邳人, 父世居於建業. 佑年數歲, 入建初寺禮拜. 因踴躍樂道, 不肯還家……初受業於沙門法穎, 穎旣一時名匠, 爲律學所宗. 佑乃竭思鑽求, 無懈昏曉. 遂大精律部, 有勵先哲. 齊竟陵文宣王每請講律, 聽衆常七八百人……佑爲性巧思, 能目准心計, 及匠人依標, 尺寸無爽. 故光宅, 攝山大像, 剡縣石佛等, 並請佑經始, 准畫儀則. 今上深相禮遇, 凡僧事碩疑, 皆敕就審決. 年衰脚疾, 敕聽乘輿入內殿, 爲六宮受戒, 其見重如此. 開善智藏, 法音慧廓, 皆崇其戒素, 請事師禮. 梁臨川王宏, 南平王偉, 儀同陳郡袁昻, 永康定公主, 貴嬪丁氏, 並崇其戒範, 盡師資之敬. 凡白黑門徒, 一萬一千餘人. 以天監十七年(518)五月二十六日卒於建初寺, 春秋七十有四."
18) 요시무라 메쿠미(吉村怜)는 양무제가 그의 죽은 아버지 蕭順을 위해 만든 鍾山 愛敬寺 중전에 있는 栴檀木 대불과 龍淵 별전에 있는 金銅丈八佛像이 모두 승우가 만든 것이라고 생각했다. 吉村怜, 「南北朝佛像樣式史論」, 『國華』 1066호(1983).
19) (建安)王卽以上聞, 敕遣僧佑律師專任像事.……初僧護所創, 鑿龕過淺, 乃鐫入五丈.……像以天監十二年春就功, 至十五年春竟.

승우가 섭산 대불을 조성한 것에 대한 기록은 위에서 인용한 『고승전』 권11 「승우전」에만 보이는데, 구체적인 조성 시기는 알 수 없다. 현존하는 엄관嚴觀 집록의 『강녕금석기江寧金石記』에 수록된 진 강총의 「금릉섭산서하사비문金陵攝山棲霞寺碑文」, 당고종唐高宗이 어제御制한 「섭산서하사명정군비攝山棲霞寺明征君碑」와 남경시박물관에 소장된 「금릉섭산서하사비문」 잔비殘碑에도 모두 승우의 이 공덕에 대한 논의가 없다.

필자는 승우가 참여한 서하산 대불 공사가 아마도 섬현 석불 공사처럼 후기 개조 공사라고 생각한다. 곧, 서하산 대불이 5세기 말에 완공된 이후 다시 이루어진 개조 공사라고 본다.[20]

진 강총은 「금릉섭산서하사비문」에서 "양나라 태위太尉 임천臨川 정혜왕靖慧王은 불도와 인연이 깊고 마음이 넓고도 견실했다. 그는 이 산에 조성된 사찰과 불상들의 배치와 만듦새가 조잡하고 그저 넓기만 하여 제대로 활용되지 못한다고 여겼다. 그리하여 천감 10년(511) 8월에 국고에서 돈을 풀어 다시 아름다운 장식을 더하였는데, 단청丹靑으로 색을 입히고, 선탕銑鐺(황금)으로 아로 새겼다. 섭산 절반을 이처럼 밝게 중수하니 천륜千輪이 비로소 환하게 밝아졌다"[21]라고 했다. 이 장엄 불사는 승우가 집록한 『출삼장기집出三藏記集』 권12 「잡도상집雜圖像集」에 수록된 「태위임천왕성취섭산감대석상기太尉臨川王成就攝山龕大石像記」에도 그 내용이 실려 있다. 그러므로 섭산 대불을 완성시킨 구체적 집행자는 승우일 가능성이 높다. 다만 명의상 섭산 서하사의 조성 공덕은 완전히 임천왕에게 귀탁되었다.

e. 승우가 황실로부터 위임받아 조성한 3기의 불상은 대부분 후기 개조 공사에 속하였고, 이를 통해 남조시대 불교를 가장 존숭했던 소량 시기에 불교조상 분야에서 승우는 더할 나위 없이 높은 지위를 갖고 있었음을 알 수 있다.

f. 승우가 조성한 불상 3기 중 광택사 불상은 이미 소실되어 남아 있지 않지만, 현재까지 전해지는 나머지 두 불상(섭산 대불과 섬현 대불)의 법의 양식은 자세한 감별을 통해 모두 '변화된 포의박대식'(褒衣博帶演化式)임을 알 수 있다.[22]

불교조상 양식을 개혁하려는 자는 내부와 외부 조건을 모두 갖추어야 비로소 새 양식을 추진하여 실행할 수 있게 된다. 진송晉宋 시기에 '대규·대옹 부자의 불상 양식'의 새로운 탄생은 외국 불상 양식이 이미 중국인들에게 용인되지 못한다는 외부 여건이 갖추어졌기에 이에 상응하여 탄생하게 된 것이다. 또한 불상 양식을 개혁하는 사람은 불상의 제작에 대해 잘 알아야 할 뿐만 아니라 율전律典의 규칙과 제도에도 정통해야 한다.

6세기 중반 중국 불상의 전반적인 조형 전환 과정을 살펴보면, 외관상 천축(인도)의 통견식에 가까운 '변화된 포의박대식'이든 외부 가사袈裟에 천축의 우단식 양식이 융합된 '부탑쌍견하수식敷搭雙肩下垂式'(법의가 양 어깨를 걸치고 아래로 흘러내린 방식)이든 간에, 이 두 가지 양식은 모두 불상의 몸매가 풍만하게 살이 찌고 옷이 얇게 몸에 밀착된 특징이 나타나는데, 이는 이전의 '수골청상'과 '포의박대식'의 중국 본토 조형에서 벗어나

---

20) 費泳, 『中國佛敎藝術中的佛衣樣式研究』(中華書局, 2012년판), 337쪽.
21) 梁太尉臨川靖慧王道契眞如, 心宏檀蜜, 見此山制置疎闊, 功用稀少, 以天監十年(511)八月爰撒帑藏, 復加瑩飾. 繢以丹靑, 鏤之銑鐺, 五分照發, 千輪敞煥.
22) 費泳, 「新昌大佛著樣式考辨」, 『南京藝術學院學報』(美術與設計版) 2011년 제5기; 費泳, 「棲霞山大佛衣著樣式考辨」, 『南京藝術學院學報』(美術與設計版) 2012년 제4기.

천축 양식으로 복귀하려는 추세를 보이는 것이다. 이러한 추세는 이전 중국 불교조상에서 현지화와 세속화가 지나치게 강조된 경향에 대한 반발이었다. '수골청상'과 '포의박대식' 양식의 불상은 사대부 문인들과 지나치게 유사한 외관으로 인해 불교와 세속 사이의 거리를 줄여 주었다. 이러한 양식이 유행하는 동안에 북방의 동위와 북제 왕조는 물론 남방의 소량 왕조도 불상 양식을 좀 더 객관적으로 수정하려고 애썼다.

한편, 장승요가 그 당시 불교예술에 기여한 공헌에 대해서도 중시해야 한다. 장승요는 고개지, 육탐미와 더불어 육조시대 화단畫壇의 삼대가 가운데 한 명으로 소체疏體의 유파를 개척하고 소위 '장가양張家樣'을 창조했다. 장회관의 『화단畫斷』에서는 "사람의 아름다움을 형상화하는 데 있어 장승요는 육肉에서, 육탐미는 골骨에서, 고개지는 신神에서 찾는다"라고 했다.[23] 장승요의 작품은 불교를 주제로 하는 것이 많으며, 현재 문헌에 실려 있는 작품으로는 「승보지상僧寶志像」, 「노사나불상盧舍那佛像」, 「유마힐상維摩詰像」, 「행도천왕도行道天王圖」, 「정광불상定光佛像」, 「취승도醉僧圖」 등이 있는데, 그의 가장 큰 공헌은 바로 "면단이염"의 인물상을 만들어 냈다는 점이다. 미불米芾의 『화사畫史』에 "천제석상天帝釋象"은 소필蘇泌이 소장하고 있는데 모두 장승요가 그린 것이다. 장승요는 천녀天女 궁녀의 모습을 '면단이염'으로 나타냈다"라는 기록이 보인다.[24]

중국 회화사에서 장승요는 육탐미에 이어 가장 뛰어난 종교 화가로 기술되고 있으며 그가 불교 영역에서 큰 성과를 내기 시작한 시기는 양나라 초기였다. 천감 2년(503)에 즈음하여 20세였던 장승요는 칙령을 받고 승려 보지寶志의 화상을 그렸다. 장언원은 『역대명화기』에서 장승요를 이렇게 기술하였다. "오중吳中 사람으로 천감 연간에 무릉왕武陵王 국시랑國侍郎, 직비각直秘閣, 지화사知畫事를 담당했고 우군장군右軍將軍, 오흥태수吳興太守를 역임했다. 무제는 불교를 숭상하여 불사를 크게 일으켰는데 장승요에게 그림을 그리라는 명을 많이 내렸다."[25] 『양서梁書』 「무릉왕기武陵王紀」의 기록[26]에 따르면, 소기蕭紀는 천감 13년(514) 무릉군왕武陵郡王에 봉해졌는데, 린수중(林樹中)은 장승요가 무릉왕 시랑으로 임명된 나이는 대략 31세쯤이라고 판단했다.

이처럼 승우와 장승요 두 사람은 불교조상 분야에서 활약한 영역이 다르니, 한 사람은 조소에서, 다른 한 사람은 회화에서 두각을 나타냈다. 양梁 초기 두 사람의 활동이 겹치는 시기가 있는데, 바로 소량이 세워진 천감 원년(502)부터 승우가 죽은 천감 17년(518)까지 17년 동안이다.

최초로 '면단이염'과 '변화된 포의박대식'이 건강에서 발생 시기는 소량 연간 승우와 장승요가 불상을 조성한 시기와 겹쳐 있고, 그들이 만든 불상의 법의 양식 또한 이들 양식과 일치한다는 점을 본다면, 승우와 장승요가 바로 '면단이염', '변화된 포의박대식' 양식의 창시자임을 알 수 있다.

---

23) "象人之美, 張(僧繇)得其肉, 陸(探微)得其骨, 顧(愷之)得其神." 張彥遠, 『歷代名畫記』(人民美術出版社, 1983년판), 115쪽.
24) "天帝釋象"在蘇泌家, 皆張僧繇筆也. 張筆天女宮女, 面短而艷." 潘遠告 主編, 熊志庭 等 譯注, 『宋人畫論』(湖南美術出版社, 2000년판), 118쪽.
25) "吳中人也, 天監中爲武陵王國侍郎, 直秘閣, 知畫事, 曆右軍將軍, 吳興太守. 武帝崇飾佛事, 多命僧繇畫之." 張彥遠, 『歷代名畫記』(人民美術出版社, 1983년판), 147~148쪽.
26) 『梁書』, 卷五十五, 「武陵紀」, "武陵王紀字世詢, 高祖第八子也. 少勤學, 有文才, 屬辭不好輕華, 甚有骨氣. 天監十三年, 封爲武陵郡王, 邑二千戶."『梁書』(中華書局, 1973년판), 825쪽.

3) 남조 '건강 양식' 불상의 특징 및 기원

(1) "수골청상"에서 "면단이염"으로

남조 건강의 불교조상은 '수골청상', '포의박대식' 양식에 이어 늦어도 6세기 전반에는 '면단이염', '변화된 포의박대식'이라는 새로운 양식이 일어났다.

지금까지 볼 수 있는 남조 불상은 일반적으로 '포의박대식' 법의를 입고 '수골청상'의 모습을 하고 있는데, '수골청상'의 외형적 특징은 다음 두 가지로 나타난다.

1. 얼굴: 전체적인 얼굴형은 직사각형으로 관자놀이와 아래턱뼈는 각이 졌다. 이마뼈, 광대뼈, 이목구비는 곡선이 부드럽고 얼굴이 청아하게 수려하여 현지화된 특징이 매우 강하게 보인다.
2. 몸: 목이 가늘고 어깨가 작으며 가슴은 평평하다. 몸의 근육은 대체로 강조되지 않거나 법의에 가려져 있다. 입상은 어깨가 돋보이고 좌상은 어깨뼈와 무릎이 돋보이는 반면, 몸통은 날씬하고 착용하고 있는 옷과 장식은 하늘거린다.

불교조상 영역에서 발생한 이런 미학적 취향은 그 당시 인물화 대가인 육탐미가 창작한 화풍과 관련이 있을 것이다. 당나라 장회관은 육탐미에 대하여 다음과 같이 기술하였다. "고개지, 육탐미 및 장승요(에 대하여) 평론하는 사람은 각각 (그들 중) 한 사람(의 성취만)을 중시했으니 모두 나름 합당하다. 육탐미는 (자연 변화의) 영묘함에 참여하고 그 오묘함을 참작했으며, 종종 (자연 변화의 작용인) 신과 합치되었다. (또한) 필치의 흔적이 힘차고 날카로움이 송곳날과 같았다. 빼어난 골격과 맑은 이미지로 인해 생동감을 느끼게 하니 사람들로 하여금 소름 끼치게 하여 마치 귀신을 마주하는 듯했다. (그러나) 오묘함이 형상 안에서 다 표현되었다 하더라도, 생각은 먹 밖에서 하나로 모이지 않았다. 장승요는 사람의 정신과 골격을 형상하는 것에서 대체로 고개지나 육탐미에 버금간다."[27] 장회관은 육탐미의 화풍을 논하면서, 고개지와 장승요 두 사람과의 비교를 통하여 육탐미의 인물화의 조형적인 특징을 '수골청상'으로 명명하였는데 이때 바로 "수골청상"이라는 용어가 처음 등장했다. 고개지와 육탐미 두 사람은 모두 인물의 '조형'을 중시하였는데 육탐미가 인물화에 있어 조형을 더욱 강하게 드러내는 경향이 있었다. 두 사람은 사승師承 관계로서 인물화를 그림에 있어 필적을 세밀하고 꼼꼼하게 표현하는 데 뛰어나 밀체 일파를 형성하였다. 진송晋宋 시기 인물화에 있어 육탐미는 '골骨'을 중시하는 화풍의 집대성자로 꼽을 수 있다.

육탐미는 평생 동안 옛날 성현의 인물상을 많이 그렸는데 문헌을 통해 볼 수 있는 불교 주제 작품으로는 「문수강령文殊降靈」, 「아난阿難·유마도維摩圖」, 「석승건상釋僧虔像」 등이 있었으나 그의 진적眞跡은 모두 실제로 전하지 않는다. 현재 남경 서선교西善橋 남조대묘南朝大墓의 내부 벽면에 양각陽刻으로 새겨진 「죽림칠현과 영계기」를 통해 육탐미가 직접 그린 인물화의 모습을 엿볼 수 있다. 린수중(林樹中) 선생은 이 양각 벽화의 모본母本 제작자를 유추해 본다면 육탐미일 가능성이 가장 크다고 했고[28], 실제로 벽화 인물의 관자

---

27) "顧、陸及張僧繇, 評者各重其一, 皆爲當矣. 陸公參靈酌妙, 動與神會. 筆跡勁利, 如錐刀焉. 秀骨淸像, 似覺生動, 令人懍懍, 若對神明. 雖妙極象中, 而思不融乎墨外. 夫象人風骨, 張亞於顧, 陸也." 張彦遠, 『歷代名畫記』(人民美術出版社, 1983년판), 127~128쪽.
28) 林樹中, 「江蘇丹陽南齊陵墓磚印壁畵探討」, 『文物』 1977년 제1기.

놀이와 아래턱의 얼굴형은 직사각형에 가깝다. 고개지의 「낙신부도」, 「여사잠도」의 인물상들이 달걀형의 토실토실 살찐 얼굴형을 가진 것에 비해 「죽림칠현과 영계기」 속 혜강의 인물상은 '수골청상'의 특징이 뚜렷하다.

'수골청상'과 '포의박대식'의 불상 양식의 출현은 5세기 말 6세기 초 사이에 중국 남방과 북방의 불상이 양식적으로 하나로 통일되는 국면을 열었고, 이는 불교가 중국에 전래된 이후 불교조상에 있어 현지화 특성이 가장 명확히 드러난 것이다. 6세기 중반에 들어서부터 불상이 '수골청상'한 조형에 치중하던 것에서 풍만한 육체의 표현을 중시하는 것으로 바뀌면서 '면단이염'과 '박의첨체薄衣貼體'(얇은 옷이 밀착된 몸) 양식의 불

[5-1] 남경 서선교 벽돌 양각 벽화 혜강상(『藝苑掇英』)

상이 등장했는데, 이는 인도 굽타(Gupta) 양식에 가까우므로 '인도화'된 양식으로 다시금 복귀한 것이라 볼 수 있다.

"면단이염"의 조형은 양梁의 장승요에 의해 창조되었고 이러한 '소체疏體' 유파의 인물화 화풍은 이후 남북조 후기까지 불교조상에 널리 응용되었다. "면단이염"의 조형을 가진 불상의 형태와 용모 상의 특징은 다음 두 가지로 나타난다.

1. 얼굴: 얼굴형은 네모난데 짧고 통통하며 머리가 전신에서 차지하는 비율은 '수골청상' 조형의 불상보다 더 크다.
2. 몸: 목이 비교적 굵고 몸매가 풍만한데 여기에 얇은 옷을 밀착하여 걸치고 옷 주름은 그다지 많지 않아 몸매의 표현을 강조하고 있다. 이런 특징은 대부분 '변화된 포의박대식'과 '법의가 양어깨를 걸치고 아래로 흘러내린 방식' 양식에 많이 드러난다.

해부학적 관점에서 보면, 5세기 말에 성행했던 '수골청상'이든 6세기 중반 발흥했던 '면단이염'이든, 두 가지 모두는 얼굴 전면 윤곽이 비교적 넓고 네모나서 대체로 나라 '국國'자의 얼굴형을 지니고 눈썹뼈, 이마뼈, 코뼈, 광대뼈의 기복이 완만하면서도 밋밋하다는 중국인 두개골의 구조적 특징을 잘 나타낸다. 중국인의 얼굴에 살이 적으면 '수골청상'의 특징을 드러내게 되고 얼굴이 통통한 경우에는 '면단이염'의 특징이 나타나게 되는 것이다. 이 두 가지 조형적 특징은 모두 현지화의 특징을 강하게 보여 준다. 이에 비해 간다라(Gandhara) 양식의 불상, 보살상은 고대 그리스 조각의 영향을 많이 받아 얼굴, 눈썹, 이마, 코, 광대뼈의 곡선이 뚜렷하고 얼굴은 좁고 길며 코가 높고 눈이 움푹 들어갔다. 마투라(Mathura) 조형의 불상과 보살상은 인도 원주민의 특징이 더 많이 융합되었는데, 이를테면 얼굴형은 비교적 둥글고 눈시울이 크며 코가 납작한 편이다.

6세기 중반쯤 "면단이염"의 조형은 여러 지역을 넘나들어 중국 남과 북에서 크게 유행했는데 그 발생지는 건강일 가능성이 높다.

(2) 법의 양식의 변화

'면단이염'과 함께 등장한 법의 양식은 '변화된 포의박대식'이었다. 현재까지 전해지는 불상 유물을 보면 '포의박대식' 법의는 현지화된 특징이 매우 가장 강한 양식으로 대략 5세기 말에서 6세기 중반까지 중국에서 반세기 동안 성행했다가 6세기 중반부터 점차 '변화된 포의박대식'과 '부탑쌍견하수식'(법의가 양어깨를 걸치고 아래로 흘러내린 방식)으로 대체되었다. 크게 보면 '변화된 포의박대식' 법의는, 남조의 경우 소량 지역에서 널리 성행하였고, 북조의 경우는 서위, 북주 시기 실크로드로 연결되는 노선에 있는 주요 석굴 사원에서 주로 성행하다가 동위, 북제 시기에 청주青州에서 정주定州로 확대되어 가는 추세를 보였다.[29] 그러나 부탑쌍견하수식 법의 양식은 주로 동위와 북제의 정치 중심지인 진양晉陽, 업도鄴都 지역 주위로 출현 범위가 줄어들게 되었으며, 이를테면 향당산響堂山, 천룡산天龍山, 안양安陽의 여러 석굴에서만 보인다.

① '포의박대식'에서 '변화된 포의박대식'으로의 전환

'포의박대식'과 '변화된 포의박대식' 법의 양식의 가장 큰 차이는 전자는 가사의 오른쪽 긴 옷자락을 왼쪽 팔뚝 위에 걸치고 가슴과 배에 매듭이 있으나, 후자는 가사의 오른쪽 긴 옷자락을 왼팔은 물론 왼쪽 어깨 위까지 당겨 와 모두 덮어 걸치고 옷깃은 목둘레를 꽉 조여 가슴이 보이지 않게 하거나 혹은 겉옷 속에 입은 승기지僧祇支를 노출시킬 정도로 헐겁게 내려오기도 하며 가슴과 배에는 매듭이 있을 수도 없을 수도 있다.

남경 덕기德基광장에서 출토된 불상들 가운데 양梁 대통 원년(527)에 조성된 불상을 포함하여(앞 그림 4-1, 남경시박물관 소장) 총 6존의 불상이 모두 '변화된 포의박대식' 법의를 착용하고 있으며, 게다가 서하산석굴의 남조 불상들도 대부분 '변화된 포의박대식' 법의를 걸치고 있다는 사실을 고려해 보면, 이 양식은 약 6세기 전반부터 건강에서 먼저 유행하기 시작했다고 볼 수 있다. 이는 '변화된 포의박대식' 법의 양식이 건강에서 처음으로 시작되었다는 필자의 견해를 입증해 주는 것이다.

이 외에 한반도와 일본의 초기 불교조상에는 '변화된 포의박대식' 법의를 착용하고 있는 예들이 많이 나타나고 있다. 이를테면 한반도에서는 고구려의 신묘명(571) 금동무량수불삼존상(앞 그림 4-46), 백제 6세기의 정지원명鄭智遠銘 금동불삼존상(앞 그림 4-47), 백제 6세기 불좌상(앞 그림 2-53) 등이 있고, 일본에서는 도리불사가 만든 나라현 아스카데라(飛鳥寺) 안고인 대불, 호류지에서 헌납한 143호 금동석가모니불삼존상 등도 그 예로 들 수 있다. 한반도와 일본열도에서 발견된 '변화된 포의박대식' 양식의 불상들을 통해 이 양식이 중국 불교가 전파된 문화권 내에서 중요한 지위를 가지고 있음을 널리 인정받게 되었다.

남조 시기 대체로 5세기 중반 이전(유송 중기 이전)에는 건강에 '통견식'의 법의가 한창 유행했는데, 이를테면 한겸韓謙과 유국지劉國之가 조성한 불상은 법의가 계단식 U자형으로 좌우가 대칭되어 겹겹이 드리워져 있고 선정인에 가부좌를 틀었으며 4개의 다리가 있는 다단多段의 아亞자형 방형대좌 위에 앉아 있다. 이런 양식은 모두 이전 금동불상에 이미 나타났던 양식적 요소로서 동진·십육국 시기 남·북방에서 가장 널

---

[29] '포의박대식'과 '변화된 포의박대식' 양식의 불상은 남쪽으로 뻗어나가 중남반도 남부 지역까지 펴져 나갔다. 姚崇新, 「試論扶南與南朝的佛教藝術交流」, 『藝術史研究』18집(中山大學出版社, 2016년판), 271쪽, 그림1, 2.

리 유행했던 양식이었다. 유송 시기 불상이 '통견식' 법의를 착용하고 있었다는 사실은 5세기 중반까지 남조 불상 양식이 대체로 이전 왕조들의 옛 제도를 이어받았음을 반증한다.

건강을 중심으로 한 남조 시기 조상은 5세기 중반 이후, '수골청상'과 '포의박대식' 양식이 점차 유행하면서 5세기 말부터는 북쪽으로 운강석굴, 북방 중원, 농우隴右 지역까지 뻗어 나갔다. 예를 들어 사천 무문茂汶에서 출토된 제 영명 원년(483) 승려 현숭玄嵩의 조상, 성도 서안로西

[5-2] 일본 나라현 아스카데라 대불 (『日本古寺美術全集 1』)

[5-3] 호류지 헌납 143호 석가삼존상 (『古代小金銅佛』)

安路에서 출토된 제 영명 8년(490) 법해의 조상(앞 그림 4-101) 등이 있다. 이들 불상은 표준적인 '포의박대식' 가사를 입고 가슴에 매듭을 하고 있으며 3개의 연판으로 이루어진 상현좌裳懸座 양식의 대좌 위에 앉아 있다. 보스턴미술관에 소장된 제 건무建武 원년(494)의 석가배병석상釋迦背屛石像(앞 그림 4-22)은 현존하는 몇 안 되는 소제 시기 불교조상 중 하나로 머리가 불완전하나 '포의박대식' 법의를 입고 있으며 양쪽으로는 선각線刻 기법으로 새긴 협시보살이 서 있다. 용모가 여위고 수려한 이 불상은 '수골청상'의 특징을 잘 나타내고 있다. 그러나 유감스럽게도 유송 시기에 제작된 이러한 양식의 불교조상은 아직 발견되지 않고 있다.

6세기 초 제량齊梁 연간에 건강 불상은 새로운 변화가 생겨났고 이러한 변화는 승우가 '그림에 준하고 의칙을 세워'(准畫儀則) 조성한 서하산 대불과 남경 덕기광장에서 출토된 남조 금동불교조상에 뚜렷하게 반영되어 있다. 그중 '면단이염'과 '변화된 포의박대식' 양식은 그러한 새로운 변화를 대표하는 불상 양식이다.

결론적으로 말하면, '수골청상'과 '포의박대식', '면단이염'과 '변화된 포의박대식' 이 두 가지 양식은 건강에서 모두 유행했는데, 전자는 주로 유송劉宋과 남제宋齊 시기에 탄생하였고 대옹, 육탐미와 밀접한 관련이 있으며, 후자는 주로 양梁과 진陳나라 시기에 만들어졌고 주로 승우, 장승요와 밀접한 관계가 있다. 두 양식은 모두 건강 지역을 넘어 널리 전파되어 불교조상에 널리 영향을 미쳤다. 최근 몇 년 간에 성도와 남경에서 새로 출토된 남조 불교조상들은 이들 양식이 건강에서 시작되었다는 사실을 재차 입증해 주고 있다.

② '중국식 편단우견식'과 '포의박대식'의 융합

건강에는 '포의박대식'과 밀접한 관련이 있는 법의 형식, 즉 '중국식 편단우견식偏袒右肩式'(반피식이라고도 함)과 '포의박대식'을 겹쳐 걸치거나 혹은 '중국식 편단우견식'과 '변화된 포의박대식'을 겹쳐 걸치고 있는 양식도 함께 출현한다. 서하산석굴 쌍불굴 정벽 서쪽 좌불은 전자에 해당하는 예이고, 쌍불굴 정벽 동쪽 좌불(앞 그림 3-7), 삼불굴 정벽 주존(앞 그림 3-9), 상해박물관에 소장된 양 중대동 원년(546) 혜영慧影 조상 등은 후

[5-4] 서하산 쌍불굴 서쪽 좌불(費泳 그림)

자에 해당하는 예이다. 약 6세기 중반, '중국식 편단우견식'과 '변화된 포의박대식'을 겹쳐 걸치는 양식은 이미 남방에 널리 나타났는데 이는 남조, 특히 건강 지역 불상 착의의 새 움직임을 대표하는 것이다.

소량 시기 '변화된 포의박대식'을 하고 있거나 '중국식 편단우견식'과 '변화된 포의박대식'을 겹쳐 걸친 법의 양식이 유행하기 시작했으나, 이전 양식인 '포의박대식'도 여전히 계속 사용되고 있었다. 예를 들어 고궁박물원에 소장된 양梁 대동大同 3년 비구승比丘僧이 조성한 청동미륵불입상(앞 그림 4-23), 대만 홍희鴻禧미술관에 소장된 양 태청 2년 금동불입상 등이 모두 '포의박대' 양식을 하고 있다.

③ 소량 시기 부탑쌍견하수식 법의 양식의 출현

상해박물관에 소장된 양梁 대동大同 7년(541) 장흥준張興遵이 주조한 석가상과 양梁 대보大寶 16년 석조불삼존상의 주존은 모두 '법의가 양어깨를 걸치고 아래로 흘러내린 방식'(敷搭雙肩下垂式)의 법의를 착용하고 있는데, 이는 약 6세기 중반 북방 정치 중심인 업도鄴都(지금의 河北 臨漳), 진양晉陽(지금의 太原) 부근에 있는 석굴 조상들 사이에 새롭게 유행한 법의 양식이다.[30] 필자는 장흥준이 조성한 불상이 6세기 중반에 만들어진 것이라는 견해가 타당하다고 생각한다.[31]

양梁 대보大寶 16년으로 명기銘記된 불상이 고바야시 다케시(小林剛)의 『어물금동불상御物金銅佛像』에 수록되

[5-5] 상해박물관 소장 양 대동 7년(541) 조상 (『中國金銅佛』)

[5-6] 양 대보 16년 삼존상 (『御物金銅佛像』)

[5-7] 만불사 양 중대통 5년(533) 조상 (『四川出土南朝佛敎造像』)

---

30) 費泳,「"敷搭雙肩下垂式"與"鉤紐式"佛衣在北朝晚期的興起」,『考古與文物』2010년 제5기.
31) 장흥준의 조상에 대한 학계의 인식은 費泳,『中國佛敎藝術中的佛衣樣式研究』(中華書局, 2012년판), 365쪽 참조.

어 있으나[32], 양 대보라는 연호는 존재하지 않는다. 미즈노 세이치는 아마도 서위 대통大統 16년(550)일 것으로 판단했다.[33] 이 불상에 보이는 기단 위의 쌍사자 조형은 보통普通 4년(523) 강승이 만든 성도成都 만불사 불상의 쌍사자와 매우 유사하다(앞 그림 4-42). 이처럼 쌍사자 사이에 박산로博山爐 하나를 두는 형식은 소량 시기 조상에서 흔히 보이는 것으로, 예를 들어 만불사에 있는 중대통 5년(533) 상관법광上官法光이 주조한 조상이 그러하다. 대보 16년으로 명기된 불상 주존의 건장한 모습의 머리 조형은 섬서陝西 지역의 북주 불상 특징을 잘 드러내고 있다.

④ 상현좌

상현좌裳懸座의 출현은 포의박대식 불상과 밀접한 관계가 있는데[34] 현존 불상들이 보여 주듯이, 6세기 중반 이전에는 상현좌가 포의박대식 불상에만 사용되었으나 6세기 중반 이후로는 더 이상 상현좌가 포의박대식 불상만의 전유물이 아니었다. 게다가 성도成都, 맥적산麥積山석굴 등지에서는 6세기 중반부터 포의박대식 좌불이 상현좌를 하고 있는 경우는 점점 적어졌다.[35] 예를 들어, 남경 서하산 양梁 중대통中大通 2년(530) 066굴의 주존과 절강 신창新昌 대불은 모두 '변화된 포의박대식' 법의를 입고 있으나[36] 상현좌 양식을 취하지 않았다.

상해박물관에 소장된 혜영慧影이 만든 불상과 그와 비슷한 또 다른 조상은 두 존 모두 상현좌 양식에 '중국식 편단우견'과 '변화된 포의박대식'이 겹친 법의를 걸치고 있다. 비록 이 불좌상 2존은 완전한 형태의 '변화된 포의박대식' 불상이라고 할 수는 없지만, 적어도 소량 시기에 '변화된 포의박대식'과 상현좌의 조합 형식이 존재했을 가능성을 보여 준다.

(3) 육조六朝의 미소

2008년 남경 덕기광장에서 출토된 남조 금동·불교조상들[37]의 불상과 보살상은 모두 입꼬리가 살짝 올라가 있어 미소를 띠고 있는 얼굴이다. 중국에 현존하는 이런 미소를 띤 불교조상은 늦어도 5세기 말에 주로 중국 남방 장강 유역에 대규모로 출현했다. 예를 들어 사천성 무현茂縣 제 영명 원년(483) 승려 현숭玄嵩이 석비의 앞면과 뒷면에 양각으로 조성한 두 불상이 그러하다. 이 불상을 비롯한 사천 남조의 조상에 대해 마쓰바라 사부로는 "이 불상은 남제 초기와 북위 태화太和 시기 조성된 엄숙한 표정의 불교조상에 비해 매우 온화한 모습이다"[38]라고 했다. 이처럼 마쓰바라 선생은 남제 초기 조상 양식에 역사적인 변화가

---

32) 小林剛, 『御物金銅佛像』(國立博物館, 1947년판), 61쪽.
33) 水野淸一, 「飛鳥白鳳佛の系譜」, 『佛敎藝術』 4호(1949).
34) 小杉一雄, 「裳懸座考」, 『佛敎藝術』 5호(1949).
35) 費泳, 「佛衣樣式中的"褒衣博帶式"及其在南方的演繹」, 『故宮博物院院刊』 2009년 제2기.
36) 費泳, 「浙江新昌大佛佛衣樣式辨識」, 『南京藝術學院學報』(美術與設計版) 2011년 제5기.
37) 역자 주: 2008년 남경 新街口 德基광장 공사 현장에 출토된 일련의 남조 금동불상들은 정식 발굴과정에서 발견된 것이 아니었기에 유물들이 여기저기 흩어져 버렸다. 당시 몇몇 회수된 유물들은 南京市博物館, 六朝博物館, 南京大學 등지에 소장되어 있다. 서하산석굴 이외에는 실제 불교조상 유물이 현재까지 전해지는 것이 별로 없기 때문에 덕기광장의 유물 출토는 매우 중대한 고고학적 발굴 가운데 하나이다. 그러나 당시 출토된 유물들을 안전하게 확보하여 보존하지 못했으므로 다른 한편으로는 육조 불상 예술 연구에 심각한 손실을 입힌 발굴이기도 하다.
38) 松原三郞, 「中國佛像樣式の南北再考」, 『美術硏究』 296호(1974).

[5-8] 덕기 6호 조상의 일부 (費泳 촬영) [5-9] 용문석굴 빈양중동 정벽 주존상 (『中國石窟·龍門石窟』) [5-10] 맥적산석굴 142굴 좌벽 불상 (『中國石窟雕塑全集 2』) [5-11] 청주 용흥사 동위 삼존상의 협시보살 (『山東靑州龍興寺出土佛敎石刻造像精品』)

발생했다고 분명히 인식했으나, 필자가 보기에 이 변화를 설명하는 데 단지 '온화'라는 표현만으로는 부족하고 '미소'라는 뚜렷한 특징도 동시에 지적했어야 한다고 생각한다.

남방 불교조상의 특징을 대변하는 이러한 온화한 미소는 건강을 비롯한 남조에서 먼저 성행하기 시작했고, 5세기 말 북위 효문제가 개혁을 추진함에 따라 대규모로 북상하여 용문, 공현 등의 북조 석굴 조상에 영향을 미쳤다. 그리고 이와 동시에 혹은 조금 뒤에 북방의 청주, 맥적산, 막고굴의 조상들 가운데서도 이런 미소를 띠는 불상이 속속 나타났다. 결국, "얼굴에 미소를 띠는" 양식은 5세기 말 이후로 줄곧 중국 불교조상에 나타나는 전형적 특징이 되었다.

지금까지 학계에서는 5세기 말에 남방 불교조상에 나타난 이런 미소에 대해 연구자들이 충분한 관심을 기울이지 않아 이런 미소를 띠는 불상의 기원을 명확히 밝히지 않을 뿐만 아니라, 이런 미소와 '백제의 미소'를 서로 비교·분석하는 데까지 나아가지 못했다. 한반도에는 약 6세기쯤 자연스럽고 온화한 미소를 띤 불상이 나타나기 시작했고 이러한 미소를 '백제의 미소'(앞 그림 4-108)라고 부른다. 한전불교문화권에서 '백제의 미소'가 백제시대 스스로 창조한 것인지, 아니면 중국의 영향을 크게 받아 만들어진 것인지에 대해 주목해야 할 필요가 있다.

동한에서 서진 사이에 발견된 중국 초기의 불교조상에는[39] 아직 미소를 띠는 용모적 특징이 보이지 않았지만 시선을 육조시대 도용陶俑에 돌리게 되면[40] 남방 장강 유역 도용이 띠는 미소와 같은 시기 불상의 미소 사이 높은 유사성이 있다는 사실을 확인할 수 있다. 실제 유물을 보면 도용은 대부분 얼굴에 미소를 띠고 있는 경우가 많은데, 이런 풍조가 동진부터 시작하여 남조까지 이어졌으며, 특히 수도인 건강을 중심으로 출토된 여성 도용들이 '미소'를 띠는 점은 동진 이전 도용의 용모와는 많이 다르다는 점을 알 수

---

39) 兪偉超,「東漢佛敎圖像考」,『文物』1980년 제5기; 兪偉超·信立祥,「孔望山摩崖造像的年代考察」,『文物』1981년 제7기; 黃文昆 編,『佛敎初傳南方之路文物圖錄』(文物出版社, 1993년판);「重慶豐都槽房溝發現有明確紀年的東漢墓葬」,『中國文物報』2002년 7월 5일 기사.

40) 六朝 시기 陶俑에 관한 연구는 다음 논문들을 참조하기 바람. 葛玲玲,「南京六朝陶俑述略」, 南京市博物館 編,『六朝文物考古論文選』(油印本, 1983); 林樹中,「魏晉南北朝的雕塑」,『中國美術全集: 雕塑編 3』(人民美術出版社, 1988년판), 1~33쪽; 羅宗眞,『六朝考古』(南京大學出版社, 1994년판), 183~194쪽; 羅宗眞,『魏晉南北朝考古』(文物出版社, 2001년판), 192~196쪽; 李蔚然,『南京六朝墓葬的發現與硏究』(四川大學出版社, 1998년판), 97~107쪽; 八木春生,「南北朝時代における陶俑」,『世界美術大全集: 東洋編 3』(小學館, 1998년판), 67~76쪽; 韋正,『六朝墓葬的考古學硏究』(北京大學出版社, 2011년판), 178~219쪽.

있다. 예를 들어 남경박물원에 소장된 동진 여자 도용, 남경 서선교西善橋 유송劉宋 묘묘에서 출토된 여자 도용, 남경 흑묵영黑墨營 남조 묘에서 출토된 여자 도용 등이 있다.

동진과 남조 시기 도용이 띠고 있는 이런 미소는 표정과 자세에 있어 소제 시기 불교조상의 미소와 일맥상통한 것 같으며, 다만 불상의 미소는 도용의 미소보다 약간 엄숙해진 편이다. 현존하는 유물을 살펴보면 5세기 말 이후, 이

[5-12] 남경박물원 소장 동진 여자 도용(費泳 촬영)

[5-13] 남경 서선교 유송 묘 출토 여자 도용(『中國美術全集: 雕塑編 3 - 魏晉南北朝雕塑』)

[5-14] 남경 흑묵영 남조 묘 출토 여자 도용(費泳 촬영)

런 온화한 미소를 띠는 남조 불교조상이 많이 보인다. 이처럼 동진 시기 도용에서 처음 발견되고 남조 불교조상에 전승된 이러한 '미소'는 특별히 '육조의 미소'라고 명명할 수 있을 것이다.

주목해야 할 점은 감숙甘肅 병령사에 있는 서진西秦 건홍建弘 원년(420)에 조성된 169굴의 감실 불상도 미소를 띠고 있고 그것의 조형적인 특징은 '육조의 미소'와 비슷하다는 점이다. 만약에 '육조의 미소'가 동진, 남조 시기의 도용에서 잉태되었다면 병령사 169굴 불상의 미소는 어디서 유래되었는가? 북방에서 5세기 초 전후로 미소를 띠는 도용은 유행하지 않았고[41], 서진西秦 왕조도 미소를 띤 불상을 만들어 낼 조건을 갖추고 있지 못했다. 그렇다면 이런 미소를 띠게 된 것은 혹시 동일한 시기 남방 불교조상의 영향을 받아서 형성된 것인가? 동진 시기의 불교조상은 당시 중국에서 최고 수준을 자랑하고 있었고 게다가 고개지, 대규와 같은 불상 예술의 대가까지 등장하였다. 『양서梁書』 권54 「제이諸夷」에는 "사자국獅子國(지금의 스리랑카)이 진晉 의희義熙 연간 초에 처음으로 사신을 보내 바쳤던 옥불상은…… 진과 송宋을 거치는 동안 와관사瓦官寺에 있었는데, 와관사에는 일찍이 은사隱士 대안도(대규)가 손으로 만든 5존의 불상과 고장강(고개지)이 그린 유마힐維摩詰 그림이 있었다. 사람들은 이 셋을 '삼절三絶'로 불렀다"[42]라는 기록이 보이는데, 병령사 169굴 10감의 상, 하 두 층 벽화에 "유마힐상", "법현 공양"이라는 먹으로 쓴 낙관과 조상造像이 모두 발견된다. 이 감실 불상에 대해 옌원루(閻文儒) 선생은 "불상과 공양인 조상이 전체적으로 섬세한 느낌을 주고 하늘하늘 나부끼는 듯한 옷고름을 한 것은 「낙신부」의 화풍과 비슷하다"라고 설명했다.[43] 이를 통해 병령사 불상의 미소는 동진에서 기원한다는 사실을 알 수 있다. 곧, 동진 시기 남방에서는 이미 미소를 띠는 불상이 만들어졌지만 다만 유감스럽게도 고개지의 유마힐상, 대규의 불상처럼 모두 현재까지 보존되어 전해지지

---

41) 八木春生, 「南北朝時代における陶俑」, 『世界美術大全集: 東洋編 3』(小學館, 1998년판), 67~76쪽.
42) (師子國)晉義熙初, 始遣獻玉像……此像歷晉, 宋世在瓦官寺, 寺先有征士戴安道(戴逵)手制佛像五軀, 及顧長康(顧愷之)維摩畫圖, 世人謂爲三絶.
43) 閻文儒·王萬靑, 『炳靈寺石窟』(甘肅人民出版社, 1993년판), 13쪽.

못했을 따름이다.[44]

남방 불교조상에 흥기했던 "육조의 미소"는 5세기 말부터 북상하여 북방 불교조상의 남방화를 이루는 특징 중 하나가 되었다. 이처럼 남방식 불상이 북방에서 한창 성행하다가 약 반세기 후인 6세기 중반에 이르러 동위, 북제北齊의 정치적 중심지인 업鄴(지금의 河北 臨漳)과 진양晉陽(지금의 山西 太原) 지역을 중심으로 불교조상은 점차 남방식 특징에서 벗어나 자신만의 조형적인 특징을 형성하였으니, 주로 법의 양식이 '포의박대식'에서 '수직으로 떨어지는 통견식'으로 바뀌었고, 이에 맞춰 불상의 용모도 '미소'를 띤 표정이 점차 사라지고 엄숙한 표정으로 복귀하였다. 이와 반대로 같은 6세기 중반, 청주, 남경, 성도, 맥적산, 막고굴을 잇고 있는 '남방식 불교장엄조상 루트'에서는[45] '변화된 포의박대식'으로 대표되는 남방식 불교조상들이 여전히 '육조의 미소'를 띠고 있었으니, 이를 통해 남방식 조상 요소의 지속적인 영향력을 엿볼 수 있다. 한편 한반도에서 나타난 '백제의 미소'는 중국 남방보다 시기적으로 늦으며, 그 조형적인 특징은 건강이나 건강의 영향을 많이 받던 청주 지역에서 기원했다고 할 수 있다.[46]

(4) 쌍계

쌍계는 주로 보살, 비천, 마야부인摩耶夫人 조상에 많이 보이고, 물론 일반 사람들도 쌍계를 한 모습이 보이기도 한다. 중국에 현존하는 불교조상에서 쌍계는 3세기쯤 오나라 지역(吳地)의 장인들이 만든 불식동경에서 처음으로 보이는데, 예를 들어 도쿄국립박물관에 소장된 화문대불수경(앞 그림 1-51), 일본 나가노현(長野縣) 가이젠지(開善寺)에 소장된 화문대불수경 등이 있다. 이 두 개의 거울에 쌍계를 장식한 불상이나 보살상이 많이 나타나 있다. 쌍계는 육조시대 불교조상의 중요한 구성 요소 중 하나로, 한반도와 일본의 불교조상에도 흔히 볼 수 있으므로 그 양식적 특징과 원류에 대해 잘 검토해야 할 필요가 있다.

[5-15] 일본 나가노현 가이젠지 소장 화문불수경 (『佛敎初傳南方之路文物圖錄』)

[5-16] 성도 상업가 출토 제 건무 2년(495) 불상의 일부(費泳 촬영)

① 보살의 쌍계

남조 불교조상 중 보살상이 쌍계를 하고 있는 비교적 이른 시기의 예는 성도 상업가에서 출토된 것으로 제 건무 2년(495) 승려 법명法明이 만든 주존(불상)의 우협시보살이 쌍계를 하고 있고, 남경 덕기광장에서 출토된 남조 금동배병식 불상의 협시보살 두

---

44) 동진 불교조상에 대한 고고학적 발굴은 현재까지 거의 성과가 없는 상태이다. 다만 1997년 남창역전 광장에서 공사를 하다가 불상이 조각된 금반지 4개가 발굴되었을 따름이다. 「南昌火車站東晉墓葬群發掘簡報」, 『文物』 2001년 제2기.
45) 費泳, 「論南北朝後期佛像服飾的演變」, 『敦煌硏究』 2002년 제2기.
46) 費泳, 「"靑州模式"造像的源流」, 『東南文化』 2000년 제3기.

[5-17] 개인 소장 통일신라 보살상 (『百濟·新羅の金銅佛』)
[5-18] 일본 주구지 아스카시대 미륵보살 (『日本古寺美術全集 2』)
[5-19] 일본 긴류지 아스카시대 관음보살상 (『日本古寺美術全集 1』)
[5-20] 나라 고후쿠인 소장 아스카시대 금동보살 (『小金銅佛の魅力』)
[5-21] 일본 나치산 출토 하쿠호 말기 덴표 초기의 반가사유상 (『古代小金銅佛』)
[5-22] 일본 시가현 햐쿠사이지 하쿠호시대 반가사유상 (『古代小金銅佛』)

존도 모두 쌍계를 하고 있다(앞 그림 4-6). 또한 남경 홍토교紅土橋에서 출토된 남조 시기 진흙으로 만든 소상塑像도 쌍계를 한 잔편이다.[47]

한반도의 보살상은 쌍계 장식한 예가 많다. 예를 들어 국립부여박물관에 소장된 백제 6세기 정지원명鄭智遠銘 금동불삼존상의 좌협시보살상(앞 그림 4-47), 개인 소장 통일신라시대 보살입상이 있다. 일본에도 쌍계를 한 보살이 흔히 보이는데, 주구지(中宮寺)의 아스카시대 미륵보살상, 긴류지(金龍寺)의 아스카시대 관음상, 나라현 고후쿠인(興福院)에 소장된 아스카시대 금동보살입상, 간신지(觀心寺) 무오명戊午銘(658) 관세음보살입상, 나치산(那智山)에서 출토된 하쿠호 말기부터 덴표(天平) 초기의 반가사유상 및 시가(滋賀) 햐쿠사이지(百濟寺)의 하쿠호시대 반가사유상 등이 있다.

북조 시기 효문제孝文帝가 낙양으로 천도한 후, 용문석굴과 공현석굴에는 쌍계를 한 보살상이 출현하지 않았으나 천인상이나 시자상에는 쌍계를 한 것들이 출현했다. 북방에 쌍계를 한 보살상은 일찍이 청주 지역에 많이 출현하였는데 비교적 이른 시기에 용흥사에서 출토된 동위 협시보살상이 있다. 그 밖에 맥적산석굴에서도 쌍계를 한 보살상이 많이 출현했는데, 북위의 태화太和 연간의 제도 개혁 직후에 조성된 제121굴 협시보살을 예로 들 수 있다.[48] 그 후, 북위 및 서위 시기 석굴에서 쌍계를 한 보살은 매우 흔히 보이며, 그 예로 북위 석굴로는 제101, 120, 133굴이 있고 서위 석굴로는 제88, 172, 132, 146, 127, 123굴 등의 협시보살이 있는데, 제123굴 우측 석벽의 여자 시동侍童의 쌍계 역시 남조의 양식적 특징을 강하게 보여 준다. 맥적산석굴에서 보살상이 쌍계를 하는 특징은 수나라 때까지 이어졌으며, 제24굴 좌측의 보살이 그 예이다. 성도와 맥적산 사이에 위치한 사천 광원廣元 천불애千佛崖 대불굴에서 쌍계를 한 6세기의 보살상이 발견되었다. 이 발견으로 인해 성도 지역 불교조상이 북상하여 맥적산석굴 조상에 영향을 미친 전파 경

---

47) 王志高·王光明, 「南京紅土橋出土的南朝泥塑像及相關問題硏討」, 『東南文化』 2010년 제3기, 圖5-22 등.
48) 麥積山 제121굴의 조성 시기에 관해서는 다음 논문들을 참조하기 바람. 董玉祥, 「麥積山石窟的北魏窟龕及其造像」, 『麥積山石窟』 (甘肅人民出版社, 1984년판); 金維諾, 「麥積山石窟的興起及其藝術成就」, 『中國石窟·天水麥積山』(文物出版社, 1998년판).

[5-23] 청주 용흥사 동위시대 보살상
(『山東佛像藝術』)

[5-24] 맥적산석굴 제121굴 협시보살(『中國石窟·天水麥積山』)

[5-25] 맥적산석굴 제88굴 정벽 좌측보살
(『中國石窟·天水麥積山』)

[5-26] 맥적산석굴 제123굴 우벽 외쪽 시녀동
(『莫高窟北朝壁畫漢式造像特徵研究』)

[5-27] 광원 천불암 대불굴 좌벽 보살(『中國石窟雕塑全集 8』)

로가 더욱 명확하게 드러났다.[49] 청주와 맥적산 보살상의 꽃잎 모양의 쌍계는 남경 덕기광장과 성도 상업가에서 발굴된 보살상의 쌍계와 매우 유사하므로 이를 통해 남조 각지 불상들 간의 역사적 연원 관계를 파악할 수 있다.

문제가 되는 것은 중국 보살의 쌍계 장식이 고인도 불교조상의 영향을 받은 것인지, 아니면 중국 현지에서 자생한 산물인지 정확히 확정하기 어렵다는 점이다. 왜냐하면 인도 간다라의 보살 조상뿐만 아니라 중국 육조시대의 도용, 화상전畫像磚에서도 모두 쌍계와 유사한 머리 묶음을 볼 수 있기 때문이다.

현존하는 유물 자료를 살펴보면, 중국에서 발견되는 쌍계 양식은 불교를 주제로 한 작품보다 비불교적 내용을 주제로 하는 작품에 먼저 나타났다. 중국에서 발견된 쌍계에 대해 선충원(沈從文) 선생은 다음과 같이 구체적으로 논의한 바 있다.

"고대 어린이와 미성년 남녀는 대체로 두발頭髮을 작은 아각丫角(옛날 여자 아이들의 머리를 두 가닥으로 빗어 올려 두 개의 뿔처럼 딴 머리)으로 했는데, 이러한 모습을 '총각總角', '관각丱角'이라 불렀다. 하남성河南省 안양시安陽市 은허殷墟 부호묘婦好墓에서는 일찍이 옥으로 조각된 어린이 얼굴상이 출토되었는데, 이 아이의 머리는 뿔처럼 솟아난 관각丱

---

[49] 양홍(楊泓)은 "당시 關隴 지역과 사천 등 지역은 왕래가 밀접하여 맥적산의 통견식 법의 양식을 하고 있는 불상은 얼굴 양식부터 옷의 주름 등까지 남조 元嘉 鎏金像과 유사하다"라고 했다.(楊泓, 「試論南北朝前期佛像服飾的主要變化」, 『考古』 1963년 제6기) 린수중(林樹中)은 "맥적산의 북위 조상을 보면 사천에서 출토된 남조 제 영명 원년의 석조 불상과 완전히 같은 것을 찾을 수 있다"고 생각했다.(林樹中, 「中國美術全集: 雕塑編 3—魏晉南北朝雕塑」, 人民美術出版社, 1988년판) 롼룽춘(阮榮春)은 "인도 중부 굽타(Gupta) 조상은 사천을 거쳐 북상하였고 그와 동시에 서서히 형성되어 가던 남조 조상의 조형적 특징도 그 기세를 몰아 북상하였다. 이에 따라 북방 조상의 조형에는 근본적인 변화가 발생하게 되었다"라고 했다.(阮榮春, 『佛敎南傳之路』, 湖南美術出版社, 2000년판) 費泳, 「四川南朝造像對麥積山的影響及傳播」, 『麥積山石窟藝術文化論文集』(蘭州大學出版社, 2004년판).

角을 하고 있었다. 이것이 현재까지 볼 수 있는 가장 이른 쌍계 양식이다.…… 또한 구전되어 내려오는 동진 고개지나 대규의 「열녀인지도列女仁智圖」에 등장하는 아이 하나도 쌍계 머리를 하고 있는데, 전세傳世된 그림은 비록 늦은 시기에 제작되었지만, 옛 그림은 한나라 때의 것을 취했을 수도 있다."

"위진남북조에 이르러 세속적인 예교禮敎에 구애받지 않고 어른들도 쌍으로 된 상투(雙丫髻)를 틀었다. 최근 출토된 진晉대 「죽림칠현도竹林七賢圖」에 묘사된 죽림의 명사들 머리 위에도 쌍상투가 출현한다. 「여사잠도女史箴圖」에 묘사된 쇠뇌를 당기는 사람(穀弩人) 그리고 「북제교서도北齊校書圖」에 묘사된 호상胡牀에 앉은 남자의 머리 형태도 모두 동일한 상투를 틀고 있다. 북조에서는 불교를 미신화하여 전설에 따라 불상의 두발은 대부분 감청색으로 하였고 길이는 1장丈 2척尺으로 대략 3.7m이고 오른쪽으로 휘감아 나형螺形(소라 모습)으로 만들었다. 그래서 '나계螺髻'가 유행하여 많은 사람들이 머리를 각양각색의 나선형 상투로 틀었다고 한다. 맥적산석굴의 소상塑像과 하남성 용문龍門, 공현鞏縣의 북위·북제 석각 작품에 등장하는 향香을 올리는 궁정 여성의 머리도, 그리고 「북제교서도」에 등장하는 시녀의 머리도 다양한 나계를 했다. 또한 나계를 두 개로 나눈 모습도 흔했다."[50]

위에서 언급한 문헌 중 쌍계에 관한 내용은 다음과 같이 요약할 수 있다.

a. 쌍계가 중국에서 출현한 시기는 상商나라 때까지로 거슬러 올라갈 수 있다.

b. 중국에서 쌍계는 불교가 아닌 세속적 일반인으로부터 시작되었고 애초에는 어린아이들이 했으나 차츰 성인들까지 하게 되었으니 이러한 변화는 진송晉宋 시기부터 시작된 것이었다.

c. 중국에서 성인들이 쌍계 머리를 한 것은 세속적 예교에 구속받지 않으려는 정신적 면모를 표현하는 것이거나, 혹은 인도불교의 영향을 받기 때문인 것 같다.

중국뿐만 아니라 고대 인도에서도 불교조상에 쌍계와 비슷한 머리 양식이 출현한다. 특히 간다라 지역의 범천상과 미륵보살상은 모두 쌍계 머리를 하고 있다. 미야지 아키라(宮治昭)는 다음과 같은 견해를 표

[5-28] 은허 부호묘 양면옥인
(『中國古代服飾研究』)

[5-29] 「열녀인지도」 동자상
(『中國傳統線描人物』)

[5-30] 서선교 「죽림칠현과 영계기」
유령상劉靈像(『藝苑掇英 5』)

[5-31] 「북제교서도」 시녀상
(『世界美術大全集: 東洋編 3』)

---

50) 沈從文 編著, 『中國古代服飾硏究』(增訂本, 上海書店出版社, 1997년판), 62쪽. 벽돌에 양각으로 새겨진 「죽림칠현과 영계기」(竹林七賢與榮啓期)는 남경과 丹陽墓에서 모두 출토되었다. 그중 남경 西善橋 墓에서 출토된 것이 시기적으로 빠르고 그 발생 시기는 晉과 劉宋의 사이 혹은 남조 때로 본다. 이와 관련된 자세한 논의는 다음 문헌을 참고하기 바람. 羅宗眞, 「南京西善橋油坊村南朝大墓的發掘」, 『考古』 1963년 제6기; 長廣敏雄, 「晉宋間の竹林七賢と榮啓期の畫圖」, 『國華』 857호(1963); 長廣敏雄, 『六朝時代美術の硏究』(美術出版社, 1969년판); 林樹中, 「江蘇丹陽南齊陵墓磚印壁畫探討」, 『文物』 1977년 제1기.

[5-32] 카라치박물관 소장 간다라 미륵보살상 (『涅槃和彌勒的圖像學』)

[5-33] 라호르박물관 소장 간다라 미륵보살상 (『犍陀羅』)

[5-34] 일본 개인 소장 미륵보살 두상 (『ガンダーラ美術の名品』)

명했다. 쿠샨시대 간다라의 미술에서 범천과 제석천은 분명 도상적으로 한 세트의 신의 모습으로 표현되었다. "범천과 제석천의 존상은 도상적으로 두 개의 계열이 있는데, 이들 상은 고대 인도 불교미술에서 가장 숭배를 받았을 뿐만 아니라 많은 미륵보살과 관음보살 성립에 심각한 영향을 준 조상이었다."[51]

고대 인도 존상의 두 가지 계열의 변화·발전은 범천 → 미륵보살, 제석천 → 관음보살로 요약할 수 있다. 미야지 아키라는 "범천은 머리카락을 머리 위로 둥글게 틀어 올리거나 곱슬머리를 묶거나 흐트러진 머리를 어깨에 걸치거나 할 뿐 관을 쓰지 않는다. 손은 합장을 하는 모양새가 아니라면 많은 경우 한 손에 물병을 하나 들고 있다. 장엄을 걸치지 않고 콧수염, 심지어 구레나룻까지 나 있다. 이에 반해 제석천은 머리에 두건이나 보관을 쓰고 몸에 장엄을 걸치고 있다"고 했다.[52]

미륵보살의 머리를 묶는 방식은 두 가지가 있다. 하나는 머리카락을 말아 올려 묶고 이를 다시 양단으로 나누어 묶은 것으로 "∞"형 혹은 속발식이라 부르며, 카라치박물관 소장 간다라 미륵보살, 라호르박물관 소장 간다라 미륵보살, 일본 개인 소장 미륵보살[53] 등이 그 예이다. 다른 하나는 머리카락을 간다라 불상의 육계와 같이 묶는 것으로 발계식이라 하며, 라호르박물관 소장 간다라 미륵보살입상이 그 예이다. 속발식이나 발계식 머리를 한 미륵보살은 대부분 왼손에는 물병을 들고 오른손은 위로 들고 있는 경우가 많다.

이처럼 범천과 미륵보살의 머리는 "∞"자형으로 틀었으니 쌍계 머리 양식으로 볼 수 있고 이를 통해 보살들이 쌍계 머리 양식을 한 것은 간다라에 이미 선례가 있음을 알 수 있다. 고인도에서 전해온 미륵보살의 "∞"자형 상투는 옛날 중국 사람들의 쌍계와 형태가 비슷할 뿐 애초에는 아무런 연관성 없이 독보적으로 발전한 것이다. 그러다가 위진 시기 혹은 조금 더 이른 시기에 중국 보살상에서 쌍계를 채용하게 되면서 둘은 서로 융합하게 되었다.

그 후 중국의 쌍계는 보살상에 쓰이는 것에 그치지 않고 불교를 주제로 하는 비천상이나 마야부인상, 더 나아가 일반 사람들의 머리 모양에도 영향을 미쳤다. 고개지의 「여사잠도」, 남경 서선교 묘의 「죽림칠현과 영계기」 벽돌벽화, 남경 덕기광장의 남조 금동상, 성도 상업가에서 출토된 제 건무 2년(495) 승려 법명

---

51) 宮治昭, 『涅槃和彌勒的圖像學』(文物出版社, 2009년판), 175쪽.
52) 宮治昭, 『涅槃和彌勒的圖像學』(文物出版社, 2009년판), 178쪽.
53) 栗田功, 『ガンダーラ美術の名品』(二玄社, 2008년판), 47쪽.

法名이 조성한 관세음성불배병상觀
世音成佛背屛像 등의 예는 쌍계 머리
양식이 불교조상에 쓰였든 아니
면 기타 예술용으로 쓰였든지 간
에 북방보다 남방에서 더 일찍 출
현했다는 것을 증명한다. 약 5세기
말부터 8세기 전반까지 한전불교
문화권에서 쌍계 머리를 한 보살
상은 맥적산, 성도, 건강, 청주, 백
제, 일본을 잇는 루트에서 흔히 볼
수 있다.

[5-35] 운강석굴 제6굴 후실 중심탑주 호법역사상
(『中國石窟雕塑全集 3』)

[5-36] 국립부여박물관 소장 백제 6세기 금
동상의 우협시보살상(『三國時代佛敎彫刻』)

보살상의 쌍계 양식의 또 다른 유형, 즉 날개 모양의 쌍계도 주목해야 할 필요가 있다. 운강석굴 제6굴 후실 중심탑주 동쪽의 호법역사상護法力士像이 바로 날개 모양의 쌍계 머리를 하고 있다. 헨미 바이에이(逸見梅榮)는 이 유형의 머리 장식은 날개를 상징한다고 생각했다.[54] 운강 제6굴의 완공 시기는 태화太和 18년 (494) 효문제가 천도한 시기와 가까우므로[55] 법의 양식을 포함한 많은 조상 요소가 한족식(漢式) 특징이 매우 뚜렷하다. 물론 한반도에도 이런 날개 모양의 쌍계 머리를 한 불상들이 있으니, 예를 들어 국립부여박물관에 소장된 백제 6세기 금동상의 우협시보살입상이 있다.

② 쌍계를 한 비천상

천부天部 제신諸神으로서 비천[56]이 갖추고 있는 복식에 대한 불교 경전들의 기술은 소략하고 고대 인도 비천 조형에도 쌍계가 출현하지 않는다. 또한 중국 십육국 시기의 문수산 천불굴(北涼), 금탑사金塔寺 석굴 동·서굴(北涼에서 北魏까지)[57], 병령사 169굴(西秦)에 나타난 비천은 모두 쌍계 머리를 하고 있지 않다.

성도에 있는 유송 원가 2년(425) 불상의 광배에 새겨진 변상도變相圖에는 비천의 모습이 하나 있는데, 이는 현존하는 최초의 남조 시기 비천으로 추정된다(앞 그림 2-9). 나가히로 도시오와 요시무라 메쿠미는 모두 논문에서 이 불상에 대해 논의한 바가 있으며[58] 이 비천에 대해『사천출토남조불교조상四川出土南朝佛教造像』에서는 다음과 같이 묘사하였다. "강기슭에는 비천이 하나 있는데, 머리는 높게 상투를 틀고 두 다리는 뒤로 굽히고 있으며 긴 치마가 발을 덮고 나풀거리는 댕기가 몸 뒤로 휘날려 여러 개의 뾰족한 고리 모양을

---

54) 逸見梅榮,『佛像の形式』(東出版, 1975년판), 394쪽.
55) 宿白,「雲崗石窟分期試論」,『考古學報』1978년 제1기.
56) 불교예술에서 飛天이 佛國세계의 "天人"을 가리키는 것인지, 天龍八部의 총칭인지, 아니면 천룡팔부 중의 "乾闥婆"와 "緊那羅"를 가리키는 것인지에 대해서는 학계의 견해가 일치되지 않는다.(趙聲良,『飛天藝術』, 江蘇美術出版社, 2008년판, 1~3쪽) 본서에서는 말하는 비천은 天部의 諸神을 가리키며 그 주제가 무엇인지는 구체적인 작품을 보고 정하기로 한다.
57) 문수산 천불동과 감숙성 남쪽 금탑사 동, 서굴의 조성 시기에 관해서는 다음 문헌을 참고하기 바람. 甘肅省文物工作隊,「馬蹄寺, 文殊山, 昌馬諸石窟調査簡報」,『文物』1965년 제3기; 宿白,「涼州石窟遺跡與'涼州模式'」,『考古學報』1986년 제4기.
58) 長廣敏雄,『六朝時代美術の研究』(美術出版社, 1969년판), 55~66쪽; 吉村怜,「南朝の法華經普門品變相」,『佛教藝術』162호 (1985).

[5-37] 성도 서안로 출토 제 영명 8년(490) 배광비천상
(『四川出土南朝佛敎造像』)

[5-38] 남경 덕기광장 출토 배병 부품 비천상
(費泳 그림)

만들어 냈다."[59] 현재는 탁본의 일부만이 남아 있기 때문에 이 비천이 쌍계를 한 것인지 정확하게 판단하기는 어렵다. 그러나 고도로 성숙한 남방식 조상 특징이 구현된 비천상이 존재한다는 사실은 쌍계 머리를 한 비천이 남조에 이미 출현했을 가능성이 크다는 것을 보여 준다.

현재까지 명확하게 인정되는, 쌍계 머리를 한 최초의 비천은 성도 서안로에서 출토된 제 영명 8년(490) 승려 법해가 조성한 조상에 나타난다. 즉 조상의 주존 뒤 왼쪽 윗부분이 훼손된 배병의 가장자리에 쌍계 머리를 한 비천 하나가 아직까지 잘 보존되어 있다. 이 외에 성도 지역 상업가에서 발굴된 양 천감 10년(511) 왕주자王州子가 조성한 조상, 만불사에서 출토된 양 보통 4년(523) 강승이 조성한 조상 등이 있다. 그들의 배병 가장자리의 비천은 모두 쌍계 머리를 하고 있다. 남경 덕기광장에서 발굴된 배병 가장자리에 붙어 있던 비천 2존은 모두 날개 모양의 쌍계를 하고 있다.

[5-39] 운강석굴 제6굴 후실 중심기둥 하층 동감 비천
(『中國美術全集: 雕塑編 10』)

[5-40] 운강석굴 제6굴 후실 중심기둥 하층 남감 비천(『中國美術全集: 雕塑編 10』)

쌍계 머리를 한 보살과 달리, 쌍계 머리를 한 비천은 북조에서 비교적 일찍 나타났고, 그 발생 지역은 북위 정치 중심지인 평성平城(山西省 大同)과 낙양이었다. 예를 들어 운강석굴 제6굴 후실 중심탑주 아래층 동쪽 감실 조상의 비천이 쌍계 머리를 하고 있고 또한 제6굴에는 삼계三髻 양식도 나타난다. 이러한 현상은 그 후 개착된 용문석굴에도 계속 이어져 쌍계, 삼계 심지어 사계四髻 머리까지 한 비천도 확인할 수 있다.[60] 쌍계의 예로는 용문 연화동蓮花洞 남벽 바깥쪽 하부의 비천, 미륵동 북쪽 2동굴 천정의 비천, 황보공굴皇甫公窟 북쪽 양측 모서리 위의 비천이 있다. 삼계의 예로는 고양동古陽洞 북벽 중층 제2감 내 비천, 육사동六獅洞 정벽 좌측 상부의 비천 등이 있다. 사계의 예로는 연화동 남벽 중앙 하부 감실의 비천이 있다. 쌍계를 장식한 이들 용문석굴의 비천은 약 6세기 초에 나타났다.[61]

---

59) 四川博物館 等 編著, 『四川出土南朝佛敎造像』(中華書局, 2013년판), 116쪽.
60) 용문석굴 중 비교적 일찍 개척한 고양동 조상에 대해 溫玉成 선생은 "고양동 정벽 삼대 불상은 약 경명 원년(500)쯤에 완공되었고 그 영향을 받고 같은 양식의 불상, 보살상과 비천상의 감상은 경명 2년(501) 후에 나타났다"고 했다. 溫玉成, 「龍門北朝小龕的類型, 分期與洞窟排年」, 『中國石窟·龍門石窟 1』(文物出版社, 1991년판).
61) 예를 든 용문의 비천은 약 6세기 초에 나타났다. 李文生, 「龍門石窟北朝主要洞窟總敘」, 『中國石窟·龍門石窟 1』(文物出版社, 1991년판).

남조에서 발견되는 비천은 쌍계 머리를 한 경우가 비교적 많은데 북조에서는 이러한 남조의 쌍계 머리 양식의 비천을 받아들이는 동시에 의도적으로 세부적인 변화를 가했다. 사계 머리를 한 보살상은 남경 덕기광장에서

[5-41] 용문 황보공굴 북서쪽 비천상(『中國石窟·龍門石窟』) [5-42] 용문 고양동 북벽중층 제2감 비천(『中國石窟·龍門石窟』) [5-43] 용문 연화동 남벽 중앙 하부 감실 존상 비천(『中國石窟·龍門石窟』)

출토된 유물에서만 볼 수 있으며, 다른 남조 비천상에는 아직까지 발견된 적이 없어서 사계 머리를 한 용문석굴 비천의 유래는 아직도 불분명하다. 삼계 머리를 한 용문석굴 비천은 운강석굴에서 예전부터 가지고 있던 비천의 머리 양식과 비교해 보면 서로 상당히 유사하다. 다만 원래 있던 비천의 여러 상투를 더욱 간결하고 격식화시킨 것일 따름이다. 기존 양식에 대한 이러한 보수적 태도는 운강석굴 제5, 6굴 및 용문석굴이 남방의 '포의박대식' 법의 양식을 받아들이는 동시에 일정한 개조를 했던 사실에서도 확인된다.[62]

[5-44] 도쿄국립박물관 소장 호류지(法隆寺)에서 헌납한 천인상 정면, 측면(『御物金銅佛像』)

일본에서는 호류지 제191호 헌납보물 중 3개의 천인상[63]이 쌍계를 하고 있는데, 이 중 두 존은 아스카 중기에 만들어진 것이고 다른 하나는 이후에 다시 만든 것 같다.[64] 아스카 후기로 추정되는 호류지 금당金堂 천개天蓋에 있는 비천 네 존도 역시 쌍계를 하고 있고, 왕연손王延孫이 만든 갑인명甲寅銘(594) 석가상의 광배 가장자리의 비천은 날개 모양의 쌍계를 하고 있다. 이를 통해 일본에서 중국 비천의 조형을 흡수할 때, 쌍계 양식은 주로 남조 양식을 더 선호했음을 알 수 있다.

③ 쌍계를 한 마야부인

비교적 이른 시기, 붓다의 어머니 마야부인이 쌍계를 하고 있는 예는 성도 만불사에서 출토된 원가 2

---

62) 費泳,「佛衣樣式中的"褒衣博帶式"及其在南北方的演繹」,『故宮博物院院刊』2009년 제2기.
63) 『金堂日記』에 承曆 2년(1078) 마야부인 및 관련 천인상 등을 다치바나데라(橘寺)에서 호류지(法隆寺)로 옮긴 정황을 기록한 내용이 다음과 같이 보인다. "釋迦誕生像 1具 안에는 마야부인상 1體, 석가태자형상 4체(하나는 높이가 7寸 5分, 둘은 3촌 5분, 또 다른 하나는 2촌 5분임)가 있고, 수종하는 시녀 등 3體 안에는 여인형상이 1체, 천인이 2체가 있고, 四天王像은 나란히 4체가 있는데 延淸 五師에 이를 봉안했다. 五大(地·水·火·風·空) 형상의 탑 1基(상구대 등을 포함)는 開浦房에 봉안했다. 불사리 1粒(백개자 1립도 함께)를 봉납했다. 불상과 불사리는 매년 사월 초팔일 석가탄신일에 강당에 꺼내 삼가 불법을 청했다."(釋迦誕生像一具之中, 摩耶夫人像一體, 釋迦太子形四體[一體高七寸五分, 二體各高三寸五分, 一體高二寸五分], 所從彩女等三體之中[女形一體, 天人二體], 四天王像並四體, 延淸五師奉安之, 五大形塔一基[相台等], 開浦房奉安之, 奉納佛舍利壹一粒[副納白芥子壹粒], 件像並佛舍利等每年四月八日佛生講奉請於講堂科). 小林剛,『御物金銅佛像』(國立博物館, 1947년판), 128~129쪽.
64) 久野健,『古代小金銅佛』(小學館, 1982년판), 156쪽.

년(425) 조상의 뒷면 우측 첫 번째 불전 이야기의 변상도에 나타나 있다. 『사천출토남조불교조상四川出土南朝佛教造像』에서는 이 변상도에 대하여 다음과 같이 묘사하고 있다. "한 여인이 머리는 쌍계를 틀고 소매가 넓은 옷을 입었는데 옷깃을 교차하여 여미고 허리띠를 둘렀다. 왼팔을 들어 나뭇가지 위에 걸치고 옷소매 입구에 갓난아기가 있으며 그 뒤에 두 명의 시녀가 서 있다."[65]

『불본행집경佛本行集經』에는 다음과 같은 내용이 기록되어 있다.

이때 그 나무는 보살의 위신력으로 가지가 자연히 굽어 부드럽게 내려 드리웠다. 마야부인이 마치 공중에 현묘한 무지개가 서는 듯 오른손을 들고는 조용히 팔을 펴서 바라차나무의 완만하게 드리운 가지를 잡고 허공을 우러러보았다. 보살의 어머니 마야부인이 땅에 서서 손으로 바라차나무 가지를 부여잡았을 때, 뭇 하늘의 2만 옥녀玉女들이 마야부인 앞에 와서 두루 에워싸고 합장하며 함께 마야부인에게 아뢰었다. "부인께서 이제 낳으실 아드님은 생사의 수레바퀴를 끊으리니 위와 아래, 하늘과 인간의 스승으로 정녕코 짝할 이 없어라. 그는 뭇 하늘의 태胎로서 중생의 괴로움을 뽑으리다. 부인이여, 고달파 마시라. 우리들이 함께 부축하리라."…… 그때 마야부인이 땅에 서서 손으로 바라차나무를 잡자마자 곧 보살을 낳았다.[66]

[5-45] 만불사 원가 2년 조상 일부
"수하탄생"(『四川出土南朝佛敎造像』)

위 경문이 묘사하고 있는 것은 마야부인이 2만 제천옥녀가 협시하는 가운데 손으로 바라차나무를 잡고서 우측 옆구리에서 싯다르타(Siddhartha) 왕자를 낳았다는 불전 이야기의 이른바 "수하탄생" 장면이다.

이로 보건대, 원가 2년 불상 광배 우측의 첫 번째 불전 이야기 변상도는 "수하탄생"을 주제로 했음을 알 수 있다. 그림에서 쌍계 머리를 하고 앞에 서 있는 여성이 마야부인이고 그 옆에 서 있는 시녀 2명은 하늘의 2만 옥녀를 상징한다. 비록 그림 속에서 마야부인은 왼팔로 나뭇가지를 잡고 있는 것으로 묘사되었으나, 경문에 따른다면 오른팔로 나뭇가지를 잡아야 하고 그 가지는 바라차나무(波羅叉樹)여야 할 것이다. 또한 마야부인 오른쪽 소매 입구에서 탄생한 갓난아이는 싯다르타 왕자이다. 이는 중국에서 마야부인상이 최초로 등장한 그림인 동시에 쌍계 머리를 한 마야부인상이 처음으로 출현한 그림이기도 하다.

북방에서 '수하탄생'을 주제로 하는 상례像例는 용문석굴 고양동 남벽에서 처음으로 출현하였다. 남벽의 위에서 두 번째 층 중간에 두 불상이 나란히 나타나는 대감大龕이 있는데, 이 감실 불상은 6세기 초에 개착된 것으로[67] 녹정형盝頂形 처마에 불전 이야기를 새긴 부조浮彫가 비교적 완전하게 현재까지 보존되어

---

65) "一女子頭梳雙髻, 身著交領廣袖衣, 腰束帶, 左臂抬起搭於樹枝上, 袖口處有一嬰兒, 後立二侍女." 四川博物院 等 編著, 『四川出土南朝佛教造像』(中華書局, 2013년판), 114~116쪽.
66) 『大正藏』 第03冊, No.0190, "是時彼樹, 以於菩薩威德力故, 枝自然曲, 柔軟低垂, 摩耶夫人, 卽擧右手, 猶如空中出妙色虹, 安庠頻申, 執波羅叉垂曲樹枝, 仰觀虛空. 時菩薩母摩耶夫人, 立地以手攀波羅叉樹枝之時, 時有二萬諸天玉女, 往詣摩耶大夫人所, 周匝圍繞, 合十指掌, 共白摩耶大夫人言: '夫人今生子, 能斷生死輪, 上下天人師, 決定無有二, 彼是諸天胎, 能拔衆生苦, 夫人莫辭倦, 我等共扶持.'……是時摩耶立地以手執波羅叉樹枝訖已, 卽生菩薩."
67) 溫玉成, 「龍門北朝小龕的類型, 分期與洞窟排年」, 『中國石窟 · 龍門石窟 1』(文物出版社, 1991년판); 宮大中, 『龍門石窟藝術』(增訂本, 人民美術出版社, 2002년판), 172쪽.

있다. 부조는 좌측으로부터 차례로 마야부인의 태몽, 호명보살(붓다의 전생)이 코끼리를 타고 마야부인의 뱃속으로 들어감(乘象入胎), 마야부인의 룸비니(Lumbini) 동산 유람, 수하탄생樹下誕生, 태어나자마자 일곱 걸음을 걸음, 아홉 마

[5-46] 용문석굴 고양동 남벽 불전고사 "수하탄생"(『中國石窟雕塑全集 4』)

[5-47] 페샤와르박물관 소장 2~3세기 "수하탄생" 부조(『健陀羅』)

리의 용이 물을 뿜어 태자를 목욕시킴(九龍灌浴) 등의 불전 이야기가 구현되어 있고, 오른쪽으로부터는 태자를 가마에 태우고 룸비니 동산에서 궁궐로 돌아옴(入園還城), 아시타(阿私陀, Asita) 선인이 태자를 보고 장차 성불할 것이라 예언함(仙人占相), 나무 아래에서 농부가 밭을 가는 광경을 보고 출가를 결심함(樹下觀耕), 고행하여 득도함(苦修得道) 등이 구현되어 있다. 이는 용문석굴에서 유일하고도 완전하게 잘 보존된 불전 이야기의 변상조합도變相組合圖로 여겨진다.[68] 그중 좌측으로부터 네 번째 그림이 '수하탄생'을 주제로 한 것이다. 그림에서 쌍계 머리를 한 마야부인은 몸을 약간 구부린 채 양팔을 위로 들고 땅에 닿는 긴 치마를 입고 옷소매가 넓은 상의를 옷깃이 교차하게 입고 있으며, 부인의 오른쪽 옆구리에는 아기가 막 나오고 있다. 이러한 장면은 모두 원가元嘉 2년에 조성된 만불사 마야부인 모습과 매우 비슷하며 복식이 완전히 한족화된 포의광수褒衣廣袖(헐렁헐렁한 옷과 넓은 소매) 양식을 하고 있는 것은 분명 남조의 동일 주제 조형 작품의 영향을 받은 것이다.

고대 인도에서 '수하탄생' 이미지가 등장하는 예로는 페샤와르박물관에 소장된 2~3세기 간다라 작품, 라호르박물관에 소장된 3세기 작품 등이 있다. 이 두 작품은 구도가 유사한데, 작품의 중앙에 오른팔을 들어 바라차나무 가지를 짚고 있는 사람은 마야부인이며, 태자는 그녀의 오른쪽 옆구리에서 나오고 있고, 불모佛母(마야부인)의 양쪽에 제천과 옥녀가 받들고 있다. 그러나 여기서 마야부인은 둥근 관을 착용하고 있으며 쌍계 머리를 하지 않았다.

[5-48] 도쿄국립박물관 소장 마야부인상 (『御物金銅佛像』)

여기서 주목해야 할 점은 원가 2년에 조성된 만불사의 마야부인 이미지와 유사한 작품을 일본 아스카시대의 조상들 중에도 찾아볼 수 있다는 점이다. 이 조상은 호류지에서 헌납한 보물 중 하나로, 고바야시 다케시(小林剛)는 이 마야부인 조상에 대해 다음과 같은 견해를 제시한 적이 있다.

> 처음에는 이 마야부인상이 불상과 관련된 작품이라고 생각하였지만 그 자태와 표정부터 양식 수법까지 일반 불상이나 보살상, 천부상 등과 전혀 다르고 표현하고 있는 조각의 특징이 상당히 자유분방하다. 앞서 기술했듯이,

---

68) 『中國石窟雕塑全集 4』(重慶出版社, 2001년판), 13쪽.

북위 불상이나 중부⁶⁹⁾ 불상의 양식 수법만으로는 이 불상을 다룰 수 없기 때문인데 이는 의심할 여지가 없다. 그러나 자세와 표정의 기초적인 형태나 옷 주름 등이 표현된 양식, 얼굴 용모의 표현 기법 등을 보면 앞서 살펴본 여러 불상의 특징과 공통점이 있다. 이를 통해 이 마야부인상의 제작 시기는 대체로 앞의 불상들과 동일한 시기에 속하는 것으로 판단할 수 있다. 즉 이 마야부인상은 자태나 표정이 조선의 고구려 불상과 매우 가까운 데다가 옷 주름은 육조 말기의 중부 불상과 다소 유사하며, 양식 수법도 매우 형식적이면서도 부드러움을 잃지 않았다는 것이다. 전체적으로 볼 때 이 마야부인상은 한반도 삼국시대의 지역적 특징이 뚜렷하고 비록 서툴러 보이지만 고풍스럽고 질박한 조형적 특징을 드러내고 있다. 따라서 이 마야부인상은 아스카 중기의 작품으로 추정된다. 그러나 마야부인의 왼쪽 소매의 양식과 복장의 다른 특징들은 앞서 언급한 북위 부조상浮雕像에 가깝다. 이 문제는 시대적 요소 및 마야부인상과 관련된 모든 요소를 다 함께 고려하여 고민해야 봐야 한다.⁷⁰⁾

구노 다케시(久野健)는 이 마야부인상의 제작 시기를 7세기 전반으로 보았으며, 마야부인이 쌍계 머리와 중국식 복식을 하고 있다는 점, 육조시대 도용과 유사한 특징을 지닌 점 등에 주목했다.⁷¹⁾

이처럼 일본에서 이 마야부인상이 제작된 시기는 아스카 중반 혹은 7세기 전반으로 추정되며, 앞의 인용문에서 고바야시 다케시는 일본의 이 마야부인상의 조형적 특징은 북위北魏, 북제北齊, 북주北周 양식, 그리고 한반도 삼국시대 불교조상의 영향을 받아 발전해 왔다고 지적했다. 그러나 그는 유독 남조의 영향에 대해서는 아무런 언급을 하지 않았다. 구노 다케시도 이 불상이 육조 도용의 특징을 가졌다고만 언급했지, 남조 불교조상의 영향에 대해서는 아무런 언급을 하지 않았다.

원가 2년 만불사에서 조성된 광배의 마야부인상은 일본 아스카시대에 조성된 이 마야부인상과 동작이나 조형 등에서 세부적인 부분까지 판에 박은 듯 비슷하다. 필자는 이런 높은 유사성은 두 부인상이 공통된 양식 모본을 따랐기 때문에 형성된 것이지 우연히 생긴 것이 아니라고 본다. 즉 늦어도 남조 유송劉宋 원가 연간에는 중국 남방 장강 유역에서 불모佛母 마야부인상을 조성함에 있어 비교적 완전한 지역적 양식이 이미 확립되어 있었다는 것이다.

원가 2년 만불사에서 조성된 마야부인상의 발견은 한전불교문화권에서 불교조상의 전파 방식을 검토하는 데 중요한 의의가 있고, 적어도 실물 유물 비교를 통해 일본 아스카시대 마야부인상의 발상지가 중국 남조라는 사실을 증명할 수 있게 되었다.

④ 쌍계를 한 세속 사람들

앞글에서 선충원(沈從文) 선생은 옛날 중국에서 쌍계는 불교와 상관없이 일반 세속 사람들이 했던 두발 양식으로서 원래는 어린아이들이 했던 것이나 차츰 성인들도 하게 되었고 이러한 변화가 주로 진晉과 유송 시기에 걸쳐 나타났다고 보았다. 남북조 시기 세속 성인成人들이 쌍계를 한 예는 불교조상과 비불교적

---

69) 고바야시 다케시(小林剛)는 중국 남북조 불교조상에 북부 지역 양식, 중부 지역 양식, 남부 지역 양식이 있다고 보았는데 이는 각각 북방 北魏 양식, 중부 北齊·北周 양식, 남부 梁·陳 양식을 가리킨다. 小林剛, 『御物金銅佛像』(國立博物館, 1947년판), 44~45쪽.
70) 小林剛, 『御物金銅佛像』(國立博物館, 1947년판), 129~131쪽.
71) 久野健, 『古代小金銅佛』(小學館, 1982년판), 153~156쪽.

[5-49] 만불사 송 원가 2년(425) 탁본 일부
(『四川出土南朝佛敎造像』)

[5-50] 만불사 중대통 5년(533) 조상비 뒷면
(『中國美術全集: 雕塑編 3』)

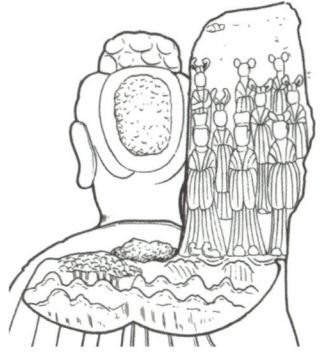
[5-51] 성도 서안로 양 태청 5년(551) 아육왕 두광 뒷면(『四川出土南朝佛敎造像』)

조상, 두 영역에서 모두 찾아볼 수 있다.

우선 불교조상에서 세속 성인들이 쌍계를 한 최초의 예는 만불사에서 출토된 유송 원가 2년(425) 조상의 광배 변상도에 보인다. 이 그림은 바로 요시무라 메쿠미의 「남조의 법화경보문품변상」(南朝的法華經普門品變相) 중 제11폭 "귀난도鬼難圖"이며, 방에 있는 인물은 바로 악귀의 협박을 받아 "나무관세음보살南無觀世音菩薩"을 염송하고 있다.[72] 이 그림의 위쪽 나무 아래에 쌍계 머리를 한 사람이 서 있고 이에 대해 『사천출토남조불교조상』에서는 이렇게 기술하였다. "남자, 여자 각 한 명이 나무 아래에 서로 마주 서 있고, 남자는 오른손으로 여자의 왼손을 만지고 있다. 남자는 높은 관을 쓰고 넓은 소매의 옷을 입었으며 허리띠를 묶었고, 여자는 쌍계를 하고 큰 소매의 느슨한 도포를 입고 있다."[73] 요시무라 메쿠미는 나무 그늘에 서 있는 사람들이 관세음의 법력을 직접 보았으므로 귀의하는 마음을 갖게 되었다고 해석했다.[74]

만불사에서 출토된 양梁 중대통 5년(533) 상관법광上官法光 조상비의 뒷면에 있는 주존 바로 밑 시녀, 주존 오른쪽 아래와 왼쪽 아래의 시녀들도 모두 쌍계를 하였다. 쌍계를 한 시녀들은 사천 지역에서 흔히 보이니, 예를 들어 만불사 출토 양 중대동 3년(548) 관음입상 광배의 주존 좌불 우측의 시종, 만불사 출토 남조 무기년 쌍관음 조상[75] 뒷면 우측 제3칸, 제5칸 인물[76], 성도 서안로에서 출토된 양 태청 5년(551)의 아육왕상 두광 뒷면 시녀상 등이 있다.

북방 불교조상 중에 쌍계를 한 예로는 용문석굴 고양동에서 경명景明 4년(503) 비구比丘 법생法生이 조성한 불감의 예불도, 고양동에서 영평永平 4년(511)

[5-52] 용문석굴 고양동 영평 4년(511) 예불도(『中國石窟雕塑全集 4』)

---

72) 吉村怜, 「南朝の法華經普門品變相」, 『佛敎藝術』 162호(1985).
73) 四川博物院 等 編著, 『四川出土南朝佛敎造像』(中華書局, 2013년판), 116쪽.
74) 吉村怜, 「南朝の法華經普門品變相」, 『佛敎藝術』 162호(1985).
75) 이 造像碑 정면이 관음이어야 하는 판단의 근거와 논지는 다음 논문을 참조하기 바람. 吉村怜, 「南朝の法華經普門品變相」, 『佛敎藝術』 162호(1985).
76) 성도 지역 남조 조상 뒷면에 쌍계를 한 인물조형은 다음을 참조하기 바람. 四川博物院 等 編著, 『四川出土南朝佛敎造像』(中華書局, 2013년판), 89, 94, 105~107, 114~115쪽.

원섭元燮이 조성한 불감의 예불도 등이 있는데, 이들 예불도 안에 시녀로 묘사된 인물들이 주로 쌍계 머리를 하고 있다. 이와 같이 예불도 속에 쌍계를 한 시녀 모습은 공현석굴에서도 흔히 볼 수 있으니 공현 제1, 3, 4굴 예불도가 그런 예이다.

비불교적 조상과 회화 이미지에서 세속 성인들이 쌍계를 한 예는 일찍이 진晉·유송劉宋 시기에 이미 나타났는데, 「여사잠도」, 「죽림칠현과 영계기」 두 작품 모두에서 쌍계를 한 인물을 확인할 수 있다. 남북조 시기에 들어서면 세속 성인들이 쌍계를 한 예는 남방과 북방 모두에서 흔히 볼 수 있게 된다.

남방의 경우, 남경 영산靈山에서 출토되어 남경시박물관에 소장된 남조南朝 여성 석용石俑, 진강鎭江 하가문何家門에서 출토되어 진강시鎭江市박물관에 소장된 시녀 도용, 하남성 등현鄧縣에서 출토되어 하남박물관에 소장되어 있는 남조 화상전에 보이는 "왕자교상王子喬像", 상주常州 척가촌戚家村 화상전畫像磚 묘묘에 보이는 시녀상[77] 등을 예로 들 수 있으며, 이들에서 나타나는 쌍계 유형은 원형, 날개 모양, 나팔 모양 등 매우 다양하다. 북방의 경우, 일본 나라 덴리대학(天理大學) 부속 덴리참고관(天理參考館)에 소장된 북위 6세기

[5-53] 남경 영산 출토 남조 여성 석용 (『六朝藝術』)

[5-54] 진강 하가문 출토 남조 여성 도용 (『六朝藝術』)

[5-55] 하남 등현 출토 남조 화상전(『世界美術大全集: 東洋編3』)

[5-56] 상주 척가촌 화상전 묘 시녀상(『六朝藝術』)

[5-57] 일본 소장 북위 풍속도 (『世界美術大全集: 東洋編3』)

[5-58] 심양 북조 호인묘 석상 위병 선각화 (『火壇與祭司鳥神』)

---

77) 常州 戚家村 화상전 묘의 조성 연대 상한은 남경 서선교 油坊村 남조 대묘보다 더 이르지 않을 것이며, 하한은 당나라 초기 혹은 초당 시기보다 앞서야 한다. 자세한 내용은 다음 두 논문을 참고하기 바람. 常州市博物館, 「常州南郊戚家村畫像磚墓」; 林樹中, 「常州畫像磚墓的年代與畫像磚的藝術」 등. 이 두 논문은 모두 『文物』 1979년 제3기에서 보기 바람.

'풍속도', 고궁박물원에 소장된 심양沁陽 북조 호인묘胡人墓 석상石牀 위병圍屛 선각화線刻畫[78] 등을 예로 들 수 있다.

불교적 주제와 비불교적 세속 주제 작품 가운데 둘 중 어디에서 먼저 쌍계를 한 모습이 출현하였는지 명확히 논증할 수 없다. 그러나 지금 단정 지을 수 있는 사실은 둘은 출현 시기도 가깝고 서로 밀접한 관련이 있다는 것이다. 실제 유물들에서 살폈듯이, 불교를 주제로 한 것이든 비불교적 내용을 주제로 한 것이든 쌍계를 한 이미지는 북방보다 남방에서 더 일찍 출현하였고, 특히 동진東晉, 남조南朝에서 많이 보이며, 효문제가 천도할 무렵에 북방에 영향을 미치기 시작하였다.

(5) 궐아 모양의 수발

남경 덕기광장에서 출토된 남조 시기 불교조상 중 몇몇 보살상은 머리카락을 양쪽 어깨를 따라 양팔까지 늘어뜨리고 있는데 그 전체적인 모양새는 고사리 싹이 올라오는 형상을 하고 있어서 궐아蕨芽(고사리 싹) 혹은 궐수蕨手형 수발垂髮(늘어뜨린 머리카락) 양식(앞 그림 4-11)이라 명명한다. 헨미 바이에이는 일본 호류지 유메도노(夢殿)에 있는 구세관음상을 예로 들면서 이런 궐아형 수발 양식은 그 모양새가 마치 물고기 지느러미와 흡사하다고 했다.[79]

[5-59] 경남 거창 출토 간송미술관 소장 신라 보살상 (『三國時代佛敎彫刻』)

[5-60] 호류지 계미명(623) 삼존상의 협시보살 (『日本古代寺刹美術全集 1』)

이처럼 머리카락을 양쪽 어깨를 따라 늘어뜨린 수발은 대략 6, 7세기 한반도 보살상에서도 볼 수 있는데, 예를 들어 한국 국립부여박물관에 소장된 백제 6세기 금동광배조상의 우협시보살상, 한국 경남 거창에서 출토되어 간송澗松미술관에 소장되어 있는 신라 7세기 보살상이 있다. 약 6세기 말에서 7세기 전반의 일본에서도 궐아형 수발을 한 보살상을 볼 수 있는데, 예를 들어 호류지 계미명癸未銘(623) 석가삼존상 가운데 협시보살, 호류지 대보장전 보살입상, 호류지에서 헌납한 보물 제155, 158호 보살반가상 등 있다.

이러한 궐아형 수발 양식은 긴 머리카락을 양어깨로 각각 한 줄씩 뻗은 궐아 모양으로 단순화하여 묘사한 것이 특징이다. 일본 아스카시대에 출현한 이러한 궐아형 수발의 연원에 대해 많은 일본 학자들은 이 양식이 중국 북조北朝에서 유래하였다고 본다. 미즈노 세이치는 "이른바 중국 북조의 북제北齊·북주北周 및 수隋나라 시기 조상의 구성 요소들을 구체적으로 보면, 북제·북주와 수나라 시기의 궐아형 수발, 수나라 시기의 양쪽 어깨를 덮고 내려오는 띠(披肩狀綬帶) 등을 들 수 있는데, 이러한 요소들은 본질적으로

---

78) 鄧宏裏·蔡全法, 「沁陽縣西向發現北朝墓及畫像石棺牀」, 『中原文物』 1983년 제1기를 보면, 石牀 線刻畫에 등장하는 인물의 衣冠이 모두 漢式인데 작자는 이를 太和 18년(494)에 시행된 漢化政策 때문인 것으로 보았다.
79) 逸見梅榮, 『佛像の形式』(東出版, 1975년판), 403~404쪽.

본다면 북조의 북위 시기 잔류물일 뿐이다", "일본 아스카시대 조상彫像의 토대가 중국 북위 불상이라고 이미 수차례 강조했으나 일본 아스카 조상에 영향을 미친 것은 운강불상 양식이 아니라 용문불상 양식에 속한다. 용문불상 가운데 수발과 수대綏帶를 한 경우를 적지 않게 볼 수 있는데, 이것 역시 용문불상의 큰 특징이라 할 수 있다"[80]라고 했다.

마쓰바라 사부로는 유메도노 구세관음상은 북조 시기 불상의 틀 속에서 그 근원을 찾아야 한다고 주장하는 동시에 "유메도노 구세관음상의 계보를 정확히 해석할 수 없는 까닭은 중국과 한반도의 양식 체계를 전승한 불상을 찾기 어렵기 때문이다"라고 주장했다.[81]

구노 다케시는 유메도노 구세관음상은 호류지의 아스카시대 석가삼존상과 함께 모두 북위식 불상에 속하며, 또한 석가삼존상의 두 협시보살과도 다음과 같은 공통점이 있다고 했다. "수대는 좌우로 열려 있고, 전체적인 복식, 산山형 보관寶冠, 길고 마른 얼굴, 양어깨를 걸쳐 내려오는 궐아형 수발 등이 서로 판에 박은 듯이 같고, 표정은 매우 근엄하다."[82] 구노 다케시는 위의 두 불상의 연원을 모두 중국 북위 시기 용문석굴 빈양중동賓陽中洞의 조상에서 찾을 수 있다고 생각했다.

마치다 고이치町田甲一는 호류지 대보장전의 보살상, 유메도노 구세관음상과 호류지의 계미명癸未銘 석가삼존상의 2존 협시보살을 비교해 본 결과, 4존의 보살상들은 서로 매우 유사하고 "중국 천룡산天龍山석굴 제2굴의 부조상과 동위 시기의 소형의 석조보살상들과도 조형적으로 극히 유사하다"고 판단했다.[83]

용문석굴의 빈양중동, 천룡산 제2굴에서 궐아형 수발을 볼 수 있지만, 용문석굴의 빈양중동은 북위 시기 효문제가 한화漢化정책을 실행한 후, 특히 복식을 개혁한 후에 조성되었다.[84] 천룡산 제2굴은 동위 시기 석굴이다. 이상의 북조 조상들과 비교해 볼 때, 남조의 궐아형 수발은 조금 더 일찍 출현하였는데, 예를 들어 사천 무현茂縣에서 출토된 제 영명 원년(483) 승려 현숭玄嵩의 조상비 양 측면에 각각 모습이 같은 보살입상이 조각되어 있는데, 이 둘은 모두 궐아형 수발을 하고 있다. 이와 유사한 불상은 사천성 성도 지역에서 출토된 남조 제齊, 양梁 시기 조상에서 많이 볼 수 있는데, 예를 들어 성도 서안로에서 출토된 제 영명 8년(490) 승려 법해가 조성한 주존의 양 협시보살, 성도의 상업가에서 출토된 제 건무 2년(495) 승려 법명法明이 조성한 주존의 우협시보살, 성도 만불사에서 출토된 양 보통 4년(523)의 강승이 조성한 주존 양측의 협시보살 4존, 만불사에서 출토된 양

[5-61] 사천 무현 제 영명 원년(483) 조상비 양측 석조石條 보살상(費泳 촬영)

---

80) 水野淸一,「飛鳥白鳳佛の系譜」,「佛敎藝術」4호(1949).
81) 松原三郞,「飛鳥白鳳佛源流考 2」,「國華」932호(1971).
82) 久野健 等 編,「美術史〈日本〉」(近藤出版社, 1970년판). 중국어 번역본『日本美術簡史』(上海譯文出版社, 2000년판), 17쪽.
83) 町田甲一,「槪說日本美術史」(吉川弘文館, 1983년판). 중국어 번역본『日本美術史』(上海人民美術出版社, 1988년판), 41쪽.
84) 『魏書』권7「高祖紀」에는 효문제가 복식을 개혁했던 일을 기록하고 있는데, 太和 10년(486)부터 "황제가 곤룡포와 면류관을 착용하기 시작했으며"(帝始服袞冕), 19년(495) "관복을 나누어 하사하기"(班賜冠服)까지 십 년의 기간이 걸렸다.(『魏書』, 中華書局, 1974년판, 161·179쪽) 빈양중동의 건립 시간은 약 북위 시기 선무제 정시 2년(505)부터 효명제 정광 4년(523) 사이였다.(溫玉成,「龍門北朝小龕的類型, 分期與洞窟排年」; 李文生,「龍門石窟北朝主要洞窟總敘」두 논문은『中國石窟·龍門石窟 1』(文物出版社, 1991년판)에 수록되었음.

중대동 3년(548) 조성한 주존 보살과 2존의 협시보살 등이 있다.

이처럼 사천 지역 남조 시기 보살상에서 궐아형 수발이 비교적 이른 시기에, 게다가 보편적으로 발견되기 때문에, 한반도와 일본에서 출현한 궐아형 수발 양식의 근원을 추적할 때 북조뿐만 아니라 남조에도 더욱 주목해야 한다.

현존하는 유물 자료에서 보듯이, 궐아형 수발은 5세기 말부터 6세기 중반에 옛날 중국의 남방과 북방에서 하늘하늘 나풀거리는 복식을 강조하는 불교조상이 성행함에 따라 함께 탄생하였고 그 느낌 또한 나풀거리는 복식과 조화를 이룬다. 같은 시기 불상에서 '포의박대식' 복식이 유행하였고 천의天衣는 불신佛身 양 측면을 따라 밖으로 나부끼면서 아래로 드리워졌으며, 보살상의 복식에 있어 이러한 특징은 더욱 두드러지게 나타났다. 요시무라 메쿠미는 이런 복식을 '물고기 지느러미 모양 옷 주름'(鰭狀衣紋)이라고 불렀는데, 그 원형은 중국 오吳나라 장인들이 4세기 전 일본에서 만든 화문대불수경 뒷면 부조에서 찾을 수 있다고 보았으며, '기상의문'의 법의는 "중국 양梁나라 → 한국 백제 → 일본"의 경로를 거쳐 전파되었다고 생각했다.[85] 다만 이러한 동경銅鏡에서 궐아형 수발은 아직 발견되지 않았다.

(6) 남방식 비천

"남방식 비천"의 조형은 '수골청상'과 '포의박대식' 불상보다 더 일찍 나타났다. 요시무라 메쿠미(吉村怜)는 이런 남방식 비천을 "남조 천인도상天人圖像"이라 불렀고, "이런 천인 탄생 도상은 남조에서 창조되어 북위의 용문석굴까지 영향을 미쳤고 곧바로 한 시대를 풍미했다. 남조 수도인 건강을 중심으로 창조되었던 새로운 불상 양식은 이러한 천인 도상과 함께 밖으로 전파되었다", "이런 천인 도상의 탄생은 늦게는 유송 초기, 이르게는 동진 말까지 거슬러 올라갈 수 있다"[86]고 생각했다.

[5-62] 성도 서안로 출토 양 중대통 2년(530) 배병조상(『四川出土南朝佛敎造像』)

현존하는 남조 비천의 예로는 성도 만불사에서 출토된 송 원가 2년(425) 석각화에 묘사된 비천 1존(앞 그림 2-9), 남경 덕기광장에서 출토된 금동배병 테두리에 부착된 비천 2존(앞 그림 4-15), 성도 서안로에서 출토된 제 영명 8년(490) 승려 법해 조상의 비천 1존, 양梁 중대통 2년(530) 승려 황장晃藏 조상의 비천 10존, 양 대동大同 11년(545) 장원張元 조상의 비천 14존(뒷면 2존), 성도 만불사에서 출토된 양 보통 4년(523) 강승 조상의 비천 1존, 양 중대동 3년(548) 관음상감觀音像龕의 비천 2존, 사천박물원 6호 배병식 조상 12존(伎樂天—악기를 연주하는 비천), 성도 상업가에서 출토된 양 천감 10년(511) 왕주자王州子 조상 비천 10존, 상업가에서 출토된 7호 배병조상의 비천 14존(伎樂人), 상업가에서 출토된 3호 배병 조상의 비천 3존, 문천현汶川縣문물관리소에 소장된 삼불

---

85) 吉村怜, 「止利式佛像と南朝樣式の關係」, 『佛敎藝術』 219호(1995).
86) 吉村怜, 「南朝天人圖像の北朝及び周邊諸國への傳播」, 『佛敎藝術』 159호(1985).

[5-63] 남경 서하 하002굴 비천 벽화(費泳 촬영)

배병조상의 비천 7존, 남경 서하산 천불암 아래 002굴 천장 비천 2존 등이 있다.

이 외에 남조 대묘에서도 불교 비천과 비슷한 "천인" 모습이 보이는데, 예를 들어 1965년에 발굴된 강소 단양丹陽 호교학선요胡橋鶴仙坳 남조 대묘 전돌벽화(磚印壁畫) 「우인희호羽人戲虎」에 천인상이 묘사되어 있다. 이 대묘는 남제 명제 소란蕭鸞에 의해 경제景帝로 추서했던 소도생蕭道生 부부의 묘인 수안릉修安陵인데, 린수중(林樹中) 선생의 고증에 따르면 정확한 건축 연대는 494년이었을 것이다.[87] 대묘에 잔존한 벽돌에서 "천인"이라 새겨진 글자를 명확히 확인할 수 있다. 「강소 단양 호교 남조 대묘와 전각벽화」(江蘇丹陽胡橋南朝大墓及磚刻壁畫)에는 다음과 같이 기록하고 있다. "비천 그림은 불교예술에서 처음으로 출현하였고, 남북조 시기에 이르러 의관 복식이든 얼굴의 표정과 형태든 더욱 중국화된 특징이 두드러졌다. 남방 분묘에서 발굴된 벽화 속 비천은 처음 보는 것인데, 북방 돈황 벽화 속 비천이 손에 꽃을 든 모습을 한 것과는 조금 다르다."[88]

[5-64] 단양 호교 오가촌 묘 「우인희룡」(費泳 그림)

[5-65] 단양 건산 금가촌 묘 「우인희호」(費泳 그림)

[5-66] 하남성 등현 학장촌 남조 묘 천인(『世界美術大全集: 東洋編 3』)

1968년에 발굴된 강소 단양 건산建山 금가촌金家村 묘와 단양 호교胡橋 오가촌吳家村 묘의 전돌벽화(磚印壁畫) 「우인희룡羽人戲龍」과 「우인희호羽人戲虎」에도 천인상이 보인다. 발굴보고서에는 이 두 묘가 각각 소제蕭齊 말기에 폐위된 황제(廢帝) 동혼후東昏侯 소보권蕭寶卷(재위 499)과 화제和帝 소보융蕭寶融(재위 501~502)의 능묘라고 했다.[89] 1958년에 발굴된 하남 등현鄧縣 학장學莊 남조 능묘 속 화상전畫像磚의 천인상은 조성 시기가 약 5세기 후반이다.[90] 남조 묘에서 발견된 이러한 천인상은 자태가 우아하고 아름다우며 옷고름이 하늘하늘 너울거리고 있어 그 모양새가 비천과 판에 박은 듯이 유사하다.

필자는 일찍이 "남방식 비천"의 특징에 대해 다음과 같이 요약했다. "대체적으로 보면 과장되게 펄럭이는 천의와 도안圖案된 것 같은 연꽃 모양의 외관이 남조 비천의 가장 큰 특징이다."[91] 요시무라 메쿠미

---

87) 林樹中, 「江蘇丹陽南齊陵墓磚印壁畫探討」, 『文物』 1974년 제2기.
88) 南京博物院, 「江蘇丹陽胡橋南朝大墓及磚刻壁畫」, 『文物』 1974년 제2기.
89) 南京博物院, 「江蘇丹陽縣胡橋, 建山兩座南朝墓葬」, 『文物』 1980년 제2기.
90) 河南省文化局文物工作隊, 『鄧縣彩色畫像磚墓』(文物出版社, 1958년판); 陳大章, 「河南鄧縣發現北朝七色彩繪畫像磚墓」, 『文物參考資料』 1958년 제6기; 柳涵, 「鄧縣畫像磚墓的時代和研究」, 『考古』 1959년 제5기.
91) 費泳, 「南朝佛敎造像硏究」(南京藝術學院 2001년 碩士學位論文), 17쪽.

는 남조의 천인 도상 중 "천련화天蓮華 → 변화생變化生 → 천인天人"의 연결 고리 관계가 존재한다고 주장했는데[92] 그렇다면 이는 "남방식 비천"의 전체적인 모습이 연꽃 모양과 비슷하게 된 원인을 설명할 수 있다. 고개지의 「낙신부도」에 묘사된 낙신 등 여성 형상과 "남방식 비천"은 둘 다 하늘거리는 치마와 너울대는 옷고름이 천녀의 몸을 휘감고 한 방향으로 날아오르는 듯하여 전체적으로 보면 마치 도안된 연꽃 형상을 만들어 낸다. 이는 5세기 말 이전, 북방 양주涼州 지역과 운강석굴의 비천이 비교적 사실적 형태를 보여 주는 것과는 다르다.

성숙한 '남방식 비천'은 단순히 과장되게 너울대는 천의와 마치 도안된 듯한 연꽃 모양의 외관을 가지고 있는 것이 아니라, 전체적으로 보면 몸이 두 무릎에서부터 뒤로 휘어져 복부가 앞으로 볼록 나와 있으며, 종아리와 발은 모두 천의에 가려져 있고, 천의의 띠자락은 너울대듯 날아올라 연꽃 모양을 이루도록 처리되어 있어서, 그 표현이 매우 격식화되었음을 알 수 있다. 이러한 남방식 비천은 원가 2년(425)에 성도에서 이미 출현했는데, 이때는 유송 초기였으므로 수도인 건강에서는 이보다 더 일찍 나타났을 것이다. 5세기 말, 효문제가 대대적인 개혁을 단행함에 따라 남방식 비천은 지역을 넘어 전파되어 북방에도 영향을 미치기 시작했다. 약 6세기 초에는 이전에 성행했던 남방식 비천에 변화가 생기기 시작했으니, 즉 이전에는 비천상의 몸이 양 무릎에서부터 뒤로 휘어졌으나 이 시기에는 복부에서부터 휘어지기 시작했다. 수당隋唐 시기로 들어서면서 남방식 비천은 점차 사라지고 새로운 비천 양식이 이를 대체했다. 이 시기 비천 양식은 장식성이 크게 약화된 대신 사실적 표현을 중시하게 되었기에 이전처럼 발을 천의로 가리지 않고 직접 드러내었고 많은 경우 비천은 가슴에서부터 뒤로 휘어지게 표현되었다.

비천을 불상의 광배 테두리에 장식하는 양식이 지금까지 남경에서는 발견되지 않았으나 사천성 남조 시기의 석조상 광배에는 많이 보인다. 요시무라 메쿠미는 "여러 비천상으로 불상 광배의 주변을 장식하는 방식은 남조 시기에 이미 상당히 보급된 것으로 볼 수 있다"고 했다.[93] 하지만 광배 가장자리를 비천으로 장식하는 방식을 금동불상에서 적용한 예는 현재까지 단지 북위 조상에서만 보인다. 예를 들어 일본 후지이유린칸(藤井有鄰館)에 소장된 북위 정광正光 3년(522) 석가불입상, 미국 메트로폴리탄박물관에 소장된 북위 정광 5년(524) 우유牛猷가 만든 미륵입상, 하북 정정正定에서 출토되어 미국 메트로폴리탄박물관에 소장된 북위 불입상, 산동 박흥현博興縣에서 출토된 북제北齊 하청河淸 3년(564) 공소제孔昭俤가 만든 미륵상, 박흥현 용화사에서 출토된 북제의 비천 장식 광배 등이 있다.

광배 주변을 비천으로 장식한 금동불상이 일본에도 출현했는데, 예를 들어 도쿄국립박물관 소장 호류지 헌납보물인 갑인명(594) 왕연손王

[5-67] 산동성 박흥현 북제 하청 3년(564) 공소제 조상(『山東博興銅佛像藝術』)

---

92) 吉村怜, 「南朝天人圖像の北朝及び周邊諸國への傳播」, 『佛敎藝術』 159호(1985).
93) 吉村怜, 「法隆寺獻納御物王延孫造光背考」, 『佛敎藝術』 184호(1990).

延孫이 만든 석가동상 광배(앞 그림 4-34)[94]가 있다. 하지만 이 불상이 어디서 만들어졌는지, 어디서 영향을 받았는지에 대해서는 일본에서도 견해가 엇갈리지만 확실한 것은 이 불상이 중국과 밀접한 관련이 있다는 점이다.

고바야시 다케시의『어물금동불상御物金銅佛像』에서는 다음과 같이 기록되어 있다. "이 명문이 새겨진 석가상과 광배가 도대체 일본에서 만들어진 것인지 아직 명확히 설명할 수 없다.…… 이 광배에 부착되어 있는 것으로 각종 악기를 손에 든 비천과 광배 최상부의 깃발을 펄럭이는 탑 모양의 조형물 등은 북위 양식이 직접 전래된 고구려 지역에서 만들어졌음을 짐작할 수 있게 한다."[95]

미즈노 세이치의「아스카 하쿠호 불상의 계보」(飛鳥白鳳佛의系譜)에서는 "스이코 천황(推古天皇) 2년(594) 만든 것으로 추정되는 일본 왕실 소유 갑인甲寅 광배는 천궁天宮과 천인天人이 함께 주조된 것이다. 일본에서 만든 것은 아니고 만약 백제나 고구려에서 만든 것도 아니라면 중국에서 만들었을 가능성도 있다. 그러나 중국의 연호가 각인되어 있지 않기 때문에 고구려 동쪽의 지역에서 만들었을 가능성이 더 높다"라고 했다.[96]

구마가이 노부오(熊谷宣夫)의「갑인명 왕연손이 만든 광배 고찰」(甲寅銘王延孫造光背考)에서는 "왕연손이 만든 광배에 새겨진 기년紀年 간지干支인 갑인甲寅은 당연히 스이코 천황 2년(594)으로 추정할 수 있다. 또한 일본에서 보존되어 왔지만 한반도에서 만들어졌거나 한반도 사람들에 의해 만들어졌을 가능성을 부인할 수 없다"[97]라고 했다.

요시무라 메쿠미의「호류지 헌납어물 왕연손이 만든 광배 고찰」(法隆寺獻納御物王延孫造光背考)에서는 "갑인년 3월 26일로 시작하는 명문 형식을 보면, 이것이 백제에서 만든 것인지 일본에서 만든 것인지, 아니면 일본에 온 백제의 불상 장인이 만든 것인지 정확히 식별할 수 없다. 또한 백제에서 온 불상 장인은 중국 남조에 온 사람일 가능성이 높다. 물론 양梁 양식과 진陳 양식이 조금의 변화도 거치지 않고 직접 일본에 전해진 것으로 추정할 수도 있다"[98]라고 했다.

남경 덕기광장에서 남조 시기 금동배병 주변을 비천과 불탑으로 장식한 유물이 실제로 발견되었으므로 비천은 남조 석조 광배의 조상에 적용되었을 뿐만 아니라 남조 금동광배의 조상에도 많이 적용되었다는 사실이 입증되었다. 이러한 유물은 해동 지역의 불교조상에 대한 중국의 영향을 연구하기 위한 새로운 시각과 근거를 제공한다.

---

94) 王延孫이 天保 12년(574)에 조성한 불상과 그 배병은 한 벌이 온전히 보존되어 왔다가 어느 때인가 불상은 분실되고 배병만 남아 전하고 있다.(足立康,「法隆寺甲寅在銘釋迦像光背」,『日本彫刻史의 研究』, 龍吟社, 1944년판) 이 배병의 뒷면에 새겨진 명문에 보이는 '갑인'의 시기에 대해 일본 학술계에는 두 가지 관점이 있다. 하나는 스이코(推古) 2년(594)이라고 생각하는 학자들로 고바야시 다케시(小林剛), 미즈노 세이치(水野淸一), 구마가이 노부오(熊谷宣夫), 요시무라 메쿠미(吉村怜) 등이 있고, 다른 하나는 하쿠치(白雉) 5년(654)라고 생각하는 학자들로 구노 다케시(久野健) 등이 있다.(『古代小金銅佛』, 小學館, 1982) 현재 전자 관점이 더 많은 학자들의 지지를 받고 있다.
95) 小林剛,『御物金銅佛像』(國立博物館, 1947년판).
96) 水野淸一,「飛鳥白鳳佛의系譜」,『佛敎藝術』4호(1949).
97) 熊谷宣夫,「甲寅銘王延孫造光背考」,『美術硏究』209호(1960).
98) 吉村怜,「法隆寺獻納御物王延孫造光背考」,『佛敎藝術』184호(1990).

2. 건강 불교조상의 내용

남조 건강에서 조성된 불교조상들이 구체적으로 어떤 내용의 모습들을 표현하려 한 것인지 현재로서는 완벽하게 파악하기 어렵지만, 부분적으로 남아 있는 관련 문헌 기록들과 현재까지 전해지는 소수의 실물 유물을 통해 당시 불교조상들이 구체적으로 어떤 내용의 모습을 표현하려 한 것인지 단편적으로 확인할 수 있다.

1) 불상과 보살상

도선道宣의 『광홍명집廣弘明集』 권15에는 동진 시기 지둔支遁이 쓴 약간의 상찬像贊이 남아 있다. 이에 따르면 불교조상들의 내용으로는 석가문불釋迦文佛과 아미타불 그리고 다음의 붓다들도 포함된다. 예를 들어 문수사리文殊師利, 미륵, 유마힐, 선사보살善思菩薩, 법작보살法作菩薩, 수한보살首閒菩薩, 불현보살不眴菩薩, 선숙보살善宿菩薩, 선다보살善多菩薩, 수립보살首立菩薩, 월광동자月光童子 등이 있다. 도세道世의 『법원주림』과 장언원의 『역대명화기』에는 모두 대규가 무량수불 및 협시보살을 주조했다는 기록이 있다. 이러한 동진 불교조상들의 내용은 당연히 남조 건강 조상들에 계승되어 그것들에도 적용되었을 것이다.

혜교의 『고승전』 「법현전」의 기록에 따르면, 법현은 동진 융안隆安 3년(399)에 천축으로 배움을 구하러 갔다가 송 의희 8년(412)에 바닷길로 돌아왔는데, 그 배에는 다량의 경전과 불상이 실려 있었다. 귀국길에 거친 폭풍을 만났으나 오직 일심으로 관세음을 염불하여 무사히 귀국할 수 있었다. 법현은 귀국 후 얼마 지나지 않아 건강 도장사道場寺로 가서 불타발타라佛馱跋陀羅(Buddhabhadra)와 함께 불경을 번역하였다. 진송晉宋 시기에 살았던 법현은 위기가 닥쳐올 때 관세음을 염송하면서 이를 넘겼다. 또한 관세음신앙을 선양한 법화경의 「보문품普門品」은 송 초기 성도로 대표되는 남조에 매우 성행했다. 이상의 상황들을 고려하면, 진송 시기 건강에는 관세음을 내용으로 한 조상이 응당 존재했을 것이다.[99]

송 원가 28년(451) 유국지劉國之가 만든 미륵불상, 성도 만불사에서 출토된 송 원가 2년(425) 조상비 뒷면에 보이는 교각미륵보살交脚彌勒菩薩, 성도 서안로에서 출토된 제 영명 8년(490) 승려 법해가 만든 조상 앞면의 미륵불과 뒷면의 교각미륵보살, 성도 상업가에서 출토된 제 건무 2년(495) 승려 법명法明이 만든 조상 뒷면의 교각미륵보살 등이 있다. 남조 송제 시기 미륵조상에 미륵보살과 미륵불이 모두 포함되어 있다는 사실은 유물로 입증되었고, 이 점은 건강도 마찬가지이다. 미륵보살의 조성에 관한 기록으로는 위에서 언급한 지둔의 상찬 이외에 『법원주림』에 대옹이 친구인 강이江夷에게 미륵보살을 주조해 준 적이 있다는 기록이 남아 있다.

보살상을 모신다는 점은 남조 불교조상의 특징이라 할 수 있는데, 이는 건강도 예외가 아니어서 남경

---

99) 요시무라 메쿠미(吉村怜)는 다음과 같이 생각했다. "남조 불교의 중심지인 건강과 강남 지역에는 竺潛, 干法開, 竺法崇, 竺法義, 竺法曠, 法純 등 고승들에 의해 『法華經』과 『觀音經』이 전파되었다. 이러한 사실로 보건대, 「普門品」 變相圖와 유사한 것이 이른 시기에 이미 제작되었고 아무리 늦어도 4세기 후기에는 아마도 후세에 규범이 될 만한 관세음의 화상이 이미 완성되었다고 판단할 수 있다." 吉村怜, 「南朝の法華經普門品變相」, 『佛敎藝術』 162호(1985).

덕기광장에서 출토된 남조 불교조상 중 주존이 보살상인 경우가 절반에 가까웠다. 단, 이들 보살상들의 성격을 구체적으로 식별하지는 못하고 있다.

소제蕭齊 시기 주조된 서하산석굴의 조상 내용으로는 엄관嚴觀의 『강녕금석기江寧金石記』 권1에 수록된 진강총의 기록에 따르면, 무량수불과 2존의 협시보살이 있다. 2002년, 새로 발굴된 진 강총이 편찬한 「금릉섭산서하사비문」의 잔편에는 미륵불과 유위維衛·가섭迦葉 두 불상이 기록되어 있다. 당唐 고종高宗의 「섭산서하사명정군비」에는 우전왕상優塡王像, 능인상能仁像(즉, 석가상) 등이 기록되어 있다. 이들 문헌이 언급한 불상들에 대응되는 유물이 실제로 어떤 것인지 현재로서는 찾을 길이 없다.

2) 아육왕상

동진 시기에 이미 사람들이 이 불상을 조성하여 모셨다는 기록이 있다. 혜교의 『고승전高僧傳』 「혜원전慧遠傳」에 따르면, 심양潯陽 사람 도간陶侃이 지방관으로 임명되어 광주廣州로 갈 때, 해상에서 아육왕상을 얻었고 그 후 무창武昌의 한계사寒溪寺로 옮겼다는 기록이 있다. 또한 『고승전』 「혜원전」에는 동진 함화咸和 연간 단양윤丹陽尹 고리高悝가 아육왕상을 얻은 후 건강 장간사로 옮겼다고 한다. 도세의 『법원주림』에 따르면, 이 아육왕상은 양무제에게 공양을 받다가 수나라가 진陳나라를 멸망시킨 후, 북방으로 빼앗아 가서는 "칙령으로 입경시켜 궁궐 내에서 공양했으며", 초당初唐에 이르기까지 사람들이 여전히 공양하고 모사摹寫했다고 한다. 『고승전』「석담익전釋曇翼傳」에 동진 태원太元 19년(394) 아육왕상이 장사사로 내려왔고 『광홍명집』에는 소량 시기 무제가 이 불상을 건강으로 모셔 왔다는 기록이 있다.

성도成都에서 출토된 남조 불교조상 가운데 아육왕상이 다수 발견되는데, 자료에 따르면 만불사에서 출토된 아육왕상은 총 7존으로 단독 입상立像이 5존, 두상頭像이 2존[100]이다. 그중 기년紀年이 새겨져 있는 2존은 각각 서안로西安路에서 출토된 양 태청太淸 5년(551)에 두승일杜僧逸이 조성한 아육왕상(앞 그림 4-86)[101]과 만불사에서 출토된 북주北周 무제武帝 보정保定 2~5년(562~565)의 아육왕상이다. 쑤바이 선생은 보정 2년~5년의 불상은 태청 5년의 아육왕상에서 유래하였고 태청 5년의 것은 양무제가 건강에서 공양했던 아육왕상의 모조품일 것이라고 생각했다.[102]

[5-68] 만불사 북주 보정 2~5년 조상
(『四川出土南朝佛敎造像』)

---

100) 袁曙光, 「四川省博物館藏萬佛寺石刻造像整理簡報」, 『文物』 2001년 제10기.
101) 성도 지역의 北周 紀年의 조상은 이 지역이 556년 북주의 판도에 들어간 후에 조성된 것이다. 國瑜, 『中國西南歷史地理考釋』 上 (中華書局, 1987년판), 247~248쪽 참조.
102) 宿白, 「靑州龍興寺窖藏所出佛像的幾個問題」, 『文物』 1999년 제10기.

3. 남조 능묘의 '벽돌 모자이크화'의 출현

남조 능묘에서 흥기했던 "벽돌 모자이크화"(拼鑲磚畫)가 주목할 만한 이유는 벽돌 한 장에 한 폭의 그림이 양각된 등현鄧縣의 양식과 다르기 때문이다. 이에 대해 양홍 선생은 다음과 같이 말했다. "동진 화상전畫像磚은 여러 개의 벽돌 그림이 하나의 큰 그림을 구성하는 모자이크화 계통으로 발전해 나갔는데, 그 최초의 형태가 1957년 강소성 남경 만수촌萬壽村에 소재한 동진 영화永和 4년(348) 능묘에서 처음 발견되었다. 이 유물들은 두세 개의 벽돌 그림을 모아 하나의 온전한 벽돌 그림을 구성하는 형태로서 벽돌 한 장에 그림 한 폭을 온전하게 표현하던 이전 양식으로부터 여러 장의 벽돌 그림을 모아 한 장의 큰 그림을 구성하는 벽돌 모자이크화 양식으로 전환되는 과도기적 형태로 볼 수 있다.…… 이때부터 새로 출현한 벽돌 모자이크화 예술은 동진 말기부터 남조 전기 사이 크게 발전하기 시작하여 육조시대 예술의 정수로 거듭났다." "남경 만수촌에 소재한 동진 영화永和 4년 능묘에서 발견된 호랑이와 용龍의 벽돌 모자이크화는 화폭이 크지 않기 때문에 1950년대 발견 이후에도 벽돌 모자이크화 양식은 그 당시 바로 주목받지 못했다. 그러다가 1960년에 이르러 서선교西善橋 궁산宮山 북쪽 기슭의 육조 능묘에서 대형 화폭의 '칠현七賢'을 내용으로 한 벽돌 모자이크화가 발견된 후에야 비로소 이런 양식의 벽돌 모자이크화가 고고학계와 미술사학계의 주목을 받기 시작했고, 1960년대 남경과 단양에서 연이어 남조의 대형 능묘가 발굴되면서 남조시대 벽돌 모자이크화의 면모를 제대로 파악할 수 있게 되었다. 당시 발굴된 대형 능묘의 벽돌 모자이크화 가운데 단양 건산建山 금가촌金家村 능묘에서 발견된 것이 가장 전형적인 형태이고 현재까지 비교적 완전하게 보존되어 있다."[103]

남조의 "벽돌 모자이크화"는 한漢대부터 동진 시기까지 이어져 왔던, 하나의 벽돌에 온전한 하나의 그림을 그리던 전통적인 양식을 벗어난 것으로, 양홍 선생은 남조 벽돌 모자이크화가 가지는 발전적 특징을 다음 세 가지로 요약했다.

"첫째, 하나의 벽돌에 온전한 하나의 그림을 그려 넣던 이전 한계를 타파하여 두 개 이상의 벽돌을 사용하여 하나의 모자이크화를 구성함으로써 늘어난 벽돌 수만큼 화폭을 넓힐 수 있으며 이를 통해 더욱 복잡하고 거창한 내용들을 표현할 수 있게 되었다.

둘째, 벽돌 여러 개를 정교하게 맞춰 붙여야 했으므로 인모印模(특정 도안을 새긴 틀) 제작은 더욱 복잡해졌다. 장인은 미리 먹선으로 그린 밑그림을 준비하고 화폭의 크기에 따라 필요한 만큼의 아직 굽지 않은 날벽돌들을 배치한 후 필요한 인모를 제작하여 날벽돌 위에 찍어서 형상을 새긴다. 그 후 이 날벽돌들을 가마에 넣어 소성시켜 벽돌을 만들어 내고 이렇게 완성된 벽돌들을 벽면에 짜맞추어 붙이면 모든 작업이 끝난다. 이러한 제작 전 과정을 고려해 보면, 남조 벽돌 모자이크화 제작 대한 기술적 요구는 한대 화상전보다 훨씬 높음을 알 수 있다.

셋째, 여러 벽돌을 짜맞추어 모자이크 방식으로 만들어야 했기 때문에 화폭이 커질수록 양각의 돌을새

---

103) 楊泓, 『美術考古半世紀』(文物出版社, 1997년판), 196~197쪽. 남경 만수촌 동진 永和 4년 능묘에서 발견된 벽돌 모자이크화에 대해서는 다음 논문을 참고하기 바람. 李蔚然, 「南京六朝墓葬」, 『文物』 1959년 제4기.

김 방식을 채용하기 어려워 선으로 새겨서 표현하는 방법을 주로 채용하게 되었으므로 전체적으로 선화線畫 스타일을 띠게 되었다."[104]

양홍 선생은 남조의 "벽돌 모자이크화"가 이처럼 혁신적인 공예 기술, 즉 선을 주로 활용하여 부조浮彫(얕은 새김)의 효과를 얻는 기법을 새로이 창안하여 적용한 것임을 분명히 지적했다.

선으로만 조형하는 기법은 전국戰國 시기 초楚나라 때 비단에 그린「용봉인물도龍鳳人物圖」와「대부어룡등천도大夫御龍登天圖」에서도 분명하게 확인할 수 있다. 그러나 장언원은『역대명화기』에서 중국회화사에서 '선묘조형線描造型'을 대표하는 "소체와 밀체" 두 가지 기법은 동진과 남조 시기에 이루어진 것으로, 밀체 기법은 고개지, 육탐미가 창시했고, 소체 기법은 장승요가 창시했다고 언급했고, 동진과 남조 시기 회화에서 선으로만 조형하는 기법을 잘 활용한 예는 당시 능묘들의 부조 벽화라고 지적했다. 또한 남조 시기 능묘에서 보이는 이러한 벽돌 모자이크화에 인모를 찍어서 표현한 연꽃무늬, 그물무늬 등은 6세기 전반기에 이르러 한반도 백제 능묘들의 부조 벽화에 깊은 영향을 끼쳤다.

4. 육조 도성의 건축재료(와당) 속의 불교적 요소

장강 유역, 특히 남경에서 육조시대 불교적 요소를 포함한 와당과 같은 건축물 관련 유물이 출토되었는데, 이들 중 일부 와당 양식은 한반도와 일본의 건축물에도 응용되었으므로 이들 유물은 육조시대 불교조상의 한반도와 일본 지역 전파를 이해하는 데 도움이 된다.

남경에서 출토된 육조시대 와당은 무늬 장식에 따라 구름무늬, 동물무늬, 인면人面무늬, 연꽃무늬 등 4가지로 구분되는데, 이 중 연꽃무늬 와당은 불교와 밀접한 관련이 있을 것이고 몇몇 학자들은 인면무늬 와당도 불교와 어느 정도 관련이 있을 것이라 여기고 있다.

[5-69] 진대 연꽃무늬 와당(『六朝瓦當與六朝都城』)

중국에서 현존하는 최초의 연꽃무늬 와당은 진秦나라까지 거슬러 올라갈 수 있으며[105] 건축물을 연꽃무늬로 장식했다는 최초의 기록은 동한 왕연수王延壽가 한漢 경제景帝의 아들인 공왕恭王을 위해 지은「노영광전부魯靈光殿賦」에서 확인할 수 있는데, 이 부분은『소명문선昭明文選』에 수록되어 있다.「노영광전부」에는 구체적으로 "(궁전의 천장은) 둥근 연못과 네모난 우물 모양이며 연꽃이 마치 거꾸로 심어진 것처럼 장식되어 있네"(圓淵方井, 反植荷蕖)라는 문구가 있다. 이에 대해『육신주六臣注』는 "또 방정方井(곧 궁전의 천장)을 만들고 둥근 연못과 부용芙蓉의 꽃잎을 그려 넣는데 꽃잎이 아래로 향하고 있으므로 이를 '거꾸로 심어져 있다'(反植)고 했다"

---

104) 楊泓,『美術考古半世紀』(文物出版社, 1997년판), 196쪽.
105) 徐錫台 等,『周秦漢瓦當』(文物出版社, 1988); 陝西省考古研究所秦漢研究室,『新編秦漢瓦當圖錄』(三秦出版社, 1986).

라고 풀이했다. 방정에 대하여, 동한 응소應劭의 『풍속통의風俗通義』에서는 "요즘 전각의 천장을 만들 때, 천정天井을 만들어야 하는데 이때 정井이라는 것은 동정東井 별자리[106]의 형상을 따라야만 한다. (거기에 장식된) 마름은 수중 식물인데 그 이유는 바로 화재를 예방하기 위함이다"라고 설명했다.

이에 대해 고스기 가즈오는 이렇게 생각했다. "중국에서 이처럼 건물의 천장을 천정 모양으로 만들고 거기에 연꽃을 그려 화마를 쫓아내고자 하는 주술은 기원전 2세기부터 시작되었다. 그런데 인도의 불교가 중국의 동쪽 지역에 처음으로 전파된 시기는 서기 1세기 후반이므로 그 이전에 연꽃이 불교의 상징으로 중국에 전해지는 일은 절대로 불가능한 일이다. 바꾸어 말하면, 노영광전魯靈光殿의 천정에 온통 화려하게 장식된 연꽃은 전적으로 중국식 연꽃이지 인도의 연꽃과는 아무런 관련도 없는 것이다.…… 와당은 중국에서 처음으로 만든 것이지 다른 민족으로부터 전해온 것이 아니다. 와당은 처음에는 반원형이었으나 한대 이후 완전한 원형이 유행하게 되었고, 당시의 구체적 상황에 따라 원형 윤곽에 다양한 문양을 그려 넣기도 하였다. 반원형의 와당에는 주로 도철饕餮무늬가 사용되었고 그 후 원형이 되고 나서는 사신四神 등 동물 도안, 기념 문자 그리고 이른바 고사리 도안 등이 등장했는데…… 애초에 연꽃무늬가 와당에 응용된 것은 분명 화재를 예방하려는 목적이었을 것으로 추측되는데, 그 외에 다른 목적이 있었을지 지금으로서는 달리 추측해 볼 만한 것이 없다. 하지만 이런 생각이 언제 어디서 시작되었는지 정확히 알 수 없다. 불교가 전래되기 전에 출현했을 가능성도 있지만 불교가 들어온 이후 불교 전당 건축을 계기로 생겨났을 수도 있다."[107]

중국에서 연꽃을 천장에 그려서 화재를 예방하고자 했던 전통은 기원전 2세기 중반까지 거슬러 올라갈 수 있다. 만약 한漢 애제哀帝 원수元壽 원년(기원전 2)을 불교가 본격적으로 중국에 전래된 때로 간주한다면, 불교가 본격적으로 중국을 전입된 시기는 연꽃무늬가 화재 예방의 목적으로 천장 장식에 처음으로 사용된 기원전 2세기 중반보다 1세기 반 정도 더 늦은 것이다. 이렇게 보면 노영광전 천장의 연꽃 장식이 불교와 관련이 없다는 고스기 가즈오 선생의 결론에 쉽게 동의할 수 있다.

하지만 필자가 본서 제1장 '1. 남방 장강 유역에 처음 전래된 불교조상'에서 예로 든 바 있는, 서한 시기 작은 동인 유물은 그 자세가 불상이 시무외인의 수인手印을 하고 있는 것과 무척 비슷한데, 서한 시기의 작은 동인과 노영광전 천장의 연꽃 장식은 그 출현 시기가 무척 가깝다. 그러므로 진秦나라 연꽃 와당을 포함하여 이 둘은 불교가 정식으로 중국에 전래되기 이전 민간 교류를 통해 중국으로 전해진 불교예술 양식들 중 하나일 가능성을 배제할 수 없다.[108]

사르나트 고고학박물관(Sārnāth Archaeological Museum)에 소장된 사르나트 사자 모양 기둥머리는 아육왕(약 기원전 269~기원전 236)이 불법을 널리 알리기 위해 칙령을 내려 세운 돌기둥의 상부로서 네 마리의 사자가 앉아 있는 원형 대좌臺座 아래 기단을 큰 연꽃을 엎어놓은 듯한 형상으로 조각하여 장식했다. 또한 영국박

---

106) 역자 주: 東井은 28星宿 가운데 22째 별자리인 井宿를 말한다. 고대인들은 이 별자리가 물을 주관한다고 믿었다. 그리하여 殿堂이나 누각 등 천장을 井자 모양으로 만들고 동시에 연, 연꽃, 마름 등의 수생식물 문양으로 장식하여 화마를 예방하고자 했다.
107) 小杉一雄, 『中國佛教美術史の研究』(新樹社, 1980년판), 372~375쪽.
108) 湯用彤, 『漢魏兩晉南北朝佛教史』(北京大學出版社, 1997년판), 3~12쪽; 任繼愈, 『中國佛教史』 第一卷(中國社會科學出版社, 1985년판), 45~67쪽.

[5-70] 사르나트 사자모양 기둥머리(『印度雕刻』)

[5-71] 영국박물관 소장 기원전 1세기 불족인 (『大英博物館所藏インドの佛像とヒンドゥーの神々』)

[5-72] 사천 낙산 마호 1호 연꽃 도상(『六朝瓦當與六朝都城』)

물관에 소장된 기원전 1세기 불족인佛足印에도 연꽃무늬가 새겨져 있다.

석가모니가 열반한 후 수백 년[109]이 지나, 서기 전후에 이르러 불상이 신앙의 대상으로 등장하기까지 거의 500년 가까운 기간 동안 불상은 출현하지 않았고 그 대신 사람들은 보리수, 법륜, 불족인 등의 상징물을 통해서만 붓다의 존재를 암시하였는데, 연꽃도 그 상징물 중의 하나였다. 북량北涼 담무참曇無讖이 번역한『비화경悲華經』에는 "하늘에서 비가 내리듯이 각양각색의 거대한 수레바퀴 같은 무수한 연꽃이 내려 갠지스강의 모래알처럼 온 세상의 먼지처럼 수가 많은 불국토 시방세계에 가득할 것이니 일체중생 모두가 이를 멀리서 이 일을 보게 되면 이미 환희의 즐거움을 얻게 된다"[110]라는 글이 있다.

중국에 현존하는 연꽃 도상 가운데 사천성 낙산樂山 동한 말기 또는 촉한蜀漢 시기 마호麻浩 1호 애묘崖墓(절벽에 동굴을 파서 만든 묘)에서 발견된 것이 비교적 이른 시기의 것인데[111] 이 묘실에는 네 잎 연꽃무늬 문양이 새겨져 있으며, 이 묘의 전실 후벽 문미門楣에는 좌불이 장식되어 있다. 1979년 남경南京 강녕江寧 상방진上坊鎭의 오吳 천책天冊 원년(275) 시기 묘에서 연꽃무늬가 새겨진 벽돌이 부장품인 불상이 장식된 혼백병魂魄瓶과 함께[112] 출토되었다. 이는 묘의 벽돌에 새겨진 연꽃무늬가 어느 정도 불교와 연관이 있음을 암시하고 있는 것이다.

건강 지역에서 발견된 연꽃무늬 와당은, 고증에 따르면 주로 동진 말기부터 유송 시기 사이 발생하였는데, 이 지역에서 출토된 육조시대 와당 중 연꽃무늬 와당이 그 수량과 종류가 가장 많고, 분포 지역 또한 가장 집중적이다.[113] 북조 지역에도 연꽃무늬 와당[114]이 일부 출토되었으나, 그 양식적 특징을 분석해 보면, 한반도 삼국시대의 백제와 신라, 일본 아스카시대의 연꽃무늬 와당에 영향을 미친 것은 그 발원이

---

109) 석가는 약 기원전 480~490년쯤 열반하였다. 黃心川,『印度佛教哲學』; 任繼愈,『中國佛教史』第一卷(中國社會科學出版社, 1985년판), 488~571쪽.
110)『大正藏』第03冊, No.0157, "天雨種種無量蓮花大如車輪, 遍滿十方如恒河沙等世界微塵等諸佛國土, 一切大衆皆得遙見, 見是事已得歡喜樂."
111) 낙산 마호 1호 애묘의 연대 문제에 대해서는 다음의 논문들을 참고하기 바람. 楊枝高,「四川崖墓略考」,『華文月刊』1940년 6기; 唐長壽,「樂山麻浩, 柿子灣崖墓佛像年代新探」,『東南文化』1989년 2기; 唐長壽,「四川樂山麻浩一號崖墓」,『考古』1990년 2기; 吳焯,「四川早期佛教遺物及其年代與傳播途徑的考察」,『文物』1992년 11기; 何志國,「四川樂山麻浩一號崖墓年代商權」,『考古』1993년 8기.
112) 南京市博物館,「南京郊縣四座吳墓發掘簡報」,『文物資料叢刊』제8집(1983).
113) 賀雲翱,『六朝瓦當與六朝都城』(文物出版社, 2005년판), 33~59쪽.
114) 錢國祥,「漢魏洛陽城出土瓦當的分期與研究」,『考古』1996년 제10기.

[5-73] 남경 출토 연꽃 와당 (『文物』 2009년 제5기)

[5-74] 백제 6세기 연꽃 와당 (『世界美術大全集: 東洋編 10』)

[5-75] 일본 아스카 와카쿠사가란(若草伽藍) 출토 7세기 연꽃 와당 (『日本古寺美術全集 2』)

건강이었을 것이다.[115]

통계에 따르면, 인면무늬 와당의 발생 지역은 서주徐州, 우이盱眙, 진강鎭江, 고순高淳, 무석無錫, 소주蘇州, 영파寧波, 무창武昌, 중경重慶 등[116]이며, 그중 남경에서 발견된 와당의 수가 비교적 많다. 출현 시기를 따져 보면, 남경 지역에서 출토된 인면무늬 와당은 오吳나라 때부터 서진西晉 사이[117]의 시대였을 것이고, 중경 운양雲陽에서 출토된 인면무늬 와당은 한漢이나 촉한蜀漢 시대[118]였을 것이다. 현존하는 유물 자료들을 분석해 보면, 인면 와당은 늦어도 동진 초에는 사라졌음을 알 수 있다. 이처럼 풍부한 표정을 지닌 인면무늬 와당이 도대체 어떤 함의를 띤 것인지, 왜 오吳나라부터 서진까지 거의 100년 동안 유행하게 되었는지에 대해, 량바이취안(梁白泉) 선생은, 불교가 중국 남방 지역에 처음 전래되었을 때 불교에서 말하는 칠정七情 곧, "희喜, 노怒, 애哀, 락樂, 애愛, 오惡, 욕欲"을 와당에 구체적으로 표현한 것으로 보았다. 또한 량바이취안 선생은 이런 유형의 와당이 동진 이후 갑자기 사라진 이유를 아마도 그 형식이 '극도로 교묘하게 만들어 너무 사치스러웠'(奇技淫巧)기에 사람들에게 외면당한 것이라고 보았다.[119]

[5-76~78] 육조 인면무늬 와당 (『六朝瓦當與六朝都城』)

---

115) 關野貞, 「朝鮮の瓦文樣」, 『朝鮮の建築と藝術』(巖波書店, 1941년판), 425~454쪽.
116) 梁白泉, 「你是誰? 人面紋瓦當四問」, 『藝術學界』 2012년 제2기.
117) 賀雲翶, 『六朝瓦當與六朝都城』(文物出版社, 2005년판), 17쪽; 王志高, 「略論南京出土的孫吳人面紋瓦當對朝鮮半島的影響」, 『2007江蘇省文博論集』(南京出版社, 2008년판).
118) 吉林省文物考古研究所·重慶雲陽縣文物保護管理所, 「雲陽舊縣坪遺址發掘報告」, 『重慶庫區考古報告集』(科學出版社, 1998년판).
119) 梁白泉, 「你是誰? 人面紋瓦當四問」, 『藝術學界』 2012년 제2기.

인면무늬의 와당을 잘 살펴보면, 인물들의 표정이 정말 생생하게 표현되어 있음을 알 수 있는데, 인물의 감정이 잘 드러나는 것으로는 '기쁨'과 '즐거움', '노여움' 혹은 '증오', '슬픔'의 표정을 들 수 있다. 그러나 '사랑' 및 '욕망'의 감정을 표현하는 인면무늬가 어떤 것인지는 판정하기가 쉽지 않다.

인면무늬 와당의 발생 시기와 분포 지역은 남방 장강 유역에서 초기의 불교유물들이 전파되는 시기, 지역과 기본적으로 중첩되므로 인면무늬 와당이 불교와 연관이 있다는 사실을 쉽게 짐작할 수 있다. 그러나 분명한 것은 인면무늬 와당에 새겨진 인면무늬 도상은 고인도에서는 보이지 않았기 때문에 중국에서 스스로 창조해 낸 것이라는 점이다.

중국 불교 경전에서 칠정七情에 대한 귀납적 기술은 비교적 늦게 발생하였는데, 북송의 승려 계숭契嵩이 편찬한 『심진문집鐔津文集』권4 「중용해中庸解」에서 다음과 같이 기술하였다. "정情은 타고난 성性을 어지럽힐 수 없다. 인간의 성리性理는 바르므로 중용中庸의 도가 존재하는 것이다. 고로 희喜(기쁨), 노怒(노여움, 분노), 애哀(슬픔), 락樂(즐거움), 애愛(사랑), 오惡(싫어함), 기욕嗜欲(욕망)이라는 칠정은 사람을 얽어매어 중용의 도를 상실하게 하는 것이다."[120] 이러한 칠정설은 다음과 같이 『예기禮記』「예운禮運」에 최초로 보인다. "무엇을 일컬어 사람의 정이라 하는가? 기쁨, 성냄, 슬픔, 두려움(懼), 사랑, 미움, 욕심 등 일곱 가지는 사람이 배우지 않아도 할 수 있는 것이다."[121] 량바이취안 선생의 말처럼 중국 불교는 유교 경전이 말한 바를 단지 계승했을 뿐이다.

런지위(任繼愈) 선생은 "초기 불경 번역에서 중국에 원래부터 있던 철학의 명사와 개념을 끌어다가 불교의 철학적 어휘, 개념과 비교·해석하였기 때문에 외래사상이던 불교가 어느 정도 중국적 색채를 띠게 되었다"라고 말했다. 중국 불교는 서진·동진 시기 이미 독자적인 발전의 길을 걸었다.[122] 그러므로 중국에 불교가 처음 전파될 때부터 인간의 본성에 대해 설법할 때 유교 경전의 칠정에 대한 기술을 그대로 인용했을 가능성이 충분히 있다.

육조시대의 인면무늬 와당은 장강 유역에서 비록 오랜 시간 동안 유행한 것은 아니지만 동위東魏 와당에 어느 정도 영향을 미쳤다.[123] 또한 한반도에서 삼국과 통일신라시대 인면무늬 와당이 출토되었는데 그 와당의 양식을 판단해 보면 건강 양식에 기원한다고 할 수 있다.

[5-79] 한국 미륵사 출토 백제 인면무늬 와당
(『六朝瓦當與六朝都城』)

[5-80] 경주 출토 통일신라 인면무늬 와당
(『世界美術大全集: 東洋編 10』)

---

120) 情不亂其性, 人之性理正也, 則中庸之道存焉. 故喜, 怒, 哀, 樂, 愛, 惡, 嗜欲, 其牽人以喪中庸者也.
121) 何謂人情? 喜, 怒, 哀, 懼, 愛, 惡, 欲, 七者弗學而能.
122) 任繼愈, 『中國佛敎史』第二卷(中國社會科學出版社, 1985년판), 207~222쪽.
123) 柳昌宗, 『東亞瓦當文化』(韓國美術文化出版公司, 2009년판).

5. 건강·성도·청주·맥적산을 연결하는 '남방식 불교장엄조상 루트'

이른바 '남방식 불교장엄조상 루트'[124]는 6세기 중후반에 건강을 중심으로 외부로 확산하여 주로 성도, 청주, 맥적산, 막고굴까지 형성되었으며 이는 주로 '변화된 포의박대식' 법의 양식을 주요한 특징으로 한다. 남방식 불교장엄조상 루트는 대체로 서북쪽으로는 서위, 북주의 주요 석굴사원들을 포함하고, 동위, 북제의 관할 지역이었던 청주에서 정주定州로 뻗어나가는 형세를 띠었는데, 동위, 북제의 정치 중심에서 같은 시기에 쏟아져 나온 '법의가 양어깨를 걸치고 아래로 흘러내린 방식'(敷搭雙肩下垂式)과 대치 국면을 형성했다. '변화된 포의박대식' 법의는 남북조 시기 후반에 지역을 넘어 전파된 새로운 법의 양식일 뿐만 아니라 한반도 삼국시대와 일본 아스카시대의 불상에도 깊은 영향을 미쳤다.

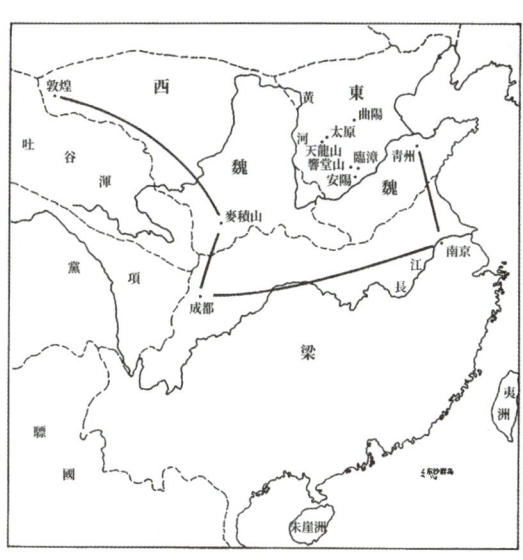

주: 1. 그림 중, 청주, 남경(건강), 성도(익주), 맥적산, 돈황막고굴 연선의 석굴사의 법의는 주로 '변화된 포의박대식'이다.
2. 그림 중, 임장(업), 태원(진양) 부근의 향당산, 안양의 여러 굴 및 천룡산석굴의 법의는 주로 '법의가 양 어깨를 걸치고 아래로 흘러내린 방식'(敷搭雙肩下垂式)이다.

[5-81] 6세기 중반 "남방식 불교장엄조상 지역" 설명도(費泳 그림)

'변화된 포의박대식' 법의는 인도의 '통견식' 법의와 외관상으로는 비슷하지만 인도식 '통견식' 법의가 불교 율전의 규정을 엄격히 지켜 가사의 오른쪽 상단을 끌어다가 왼쪽 어깨 위로 덮어 걸쳤으나 왼팔은 드러나게 입었던 방식과는 차이가 있다.[125] 석가모니는 "범경사제凡經四制"를 확립하여 승려들의 착의법을 규정했는데 최종적으로 가사의 오른쪽 끝자락을 끌어다 왼쪽 어깨 위로 덮어 걸치는 방식을 취하도록 했다. 그러나 중국식 '포의박대식'과 '변화된 포의박대식'에서 보이는 가사 오른쪽 상단의 처리 방식은 둘 다 불교 율전에서 정한 방식에 부합하지 않고 심지어 율전에서 금기시하고 있는 "상비상象鼻相" 즉, 가사의 끝자락을 코끼리 코처럼 아래 늘어뜨리는 형상을 취하고 있다.

[5-82] 성도 서안로 아육왕 정면과 배면 상(費泳 그림)

6세기 중반 '남방식 불교장엄조상 루트'의 각 지역에서 출현한 '변화된 포의박대식' 법의 양식을 갖춘

---

124) "남방식 불교장엄조상 루트"라는 개념에 대해서는 다음 논문을 참조하기 바람. 費泳, 「論南北朝後期佛像服飾的演變」, 『敦煌研究』 2002년 제2기.
125) 費泳, 「佛像袈裟的披著方式與 "象鼻相"問題」, 『敦煌研究』 2008년 제2기.

[5-83] 서하산 무량전 대불(費泳 촬영)

[5-84] 청주 동위 천평 3년 (536) 지명 조상 (『山東靑州龍興寺出土佛敎石刻造像精品』)

[5-85] 북제 천보 6년(555) 이신경 형제 조상 (『中國寺觀雕塑全集 1』)

[5-86] 곡양 수덕사 북제 불좌상(『故宮收藏曲陽造像』)

불상의 예는 다음과 같다. 우선, 옛 건강 지역에서는 남경 서하산 대불[126], 덕기광장에서 출토되어 남경박물원에 소장하고 있는 양梁 대통大通 원년(527)에 초월超越이 조성한 조상(앞 그림 4-1), 덕기광장에서 출토된 남조 소량 시기 불입상佛立像[127] 등이 있다.

청주 지역에서 발견된 것으로는 동위 덴표天平 3년(536)에 지명智明이 조성한 조상, 동위 천평 3년에 형장진邢長振이 조성한 조상, 제성諸城에서 발굴된 동위 무정武定 3년(545)에 사계숙士繼叔이 조성한 조상, 제성에서 발굴된 동위 무정 4년(546)에 하후풍락夏侯豊珞이 조성한 조상 등을 예로 들 수 있는데, 이들 불상은 대부분 법의의 오른쪽 상단으로 왼쪽 어깨와 왼팔을 함께 덮고 있으므로[128] 청주 지역의 6세기 중후반 법의 양식은 주로 '변화된 포의박대식'이었음을 확인하게 해 준다.

정주定州 지역에서 발견된 것으로는 곡양曲陽의 수덕사修德寺에서 출토된 불교조상이 대표적이며[129] 그 외에 고궁박물원에 소장된 북제北齊 천보天保 6년(555) 이신경李神景 형제 등이 조성한 무량수불좌상, 북제 천통天統 4년(568)의 아미타불삼존상 및 북제 연간의 불좌상 몇 존이 있다. 곡양 수덕사의 불상 가운데 북위, 동위 시기의 것들은 '포의박대식'이 많으나, 북제 시기에는 '포의박대식'이 점차 사라졌고[130] 그 대신 '법의가 양어깨를 걸치고 아래로 흘러내린 방식'이나 '변화된 포의박대식', '반피식', '우단식'이 유행하였는데, 특히 '법의가 양어깨를 걸치고 아래로 흘러내린 방식'과 '변화된 포의박대식'이 큰 비중을 차지하였다.

또한 하북성河北省 남궁시南宮市에서는 동위, 북제 시기 흰 돌을 재료로 하여 만든 백석조상白石造像 2존

---

126) 필자는 남경 서하산 대불이 5세기 말부터 만들어지기 시작했으나 이때는 대불에서 '변화된 포의박대식' 법의 양식이 나타나지 않았고, 6세기 초 臨川王이 天監 10년(511)에 서하산 대불을 장엄하여 다시 중수하는 과정에서 僧祐가 '의칙을 정확하게 세워'(准畫儀則) 처음으로 '변화된 포의박대식' 법의 양식을 창안했다고 생각한다.
127) 費泳, 「南京德基廣場南朝佛敎造像的新發現」, 『藝術探索』 2018년 제1기.
128) 杜在忠·韓崗, 「山東諸城佛敎石造像」, 『考古學報』 1994년 제2기; 『山東靑州龍興寺出土佛敎石刻造像精品』(中國曆史博物館, 1999년판).
129) 楊伯達, 「曲陽修德寺出土紀年造像的藝術風格與特徵」, 『故宮博物院院刊』 1960년 제2기; 楊伯達 著, 松原三郎 譯, 『埋もれた中國石佛の硏究』(東京美術, 1985년판); 胡國强 主編, 『故宮收藏曲陽造像』(紫禁城出版社, 2009년판).
130) 楊泓, 「論定州北朝石造像」, 『保利藏珍』(嶺南美術出版社, 2000년판), 182~185쪽.

(그림 5-87[131], 5-88[132])이 발견되었는데, 이들 존상은 모두 '변화된 포의박대식' 법의를 착용하고 있다. 불상들의 조성 시기를 살펴보면, 곡양 수덕사에서 발굴된 유물로 대표되는 정주定州 불상의 '변화된 포의박대식' 법의 양식은 그 출현이 청주青州보다 확실히 늦으며, 남궁시 불상의 '변화된 포의박대식' 법의 양식은 청주보다는 늦게 출현하였지만 정주의 곡양보다는 일찍 나타났다. 이를 종합하면, '변화된 포의박대식' 법의 양식이 청주에서 남궁을 거쳐 정주로 북상하여 전파되는 추세를 확인할 수 있다.

[5-87] 하북성 남궁 동위 불교조상 (『文物』 2012년 제1기)

[5-88] 하북성 남궁 북제 불교조상 (『文物』 2012년 제1기)

성도成都 지역에서는 양 중대통 원년(529) 파양군鄱陽郡 왕세자王世子 소범蕭範이 조성한 만불사 조상, 양梁 대동大同 11년(545)에 장원張元이 조성하고 서안로에서 발굴된 석가다보상釋迦多寶像, 그리고 서안로에서 출토된 삼불조상 중 주존의 좌측 좌불 등이 모두 '변화된 포의박대식' 법의 양식으로 착의하고 있다.

맥적산석굴의 경우, 133굴 제16호 조상비의 오른쪽 상단의 불입상[133], 141굴 정벽 주존 및

[5-89] 성도 서안로 삼불조상(費泳 촬영)

[5-90] 맥적산석굴 141굴 정벽 불상(費泳 그림)

좌벽 뒷면 불좌상[134]과 22굴 정벽 주존 등이 모두 '변화된 포의박대식' 법의를 입고 있다.

섬서陝西 지역에서는 서안西安 비림碑林박물관에 소장된 북주北周 무성武成 2년(560) 불입상 및 서안 파교구灞橋區 만자촌灣子村에서 출토된 북주 시기 불입상 5존(이 가운데 조성 연대가 大象 2년[580]으로 표시된 불상이 있음) 등이 모두 '변화된 포의박대식' 법의를 입고 있다.[135] 2004년, 서안 미앙구未央區 중사촌中査村 서북쪽에서 무더기로 출토된 북주 시기 불상[136] 및 1978년에 서안시西安市 근교 북쪽 육촌보공사六村堡公社 중관정中官亭에서 출토

---

131) 이 불상의 최초 보고서에 기록된 고유 식별 번호는 NH:006이다. 최초 보고서에서는 이 불상이 미국 보스턴 이사벨라 스튜어트 가드너 박물관(Isabella Stewart Gardner)에 소장된 동위 武定 원년(543)에 駱子寬 등 70명이 조성한 석가모니상과 비슷하므로 동위 시기 작품이라고 판단했다. 짚고 넘어가야 할 점은 南宮에서 발굴된 이 작품의 주존은 낙자관 등이 조성한 주존과 법의 양식에 차이가 있다는 것인데, 즉 전자는 '변화된 포의박대식'이고 후자는 '포의박대식'이다. 河北省文物研究所 等, 「河北南宮後底閣遺址發掘簡報」, 『文物』 2012년 제1기.

132) 이 불상의 최초 보고서의 고유 식별 번호는 NH:007이다. 河北省文物研究所 等, 「河北南宮後底閣遺址發掘簡報」, 『文物』 2012년 제1기.

133) 맥적산 133굴 16호 조상비의 조성 시기에 대해서는 북위 말기라는 주장과 서위 시기라는 주장, 두 가지가 있다. 『中國石窟・天水麥積山』(文物出版社, 1998년판), 171쪽, 도판101; 『中國石窟雕塑全集 2』(重庆出版社, 2000년판), 도판71・72.

134) 맥적산 석굴의 시기 구분은 다음 논문을 참조하기 바람. 金維諾, 「麥積山石窟的興建及其藝術成就」, 『中國石窟・天水麥積山』(文物出版社, 1998년판), 165~180쪽.

135) 趙力光・裴建平, 「西安市東郊出土北周佛立像」, 『文物』 2005년 제9기.

136) 中國社會科學院考古研究所, 『古都遺珍—長安城出土的北周佛教造像』(文物出版社, 2010년판).

[5-91] 서안 파교구 만자촌 출토 불상 (『西安碑林佛敎造像藝術』)

[5-92] 서안 파교구 만자촌 출토 북주 대상 2년(580) 불상 (『西安碑林佛敎造像藝術』)

[5-93] 서안 미앙구 출토 북주 불입상(『古都遺珍』)

[5-94] 서위 대통 5년(539) 막고굴 285굴 정벽 주존(『中國敦煌壁畫全集 2』)

된 불입상 등은 대부분 '변화된 포의박대식' 법의를 입고 있다.

영하寧夏 수미산須彌山 석굴 북주 시기 불상, 막고굴 서위西魏 대통大統 5년(539)에 조성된 제285굴 정벽 주존 및 막고굴 서위 시기 감상龕像의 주존 등은 대부분 '변화된 포의박대식' 법의를 입고 있는데, 예를 들어 248, 288, 249굴 등이 그러하다.

여기서 지적해야 할 점은 북제 시기 조성된 안양시安陽市 소남해小南海 석굴의 중굴中窟 동·서벽 주존 불입상도 '변화된 포의박대식' 법의를 입고 있으며, 동벽 주존의 가슴과 복부에 희미하게 매듭이 확인된다는 점이다. 이는 북제의 정치적 중심지 부근에서 '부탑쌍견하수식'(법의가 양어깨를 걸치고 아래로 흘러내린 방식) 법의가 한창 유행하고 있었을 무렵에도 여전히 '변화된 포의박대식' 양식을 따르는 불상이 가끔씩 나타났다는 사실을 보여 준다.

다음 장에서는 '남방식 불교장엄조상 루트'가 한반도·일본의 불상과도 밀접한 관련이 있다는 점을 염두에 두고서, 이러한 루트 상에 나타난 조상들의 패턴이나 양식에 대해 좀 더 깊이 있게 검토해 보기로 한다.

제6장

성도 지역의 남조 불상 및 그 원류

성도成都 지역 세 곳에서 남조 불상에 대한 중요한 발굴이 이루어졌다.

① 만불사萬佛寺, 이곳에서는 1930년대부터 1950년대까지 200여 존의 석상이 잇따라 출토되었는데, 그 가운데 10여 존은 남조南朝 기년紀年이 기록된 석상이다.[1)]

② 상업가, 이곳에서는 1990년에 기년상 2존을 포함해 조상 총 9존이 출토되었다.[2)]

③ 서안로西安路, 이곳에서는 1995년에 불교조상 8존이 출토되었는데, 그중 남조 기년상이 5존이다.[3)] 성도 지역의 남조 불교조상은 관항자寬巷子에서 출토된 양대梁代 석각장팔대불石刻丈八大佛의 불두佛頭 2존과 사천대학박물관 소장 남조 기년상 2존에서도 볼 수 있다.[4)] 2014년 성도 하동인로下同仁路에서 남조 불교조상들이 추가로 출토된 것으로 알려졌는데, 이에 대한 구체적인 내용은 고고학 보고서 발표가 더 필요하다. 이 외에 사천성 성도 이외의 다른 지역에서도 남조 불상이 산발적으로 발견됐다.[5)]

성도 지역의 기존 실물 자료는 대부분 제齊·양梁 연간에 해당하는 작품이 많은 반면 유송劉宋·북주北周 시대의 작품은 적다. 하지만 성도 지역에서 출토된 불교조상 중에는 기년 명문을 가진 것이 여럿 있는데, 이는 제·양·북주 조상의 단계적 조형 특징과 성도 지역 남북조시대 불상의 발전 맥락을 살펴볼 수 있는 근거를 제공해 준다.

[6-1] 성도 관항자에서 출토된 남조 불두 (費泳 촬영)

---

1) 劉志遠·劉廷壁 編, 『成都萬佛寺石刻藝術』(中國古典藝術出版社, 1958년판); 袁曙光, 「四川省博物館藏萬佛寺石刻造像整理簡報」, 『文物』 2001년 제10기.
2) 張肖馬·雷玉華, 「成都市商業街南朝石刻造像」, 『文物』 2001년 제10기.
3) 雷玉華·顏勁松, 「成都市西安路南朝石刻造像淸理簡報」, 『文物』 1998년 제11기.
4) 霍巍, 「四川大學博物館收藏的兩尊南朝石刻造像」, 『文物』 2001년 제10기.
5) 四川博物院 等 編著, 『四川出土南朝佛敎造像』(中華書局, 2013년판). 또한 사천 綿陽 平陽府君 漢闕에는 蕭梁 시기 때 補刻한 불상이 있다.

1. 성도 지역 남조 불교존상의 석각부조 경변 도상

1) 경변화의 내용과 도상

큰 의미에서 불경에 바탕을 둔 회화를 모두 경변화經變畫라고 할 수 있지만, 학계에서는 한 부분 혹은 여러 부분의 경전 내용을 추출해서 한 폭의 그림으로 표현한 형식을 경변화라고 한다. 그리고 불경에 근거하여 독폭獨幅, 능격菱格 혹은 연환화連環畫 형식으로 된 것을 고사화故事畫라고 하는데, 여기에서 말하는 고사는 불전 이야기, 본생 이야기, 인연 이야기 등을 포함한다.[6]

성도 지역에서 출토된 여러 개의 남조 조상비造像碑 뒷면에는 불전 이야기(경변화의 양측에 세로로 배열된 것)뿐만 아니라 경변화(혹은 부조경변도상이라 칭함)도 있다. 이 중 부조경변도상은 중국에서 발생 시기가 비교적 이른 경변화로, 불교 경변화의 중국적 특성을 형성했을 뿐만 아니라 경변화의 발전 방향을 이끌었다는 점에서 주목할 필요가 있다.

[6-2] 만불사 출토 송 원가 2년(425) 조상비 뒷면 경변 탁본
(『四川出土南朝佛敎造像』)

[6-3] 만불사 출토 wsz48번 조상비 앞면 쌍보살상
(『四川出土南朝佛敎造像』)

[6-4] 만불사 출토 wsz48번 조상비 뒷면 및 양 옆면 경변 탁본
(『四川出土南朝佛敎造像』)

만불사에서 출토된 송 원가 2년(425) 조상비 뒷면의 탁본은 중국에서 현존하는 경변화 가운데 최초의 확실한 기년이 있는 경변화다. 이 도상의 함의에 대해 나가히로 도시오와 요시무라 메쿠미는 선후로 서로 다른 견해를 밝힌 바 있는데[7], 탁본도상과 경문이 상호 대응되는 완전성으로 볼 때 요시무라 메쿠미의 견해가 더욱 설득력 있어 보인다.

기존의 성도 지역의 남조 경변부조석각은 만불사에서 출토된 원가 2

[6-5] 만불사 출토 wsz49번 조상비 앞면
(『四川出土南朝佛敎造像』)

[6-6] 만불사 출토 wsz49번 조상비 뒷면 및 양 옆면 경변 탁본
(『四川出土南朝佛敎造像』)

---

6) 段文傑, 「敦煌壁畫槪述」, 『段文傑敦煌藝術論文集』(甘肅人民出版社, 1994년판), 42~63쪽.
7) 長廣敏雄, 「南朝の佛敎的刻畫」, 『六朝時代美術の硏究』(美術出版社, 1969년판), 55~66쪽; 吉村怜, 「南朝の法華經普門品變相」, 『佛敎藝術』 162호(1985).

년(425) 작품뿐만 아니라 무기년無紀年 명문이 있는 작품 2존도 있는데, 이 두 작품은 지금까지 학계의 주목을 받지 못했다. 하나는 만불사에서 출토된 wsz48번 조상비[8]로 앞면은 쌍보살입상이, 뒷면 및 양 옆면에는 경변부조석각이 있다. 다른 하나는 만불사에서 출토된 wsz49번 조상비[9]로 앞면과 뒷면에 경변부조석각이 있다.

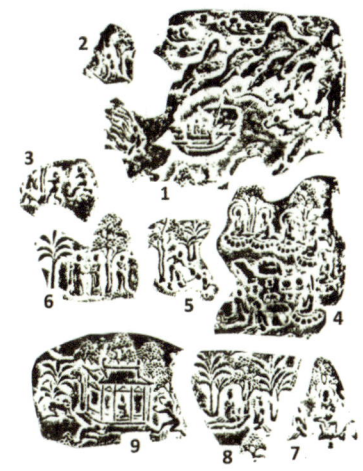
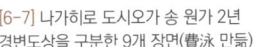

[6-7] 나가히로 도시오가 송 원가 2년 경변도상을 구분한 9개 장면 (費泳 만듦)

[6-8] 요시무라 메쿠미가 송 원가 2년 경변도상을 구분한 12개 장면 (費泳 만듦)

상술한 세 작품은 조형도 유사하고 조성 시기도 서로 가깝다. 이들 경변도상은 성도 지역 남조 불교조상의 소재 및 조상 양식에 대한 생각과 관련이 있는데, 지금부터 이 도상이 지닌 의미를 하나씩 분석해 보고자 한다.

나가히로 도시오는 송 원가 2년명(425) 경변부조석각을 9개 장면으로, 요시무라 메쿠미는 12개 장면으로 각각 구분했다. 두 학자가 구분한 장면은 비슷하지만, 도상적인 근거인 텍스트는 각각 다르다고 생각했다. 이 두 학자가 제시한 내용을 다음과 같이 요약할 수 있다.

〈표 6-1〉 나가히로 도시오와 요시무라 메쿠미의 송 원가 2년명 석각부조경변도상에 대한 비교표

	나가히로 설		요시무라 설
장면	대응되는 불경 및 경문	장면	대응되는 불경 및 경문
1	오吳 강승회 번역본 『육도집경六度集經』, 권6, 「살신제고인경殺身濟賈人經」: "옛날에 보살이 많은 보물들을 얻고자 500명의 상인과 함께 큰 바다에 들어갔다. 바다에 들어간 지 몇 달 만에 보물들을 얻게 되자, 이것들을 배에 가득 싣고 본토로 향했다. 도중에 회오리바람이 몰아쳤고, 천둥과 번개가 치면서 하늘이 진동했다. 마치 수신水神이 구름같이 모여들어 파도가 몰아치니 사방이 성같이 높아 보였고 불길이 솟구쳐 올라 파도가 산을 덮치는 듯했다. 모두가 왁자지껄 울먹이며 '이제 우리들은 죽기를 기다릴 수밖에 없다. 심한 공포 때문에 파랗게 질렸으니 하늘을 우러러보며 애도를 표하자'라고 했다. 보살은 괴로워하며 마음속으로 생각하며 말했다. '나는 붓다께 빌었으나, 중생들은 (나의	1	후진後秦 구마라집鳩摩羅什 번역본 『묘법연화경妙法蓮華經』, 「관세음보문품觀世音普門品」: "붓다가 무진의 보살에게 이르시되, '선남자야, 만일 한량없는 백천만억 중생이 여러 가지 고뇌를 받을 때에 이 관세음보살의 이름을 듣고 일심으로 그 이름을 부르면, 관세음보살이 곧 그 음성을 듣고 모두 해탈케 하느니라. 만약 어떤 이가 이 관세음보살의 이름을 받들면, 그가 혹시 큰 불 속에 들어가더라도 불이 그를 태우지 못할 것이니, 이것은 관세음보살의 위신력 때문이며, 혹은 큰물에 떠내려가게 되더라도 그 이름을 부르면 곧 얕은 곳에 이르게 되며, 혹은 백천만억 중생이 금, 은, 유리, 차거, 마노, 산호, 호박, 진주와 같은 보배를 구하려고 큰 바다에 들어갔을 때, 가령 폭풍이 일어 그들의

---

[8] 袁曙光,「四川省博物館藏萬佛寺石刻造像整理簡報」,『文物』2001년 제10기.
[9] 袁曙光,「四川省博物館藏萬佛寺石刻造像整理簡報」,『文物』2001년 제10기.

	나가히로 설		요시무라 설
장면	대응되는 불경 및 경문	장면	대응되는 불경 및 경문
1	이야기를 듣지 않고) 귀를 막았기 때문에 해신에게 해악을 당해 죽은 시체가 심하구나. 목숨이 위태로운 중생을 구제하는 것이 바로 개사(보살)의 상업이다. 내 피를 바다에 뿌리면 해신이 그것을 싫어할지니, 그러면 선원들이 바다를 건너 언덕에 도달하지 못함이 없을 것이다.' 그리하여 많은 사람들에게 말했다. '너희들은 서로 손을 잡고 내 몸을 도우라.' 그러자 모두가 명령을 받들었다. 이에 보살은 칼을 들고 스스로 자해하니 해신은 이를 매우 싫어했다. 그러자 배는 언덕에 도착할 수 있어 모든 사람들이 구제받게 되었다. 뱃사람들이 (보살의) 시체를 안고 큰소리로 하늘을 부르며 울면서 말했다. '이 보살은 필시 비범하고 용맹한 사도라 용맹이 하늘을 찌르는구나, 우리 목숨이 이곳에서 다할지라도 상덕上德을 상실한 자가 되지는 말자.' 그 말이 진실되었기에 제천諸天을 감동시켰다. 이에 제석천帝釋天은 세상에 둘도 없는 보살의 넓고 넓은 자애로움을 보시고는 말씀하셨다. '이 지극한 덕이 있는 보살은 거룩한 영웅이니 지금 그를 살려야겠다.' 그렇게 하시고는 천신약天神藥을 그 입에 넣고 또한 시체에 바르시자 보살은 즉시 깨어나 홀연히 일어나 앉아서 뱃사람들과 함께 서로의 수고를 치하했다. 제석천께서는 이전보다 천배나 많은 보화를 그 배에 가득 채워주셨고, 그 즉시 본토로 돌아왔다."	1	배가 나찰귀羅刹鬼들의 나라에 닿게 되었을지라도 그 가운데 만일 한 사람이라도 관세음보살의 이름을 부르면, 여러 사람들이 다 나찰의 난으로부터 벗어날 수 있으리니' 하셨다."
2	구체적 대응 경문이 없다.	2	위 장면 1에 해당하는 경문 중 수난 장면에 대응한다.
3	구체적 대응 경문이 없다.	3	도상이 파손되었음. 혹은 장면 1에 해당하는 경문 중 큰 화재에 안전할 것이라는 장면에 대응한다.
4	오 강승회 번역서 『육도집경』, 권1, 「보시도무극布施度無極」: "(붓다께서 아시고) 보살에게 미치기 어려운 높은 수행의 6도 무극을 말씀하시어 빨리 붓다가 되게 하셨다. 무엇이 6도 무극인가? 첫째는 보시布施요, 둘째는 지계持戒요, 셋째는 인욕忍辱이요, 넷째는 정진精進이요, 다섯째는 선정禪定이요, 여섯째는 지혜(明度無極高行)다."	4	구마라집 번역본 『묘법연화경』, 「관세음보문품」: "무진의야! 만약 어떤 사람이 62억 항하의 모래 같은 보살의 이름을 받들어 목숨이 다하도록 음식과 의복, 침구와 의약 등으로 공양한다면 너의 생각에는 어떠하느냐? 이 선남자, 선여인의 공덕이 얼마나 많겠느냐? 무진의가 대답하였다. '매우 많겠습니다, 세존이시여!' 붓다께서 다시 말씀하셨다. '만일 어떤 사람이 관세음보살의 이름을 받들어 한때만이라도 예배하고 공양하면, 이 두 사람의 복이 똑같아 다를 바 없어 백천만억 겁에 이르도록 다할 수가 없으리라. 무진의야, 관세음보살의 이름을 수지하면 이와 같이 한량없고 가없는 복덕의 이익을 얻느니라.'"

장면	나가히로 설 대응되는 불경 및 경문	장면	요시무라 설 대응되는 불경 및 경문
5	오 강승회 번역서 『육도집경』, 권1, 「보시도무극」: "바라문(逝心)은 '오직 왕의 머리라야만 한다'고 말했다. 왕은 일찍이 사람을 거스른 적이 없었다. 곧 스스로 전각에서 내려와서 머리를 풀어 나무에다 매고, '내 머리를 그대에게 주노라' 하였다. 바라문이 칼을 빼어 들고 달려갔다. 수신樹神이 보고 그 무도함을 괘씸하게 여겨 손으로 그 뺨을 쳤다. 그러자 몸이 뒤틀리고 얼굴이 반대로 돌아갔으며, 손은 늘어지고 칼은 떨어졌다. 이에 왕은 평안함(平康)을 얻었다." 오吳 지겸支謙 번역서 『보살본연경菩薩本緣經』, 「월광왕품月光王品」: "이때 바라문은 칼을 들고 사슴 가죽으로 덮은 채 밖으로 나왔고, 왕의 머리를 잡아 나무에 묶고 노여움으로 왕의 머리를 자르려 했으나 칼은 나뭇가지조차 부러뜨릴 수 없었다."	5	구마라집 번역본 『묘법연화경』, 「관세음보문품」: "또 어떤 사람이 만일 해를 입게 되었을지라도 관세음보살의 이름을 부르면, 그들이 가진 칼이나 막대기가 곧 조각조각 부서져 능히 벗어날 수 있으리라."
6	구체적 대응 경문이 없다.	6	서진西晉 축법호竺法護 번역본 『정법화경正法華經』, 「광세음보문품光世音普門品」: "만일 어느 학인이 음욕, 성냄, 어리석음이 무성해서 광세음보살에게 머리 숙여 귀명한다면, 음욕, 성냄, 어리석음이 그치게 되면서 무상無常, 고苦, 공空, 비신非身에 관하여 일심으로 선정을 얻게 되리라." 구마라집 번역본 『묘법연화경』, 「관세음보문품」: "만약 어떤 중생이 음욕이 많을지라도 항상 관세음보살을 생각하고 공경하면 곧 음욕을 여의게 되며, 혹은 성내는 마음이 많을지라도 항상 관세음보살을 생각하고 공경하면 곧 성내는 것을 여의게 되며, 혹은 어리석음이 많을지라도 항상 관세음보살을 생각하고 공경하면 곧 어리석음을 여의게 되느니라."
7	구체적 대응 경문이 없다.	7	구마라집 번역본 『묘법연화경』, 「관세음보문품」: "가령 또 어떤 사람이 죄가 있거나 죄가 없거나 쇠사슬과 칼로 몸을 결박당해 있을지라도 관세음보살의 이름을 부르면 이것들이 모두 끊어져 벗어날 수 있으리라."
8	구체적 대응 경문이 없다.	8	구마라집 번역본 『묘법연화경』, 「관세음보문품」: "만약 또 삼천대천국토에 도둑이 가득 찬 속을 한 상인의 우두머리가 여러 상인들을 이끌고 귀중한 보물을 가진 채 험한 길을 지나갈 때, 그중에 한 사람이 말하기를 '여러 선남자들이여, 무서워 말고 두려워 말라. 그대들은 진심으로 관세음보살의 이름을 부를지니라. 이 보살이 능히 중생들의 두려움을 없애 주리니, 그대들이 이 이름을 부르면 이 도둑들을 무사히 벗어나리라' 해서, 이에 여러 상인들이 이 말을 듣고 모두 소리를 내어 '나무관세음보살'이라고 하니, 곧 그 난을 벗어났느니라."

	나가히로 설		요시무라 설
장면	대응되는 불경 및 경문	장면	대응되는 불경 및 경문
9	구체적 대응 경문이 없다.	9	경문 내용은 구마라집이 번역한『묘법연화경』「관세음보문품」에 묘사된 관세음의 수많은 '응현신應現身' 가운데 한 분이다.[10]
		10	경문 내용 역시 구마라집이 번역한『묘법연화경』「관세음보문품」에 묘사된 관세음의 수많은 '응현신' 가운데 한 분이다.
		11	구마라집 번역본『묘법연화경』,「관세음보문품」: "만약 삼천대천국토에 가득한 야차와 나찰들이 와서 사람들을 괴롭히려 하더라도, 관세음보살의 이름만 부르면 여러 악귀가 악한 눈으로 보지도 못하겠거늘, 하물며 어찌 해칠 수 있겠느냐."
		12	구마라집 번역본『묘법연화경』,「관세음보문품」: "관세음보살이 이런 위신력으로 이롭게 함이 많으니, 중생은 마땅히 마음으로 항상 생각할 것이니라. 또 만일 어떤 여인이 아들 낳기를 원하여 관세음보살을 예배하고 공경하면 곧 복덕과 지혜가 있는 아들을 낳게 되고, 만일 딸 낳기를 원한다면 곧 단정하고 아름다운 모양을 갖춘 딸을 낳게 되리니."

나가히로 도시오는 부조경변이 근거한 경문은 오나라 강승회가 번역한『육도집경』, 오나라 지겸이 번역한『보살본연경』의 내용에서 따온 것이라고 생각했다. 이에 반해 요시무라 메쿠미는 경변의 내용을 서진의 축법호가 번역한『정법화경』 및 후진의 구마라집이 번역한『묘법연화경』 중의「보문품」에서 따온 것이라고 보았다.

나가히로와 요시무라의 도상과 경전의 대응 관계에 대한 기술을 보면, 요시무라의 도상 해석이 더욱 상세하다. 서진의 축법호가 번역한『정법화경』 중의「광세음보문품」은 후진의 구마라집이 번역한『묘법연화경』 중의「관세음보문품」과 내용이 유사하다. 전자와 비교해서 후자가 더욱 조리 있게 번역했다. 경문에서 언급된 내용은 기본적으로 원가 2년명 석각부조경변도상에 반영되어 있다.

---

10) 구마라집 번역본『묘법연화경』「관세음보문품」에서 묘사한 '응현신'에는 다음과 같은 모습들의 응현신이 있다. "어떤 나라의 중생을 붓다의 몸으로 제도할 이에게는 관세음보살이 곧 붓다의 몸을 나타내어 설법하며, 벽지불의 몸으로써 제도할 이에게는 벽지불의 몸을 나타내어 설법하며, 성문의 몸으로 제도할 이에게는 성문의 몸을 나타내어 설법하며, 범천왕의 몸으로써 제도할 이에게는 범천왕의 몸을 나타내어 설법하며, 제석천의 몸으로 제도할 이에게는 제석천의 몸을 나타내어 설법하며, 自在天의 몸으로써 제도할 이에게는 자재천의 몸을 나타내어 설법하며, 대자재천의 몸으로써 제도할 이에게는 대자재천의 몸을 나타내어 설법하며, 天大將軍의 몸으로써 제도할 이에게는 천대장군의 몸을 나타내어 설법하며, 毘沙門의 몸으로써 제도할 이에게는 비사문의 몸을 나타내어 설법하며, 小王의 몸으로써 제도할 이에게는 곧 소왕의 몸을 나타내어 설법하며, 장자의 몸으로써 제도할 이에게는 장자의 몸을 곧 나타내어 설법하며, 거사의 몸으로써 제도할 이에게는 곧 거사의 몸을 나타내어 설법하며, 관리의 몸으로써 제도할 이에게는 관리의 몸을 나타내어 설법하며, 바라문의 몸으로써 제도할 이에게는 곧 바라문의 몸을 나타내어 설법하며, 비구, 비구니, 우바새, 우바이의 몸으로써 제도할 이에게는 비구, 비구니, 우바새, 우바이의 몸을 나타내어 설법하며, 장자, 거사, 관리, 바라문의 부인의 몸으로써 제도할 이에게는 그 부인의 몸을 나타내어 설법하며, 童男, 童女의 몸으로써 제도할 이에게는 동남, 동녀의 몸을 나타내어 설법하며, 하늘, 용, 야차, 건달바, 아수라, 가루라, 긴나라, 마후라가 등 사람인 듯 아닌 듯한 것 등의 몸으로써 제도할 이에게는 모두 그 몸을 나타내어 설법하며, 執金剛神으로써 제도할 이에게는 곧 집금강신을 나타내어 설법하나니라. 무진의야! 이것이 바로 관세음보살이다. 이 관세음보살은 이러한 공덕을 성취하여 가지가지 형상으로 여러 국토에 노니시며, 중생을 제도하여 해탈케 하느니라."(『大正藏』第09册, No.0262)

성도 만불사에서 출토된 남조 조상비 2존(wsz48번과 wsz49번)의 뒷면 석각부조경변도상을 분석하면 성도 지역 남조 불상의 내용을 파악하는 데 도움이 된다.

이 중 wsz48번 조상비는 두 동강으로 깨졌는데 이를 합치면 뒷면의 부조경변도상은 상·하 두 부분으로 나뉜다. 하반부의 도상 내용 중 대부분은 송 원가 2년명 석각부조경변도상과 유사하다. 또 일부 내용은 원가 2년명 석각부조경변도상과 다른 부분도 있으나, 「관세음보문품」에서 이에 대응하는 경문을 찾을 수 있다. wsz48번 경변도상은 12개의 장면으로 나눌 수 있다. 「관세음보문품」에 대응하는 경문을 나열하면 다음 표와 같다.

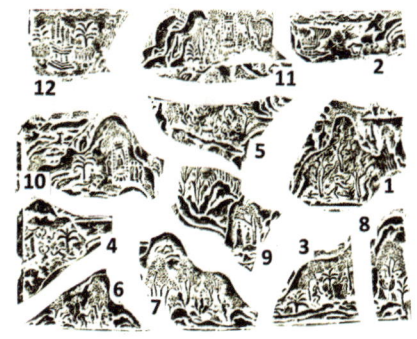

[6-9] 만불사 wsz48번 조상비 뒷면 경변도상 하반부의 12개 장면(費泳 만듦)

〈표 6-2〉 만불사 wsz48번 석각부조경변도상 하반부 장면과 대응 경문

	장면	대응 불경 및 경문
1	한 사람이 두 손을 흔들며 큰 산불 속에 있다.	구마라집 번역본 『묘법연화경』, 「관세음보문품」: "붓다께서 무진의보살에게 말씀하셨다. '선남자야, 만일 한량없는 백천만억 중생이 여러 가지 고뇌를 받을 때 이 관세음보살의 이름을 듣고 일심으로 그 이름을 부르면, 관세음보살이 곧 그 음성을 듣고 모두 고뇌에서 벗어나게 하느니라. 만약 어떤 이가 이 관세음보살의 이름을 받들면, 그가 혹시 큰불 속에 들어가더라도 불이 그를 태우지 못할 것이니, 이것은 관세음보살의 위신력 때문이니라.'"
2	이 장면은 요시무라 메쿠미가 원가 2년 조상비 경변도상을 구분한 제1, 2 장면과 흡사하다. 이 도상은 다음과 같은 장면을 보여 준다. 배 한 척이 있는데 그 안에 있는 사람은 왼쪽에서 오른쪽으로 달리고 있고, 배의 오른쪽 물속에는 두 사람이 두 손을 흔들고 있으며, 배와 두 사람 사이 위에는 비천飛天이 있다.	구마라집 번역본 『묘법연화경』, 「관세음보문품」: "만약 큰물에 떠내려가게 되더라도 그 이름을 부르면 곧 얕은 곳에 이르게 되며, 혹은 백천만억 중생이 금, 은, 유리, 차거, 마노, 산호, 호박, 진주와 같은 보배를 구하려고 큰 바다에 들어갔을 때, 가령 폭풍이 일어 그들의 배가 나찰귀들의 나라에 닿게 되었을지라도 그 가운데 만일 한 사람이라도 관세음보살의 이름을 부르면, 여러 사람들이 다 나찰의 난으로부터 벗어날 수 있으리니."
3	이 장면은 요시무라 메쿠미가 원가 2년 조상비 경변도상을 구분한 제5 장면과 유사하다. 이 도상은 다음과 같은 장면을 보여 준다. 나무들이 즐비한 산속에 세 사람이 있는데, 가장 왼쪽에 있는 한 사람은 양 다리를 구부리고 서서 왼손을 앞으로 뻗었고, 그 앞에는 한 사람이 무릎을 꿇고 두 손을 가슴에 얹었다. 가장 오른쪽에 있는 한 사람은 나무 아래에 서서 이 모든 것들을 바라보고 있다.	구마라집 번역본 『묘법연화경』, 「관세음보문품」: "어떤 사람이 만일 해를 입게 되었을지라도 관세음보살의 이름을 부르면, 그들이 가진 칼이나 막대기가 곧 조각조각 부서져 능히 벗어날 수 있으리니."

	장면	대응 불경 및 경문
4	이 장면은 요시무라 메쿠미가 원가 2년명 조상비 경변도상을 구분한 제11 장면과 유사하다. 이 도상은 다음과 같은 장면을 보여 준다. 용마루가 장식된 집안에는 한 사람이 앉아 있고, 집밖에서 세 사람이 팔짱을 끼고 집안으로 뛰어 들어오려고 한다.	구마라집 번역본 『묘법연화경』, 「관세음보문품」: "만약 삼천대천국토에 많고 많은 야차와 나찰 귀신들이 와서 사람을 괴롭게 한다 하더라도, 그 관세음보살 이름을 일컫는 것을 듣게 되면 이 모든 악한 귀신이 오히려 험악한 눈으로써 보지도 못한다. 하물며 다시 해를 끼칠 수 있겠는가."
5	숲속에서는 화염 때문에 타오르며 끓어오르는 솥이 있고, 사방은 자세가 뒤틀리거나 몸부림치는 사람들로 둘러싸여 있다.	구마라집 번역본 『묘법연화경』, 「관세음보문품」: "설령 어떤 사람이 죄 있거나 죄 없거나 수갑을 차고 칼과 쇠줄이 그 몸을 매어 놓았다 해도 관세음보살의 이름을 부른다면, 이것들이 끊어지고 부서져 곧 벗어나게 될지니."
6	숲속에는 삿갓을 쓰고 말에 올라탄 사람과 그 뒤를 따르는 한 사람이 있다.	구마라집 번역본 『묘법연화경』, 「관세음보문품」: "만약 또 삼천대천국토에 도둑이 가득한 곳을 한 상인의 우두머리가 여러 상인들을 이끌고 귀중한 보물을 가진 채 (도둑이 가득한) 험한 길을 지나갈 때, 그중에 한 사람이 말하기를 '여러 선남자들이여, 무서워 말고 두려워 말라. 그대들은 진심으로 관세음보살의 이름을 부를지니라. 이 보살이 능히 중생들의 두려움을 없애 주리니' 하였다."
7	이 장면은 요시무라 메쿠미가 원가 2년명 조상비 경변도상을 구분한 제8 장면과 유사하다. 이 도상은 다음과 같은 장면을 보여 준다. 숲속에는 말을 몰아 달리는 한 사람과 커다란 칼을 높이 들고 그 뒤를 바짝 뒤쫓는 한 사람이 있다.	구마라집 번역본 『묘법연화경』, 「관세음보문품」: "그대들이 이 이름을 부르면 이 도둑들을 무사히 벗어나리라. 이에 여러 상인들이 이 말을 듣고 모두 소리를 내어 '나무관세음보살' 한다면 곧 그 난을 벗어나리라."
8	이 장면은 요시무라 메쿠미가 원가 2년명 조상비 경변도상을 구분한 제6 장면과 유사하다. 이 도상은 다음과 같은 장면을 보여 준다. 큰 나무 옆에 남녀 한 쌍이 손을 잡고 마주 서 있다.	서진 축법호 번역본 『정법화경』, 「광세음보문품」: "만일 어느 학인이 음욕, 성냄, 어리석음이 무성해서 광세음보살에게 머리 숙여 귀명한다면, 음욕, 성냄, 어리석음이 그치게 되면서 무상無常, 고苦, 공空, 비신非身에 관하여 일심으로 선정을 얻게 되리라." 구마라집 번역본 『묘법연화경』, 「관세음보문품」: "또 만일 중생이 음욕이 많더라도 관세음보살을 항상 생각하고 공경하면 곧 음욕을 여의게 되며, 혹은 성내는 마음이 많더라도 관세음보살을 생각하고 공경하면 곧 그 마음을 여읠 수 있으며, 혹은 어리석음이 많더라도 관세음보살을 항상 생각하고 공경하면 곧 그 어리석음을 떠날 것이니라."
9	이 장면은 요시무라 메쿠미가 원가 2년명 조상비 경변도상을 구분한 제12 장면과 유사하다. 이 도상은 다음과 같은 장면을 보여 준다. 나무 아래 한 사람은 서 있고, 다른 한 사람은 그 앞에 무릎을 꿇고 앉았다.	구마라집 번역본 『묘법연화경』, 「관세음보문품」: "관세음보살이 이런 위신력으로 이롭게 함이 많으니, 중생은 마땅히 마음으로 항상 생각할 것이니라. 또, 만일 어떤 여인이 아들 낳기를 원하여 관세음보살을 예배하고 공경하면 곧 복덕과 지혜가 있는 아들을 낳게 되고, 만일 딸 낳기를 원한다면 곧 단정하고 아름다운 모양을 갖춘 딸을 낳게 되리니."
10	산 아래 화개華蓋 밑에 붓다가 앉아 계시고, 그 양측에는 모두 네 명의 제자가 시립侍立해 있다. 좌불 앞에 한 사람이 무릎을 꿇고 손에는 지물持物이 있다.	경문 내용은 구마라집 번역본 『묘법연화경』, 「관세음보문품」에서 묘사한 관세음 '응현신'에 해당한다.

	장면	대응 불경 및 경문
11	산 아래 화개 밑에 붓다가 앉아 계시고, 양쪽에 제자 한 명씩 시립해 있다. 다른 사람들은 붓다의 양옆에 모여 앉았으며, 붓다 앞에는 보살 한 존이 꿇어앉았다.	구마라집 번역본 『묘법연화경』, 「관세음보문품」: "곧 관세음보살이 사부대중과 하늘, 용 등 사람인 듯 아닌 듯한 것들을 불쌍히 여기어 그 영락을 받더니, 둘로 나누어…… 남은 한 몫은 석가모니불께 바쳤다."
12	산림 사이에 탑이 있는데, 탑 왼쪽에는 보살 한 명이 상자 같은 것을 들고 무릎을 꿇고 있다.	구마라집 번역본 『묘법연화경』, 「관세음보문품」: "곧 관세음보살이 사부대중과 하늘, 용 등 사람인 듯 아닌 듯한 것들을 불쌍히 여기어 그 영락을 받더니, 둘로 나누어…… 남은 한 몫은 다보불탑에 바쳤다."

만불사에서 출토된 WSZ48번 석각부조경변도상 하반부의 경전적인 근거는 「관세음보문품」인데, 그렇다면 그 상반부의 장면에 해당하는 원문은 어떤 경전에 근거하였는가? 만불사의 원가 2년명 석각부조경변도상의 최상부, 즉 다리 윗부분에 있는 잔존 도상이 의거한 내용을 요시무라 메쿠미는 아미타불 정토에 관한 것이라고 여겼다. 그가 언급한 아미타불 정토는 한역 「보문품」에는 없지만 범문(산스크리트어) 「보문품」에는 있다. 범문 「보문품」 내용 중에 하늘에 있는 아미타불 정토에 대한 게송偈頌은 다음과 같다. "관자재보살(관세음보살)은 무량광불의 오른쪽이나 왼쪽에 서서 붓다를 우러러 보며, 공허하고 미혹한 모든 국토에서 기다리며 붓다께 향을 바칩니다. 서방에는 청정한 극락세계가 있는데, 그곳이 바로 행복의 광맥鑛脈입니다. 무량광불이 현세의 사람들을 보살피고 있으니, 바로 지금 이곳에 있습니다."[11]

요시무라 메쿠미는 "유송劉宋 원가 2년명 화상畫像은 다리가 중앙에 놓여 있는 것이 아니라 약간 오른쪽으로 치우쳐 있다. 연못에는 연꽃과 잎이 자라고 있고, 또한 용을 닮은 형상도 보인다. 그러나 이 다리는 오른쪽 위를 향하여 있고, 다리 위치는 무기년명 화상(즉 만불사 WSZ48번 석각부조경변도상 상반부)과는 다르지만 「보문품」의 변상에 표현된 사바세계와 연결되어 있기 때문에 '다리'가 지닌 의미는 서로 같다. 즉, 차안此岸에서 피안彼岸에 도달한다는 것을 상징적으로 표현하였다"라고 하였다.[12]

유송시대 원가 2년명 경변도상의 상반부가 심하게 파손되었기 때문에 요시무라 메쿠미가 이 부분 도상에 대한 견해는 다만 추측일 가능성이 높다.

필자는 만불사 WSZ48번 석각부조경변도상의 상반부가 근거한 문헌은 「보문품」 앞에 있는 「묘음보살품妙音菩薩品」(구마라집 번역본)[13]과 더 밀접한 관련이 있는 것으로 생각한다. 그 근거는 다음과 같다.

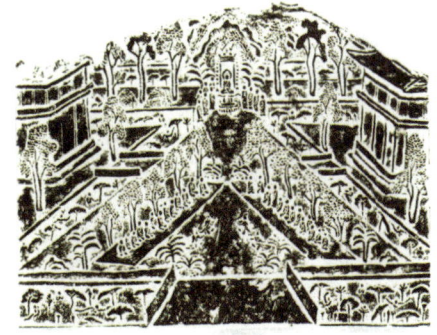

[6-10] 만불사 WSZ48번 조상비 뒷면 경변도상 상반부 탁본 (『四川出土南朝佛敎造像』)

---

11) 吉村怜, 「南朝の法華經普門品變相」, 『佛敎藝術』 162호(1985).
12) 吉村怜, 「南朝の法華經普門品變相」, 『佛敎藝術』 162호(1985).
13) 혹은 「妙吼菩薩品」(축법호 번역본)이라 칭함.

⟨표 6-3⟩ 만불사 wsz48번 부조경변도상 상반부 장면과 대응 경문

장면	대응 불경 및 경문
전반적으로 보여 준 하나의 설법 장면이다. 주존불은 화면 위쪽 중앙에 있고, 양옆에는 많은 제자들이 시립해 있다. 아래쪽은 칠보연꽃이 가득한 연못이 둘러싸고 있다. 연못 둘레에 있는 칠다라수七多羅樹(높이도 높은 다라수의 일곱 배나 더 높은 나무) 아래에는 설법을 듣는 사람들이 두 줄로 앉아 있고, 그 사이에 기악천伎樂天(악기를 연주하는 천인) 두 쌍이 있다. 그리고 연못 외곽 양쪽에는 각각 누대가 설치되어 있다.	구마라집 번역본 『묘법연화경』, 「묘음보살품妙音菩薩品」: "(묘음은) 기사굴산耆闍崛山의 붓다 법좌에서 거리가 멀지 않은 곳에 팔만 사천의 보배스러운 연꽃을 신통력으로 만드니, 염부단금으로 줄기가 되고 백은으로 꽃잎이 되고 금강석으로 꽃술이 되고 루비로 꽃받침이 되었다.…… 이때 묘음보살이 자기 나라를 떠나 팔만사천 보살들과 함께 오니, 지나오는 국토마다 여섯 가지로 진동하고 모두 칠보로 된 연꽃이 비 오듯이 내리며 백천 가지의 하늘 풍악과 북이 저절로 울려 퍼졌다. 이 보살은 눈이 넓고 크기가 푸른 연꽃잎과 같으며 백천만 개의 달을 모아 놓은 것보다도 그 얼굴이 더 단정하며, 몸은 황금빛인데 한량없는 백천의 공덕으로 장엄하여 그 위세와 덕망이 훌륭하고 광명이 찬란하게 비치며, 여러 가지 모습을 다 갖추어 하늘의 장사인 나라연처럼 견고한 몸을 하고 있었다. 칠보로 된 법상에 앉아 허공에 오르니 땅으로부터 그 높이가 칠다라수라. 여러 보살들의 공경을 받으며 둘러싸여서 이 사바세계의 기사굴산으로 왔다."

『묘법연화경』「묘음보살품」은 과거 정화숙왕지불국淨華宿王智佛國의 보살 묘음이 사바세계 석가의 설법지인 기사굴산耆闍崛山에 와서 석가모니불을 봉양한 사실을 주로 기술했다. 묘음은 "8만 4천의 백천 가지 여러 가지 보배 연꽃을 변화로 만드니, 줄기는 염부단금이요, 잎은 백은으로 되었으며, 꽃술은 금강이요, 꽃받침은 견숙가보甄叔迦寶(붉은 빛이 나는 보배)로 되어 있다"면서 기사굴산에 왔다. 게다가 그가 오느라 일으킨 진동에 대해서도 경문에 다음과 같이 기술했다. "칠보로 된 연꽃이 비처럼 내렸으며 백천 가지의 하늘 기악과 북이 저절로 울려 퍼졌다.", "칠보의 좌대에 앉아 허공에 오르니 그 높이가 칠다라수며, 여러 보살 대중이 공경하여 둘러싸여 이 사바세계 기사굴산에 찾아오셨다." 이 중 경문에 언급된 수많은 연화, 기악천, 칠보누각, 칠다라수, 여러 보살들, 기사굴산, 석가불 등이 대거 wsz48번 석각부조경변도상 상반부에 모두 잘 표현되었다.

[6-11] 만불사 wsz49번 경변도상의 6개 장면(費泳 만듦)

따라서 만불사 wsz48번 석각부조경변의 상반부 도상은 『법화경』「묘음품」의 내용을 반영했고, 하반부 도상은 『법화경』「보문품」의 내용을 반영했다고 할 수 있다. 이 두 부분은 『법화경』에서도 전후 서로 연결되어 있다. 도상의 상반부와 하반부 사이에 있는 다리는 『법화경』에서 서열을 포함한 어떤 내재적인 연관성을 나타낸 것일 수도 있다.

만불사 wsz48번 조상비 뒷면의 상·하반부 부조경변도상의 출처는 『법화경』 중의 「묘음보살품」과 「관세음보살보문품」인 것이 확실하다. 그렇다면 이 조상비 앞면에 조각된 2존의 보살입상의 존격은 반드시 재조명할 필요가 있다.[14] 만일 조

---

14) 리위췬(李裕群)은 「성도 지역 출토 남조 불교 석조상 시론(試論成都地區出土的南朝佛敎石造像」, 『文物』 2000년 제2기)에서 이 두 보살을 觀音雙身像으로 해석했다.

상비 뒷면의 경의經義에 따른다면, 역시 묘음보살과 관세음보살 쌍신상雙身像으로 해석할 수 있다. 조성 시기는 6세기 중반에 해당된다.[15]

필자는 만불사 출토 wsz49번 조상비의 앞면과 뒷면 부조경변도상의 내용은 『법화경』에서 나왔고, 구마라집 번역본 『묘법연화경』의 「서품序品」(또는 축법호 번역본 『정법화경』의 「光瑞品」)과 밀접한 관련이 있다고 생각한다. 이 조상비는 앞면이 한 장면, 뒷면은 여섯 장면으로 되어 있는데, 이들 장면을 나열하면 다음과 같다.

〈표 6-4〉 만불사 wsz49번 부조경변도상 앞면, 뒷면 장면 및 대응 경문

	장면	대응 불경 및 경문
조상비 앞면	도상 상반부에서 묘사된 주체는 오봉산이고, 각 봉우리 아래에는 치미鴟尾가 있는 집이 있다. 산중에는 용, 천인, 연꽃 등의 형상이 있다. 집마다 앞에는 제자들이 시립해 있다. 하반부에는 연꽃, 영락, 보주, 천인, 용 등의 형상이 있다.	구마라집 번역본 『묘법연화경』, 「서품」: "이때 세존께서는 둘러앉은 사부대중으로부터 공양과 공경과 존중과 그리고 찬탄을 받으시면서 여러 보살들을 위하여 대승경을 설하셨으니, 그 이름은 『무량의경無量義經』이었다. 보살을 가르치는 법이며, 붓다께서 보호하고 생각하시는 바였다. 붓다께서 이 경을 다 설하신 뒤 가부좌를 결하시고 무량의처삼매에 드시니, 몸과 마음이 흔들리지 아니하였다. 그때 하늘에서는 만다라꽃, 마하만다라꽃, 만수사꽃, 마하만수사꽃을 내려 붓다 위와 대중들에게 흩으며, 넓은 붓다의 세계가 여섯 가지로 진동하였다. 그때 모인 대중 가운데 있던 비구, 비구니, 우바새, 우바이와 하늘, 용, 야차, 건달바, 아수라, 가루라, 긴나라, 마후라가 등 사람인 듯 아닌 듯한 것들과 소왕, 전륜성왕 등 여러 대중들이 전에 없던 일을 만나 환희하여 합장하고 한결같은 마음으로 붓다를 관하였다."
조상비 뒷면 1	중심부에 위치한 산 아래에 설법 장면이 있다. 그 양쪽에 중심을 향해 있는 설법 장면이 각각 배치되어 있다.	구마라집 번역본 『묘법연화경』, 「서품」: "그때 붓다께서는 미간의 백호상광白毫相光을 나투어 동방의 1만 8천의 세계를 비추시니 두루 미치지 않은 곳이 없었으며,…… 또 저 세계에 계신 붓다들을 볼 수 있었으며, 여러 붓다들께서 설하시는 경법經法을 들을 수 있었다."
조상비 뒷면 2	산속에는 치미가 있는 집을 둘러싼 연못이 있고, 연못에는 연꽃이 자라고 있다.	구마라집 번역본 『묘법연화경』, 「서품」: "위로는 아가니타천阿迦膩吒天에까지 이르렀다."[16]
조상비 뒷면 3	정#자 형태로 나누어진 밭에는 네 사람이 바쁘게 농사를 짓고 있다.	구마라집 번역본 『묘법연화경』, 「서품」: "이 세계에서 저 세계의 여섯 중생들을 다 볼 수 있으시다."

---

15) 기존의 사천 지역의 남조 불상을 보면 약 6세기 중반부터 쌍신상으로 표현되기 시작했다. 예를 들면, 중경 중국삼협박물관의 대동 6년명(540) 쌍불상, 성도 서안로에서 출토된 대동 11년(545) 張元이 만든 석가다보상, 사천박물원 소장 태청 3년(549) 丁文亂이 만든 석가쌍신상 등이다. 한편 보살쌍신상의 협시보살이 쓴 높은 보관은 만불사에서 출토된 양 중대동 3년(548) 法愛가 만든 관세음상 주존과 유사하다. 즉 다시 말하자면 6세기 중반을 전후하여 성도 지역의 보살들에게 높은 보관이 널리 유행하였다.

16) 아가니타천이란, 後秦 佛陀耶舍와 竺佛念이 공동으로 번역한 번역서 『佛說長阿含經』 권20에 있는 色界의 최고층 하늘을 말한다. "붓다께서 비구들에게 말씀하셨다. 욕계의 중생에는 열두 종류가 있다. 어떤 것이 열두 종류인가? 첫 번째 지옥, 두 번째 축생, 세 번째 아귀, 네 번째 사람, 다섯 번째 아수륜, 여섯 번째 사천왕, 일곱 번째 도리천, 여덟 번째 염마천, 아홉 번째 도솔천, 열 번째 화자재천, 열한 번째 타화자재천, 열두 번째 마천이다. 색계의 중생에는 스물두 종류가 있다. 어떤 것이 스물두 종류인가? 첫 번째 범신천, 두 번째 범보천, 세 번째 범중천, 네 번째 대범천, 다섯 번째 광천, 여섯 번째 소광천, 일곱 번째 무량광천, 여덟 번째 광음천, 아홉 번째 정천, 열 번째 소정천, 열한 번째 무량정천, 열두 번째 변정천, 열세 번째 엄식천, 열네 번째 소엄식천, 열다섯 번째 무량엄식천, 열여섯 번째 엄식과실천, 열일곱 번째 무상천, 열여덟 번째 무조천, 열아홉 번째 무열천, 스무 번째 선견천, 스물한 번째 대선견천, 스물두 번째 아가니타천이다. 무색계의 중생에는 네 종류가 있다. 어떤 것이 네 종류인가? 첫 번째 공지천, 두 번째 식지천, 세 번째 무소유지천, 네 번째 유상무상지천이다."(『大正藏』 제01冊, No.0001)

장면		대응 불경 및 경문
조상비 뒷면 4	화개 아래에는 붓다(혹은 보살)가 서 있고, 좌우 양 옆에는 여러 명의 협시제자들이 있으며, 붓다 앞에 한 사람이 꿇어 앉아 절을 하는 모습을 하고 있다.	구마라집 번역본 『묘법연화경』, 「서품」: "아울러 그 여러 비구, 비구니, 우바새, 우바이들이 여러 가지 수행으로 깨달음을 얻는 자를 볼 수 있었다. 여러 보살마하살들이 가지가지 인연과 가지가지 믿음과 가지가지 모습으로 보살도를 행하는 것을 볼 수 있었다."
조상비 뒷면 5	세 사람이 두 개의 비석이 세워진 무덤 앞에 서 있다.	구마라집 번역본 『묘법연화경』, 「서품」: "여러 붓다들께서 반열반般涅槃에 드시는 것을 볼 수 있었다."
조상비 뒷면 6	보탑 안에는 교각좌의 주존이 있고, 양쪽에는 많은 협시들이 시립해 있다.	구마라집 번역본 『묘법연화경』, 「서품」: "여러 붓다들께서 반열반에 드신 뒤에 그 붓다의 사리로 칠보탑을 세우는 것도 볼 수 있었다. 그때 미륵보살은 이런 생각을 하였다. '지금 세존께서 신변상神變相을 나타내시니.'"

만불사 WSZ49번 석각부조 경변도상의 앞면과 뒷면 장면은 『법화경』 「서품」(구마라집 번역본) 혹은 「광서품」(축법호 번역본)으로 칭해지는 책에서 석가불이 산속에서 설법하고 중생을 은혜롭게 하여 많은 서상瑞相을 만들어 낸 경문과 부합한다. 구마라집 번역본 『묘법연화경』 「서품」에는 다음과 같은 내용이 있다.

이때 세존[17]께서는 둘러앉은 사부대중[18]으로부터 공양과 공경과 존중과 그리고 찬탄을 받으시면서 여러 보살들을 위하여 대승경을 설하셨으니, 그 이름은 『무량의경』이었다. 보살을 가르치는 법이며, 붓다께서 보호하고 생각하시는 바였다. 붓다께서 이 경을 다 설하신 뒤 가부좌를 결하시고 무량의처삼매無量義處三昧에 드시니, 몸과 마음이 흔들리지 아니하였다. 그때 하늘에서는 만다라꽃, 마하만다라꽃, 만수사꽃, 마하만수사꽃을 내려 붓다 위와 대중들에게 흩으며, 넓은 붓다의 세계가 여섯 가지로 진동[19]하였다. 그때 모인 대중 가운데 있던 비구, 비구니, 우바새, 우바이와 하늘, 용, 야차, 건달바, 아수라, 가루라, 긴나라, 마후라가[20] 등 사람인 듯 아닌 듯한 것들과 소왕, 전륜성왕[21] 등 모든 대중들이 전에 없던 일을 만나 환희하여 합장하고 한결같은 마음으로 붓다를 뵈었다. 그때 붓다께서는 미간의 백호상[22]으로 광명을 놓으시어 동방의 1만 8천의 세계를 비추시니, 두루하지 않은 데가 없어 아래로는 아비지옥[23]과 위로는 아가니타천에까지 이르렀다. 이 세계에서 저 세계의 여섯 가지 중생들을 다 볼 수 있고, 또 저 세계에 계신 붓다들을 볼 수 있었으며, 여러 붓다들께서 설하시는 경법(붓다의 가르침)을 들을 수 있었고, 아울러 그 여러 비구, 비구니, 우바새, 우바이들이 여러 가지 수행으로 도를 얻는 것을 볼 수 있었고, 여러 보살마하살들이 가지가지 인연과 가지가지 믿음과 가지가지 모습으로 보살의 도를 행하는 것을 볼 수 있었

---

17) 역자 주: 世尊은 붓다를 지칭하는 열 가지 이름 중의 하나다. 붓다는 세간을 이롭게 하고 세상의 존경을 받으므로 이렇게 부른다.
18) 역자 주: 四部衆이라고도 한다. 출가 승려인 비구, 비구니와 재가의 남자 신자인 優婆塞, 재가의 여자 신자인 優婆夷를 말한다.
19) 역자 주: 세간에 상서로운 조짐이 있을 때 대지가 진동하는 여섯 가지 모양. ① 動: 한쪽으로 움직이는 것 ② 起: 아래에서 위로 흔들려 올라오는 것 ③ 涌: 솟아오르고 꺼져 내려가고 하는 것 ④ 震: 은은히 소리 나는 것 ⑤ 吼: 쾅 하고 소리를 내는 것 ⑥ 覺 또는 擊: 큰소리로 깨닫게 하는 것. 앞의 세 가지는 모양이 변하는 것이고, 뒤의 세 가지는 소리가 변하는 것이다.
20) 역자 주: 摩睺羅伽: 머리는 뱀 같고 몸은 사람과 같다. 용의 무리에 딸린 음악의 신을 말한다.
21) 역자 주: 轉輪聖王: 輪王 또는 轉輪王이라고도 한다. 하늘로부터 받은 전지전능한 보배 바퀴(輪寶)를 굴려 수미산의 4주를 다스리는 대왕이다.
22) 역자 주: 白毫相이란 32相의 하나로 붓다의 두 눈썹 사이에 난 흰 털 덩어리이다. 오른쪽으로 감겨져 있으며, 끊임없이 광명을 발한다고 한다.
23) 역자 주: 阿鼻地獄: 無間地獄이라고도 한다. 팔열지옥 중 가장 밑에 있는 지옥이다.

고, 여러 붓다들께서 반열반[24]에 드시는 것을 볼 수 있었고, 여러 붓다들께서 반열반에 드신 뒤에 그 붓다의 사리로 칠보탑을 세우는 것도 볼 수 있었다. 그때 미륵보살은 이렇게 생각하였다. '지금 세존께서 서상을 나타내시니, 무슨 인연으로 이런 상서를 일으키시는 것일까?'

지금까지 만불사에서 출토된 3개의 조상비 부조경변도상의 함의에 대한 해석을 통해 성도 지역의 남조 불교조상의 내용과 표현 형식에 대해 보다 많은 이해를 얻을 수 있었다.

2) 세련된 경변화 표현 형식

상술한 조상비 뒷면의 경변도상 3존은 불경에서 서로 다른 내용의 장면을 한 폭의 화면에 옮겨 놓은 것으로, 중국에서 현존하는 최초의 법화경변화法華經變畫이기도 하며 당시 중국의 불교도상의 표현 형식과 내용 면에서 세련미를 갖추고 있다.

이와 유사한 경변화 표현 형식이 막고굴에도 있는데, 막고굴 벽화는 수隋대에 이르러서야 나타났다. 수대 이전의 막고굴 벽화는 주로 천불千佛이나 불전 이야기, 본생 이야기, 인연 이야기 등 그림책 형식으로 표현된 이야기였다. 또한 북위 말기에는 동왕공, 서왕모, 복희, 여와, 청룡, 백호 등과 같은 일부 중국 전통 신화 내용들이 등장했으며, 수대에 이르러서야 막고굴에 비로

[6-12] 막고굴 420굴 천장 동쪽 법화경변풍난도(法華經變風難圖)
(『中國敦煌壁畫全集 4』)

소 하나 혹은 많은 경전이 한 폭으로 그려진 경변화가 등장했다.[25] 운강석굴 1기(460~465) 조상 가운데 부조도상은 주로 천불이었고[26], 2기(465~494) 조상에 본생 이야기와 『법화』, 『유마』 두 경전의 경변도상이 나타나기 시작했다.[27]

단지 『법화경』의 표현만으로 볼 때, 막고굴에서도 수대에 이르러서야 비로소 나타나는데, 요시무라 메쿠미는 수대에 조성된 막고굴 제420굴에서는 만불사 원가 2년명 부조경변도상과 유사한 그림의 구도를 발견하였고, 그리고 한발 더 나아가 인도의 아우랑가바드(Aurangabad)석굴에서 관음구세도觀音救世圖의 부분을 찾았으며, 더 나아가 관음구세도가 고대 인도에서 시작된 것 5세기 이전으로 거슬러 올라갈 수 있다고 보았다.[28]

---

24) 역자 주: 般涅槃은 범어 parinirvāṇa를 음사한 것으로, 入滅, 滅度, 圓寂이라 번역한다. 완전한 열반, 붓다의 죽음이다.
25) 段文傑, 「敦煌壁畫槪述」, 『段文傑敦煌藝術論文集』(甘肅人民出版社, 1994년판), 42~63쪽.
26) 宿白, 「雲崗石窟分期試論」, 『考古學報』 1978년 제1기; 賀世哲, 「關於北朝石窟千佛圖像諸問題」, 『敦煌硏究』 1989년 제3기.
27) 宿白, 「雲崗石窟分期試論」, 『考古學報』 1978년 제1기.
28) 吉村怜, 「南朝の法華經普門品變相」, 『佛敎藝術』 162호(1985), 주17.

또 다른 주목할 만한 현상은 만불사에서 출토된 송 원가 2년명 석각부조경변도상 우측의 불전 이야기 속에 위에서 두 번째 칸에 있는 "천인과 태자"에 "왼손은 땅을 가리키고, 오른손은 하늘을 가리키며, 발밑에는 연꽃이 있는"[29] 아기 모습의 탄생불이 등장했다는 점이다. 불상의 이러한 표현 양식은 해동 지역에서 흔히 볼 수 있지만, 고대 인도 불상에서는 찾아볼 수 없고 게다가 현존하는 육조 불상에서도 극히 드문데, 만불사에서 출토된 송 원가 2년명 경변도상에는 제작 연도가 명확한 가장 이른 시기의 '탄생불'이 보존되어 있다.

『불본행집경佛本行集經』:
대사여, 동자가 처음 났을 때 천인의 부축을 받아 땅 위에 서서 사방으로 각각 일곱 걸음씩 걸어갔는데 밟는 곳마다 연꽃이 생겼습니다. 사방을 돌아보면서 눈도 감지도 않고 두려워하지도 놀라지도 않고 동쪽에 서서 다른 아이들처럼 울지도 않았으며 또렷한 목소리에 바른 어조로 이렇게 말했습니다. "일체 세간에 오직 나만이 존엄하구나."[30]

『근본설일체유부비나야잡사根本說一切有部毗奈耶雜事』:
보살이 태어났을 때 제석帝釋이 친히 자기 손으로 받들어서 연꽃 위에 놓으니, 붙들어 모시지 않아도 발로 일곱 송이의 꽃을 밟고 일곱 걸음을 걸었습니다. 그러고는 사방을 둘러보고 손으로 위와 아래를 가리키면서 이렇게 말했습니다. "이것이 곧 나의 마지막 생신生身이다. 하늘 위에도 하늘 밑에도 오직 나만이 존엄하다."[31]

3) 불교 경변화에 응용된 중국 회화 중의 산수와 나무

송 원가 2년명 작품과 만불사의 다른 두 경변도상 간의 도식적 유사성으로 볼 때, 이러한 종류의 경변화는 이미 비교적 안정적이고 성숙한 단계에 접어들었다. 주로 경전에 묘사된 다양한 장면들이 산수와 나무를 통해 서로 연계되어 완전한 그림을 형성하는 데 반영되었다. 그중 산수와 나무 같은 중요한 조형 요소는 모두 동진과 진송晉宋 시기 남방 건강의 비非불교 내용의 회화나 묘실 벽화에서 흔히 볼 수 있는 형식이었다. 예를 들어 고개지의 「낙신부도」, 「여사잠도」의 「도망융이불살道罔隆而不殺」(도는 융성하지 않을 뿐 사라지지는 않는다. 앞 그림 2-19), 남경 서선교西善橋 궁산宮山 진송晉宋 묘묘의 화상전 「죽림칠현과 영계기」에서 만불사 부조 경변화와 유사하면서도 도식화가 매우 강한 산수와 수목 도상을 모두 볼 수 있다. 이 요소들은 이후 불교적 내용에 많이 녹아들었다.

지적해야 할 점은 현존하는 고개지 작품 중 산수의 형태는 대부분 평원平遠 구도로 어느 정도 사실성이 있는 반면, 원가 2년명 작품의 산수 모습은 경문 표현의 필요에 따라 다층적이고 임의적으로 조합되어 있어서 주관적인 사의성寫意性[32]이 더 강하다는 것이다. 이는 고개지 작품과 비교하여 산수 구도가 한층 더

---

29) 四川博物院 等 編著, 『四川出土南朝佛教造像』(中華書局, 2013년판), 115~116쪽.
30) 『大正藏』第03冊, No.0190.
31) 『大正藏』第24冊, No.1451.
32) 역자 주: 외형의 단순한 재현이나 형식의 답습이 아니라 대상물이 자라고 성장하는 자연의 이치와 조화의 정신을 깊이 생각하면서 느껴진 자신의 감정과 마음의 정서와 뜻을 표출하는 것을 寫意性이라 한다.

발전했다는 것에 의심할 여지가 없게 한다.

만불사에서 출토된 원가 2년명(425) 조상비는 중국에서 현존하는 제작 연도가 명확한 최초의 작품이고, 또한 경문의 다른 내용과 장면을 하나의 화폭에 배치한 경변화이기도 하며, 동시에 중국 회화의 산수와 나무의 그림 구도를 불교예술에 도입한 최초의 작품이기도 하다.

4) 시무외인, 여원인과 『법화경』「보문품」

『법화경』「보문품」에 관세음의 법력에 대해 다음과 같이 귀납적으로 기술되었다. "무진의야! 이 관세음보살은 이러한 공덕을 성취하여 많은 형상으로 여러 국토에 다니며, 중생을 제도하여 해탈케 하느니라. 그러므로 너희들은 일심으로 관세음보살을 봉양할지니라. 이 관세음보살 마하살이 두렵고 급한 환난 가운데 능히 두려움을 없애 주므로, 이 사바세계에서는 모두 일컬어 '두려움을 없게 해 주는 이'(施無畏者)라고 하느니라."[33]

이 경문은 관세음보살을 신봉하고 공양하면, 관세음보살은 "두렵고 급한 환난 때에 능히 두려움을 없애 줄 수 있을" 뿐만 아니라 "중생들을 제도하여 해탈에 이를 수 있도록 할 수 있으며", 아울러 여기서 관세음이 "시무외자"로 명명된다는 것을 나타낸다.

5세기 말 또는 그 이전에 남방 불상에서 '수골청상'의 모습과 '포의박대식' 착의법의 특징이 수반되는 동시에 불과 보살의 수인은 왼손으로 여원인與願印을, 오른손으로 시무외인을 취한 조합이 많이 나타났다.

시무외인은 사천에서 동한 시기의 불상에 이미 나타났다. 예를 들면 풍도豐都에서 출토된 한 연광延光 4년명(125) 불상, 낙산 마호麻浩의 동한 시기 애묘崖墓 문미門楣(창문 위에 가로 댄 나무)에 있는 불좌상, 팽산彭山 협강

[6-13~14] 육조박물관 소장 덕기광장 출토 남조 보살상(費泳 그림)

[6-15] 만불사 출토 양 중대동 3년(548) 관음조상(『中國古代雕塑』)

---

33) 『大正藏』第09冊, No.0262.

夾江의 동한 시기 애묘에서 출토된 요전수搖錢樹 좌대의 불좌상 등은 모두 오른손은 시무외인을 하고 왼손은 옷자락을 잡고 있다. 왼손에 옷자락을 잡는 것은 율전律典의 규제規制에 따른 것이다.[34] 현존하는 자료들은 5세기 말 성행했던 '수골청상'과 '포의박대식' 불상은 대부분은 오른손은 시무외인을 했지만 왼손은 '여원인'으로 변했다는 것을 알려 준다. 원래 왼손에 쥐어야 할 옷자락이 왼쪽 팔 앞까지 드리워진 것은 율전 규제에 어긋난 가사 착의 방식이었다.[35] 이 방식이 5세기 말에 대유행하게 되었다.

남경 육조박물관에 소장된 것으로 덕기광장에서 출토된 남조 금동보살상과 만불사에서 출토된 양 중대동 3년(548)의 관세음조상감 등에서도 볼 수 있듯이, 불상 외에도 건강 및 성도 지역의 보살 표현에서도 이런 형태의 수인이 유행하였다. 이처럼 왼손으로 여원인, 오른손으로 시무외인을 결한 주존이 대규모로 유행한 것이 남방에서 『법화경』「보문품」을 깊이 믿었던 것과 관계가 있는 것인가? 관세음의 '시무외'와 '중생을 제도하여 해탈하게 한다'는 것이 이러한 수인이 성행하는 이론적인 기초가 된 것은 아닌가?

5) 반가부좌와 교각좌의 보살

만불사에서 출토된 원가 2년명 부조경변도상에는 반가부좌를 하고 머리에 두광이 장식된 존자상(요시무라 메쿠미가 언급한 제9 장면 중의 주존)이 등장한다. 반가부좌는 남방 장강 유역의 초기 불상에서 볼 수 있는데, 예를 들어 3, 4세기의 불상기봉경佛像夔鳳鏡, 화문대불수경畫紋帶佛獸鏡, 혼병魂瓶 등에 이미 반가부좌상이 나타난 바 있다. 이런 자세는 간다라 불상에서는 싯다르타와 마왕魔王에 사용되었고, 마투라에서는 관음보살에 사용되었지만, 중국에 전래된 이후 도상의 성격이 통일되지 않았다. 요시무라 메쿠미의 해석에 의하면 원가 2년명 부조경변도상에 나타난 반가부좌상은 관세음 '응현신'의 한 형식이라고 한다. 명확하다고 할 수 있는 것은 한지漢地 불교조상 중의 반가부좌상이 최초로 남방 장강 유역에 나타났고, 남조 초기까지도 지속되었다는 점이다.

만불사에서 출토된 WSZ49번 조상비 뒷면의 부조경변도상 중 필자가 구분한 제6 장면에서는 주존이 교각 자세를 취했다. 이는 불탑에 나타난 교각보살상으로, 경전을 보면 열반을 상징하는 과거불의 칠보탑에 출현한 미래불인 미륵보살을 표현한 것으로 보인다. 또한 성도 서안로에서 출토된 것으로, 제

[6-16] 성도 서안로 출토 제 영명 8년(490) 조상 뒷면(『四川出土南朝佛敎造像』)

[6-17] 성도 상업가 출토 제 건무 2년(495) 조각상 뒷면 탁본 (『四川出土南朝佛敎造像』)

---

34) 費泳, 「佛像袈裟的披著方式與"象鼻相"問題」, 『敦煌硏究』 2008년 제2기.
35) 費泳, 「佛像袈裟的披著方式與"象鼻相"問題」, 『敦煌硏究』 2008년 제2기.

영명 8년(490)에 승려 법해法海가 만든 배병식 미륵상은 앞면에 미륵불좌상이, 뒷면에 미륵보살교각상이 부조되어 있다. 성도 상업가에서는 제 건무 2년(495)에 승려 법명法明이 만든 조상이 출토되었는데, 앞면에는 관세음성불상, 뒷면에는 미륵보살교각상이 있다. 교각보살은 간다라 지역에서는 대략 3세기에 보이는데, 중국 남방에서 만든 미륵보살은 문헌 기록상 『법원주림』 권16 「감응연感應緣」에서 보인다.

> 대규戴逵의 둘째 아들 옹顒의 자는 중약仲若이다. …… 대규가 불상을 만들 때마다 항상 참여하였다. 제양濟陽의 강이江夷는 젊어서부터 옹과 친한 벗이었다. 강이는 대옹에게 관세음상을 만들어 줄 것을 부탁한다. 힘과 마음을 다하여 아주 아름답게 만들려고 하였으나 상호相互(붓다 모습)가 원만하지 않아 여러 해를 넘겨도 이루지 못했다. 후에 (대규의) 꿈에 어떤 사람이 "강이는 관세음보살과 인연이 없다. 미륵보살로 고치는 것이 좋다"고 말했다. 대규는 곧 하던 일을 멈추고 편지를 써서 이 사실을 강이에게 알렸다. 편지를 띄우기 전에 강이의 편지가 먼저 왔다. 그도 그날 밤에 그런 꿈을 꾸었다 하였으니 서로 말이 일치하였다. 대규는 신의 감응을 기뻐하면서 미륵으로 고치기에 착수하였다. 손을 대자 곧 묘하게 이루어져 그다지 마음을 쓰지 않아도 빛나는 얼굴이 원만하여 얼마 안 되어 다 마쳤다. 친구들은 찬양하면서 모두 인연이 어긋나지 않음을 깨달았다. 이 불상은 오래도록 회계會稽의 용화사龍華寺에 있었다.

대옹이 제양의 강이가 만들어 주길 부탁한 관세음을 미륵보살로 개작했다는 기록을 실물로 보면, 만불사에서 원가 2년명 조상비의 조성 시기와 비슷한 WSZ49번 부조경변도상에 나타난 미륵보살이 있다. 조성 시기로 보면, 남방에서 미륵보살상이 출현한 시기는 북량석탑北涼石塔이나 운강, 막고굴보다 늦지 않은 것으로 보인다.[36]

2. 법의 양식의 변화

1) '포의박대식'에서 '변화된 포의박대식'으로의 전환

성도 지역의 남조 불상의 법의 양식은 실물 자료에서 볼 수 있듯이 '포의박대식'에서 '변화된 포의박대식'으로 바뀌었다. 즉 소제蕭齊 연간의 법의는 '포의박대식'이었지만, 소량蕭梁 이후부터는 '포의박대식'이 '변화된 포의박대식'으로 바뀌었다. 그럼에도 불구하고 '포의박대식' 법의는 소량 이후에도 계속되었다.

성도 지역의 현존하는 초기의 '포의박대식' 불상은 서안로에서 출토된 것으로 제 영명 8년(490)에 승려

---

36) 현존하는 涼州 최초의 기년불탑은 北涼 承玄 원년(428) 高善穆石塔이다. 王毅, 「北涼石塔」, 『文物資料叢刊』 제1기(1977); 殷光明, 「北涼石塔分期試論」, 『敦煌研究』 1997년 제3기 참고. 운강석굴에서도 '교각미륵보살'이 출현했는데, 그것은 1기(대략 460~465)의 제17굴 주존이다. 宿白, 「雲崗石窟分期試論」, 『考古學報』 1978년 제1기 참고. 막고굴에서도 '교각보살'이 나타나는데, 제275굴 주존에서 보인다. 하지만 이 굴의 발생 시기에 대해서는 학계에서 이견이 있다. 발생 시기는 대체적으로 '북량설'과 '북조설'로 나뉜다. 다음은 '북량설'을 지지하는 학자들이다. 樊錦詩 等, 「敦煌莫高窟北朝洞窟의 分期」, 『中國石窟·敦煌莫高窟 1』; 段文傑, 「八十年代的敦煌石窟研究」, 『中國文博報』 제40기(1988.10.7); 馬德, 『敦煌莫高窟史研究』. 다음은 '북조설'을 지지하는 학자들이다. 宿白, 「莫高窟現存早期洞窟的年代問題」, 『中國文化研究所學報』 제20권(1989); 黃文昆, 「十六國的石窟寺與敦煌石窟藝術」, 『文物』 1992년 제5기. 필자 역시 '북조설'을 지지한다. 費泳, 『中國佛教藝術中的佛衣樣式研究』(中華書局, 2012년판), 206~209쪽 참고.

법해가 만든 미륵불상(앞 그림 4-10), 상업가에서 출토된 것으로 제 건무 2년(495)에 승려 법명이 만든 관세음성불상(앞 그림 5-16)이 있다. 이 밖에 성도 북서부 무문茂汶에서 출토된 제 영명 원년(483)에 승려 현숭玄嵩이 만든 조상비 앞면의 2존 불상(앞 그림 2-5)은 이러한 생각에 보탬이 된다.

필자는 성도와 무문 지역의 소제 연간 '포의박대식' 법의의 특징을 다음과 같이 요약했다.[37] 불상의 흉복부에 띠로 매듭하였고, 가사 오른쪽 옷자락을 왼쪽 팔뚝에 걸쳤으며, 불좌상의 경우 가사 자락이 대좌를 덮은 상현좌이다. 불상의 양손 아래쪽에는 뾰족한 물건을 늘어뜨린 것이 나타나며, 법의는 가사, 승기지僧祇支, 치마 등으로 구성되어 있다.

소량 이후 성도 지역의 '변화된 포의박대식' 불상은 양 중대통 원년(529)에 파양鄱陽 왕세자가 만든 조상과 양 대동 11년(545)에 장원張元이 만든 석가다보상 등이 있다.

이 외에 중대통 원년 조상과 유사한 것은 만불사 wsz10번 무기년 입불, 만불사 wsz6번, wsz4번, wsz3번, wzs2번[38], 그리고 대동 11년 존상과 같은 서안로에서 출토된 H1:6번의 삼존불상 중 주존 왼쪽의 불좌상(앞 그림 5-89)이다.[39]

'변화된 포의박대식'이 '포의박대식'과 가장 크게 구별되는 점은 '포의박대식'에서 왼쪽 팔뚝에 걸쳐진 가사 오른쪽 옷자락을 왼쪽 팔과 함께 위로 올려 왼쪽 어깨까지 걸쳐 목깃이 U자형을 이루어 외관상 인도의 통견식 법의와 유사하다는 점이다.

[6-18] 만불사 출토 양 중대통 원년(529) 조상
(『中國寺觀雕塑全集 1』)

[6-19] 성도 서안로 출토 양 대동 11년(545) 석가다보조상(費泳 촬영)

[6-20] 만불사 wsz10번 입상
(『四川出土南朝佛敎造像』)

---

37) 費泳, 「佛衣樣式中的"褒衣博帶式"及其在南方的演繹」, 『故宮博物院院刊』 2009년 2기.
38) 만불사 wsz6번, wsz4번, wsz3번, wzs2번 불상은 四川博物院 等 編著, 『四川出土南朝佛敎造像』(中華書局, 2013년판), 도판5, 4, 3, 2 참고.
39) 서안로 출토 번호 H1:6의 삼좌불은 四川博物院 等 編著, 『四川出土南朝佛敎造像』(中華書局, 2013년판), 도판58-1 참고.

'변화된 포의박대식'과 '통견식'이 다른 점은 통견식의 가사 오른쪽 옷자락을 율전 규제에 따라 왼쪽 어깨까지만 걸치고 왼쪽 팔에는 미치지 않는다는 점이다. '변화된 포의박대식'은 중국 사람들이 '포의박대식'에 기초를 두고 변화시킨 것으로, 일부 불상은 이전의 승기지나 띠장식을 여전히 가지고 있다.[40]

2) 성도 지역 남조 불상에 유입된 '중국식 편단우견'

양주涼州, 농우隴右 지역에서 비교적 이른 시기에 보이는 '중국식 편단우견' 법의는 대략 6세기 중반에 성도 지역에 전해졌다. 소량 시기 성도 불상의 착의 양식은 독보적인 '중국식 편단우견'이 나타났을 뿐만 아니라 '중국식 편단우견'과 '포의박대식'이 겹쳐 입은 형식이 나타나는데, 전자는 사천대학박물관에 소장된 것으로, 양 태청 3년(549)에 정문란丁文亂이 만든 석가 쌍신상 중 왼쪽에 있는 불좌상과 같은 것

[6-21] 사천대학박물관 소장 양 태청 3년(549) 조상 (『四川出土南朝佛敎造像』)
[6-22] 만불사 wsz13번 좌불 (『四川出土南朝佛敎造像』)

이고, 후자는 만불사 wsz13번, wsz47번 주존[41]과 같은 것이다.

'중국식 편단우견'과 '포의박대식'을 겹쳐 입은 불상 가운데 이른 시기에 해당하는 불상의 예는 선무宣武 말년부터 희평熙平 초년 사이에 건립된 용문석굴龍門石窟 빈양중동賓陽中洞의 주존이다.[42] 성도 지역에 6세기 중반쯤 나타난 '중국식 편단우견' 법의는 북방에서 전래된 것임이 분명하다.

3. 성도 지역 '포의박대식' 법의의 연원

'포의박대식' 법의의 원류와 관련하여 '북위설北魏說' 또는 '남조설南朝說' 두 가지가 있지만[43], 성도 지역의

---

40) 費泳, 「佛像袈裟的披著方式與"象鼻相"問題」, 『敦煌硏究』 2008년 제2기; 費泳, 「佛衣樣式中的"褒衣博帶式"及其在南北方的演繹」, 『故宮博物院院刊』 2009년 2기.
41) 이 좌불상 2존의 조형적 특징은 만불사에서 출토된 양 대동 3년(537)에 侯朗이 만든 입불과 비슷하므로 발생 시간은 서로 비슷할 것이다.
42) 빈양중동의 연대 결정에 대해서 宮大中의 『龍門石窟藝術』(增訂本), 162~255쪽을 참고하면 된다. 溫玉成, 「龍門北朝小龕的類型, 分期與洞窟排年」; 宿白, 「洛陽地區北朝石窟的初步考察」; 李文生, 「龍門石窟北朝主要洞窟總敘」 등 논문 세 편은 『中國石窟·龍門石窟 1』에 수록되어 있다.
43) 나가히로 도시오(長廣敏雄)는 「佛像の服制」(『大同石佛藝術論』, 高桐書院, 1946)에서, 운강 제16, 5, 6굴에서 나타난 '포의박대식' 법의(나가히로는 글 중에서 '북위식복제'라 칭함)는 황제의 면류관과 의복(冕服)을 모방한 결과물이고, 그 결과물은 孝文帝의 복제 개혁과 관계가 밀접하다고 했다. 고스기 가즈오(小杉一雄)는 「裳懸座考」(『佛敎藝術』 5호, 1949)에서 '포의박대식'(고스기는 글 중에서 '면복식 법의'[冕服式佛衣]라 칭함)은 인도의 법의를 깊이 연구한 후 창조해 낸 일종의 冕服(고대 고관들의 예복)과 유사한 가사 착의법으로 이는 결코 간단한 모방이 아니라고 했다. 그리고 그 발명지는 운강일 것이라고도 했다. 양홍(楊泓)은 「試論南北朝前期佛像服飾的主要變化」(『考古』 1963년 제6기)에서 '포의박대식' 법의가 북위에서 출현한 것은 남조에서 모방한 것이라고 보았다. 요

'포의박대식' 법의에 대해서는 대부분의 학자들이 건강에 그 기원을 두고 있다고 본다.[44] 현존하는 최초의 '포의박대식' 기년상은 무문에서 나왔고, 게다가 이곳은 성도에서 서역西域에 이르는 중요한 길목인 민강岷江 상류에 위치하고 있으므로 성도, 무문의 '포의박대식' 법의의 형성은 양주涼州, 농서隴西, 장안長安 불교조상의 영향을 받았다는 견해가 있다. 그래서 야마나 신세이(山名伸生)는 「토욕혼과 청두의 불상」에서 다음과 같이 언급했다.[45]

중국식 복제의 기본 특징은 가사의 끝자락이 왼쪽 어깨에 둘러지지 않고 왼쪽 앞팔에 걸쳐 옆으로 늘어뜨려져 있다는 점이다. 통견의 반대쪽 하나의 옷자락은 몸 왼쪽을 따라 늘어져 내의가 보인다. 그러나 옷자락이 몸의 왼쪽 측면에 드리워져 있는 점은 실제로 편단우견 불상 즉 병령사석굴 제169굴 북벽 6호의 무량수불좌상(건흥 원년 420)과 서안 북부 휘耀현에서 발견된 시광始光 원년명(424) 위문랑조상비魏文朗造像碑의 불좌상에서 일찍이 볼 수 있다. 그 조성 연대는 아마도 약간 이후라고 생각되는 서역의 쿰투라와 심심석굴도 동일한 형식을 지니고 있다. 이들 불상들의 특징은 옷자락을 왼쪽으로 늘어뜨리고 가사가 오른쪽 어깨부터 오른쪽 손목 바깥쪽까지 덮고 있으며 열린 가슴과 배에 내의를 입었다는 점이다. 이런 형식도 중국식 복제의 전기 단계로 볼 수 있는데, 만일 오른쪽 손목을 가사 아래에 두고 손가락을 편 채 앞쪽을 향하면 중국식 복제로 넘어갈 수 있다. 이 단계에 있는 것이 맥적산 제114호 정벽의 불좌상이다. 이 불상은 왼쪽 앞팔의 옷단을 손에 쥐고 가슴에는 내의의 좌우 옷자락을 여미고 있다. 옷 주름은 조밀한 서역 양식으로, 발이 드러나고 말단이 앞으로 처지지 않았지만 분명히 형식적으로 변했음을 확인할 수 있다. 이와 비슷한 제115호 정벽의 불좌상(편단우견)의 대좌 앞에는 경명 3년(502)의 묵서墨書가 있는데, 석굴 구조나 불상 자체의 양식으로 미루어 보아 중수 명문으로 보이며, 조성 연대는 적어도 5세기 후반으로 거슬러 올라가는데, 이 시기는 운강석굴 전기前期에 대비할 수 있다.

야마나는 한발 더 나아가 다음의 견해도 가졌다.

불상 복제의 중국화는 주로 양주, 농서, 장안 주변에서 5세기를 지나면서 천천히 변하였다. 그 원류는 운강석굴에 있으며, 그리고 장인匠人들이 이주하면서 영향을 받았는데, 대략 운강석굴 (담요)5굴을 개착한 후, 여러 곳을 거쳐 다른 형식으로 발전하였다. 운강 불상은 발끝을 드러내고 상현의 대좌 윗부분이 중앙에서 밖으로 부채꼴로 처져 있다. 한편 양주, 농서의 불상은 무릎이 노출되었으며, 그 부분을 큰 가사로 덮고 직접 아래로 늘어뜨린 형식으로 설계되어 있다. 그러나 양주 주변에서는 영명 원년명 불상이 가슴에 매듭을 지은 것을 앞선 예라고 할 수 없다. 그것은 운강 5굴 불상의 영향을 받았다고 말할 수 있으며, 장안 주변과 같은 두 지역을 연결해 주는 곳의 영향을 받았다고 말할 수가 없다.

시무라 메쿠미(吉村怜)는 「龍門樣式南朝起源論—町田甲一氏の批判に答えて」(『國華』1121호, 1989)에서 무문 제 영명 원년상의 착의 양식을 '신대식법의'(紳帶式佛衣)」라 칭했고, 창조자는 戴逵와 같은 사람을 생각할 수밖에 없다고 주장했다. 쑤바이(宿白)는 「平城實力的集聚和"雲崗模式"的形成與發展」(『中國石窟·雲崗石窟 1』, 文物出版社, 1991)에서 운강 2기에 출현한 '포의박대식' 법의 역시 당시 남조의 시대적 특징으로 보았다.

44) 松原三郎, 「中國佛像樣式の南北再考」, 『美術研究』 296호(1974); 吉村怜, 「成都萬佛寺址出土佛像と建康佛教」, 『佛教藝術』 240호 (1998); 李裕群, 「試論成都地區出土的南朝佛教石造像」, 『文物』 2000년 제2기; 袁曙光, 「四川省博物館藏萬佛寺石刻造像整理簡報」, 『文物』 2001년 제10기.

45) 山名伸生, 「吐穀渾と成都の佛像」, 『佛教藝術』 218호(1995).

야마나는 '중국식 복제'(즉 중국 학자들이 말하는 '포의박대식')가 형성되는 과정에 '중국식 복제의 전기 단계'가 있다고 생각하였다. 그 예로 열거한 존상들의 실례를 보면, 바로 중국 학자들이 말하는 '중국식 편단우견'[46]이나 일본 학자들이 말하는 '양주식 편단우견의'[47]이다.

고스기 가즈오(小杉一雄)는 '포의박대식' 법의의 특징 중 하나는 오른쪽 옷자락이 왼쪽 팔뚝에 걸쳐져 있다[48]는 점을 일찍부터 주목하였다.[49] 야마나가 이러한 특징의 원류를 '중국식 편단우견'과 연결시키는 것은 합리적이다. 문제는 야마나가 '중국식 편단우견'을 '포의박대식'의 전기 단계로 보고, 더 나아가 '포의박대식'이 중국 서부에서 처음 생겨났다는 주장은 일부로 전체를 평가하는 경향이 없지 않다.

1) '중국식 편단우견' 법의 근원 탐구

야마나가 '포의박대식'의 전기 단계로 보는 '중국식 편단우견'의 착의 방식은 비록 중국에서 불상에 최초로 사용되었으나 불상이 아닌 다른 불교조상에 사용된 것은 쿠샨시대의 간다라 지역에서 최초로 발견된다. 스와트박물관에 소장된 것으로, 1~2세기의 「마야부인의 꿈을 해석한 그림」

[6-23] 스와트박물관 소장 부조 일부(『犍陀羅』)

[6-24] 라호르박물관 소장 시크리 탑신 부조 일부(『犍陀羅』)

(耶夫人夫人梦夢圖)이 그 예로, 그림(조각품)의 왼쪽부터 두 번째 사람이 '중국식 편단우견' 방식으로 옷을 입고 있다. 라호르박물관에 소장된 것으로, 시크리에서 출토된 1세기 말의 탑신塔身의 불전 이야기의 부조조각 일부 중 주존의 가장 오른쪽에 앉은 사람도 '중국식 편단우견' 방식으로 옷을 입고 있는데, 필자는 이에 대해 이미 언급한 바가 있다.[50]

현존하는 실물 중 '편단우견식' 법의는 하서河西와 농우隴右에서의 조성 시기가 신강新疆 지역과 비슷하기 때문에 대략 5세기로 볼 수 있다. 필자는 일찍이 중국 내지와 신강의 '중국식 편단우견'의 법의 발생 선후 문제와 관련하여 "'편단우견식' 법의 조성 규모", "'편단우견식' 법의에 반영된 민속적 성격", "신강과 내

---

46) 중국 학자의 '중국식 편단우견식'에 대한 인식에 대해서 필자는 일찍이 「佛衣樣式中的"半披式"及其在南北方的演繹」, 『敦煌研究』 2009년 제3기에서 개술했다. 이 외에 吉村怜, 「中國古代佛像의 著衣의 基本形式」, 『佛敎藝術』 329호(2013); 黃文昆, 「中國早期佛敎美術考古泛議」, 『敦煌研究』 2015년 제1기 참고.
47) '양주식 편단우견의'에 대해서는 淺井和春, 「敦煌石窟學術調查(第一次)報告書」(東京藝術大學美術學部, 1985년판), 18~22쪽; 岡田健·石松日奈子, 「中國南北朝時代의 如來像著衣의 硏究」 上, 『美術硏究』 356호(1993) 참고.
48) 불교 계율에서 가사는 직사각형의 큰 천으로 네 변을 '緣'이라 규정하였지만, '옷자락'이라는 개념은 없다. 하지만 여기에서는 편의상 좌우 옷자락으로 칭한다. 이른바 가사의 오른쪽 옷자락을 왼쪽 팔뚝에 펼쳐 걸친 것은 실제로는 가사 오른쪽 상단 모서리를 왼쪽 팔뚝에 펼쳐 걸치는 것을 말한다.
49) 小杉一雄, 「裳懸座考」, 『佛敎藝術』 5호(1949).
50) 費泳, 『中國佛敎藝術中的佛衣樣式硏究』(中華書局, 2012년판), 205~206쪽.

지의 지정학적 정치 관계" 등을 통해 이 법의 양식의 조성 시기는 하서와 농우가 신강보다 앞서며, 신강 지역에서 출현한 '중국식 편단우견' 법의는 북량北涼의 저거안주沮渠安周가 고창高昌에서 망명정권을 수립한 시기(442~460)에 양주에서 가져온 것이라고 생각했다.[51]

2) '포의박대식' 가사에서 오른쪽 옷자락을 왼쪽 팔뚝 위에 걸치는 인식

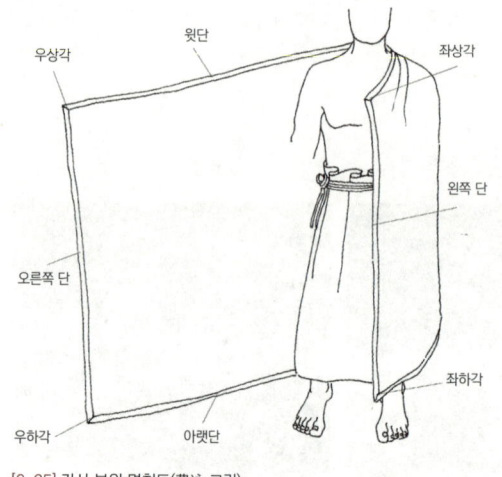

[6-25] 가사 부위 명칭도(費泳 그림)

가사의 오른쪽 옷자락을 왼쪽 팔뚝에 걸치는 것은 실제로는 가사의 오른쪽 상단을 왼쪽 팔뚝에 걸친 것이다. 이것도 '중국식 편단우견'과 '포의박대식'이 가진 특징이다. 현존하는 실물에 따르면 '중국식 편단우견'은 '포의박대식'보다 나타난 시기가 다소 이른 것으로 보인다. 만일 '수골청상'과 '포의박대식' 불상의 조성이 대옹戴顒(377~441), 육탐미陸探微(412~486)와 밀접한 관계가 있다고 본다면[52] '포의박대식' 법의는 대략 5세기 중반에 만들어졌을 가능성이 있다. 가사의 오른쪽 옷자락을 펼쳐 왼쪽 팔뚝에 걸친 양식은 '중국식 편단우견'으로 참고할 수 있지만, '중국식 편단우견'과 '포의박대식'과 같이 가사 오른쪽 옷자락을 신체의 왼쪽에 늘어뜨린 것은 혹시 보다 심층적인 이유가 있을 것인데, 이것은 바로 사문들의 '상비상象鼻相'(코끼리 코처럼 S형으로 늘어진 형태) 착의법의 영향이라는 것을 소홀하게 여기면 안 된다.

중국에서 만들어진 거의 모든 법의 양식은 '상비상'의 착의 모습에 존재한다.[53] 요약하면 '상비상'은 불교 율전 규제에서 꺼리는 가사를 착용하는 방식으로, 가사 오른쪽 상단을 왼쪽 어깨에 걸치지 않고[54] 왼쪽 팔꿈치에 걸치는 것이 특징인데, 이렇게 하면 한 모서리가 쳐져서 마치 코끼리의 코 모습과 유사하다. 불교 규제에 위배된 이러한 착의법은 석가가 살아 있을 때부터 있었던 오래된 것이다. 불상이 중국에 전입된 후 오랜 시간 동안 율전에 의해 법의 오른쪽 상단은 대부분 왼쪽 어깨에 걸쳐져 있었는데, 도선道宣이 『율상감통전律相感通傳』에서 "내가 옛 서상瑞像(불상)을 보았고 오늘 이곳에서 그것을 만드는 것들을 보니, 옷으로 왼쪽 어깨에 걸치지 않은 것이 없구나.……"라고 언급했듯이, 현존하는 동진·십육국과 유송 연간의 금동불을 조사해 보니 이와 같았다.

---

51) 費泳, 『中國佛教藝術中的佛衣樣式研究』(中華書局, 2012년판), 232~241쪽.
52) 費泳, 「論"褒衣博帶"佛衣」, 『敦煌研究』 2005년 증간(2005中國服飾史研究與敦煌學論壇學術研討會論文專輯).
53) 중국에서 법의 양식은 외부에서 전해진 '통견식'과 '우단식' 그리고 소수의 '상비상'을 제외하면, 중국인이 창조한 '중국식 편단우견식', '垂領式', '포의박대식', '변화된 포의박대식', '부탑쌍견하수식'(법의가 양어깨를 걸치고 아래로 흘러내린 방식) 등에서 법의를 걸치는 방식에는 모두 가사가 늘어져 왼쪽 팔꿈치에 걸친 '상비상'이 드러난다. 費泳, 『中國佛教藝術中的佛衣樣式研究』(中華書局, 2012년판) 참고.
54) 불교 규제에 따르면 가사 오른쪽 상단이 왼쪽 어깨에 걸쳐져야만 하고, 왼쪽 팔에는 닿지 않아야 한다.

중국 옷감은 육조시대에 대변혁 시기에 접어들었고, 견직물도 중원에서 가사의 원단이 되기 시작했다. 이에 대해 도선道宣의 『석문장복의釋門章服儀』와 의정義淨의 『남해기귀내법전南海寄歸內法傳』에 깊이 있게 논술되어 있다. 견직물이 가사의 원단이 된 결과는 "비단이 미끄러워 어깨를 타고 흘러 내렸"(絹滑墮肩)는데, 이 말은 옷이 얇고 가벼워 흘러내리기 쉽다는 뜻이고, 할 수 없이 펼쳐서 팔꿈치에 걸쳐야 한다는 것이다. 이것이 바로 불교가 중국에 전입된 후 사문의 옷차림이 점차 '상비상'으로 형성되는 분위기가 형성되고 누적되면서 원래대로 되돌릴 수 없는 근본적 원인이 되었는데, 필자의 고증에 따르면 이러한 분위기가 형성된 시기는 아마 4세기 중반일 것이다. 사문의 복식에서 '상비상' 착의가 나타나는 배경 하에 불상의 법의에도 상응하는 변화가 생겨났는데, 이것이 바로 '포의박대식' 가사가 오른쪽 옷자락을 펼쳐져 왼쪽 팔뚝에 걸치게 된 심층적인 원인으로 생각된다.

앞에서 언급한 것과 같이 '포의박대식' 법의가 막 생겨났을 때, 오른쪽 옷자락을 왼쪽 팔꿈치에 걸치는 방법은 당시 사문 복식에 보이는 '상비상' 착의법이나 불상의 '중국식 편단우견'의 착의 구조를 참고한 것 같다. 그러나 '포의박대식' 법의가 발생한 후, '중국식 편단우견'과 같이, 각각 나름의 발전 경로를 가지게 되었고, 이 두 가지 법의는 모두 장시간의 전파 과정을 통해 지역을 뛰어넘어 전파되어 한반도와 일본에까지 영향을 미쳤다.[55]

결론적으로 말하자면 '중국식 편단우견'을 '포의박대식'의 전기 단계로 보는 견해는 타당하지 않고, '중국식 편단우견'도 독립적으로 발전해 온 법의 양식임을 간과했다는 것이다.

3) '포의박대식' 법의의 발생지에 대한 인식

야마나 신세이는 '포의박대식'이 중국 서부 양주와 농서에서 잉태되었고 최종적으로 장안에서 성숙했다고 본다. 필자는 이 관점을 거시적으로 볼 때 한문화적 특징이 뚜렷한 법의 양식은 최초에는 한문화의 전통이 녹아 있는 곳 혹은 한문화가 가장 풍부한 지역에서만 나올 수 있다는 점을 근본적으로 간과했다고 생각한다. 이 지역은 바로 '건강建康'밖에 없다. 육조시대 건강 지역은 문화 방면[56]은 물론 불상의 복제服制[57] 방면에서도 매우 뛰어난 곳이었다. 건강으로 대표되는 한문화가 없었다면 효문제가 한화정책을 추진한 것과 고환高歡의 "정삭正朔"설은 없었을 것이다.[58]

---

55) 費泳, 『中國佛敎藝術中的佛衣樣式硏究』(中華書局, 2012년판), 202~248, 286~360쪽.
56) 許輝, 「六朝都城建康與"六朝文化"」, 『東南文化』 1998년 增刊 2(六朝文化國際學術硏討會暨中國魏晉南北朝史學會第六屆年會論文集).
57) 宿白, 「洛陽地區北朝石窟的初步考察」, 『中國石窟寺研究』(1996년판), 169~175쪽.
58) 『위서』 권7 「고조기」에는 효문제가 태화 원년(477)부터 태화 17년(493)까지 추진한 일련의 한화 정책을 기록하고 있다. 천인커(陳寅恪)는 그의 『隋唐制度淵源略論稿』에서 효문제 한화 정책의 출처에 대해 다음과 같은 견해를 취했다. "수·당의 제도는 비록 매우 광범위하고 분잡하지만, 그 요인을 따져보면 세 개의 근원을 벗어나지 않는다. 첫째는 (북)위, (북)제. 둘째는 양, 진. 셋째는 (서)위, 주. 소위 (북)위, (북)제의 근원이라는 것은, 대부분의 江左(동진·송·제·양·진의 왕조가 통치하던 지역) 지역은 한, 위, 서진의 禮樂刑政과 典章文物을 답습하였고, 동진에서 남제에 이르는 동안 발전하고 변천하여 북위 효문제와 그 자손이 이를 모방하여 사용하였고, 북제로 전해져 큰 결집을 이룬 것이 그것이다. 그것은 舊史에서 '한위' 제도로 묶는 경우가 많은데, 사실 그 변천은 한위에 국한된 것이 아니라 동진 남조 전반기를 모두 포함한다." 『北齊書』 권24 「杜弼傳」에는 高歡이 다음과 같이 말한 내용을 기록했다. "강동에 吳兒老翁 蕭衍이라는 자가 있는데, 衣冠과 禮樂에 탁월하다. 중원의 사대부들은 그를 정삭이 내재된 사람(正朔所在)으로 여겼다."

'포의박대'는 원래 중원에 있던 중화(中國)민족의 전통 유복儒服의 명칭으로, 넓은 소매에 허리띠를 두른 것이 특징이다. '포의박대식' 법의와 '포의박대'의 선비 복장의 근본적인 차이는, 후자는 재단하고 봉합하여 옷깃과 소매가 있는 옷으로 만든 것이며, 전자는 가사, 즉 하나의 직사각형이 큰 천으로, 입은 후의 모습이 후자와 매우 유사하다. 서로 비교해 보면, 북방의 호복胡服은 소매가 좁고 짧은 옷이 많고 설령 도포를 입어도 남조만큼 넓지 않았다.59) 십육국 시기에는 호인胡人 정권이 섬서陝西 지역을 많이 차지하였으므로 '포의박대'인 유가 복장을 숭상할 리가 별로 없다.

조상만 보면, 서안 지역에는 6세기 초 이전의 '포의박대식' 불상이 아직 하나도 출토되지 않았다. 5세기에서 6세기 중반 이전까지 섬서 지역의 불교와 도교 존상은 강렬한 지방색을 갖추고 있는데, 마쓰바라 사부로가 '부현鄜縣 양식'60)이라고 말한 바와 같이 이들 옷의 대부분은 촘촘한 선각문으로 장식되었으며, 옷깃은 V자형이 많다. 그러나 성도 이외 지역의 '포의박대식' 법의의 목깃은 U자형이 많으며, 가슴과 복부에 매듭이 없는데, 이런 특징은 '부현'을 중심으로 한 섬서 일대에만 국한된다. 섬서 지역 불상은 6세기 중반 이전, 즉 서안이 서위西魏의 정치적 중심지가 되기 전에는 지역 간 전파의 중심적 위치가 아니었다. 6세기 중반부터 서안으로 대표되는 섬서 불상은 착의 표현에서 '남방식 불상 법의 조상 루트'에 있는 '변화된 포의박대식' 법의의 영향을 분명하게 받았는데, 용모와 자태에서는 현지 특유의 건장함을 드러내고 있다.

4) 현존하는 남·북조 초기 '포의박대식' 법의의 비교

북방에서 비교적 이른 '포의박대식' 불상은 운강석굴 2기 제6, 5굴61)에 나타나는데, 쑤바이(宿白) 선생은 제6굴의 조성 시기를 태화 10년(486)에서 태화 18년(494) 사이로, 준공은 효문제가 낙양으로 천도한 지 얼마 되지 않은 시기이며, 제5굴은 효문제가 남쪽으로 천도할 즈음에 만든 것으로 판단했다. 두 석굴의 불상의

[6-26] 운강 6굴 남벽 하층 동측
(『雲崗』)

[6-27] 운강 5굴 후실 서벽 상층
(『中國石窟雕塑全集 3』)

[6-28] 쿠샨 마투라 불상
(『禮儀中的美術』)

[6-29] 북위 태안 원년(455) 장영이 만든 불상(『世界美術大全集: 東洋編 3』)

---

59) 周錫保, 『中國古代服飾史』(中國戲劇出版社, 1984년판), 130~131, 135~153쪽.
60) 松原三郎, 「北魏の鄜県様式石彫に就て」『國華』753호(1954).
61) 운강석굴 분기에 대해 宿白, 「雲崗石窟分期試論」, 『考古學報』1978년 제1기; 宿白, 「『大金西京武州山重修大石窟寺碑』的發現與研究」, 『北京大學學報』(哲學社會科學版) 1982년 제2기 참고.

착의는 대부분 '포의박대식'인데, 특히 주목할 만한 것은, 두 석굴의 '포의박대식' 불상, 그중에서도 특별히 불좌상으로, 일련의 조상 요소가 남방 무문茂汶의 제 영명 원년(483)명 불상보다 보수적이라는 점이다. 예를 들어 제6굴에 보편적으로 존재하는 법의는 옷자락이 팔八자형으로 밖으로 펼쳐졌지만 아직 상현좌 모습은 보이지 않으며, 제5굴에 보편적으로 존재하는 법의는 옷자락이 호형弧形(활 모양)으로 처져 있으며, 붓다의 왼손은 옷자락을 잡고 있다. 제6, 5굴의 법의는 비록 가슴과 배에 띠를 매고 오른쪽 옷자락을 펼쳐 왼쪽 팔꿈치에 걸친 '포의박대식'이지만, 아랫자락은 팔자형으로 펼쳐져, 호형으로 처져 있으며, 붓다는 왼쪽 손으로 옷자락을 잡고 있다. 이런 요소들은 모두 고대 인도와 중국에 있었던 존상 요소들이다. 아랫자락은 호형으로 처져 있고, 왼손은 옷자락을 잡고 있는 쿠샨시대 마투라 불상, 아랫자락이 팔자형으로 펼쳐진 북위 태안 원년(455)에 장영張永이 만든 존상, 아랫자락은 호형으로 처져 있고 붓다의 왼손으로 옷자락을 잡고 있는 사천 낙산樂山 마호麻浩 한묘漢墓 불상(앞 그림 1-15) 등이 예이다. 이러한 내용들은 북방은 남방의 '포의박대식' 법의를 흡수하면서도 전통을 고수하는 선에서 어떤 변화를 시도해 보려는 것을 나타낸다. 북위가 남방의 '포의박대식' 법의 중 상현좌를 흡수한 것은 천도 후 건립된 용문龍門과 공현鞏縣 석굴의 존상에 반영되었다.

6세기 중반 이전 섬서 지역의 법의 모습은 오른쪽 옷자락을 왼쪽 팔꿈치에 걸친 모습으로, 상현좌가 꾸며진 불상은 대부분 매듭을 묶지 않았다. 이런 불상의 법의는 엄밀한 의미에서 '포의박대식'이라고 할 수가 없다. 섬서 지역은 '포의박대식'을 흡수하면서도 강한 지역색을 띠고 있었는데, 대략 6세기 중반쯤부터 남방 양식을 철저하게 수용하기 시작하였다.

실물 자료에 따르면, 비록 이후 또다시 '중국식 편단우견'을 '포의박대식' 위에 겹쳐 입은 불상의 예가 일부 나타나기도 하지만[62], 6세기 중반 이전의 '포의박대식' 불상에서 드러난 지역적 차이는 북방이 남방의 '포의박대식'을 흡수함에 있어서 수정하여 흡수하는 과정부터 완전 흡수하는 과정까지 있었다.

4. 조상 주제와 불상 모습의 변화

기존의 기념명 조상은 성도를 중심으로 한 사천 지역 불교조상의 주존의 존격이 단계적으로 변화했다는 것을 비교적 분명하게 보여 준다. 6세기 이전의 중요한 주존의 주제는 무량수불, 미륵불, 미륵보살, 관세음성불상이었으며, 6세기 이후, 특히 6세기 전반에는 석가불이 가장 중요한 주제가 되었다. 대략 6세기 중반 이후, 석가, 다보, 관세음보살, 아육왕상 등이 자주 보이는 표현 주제가 되었는데, 6세기 중반 이전에는 주존이 대체로 독존상이었던 것과는 달리 6세기 중반의 주존은 쌍석가, 석가다보, 관음묘음상 등 많은 쌍신상雙身像이 등장했다.

---

[62] 우선 '포의박대식'을 한 후에 다시 '중국식 편단우견식'을 겹쳐 덮은 불상 사례는 북조에는 용문석굴 빈양중동 주존이 있고, 남조에는 성도 서안로에서 출토된 양 천감 3년 법해가 만든 조상이 있다.

불상 얼굴에 미소를 띤 것을 혹자는 "육조의 미소"[63]라고 칭하는데, 사천 무문茂汶 및 성도 지역의 남조 불상이 간직한 변하지 않는 특징 중 하나다.[64]

불상은 수척한 모습에서 풍만한 모습, 즉 '수골청상秀骨淸像'에서 '면단이염面短而艶'으로의 전환은 성도에서 소제蕭齊와 소량蕭梁 사이에 만든 불상에 뚜렷이 반영되어 있다.[65] 1995년, 성도 상업가에서 출토된 남조 불상 가운데 2존에서 승려 법해法海가 만든 불상이라는 명문이 있는데, 각각의 명문은 다음과 같다.

제 영명 8년(490) 경오년 12월 19일 비구 법해는 어머님과 함께 돌아가신 아버님을 위해 미륵성불석상 1구를 만드오니, 현재 권속과 칠세 부모께서는 용화삼회[66]에 참석하시어 초수初首에 오르시길 바랍니다. 일체중생들도 이 소원을 함께합니다.

천감 3년(504) 갑신년 3월 3일 비구 법해는 돌아가신 어머님과 돌아가신 손윗누이를 위해 무량수석상을 만드오니, 망자께서는 이 복을 타고서 위태로움과 괴로움을 떨쳐 버리시고 천상에 오르시어 모든 성현과 함께하시고 권속과 일체의 중생은 무상정각(더없이 뛰어난 붓다의 깨달음)을 이루소서.

[6-30] 성도 서안로 제 영명 8년(490) 법해 조상(『四川出土南朝佛敎造像』)

[6-31] 성도 서안로 양 천감 3년(504) 법해 조상(『四川出土南朝佛敎造像』)

두 존상이 만들어진 시간은 10여 년 이상 차이가 나는데, 전자는 승려 법해가 어머님을 모시고 돌아가신 아버님을 위해 불상을 만들어 기원하는 것이며, 후자는 승려 법해가 돌아가신 어머님과 돌아가신 손윗누이를 위해 불상을 만들어 기원하는 것으로, 두 명문의 승려 법해는 같은 사람일 가능성이 있다.

두 조상의 인물상을 비교해 보면, 2존의 주존들과 협시보살들의 '살찌고 마른' 차이는 '목 부분'에 나타나 있다는 것을 알 수 있다. 도상은 양 천감 3년(504)에 승려 법해가 만든 불상이 전자(490년 상)와 비교해 불상과 보살상의 목 아래에 육문선肉紋線이 여러 줄 더 그려져 있음을 보여 준다. 이 차이는 사천 지역에서 제齊왕조와 양梁왕조가 서로 바뀔 때 남조 불상에 발생한 조형적인 변화의 두드러진 특징 중 하나이다. 이는 국외 모사본인 아육왕상도 포함되는데, 서안로에서 출토된 태청 5년(551)에 두승일杜僧逸이 만든 아육왕상과 같이 목 아래에 세 줄의 육

---

63) 費泳, 「"建康模式"的形成及佛像樣式特征」, 『南京藝術學院學報』(美術與設計版) 2017년 제1기.
64) 사천 지역 남조의 불상에 새겨진 인물들은 붓다, 제자, 보살은 물론, 많은 力士의 모습까지 모두 미소를 지으며 즐거운 표정을 하고 있다.
65) 雷玉華・顏勁松, 「成都市西安路南朝石刻造像淸理簡報」, 『文物』 1998년 제11기.
66) 역자 주: 龍華三會는 미륵보살이 성불한 후 중생을 제도하는 법회다. 56억 7천만 년 후에 세상에 나타나서 용화수 밑에서 성불하고 세 차례 설법을 한다고 한다.

문선이 있다. 목 밑에 여러 줄의 육문선이 있는 불상은 고인도의 카피시[67]에서 볼 수 있는데, 이는 자이나(Jaina)교 조사상祖師像의 특징이기도 하다.

소량 시기 불교조상의 인물 모습은 소제 시기보다 좀 더 풍만해졌다. 이 변화는 물론 장승요가 창조한 '면단이염' 인물상의 영향 때문이기도 하지만, 소량 시기 무제가 실행했던 불교문화 교류가 남조 불상의 조형이 전반적으로 변화되는 근본적인 원인이었을 것이며, 장승요의 화풍도 인도의 영향을 깊이 받았을 것이다.[68]

성도 지역 남조불상 모습에서 또 하나의 두드러진 변화는 육계肉髻에서 보이는데, 두 가지가 표현에서 두드러진다. 1. 소제 시기의 무문 육계 위주에서 소량 시기 나발螺髮 위주로 전환하였다. 2. 높은 육계를 가진 나발에서 낮은 육계를 가진 나발로 전환하였다.

사천 만불사에서 출토된 것으로 전해지는 송 원가 25년명(448) 불좌상은 현재 북경 고궁박물원에 소장되어 있는데, 머

[6-32] 마투라 출토 5세기 불상
(『インド・マトゥラ-彫刻展』)

[6-33] 마투라 출토 자이나교 조사상
(『インド・マトゥラ-彫刻展』)

[6-34] 송 원가 25년(448) 불상
(『世界美術大全集: 東洋編 3』)

[6-35] 북위 태안 3년(457) 송덕흥 조상
(『海外及港臺藏歷代佛像珍品紀年圖鑑』)

리가 후보後補된 흔적이 있어서 이 불상의 나발이 원래 모습인지 아닌지에 대하여 의문이 있지만[69], 우리는 여전히 원가 25년명 불상이 중국 최초의 나발을 한 기년명 불상이라는 것을 배제할 수 없다. 비록 현존하는 사천 지역에서 출토된 소제 시기의 기년명 불상 3존을 보면 무문 육계가 여전히 소제 시기 불상의 주류라고 하더라도 말이다.

성도 지역에서 출토된 것으로, 현존하는 소량 시기의 나발이 조각된 최초의 기년상은 상업가에서 출토된 양 천감 10년(511)에 왕주자王州子가 만든 불상(앞 그림 4-41)으로, 이 이후 나발은 사천 지역의 남조 불교조

---

67) 역자 주: 카피사(Kapisa)의 한역으로 『續高僧傳』에서는 '迦臂施', 『孔雀王經』에서는 '迦毗尸', 『魏書』에서는 '伽比沙', 『西域記』에서는 '迦畢試', 『新唐書』 『波斯傳』에서는 '訶毗施'라고 했으며, 唐代에는 罽賓이라고도 했다. 카피사는 인도의 서쪽에 있던 옛 나라 이름으로 漢나라 때의 高附國이다. 처음엔 大夏 곧 박트리아왕국의 영토였으나 후에는 大月支에 병합되었다. 그 위치는 지금의 아프가니스탄 북쪽 카불(Kabul) 지방이다.
68) 許嵩은 『建康實錄』에서 다음과 같이 기록했다. "절 문에는 온통 요철꽃이 그려져 있어 장승요의 손 솜씨라고 부르는데, 그 꽃은 천축유법으로 붉은색과 청록색으로 이루어져 있어 멀리서 보면 눈이 요철이 있는 입체처럼 보이다가 가까이서 보면 평탄해진다. 이에 사람들이 입을 모아 기이하다 하며 절 이름을 요철사라 하였다." 『建康實錄』(中華書局, 1986년판), 686쪽 참고.
69) 石松日奈子, 「三國·晉·南北朝前期의 佛敎美術」, 『世界美術大全集: 東洋編 3』(小學館, 2000년판), 273~298쪽.

상에 매우 흔하게 볼 수 있다. 여기서 지적해야 할 점은 나발이 소량 시기에 성행했지만, 그 이전의 소제 시기에 유행했던 무문 육계도 여전히 이어졌다는 것이다.

중국 북방에서 비교적 이른 시기의 나발 조상으로는 일본 후지이유린칸(藤井有鄰館)에 소장되고 있는 북위 태안 원년(455)에 장영이 만든 불좌상(앞 그림 6-29)과 일본 개인이 소장하고 있는 북위 태안 3년(457)에 송덕흥宋德興이 만든 불좌상이 있다. 실물 자료에는 북조 불상은 5세기 중반에서 6세기 중반 사이에 가끔 나발이 나타났으나 성행하지는 않았으며, 불상은 무문無紋 육계나 혹은 파상문 육계가 많았다는 것을 보여 준다. 6세기 중반부터 청주, 업성鄴城, 진양晉陽 등 북방에서 나발이 유행하기 시작했다.

상술한 북위 태안 원년에 장영이 만든 불상과 태안 3년에 송덕흥이 만든 불상의 법의 양식은 모두 '중국식 편단우견'으로, 5세기 초 농우와 양주에 나타난 법의 양식에서 유래한 것이지만, 나발은 남조의 영향을 받았을 가능성을 배제할 수 없다. 나발은 남방 불상에서 일찍이 5세기 중반에 나타나고, 이후 6세기 초 양무제가 인도 불상을 받들어 모심에 따라서 남조에서 유행하게 되었다.[70]

성도 지역 남조 불상의 나발은 높은 육계를 가진 나발(고계나발)에서 낮은 유계를 가진 나발(저계나발)로 변하는 과정이 있었다. 고계나발의 경우 불상의 얼굴형은 비교적 긴 데 비해 저계나발의 경우 얼굴형은 통통하고 둥글다. 만불사에서 출토된 당대 불상은 육계가 더 낮고 완만하다.

[6-36] 만불사 wsz15번 불두
(『四川出土南朝佛敎造像』)

[6-37] 만불사 wsz19번 불두
(『四川出土南朝佛敎造像』)

5. 남조 불교조상에 표현된 박산로와 쌍사자

고궁박물관 소장 송 원가 25년명(448) 불상[71]의 기단에 나타난 박산로博山爐[72]는 현존하는 불교조상 중에 가장 이른 박산로 조형이다. 이전의 동진과 십육국 시대의 금동불 기단 정면 중앙에 나타난 도상은 대부분 연꽃이 핀 보병寶瓶을 공양하는 것이었다. 박산로는 처음부터 불교조상의 표현 내용이 아니었다. 서

---

70) 쑤바이(宿白)는 「靑州龍興寺窖藏所出佛像的幾個問題」에서 다음과 같이 말했다. "蕭衍(재위 502~549)이 양나라를 세운 이후, 양나라 경내는 거의 50년 동안 평온했다. 扶南과 천축의 사문이 잇따라 바다를 건너 동쪽으로 왔는데, 이때 남조 사찰 건립이 전성기를 맞았다. 그리하여 불상의 봉안에는 천축의 모양을 중시하는 기미가 보이는 듯했다. 당나라 초기 기록에 따르면 양 무제가 천축 불상을 영접했다는 기록이 매우 많다."
71) 원가 25년 석불상의 머리, 양손, 어깨 부위 이상의 배광은 후에 보수된 흔적이 있다. 이 석불상은 여전히 동진·십육국 시기 불상의 특징, 즉 '통견식' 가사에 옷주름은 U자형이고 대칭으로 배열되었고, 결가부좌 형태에 양손은 禪定印 자세를 취했으며, 장방형 기단이 있고 기단 앞면 좌우에는 각각 사자 한 마리씩 조각되어 있는 등의 특징을 지녔다. 그러나 이 조상은 동진·십육국 시기 불상과는 다른 양식적 특징도 지니고 있었는데, 그 특징은 다음과 같은 방면에 두드러지게 반영되었다. ① 불상의 옷 주름은 진흙을 덧붙여 만드는 방법을 모방한 듯하지만 결코 같은 시기에 유행했던 계단형은 아니었다. ② 기단 앞면에 있는 두 마리의 사자는 전통적인 정면 자세가 아닌 옆모습으로 서 있다.
72) 역자 주: 博山爐는 중국 산동성에 있는 博山의 모양을 본떠서 만든 동으로 제작된 香爐로, 軸部가 있으며 밑은 접시 모양이고 상부는 산 모양이다.

한西漢 시기 만성滿城 1호 묘지에서 동으로 만든 박산로가 출토되었다.

북방과 불교 관련 존상에 나타난 박산로는 일찍이 섬서 요현耀縣에서 출토된 북위의 시광 원년명(424) 위문랑불도조상비魏文朗佛道造像碑[73]에 보이는데, 비의 앞뒷면에 모두 박산로가 나타난다. 이 조상비의 조성 시기가 여전히 의문시되고 있지만[74], 위문랑비의 실제 제작 연대는 5세기 말에서 6세기 초일 가능성이 있다.

북위의 박산로는 약 6세기 초에 불교 조상에 사용되었다. 희평 3년명(518) 다보석가명금동불多寶釋迦銘金銅佛이 그 예로, 기단 아래 중간에 박산로가 장식되었는데, 불상 2존은 이미 '포의박대식' 법의를 입고 있다.

고스기 가즈오는 "박산을 사용한 것은 남북조 초기 이후부터 남조와 북조에서 유행했지만, 남조에서는 문헌 기록만 있을 뿐 구체적인 예는 없다. 이에 반해 북조에서는 운강석굴을 비롯하여 많은 실례가 남아 있어 박산의 모습을 알 수 있다. 남조와 북조 중 어디에서 먼저 박산을

[6-38] 서한 만성 유승묘劉勝墓 출토 박산로 (『文化大革命期間出土文物 1』)

[6-39] 북위 시광 원년(424) 위문랑불도비 앞면 (『北朝佛道造像碑精選』)

[6-40] 북위 시광 원년(424) 위문랑불도비 뒷면 (『北朝佛道造像碑精選』)

[6-41] 북위 희평 3년(518) 쌍불상 (『海外及港臺藏歷代佛像珍品紀年圖鑒』)

사용했는지는 분명하지 않지만, 남조와 북조에서 유행했다는 것은 확실하다"고 했다.[75]

박산로는 남조 불교조상에서 많이 응용되었는데, 기존의 실물 자료는 위에서 언급한 원가 25년명 석불상을 포함하여 특히 남조 소량 시기의 불교조상에서 많이 나타난 것을 보여 준다. 박산로가 불교조상에 표현된 것은 한대 문화 전통 관념과 불교문화가 융합된 것으로 볼 수 있다.[76]

불상 대좌 앞면에 쌍사자雙獅子로 둘러싸인 박산로는 남북조 시기에 새로 나타난 표현 형식으로, 송 원가 25년명 석불상의 기단에서 가장 먼저 보이며, 사자 두 마리가 옆으로 비켜서서 불상 대좌의 중심에 있

---

73) 胡文和, 『中國道敎石刻藝術史』 上冊(高等教育出版社, 2004년판), 26~27쪽; 李淞, 『中國道敎美術史』 제1권(湖南美術出版社, 2012년판), 203~204쪽.
74) 石松日奈子, 「陝西省耀縣藥王山博物館藏 "魏文朗造像碑"の年代について―北魏始光元年銘の再檢討」, 『佛教藝術』 240호(1998).
75) 小杉一雄, 『中國佛敎美術史の研究』(新樹社, 1980년판), 345쪽.
76) 水野清一, 『中國の佛敎美術』(平凡社, 1966년판), 287~297쪽.

는 박산로를 바라보고 있다.

옆으로 비켜서 서 있는 쌍사자의 이러한 형식은 동진과 십육국 시기 금동불 대좌에 있는 정면으로 서 있는 쌍사자와는 다르다. 이 변화는 남북조 불교조상에서 쌍사자 표현의 새로운 형식을 가져온 것이다. 현존하는 남북조 불교조상에서는 쌍사자의 자태가 대부분 옆으로 비켜서 서 있다. 그 원류를 생각하면, 예를 들면 미국 킴벨(kimbell)박물관 소장의 카니슈카[77] 4년명 불좌상(앞 그림 2-69), 마투라박물관 소장의 불좌상(앞 그림 1-1) 등 쿠샨시대 마투라 지방의 불상 대좌에 나타난 비켜 선 사자와 관련될 가능성이 있다. 마투라 지역의 비켜 선 쌍사자가 대부분 좌우로 향하고 있는 것과는 달리, 중국의 비켜 선 쌍사자는 대부분 중앙의 박산로를 향하고 있다. 상술한 위문랑조상비 뒷면에 있는 반가사유상 아래에는 옆으로 비켜 선 사자 혹은 호랑이 두 마리가 있다.[78] 박산로가 불교조상에 표현된 시기인 남북조 초기쯤 이와 동시에 중국 불교조상의 사자 모양은 정면에서 측면으로 바뀌었다.

쌍사자 사이에 장식된 박산로의 도상은 현존하는 남조 소제 시기의 불교조상에는 보이지 않지만, 소량 시기의 존상에는 비교적 많이 볼 수 있다. 예를 들면 상해박물관에 소장된 양 중대동 원년명(546) 혜영慧影 조상과 같은 박물관에 소장된 또 다른 비슷한 작품에서, 그리고 문천汶川과 성도 지역의 소량 시기 불교조상에서도 볼 수 있다. 이것도 건강 지역의 소량 불상이 갖추어야 할 존상의 요소지만, 남경의 덕기광장에서 출토된 같은 시기 작품은 대부분 입상이기 때문에 불상의 대좌가 없다. 게다가 서하棲霞석굴 존상은 심하게 파손되어 잘 보존되어 있지 않다.

6. 조상 구성 형식의 변화

현존하는 실물 자료에 근거하여, 필자는 성도로 대표되는 사천 지역의 남북조 불교조상의 발전에 대략 다음과 같은 단계적 변화가 있다고 생각한다.

5세기 전반에는 병풍 형태의 독존상이 주를 이루었고[79] → 5세기 후반에는 주로 체구가 작은 협시를 갖춘 병풍(배병) 형태의 삼존상이 주를 이루었으며 → 6세기 전반에는 여전히 배병 형태의 존상이 주를 이루었으나 협시의 수와 체구는 전기보다 다소 늘어났으며 → 6세기 후반에는 주로 두리새김으로 만든 독존상 형식이 주를 이루었다.

성도 지역의 송, 제, 양 및 북주가 점령하는 기간의 기년명 불교조상을 통해 알 수 있다.

---

77) 역자 주: 카니슈카(Kanishka, 재위 127~151) 왕은 쿠샨왕조의 3대 왕으로 쿠샨왕조 최성기를 맞이하게 한 대왕이다. 한역 불전과 현장법사의 『大唐西域記』에는 迦膩色伽라고 음역되어 있다.

78) 후원허(胡文和)는 두 마리 맹수 혹은 두 마리 사자라고 여겼다.(胡文和, 『中國道敎石刻藝術史』 上冊, 高等敎育出版社, 2004년판, 26쪽) 리쑹(李淞) 역시 "자리에는 호랑이와 비슷한 쌍사자가 있다"고 여겼다.(李淞, 『中國道敎美術史』 제1권, 湖南美術出版社, 2012년판, 204쪽)

79) 사천 지역의 5세기 전반에는 배병식 독존상이 주를 이루었다는 견해는 남조 송 원가 14년 韓謙이 만든 조상, 송 원가 28년 劉國之가 만든 조상, 茂汶 제 영명 원년상의 앞면과 뒷면 주존에는 모두 협시가 없다는 점에 근거를 둔 것이다.

〈표 6-5〉 성도 지역의 남조 및 북주 점령 기간 내 조상 일람표

명칭 및 연대	구성	주존 존격	출토 혹은 소장지
송 원가 25년(448) 배병식 존상(진위 여부 의문)	앞면: 1불 1보살(분명 1불 2보살임)	무량수불	성도 만불사 출토로 전해짐, 고궁박물원 소장
제 영명 원년(483) 석현숭조상비釋玄嵩造像碑	앞면: 부조 형식 1좌불 뒷면: 부조 형식 1입불	앞면: 미륵불 뒷면: 무량수	무현茂縣
제 영명 8년(490) 석법해 불비상 존상	앞면: 1불 2보살 뒷면: 주존 교각보살, 2협시보살	앞면: 미륵불 뒷면: 교각미륵보살	성도 서안로
제 건무 2년(495) 석법명 불비상 존상	앞면: 1불 2보살 뒷면: 부조 형식 1교각보살	앞면: 관세음성불상 뒷면: 교각미륵보살	성도 상업가
양 천감 3년(504) 석법해 불비상 존상	앞면: 1불 2제자 2보살 뒷면: 예불도禮佛圖	무량수불	성도 서안로
양 천감 10년(511) 왕주자 배병식 존상	앞면: 1불 4보살 뒷면: 예불도	석가	성도 상업가
양 보통 4년(523) 강승康勝 배병식 존상	앞면: 1불 4제자 4보살 2대왕大王 뒷면: 불전 이야기 및 예불도	석가	성도 만불사
양 보통 6년(525) 배병식 존상(wsz42번)	앞면: 1불 2제자 2보살 2역사力士 잔존(분명 1불 4제자 4보살 2역사임) 뒷면: 유불도 잔존	석가	성도 만불사
양 중대통 원년(529) 파양왕세자鄱陽王世子 조상造像	두리새김의 독존 불입상	석가	성도 만불사
양 중대통 2년(530) 황장晃藏 배병식 존상	앞면: 1불 4제자 4보살 2역사 뒷면: 예불도	석가	성도 서안로
양 중대통 3년(531) 이씨李氏 조상	앞면: 1불 4제자 4보살 2역사 뒷면: 예불도	불분명	성도 출토, 사천박물원 소장
양 중대통 4년(532) 배병식 존상(wsz43번, 진위 여부 의문)	앞면: 1불 2제사 4보살 2역사 뒷면: 예불도	석가	성도 만불사 출토로 전해짐, 사천박물원 소장
양 중대통 4년(532) 석승진釋僧鎭 배병식 존상	앞면: 1불 4제자 4보살 2역사 뒷면: 예불도	석가	성도 지역 출토, 사천대학박물관 소장
양 중대통 5년(533) 상관법上官法 배병식 존상	앞면: 1불 4제자 4보살 2역사 뒷면: 예불도	석가	성도 만불사
양 중대통 5년(533) 윤문선尹文宣 배병식 존상	앞면: 2불 2제자 3보살 2역사 뒷면: 불전 이야기 및 예불도	석가 쌍신상	사천 팽주彭州 용흥사龍興寺
양 대동 3년(537) 후랑侯朗 조상	두리새김 된 독존 불입상	불분명	성도 만불사

명칭 및 연대	구성	주존 존격	출토 혹은 소장지
양 대동 6년(540) 배병식 존상	앞면: 2불 5제자 4보살 2역사 뒷면: 제자, 호법護法 및 예불도	불분명	성도 지역 출토, 중경 중국삼협박물관 소장
양 대동 11년(545) 장원張元 배병식 존상	앞면: 2불 2제자 5보살 2역사 뒷면: 예불도	석가다보	성도 서안로
양 중대동 3년(548) 법애法愛 배병식 존상	앞면: 1관음 4제자 4보살 2역사 뒷면: 예불도	관세음보살	성도 만불사
양 태청 3년(549) 정문란丁文亂 배병식 존상	앞면: 2불 4제자 2보살 1범왕梵王 2역사 뒷면: 연좌변연蓮座邊緣 잔존	석가 쌍신상	성도 지역 출토, 사천대학박물관 소장
양 태청 5년(551) 두승일杜僧逸 조상	두리새김 된 독존 불입상	아육왕상	성도 서안로
북주 보정 2년~5년(562~565) 익주 총관 우문초宇文招 조상	두리새김 된 독존 불입상	아육왕상	사천 만불사
북주 천화 2년(567) 조상	두리새김 된 독존 보살의 좌상	불분명	사천 만불사
비고	사천 면양綿陽의 평양부군平陽府君 한궐漢闕에는 소량 시기에 보각補刻된 불교조상이 있는데, 대부분 마모되어 분명치는 않다. 그중 기년명 제기題記가 5개나 있는데[80], 모두 북궐에 있다. 제5호 감실龕室 제기는 "양주지존을 위해 삼가 만듦"(爲梁主至尊敬造)으로, 감실 안에는 삼존상이 있고 감실 밖 좌우에는 각각 2존의 천왕이 있다. 제14호와 제17호 감실 제기는 "대통 3년(529) 윤달 23일"로 기록되어 있고, 제14호 감실 안에는 5존상으로 구성되어 있고 제17호 감실 안에는 삼존상이 있다. 제19호 감실 제기는 "통통 3년 7월"(고증에 의하면 "중대통 3년[531] 7월"이라 함)로 기록되어 있고, 감실 안에는 삼존상이 있다. 제15호 감실 제기는 "신미세辛未歲(551)로 기록되어 있고, 감실 안에 삼존상이 있다. 주목할 만한 점은, 평양부군 한궐에 소량 때 보각한 불교조상에는 통상 감실 밖 좌우에 감실 안에 있는 주존을 향해 예불하는 사람들이 새겨졌는데, 이는 성도 지역 양대梁代의 배병식 존상의 뒷면의 예불도와 닮았다는 점이다. 한편 평양부군 한궐에 소량 때 보각된 불교조상에는 무기년 명문이 있는 작은 감실(小龕)이 많이 있는데, 많은 수의 협시가 조각되어 있다. 모두 15존의 협시를 둔 북궐 제26호 감실 주존, 7존의 협시를 둔 남궐 제35호 감실 주존, 11존의 협시를 둔 남궐 제27호 감실 주존이 그 예이다.[81]		

위의 표에서 송 원가 25년 상, 제 영명 8년 상, 제 건무 2년 상은 협시의 체구가 모두 매우 작아 보이는 반면, 양梁대 이후 협시상의 체구는 많이 커졌다. 이 현상을 근거하여 성도 지역에 현존하는 무기년 삼존상 5존의 연대를 대충 짐작할 수 있다. 이 다섯 존은 다음과 같다.

① 문천현汶川縣 출토의 문천현 문물관리소 소장 번호 1200호[82] 삼존상.
② 상업가 출토의 성도 고고연구소 번호 90CST⑤: 3호 삼존상.
③ 상업가 출토의 성도 고고연구소 번호 90CST⑤: 2호 삼존상.

---

80) 孫貫文, 「北京大學圖書館藏歷代石刻拓片草目 2」, 『考古學集刊』 제8집(1994); 孫華, 「四川綿陽平陽府君闕闕身造像」, 『漢唐之間的宗教藝術與考古』(文物出版社, 2000년판), 89~135쪽.
81) 孫華, 「四川綿陽平陽府君闕闕身造像」, 『漢唐之間的宗教藝術與考古』(文物出版社, 2000년판), 89~135쪽.
82) 雷玉華 等, 「四川汶川出土的南朝佛教石造像」, 『文物』 2007년 제6기.

[6-42] 사천 문천현 출토 삼존상 (『四川出土南朝佛教造像』) [6-43] 성도 상업가 출토 3호 배병식 삼존상(『四川出土南朝佛教造像』) [6-44] 성도 상업가 출토 2호 배병식 삼존상 (『四川出土南朝佛教造像』) [6-45] 성도 상업가 출토 4호 배병식 삼존상(『四川出土南朝佛教造像』)

④ 상업가 출토의 성도 고고연구소 번호 90CST⑤: 4호 삼존상.[83]
⑤ 문천현 출토의 문천현 문물관리소 소장 번호 1198호 삼존상(앞 그림 4-87).[84]

위의 5존 불상 중 번호 1200번과 90CST⑤: 3호, 두 작품의 협시는 주존의 체구와 비교해 보면, 사천 지역 5세기 후반의 작품과 비슷하므로 조성 시기도 5세기 후반으로 보는 것이 타당하다. 좀 더 살펴보면 1200번 주존이 입은 '포의박대식' 법의의 상현 아래쪽은 3판식瓣式이며, 아울러 두 개의 대칭적인 '아래로 드리워진 뾰족한 것'이 있는데, 이것 역시 사천 지역의 소제蕭齊 시기 기년불상의 특징이다. 또한 이 불상 좌측의 비교적 잘 보존되어 있는 협시보살의 체구는 매우 작은데, 비교적 큰 머리, X자형 천의, 보관寶冠 형태 등은 모두 무현茂縣에서 출토된 제 영명 원년 상 좌측에 있는 보살상과 유사하므로(앞 그림 5-61), 조성 시기는 제 영명 원년 상과 비슷할 것이다.

번호 90CST⑤: 3, 협시와 주존의 체구 비율은 번호 1200의 조상과 거의 같지만, 이 작품의 주존의 상현에는 이미 대칭적인 '아래로 드리워진 뾰족한 것'이 없다. 상현의 구조는 비교적 도식화되었고, 조형은 소량 시기 불상에 더욱 가까워졌으며, 소제 시기의 상현만큼 사실적이지는 않다. 이 불상의 조성 시기는 1200호보다 약간 늦어서 소제 시기와 소량 시기 사이의 조형적인 전환기 작품으로 볼 수 있다.

번호 90CST⑤: 2와 번호 90CST⑤: 4의 협시와 주존의 체구 비율은 현저하게 증대되었으며, 상현 구조는 소량 시기의 불상에 가까워 이 두 불상은 번호 90CST⑤: 3보다 약간 늦은 소량 초기에 조성되었을 것으로 보인다. 현존하는 소량 시기 최초의 기년 상인 천감 3년명(504) 석법해 조상은 1불 2제자 2보살로 구성되어 있지만, 1불 2보살은 고부조 형식으로, 2제자는 저부조 형식으로 조성되어, 조상의 주체가 삼존상 형식임을 강조하고 있다. 천감 10년명(511) 왕주자王州子 조상이 보여 주는 1불 4보살 조합의 5존상은 모두 고부조 형식으로 표현되었다.

번호 1198호의 불삼존상은 불상이 '변화된 포의박대식' 법의를 입었다는 이 두드러진 특징을 근거로 판단해 보면, 조성 시기는 6세기 중반, 이뿐만 아니라 협시의 비교적 큰 체구 조성, 불상의 나발, 목 부위

---

83) 張肯馬·雷玉華, 「成都市商業街南朝石刻造像」, 『文物』 2001년 제10기.
84) 雷玉華 等, 「四川汶川出土的南朝佛教石造像」, 『文物』 2007년 제6기.

[6-46] 서하 중102굴(費泳 촬영)

에 새겨진 세 줄의 선, 몸에 착 달라붙은 법의 등의 특징들 역시 6세기 중반 사천 지역의 불상 조형에 부합한다. 이는 사천 지역의 삼존상 표현 형식이 6세기 이후 주류는 아니었으나 6세기 중반까지도 지속되었음을 보여 준다.

성도를 대표로 하는 사천 지역에서 5세기 후반에 유행했던 불삼존상의 표현 형식은 건강(남경)의 존상 구성 형식과 기본적으로 일치한다. 소제 시기 영명 연간에 건립되기 시작한 서하산 무량전 대불大佛이 바로 1불 2보살로 구성된 불삼존상이다. 장언원의 『역대명화기』에는 동진의 대규가 무량수불과 보살을 만들었다는 기록이 있다. 그러나 남경 덕기광장에서 출토된 6세기 전반의 금동불이 여전히 삼존상 위주인 점으로 볼 때, 동 시기에 성도 지역에서 만든 존상 구성의 수량은 많이 늘어났으며, 더 이상 삼존상에만 한하지 않았다. 서하산 천불암에서 북향에 있는 102굴은 불좌상을 중심으로 한 칠존상으로 구성(이 중 주존의 양쪽에서 가장 가까운 한 쌍은 파손되었음)되어 있는데, 시멘트가 벗겨진 후 1불 2제자 2보살 2역사의 구성임이 드러났으며, 중102굴과 인접한 하004굴에는 주존불을 포함한 10여 존상의 구성이 출현했는데, 조성 시기는 6세기 전반으로 추정된다.[85] 이러한 예를 볼 때, 성도 지역에서 6세기 전반에 존상 구성의 수가 증가한 것은 건강의 영향을 받았다고도 볼 수 있다.

'두리새김된 독존상'은 사천 지역에서는 6세기 중반이나 6세기 후반에 성행한 표현 형식으로, 아육왕상이 입은 표준적 '통견식' 법의를 제외한 나머지 독존상은 대부분 '포의박대식' 혹은 '변화된 포의박대식' 법의를 입고 있는데, 그중 '변화된 포의박대식'이 큰 비중을 차지한다.

표준적인 '통견식' 법의는 서안로에서 출토된 양 태청 5년명(551) 두승일杜僧逸 조상을 예로 들 수 있다(앞 그림 5-82). 이 불상은 가사 오른쪽 옷자락이 왼쪽 어깨에만 감겨 있고 왼쪽 팔과는 상관없는데, 이는 불교 율전 규제를 엄격히 지킨 착의법이다.[86] 의정義淨은 그의 『남해기귀내법전南海寄歸內法傳』에서 아육왕상을 사문 착의 범례로 삼았다. "만약 존용尊容을 대한다면, 일을 단정히 하고, 옷의 오른쪽 모서리를 가지고 넓게 펼쳐 왼쪽 어깨에 걸치고 등 뒤로 늘어뜨려야지, 팔꿈치 위에 두어서는 안 된다. 띠를 묶고 싶다면 가사를 양어깨에 걸치고, 끈을 안쪽으로 매듭지어 어깨 뒤로 돌아가서 벗겨지지 않도록 해야 한다. 옷자락을 어깨에 덮으면 옷은 자연히 목을 감싸게 된다. 양손을 아래로 내리고 한쪽 옷자락을 앞으로 내미는 것이 바로 아육왕상의 격식이다."[87]

성도 만불사에서 출토된 아육왕상은 모두 7존인데, 그중 독존 불입상은 5존, 두상은 2점이다.[88] 이들 아육왕상 가사의 오른쪽 모서리는 모두 양 태청 5년 두승일이 만든 아육왕상처럼 왼쪽 어깨에 놓여 있는

---

85) 費泳, 「南朝佛教造像研究」(南京藝術學院 2001年 碩士學位論文), 3~18쪽.
86) 費泳, 「佛像袈裟的披著方式與"象鼻相"問題」, 『敦煌研究』 2008년 제2기.
87) 『大正藏』 第54冊, No.2125.
88) 袁曙光, 「四川省博物館藏萬佛寺石刻造像整理簡報」, 『文物』 2001년 제10기.

것을 분명하게 볼 수 있다. 만불
사 출토의 WSZ24번(앞 그림 5-68),
WSZ25번, WSZ27번, WSZ28번,
WSZ46번의 아육왕상도 같다.

'포의박대식'으로 입은 두리새
김의 독존 불입상은 성도 만불
사에서 출토된 불상 중에도 있는
데, 이러한 불상의 가사는 오른
쪽 옷자락 모서리를 포함한 오른
쪽 옷자락은 왼쪽 팔꿈치에 걸
쳐져 있다. 만불사에서 출토된

[6-47] 만불사 출토 WSZ27번 입불(『四川出土南朝佛敎造像』)

[6-48] 만불사 출토 WSZ9번 입불(『四川出土南朝佛敎造像』)

[6-49] 만불사 출토 WSZ6번 입상(『四川出土南朝佛敎造像』)

WSZ8번 대동 3년명(537) 조상, WSZ9번과 WSZ11번 등은 모두 '포의박대식'으로 입은 두리새김의 독존불입
상이 그 예이다.

'변화된 포의박대식'을 입은 두리새김의 독존 불입상은 성도 만불사에서 출토된 불상에서 두드러지게
나타난다. 이러한 불상들과 아육왕상의 착의법에서 보이는 근본적인 차이점은 '변화된 포의박대식' 가사
의 오른쪽 옷자락이 이전의 '포의박대식'이 왼쪽 팔꿈치에 걸친 것을 토대로 하며, 위로 올려 왼쪽 팔과 왼
쪽 어깨를 함께 덮었으며 옷깃 둘레도 위로 올려 '포의박대식'보다 더욱 조여진 것이다. 옷깃 둘레에는 승
기지의 위쪽 가장자리가 나타나 있고, 일부 불상은 여전히 가슴과 배에 띠 장식이 남아 있다. 만불사에서
출토된 WSZ10번(앞 그림 6-20), WSZ1번 중 대통 원년명(529) 조상(앞 그림 6-18), WSZ6번, WSZ3번, WSZ2번, WSZ4번
의 '변화된 포의박대식' 두리새김의 독존 불입상이 그 예이다.

7. 보살의 영락, 보관, 지물의 변화

성도로 대표되는 사천 지역의 남북조시대 보살상의 복식에 나타난 영락[89]은 대략 다음의 변화 과정을
보여 준다.

약 6세기 초 이전에는 주로 X자형 천의를 위주로 하였는데, 천의가 복부에서 교차한 곳에는 아직 원형
의 물건이 나타나지 않는다. 제 영명 원년명 석현숭 조상(보살은 이 조상비 양측에 새겨져 있음), 제 영명 8년명 법해
조상, 제 건무 2년명 법명 조상들이 그 예이다. 약 6세기 초반에도 여전히 주로 X자형 천의를 하고 있는
데, 천의가 교차한 복부에 떡 형태의 원형 물건이 나타난다. 양 천감 3년명 석법해 조상, 양 천감 10년명
왕주자 조상이 그 예이다. 대략 6세기 중반이 되면, X자형 천의 위에 X자형 영락이 장식되는데, X자형 천

---

89) 역자 주: 瓔珞은 진주, 옥, 금속 등을 끈으로 꿰어서 목이나 가슴 등에 늘어뜨린 목걸이, 가슴치레걸이라고도 한다.

[6-50] 성도 서안로 출토 H1:2번 조상 (『四川出土南朝佛教造像』)   [6-51] 문천 출토 1197번 쌍보살 (『四川出土南朝佛教造像』)

의와 영락이 교차된 곳에는 떡 형태의 원형 물건이 장식되어 있다. 양 보통 4년명 강승 조상, 만불사 중대통 5년명 상이 그 예로, 만불사 보통 6년명 상과 같이 이전의 X자형 천의와 떡 형태의 원형 장식은 여전히 이어졌다. 6세기 후반경에는 만불사 천화 2년명 보살좌상처럼 영락의 표현 형식이 복잡해지는 추세를 보인다.

보살 보관寶冠의 경우, 낮은 것에서 높은 것으로 발전하는 추세를 보인다.

6세기 이전에는 보살의 보관 형식은 비교적 다양했다. 제 영명 원년명(483) 석현숭 조상비의 좌측면 보살입상(앞 그림 5-61)과 같이 고인도 보살의 부건관敷巾冠(두건을 펼쳐서 쓴 관)과 유사한 것이 있고, 제 영명 8년명(490) 석법해 조상(앞 그림 6-30)처럼 삼면관三面冠을 한 것도 있으며, 제 건무 2년명(495) 법명 조상 주존의 우측 보살(앞 그림 5-16)처럼 머리카락을 쌍계로 묶어 만든 낮고 작은 보관을 한 것도 있다.

6세기 이후가 되면서, 시간이 지나감에 따라 보살의 보관이 뚜렷하게 높아지는 추세였다. 천감 3년명(504) 법해 조상 주존의 우측 보살(앞 그림 4-102), 천감 10년명(511) 왕주자 조상 주존의 우측 보살(앞 그림 4-41), 보통 4년명(523) 강승 조상 주존의 우측 보살(앞 그림 4-42), 중대통 2년명(530) 조상(앞 그림 5-62), 중대동 3년명(548) 조상 주존(앞 그림 6-15) 등이 그 예이다.

보살이 손으로 쥔 지물持物의 경우, 실물 자료에 따르면 6세기 이전에는 제 영명 8년명 석법해 상 주존의 우협시보살(앞 그림 4-101), 건무 2년명 법명 조상 주존의 좌협시보살과 같이 복숭아 모양의 물건을 가지고 있는 것, 제 영명 8년명 석법해 상 주존의 좌협시보살과 이 상의 뒷면에 있는 주존의 좌협시보살과 같이 정병淨瓶을 가지고 있는 것이 있다. 제 영명 8년명 석법해 상 주존의 좌협시보살과 이 상의 뒷면에 있는 주존의 우협시보살과 같이 발鉢 모양의 물건을 가진 것이 있다.

6세기에 들어와 사천 지역 보살들의 지물은 이전의 기초 위에 새로운 것이 더해졌는데, 양 천감 3년명(504) 석법해 상 주존의 좌협시보살(앞 그림 6-31)처럼 연꽃봉오리를 든 것, 중대통 5년명(533) 상관법광上官法光 조상造像 주존의 바깥쪽 양옆 2협시보살(앞 그림 5-7)과 중대동 3년명(548) 법애法愛 조상 주존의 바깥쪽 2협시보살(앞 그림 6-15)처럼 불진拂塵(번뇌 따위를 물리치는 표지로 쓰는 총채)을 든 것, 성도 고고연구소 H1:2호 조상[90]과 문천汶川에서 출토된 1197번 쌍보살 중 우측보살[91]과 같이 버드나무 가지를 든 것, 중대통 2년명(530) 황장晃藏 조상 주존의 우협시보살(앞 그림 5-62)과 중대동 3년명(548) 법애 조상 주존의 양측 2협시보살(앞 그림 6-15)과 같이 원형의 물건을 든 것이 있다.

---

90) 四川博物院 等 編著, 『四川出土南朝佛教造像』(中華書局, 2013년판), 도판55-1.
91) 雷玉華 等, 「四川汶川出土的南朝佛教石造像」, 『文物』 2007년 제6기.

제7장

한반도 삼국시대 불교조상에 보이는 남조의 영향

1. 한반도 삼국시대 불교조상의 일본 전파

　불상문화가 중국에서 일본으로 전파된 경로를 알아보기 위해서는 '직접 전파'와 한반도를 통한 '간접 전파'라는 두 가지 전파 방식을 포괄적으로 살펴봐야만 한다. 일본의 다이카 개신(大化改新, 645) 이전에는 대부분 민간에서 사적인 방식으로 이루어진 직접 전파 방식이었다. 예를 들면 3세기경에 오吳에서 만든 불식경佛飾鏡(불상이 장식된 거울)의 일본 수출과 소량蕭梁 시기 사마달司馬達이 일본에 가서 절을 짓고 불상을 만든 것 등이 그것이다. 이러한 직접 전파 방식과는 달리 한반도를 통한 간접 전파에 대해서는 일본 정사正史에 많이 기록되어 있다.(표 7-1) 다이카 개신 이후, 일본은 중국에서 불상을 직접 수용할 수 있는 정책적 환경을 갖추었다. 여기에 더해 한반도 정세가 급변하면서 한반도는 점차 중간 매개자로서의 지위가 실추되었다. 그리하여 일본은 중국에서 직접 불상을 받아들이게 되었다.

　해동 지역에 현존하는 불교조상의 실물을 보면, 한반도 삼국시대에는 금동 및 석조상이 많은 반면 비

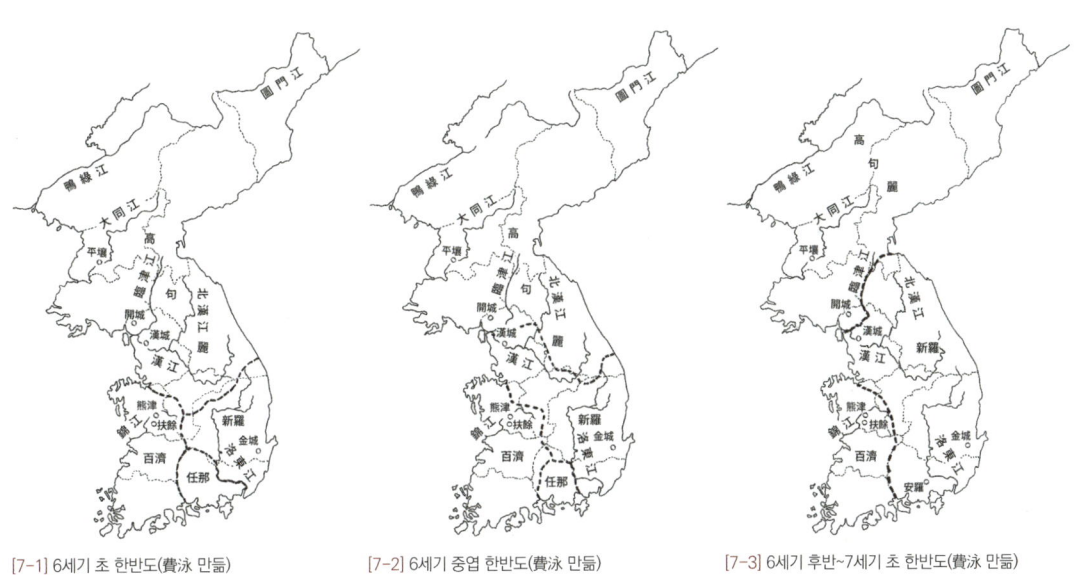

[7-1] 6세기 초 한반도(費泳 만듦)　　[7-2] 6세기 중엽 한반도(費泳 만듦)　　[7-3] 6세기 후반~7세기 초 한반도(費泳 만듦)

록 일부 옻칠상이 한반도에서 온 것으로 보기도 하지만, 칠상漆像은 드물었다.[1] 일본의 아스카시대에는 금동상이 비교적 많고 동시에 옻칠상도 다수 나타난다. 하쿠호시대에는 금동상이 대부분이며, 옻칠상은 줄어드는 추세였는데, 덴표(天平)시대(710~794)에 옻칠상이 유행하는 추세였다. 이러한 현상이 나타난 원인은 지역별로 특수한 지리적 여건과 관련이 있을 것으로 보인다. 남조의 동진 때 대씨戴氏 부자가 만든 협저상夾紵像이 성행했다는 점으로 미루어 볼 때[2] 해동 지역의 옻칠상이 남방의 육조와 밀접한 관련이 있었을 가능성도 배제할 수 없다. 왜냐하면 옻칠상은 십육국과 북조에서 특히 잘 만들지 않았기 때문이다. 게다가 한반도와 일본의 초기 기년명 조상은 모두 남조의 양식적 특징을 보이고 있으며, 특히 7세기 중반 이전에는 해동 지역과 남조 불교조상의 연원 관계가 두드러지게 나타나고 있기 때문이기도 하다.

〈표 7-1〉 한반도의 일본 불교문화 수출 및 관련 기록

연대	사건
게이타이(繼體) 16년(522)	(불교의 사적 전파) 소량 사람 사마달司馬達이 일본에 가서 사찰을 짓고 불상을 만들었다.
긴메이(欽明) 7년(538)	(불교의 공적 전파) 『상궁성덕법왕제설上宮聖德法王帝說』: 백제가 불상과 경론經論을 바쳤다.
긴메이 13년(552)	『일본서기』: 백제 성명왕聖明王이 서부西部 희씨姬氏 달솔達率 노리사치계怒喇斯致契 등을 보내어 석가불금동상 1구와 약간의 번개幡蓋, 약간의 경론을 바쳤다.
비다쓰(敏達) 8년(579)	10월, 신라가 지질정枳叱政 내말奈末을 보내 조調를 바치고, 아울러 불상을 보냈다.
비다쓰 13년(584)	9월, 백제에서 온 가후카노오미(鹿深臣)가 미륵상 1구를 가져왔고, 사헤키노무라지(佐伯連)가 불상 1구를 가지고 왔다.
스슌(崇峻) 원년(588)	백제국이 사신과 승려 혜총惠總, 영근令斤, 혜식惠寔 등을 보내 불사리를 바쳤다. 백제국이 은솔恩率 수신首信, 덕솔德率 개문蓋文, 나솔那率 복부미신福味身 등을 보내어 조調를 바치고 아울러 불사리와 승려 영조율사聆照律師, 영위令威, 혜중惠衆, 혜숙惠宿, 도엄道嚴, 영개令開 등과 사공寺工 태량미태太良未太[3], 석가제미昔麻帝彌, 화공 백가白加를 바쳤다. 소가노 우마코노 스쿠네(蘇我馬子宿禰, 551~626)는 백제 승려 등에게 청하여 수계受戒(붓다의 가르침을 받는 사람이 반드시 지켜야 할 계율을 받음)의 법도를 물었고, 그리고 젠신노아마(善信尼, 574~?) 등을 백제국 사신 은솔 수신 일행에 딸려 보내 가서 학문을 배우고 오도록 하였다. 아스카노기누누이노미야쓰코(飛鳥衣縫造)의 조상 코노하(樹葉)의 집을 부수고, 처음으로 법흥사法興寺(호코지)를 지었다.
스슌 3년(590)	3월, 학문을 하러 떠났던 비구니 젠신노아마 등이 백제에서 돌아왔다. 사쿠라이지(櫻井寺)에 머물게 하였다.

---

1) 옻칠상은 대략 세 종류로 나눌 수 있다. 옻칠상이란 조상 본체 위에 삼베나 모시에 여러 겹의 옻칠을 하고 여러 번 겹친 것을 다시 건조시키는 과정을 통해 불상을 완성하는 것이다. 이와 같은 공예기법으로 완성된 조상을 중국에서는 夾紵像이라 하고, 일본에서는 幹漆像이라고 한다. 협저상은 脫胎와 不脫胎 두 종류로 나눌 수 있는데, 그중 '불탈태'라는 것은 조상 본체 대다수가 목질이므로 일본에서는 木芯幹漆이라고 한다. 이 밖에 모시를 사용하지 않고 나무에 직접 조각하고, 조상의 표면에 몇 차례 옻칠을 한 후에 金箔을 붙인 목조 옻칠상도 있다. 일본에 현존하는 아스카-하쿠호 시대의 목조불상 중 호류지(法隆寺)의 백제관음상과 같은 것은 나무를 본체로 해서 만든 모시 공예에 속하며, 고류지(廣隆寺)에 있는 스이코 11년(603)의 寶冠菩薩半跏像은 목조칠상에 속한다. '탈태' 모시 공예 기법으로 만든 조상은 일본에서는 다소 늦게 만들어졌는데, 예를 들면 덴표시대의 鑒眞像과 고후쿠지(興福寺)의 십대 제자와 八部衆像이 그것이다.
2) 大村西崖, 『支那美術史彫塑篇』(國書刊行會, 1972년판), 130쪽.
3) 감수자 주: 원문에는 "文賈古子, 鑪盤博士, 將德, 白昧淳, 瓦博士, 麻奈文奴와 陽貴文, 悛貴文"이라는 내용이 있으나 본서에는 빠져 있음.

연대	사건
스이코(推古) 3년(595)	5월, 고구려 승려 혜자惠慈가 귀화했다. 즉시 황태자의 스승으로 삼았다. 이해에 백제의 승려 혜총惠聰이 왔다. 이 두 승려는 불교를 널리 퍼뜨려 나란히 삼보三寶의 동량棟梁이 되었다.
스이코 6년(598)	(隋 開皇 18) 수 문제는 고구려를 공격하였으나 중도에 그만두었다.
스이코 8년(600)	(개황 20) 일본은 처음으로 제1차 견수사遣隋使를 파견하였다.
스이코 10년(602)	10월, 백제의 승려 관륵觀勒이 내조하여, 역서曆書, 천문지리서, 둔갑遁甲 방술方術 관련 서적을 바쳤다. 이때 서생書生 서너 명을 뽑아서 관륵에게 학습하게 하였다. 야코노후비토(陽胡史)의 선조인 타마후루(玉陳)는 역법을 배웠고, 오토모노스구리 코소(大友村主高聰)는 천문과 둔갑을 배웠으며, 야마시로오미 히타치(山背臣日立)는 방술을 배웠다. 모두 학업을 성취하였다. 윤10월 을해삭 기축(15일)에 고구려 승려 승륭僧隆, 운총雲聰이 함께 귀화하였다.
스이코 13년(605)	4월 신유삭(1일)에 천황이 황태자, 대신 및 제왕, 제신에게 함께 서원을 발표하고, 구리와 비단의 장육불상(銅繡丈六佛像) 각각 한 구를 만들도록 명하였다. 이에 구라쓰쿠리노 도리(鞍作鳥)에게 명하여 불상을 만드는 공인으로 삼았다. 이때 고구려 대흥왕大興王은 일본국 천황이 불상을 만든다는 소식을 듣고 황금 삼백 량을 보내왔다. 대업大業(수나라 연호) 이래 (신라는) 해마다 수나라에 조공을 바쳤다. 신라는 험난한 산이 많아 비록 백제와 멀어졌지만 백제는 신라를 도모할 수 없었다.
스이코 15년(607)	(수 대업 3) 일본은 제2차 견수사를 파견했다. (대업 3) 황제는 고구려의 동정을 염탐하도록 했다. 그러나 장장璋은 내심 고구려와 화친하고자 속일 마음을 가지고 중국을 엿본 것이었다.
스이코 16년(608)	(대업 4) 일본은 제3차 견수사를 파견했다.
스이코 17년(609)	4월, 축자대제築紫大宰가 "백제 승려 도흔道欣과 혜미惠彌를 우두머리로 한 10명과 속인俗人 75명이 히고노쿠니(肥後國)의 아시키타(葦北)에 도착하였습니다"라고 주상하였다. 이때 나니와노키시 도코마로(難波吉士德摩呂)와 후나노 후비토타쓰(船史龍)를 파견하여 "어찌하여 왔는가?"라고 물었다. "백제왕이 명하여 구레노쿠니(吳國)에 보내졌으나, 그 나라에 전란이 있어 들어가지 못하였습니다. 그리하여 고향으로 돌아가는데 홀연 폭풍을 만나 바다를 떠돌아다니게 되었습니다. 다행스럽게도 성제聖帝의 변경에 도착하게 되어 기쁩니다"라고 대답하였다.
스이코 18년(610)	(대업 6) 일본은 제4차 견수사를 파견했다.
스이코 20년(612)	백제에서 온 귀화자가 있는데, 그 얼굴과 몸 전체에 하얀 반점이 있었다. 혹 백라白癩에 걸린 사람인가, 보통 사람들과 달라 사람들이 싫어해서 바다 가운데 섬에 버리려고 했다. 하지만 그가 "만약 하얀 반점이 있는 피부가 싫다면, 흰 반점이 있는 소와 말은 귀국에서 사육하지 말아야 합니다. 또한 신은 작은 재주가 있어 산악과 같은 모습을 만들어 낼 수 있습니다. 그래서 저를 여기에 머무르게 하여 쓴다면 국가에 반드시 이로운 점이 있을 것입니다. 어찌하여 섬에 버리려고 하십니까?"라고 말하였다. 그 말을 듣고 그만두었다. 그리하여 그에게 수미산須彌山 형태와 오교吳橋를 남쪽 뜰에 만들도록 명했다. 당시 사람들은 그를 미치노코타쿠미(路子工)이라고 불렀고, 시키마로(芝耆摩呂)라고도 불렀다. 또 백제인 미마시(味摩之)가 귀화하여 "오나라에서 배워서 기악무伎樂儛를 출 줄 안다"고 말했다. 즉시 그를 사쿠라이(櫻井)에 살게 하고 소년들을 모아 기악무를 배우라고 명했다. 이때 마노노오비토 데시(眞野首弟子)와 이마키노아야히토사이몬(新漢齊文) 두 사람이 배워서 그 춤을 전수하였다. 이것이 바로 지금의 오호치노오비토(大市首)와 사키타노오비토(辟田首) 등의 선조다. (대업 8) 수 양제가 고구려를 1차 공격했다. (대업 7) 양제는 고구려에 친정했는데, 백제의 여장餘璋은 그의 신하 국지모國智牟를 사신으로 보내와 출군 시기를 알려 달라고 요청하였다. 양제가 무척 기뻐하며 후한 상을 내렸다.

연대	사건
스이코 20년(612)	또한 상서기부랑尙書起部郞 석률席律을 백제로 보내 (백제 왕과) 함께 논의케 하였다. 이듬해 (대업 8, 612), 여섯 군대가 요수遼水에 이르자 장장張璋 또한 변경에 군사를 보내 빈틈이 없도록 하였다. 말로는 수나라 군사를 돕는다고 했으나 실은 양다리를 걸친 것이었다. 갈수록 신라와 금이 생겨 해마다 서로 싸웠다.
스이코 21년(613)	(대업 9) 수 양제가 고구려와 전쟁을 벌였다.
스이코 22년(614)	(대업 10) 일본은 제5차 견수사를 파견했다. 수 양제가 다시 고구려와 전쟁을 벌였다. 백제는 다시 수나라에 사신을 파견하여 조공을 바쳤다. 이후 천하가 혼란에 빠지자 사절단은 점차 끊어지게 되었다.
스이코 24년(616)	7월, 신라는 내말奈末 죽세사竹世士를 보내어 불상을 바쳤다.
스이코 26년(618)	고구려가 일본에 사신을 파견하여 수나라와 전투 중에 포획한 사람, 북, 피리, 쇠뇌, 투석기 같은 종류의 방물 10개와 토산품, 낙타 한 필을 진상하였다.
스이코 30년(622)	쇼토쿠다이시(聖德太子)가 죽었다.('天壽國繡帳'을 발원함)
스이코 31년(623)	7월, 신라가 대사大使로 내말奈末 지세이智洗爾를 보내고 임나가 달솔내말達率奈末 지智를 파견하여 함께 입조하였다. 그리고 불상 1구 및 금탑, 사리, 대관정번大灌頂幡 1구, 소번小幡 12개를 바쳤다. 곧바로 불상은 가도노(葛野) 하타데라(秦寺)에 모시고 나머지 사리와 금탑 및 관정번 등은 모두 시텐노지(四天王寺)에 안치하였다. 이때 대당에 있던 학문승인 에사이(惠濟), 에코(惠光) 및 의원醫員 에니치(惠日)와 후쿠인(福因)들이 모두 지세이智洗爾를 따라 귀국하였다. 신라가 임나를 정벌하자, 일본은 신라를 위압하기 위해 군대를 보냈다.
스이코 32년(624)	4월, 천황은 백제 승려 관륵觀勒을 승정僧正으로, 구라쓰쿠리노 도쿠샤쿠(鞍部德積)를 승도僧都로, 아즈미노무라지(阿曇連)를 법두法頭로 삼았다. 당시 일본에는 절이 46개, 승려는 816명, 비구니는 569명이 있었다.
스이코 33년(625)	정월 임신삭 무인(7일)에 고구려왕이 승려 혜관惠灌을 보내니 이에 그를 승정僧正에 임명하였다.
스이코 34년(626)	소가노 우마코(蘇我馬子)가 죽었다.
스이코 36년(628)	스이코 여황(推古女皇)이 죽었다.
조메이(舒明) 2년(630)	(唐 貞觀 4) 일본은 제1차 견당사遣唐使를 파견했다.
조메이 3년(631)	(정관 5) 태종은 광주도독부廣州都督府 사마司馬 장손사長孫師를 보내어 수대隋代에 전사한 해골을 거두어 묻어 주고, 고구려가 세워 놓은 경관京觀(戰功을 기념하기 위하여 세운 합동 무덤)을 헐어 버리라는 조서를 내렸다. 고구려의 고건무高建武는 그 나라(당나라)가 벌하는 것을 두려워하여 장성을 쌓았는데, 동북쪽 부여성으로부터 남서쪽의 바다에 이르기까지 천여 리나 되었다.
조메이 12년(640)	(정관 14) 고건무는 그의 태자 환권桓權을 파견하여 입조토록 하여 토산품을 바치자, 태종은 극진히 치하하였다.
조메이 13년(641)	조메이 천황(舒明天皇)이 죽었다.
고토쿠(孝德) 다이카 원년(645)	(정관 19) 당 태종은 6군을 친히 통솔하여 고구려를 공격하였다. 그리고 태종이 고구려를 친히 정벌하자 백제가 두 마음을 품고서 허술함을 틈타 신라의 10성을 무너뜨렸다. 22년에 또다시 10여 개의 성을 격파했다. 수년 동안 조공이 끊어졌다.

연대	사건
고토쿠 다이카 4년(648)	(정관 22) 당 태종은 고구려를 공격하여 수많은 고구려 포로를 잡았다. 태종은 또한 강남에 큰 배를 만들어 고구려를 재차 공격하라 명하였으나, 이를 행하지 못하고 황제가 붕어했다. 고종이 왕위를 계승하여 고구려를 정벌하려 하였으나, 크게 성공하지 못하고 돌아왔다.
고토쿠 하쿠치(白雉) 4년(653)	(唐 永徽 4) 일본은 제2차 견당사를 파견했다.
고토쿠 하쿠치 5년(654)	(영휘 5) 일본은 제3차 견당사를 파견했다.
사이메이(齊明) 5년(659)	(唐 顯慶 4) 일본은 제4차 견당사를 파견했다.
사이메이 6년(660)	(현경 5) 백제는 나당연합군에 의해 멸망당했다.
덴지(天智) 2년(663)	(唐 龍朔 3) 백촌강白村江 전투에서 나당연합군이 백제·일본 연합군을 물리쳐 백제는 당나라의 관할 지역이 되었다.
덴지 4년(665)	(唐 麟德 2) 일본은 제5차 견당사를 파견했다.
덴지 5년(666)	(唐 乾封 원년) 당 고종高宗은 고구려 공격을 명하였다.
덴지 7년(668)	(唐 總章 원년) 고구려는 나당연합군에게 멸망당했다.
덴지 8년(669)	(총장 2) 일본은 제6차 견당사를 파견했다.
덴지 9년(670)	(唐 鹹亨 원년) 당나라와 신라가 전쟁을 시작했다.
덴무(天武) 5년(676)	(唐 儀鳳 원년) 당나라와 신라는 대동강을 경계로 다스렸고, 한반도는 통일신라시대로 접어들었다.
간표(寬平) 7년(895)	일본은 간표 6년(894)에 제19차 견당사를 파견한 이후 '안사安史의 난' 이후 당나라의 정세가 혼란에 빠지자, 간표 7년(895)에 견당사를 파견하지 않기로 결정했다.

위 문헌기록은 일본이 서기 600년 제1차 견수사를 파견하기 전에 이미 중국에 사절을 파견하였는데, 처음 파견한 시기는 동한까지 거슬러 올라가며 조조가 세운 위魏나라를 거쳐 이후 남방의 동진, 송, 제, 양과 교류를 가졌음을 보여 준다.

『구당서舊唐書』, 「동이東夷」:
일본국은 왜국의 별명이다. 그 나라는 해가 뜨는 곳에 있어서 일본이라 이름 붙였다. 혹은 '왜국이 스스로 그 이름이 아름답지 않다고 여겨 일본으로 고쳤다'고 했다. 혹은 '일본은 과거에는 작은 나라였는데, 왜국의 땅을 병합했다. 그 나라 사람으로 입조한 자가 대부분 자신의 나라가 크다고 자부하여 사실대로 대답하지 않았다. 그래서 중국이 이를 의심하였다'고도 했다. 혹은 '그 나라의 경계가 동서남북 각각 수천 리인데, 서쪽과 남쪽 경계는 모두 큰 바다에 이르고, 동쪽과 북쪽 경계는 큰 산이 있어 한계를 이룬다. 산 바깥은 곧 모인毛人의 나라다'라고 하였다.

『수서隋書』, 「왜국倭國」:
한나라 광무제光武帝 때(재위 25~57) 사신을 파견하여 입조하였고, 스스로 대부大夫라 칭했다. 안제安帝 때(재위 107~125) 또다시 사신을 파견하여 조공을 바치면서 왜노국倭奴國이라 했다. 환제桓帝와 영제靈帝의 재위 시기

(147~188)에 그 나라가 큰 혼란에 빠졌다.…… 위魏에서 제齊, 양梁에 이르기까지 대대로 중국과 왕래했다.

『북사北史』, 「왜倭」:
한나라 광무제 때 사신을 파견하여 입조하였고, 스스로를 대부라 칭했다. 안제 때 또다시 사신을 파견하여 조공을 바치면서 왜노국이라 했다. 영제靈帝 광화光和 때 그 나라가 혼란에 빠졌다.…… 위나라 경초景初 3년(239), 공손문의公孫文懿가 주살된 후에 비미호卑彌呼(히미코)가 처음 사신을 보내 조공을 바쳤다. 이에 위주魏主(위왕)는 금도장과 보라 비단을 하사했다. 정시正始 연간(240~248)에 비미호가 죽자, 다시 남자 왕을 세웠다. 그 나라 사람들이 복종하지 않고 다시 서로 죽이고 죽였다. 그리하여 다시 비미호 집안 여자인 대여臺與(도요)를 왕으로 세웠다. 그 후 남자 왕을 복립하고 중국에서 작위를 받았다. 강좌江左(강의 동쪽)에 역대로 진晉, 송宋, 제齊, 양梁이 세워졌는데, 조공이 끊이질 않았다.

『송서宋書』, 「왜국倭國」:
태조太祖 송宋 원가元嘉 2년(425), (왜의) 찬贊(산)은 또다시 사마조달司馬曹達(시바소타쓰)을 파견하여 표를 올리고 특산품을 바쳤다.

이 외에도, 7세기 초부터 다이카 개신(645)까지 약 반세기 동안 중국과 일본 양국은 상호 여러 차례 사신을 파견했다는 기록이 있지만, 그러한 기록 중에는 일본이 중국에서 직접 불상문화를 흡수했는지에 대한 명확한 기록은 없다.

이에 비해 일본 정사에는 한반도에서 불상을 들어왔다는 기록이 확실히 나타나 있는데, 이러한 기록들은 주로 일본 불교가 공식적으로 전래된 6세기 중반부터 하쿠호시대 이전인 7세기 중반까지 약 100년 동안의 것이다. 소량蕭梁 사람인 사마달과 그 후손들이 아스카시대 불교조상에 영향을 미쳤지만, 특히 도리(止利) 양식의 최종적인 완성에 헤아릴 수 없는 역할을 했다고 말할 수 있으나, 적어도 다이카 개신 이전에 일본의 공식적 차원에서는 불교조상의 도입은 물론이고 승려의 관리 방면에 있어서 한반도의 백제와 고구려에 대한 의존도가 높았다. 따라서 한반도 삼국의 불교조상의 지역적 특성을 명확하게 알아보는 것은 일본 아스카시대와 하쿠호시대의 불교조상의 양식적 기원을 이해하는 데 도움이 될 것이다.

2. 중국 전래 가능성이 있는 한반도 불상 몇 존

한반도에는 중국에서 전래되었을 가능성이 높은 불상이 몇 존 있다. 예를 들면, 서울 뚝섬에서 출토된 한국 국립중앙박물관 소장의 불좌상(앞 그림 2-49), 부여 신리新里에서 출토된 한국 국립부여박물관 소장의 불좌상, 한국 국립중앙박물관 소장의 금동반가사유상[4], 한국 국립중앙박물관 소장의 보살입상(국보 제 333호. 앞 그림 4-65) 등이다. 한반도에서는 거의 찾아볼 수 없는 이 불상 4점의 양식은 중국 불상 양식에 훨씬 더 가깝기

---

4) 감수자 주: 이 금동반가사유상의 진위 여부에 대한 논란이 여전히 진행 중이다.

때문에 중국에서 전해졌을 가능성이 매우 높다.

이 중 두 점의 불좌상은 앉은 자세, 수인, 법의 양식이 중국 동진·십육국시대의 불상과 유사하다. 현존하는 한반도의 삼국시대 '통견식' 불상은 많지 않으며, 게다가 이러한 '통견식' 불상은 일본 아스카, 하쿠호 시대에는 나타나지도 않았다. 한반도에서 '통견식' 불상이 크게 유행하기 시작한 것은 통일신라시대였다. 그러므로 뚝섬에서 출토된 이 불좌상은 동진·십육국 시기의 중국 불상과 형식적으로 매우 닮았기 때문에 4세기 중국에서 직접 전해졌을 가능성이 있

[7-4] 부여 신리 출토 불상
(『三國時代佛敎彫刻』)

[7-5] 국립중앙박물관 소장 반가상
(『古代朝鮮佛と飛鳥佛』)

다. 부여 신리에서 출토된 이 '통견식' 불상 역시 뚝섬의 불좌상과 비슷한 시기에 조성한 것으로 보인다.[5] 천축天竺(인도의 옛 이름)으로부터 중국에 전해진 '통견식' 법의는 외형상으로 볼 때는 부여 군수리軍守里에서 출토된 활석제불좌상滑石製佛坐像(보물[6] 329호)과 유사하지만, 활석제불좌상의 '변화된 포의박대식' 착의법과는 본질적으로 다르다. 현존하는 실물로 판단해 보면, 한반도 초기를 주도했던 불상은 중국 남방에서 만든 '포의박대식'과 '변화된 포의박대식' 불상으로, 이러한 불상은 대체로 6세기 중반부터 7세기 중반까지 계속해서 조성되었다. 물론 이 기간에 '우단식' 불상도 일부 나타나기도 한다. 천축의 불교조상은 중국을 거쳐 다시 해동 지역으로 전해졌는데, 비교적 큰 영향력을 가진 것은 중국에서 현지화 과정을 거쳐 다시 만들어진 조상 양식이라고 볼 수 있다.

위에서 언급한 2존의 보살상 중 금동반가사유상은 해동 지방에서 현존하는 최초의 독존 형식의 반가사유상으로, 북위의 5세기 작품일 것이라는 견해가 있다.[7] 이 작품은 지느러미처럼 펼쳐진 법의 주름을 가진 반가사유상의 양식이 한반도와 일본에서는 매우 드물고, 오히려 중국의 5세기 말 전후에 조성된 보살상의 법의 주름과 유사하긴 하지만, 이 조상이 분명히 북조에서 전래되었다고 증명할 만한 증거는 불충분하다. 조상에 보이는 다양한 요소들은 이 상이 오히려 중국 남조에서 전래된 것처럼 보여 준다.

① 고개지顧愷之는 「낙신부도洛神賦圖」에서 낙신의 옷차림을 나부끼는 모습으로 묘사했다. 남방에서는 이러한 양식을 불교조상 분야에 처음으로 응용했는데, 이를 바깥쪽으로 펼쳐진 옷 주름 혹은 지느러미 모양(魚鰭狀) 옷 주름이라 칭한다.

② 이 금동반가사유상의 관증(보관의 띠 장식)은 가로로 뻗었다가 늘어뜨려 마치 갈대가 꺾인 모습이다. 이러한 모습의 관증은 남조에서 성도成都 서안로西安路에서 출토된 것으로서, 제齊 영명永明 8년(490)에 법해法海가 만든 미륵상의 뒷면에 새겨진 미륵보살상(앞 그림 6-16)과 절강성박물관 소장 진화金華 만불탑萬佛塔에서 출

---

5) 부여 신리에서 출토된 '통견식' 좌불은 6세기 작품으로 여겨지기도 한다. 『三國時代佛敎彫刻』(國立中央博物館, 1990년판), 도판21 참고.
6) 역자 주: 원문에는 국보.
7) 『三國時代佛敎彫刻』(國立中央博物館, 1990년판), 도판103 및 이에 관한 설명.

토된 남조의 금동보살입상 등 비교적 이른 시기에 보인다. 북방 보살 중 이러한 형태의 관증이 나타난 것은 일본 개인 소장으로, 북위北魏 희평熙平 3년(518)에 담임曇任이 만든 관세음보살입상에서 처음 보인다.

③ 이 금동반가사유상의 보관과 두발 양식도 서안로에서 출토된 제 영명 8년(490)에 법해가 만든 미륵상의 정면에 있는 우협시보살상과 매우 유사하다(앞 그림 4-101). 보물[8] 333호 보살입상은 정수리의 머리카락이 3개로 묶여 있으며, 옷차림은 몸 양쪽을 따라 바깥쪽으로 펼쳐진 채 늘어져 있어서, 어떤 학자들은 북조 말기의 작품으로 본다.[9] 그러나 남경, 절강 등지의 남조 보살상에서 이것은 흔히 볼 수 있는 표현 형식으로, 남경 덕기광장에서 출토된 양梁 대통大通 원년 불상의 우협시보살상에서 비교적 이른 모습을 볼 수 있다. 또한 북조의 산동 청주, 맥적산에서도 정수리의 머리카락을 3개로 묶은 6세기 후반의 보살상의 예를 볼 수 있다. 보물[10] 333호 보살입상에 보이는 정수리의 3개로 묶은 머리카락은 북조가 아닌 건강建康에 원류를 두고 있다.

종합해 보면, 한반도에서 초기에 중국으로부터 전해졌을 가능성이 있는 불교조상의 출처를 고찰하려 할 때 남조를 소홀히 해서는 안 된다는 것이다.

3. 한반도 삼국시대와 중국 남조 불교조상의 밀접한 관련성

실물 자료에 따르면, 한반도에서 나타난 조형적 특징이 뚜렷한 불상은 처음부터 '포의박대식' 법의로 대표되는 중국의 '남방식' 불상의 특징을 띠고 있다.(표 7-2)

이 불상들은 모두 가사의 오른쪽 옷자락을 왼쪽 팔뚝에 펼쳐 놓고, 왼손은 손가락 2개를 편 채 여원인與願印 자세를 취하고, 오른손은 시무외인施無畏印을 결하였다. 이것은 5세기 말부터 6세기 중반에 중국 남방에서 유행하였으며, 또한 북조에까지 전파된 '포의박대식' 불상의 전형적인 양식이다. 만일 '포의박대식' 불상이 5세기 말 6세기 초의 운강雲崗, 용문龍門, 공현鞏縣의 석굴 조상에서도 성행했다면 한반도의 이러한 유형의 불상이 중국의 남조 또는 북조의 영향 중 구체적으로 어느 곳의 영향을 받았다고 단정하기는 어려웠을 것이다. 그렇다면 한반도에서 '포의박대식' 불상과 동시에 많이 나타난 '변화된 포의박대식' 불상, 즉 '남방식 불상 장엄조상 루트'(南式佛裝造像帶)에 있는 불상 양식은 적어도 한반도에 미친 영향력이 북조의 동위와 북제의 정치중심지 인근에 있는 석굴사보다 훨씬 더 컸다는 것을 보여 준다.[11] 중국 북방에 원류를 둔 '어깨의 반만 법의로 덮는 방식'과 '법의가 수직으로 떨어진 통견식' 불상은 중국 남방에서 유래한 '포의박대식'과 '변화된 포의박대식' 불상과 서로 비교해 보면, 한반도에서 상대적으로 늦게 유행하였다.

---

8) 역자 주: 원문에는 국보.
9) 王衛明, 「中國南朝佛敎彫刻基本樣式論稿」, 『硏究紀要』 창간호(日本文理大學太平洋地域硏究所, 1990), 85~116쪽.
10) 역자 주: 원문에는 국보.
11) 6세기 중반 이후, '남방식 불교장엄조상 루트' 상의 불상에 '변화된 포의박대식' 법의가 유행했을 때, 동위와 북제 정치 중심지 부근의 석굴사 불상에는 '부탑쌍견하수식'(법의가 양어깨를 걸치고 아래로 흘러내린 방식) 법의가 유행했다. 예를 들면 일본의 '야마다덴노조'(山田殿像)명 아미타삼존상 불의가 바로 '법의가 수직으로 떨어진 통견식' 법의 양식이다.

〈표 7-2〉 한반도 초기의 '포의박대식' 불상 상례

국가 혹은 지역		불상 예	조성 연대	출처	불상의 특징
한반도	고구려		연가延嘉 7년 기미년(539) 고구려 낙랑樂浪 동사東寺의 승려가 만든 금동불삼존상[12]	경주[13] 출토	가슴과 복부에 띠 매듭이 없고, 나발螺髮임
			계미명(563) 금동불삼존상	한국 간송미술관 소장	가슴과 복부에 띠 매듭이 없고, 소발의 육계肉髻를 지님
	백제		6세기경의 정지원명鄭智遠銘 금동불삼존상	충남 부여군 부소산성 출토	소발의 육계
			6세기경[14]	충남 서산시 운산면 보원사지 출토	좌임左衽의 통견 방식으로 법의를 입었는데, 가슴과 복부에 띠 매듭은 없음. 소발의 육계를 지님
	신라		6세기경[15]	전 경주 황룡사지 출토	

---

12) 감수자 주: 금동불삼존상이 아니라 금동불입상임.
13) 감수자 주: 출토지는 경주가 아니라 경상남도 의령임.
14) 『三國時代佛敎彫刻』(國立中央博物館, 1990년판), 36쪽, 도판17.
15) 『三國時代佛敎彫刻』(國立中央博物館, 1990년판), 83쪽, 도판55.

'변화된 포의박대식' 불상이 동쪽으로 한반도에 전파되는 경로는 남조 → 한반도, 또는 남조 → 산동 청주 → 한반도 등 두 개의 루트가 있을 수 있는데, 청주 지역의 불교조상이 남조에서 유래되었던 점을 고려한다면[16], 한반도 불교조상에 영향을 준 본원은 역시 남조라고 할 수 있다. 남경, 제성諸城, 고구려 이 세 곳에서 발견된 형식이 매우 비슷한 일광삼존상은 이러한 생각에 힘을 보태 준다. 세 곳의 불상은 다음과 같다.

① 남경 덕기 3호(앞 그림 4-3)와 덕기 4호(앞 그림 4-4) 등 금동일광삼존상을 포함한 덕기광장 공사장에서 출토된 양 대통 원년(527)에 초월超越이 만든 금동불삼존상(앞 그림 4-1).
② 산동 제성 출토의 북제(550~577)시대 금동불삼존상(앞 그림 4-44).
③ 고구려 신묘명(571) 금동불삼존상(앞 그림 4-46).

이들 불교조상의 광배 형식과 주존의 조형은 거의 판에 박은 듯 전승 맥락이 뚜렷하다. '변화된 포의박대식'은 현존하는 삼국시대 금동과 석조 등 한반도 불상 중에서 큰 비중을 차지하고 있어서 한반도 불교조상에 미친 남조의 영향력이 매우 컸음을 의미한다.

16) 費泳, 「"靑州模式"造像的源流」, 『東南文化』 2000년 제3기.

보살이 주존인 일광삼존상 몇 존도 남조와 삼국시대 한반도의 불교조상이 밀접한 관계가 있음을 보여 준다. 남경 덕기광장에서 출토된 덕기 5호, 덕기 6호, 덕기 16호 불상, 고구려 6세기 금동보살삼존상(국보 134호, 앞 그림 4-70)은 모두 일광 형식, 보살 자세, 수인, 천의 형태가 매우 유사하다. 이 중 특히 덕기 16호의 좌우 협시제자상은 국보 134호와 같다.

한반도 초기의 기년명 불상이 남조 조상의 특징과 유사함을 나타내는 것과 같이 일본 초기의 기년명 불상이나 연대가 비교적 명확한 조상도 이와 비슷한 특징을 보인다. 하지만 한반도와는 조금 다른 점은 일본에서 '변화된 포의박대식' 불상의 조성 시기가 '포의박대식' 불상보다 조금 이르다는 것이다.

다음 표에 열거된 불교조상들은 해동 지역의 8세기 초 이전, 즉 한반도 삼국시대(313~668) 및 일본 아스카(538~645), 하쿠호(645~710) 시대의 기년명 불교조상 혹은 문헌에 기록된 불교조상을 대부분 포함하고 있다.(표 7-3) 이러한 불상들의 예를 기준으로 삼아 보면, 해동 지역과 중국 불교조상의 연원에 대한 구체적인 내용들을 이해할 수 있다.

〈표 7-3〉 해동 지역에 현존하는 8세기 초 이전의 기년명 불교조상 혹은 문헌에 기록된 불교조상

국가 혹은 지역		불상 예 및 시기	출처 혹은 소장처	조상 명문 혹은 문헌 기록	조상 특징
한 반 도	고 구 려	영강永康 7년명 (418) 금동미륵상 광배	평양 평천리 사지	불상 명문: 영강 7년 갑□에…… 돌아가신 어머니를 위하여 미륵존상을 만드오니…… 바라옵건데 망자亡者로 하여금 □□□…… 자민慈民 □회會, 돌아가시니 처음으로 □주□□□□를 깨닫게 되었습니다. 만약 □가 죄가 있다면 위와 같이 □□□□ 희자喜者 등이 이 소원을 같이 하길 바랍니다.	주형광배, 연화문 두광, 하부가 부서짐.
		연가 7년명(539) 금동불입상 (국보 119호)	한국 국립중앙박물관 소장, 경남 의령 출토	불상 명문: 연가 7년 기미년에 고려국 낙랑의 동사주東寺主이면서 (석가모니불을 공경하는) 제자 승연僧演이 사도(제자) 40명과 함께 현겁천불을 만들어 유포하였는데, (현겁천불 중) 29번째 불인 인현의불因現義佛은 비구 법영法穎이 공양한다.	불상은 주형 광배와 높은 연화좌를 갖춤. '포의박대식' 법의(오른쪽 옷깃을 왼쪽 팔뚝에 걸치고 띠 장식[옷고름]을 하지 않음)를 입음. 나발. 불상은 왼손의 손가락 2개를 폈으며, 오른손은 시무외인을 결함.
		계미명(563년)[17] 혹은 623년)[18] 금동불삼존상 (국보 72호)	한국 간송미술관 소장	불상 명문: 계미년 11월 1일, 보화寶華가 돌아가신 아버지 조趙□인을 위하여 만들었습니다.	주형광배. 1불 2보살 형식. 주존: 높은 연화좌 위에 서 있음. '포의박대식' 법의(오른쪽 옷깃을 왼쪽 팔뚝에 걸치고 띠 장식을 표현하지 않음)를 입음. 소발의 육계. 불상의 왼손은 손가락 2개를 펴고 있으며, 오른손은 시무외인을 결함.

국가 혹은 지역		불상 예 및 시기	출처 혹은 소장처	조상 명문 혹은 문헌 기록	조상 특징
한반도	고구려				협시보살 2존: X형으로 천의를 두름. 머리에는 삼주관三珠冠을 씀. 오른손에 연꽃봉오리가 올려져 있고, 왼손은 아래로 내림.
		신묘명(571) 금동불삼존상 (국보 85호)	한국 개인 소장, 황해도 출토	불상 명문: 경景□ 4년 신묘년에 비구比丘 도道□와 (과) 선지식善知識인 나루那婁와 천노賤奴, 아왕阿王, 아거阿玗 등 다섯 사람은 함께 무량수상無量壽像 1구軀를 만듭니다. 바라옵건대, 돌아가신 스승과 부모는 다시 태어날 때마다 마음속에 늘 제불諸佛을 기억하고, 선지식인들은 미륵을 만나기를 기원합니다. 소원하는 바가 이와 같습니다. 함께 한곳에서 태어나 불을 만나 불법을 듣기를 원합니다.	주형광배. 광배에는 3존의 화불이 표현됨. 1불 2보살 형식. 주존: 대좌는 없어졌으며, 주존 발아래에 대좌에 끼우기 위한 긴 촉은 있음. '변화된 포의박대식' 법의(오른쪽 옷깃을 왼쪽 어깨와 팔뚝에 걸침)를 입음. 소발의 육계. 불상의 왼손은 손가락 2개를 펴고 있으며, 오른손은 시무외인을 결함. 협시보살 2존: X형으로 천의를 두름. 좌협시보살은 머리에 삼산관三山冠을 씀. 우협시보살의 머리는 삼계三髻 형태. 오른손은 위로 들어 올려 연꽃봉오리를 잡고 있음.
	백제	건흥 5년 병진명(536년 혹은 596년)[19] 금동불삼존상 광배	국립청주박물관 소장, 충북 중원군 출토	불상 명문: 건흥建興 5년 병진년에 불제자 청신녀淸信女인 상부의 아엄이 석가문불을 제작하여 태어나는 곳마다 불을 만나 법을 듣기를 원하고 일체중생도 같은 소원이 이루어지기를 바랍니다.	주형광배. 광배에는 3존의 화불이 표현되어 있음. 삼존상 형식. 주존: 없어짐. 협시보살 2존: X형으로 천의를 두름. 모두 오른손을 위로 들고 왼손을 내려뜨림. (손에 있는 지물이 무엇인지 분명하지 않음.) 우협시보살의 머리는 삼계로, 좌협시보살의 머리는 쌍계로 만듦.
		정지원명 금동불(造金銅佛), 대략 6세기경 (국보 196호)	국립부여박물관 소장, 충남 부여 출토	불상 명문: 정지원鄭智遠은 죽은 아내 조사趙思를 위하여 삼가 금상을 만드오니, 조속히 삼도三塗에서 벗어나게 해 주소서.	주형광배. 광배 윗부분에는 화불 1존이 표현되어 있음. 1불 2보살 형식. 주존: 높은 연화좌 위에 서 있으며, 소발의 육계를 갖춤. 법의는 '포의박대식'인지 혹은 '변화된 포의박대식'인지 불분명함. 불상의 왼손은 여원인, 오른손은 시무외인을 취함. 협시보살 2존: X형으로 천의를 두름. 좌협시보살은 쌍계 모양의 머리에 삼산관을 씀. 우협시보살의 머리는 삼계 형식.

---

17) 『三國時代佛敎彫刻』에서는 이 불상에 새겨진 癸未銘을 563년으로 보고 있다.(國立中央博物館, 1990년판, 14쪽, 圖6)
18) 『飛鳥・白鳳の在銘金銅佛』에서는 癸未銘을 623년으로 보고 있다.(奈良國立文化財硏究所, 1965년판, 118쪽)
19) 『飛鳥・白鳳の在銘金銅佛』(奈良國立文化財硏究所, 1965년판), 118쪽.

국가 혹은 지역		불상 예 및 시기	출처 혹은 소장처	조상 명문 혹은 문헌 기록	조상 특징
한 반 도	신 라	갑신명(624) 금동석가상	대구 근처에서 출토, 현재 소장처 미상	갑신년 □□시施가 석가상을 만듭니다. 모든 붓다를 만나 영원히 고통에서 벗어나 좋아지시길 기원합니다.	이 광배 존상은 파손되고 녹이 많이 슬었는데, 주존은 높은 육계를 갖추고서 방형 대좌 위에서 가부좌를 함.
	통 일 신 라	계유명(673) 전씨全氏 아미타불비상(국보 106호)	충남 연기군 燕岐郡 비암사碑岩寺	불상 명문: 전씨全氏 □□ 술황述況□□이혜二兮 □목木이 한마음으로 삼가 아미타불상과 관음대세지상을 만듭니다. □…… 계유년 4월 15일 혜兮 내말乃末의 수首 전씨 도추道推 □발원하여 삼가…… 을 위하여 바칩니다.	부조. 1불 2보살 구성.(협시상으로 4제자와 2護法像도 있음.) 광배에 5존의 작은 화불이 새겨져 있음. 주존: 승기지僧祇支를 안에 입고, 겉에는 '변화된 포의박대식' 법의를 착용함. 가부좌를 함. 상현좌임. 협시보살 2존: 목걸이를 했으며, 몸에는 천의와 영락을 걸침. 호법상 2존: 목걸이를 했으며, 몸에는 천의를 걸치고, X형으로 영락 가사를 두름.
		계유명(673) 삼존천불비상 三尊千佛碑像	한국 국립 공주박물관 소장	불상 명문: 계유년 4월 15일에 향도香徒가 석가釋迦 및 여러 불·보살상을 만들어 돌에 기록하니, 이것은 국왕, 대신 및 칠세부모七世父母, 법계 중생을 위한 것입니다. 삼가 만든 향도 이름은 미차내彌次乃, 진모씨眞牟氏……	삼존상은 돋을새김 되었으며, 훼손된 곳도 있음. 주존: 가부좌함. 방형 대좌는 상현좌임. 법의는 부서져 분명하지 않음. 협시보살 2존: 목걸이를 했으며, X 모양의 천의를 걸치고 군의(치마)를 착용함. 천불千佛: 선정인을 결한 채 가부좌하였으며, 가사는 '수령식垂領式'임.
		무인명(678) 석조 사면불상	연화사蓮華寺 소장	불상 명문: 무인년 7월 7일 □□□, 그 가족 □상狀 □□□□□□□ 일체중생들이 삼가 아미타미□□□를 만듭니다.	한 면에는 오존상五尊像이, 다른 면에는 삼존상三尊像이 새겨져 있음. 삼존상은 보살반가사유상과 협시보살상 2존임.
		기축명(689) 석조아미타불 비상	한국 국립 중앙박물관 소장	불상 명문: 기축년 2월 15일, 차此□ 칠세부모七世父母와 □□□ 아미타불 및 제불·보살상을□□	불비상은 주형으로, 위쪽에 5존의 화불 등을, 가운데에 1불 6협시상(보살 4존과 호법상 2존 같음)을, 아래쪽에 박산로博山爐와 호법사자護法獅子 등을 조각하였음.

국가 혹은 지역	불상 예 및 시기	출처 혹은 소장처	조상 명문 혹은 문헌 기록	조상 특징
일본	갑인명(594) 왕연손王延孫 금동광배, 호류지 헌납보물	도쿄국립박물관 소장	불상 명문: 갑인년 3월 26일에 (석가모니불의) 제자 왕연손王延孫이 현재의 부모님을 받들기 위하여 금동석가상 1구를 삼가 조성합니다. 바라옵건대 부모님은 이 공덕으로 인해 지금의 몸은 안온하고, (돌아가신 후에는) 태어나는 세상마다 삼악도三惡塗를 거치지 않고, 팔난八難을 멀리 하여 빨리 정토淨土에 태어나 석가모니불을 뵙고 불법을 듣기를 간절히 바랍니다.	주형광배. 광배 가장자리에는 불탑 1개와 비천 14존이 투각기법으로 새겨져 있음. 광배 위쪽에 7존의 화불이 표현되어 있음. 주존의 두광 부분은 연꽃으로 장식되어 있으며, 그 바깥쪽에서 5개의 동심원이 둘러싸고 있음. 가장 바깥쪽과 그 다음 바깥쪽의 동심원 사이에는 굽은 가지를 지닌 인동문忍冬紋이 장식되어 있음. 신광은 안쪽에서 바깥쪽으로 다섯 층을 이루는데, 4층과 5층 사이에 굽은 가지를 지닌 인동문이 장식되어 있음.
	스이코 11년(603) 고류지(廣隆寺) 목조보관보살반가상(寶冠彌勒으로도 칭함)	고류지	『일본서기』, 권22: 스이코 11년 "11월 기해삭(1일)에 황태자는 모든 대부들에게 '나는 존귀한 불상을 가지고 있다. 누가 이 불상을 가져가 예배하지 않겠는가?'라고 물으니, 이때 하타노카와카쓰(秦河勝)가 '신이 예배하겠습니다'라고 대답했다. 그래서 불상을 받아 하치오카데라(蜂岡寺[별칭 廣隆寺])를 세웠다."	두리새김으로 만든 독존상. 보살은 머리에 삼산三山 모양의 낮은 보관을 쓰고 있으며, 적당하게 넓은 어깨와 가는 허리, 편평한 어깨와 가슴을 지녔음. 타원형의 대좌를 갖춤.
	병인명(606) 금동보살반가상, 호류지 헌납보물 제156호	도쿄국립박물관 소장	불상 명문: 병인년 정월 18일, 고옥高屋 대부는 사별한 부인 아마고阿麻古를 위해 나무아미타불 붓다께 절을 올리며 기원합니다.	두리새김으로 만든 독존상. 보살은 머리에 삼면관을 씀. 머리카락이 양어깨에 늘어져 있음. 높은 상투(高髻). 좁은 어깨와 가는 허리. 상체는 나체로, 팔찌, 목걸이 장식을 착용. 하체는 치마를 입음. 방형 기단을 갖춤.
	정묘명(607) 호류지 금당 목조 여래좌상[20]	호류지 금당	불상 명문: 요메이 천황(池邊大宮治天下天皇)께서 편찮으셨다. 이에 병오년에 대왕천황과 태자를 불러 병이 낫기를 기원하게 했다. 그러자 절을 짓고 약사상을 만들어 바치겠다고 했다. 하지만 이때 지변대궁치천하천황이 붕어하여 절을 조성하지 못하게 되었다. 시간이 흘러 정묘년에 스이코 천황(小治田大宮治天下大王天皇)과 쇼토쿠다이시(東宮聖王; 聖德太子)는 선왕의 유언을 받들어 절을 건립하고 약사여래불상을 만들어 바쳤다.	두리새김으로 만든 독존좌상. 법의는 '포의박대식'과 '변화된 포의박대식'이 혼합된 양식임. 왼손은 손가락 2개를 폈으며, 오른손은 시무외인을 취함. 아자亞字 모양이 겹쳐진 대좌에 상현좌 형식임. 대좌를 덮고 흘러내린 법의에는 옷고름이 표현되어 있음. 안에는 띠 장식을 함. 물방울 형태의 두광과 소발의 육계를 갖춤.

---

20) 호류지 금당 약사불좌상의 제작 연대가 스이코 15년(607)까지 올라가는지의 여부에 대해서 일본 학자들은 여전히 의문을 제기하고

국가 혹은 지역	불상 예 및 시기	출처 혹은 소장처	조상 명문 혹은 문헌 기록	조상 특징
일본	스이코 17년경(609) 도리작(止利作) 금동아스카대불(金銅飛鳥大佛)	아스카데라 (飛鳥寺安居院)	장육광명丈六光銘: "(스이코) 13년(605) 을축 4월 8일 무진일, 동 23,000근, 금 759량을 들여서 구리와 비단으로 석가장육상釋迦丈六像 2구와 협시상을 삼가 만듭니다. 고려국 대흥왕大興王이 왜와 화목해지고, 삼보三寶를 존중하여 먼 곳에서 이를 기뻐하여 황금 320량을 바쳐 대복大福을 만드는 것을 도와서 같은 마음으로 결연하였습니다. 원하건대, 이 복력이 저 멀리 올라가 제황諸皇에게 두루 미치고, 중생들의 신심信心이 끊어지지 않으며, 앞에 있는 제불諸佛을 받들어 함께 보리菩提 언덕에 올라 속히 깨달음을 이루고자 합니다. 16년 무진년(608)에 수나라에서 주사主使인 홍려사鴻臚寺 장객掌客 배세청裵世淸과 부사副使인 상서사부尙書祠部 주사主事 편광고遍光高 등이 와서 예불하였습니다. 다음 해(609)[21] 기사 4월 8일 갑진일에 마침내 이 불상을 원흥사元興寺(아스카데라[飛鳥寺]의 별칭)에 모셨습니다." 『일본서기』, 권22: "(스이코) 4년(596) 겨울 11월, 호코지(法興寺)가 마침내 완성되었다. …… 13년(605) 여름 4월 신유삭(1일)에 천황이 황태자, 대신 및 제왕, 제신에게 함께 서원誓願을 발표하고 구리와 비단의 장육불상丈六佛像 각 1구를 만들도록 명하였다. 이에 구라쓰쿠리노 도리(鞍作鳥)를 불상을 만드는 장인으로 삼았다.…… 14년(606) 여름 4월 을유삭 임진(8일)에 구리와 비단의 장육불상을 함께 완성하였다. 이날, 장육동상을 간고지(元興寺) 금당에 봉안하였다."	두리새김으로 만든 독존 좌상. '변화된 포의박대식' 법의. 손은 손상되어 다시 만들어짐. 상현좌가 없음. 나발.

있다. 毛利久,「佛像の東漸と飛鳥彫刻」,『日本古寺美術全集 1』(集英社, 1979년판); 大西修也,「再建法隆寺と藥師銘成立の過程」,『佛敎藝術』133호(1980); 福山敏男,「法隆寺問題管見」,『東洋美術』19호(1933).

21) 福山敏男,「飛鳥寺の創立に關する硏究」,『史學雜誌』45-10(1934).

국가 혹은 지역	불상 예 및 시기	출처 혹은 소장처	조상 명문 혹은 문헌 기록	조상 특징
일본	스이코 29년경 (621) 주구지(中宮寺) 목조 쌍계 보살반가상 (전 如意輪觀音)	주구지	고바야시 다케시(小林剛)는 이 불상이 스이코 29년에 조성된 것으로 추정했다. 같은 해 쇼토쿠태자(聖德太子)의 생모인 아나호베 황후(穴穗部皇后)가 죽었는데, 주구지(中宮寺)는 원래 아나호베 황후가 거처하던 궁으로, 황후가 붕어하자 절로 삼았다. (『御物金銅佛像』)	두리새김으로 만든 독존상. 보살 머리는 쌍계 모양. 양어깨에 드리워진 머리카락은 궐아蕨芽 형태로 아래로 늘어짐. 넓은 어깨와 가는 허리, 두꺼운 어깨와 가슴. 상체는 나체로, 목걸이 장식을 하였음. 하체는 치마를 입음. 원형 대좌를 갖춤.
	스이코 30년경 (622) 호류지(法隆寺) 유메도노(夢殿) 목조관음보살 입상	호류지 유메도노	덴표시대 보자寶字 5년(761)의 오서동원자재장奧書東院資財帳: "상궁왕(즉 聖德太子, 스이코 30년 사망) 등신等身의 관세음보살 목상木像 1구."	두리새김으로 만든 독존상. 보살은 물방울 형태로 두광을 장식함. 투각의 높은 보관, 보관 양측에 돌출된 관증(보관 띠장식)은 어깨까지 드리워짐. 양어깨를 따라 드리워진 머리카락은 어린 고사리 모양으로 아래로 늘어져 있음. 목걸이 장식을 함. 상반신에는 승기지를 입었고, 하반신에는 치마를 입음. 천의는 몸의 양옆을 따라 지느러미 모양을 하고 바깥쪽으로 펼쳐진 채 드리워져 있음. 양손에는 보주와 발鉢을 들고 있음.
	계미명(623) 도리작(止利作) 호류지 금당 금동 석가삼존상	호류지 금당	불상 명문: …… 상궁법황上宮法皇께서 발병하여 침실에 누웠는데, 조금씩 식사를 하게 했으나 여전히 나아지질 않았다. 왕후도 과로로 병이 생겨 있을 때, 왕후와 왕자들 및 제신들은 깊은 시름에 빠져 서로 함께 삼보에 의탁하고자 발원하였다. 이에 척촌尺寸(크기)이 왕의 몸과 같은 석가상을 만들어 이 원력에 힘입어 병이 나아져 오래도록 세간에 살아가시길 기원했다.…… 목木 계미년 3월 중, 원하는 바와 같이 석가존상과 협시보살 및 장엄…… 등을 삼가 만듭니다. 시바구라쓰쿠리노오비토 도리(司馬鞍首止利佛師)가 만듭니다.	주형광배(7존의 화불로 장식). 1불 2보살 형식. 주존: 법의는 '포의박대식'과 '변화된 포의박대식'의 융합 양식. 왼손은 손가락 2개를 폈으며, 오른손은 시무외인을 취함. 아자亞字 모양이 겹쳐진 대좌. 상현좌에는 띠 장식이 있음. 원형두광, 나발이 있음. 협시보살 2존: 산 모양의 높은 보관. 보관 양측에 돌출물이 있음. 관증은 어깨에 드리워져 있고, 양어깨를 따라 흘러내린 머리카락은 궐아 모양임. 목걸이를 함. 상체는 승기지, 하체는 치마를 입었음. 천의는 몸 양옆을 따라 지느러미 모양으로 바깥쪽으로 펼쳐진 채 드리워져 있음. 왼손과 오른손은 모두 보주를 잡고 있음.

국가 혹은 지역	불상 예 및 시기	출처 혹은 소장처	조상 명문 혹은 문헌 기록	조상 특징
일본	스이코 31년 (623) 목조단계(單髻) 보살반가상(또한 寶髻彌勒으로 칭함)	고류지(廣隆寺)	『일본서기』, 권22: "(스이코) 31년 가을 7월, 신라는 대사大使 내말奈末 지세이智洗爾를, 임나任那가 달솔내말達率奈末 지智를 파견하여 같이 입조하였다. 그리고 불상 1구와 금탑 및 사리, 대관정번大灌頂幡 1구具, 소번小幡 20개를 바쳤다. 곧 불상은 가도노(葛野)의 하타데라(秦寺)에 봉안하였다. 그 외 사리, 금탑, 관정번 등은 모두 시텐노지(四天王寺)에 봉안하였다."	두리새김으로 만든 독존상. 머리를 높게 묶어 상투(髻)를 틀었음. 목걸이와 팔에는 팔찌를 착용함. 넓은 어깨와 가는 허리, 두꺼운 어깨와 가슴. 상체는 천의로 장식하고, 하체는 치마를 입음. 타원의 대좌를 갖춤.
	무자명(628) 호류지 금동석가삼존상(주존 우측 보살은 결실됨)	호류지	불상 명문: 무자년 12월 15일, 조풍문朝風文이 그 영제사寧濟師 혜징慧澄을 수가대신曒加大臣으로 삼았습니다. 서원하기를 삼가 석가불상을 만들어, 이 원력으로서 칠세사은七世四恩과 육도사생六道四生이 모두 깨달음을 이루어 모두 정각正覺하기를 바랍니다.	법의는 '포의박대식'과 '변화된 포의박대식'의 융합 양식. 왼손은 손가락 2개를 폈고, 오른손은 시무외인을 취함. 장방형에 가까운 대좌. 상현좌에는 띠 장식이 없음. 주형광배와 원형 두광. 나발을 갖춤. 좌협시보살: 양측에 돌출물이 있는 높은 보관. 관증은 몸 양측에 드리워짐. 머리카락은 양어깨를 따라 어린 고사리 모양으로 아래로 늘어짐. 목걸이를 착용. 몸에 걸친 천의는 몸의 양측을 따라 지느러미 모양을 띠며, 바깥쪽으로 늘어졌는데, 신체 중간 밑에는 X형 모양으로 교차됨. 하체는 치마를 입음. 왼손은 왼쪽 복부에 놓았고, 오른손은 시무외인을 취함.
	임진[22]명(692) 가쿠엔지(鰐淵寺) 금동관음보살 입상	가쿠엔지	불상 명문: 임진년 5월, 출운국出雲國(이즈모노쿠니)의 약왜부신若倭部臣 덕태리德太理가 부모를 위하여 □보살을 만들었습니다.	두리새김으로 만든 독존입상. 높게 묶어 올린 상투(髻), 머리카락은 양어깨를 따라 한 가닥씩 땋아 늘어뜨리고, 머리끝은 여러 가닥으로 흩어져 물결 모양을 띠며 늘어 뜨려져 있음. 삼면관三面冠, 목걸이, 팔찌를 착용함. 상체에 영락(X 모양)과 천의를 걸쳤으며, 하체는 치마를 입음. 왼손은 아래로 내려 병을 잡고 있으며, 오른손은 시무외인을 취함.

---

[22] 가쿠엔지(鰐淵寺) 임진명 상의 발생 시간에 대해 일본학자 대부분은 692년 설을 지지한다. 하지만 요시무라 메쿠미(吉村怜)는 『飛鳥白鳳彫刻史試論』(1996)에서 이에 대해 조금 회의적인 태도를 취했다. 그는 이 불상은 스이코 이전 一個甲子 즉 60년 전인 조메이(舒明) 4년(632) 작품으로 간주했다. 그가 이와 같은 태도를 보이는 근거는, 이 불상의 頭部와 全身의 비율은 隋나라 양식과 비슷하며, 게다가 일본이 제1차 견수사를 파견한 해인 스이코 8년(600)으로 계산하면 이미 30여 년이 흐른 뒤였으므로, 이 기간은 이 불상을 만들어 내기에 충분한 시간이 있었다고 볼 수 있기 때문이었다.

국가 혹은 지역	불상 예 및 시기	출처 혹은 소장처	조상 명문 혹은 문헌 기록	조상 특징
일본	하쿠호 전기[23] 무렵의 호류지 헌납보물 144호 '야마다덴노조'(山田殿像)명 아미타삼존상명 금동아미타불삼존상	도쿄국립박물관 소장	불상 명문: 야마다전상(山田殿像).	1불 2협시보살로 구성.[24] 주존: 의좌倚坐 자세, 목에 삼도가 표현. 왼손은 손바닥을 위로 하여 왼쪽 다리 위에 얹었고, 오른손은 시무외인을 취함. '부탑쌍견하수식'(법의가 양어깨를 걸치고 아래로 흘러내린 방식) 법의를 입음. 협시보살: 삼엽관三葉冠.(좌협시보살의 보관에는 化佛, 우협시보살의 보관에는 寶瓶이 장식되어 있음.) 늘어뜨린 머리카락과 관증이 없음. 상체에는 영락과 천의를 걸쳤으며, 하체에는 치마를 입음.
	다이카 5년(649) (法華山) 이치조지(一乘寺) 금동관음보살입상	이치조지	봉상기峰相記: "법화산法華山(一乘寺) 법도선인法道仙人이 건립했다. 고토쿠 천황(孝德天皇)께서 발원하였다. …… 다이카 5년에 금당을 건립했다."	독존상. 높게 묶어 올린 상투. 늘어뜨린 머리카락과 관증이 없음. 삼면관을 착용함. 상체에는 영락과 천의를 걸쳤으며, 하체에는 치마를 입음. 왼손은 내려 뜨려 병을 잡고 있으며, 오른손은 시무외인을 취함.
	하쿠치 원년명 (650) 호류지 금당 목조 사천왕상	호류지 금당	조상과 관련된 명문 기록은 각각 광목천廣目天과 다문천多聞天 2상 像에서 볼 수 있다. 전자 명문: 야마구치노 오구치노 아타이(山口大口費)[25]가 처음, 그다음은 고마로(木閒). 후자 명문: 약사藥師 도쿠호(德保)가 처음, 그 다음은 철사鐵師 마라코(罔古).	두리새김으로 만든 독존상. 사천왕은 모두 원형 두광으로 장식됨. 투조透雕 기법으로 만든 높은 보관을 착용함. 발로 악귀를 밟고 있으며, 손으로 법기法器를 잡음.

---

23) 無紀年名文이므로 발생 시간이 없는 '야마다덴노조'(山田殿像)명 아미타삼존상명 불삼존상은 학계에서는 7세기 중반이나 7세기 말 작품으로 보는 경향이 많다. 고바야시 다케시(小林剛)는 『御物金銅佛像』(1947)에서, 이 작품은 다이카 개신(645)의 주요 발기자인 소가노 구라야마노 이시카와마로(蘇我倉山田石川麻呂)가 세운 사원의 봉안물(『일본서기』 권25에는 소가노 구라야마노 이시카와마로가 효덕 다이카 5년[649]에 '야마다의 집에 그 절을 지었다'는 것과 관련된 기록이 있다)임을 배제할 수 없으므로 이 작품의 발생 시간은 소가노 구라야마노 이시카와마로가 자살한 다이카 5년 이전일 가능성이 있다고 주장했다. 노마 세이로쿠(野間清六)는 『御物金銅佛』(1952)에서 이 작품을 덴무(天武) 6년(677)부터 덴무 13년(684)까지 야마다데라(山田寺)를 짓는 기간 동안 만들어진 것으로 보고 있다. 마쓰바라 사부로(松原三郞)는 『四十八體佛―その系譜について』(1967)에서 본존의 옷차림 제작 수법으로 볼 때 통일신라 초기와 상통하므로 이 작품의 발생 시간은 덴무 말년이라는 관점을 취했다. 구노 다케시(久野健)는 『古代小金銅佛』(1982)에서 하쿠호 전기의 작품으로 인식했다.(구노 다케시는 하쿠호시대를 645~710년으로 보고 있다.)
24) 감수자 주: 본서에는 圓雕 기법이라고 되어 있으나, 이는 금동이기 때문에 "원조 기법"이라는 용어는 적절하지 않음.
25) 야마구치노 오구치노 아타이(山口大口費)는 아스카 말기부터 하쿠호 초까지 활약한 東漢 씨족 출신으로, 이 족보는 오진조(應神朝. 270~310) 때 멀리서 건너온 아치노오미(阿知使主)의 후손으로 전해지는 것에 근거했다. 야마토(大和)의 다카이치군(高市郡) 남부에 거주하다가 5세기 중반부터 봉畵, 공예 제작 등 각종 기술자를 관리하면서 세력이 강해졌다. 이후 이 씨족은 소가(蘇我)씨의 부하로, 일반 백성들 사이에서 활약하며 미술공예품 제작에 많이 종사했다. 구노 다케시(久野健), 「法隆寺西院と飛鳥地方の美術」, 『日本古寺美術全集 1』(集英社, 1979년판), 97~109쪽 참조.

국가 혹은 지역	불상 예 및 시기	출처 혹은 소장처	조상 명문 혹은 문헌 기록	조상 특징
일본			『일본서기』, 권25: "이때(孝德白雉 원년[650]) 아야노야마구치노아타이 오구치(漢山口直大口)가 조서를 받들어 천불상을 새겼다."	
	신해명(591 혹은 651) 호류지 헌물보물 165호 금동관음보살 주상主像	도쿄국립박물관 소장	불상 명문: 신해년 7월 10일, 입평군笠評君□의 옛 신하가 신축일에 붕어하셨다. 진시辰時에 남겨진 아들인 재포내태리고신在布奈太利古臣과 백부인 재□고신在□古臣 2인이 발원하였다.	독존상. 물방울 모양의 두광이 장식됨. 머리에는 산 모양의 보관을 착용함. 보관 양측에는 돌기가 있으며, 관증은 어깨에 드리워짐. 머리카락은 양어깨를 따라 한 가닥씩 땋은 채 내려뜨렸으며, 머리카락 끝은 잎사귀 모양임. 목걸이를 착용함. 상체에는 승기지를 착용하고 천의로 장식되었는데, 바깥쪽으로 펼쳐진 채 아래로 드리워져 있음. 하체에는 치마를 입었음. 양손으로 보주를 들고 있음.
	무오명(658) 가와치(河內) 간신지(觀心寺) 금동관세음보살상 (협시상)	불상은 간신지 소장, 명문이 있는 두광頭光은 네즈미술관 소장	불상 명문: 무오년 12월에 명을 받들어 과치이지사고過治伊之沙古와 그의 처 한마미고汗麻尾古는 미타불상을 만듭니다. 이 공덕으로 사별한 남편과 칠세부모가 태어나는 세상마다 항상 정토에 태어나시고 그리고 법계 중생들이 모두 이 소원과 같게 되기를 바랍니다.	독존상. 물방울 모양의 두광, 머리에는 산 모양의 보관을 착용하였는데, 보관에 화불化佛이 장식되어 있음. 관증은 어깨에 드리워짐. 머리카락은 양어깨를 따라 한 가닥씩 땋은 채 늘어뜨렸으며, 머리카락 끝은 잎사귀 모양임. 목걸이 장식을 함. 상체에는 천의와 영락으로 장식하였고, 천의와 영락은 몸 양쪽을 따라 늘여져 안으로 수렴하는 추세임. 하체에는 치마를 입음. 양손으로 보주를 가지고 있음.
	병인명(666) 야추지(野中寺) 금동미륵보살반가상	야추지	불상 명문: 병인년 4월 대구大舊 8일 계묘일, 개기백사開記栢寺 지식인 등이 중궁에 이르렀다. 천황께서 몸이 노곤하여 앉아 계실 때, 서원하기를 미륵어상彌勒御像을 바치고자 하였다. (동참한) 친구들 118인은 육도사생六道四生한 사람들로 이 가르침을 함께 하겠습니다.	독존상. 머리에는 삼면관을 썼음. 높게 묶어 올린 상투(高髻). 관증은 어깨에 늘어뜨림. 머리카락은 양어깨를 따라 각각 한 가닥 땋은 채 늘어뜨려져 있으며, 머리카락 끝은 잎사귀 모양임. 머리는 크고 몸은 굵고 짧음. 상체는 나체이며 목걸이와 팔찌를 착용하였고, 하체는 치마를 입음. 원형 대좌를 갖춤.

국가 혹은 지역	불상 예 및 시기	출처 혹은 소장처	조상 명문 혹은 문헌 기록	조상 특징
일본	을유명(685) 구야마다데라(舊山田寺; 고후쿠지[興福寺]) 금동약사불두상	구 야마다데라(고후쿠지)	『상궁성덕법왕제설上宮聖德法王帝說』에는 이 불상이 덴무(天武) 6년에 처음 만들기 시작해서 덴무 13년에 개안(완성)했다고 기록되어 있다. 이 불상은 다이카 시기에 핍박을 받아 자살한 공신 소가노 구라야마다노 이시카와마로(蘇我倉山田石川麻呂)를 제사하기 위해 조성되었다.	독존상. 하쿠호시대 불상의 전형적 특징(눈썹은 곧게 서 있고 콧대는 짧고 곧으며 얼굴은 둥글고 볼은 탄력적이며 목에는 삼도가 있음. 소발의 육계)을 구비했음.
	슈초(朱鳥) 원년(686) 혹은 몬무(文武) 2년(698) 천불다보불千佛多寶佛 동판銅板	하세데라(長谷寺)	불상 명문: …… 받들어 천황폐하를 위해 천불다보불탑을 삼가 만듭니다.…… 도명道明이 80여 명을 끌어 모은 후 비조청어원대궁치천하천황飛鳥淸御原大宮[26]治天下天皇을 위해 삼가 만듭니다. 『일본서기』, 권29: "(슈초 원년, 686) 천황께서 병에 걸리시자 점을 쳤다.…… 이세노오(伊勢王)와 관료 등을 아스카데라에 보내 여러 승려에게 칙서를 내려 '최근 짐의 몸이 좋지 않다. 이에 삼보三寶에 의지해 몸이 편안해지길 원하니……'라고 했다." 『일본서기』, 권30: "(몬무 2, 698) 천황의 병으로 인해 소원을 비는 불상을 처음으로 만들었다."	부조 형식. 불상: 소발의 육계. 안에는 승기지를 입었고, 겉에는 '우단식'으로 가사를 입었음. 가부좌하거나 의좌倚坐 형식임. 보살: 의좌불倚坐佛의 협시보살은 머리에 산 모양의 보관을 쓰고 합장함. 가부좌한 불의 협시보살은 머리에 삼엽관을 쓰고, 양손으로 물건을 봉헌하는 모습을 하거나 왼손으로 가슴을 쓰다듬고 오른손은 아래로 내려뜨림. 보살은 상체에 영락과 천의를 걸쳤고, 하체에는 치마를 입었음. 2존의 역사力士가 걸친 천의는 동적임.
	임세(대략 다이호[大寶] 2년[702]) 금동관세음보살입상	하세데라	불상 명문: 임세차□제격림□壬歲次□提格林□ 15일에 주방범직周防凡直 백배百背의 딸 □와 그의 자식은 명을 받들어 서원에 의하여 관세음보살을 만듭니다. □	독존상. 보살은 머리에 삼면관을 씀. 머리카락은 양어깨를 따라 한 가닥씩 땋은 채 내려뜨려져 있는데, 머리카락 끝은 두 가닥으로 나누어져 물결 모양을 이루며 늘어뜨림. 목걸이 장식을 함. 상체에는 천의로 장식하였으며, 하체에는 치마를 입음.

---

26) 비조청어원대궁은 672년부터 694년까지 덴무 천황과 지토(持統) 천황이 살았던 곳이다.

4. '남방식 불교장엄조상 루트'의 해동 지역으로의 전파

1) 해동 지역과 중국의 '변화된 포의박대식' 불상

'변화된 포의박대식' 가사의 착의 방식은 아스카대불(飛鳥大佛)과 유사한데, 이는 가사 오른쪽 옷자락을 왼쪽 어깨와 팔에 덮는 양식이다. 이 양식은 한반도 삼국시대와 일본 아스카시대의 불상에 모두 나타나며, 중국 6세기 중반의 '남방식 불교장엄조상 루트'에 보이는 주요한 법의 양식이기도 하다. 아래 표를 통해 서로 비교해 보자.

〈표 7-4〉 한반도, 일본 및 중국 6세기 중반의 '남방식 불교장엄조상 루트'에 나타난 '변화된 포의박대식' 불상

국가 혹은 지역		불상 예	시기	출처	불상 특징
중국 '남방식 불교장엄조상 루트'	남경		양 대통 원년(527) 초월超越 조상	남경시박물관 소장, 남경 덕기 광장(신가구) 공사장에서 출토	소발의 육계.
			6세기 중기 전후 불입상	남경 육조박물관 소장, 남경 덕기 광장(신가구) 공사장에서 출토	소발의 육계. 불상 뒷면에 광배에 고정하기 위한 촉이 있어서 원래는 광배를 갖춘 조상이었을 것으로 추정. 광배는 없어짐.
			5세기 말~6세기 초[27]	남경 서하산 무량전 대불	나발.

---

27) 남경 서하산 대불 조성은 陳代 江總이 지은 「金陵攝山棲霞寺碑文」과 당나라 고종이 편찬(撰)한 「攝山棲霞寺明徵君碑」의 내용에 비추어 볼 때, 대불은 5세기 말에 만들어졌을 가능성이 높다고 추정할 수 있다.(宿白, 「南朝龕像遺跡初探」, 『考古學報』 1989년 제4기) 하지만 양나라 僧祐(518년 졸)의 『出三藏記集』 권12 「法苑雜緣原始集·雜圖像集」 하권 9에 기록된 양 태위 臨川王 宏(518년 졸)이 만든 攝山 龕大石像과 慧皎의 『고승전』 권11 「승우전」에 기록된 승우가 건축에 착수해서 儀則 그림을 그리도록 허가한 攝山 大像을 고려한다면, 서하산 대불의 진정한 완성은 6세기 초가 아닐까 한다.

국가 혹은 지역	불상 예	시기	출처	불상 특징
중국 '남방식 불교장엄조상 루트'	남경	6세기 중반	남경 서하산 무량전 앞에서 출토	머리가 없음. 법의 양식은 '반피식'과 '변화된 포의박대식'을 겹쳐 입은 양식임.
	청주	북위 영안 3년(530) 가숙자賈淑姿가 만든 주존 조상	산동 청주 용흥사龍興寺에서 출토	소발의 육계.
		동위 천평 3년(536) 지명智明이 만든 주존 조상	산동 청주 용흥사에서 출토	파상문의 육계.
		대략 동위[28] (534~550) 불삼존상 주존	산동 청주 용흥사에서 출토	나발. 불상 상체의 내의는 X형으로 여밈.
	성도	양 중대통 원년명(529)	성도 만불사萬佛寺에서 출토	불상은 안에 승기지를 착용.
		양 대동 11년(545) 장원張元이 만든 석가다보불	성도 서안로西安路에서 출토	소발의 육계. 2존의 불좌상, 이 중 1존에 가슴과 복부에 띠 매듭이 표현됨.

28) 『山東青州龍興寺出土佛教石刻造像精品』(中國歷史博物館, 1999년판), 62~63쪽.

국가 혹은 지역		불상 예	시기	출처	불상 특징
중국 '남방식 불교장엄조상 루트'	성도		대략 6세기 중반 독존 입상	성도 만불사에서 출토	불상은 상체 안쪽에 승기지를 입고 띠를 맴. 겉옷은 가사를 두 겹 겹쳐 입음.
	맥적산		대략 북주北周 (557~581) 때 만들어짐	맥적산 제141굴 정면 벽에 있는 주존	갈아서 광택을 낸 육계. 가슴과 배 부위에 띠를 맴.
			대략 북주 때 만들어짐	맥적산 제141굴 좌벽 뒤쪽 불좌상	소발의 육계. 가슴과 배의 띠 매듭이 매어 조여진 옷깃에 의해 가려짐.
	서안		북주 무성武成 2년명(560)	서안 비림박물관 碑林博物館 소장	파상문의 육계.
			북주 대상大象 2년(580) 장자張子 가 만든 석가입상	서안 파교구灞橋區 만자촌灣子村에서 출토됨	나발.
	막고굴		서위西魏 대통大統 5년(539) 전후	막고굴 제285굴 정벽에 있는 주존	소발의 육계.

국가 혹은 지역		불상 예	시기	출처	불상 특징
한반도	고구려		신묘명(571)	황해도 곡산군谷山郡에서 출토됨	소발의 육계.
			대략 6~7세기 불입상	경기도 양평陽平에서 출토됨	나발.
	백제		대략 6세기 후반29)	충청남도 부여군 군수리軍守里에서 출토됨	소발의 육계.
			600년경에 조성된 마애삼존상30)	충청남도 서산군瑞山郡 태안泰安	소발의 육계.
			620년경에 만들어진 마애삼존상 주존31)	서산군 운산雲山	소발의 육계.
	신라		7세기경에 만들어짐32)	숙수사지宿水寺址에서 출토됨	소발의 육계.

---

29) 菊竹淳一・吉田宏志 主編, 『世界美術大全集: 東洋編 10』(小學館, 1998년판), 125쪽.
30) 松原三郎, 「飛鳥白鳳佛源流考 1」, 『國華』 931호(1971).
31) 松原三郎, 「飛鳥白鳳佛源流考 1」, 『國華』 931호(1971).
32) 『三國時代佛敎彫刻』(國立中央博物館, 1990년판), 圖64, 65, 66, 67.

국가 혹은 지역		불상 예	시기	출처	불상 특징
한반도	신라		7세기 중반에 만들어진 미륵삼존상 주존[33]	경상북도 경주시 남산南山	소발의 육계.
			7세기 후반에 만들어진 아미타불삼존상 주존[34]	경주시 배리拜里	나발. 법의 양식은 '반피식'과 '변화된 포의 박대식'을 겹쳐 입은 양식임.
			7세기 후반에 만들어짐	한국 리움 미술관 소장(현 소장처 국립중앙박물관)	나발.
일본			스이코 17년경 (609)	아스카데라(飛鳥寺) 안고인(安居院) 본존	나발. 불상 상체의 내의는 X형으로 여밈.
			대략 6~7세기[35]	호류지 헌납 143호 삼존상 주존	피상문의 육계.

---

33) 菊竹淳一·吉田宏志 主編, 『世界美術大全集: 東洋編 10』(小學館, 1998년판), 131쪽.
34) 菊竹淳一·吉田宏志 主編, 『世界美術大全集: 東洋編 10』(小學館, 1998년판), 346쪽; 吳焯, 『朝鮮半島美術』(中國人民大學出版社, 2004년판), 156쪽.
35) 고바야시 다케시(小林剛)는 긴메이(欽明) 천황 13년(552)에 불교가 정식적으로 백제에서 전래되었을 때, 이 금동석가불상 역시 대략 이 시기에 백제로부터 전래되었을 것이라 생각했다. 그는 이것은 일본 최초의 불상 전파로 그 의의가 매우 크다고 여겼다. 小林剛, 『御物金銅佛像』(國立博物館, 1947년판), 76~77쪽 참고.

국가 혹은 지역	불상 예	시기	출처	불상 특징
일본		대략 6~7세기	호류지 헌납보물 150호 불입상	나발.
		대략 6~7세기[36]	호류지 헌납보물 151호 불입상	소발의 육계.
부록: 하북 곡양曲陽 지역의 '변화된 포의박대식' 불상 예[37]		북제 천보 6년 (555) 이신경李神景 형제 등이 만든 무량수불과 협시보살 2존의 주존[38]	곡양 수덕사지修德寺址에서 출토됨	
		북제(550~577)	곡양 수덕사지에서 출토	
		북제(550~577)	곡양 수덕사지에서 출토	

---

36) 이 작품은 아스카시대에 한반도에서 전래된 것으로 보고 있다.
37) 修德寺址에서 출토된 것을 대표로 하는 하북 곡양의 북조 불상은 북제 때 '변화된 포의박대식' 불상이 출현했음을 보여 준다. 하지만 동시에 수많은 '부탑쌍견하수식'(법의가 양어깨를 걸치고 아래로 흘러내린 방식) 불상도 출현했다. 그러므로 양자 중에서 어떤 양식이 주체가 된 것인지 확정하기 매우 어렵다. 곡양에서 나타난 '변화된 포의박대식' 불상은 '남방식 불교장엄조상 루트'가 靑州에서 定州로 뻗어나간 영향의 산물로 보인다. 이 외에 청주와 곡양 사이에 위치한 하북 南宮市에서 출토된 동위와 북제 연간으로 추정되는 백석 불상 가운데에도 '변화된 포의박대식' 불상이 있다.(河北省文物研究所 等, 「河北南宮後底閣遺址發掘簡報」, 『文物』 2012년 제1기) 이것은 청주의 '변화된 포의박대식' 불상이 북쪽으로 전파되었다는 주장을 보충해 줄 수 있을 것이다.
38) 楊伯達, 「曲陽修德寺出土紀年造像的藝術風格與特徵」, 『故宮博物院院刊』 1960년 제2기.

위의 표에 열거된 한반도 신라의 대략 7세기 후반의 아미타삼존상 주존의 법의는 '반피식'과 '변화된 포의박대식'을 겹쳐 입고 있는데, 기본적으로 두르는 방식은 상해박물관 소장의 양 대동 원년(546)에 혜영慧影이 만든 불상과 유사하다.[39] 이와 같은 법의 착용 방식은 서하산 천불암 삼불굴(하024굴) 정벽의 주존과 서하산 무량전 앞에서 출토된 남조 불좌상에서도 볼 수 있다.

위의 표를 통해 '변화된 포의박대식' 양식의 동아시아 지역 전파에 관한 다음과 같은 몇 가지 특징을 도출해 낼 수 있다.

첫째, 6세기 중반 중국의 '남방식 불교장엄조상 루트'에 등장한 '변화된 포의박대식'의 법의가 한반도와 일본 불상 표현에 깊은 영향을 미쳤다는 점이다. 특히 이때는 불교가 일본에 본격적으로 전해지는 시기와 우연히 일치하여 일본이 불교를 본격적으로 받아들인 후, '변화된 포의박대식'은 비교적 이른 시기에 일본에 전해진 불상 착의 양식의 하나가 되었다. 이 점은 한반도와는 다른데, 한반도에서 불교가 정식적으로 들어온 것은 고구려의 소수림왕 2년(372)으로, '포의박대식'의 법의가 아직 만들어지지 않은 때로, 한반도에 전래된 불상은 서울 뚝섬에서 출토된 약 4세기경의 금동불좌상(앞 그림 2-49)과 같은 '통견식'이었다.

둘째, 아스카대불의 착의着衣 방식은 '변화된 포의박대식'으로, 당시의 중국과 해동 지역에 널리 퍼져 있었다. 이 방식이 중국에서 어떻게 전파되었는지에 대한 핵심은 '변화된 포의박대식'이 주체가 된 '남방식 불교장엄조상 루트'에서 찾을 수 있다. '변화된 포의박대식'의 해동 지역에 대한 전파를 살펴보기 위해서는 반드시 두 가지 전래 경로를 다루어야 한다. 하나는 시바다치시(司馬達止)가 일본에 들어갈 때 가지고 들어간 이후 그 손자인 시바도리(司馬止利)가 이것을 계승한 것이고, 또 하나는 불교가 공식적으로 전해짐에 따라 한반도에서 전래된 것이다. 동일한 양식이지만 그 전달자가 달랐던 것이다. 즉, 전달자가 서로 다른 시기에 특수한 경로를 통해 '동시에' 일본으로 전래되었던 것이다.

셋째, 현존하는 실물 자료에 따르면, 한반도와 일본의 '변화된 포의박대식' 불상의 출현 시기가 서로 비슷할 것으로 보인다. 한반도에서는 황해도 곡산군에서 출토된 고구려의 신묘명(571) 불상과 충남 부여군 군수리에서 출토된 백제의 약 6세기 후반의 불좌상이 대표적인 예다. 일본에서는 스이코 17년(609)에 조성된 아스카대불과 6세기 후반에 조성되었을 가능성이 있는 호류지 헌납 143호 삼존상이 있다. 문제는 일본의 '변화된 포의박대식' 불상이 만들어지게 된 것은 한반도의 영향일 뿐만 아니라 '남방식 불교장엄조상 루트'의 영향이었다는 점이다. 왜냐하면 아스카대불의 착의 방식에 나타난 일련의 조상 내용은 중국의 '남방식 불교장엄조상 루트'의 불상 특징과 매우 일치할 뿐만 아니라 아울러 이러한 조상 내용 중에는 한반도 불상이 가지고 있지 않은 것도 있는데, 이하 세 가지 점에서 눈에 띄게 반영되어 있다.

a. 옷깃을 오른쪽으로 여미는 우임교령右衽交領 형태의 내의는 아스카대불의 착의 특징 중의 하나로, 중국에서는 주로 '남방식 불교장엄조상 루트'에 있는 불상에서 보인다. 청주의 동위시대 '변화된 포의박대식' 불상, 남경의 서하산 천불암의 하019굴(쌍불굴) 정벽 서쪽의 불좌상(앞 그림 5-4), 성도 상업가에서 출토된 양 천감 10년(511)에 왕주자王州子가 만든 존상(앞 그림 4-41), 맥적산석굴의 북위시대 제114굴 정벽의 주존, 병령

---

[39] 費泳, 『中國佛敎藝術中的佛衣樣式硏究』(中華書局, 2012년판), 241~248쪽.

[7-6] 맥적산석굴 제114굴 정벽 주존 (費泳 그림)   [7-7] 병령사 북위 132굴 정벽 쌍불(『中國石窟雕塑全集 2』)   [7-8] 막고굴 427굴 수대 불상(費泳 그림)

사炳靈寺석굴 132굴 정벽의 쌍불 중 우측 불상 및 이 굴의 남벽 주존, 막고굴에 있는 수대隋代의 불상은 교령내의를 입고 있는데, 이런 양식은 매우 흔하게 볼 수가 있다. 이들 중국 불상들의 옷깃은 아스카대불과 마찬가지로 모두 옷깃을 오른쪽으로 여민 우임교령이다.

주의해야만 할 점은 한반도의 삼국시대 불상에도 우임교령(오른쪽으로 여민 옷깃) 형태의 내의가 등장한다는 점이다. 충청남도 예산군에 있는 백제의 약 6세기 후반 사면불상 정면의 불좌상과 같이 이 불상의 우임교령 출현 시기는 한반도와 해동 지역을 통틀어 비교적 이르다. 고구려의 6세기경에 만든 금동불좌상(앞 그림 2-52)의 내의도 우임교령과 흡사하다. 발해에서 출토된 고구려 불상에서도 옷깃이 있는 내의가 있지만, 이들 옷깃은 대부분 왼쪽으로 여미는 좌임교령左衽交領이므로 아스카대불과는 다르다.

우임교령을 한 불상의 전파 경로는 건강健康 → 산동반도 → 충청남도 → 일본으로 추정되지만, 건강에서 일본으로 직접 전파되었을 가능성도 배제할 수 없다.

[7-9] 충남 예산군 사면불의 정면 불좌상 (『朝鮮半島美術』)   [7-10] 발해 출토 고구려 이불병좌상 (『佛像的系譜』)

b. 나발은 한반도와 일본 불상에서 6세기 후반에 적용되어 두 지역의 '변화된 포의박대식' 불상에서 모두 나타난다. 나발은 성도로 대표되는 남조시대 소량 연간의 '포의박대식' 불상의 특징 중 하나이자[40] '남방식 불교장엄조상 루트'에서 흔히 볼 수 있는 불교조상의 요소지만, 북위의 정치 중심에 있는 운강雲崗, 용문龍門, 공현鞏縣 석굴 조상에서는 드물게 보인다. 6세기 중반에 들어와서도 동위, 북

---

40) 費泳, "'靑州模式'造像的源流", 『東南文化』 2000년 제3기.

제의 정치의 중심지 부근에 세워진 비교적 큰 규모의 석굴사에서조차도 나발이 매우 드물다.[41] 게다가 한반도 삼국시대 초기 불상에도 나발이 있는 것은 극히 소수여서 일본 아스카시대 불상의 나발은 교령交領 형태의 내의와 함께 중국에서 직접 전입되었다는 것을 배제할 수가 없다.

c. 상현좌는 중국에서 6세기 중반경에 전체적으로 쇠퇴해졌다. '남방식 불교장엄조상 루트' 상에 있는 '포의박대식' 불상은 옷 주름이 많지만 대좌를 덮지는 않았다. 예를 들면, 성도 서안로에서 출토된 것으로, 양 대동 11년(545)에 장원張元이 만든 불상과 같은 유적지에 맥적산 제141굴 오른쪽 벽과 왼쪽 벽 뒤쪽의 북주시대 불좌상, 산동 제성의 번호 ⅢC(SZF:70)의 북제시대 불좌상 등이다.[42] 이 외에 상해박물관 소장의 양 대동 원년(546)에 혜영慧影이 만든 불상, 주청에서 출토된 북제 천보 3년(552)에 승려 제본濟本이 만든 불상 등 대좌 윗부분만 옷자락으로 덮는 형식을 가진 일부 불상들도 있다. 옷자락을 아래로 늘어뜨린 두 종류의 표현 방식은 일찍이 일본의 아스카대불과 한반도의 충청남도 부여군 군수리에서 출토된 불좌상에서 볼 수 있는데, 이 중 아스카대불에서는 아직 상현좌의 방식이 표현되지 않았는데, 당시 중국의 '남방식 불교장엄조상 루트'에 있는 법의의 발전 추세와 일치한다.

d. 파상문 육계로, 일본 호류지 헌납보물 143호 조상의 주존에 보이는 파상문 육계의 원류는 중국에 있다. 파상문 육계를 한 불상은 현존하는 한반도 삼국시대 불상에서는 거의 찾아볼 수 없으나, 중국에서는 북조 불상에서 흔히 볼 수 있다. 운강 제6굴, 막고굴 제268굴, 공현석굴사 유지 출토의 불상이 비교적 이른 예로, 이는 간다라 불상에 보이는 머리카락을 묶어 만든 육계에서 변화된 것으로 보인다.

[7-11] 공현석굴사 유적지 출토 북위 불상
(『中國美術全集: 雕塑編 13』)

[7-12] 청주 용흥사 출토 동위 천평 3년명(536) 주존
(『青州龍興寺佛敎造像藝術』)

[7-13] 곡양 수덕사 동위 불상
(『故宮收藏曲陽造像』)

---

41) 6세기 중반에 들어서면서 '남방식 불교장엄조상 루트' 상에 '변화된 포의박대식'을 위주로 하는 불상 표현이 형성되었다. 같은 시기 동위, 북제 정치의 중심지인 鄴(臨漳)과 晉陽(太原) 부근의 響堂山, 안양의 여러 석굴, 天龍山石窟 등의 불상의 옷차림 양식은 '부탑쌍견하수식'(법의가 양어깨를 걸치고 아래로 흘러내린 방식)을 주로 하였다. 그러나 이 두 계통의 조상 요소도 서로 교류하고 침투하여 북향당산 三窟에서는 나발을 장식한 주존을 볼 수 있다. 安陽 小南海 中窟 동·서벽 주존 불입상도 '변화된 포의박대식'인데, 이는 북제 정치의 중심지 부근에서 '변화된 포의박대식'의 몇 안 되는 예에 속한다.

42) 杜在忠·韓崗, 「山東諸城佛敎石造像」, 『考古學報』 1994년 제2기, 도판11-2.

여기에서 반드시 지적해야만 하는 점은, 청주 용흥사의 동위 천평 3년(536)에 지명智明이 만든 주존과 같이 6세기 중반 '남방식 불교장엄조상 루트'에서 청주 지역 불상에만 파상문 육계가 있는 것 같고, 남경에서는 파상문이 장식된 남조 불상이 아직 발견되지 않았으며, 하북 곡양 수덕사修德寺에서 출토한 '포의박대식'으로 입은 동위 시기 불상 중에 파상문 육계를 한 불상[43]의 예가 있지만, 이러한 불상 출토 지역과 가장 가까운 해역이 발해만이라 바다를 건너 동쪽으로 전해졌다는 것은 어려운 일이다. 진晉·송宋 시기에 이미 승려들이 청주 동래군東萊郡과 장광군長廣郡 두 곳의 항구에서 출항해 천축 등과 불교문화 교류가 이루어졌는데, 이것도 중국 불교조상이 동쪽 전파를 고찰하는 데 있어서 가능성 있는 여러 가지 경로의 하나이다.

2) 아스카 대불의 착의 양식 고증

'변화된 포의박대식' 불상을 주체로 하는 '남방식 불교장엄조상 루트'는 해동 지역으로 뻗어 나갔는데, 한반도의 삼국시대 신묘명 상, 정지원명 상, 계유명 상에 분명히 나타나고 있으며, 일본 아스카시대와 하쿠호시대에도 '변화된 포의박대식' 불상이 나타났는데, 그중 호류지 헌납보물 제143호와 제151호 불상이 초기 작품에 해당한다. 이 외에 현재 아스카대불에 나타난 법의 양식은 '변화된 포의박대식'으로, 조성 연대가 빠르고 명확하며, 구라쓰쿠리노오비토 도리(鞍首止利) 불사佛師의 작품으로 기록되어 있다. 다만 화재를 당하고 나서 복원되어 그 법의 양식이 원래 것인지 아닌지에 대한 문제가 남아 있지만, '남방식 불교장엄조상 루트'가 해동 지역으로 전파된 구체적인 흐름과 관계되기 때문에 이에 아스카대불의 착의법에 대한 고증을 진행할 필요가 있다.

아스카데라 안고인(安居院, 별칭 호코지[法興寺], 간고지[元興寺]) 본존(앞 그림 5-2)은 학계에서 아스카대불이라 칭하며, 일본 최초의 불상으로 생각한다.

아스카대불에 대한 주요한 문헌 기록은 『제호사본제사연기집醍醐寺本諸寺緣起集』에 수록된 「원흥사연기元興寺緣起」의 장육광명丈六光銘과 『일본서기』에 보인다.

「원흥사연기」 장육광명:
"(스이코) 13년(605) 을축 4월 8일 무진, 동 23,000근과 금 759량으로 구리와 비단의 석가장육상釋迦丈六像 2구 및 협시상을 삼가 조성합니다. 원하건대, 이 복력이 멀리 제황에까지 미치고 중생들의 신심이 끊어지지 않고, 제불을 받들어 함께 보리 언덕에 올라 속히 깨달음을 이루고자 합니다. 무진년(스이코 16년, 608), 수나라의 주사主使 홍려사鴻臚寺 장객掌客 배세청裴世淸과 부사副使인 상서사부尙書祠部 주사主事 편광고遍光高 등이 와서 이 불상들을 예불하였습니다. 다음 해(스이코 17년, 609)[44] 기사년 4월 8일 갑진에 마침내 간고지(元興寺. 아스카데라의 별칭)에 모셨습니다."

---

43) 胡國强 主編, 『故宮收藏曲陽造像』(紫禁城出版社, 2009년판), 32쪽, 도판16.
44) 福山敏男, 「飛鳥寺の創立に關する研究」, 『史學雜誌』 45-10(1934).

『일본서기』, 권22:

"(스이코) 4년(596) 겨울 11월, 마침내 호코지(法興寺)가 완성되었다. 즉시 대신大臣의 아들 젠토쿠노오미(善德臣)를 사사寺司로 임명하였다. 이날 혜자慧慈, 혜총慧聰 두 승려가 처음으로 호코지에 거주하였다.…… 13년(605) 여름 4월 신유삭(1일)에 천황이 황태자, 대신 및 제왕, 제신에게 함께 서원誓願을 발표하고, 구리와 비단의 장육불상 각각 1구를 만들도록 명하였다. 이에 구라쓰쿠리노 도리(鞍作鳥)에게 명하여 불상을 만드는 장인으로 삼았다. 이때 고려국의 대흥왕大興王이 일본국 천황이 불상을 만든다는 소식을 듣고서 황금 300냥을 보내왔다.…… 14년(606) 여름 4월 을유삭 임진(8일)에 장육불상을 함께 완성하였다. 이날, 장육동상을 간고지(元興寺) 금당에 안치하려 했으나 불상이 금당 문보다 높아서 들일 수가 없었다. 이에 장인들이 의논하기를 '금당의 문을 부수고 봉안하자'고 말하였다. 하지만 구라쓰쿠리노 도리는 우수한 장인이라 문을 부수지 않고 금당에 들여놓을 수가 있었다."

두 문헌에 따르면 장육 아스카대불의 완공 시기에 대한 기록에서 조금 차이가 났는데, 「원흥사연기」에는 609년이라 했고 『일본서기』에는 606년이라 했다. 대불의 구체적인 제작 시기, 제작자 및 복원 전과 후의 양식적인 차이의 유무 등에 대해서 학자들의 견해가 일치하지 않는다.[45] 현재 대부분의 학자들은 아스카대불을 스이코 17년(609)의 작품으로 보고 있으며, 제작자는 구라쓰쿠리노 도리라고 추측한다.

『상궁태자습유기上宮太子拾遺記』에 의하면, 아스카대불은 겐큐(建久) 7년(1196)에 아스카데라가 벼락을 맞아 거의 완전히 소실되어 단지 머리와 손만 남아 있다가 후에 복원되었다고 한다. 현존하는 아스카대불이 본래의 모습으로 제대로 복원되었는지에 대해서는 구노 다케시(久野健)의 견해가 주목할 만하다. 그는 복원된 아스카대불이 원래의 형식을 충실하게 따랐다고 피력했으며, 아울러 복제服制의 특징에 주목하였다.

구노 다케시는 "아스카대불은 분명히 겐큐 연간에 발생한 화재로 큰 피해를 입어서 단지 일부 단편만 남아 있지만, 이 단편들을 모아 복원해 보니 작은 디테일까지 살아 있는 듯…… 따라서 불상을 복원할 때, 불상의 복제服制도 아스카시대에 최초로 시작할 때의 형식에 충실했다는 것을 볼 수 있다"[46]고 주장했다.

아스카대불의 복제에 대해 구노 다케시는 「아스카대불론」(飛鳥大佛論)이라는 글에서 비교적 면밀하게 관찰하였고 기술하였다. 특별히 그는 미즈노 게이사부로(水野敬三郎)가 발견한 아스카 불상의 착의 양식을 언급했는데, 이 발견은 일본 아스카시대의 법의 양식의 특징이 '남방식 불교장엄조상 루트'와 밀접한 관계가 있다는 생각에 많은 도움을 준다. 수록된 내용을 편집하면 아래와 같다.

아스카시대 불상의 복제服制에 대해 최근 미즈노 게이사부로 선생이 발표한 견해는 매우 주목할 만하다.(水野敬三郎, 「法隆寺金堂釋迦三尊」) 그는 운강석굴 제6굴의 불상과 용문석굴 빈양중동賓陽中洞 본존 등에 대한 대의 착용 방법을 논술하면서 고스기 가즈오(小杉一雄) 선생의 설명을 인용하였다. 즉, '(북위식 착의 방법은) 인도의 직사각형 대의를 승기지僧祇支와 치마 위에 걸치는데, 우선 왼쪽 어깨에 걸치고 왼쪽 손목과 왼쪽 가슴을 덮고 다시 그것을

---

45) 이와 관련된 다양한 견해에 대하여 奈良國立文化財硏究所, 『飛鳥寺發掘調査報告』(硏究所學報第五冊, 1958); 毛利久, 「飛鳥大佛の周邊」, 『佛敎藝術』 67호(1967); 町田甲一, 「元興寺本尊飛鳥大佛」, 『國華』 942호(1972); 久野健, 「飛鳥大佛論」 上·下, 『美術研究』 300·301호(1975); 大橋一章, 「飛鳥寺の創立に關する問題」, 『佛敎藝術』 107호(1976); 田三郞助, 「飛鳥佛と南北朝の佛像」, 『歷史公論』 116호(1985); 吉村怜, 「日本早期佛敎像における梁·百濟樣式の影響」, 『佛敎藝術』 201호(1992)를 참고.
46) 久野健, 「飛鳥大佛論」 下, 『美術硏究』 301호(1975).

등 뒤로 두른 뒤 오른쪽 어깨와 오른쪽 손목을 감는다. 그렇게 한 뒤에 다시 앞부분을 두른 뒤 가슴과 복부를 덮는다. 마지막에 남은 옷 끝자락을 왼쪽 팔 아래로 늘어뜨린다.'(小杉一雄,「裳懸座考」) 주의할 만한 점은, 여기에서 언급된 '남은 옷 끝자락을 늘어뜨리는 방식'은 중국, 한국, 일본에서 같은 종류의 복제를 한 불상에 보면 주로 두 종류가 있다. 그 하나는 남은 옷 끝자락을 왼쪽 팔 아래쪽에 걸치는 것으로, 이는 앞에서 언급한 북위식인 것이다. 다른 하나는 왼쪽 어깨에 걸친 후 옷자락을 뒤로 늘어뜨리는 것이다. 또한 전자의 중요한 불상으로는 사천성 성도에서 출토된 양 대통 3년명 석조여래입상과 한국 국립중앙박물관 소장의 연가 7년명 여래입상이 있다. 후자의 방식에 해당하는 불상으로는 즉, 옷 끝자락을 왼쪽 어깨에 걸친 후 옷자락을 뒤로 늘어뜨린 중요한 불상으로는 사천성 성도에서 출토된 양 중대통 원년명 석조여래입상과 상해박물관 소장의 양 대동 원년명 석조삼존상 등이 있다. 그리고 한반도에서 전해지는 진귀한 작품으로는 황해도 곡산군에서 출토된 신묘명 금동삼존불과 영산靈山 마애석불 등이 있는데, 이 불상들의 착의법은 북위에서 볼 수 없는 것으로, 단지 동위시대에 이르러서도 몇 존만이 나타나는 예이다. 그런데 이해가 안 가는 것은 우리나라(일본)에 남아 있는 것에서는 옷자락을 왼쪽 팔목에 걸치는 북위식 복제를 찾을 수 없다는 점이다. 옷자락을 왼쪽 어깨에 걸친 현존하는 뛰어난 작품으로 호류지 여래입상(호류지 헌납보물 제151호 상)이 있는데, 전해지는 바에 의하면 이 불상은 한반도에서 청해 온 것이라고 한다. 그리고 일광삼존상一光三尊像의 주존 불상(호류지 헌납보물 제143호 상)도 가사를 어깨에 걸친 작품이다. 반면, 호류지 금당의 석가여래상과 무자년명 석가상, 48체불 중 도리식 여래입상(호류지 헌납보물 제149호 상) 등의 불상은 모두 이 두 가지 양식의 범위 속에 있지 않다. 이에 대해 미즈노 게이사부로 선생은 다음과 같이 설명했다.

"정면에서 보면, 대의의 끝부분이 왼쪽 앞쪽 팔에 걸쳐져 있지만, 왼쪽에서 보면 불상 뒷면까지 둘러져 외관상 보면 또 그 모양이 아니다. 정면에서 보면, 왼쪽 앞쪽 팔에 걸쳐진 대의의 끝자락이 실제로는 매우 커서 왼쪽 어깨에서부터 왼쪽 앞쪽 팔까지 덮고 있다. 이러한 착의법은 매우 복잡해서 대의가 도대체 어떻게 감겨져 있는지 정말 이해하기 어렵다." "호류지 금당의 석가삼존을 비롯한 도리식 여래상은 이 두 가지 복제를 절충한 것으로 보이는데, 이런 상황에서 만들어진 북위식이 어째서 이와 같이 단순하지 않을까? 당시 일본에 알려진 이런 양식의 불상은 부조적인 특징이 뚜렷하고, 뒷면에는 어떠한 조형도 하지 않았다. 예를 들면 연가명 상[47] 등이 그러하다. 그리하여 이러한 복제를 정확하게 이해하지 못한다.…… 이것 역시 일본 최초로 불상을 만든 사람이 매우 고심해서 각별히 마음을 쓴 결과라고 할 수 있다."

"현재 아스카대불의 착의법을 보면, 복원으로 인해 여러 곳에서 애매모호한 것이 나타난다. 우선 가슴에는 승기지와 허리띠 매듭이 보이고 겉에는 장방형의 대의를 걸쳤는데, 왼쪽 어깨와 왼쪽 손목에서 바로 등까지 돌아서 오른쪽 어깨와 오른쪽 손목을 덮은 후 다시 가슴과 배를 덮었다. 남은 옷자락 끝은 왼쪽 어깨와 왼쪽 손목에 걸쳐져 있다. 즉, 이러한 복제는 북위에서는 볼 수 없지만, 양의 중대통 원년명 석가상 등의 남조 불상과 한반도에 있는 몇 존의 불상에서 볼 수 있는 착의 방법이다. 내가 짐작한 대로 만일 이 불상이 아스카시대에 처음 조성이 시작될 때의 양식과 형식을 잘 보여 준다면, 이런 착의법이 보여 주는 특징은 매우 중요하다. 이 불상과 48체 불상 중 한반도에서 전래된 여래입상(제151호 상) 등이 그 의미가 같고, 이러한 착의법을 아는 불사佛師가 만든 것임을 의미하므로, 당연히 도리 불사의 작품일 가능성은 없다. 처음 제작된 불상은 복제의 착의법이 합리적이고 오히려 뒤에 제작된 불상은 착의법이 틀렸다는 것은 논리상 불가능하다. 즉 다시 말해, 스이코 13년에 제작된 아스카대불의 착의법은 중국, 한반도의 여래상을 그대로 모방할 수 있으면서도 십여 년이 지난 스이코 31년에 제작

---

47) 감수자 주: '연가명 상'이 연가칠년명 금동여래입상을 지칭한다면, 이 상은 삼국시대 고구려 불상임.

된 호류지 금당의 석가여래상의 착의법은 그대로 모방할 수 없다는 것은 전혀 논리에 맞지 않으므로 이는 좀 이해하기가 어렵다."[48]

위의 인용문에서 미즈노 게이사부로가 언급한 것은 5세기 말에서 7세기 초까지 앞뒤로 나타난 외관상 서로 비슷하지만 본질적으로는 차이가 있는 세 가지 법의 양식이다. 첫째, 운강 제6굴, 성도 만불사 출토의 양 대동 3년명 입상, 한국 국립중앙박물관 소장의 연가 7년명 불입상으로 대표되는 이른바 중국 학자들이 말하는 '포의박대식'이다. 둘째, 만불사에서 출토된 양 중대통 원년명 입상 및 한반도 황해도 곡산군에서 출토된 신묘명 금동삼존상 주존으로 대표되는 소위 중국 '남방식 불교장엄조상 루트'에서 발생한 '변화된 포의박대식'이다. 셋째, 일본 호류지 금당 석가상, 무자년명 석가상, 호류지 헌납보물 제149호 불입상으로 대표되는, 즉 미즈노 게이사부로가 말한 일본에서만 볼 수 있는 '도리식'이다.

가사 착의 방식에서 '포의박대식'과 '변화된 포의박대식'의 가장 큰 차이점은 전자가 가사의 오른쪽 윗부분과 오른쪽 아랫부분(앞 그림 6-25)[49]을 왼쪽 팔뚝에 함께 펼쳐 걸친다는 점이고[50], 후자가 가사의 오른쪽 윗부분으로 왼쪽 어깨와 팔을 덮는다는 점이다. 세 번째 종류의 불상 착의의 특징은 불상 정면이 '포의박대식' 특징을, 불상 뒷면이 '변화된 포의박대식' 특징을 두드러지게 반영한다는 것이다.

외관은 비슷하지만 차이가 있는 이 세 가지 법의 양식은 포의박대식 법의가 어떻게 동아시아에 전파되고 변천되었는지를 고찰하는 데 있어서 의의가 매우 크다. 이 세 종류의 법의 양식에 보이는 서로 관련되는 요소를 나열하면 다음과 같다.

[7-14] 보리 재단 소장 청주 양식의 불입상(『保利藏珍』)

---

48) 久野健, 「飛鳥大佛論」 下, 『美術研究』 301호(1975).
49) 律典에는 가사의 옷자락 끝부분과 옷자락의 가선(옷이나 가방 따위의 가장자리를 다른 헝겊으로 가늘게 싸서 돌린 선)의 구체적인 방향이 명시되어 있지 않으므로, 설명도의 표식은 필자가 설명의 편의를 위해 설정한 것이다.
50) 이를 따를 경우 가사의 오른쪽 상단 모서리는 왼쪽 어깨(왼쪽 팔까지는 아니다)에 걸치고, 왼쪽 하단 모서리와 오른쪽 하단 모서리는 왼손이 쥐어야 한다. 費泳, 「佛像袈裟的披著方式與"象鼻相"問題」, 『敦煌研究』 2008년 제2기.

〈표 7-5〉 5세기 말~7세기 초 중국 및 해동 지역 포의박대식 불의 세 유형

유형	법의 양식	전형적인 불상 예	국가 혹은 지역	법의의 외관 상 특징	비고
1	'포의박대식'	운강 제6굴 불상. 성도 만불사에서 출토된 것으로 양 대동 3년(537)에 후랑侯朗이 만든 불상	중국	가사의 왼쪽 옷깃은 자연스럽게 아래로 늘어지고, 오른쪽 옷깃은 왼쪽 팔꿈치에 펼쳐서 걸침.	미즈노 게이사부로는 일본에는 순수한 이런 종류의 불상이 존재하지 않는다고 생각함. 필자는 7세기 후반 에히메(愛媛) 고류지(興隆寺) 금동석가여래입상과 같이 일본에서도 '포의박대식' 법의가 출현했다고 생각함.51)
		연가 7년명(539) 금동불입상	고구려		
		현존하는 최초의 기년명 '포의박대식' 불상은 사천 무현茂縣에서 출토된 제 영명 원년(483) 승려 현숭玄嵩이 만든 불상			
2	'변화된 포의박대식'	성도 만불사 출토의 양 중대통 원년명(529) 불입상	중국	가사의 왼쪽 옷깃은 자연스럽게 아래로 늘어지고, 오른쪽 옷깃은 왼쪽 어깨와 팔에 펼쳐서 걸침.	
		신묘명(571) 불삼존상 주존	고구려		
		아스카대불. 호류지 헌납보물 제151호 불상. 호류지 헌납보물 제143호 주존	일본		
		'변화된 포의박대식'을 한 현존하는 최초의 기년명 불상은 남경 덕기광장에서 출토된 것으로, 양 대통 원년(527)에 초월超越이 만든 불상			
3	'포의박대식'과 '변화된 포의박대식'의 융합 양식	호류지 금당의 계미명(623) 석가삼존상 주존. 무자명(628) 삼존상의 주존. 호류지 헌납보물 제149호 불상. 호류지 헌납보물 제145호 불상	일본	불상은 적어도 두 겹의 가사를 입었고, 왼쪽 옷깃을 자연스럽게 아래로 늘어뜨리고, 오른쪽 옷깃 중 안쪽 가사는 왼쪽 어깨와 팔에, 바깥쪽 가사는 왼쪽 팔꿈치에 펼쳐서 걸침.	미즈노 게이사부로는 중국과 한반도에 이러한 유형의 불상이 없다고 생각하여 '도리식 복제'라고 명명함.
		이러한 유형의 법의를 갖춘 현존하는 최초의 기년명 불상은 호류지 금당의 계미명 삼존상 주존임.			

위 표에서 세 번째 불상 예의 앞뒷면 모습(앞 그림 4-100)을 통해 이러한 법의 양식이 당시 일본에서 정식으로 유행하였음을 알 수 있다. 게다가 이에 앞서 '포의박대식'과 '변화된 포의박대식'이 이미 일본에 전해져 이들 종류가 일본에서만 볼 수 있는 새로운 융합 양식이 만들어질 수 있는 기초가 되었지만 순수한 '포

---

51) 에히메(愛媛) 고류지(興隆寺) 금동석가여래입상의 발생 시간에 관해 구노 다케시는 하쿠호 중기로 추정했다. 久野健, 『古代小金銅佛』(小學館, 1982년판), 209~210쪽 참고.

의박대식' 불상의 예가 극히 보기 드물다는 것을 말해 준다.

중국에서 유래한 불상이 시바(司馬) 가문의 3대인 도리까지 전해졌을 때 양식상의 변화나 혁신이 나타나는 것은 정상적인데, 학계에서는 세 번째 융합 양식의 불상 예가 나발, 띠매듭, 왼쪽 팔꿈치에 걸친 법의 등에서 볼 수 있는 것과 같이 도리식 불상의 특징을 지닌 것으로 본다. 지금으로서는 불상의 왼쪽 어깨 뒤에 가사를 늘어뜨리는 처리 방식과 앞면에서 가사를 왼쪽 팔꿈치에 걸치는 방식을 서로 융합한 것이 시바도리(司馬止利)의 가장 큰 발명이라고 할 수 있다. 하지만 여전히 다음과 같은 의문이 남는다. ① 이 양식은 분명히 중국에서 출현한 적이 없는 것일까? ② 옛 청주 혹은 건강 불상의 영향을 받은 것은 아닐까? ③ '포의박대식'에서 '변화된 포의박대식'으로 넘어가는 과도기적 양식이 아닐까? 보리保利 재단이 소장한 정시正始 4년(507)에 법상法想이 만든 미륵삼존

[7-15] 호류지 무자명 삼존상 주존 (『飛鳥·白鳳の在銘金銅佛』)

[7-16] 호류지 헌납보물 제149호 불상 뒷면 (『禦物金銅佛像』)

[7-17-1] 호류지 헌납보물 제145호 불상 정면 (『禦物金銅佛像』)

[7-17-2] 호류지 헌납보물 제145호 불상 측면 (『古代小金銅佛』)

상의 법의 표현은 호류지의 계미명 주존과 유사성이 있어서 확실한 결론을 도출하기 위해서는 이를 증명하는 더 많은 실물 자료를 기다려야 한다.

이러한 유형의 불상의 착의법을 어떻게 구체적으로 해석할 수 있을까? 불상은 적어도 두 겹의 가사를 입어야만 한다. 그 왼쪽 옷깃을 자연스럽게 늘어뜨리고 오른쪽 옷깃을 두 겹의 가사의 진행 방향으로 처리할 때, 안쪽의 한 겹은 왼쪽 어깨와 팔에, 바깥쪽 한 겹은 왼쪽 앞 팔에 걸친다. 일본 효고현립역사박물관(兵庫縣立歷史博物館)에 소장된 하쿠호시대의 여래입상의 착의법을 통하여 이에 대해 좀 더 이해를 높일 수 있다. 뒤에서 이 불상을 보면, 왼쪽 어깨 위에 두 겹의 가사가 겹쳐져 있는데, 측면에서 보면, 바깥쪽 가사는 왼쪽 어깨에 걸쳤을 뿐만 아니라 왼쪽 팔꿈치에도 걸쳤고, 안쪽 가사의 모서리는 왼쪽 어깨 뒤로 늘어뜨린 모습이다.[52]

---

52) 『東アジアの金銅佛—中國·韓國·日本』(大和文華館, 1999년판), 56쪽, 圖38.

여기에서 지적할 점은, 미즈노 게이사부로는 일본에서는 법의가 왼쪽 아래 팔뚝에 걸친 북위식 복제를 찾을 수 없다고 생각했는데, 이 견해는 타당성에 의심을 받는다. 에히메현 고류지의 금동석가불입상과 같은 예를 보면, 가사 왼쪽 옷자락의 모서리를 왼쪽 팔뚝에 걸쳐 입는 이른바 북위식 복제를 하고 있다. 단지 이 불상의 조성 시기가 하쿠호 중기로 다소 늦게 출현했을 뿐이다.

도리불사는 어째서 발원지인 중국에서 다소 늦게 출현한 '변화된 포의박대식'을 아스카대불 조형에 응용했고, 호류지 금당金堂의 계미명 석가삼존상 주존과 같은 이후에 조성된 불상은 정면에서 볼 때 법의 양식이 도리어 발원지인 중국보다 먼저 출현한 '포의박대식'을 선택할 수 있었을까? 도리불사가 이렇게 한 이유는 알 수 없으나, 이처럼 받아들인 곳과 발원한 곳의 두 양식이 시기적으로 순서가 서로 뒤바뀌는 현상이 나타난다. 막고굴에서도 이러한 현상이 나타나는데, 막고굴 주존이 서위 시기에 '변화된 포의박대식', 북주 연간에 '포의박대식'이 많은 것이 그 예이다. 북주 시기 막고굴의 주존이 '포의박대식' 법의를 많이 착용한 것은 건평공建平公 우의于義가 개착한 428굴 불상의 영향과 관련된다.[53] 6세기 중반에 중국에서는 현지화된 법의 양식이 거의 모두 만들어져 해동 지역에서 도입할 수 있는 다양한 선택을 제공하였다.

'포의박대식'과 '변화된 포의박대식'의 두 가지 착의 양식은 중국에서 대략 5세기 말부터 6세기 중반까지 선후로 등장하였는데, 이 두 가지 양식이 6세기 중후반에 해동 지역에 출현했을 때에는 이미 그 선후 관계는 뚜렷하지 않았다. 현존하는 실물로 보면 한반도에서는 '포의박대식'이 약간 이르며 뒤이어 '변화된 포의박대식'이 출현했다. 이에 반해 일본은 '변화된 포의박대식'이 다소 이르고 그 후에 '포의박대식'과 '변화된 포의박대식'의 융합 양식이 나타났는데, '포의박대식'은 오히려 극히 드물다.

구노 다케시는 도리불사가 아스카대불을 제작했다는 점에 대해 의심하는 태도를 보였다. 왜냐하면 도리불사는 동시에 두 가지 양식으로 불상을 제작했을 가능성이 없다고 보았기 때문이다. 하지만 필자는 아스카대불은 도리불사의 작품일 가능성이 있다고 여기는데, 그 이유는 다음과 같다.

첫째, 문헌으로 볼 때, 아스카대불과 호류지 금당의 석가상은 모두 도리불사가 만든 것으로, 전자는 『일본서기』에 근거한 것이고, 후자는 호류지 금당의 삼존상 광배 명문에 "사마안수지리불사조司馬鞍首止利佛師造"라고 쓰여 있는 명문에 근거한 것이다. '포의박대식'과 '변화된 포의박대식'을 혼합한 법의 양식은 일본에서만 보이는 것으로 도리불사가 만든 발명임이 분명하다.

다음 문헌 기록을 통해 도리불사가 불상을 만들었을 가능성이 있는 일련의 다양하고 특별한 조건을 얻을 수가 있다.

『일본서기』 권22의 기록: 스이코 14년(606),
"5월 갑인삭 무오(5일)에 구라쓰쿠리노 도리(鞍作鳥)에게 '짐이 내전內典(불교 경전)을 널리 퍼뜨리려고 불사佛寺를 세우고 사리를 구하였다. 그때 너의 조부인 시바다치토(司馬達等)는 즉시 사리를 바쳤다. 또한 국내에 승려가 없었는데 너의 아버지 다스나(多須那)는 다치바나노토요히 천황(橘豐日天皇, 요메이 천황[用明天皇])을 위해 출가하여 불법

---

53) 費泳, 『中國佛教藝術中的佛衣樣式研究』(中華書局, 2012년판), 317~326쪽.

을 공경하였다. 또 녀의 이모인 시마메(嶋女)는 최초로 출가하여 비구니들의 지도자로서 불교를 공부하였다. 지금 또 짐이 장육불丈六佛을 만들기 위해 좋은 불상을 구하는데, 네가 헌상한 불상의 모본은 짐의 마음에 꼭 맞는 것이다' 하였다."

『일본서기』, 권20의 기록: 비다쓰(敏達) 13년(584),
"가을 9월, 백제를 통해 온 가후카노오미(鹿深臣)가 미륵석상 1구를 가지고 왔다. 사헤키노무라지(佐伯連)가 불상 1구를 가지고 왔다. 이해에 소가노 우마코노 스쿠네(蘇我馬子宿禰)가 불상 2구를 얻어 구라쓰쿠리노스구리 시바다치토(鞍部村主司馬達等)과 이케베노아타이 히타(池邊直氷田)를 사방으로 보내어 수행자를 찾게 했다. 이때 오직 하리마노쿠니(播磨國)에서 환속한 승려가 있었는데, 이름은 고구려 혜변惠便이었다. 대신은 이에 그를 스승으로 삼았다. 그때 시바다치토의 딸 시마(嶋)를 출가시켜 젠신노아마(善信尼)라 불렀고, 나이는 11세였다. 또 젠신노아마의 제자 두 사람을 출가시키니, 한 사람은 아야히토 야보(漢人夜菩)의 딸 도요메(豊女)로 이름을 젠조노오아마(禪藏尼)라 하고, 또 한 사람은 니시코리노 쓰보(錦織壺)의 딸 이시메(石女)로 이름을 에젠노아마(惠善尼)라 하였다. 소가노 우마코는 홀로 불법에 귀의하여 세 비구니를 받들어 공경하였다. 이에 세 비구니를 히타노아타이(冰田直)와 시바다치토 등에게 보내어 의식을 공급하게 하였다. 자택 동쪽에 불전을 세워서 미륵석상을 안치시키고 세 비구니를 간곡히 청하여 크게 법회를 열고 설재設齋하였다. 이때 시바다치토가 불사리를 재식齋食 위에서 얻어서 이 사리를 우마코노 스쿠네(馬子宿禰)에게 바쳤다. 우마코노 스쿠네는 사리를 시험해 보려고 쇠로 만든 모루에 올려놓고 쇠망치로 후려쳤더니 모루와 쇠망치가 모두 부러지고 사리는 부서지지 않았다. 또 사리를 물에 넣었더니 사리는 멋대로 물에서 뜨고 가라앉았다. 이런 까닭으로 소가노 우마코(蘇我馬子), 이케베노 히타(池邊冰田), 시바다치토 등이 깊이 불법을 믿고 수행을 게을리하지 않았다. 우마코노 스쿠네는 또 이시가와(石川)의 집에 불전을 세우니, 불법의 기초가 이로부터 만들어졌다."

『부상략기扶桑略記』, 권3:
"일길산日吉山 약항법사藥恒法師의 『법화험기法華驗記』에, '연력사승선잠기延曆寺僧禪쏙기에서 말하길, 제27대 게이타이 천황(繼體天皇) 즉위 16년(522) 임인에 대당大唐 한인漢人 구라쓰쿠리노스구리 시바다치시(案部村主司馬達止)가 이해 봄에 입조하여 곧바로 야마토국(大和國) 다카이치군(高市郡) 사카타바라(阪田原)에 띠를 엮어 집을 만들었다. 본존을 안치하고 귀의하는 예배를 드렸다. 세상 사람들이 대당신大唐神이라 했다. 연기緣起에 나온다'고 했다. 은자(약항법사)가 이 문장을 보았다. 긴메이 천황(欽明天皇) 이전에 당나라 사람이 불상을 가지고 왔으나 유포하지 않았다."

『원형석서元亨釋書』, 권17:
"시바다치토(사마달등)는 남량南梁인이다. 게이타이(繼體) 16년에 입조하였다. 이때 이곳에는 붓다의 가르침이 없었다. 시바다치토는 와슈(和州) 다카이치(高市) 사카타바라(阪田原)에 띠를 엮어 집을 만들어 불상을 안치했다. 세상 사람들은 붓다를 알지 못했으므로 이역신異域神이라 칭했다. 우마코는 고향에서 불승(보살이 큰 서원을 세워 위로 보리를 구하고 아래로 중생을 교화하여 해탈하게 하는 교법)을 행하니, 시바다치토가 이를 도왔다. 비다쓰 13년, 우마코가 석미륵상을 봉헌하고 재회를 설행하니 시바다치토가 더불어 즐겼다. 홀연 잿밥에서 불사리를 얻어서, 이에 우마코에게 바쳤다. 우마코는 사리를 모루에 놓고 쇠망치로 후려쳤더니 모루와 쇠망치는 부서졌지만 사리는 훼손할 수 없었다. 또 사리를 물에 던졌더니 가라앉지 않았다. 이러한 연유로 우마코는 붓다에 대한 믿음과 공경을 더욱 공고히 했다. 시바다치시(司馬達止)의 아들은 비구가 되었고 이름을 도쿠세이(德齊)라 했다. 그의 여식은 비구니가 되었고 이름을 젠신(善信)이라 했다. 당시 사람들은 그의 가문을 일러 불종佛種이라 했다."

이 기록들을 통해 다음 몇 가지를 알 수 있다.

① 도리 가문이 붓다를 모신 것은 3대 즉, 시바다치(시)(할아버지)[54] → 다스나(아버지) → 도리(아들), 도(딸)(이모)로 이어졌다.

② 도리의 할아버지인 시바다치시는 중국 사람이고 522년에 중국 불상(즉 기록에서 언급된 '대당신' 혹은 '이역신')을 일본에 가져와서 일본에 큰 영향을 미쳤는데, 이 시기는 불교가 정식적으로 일본에 전해진 538년 이전이다.

③ 『원형석서』에는 시바다치시가 남조 소량 사람(蕭梁人)이라 기록되어 있다. 주의할 점은 522년은 바로 '포의박대식'과 '변화된 포의박대식'의 두 법의 양식이 교체 시기로[55], 불상의 전파자로서 시바다치시는 당시 남조에서 가장 대표성을 구비한 두 가지 법의 양식의 구조에 대해 아주 잘 알고 있었다는 것이다. 그러므로 그가 당시 봉안한 '이역신'이라 불리는 중국 불상의 법의 양식이 '포의박대식' 혹은 '변화된 포의박대식'을 띠고 있을 가능성을 추정하게 하는 이유이다.

④ 시바다치시의 생몰년은 정확히 알 수 없으나, 그는 고령의 나이로 522년에 일본 땅을 밟았다고 짐작한다. 『일본서기』에는 비다쓰 13년(584)에 그의 딸 시마(嶋)가 11세였다고 기록되어 있다. 시바다치시는 일본의 6세기 불상 제작에 거의 전부 관여했다. 이 기간 동안 일본 불교조상 제작은 한반도에서 영향을 받은 것 외에도 또 다른 매우 중요한 양식적인 기원의 직접적인 제공자가 바로 시바다치시였다.

⑤ 시바다치시는 중신 소가노 우마코(蘇我馬子)의 신임을 많이 받았다. 소가노 우마코는 비다쓰, 요메이, 스슌 및 스이코 등 네 명의 천황 때 중신으로, 그 기간은 바로 일본 아스카시대 불교 존상이 급속히 발전한 중요한 시기이기도 했다. 그는 정쟁에서 불교를 추앙함으로써 신도神道와 반대파(異己) 세력을 억압했다. 시바다치시 가문이 3대에 걸쳐 붓다를 모신 것은 모두 소가노 우마코의 막대한 지지를 받은 것이다. (표 7-6)

---

54) 『송서』 권97 「왜국」에는 다음과 같이 기록되어 있다. "왜국은 고구려 동남부 큰 바다 가운데 위치해 있으며, 세세토록 조공을 바쳤다. 고조 영초 2년, 다음과 같이 조서를 내렸다. '왜의 讚(산)이 만 리 밖에서 조공에 힘쓰니 먼 곳으로부터의 정성이 마땅히 밝힐 만하므로 가히 제수할 만하다.' 태조 원가 2년(425), 찬이 또다시 司馬曹達(시바소타쓰)을 보내 표를 받들고 토산품을 바쳤다." 이 문장에서 언급된 司馬曹達이 시바다치시와 관련되어 있는지의 여부에 대해 학계에서의 관점은 서로 다르다. 町田甲一, 「鞍作部の出自と飛鳥時代に於ける"止利式佛像"の興亡について」, 『國華』 880호(1965); 吉村怜, 『天人誕生圖硏究』(中國文聯出版社, 2002년판), 123~130쪽 참고.

55) 현존하는 남조의 비교적 이른 '변화된 포의박대식' 불상의 예는 남경시박물관 소장 덕기광장에서 출토된 양 대통 원년(527)에 超越이 만든 불상, 성도 만불사에서 출토된 양 중대통 원년(529) 불입상이다. 이 외에 필자는 僧祐의 '准畫儀則'으로 여기지는 서하산대불는 '변화된 포의박대식' 불의를 입었고, 게다가 이러한 불의는 5세기 말부터 513년 서하대불이 만들어지기 전까지 승우가 발명한 것일 수도 있다고 생각한다. 費泳, 『中國佛敎藝術中的佛衣樣式硏究』(中華書局, 2012년판), 326~337쪽.

〈표 7-6〉 『일본서기』에 기록된 소가노 우마코의 숭불 및 시바다치시 가문의 불상 모시는 것에 대한 지지

연대	사건
비다쓰(敏達) 원년(572)	소가노 우마코(蘇我馬子)를 대신으로 삼았다.
비다쓰 13년 (584)	소가노 우마코의 요청에 응하여 가후카노오미(鹿深臣)가 미륵석상 1구를 가져왔고, 사헤키노무라지(佐伯連)가 백제에서 불상 1구를 가져왔다. 소가노 우마코는 구라쓰쿠리노스구리 시바다치토(鞍部村主司馬達)에게 불교 수행자들을 찾도록 했고, 마침내 이미 환속한 고구려인 혜변惠便을 찾아내었다. 소가씨는 혜변으로 하여금 시바다치토(司馬達等)의 딸인 시마(嶋)를 비구니로, 법호를 젠신(善信)으로 하도록 했다. 또한 젠신노아마(善信尼)를 스승으로 하여 두 제자인 젠조오노아마(禪藏尼)와 에젠노아마(惠善尼)를 따르게 했다. 소가씨는 "홀로 불법에 귀의하여, 세 비구니를 숭경하였"고 하면서 불전을 세우고 미륵석상을 안치하였다. 시바다치토는 소가노 우마코에게 사리를 바쳤다. "불법은 이때부터 시작되었다."
비다쓰 14년 (585)	소가노 우마코는 탑을 세워 시바다치토가 바친 사리를 공양하였다. 2월, 소가씨가 병에 걸리자 점쟁이는 병의 원인은 아버지인 소가노 이나메(蘇我稻目) 때 사람들이 마음을 다하여 불상을 공경하지 않았기 때문이라고 말하자, 이를 (소가씨에게) 알리니 천황으로부터 불상에 제사를 지내도 좋다는 조문을 받았다. 3월, 역병이 유행하자 소가노 우마코의 정적인 모노노베노 모리야(物部守屋)가 불교에 죄를 뒤집어씌우니 비다쓰는 폐불廢佛를 명했다. 모노노베씨(物部氏)는 불탑을 무너뜨리고, 불전과 불상을 불태우고, 불태우다 남은 것들은 나니와(難波)의 호리에(堀江)에 버렸다. 그리고 젠신(善信) 등 비구니 세 명을 붙잡았다. 같은 해 6월, 소가노 우마코는 천황에게 병을 치료하기 위해 불법에 제사를 지내달라고 주청을 올리니, 천황은 소가씨에게 독자적으로 신앙을 갖는 것을 허락했고, 또한 비구니 세 명을 석방했다. 소가씨는 새롭게 불사를 짓고 맞아들여 공양했다. 8월, 비다쓰 천황이 죽었다.
요메이(用明) 2년(587)	4월, 천황이 병으로 쓰러지자 군신에게 조서를 내려 불법을 믿겠다는 뜻을 밝히게 하였다. 모노노베씨(物部氏) 집단은 반대하였는데, "국신國神"을 믿을 것을 주장했고, "다른 신"(他神)을 공경하는 것을 반대했다. 소가씨는 천황의 숭불崇佛을 지지하였고, 조정에 도요쿠니법사(豐國法師)를 초청하였다. 모노노베씨는 속지인 가와치쿠니(河內國)로 철수하여 돌아갔다. 이달에 요메이가 죽었다. 7월, 매우 피비린내 나는 전쟁을 치러 마침내 소가씨는 모노노베씨를 토벌했다. 난을 평정한 후, 소가씨는 셋쓰노쿠니(攝津國)에 시텐노지(四天王寺)를 조성하였다. 소가노 우마코는 여전히 대신이 되었다.
스슌(崇峻) 원년(588)	백제국은 사신을 파견하여 불사리를 보내왔다. 소가노 우마코는 백제 승려를 청하여 수계법受戒法에 대해 물었고, 젠신노아마(善信尼. 시바다치토의 딸)에게 백제로 가서 공부하게 했다. 처음으로 소가씨의 우지데라(氏寺)인 호코지(法興寺)를 조성하였다.
스슌 5년(592)	10월, 소가노 우마코는 스슌 천황을 죽였다. 이달에 소가씨는 호코지 불당과 회랑을 건립하였다.
스이코(推古) 원년(593)	소가노 우마코는 황태후 가시키야히메(炊屋姬)를 옹립해서 즉위시켰는데, 바로 스이코 여황이다. 같은 해 정월, 호코지의 주초柱礎에 불사리를 안치했다. 4월, 우마야도노토요토미미노미코(廐戶豐聰耳皇子)를 황태자(즉 聖德太子)로 옹립하여 섭정했다. 9월, 나니와(難波)의 아라하카(荒陵)에 시텐노지(四天王寺)를 조성하였다.
스이코 2년 (594)	2월, 황태자와 대신에게 "삼보三寶"를 흥륭시키게 하였다. 이때, 모든 신하들이 다투어 절을 지었다.
스이코 3년 (595)	5월, 고구려 승려 혜자惠慈가 귀화하니, 황태자가 그를 스승으로 삼았다. 같은 해, 백제 승려 혜총惠聰이 일본에 왔다. 혜자, 혜총 두 승려가 불교를 널리 포교하니, 삼보의 동량이 되었다.

연대	사건
스이코 4년 (596)	호코지가 완공되었다.
스이코 13년 (605)	천황이 황태자 및 제왕, 제신에게 함께 서원을 발표하고, 구리와 비단의 장육불상丈六佛像 각각 1구를 만들도록 명하였다. 도리에게 명하여 만들게 하였다. 이때 고구려국 대흥왕大興王은 이 불상을 위해 황금 삼백 량을 보내왔다.
스이코 14년 (606)	4월, 구리와 비단의 장육불상이 완성되었고, 간고지(元興寺, 法興寺, 호류지) 금당에 안치하였다. 5월, 구라쓰쿠리노 도리(鞍作鳥)에게 칙서를 내려 대인大仁 관위를 사여하고, 상으로 오미쿠니(近江國) 사카타군(阪田郡) 수전水田 20정町을 내리니, 구라쓰쿠리노 도리는 이 밭으로 천황을 위해 곤고지(金剛寺)를 만들었다.
스이코 16년 (608)	견수사遣隋使로 오노노오미 이모코(小野臣妹子)를 파견했다.
스이코 30년 (622)	쇼토쿠 태자(聖德太子)가 죽었다.
스이코 32년 (624)	승정僧正과 승도僧都를 설립하여 승니를 감독하였는데, 관륵觀勒을 승정으로 삼고, 구라쓰쿠리노 도쿠샤쿠(鞍部德積)를 승도僧都로 삼았다.
스이코 34년 (626)	소가노 우마코가 죽었다.
스이코 36년 (628)	스이코 여황이 죽었다.

이 표의 기록은 구라쓰쿠리노 시바다치시(鞍作司馬達止) 가문이 소가노 우마코에 의해 성심을 다해 일본 본토 불교 세력의 대표로 길러졌으며, 일본 불교의 직접적인 원류가 바로 중국 남조 소량이라는 것을 보여 준다. 시바(司馬) 가문이 최초로 중국 남조에서 가져온 불상 양식을 포함하여 그 이후 도리가 계승하여 발전시켰을 것으로 보이는 새로운 불상 양식은 모두 소가씨의 보호와 추앙을 받았다. 비록 소가노 우마코가 이와 동시에 백제로부터도 불상을 들여왔지만, 일본에 현존하는 아스카시대 때 한반도에서 들여온 것으로 알려진 "도래불渡來佛"의 법의 양식은 호류지 헌납보물 제143, 151호 불상처럼 대부분 '변화된 포의박대식' 법의를 입은 것으로 보아 그 원류 역시 남조임을 알 수 있다. 이러한 내용으로 볼 때, 한반도는 중국 불교조상이 일본으로 전해지는 경유지였다고 볼 수 있다.

둘째, 불상을 자세하게 살펴보면, 아스카대불이 최초의 모습을 지닌 불에 타고 난 나머지 부분, 즉 머리의 코 윗부분과 오른손 손바닥의 윗부분을 호류지 금당의 석가상과 같은 부위를 서로 비교해 보면, 양자는 머리 형태, 눈썹, 눈, 코, 입, 나발 모양, 손의 형태에서 서로 닮은 것을 볼 수 있는데, 이러한 유사성도 제작자가 같은 사람임을 설명해 준다.[56]

---

56) 요시무라 메쿠미(吉村怜)는 도리 양식 불상의 얼굴 부분의 특징을 "불상의 얼굴 부위는 가늘고 길며, 눈은 살구씨 모양, 입술은 양끝이 위로 살짝 올라간 형태, 달을 우러러 보는 모습, 귀는 널빤지처럼 넓은 모양"이라 설명했다.(『止利式佛像と南朝樣式の關係』, 1995) 이러한 특징들은 아스카대불과 호류지 금당 석가상에서도 똑같이 반영되었다.

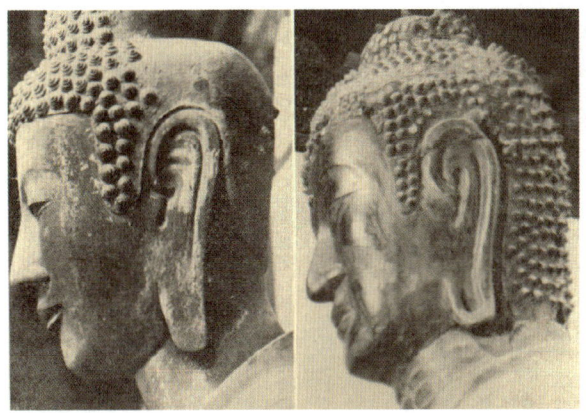
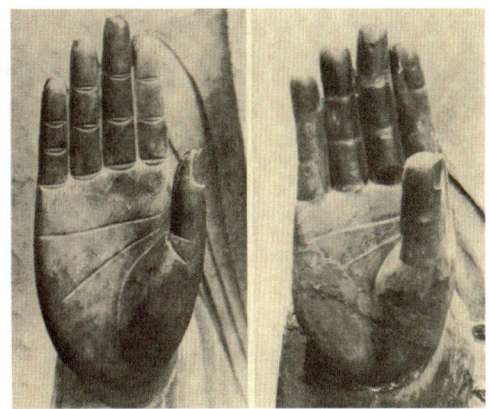

[7-18] 호류지 금당 석가 불두와 아스카대불 불두(『美術硏究』301호)   [7-19] 호류지 금당 석가 오른손과 아스카대불 오른손(『美術硏究』301호)

이것은 바로 구노 다케시가 "만일 내가 추측한 바와 같다면, 이 불상은 아스카시대의 최초의 양식과 형식을 가장 잘 표현하고 있으며, 그렇다면 이러한 착의 방법이 보여 주는 특징은 매우 중요하다"고 말한 것과 같다.

이러한 중요성은 주로 다음과 같이 나타났다. 중국에서 아스카대불의 가사 착의법과 유사한 불상은 구노 다케시가 예로 든 사천 성도 지역 및 상해박물관 소장품에 국한하지 않으며, 6세기 중반에 중국 청주, 남경, 성도, 맥적산, 막고굴을 따라 나타난 하나의 루트는 아스카대불의 착의법과 같은 불교장엄조상 전파 루트인데, 즉 남조에 기원을 둔 '변화된 포의박대식'을 위주로 한 '남방식 불교장엄조상 루트'이다.[57] 아스카대불에 나타난 착의 양식은 최소한 중국의 '남방식 불교장엄조상 루트'가 늦어도 7세기 초 일본에까지 파급되어, 현존하는 일본 초기 불상들이 남조에서 전래된 이 양식으로부터 큰 영향을 받았고, 이는 남조 불교조상의 강력한 영향력을 반영하였음을 설명해 준다.

3) 해동 지역에서 '부탑쌍견하수식'에 강하게 전파된 '변화된 포의박대식' 법의[58]

일본에서 순수한 '부탑쌍견하수식敷搭雙肩下垂式'(법의가 양어깨를 걸치고 아래로 흘러내린 방식) 법의는 '다이카 개신'(645) 직후에 조성된 것으로 '야마다덴노조'(山田殿像)의 명문을 지닌 주존에서 비교적 일찍이 보이는데, 하쿠호시대 초기의 작품으로 봐도 별다른 문제가 없어 보인다. '야마다덴노조'명 아미타삼존상의 '부탑쌍견

---

57) 費泳,「論南北朝後期佛像服飾的演變」,『敦煌研究』2002년 제2기; 費泳,「論"襃衣博帶"佛衣」,『敦煌研究』2005年 特刊; 費泳,「佛衣樣式中的"襃衣博帶式"及其在南北方的演繹」,『故宮博物院院刊』2009년 제2기.

58) '부탑쌍견하수식' 불의는 중국 학자들이 명명한 명칭이다. 閻文儒,「石窟寺藝術」,『考古學基礎』(科學出版社, 1958년판), 198쪽; 溫玉成,「中國石窟與文化藝術」(上海人民美術出版社, 1993년판), 327쪽; 楊泓,「關於南北朝時青州考古的思考」,『文物』1998년 제2기; 金維諾,「簡論青州出土造像的藝術風範」,『山東青州龍興寺出土佛敎石刻造像精品』(中國歷史博物館, 1999), 24쪽. 일본학자 가운데 헨미 바이에이(逸見梅榮)는「佛像の形式」에서 이러한 착의법 가운데 오른쪽 어깨와 오른쪽 팔을 덮는 한 겹의 옷을 偏衫이라 한다는 견해를 보였고, 요시무라 메쿠미(吉村怜)는「佛像の着衣〈僧祇支〉と〈偏衫〉について」라는 글에서 이러한 한 겹의 옷은 승기지라고 생각했다. 필자는 '부탑쌍견하수식'은 근본적으로 승기지 겉의 두 겹 가사와는 입는 방식이 다르다고 생각한다. 費泳,「"敷搭雙肩下垂式"與"鉤紐式"佛衣在北朝晚期的興起」,『考古與文物』2010년 제5기; 費泳,「中國佛敎藝術中的佛衣樣式研究」(中華書局, 2012년판), 360~380쪽.

하수식' 법의 양식이 비교적 순수하다고 말하는 까닭은 '부탑쌍견하수식' 법의의 전형적인 특징을 갖추고 있기 때문이다. 즉, 불상은 승기지 겉에 두 겹의 가사가 있는데, 안쪽 가사는 양쪽 옷깃을 아래로 내려뜨렸고, 오른쪽 옷깃을 아래로 늘어뜨려 오른쪽 팔꿈치에 걸쳤으며, 바깥쪽 가사는 '우단식'으로 착용하고 있다. 특히 주의할 점은 '야마다덴노조'명 아미타삼존상은 오른쪽 손목 아래를 덮은 옷자락이 서로 합치지 않고 어긋나 있는데, 이러한 형태는 가사에 속하며[59], 네즈미술관 소장의 북제시대 불입상 및 호류지 헌납보물 제148호 등 하쿠호시대[60] 작품에서도 볼 수 있다. 이 역시 '부탑쌍견하수식' 법의의 기본적인 특징 중 하나이다.

표에 나열된 연대가 비교적 명확한 한반도 불상에는 '수직으로 떨어진 통견식' 법의가 보이지 않으며, 한반도에 현존하는 이와 유사한 불상은 6세기 후반에야 보인다. 예를 들면 충청남도 예산군 삼국시대 백제 사면석불 정면 주존(앞 그림 7-9), 이보다 조금 늦게 나타난 전라북도 익산시의 백제 석조여래좌상이 있는데, 이 불상의 착의법은 '반피식'과 '부탑쌍견하수식'을 겹쳐 걸치고 있다. 구노 다케시에 의하면, 이러한 법의 형식은 아스카시대, 하쿠호시대와 관련된 불상의 착의법의 근원이 되는 형태로 간주되고 있다.[61] 경상북도 군위군 군위삼존석굴의 주존도 이러한 형식을 취하고 있다.

'부탑쌍견하수식'과 '변화된 포의박대식' 법의는 모두 '포의박대식'에 이어 6세기 중반 중국에서 일어난 두 종류의 법의 양식이지만, 양자는 중국 내에서의 발생지와 전파 구도가 매우 다르다. '부탑쌍견하수식'

[7-20] 네즈미술관 소장 북제 불입상
(『海外遺珍』)

[7-21] 호류지 헌납보물 148호 불상 정면
(『禦物金銅佛像』)

[7-22] 호류지 헌납보물 148호 불상 뒷면
(『古代小金銅佛』)

---

59) 가사는 장방형의 커다란 천으로, 몸에 걸치면 소매가 없어진다.
60) 호류지 헌납보물 제148호의 제작 연대에 대하여 고바야시 다케시(小林剛)는 아스카시대 말기 작품으로 여긴다. 小林剛, 『御物金銅佛像』(國立博物館, 1947년판), 89~90쪽. 구노 다케시는 이 작품을 하쿠호시대 말기 - 덴표(天平)시대 전기로 보고 있다. 久野健, 『古代小金銅佛』(小學館, 1982년판), 187쪽.
61) 久野健, 『古代朝鮮佛と飛鳥佛』(東出版, 1979년판), 30쪽.

은 용문석굴 보태동普泰洞 북벽北壁 대감大龕의 불좌상에서 처음 보이고, 얼마 지나지 않아 동위와 북제의 정치 중심지 부근에 있는 석굴사 불상에서 많이 나타났다.[62] 이 양식은 서쪽으로는 서위와 북주 지역의 맥적산, 막고굴 및 신강新疆 지역으로 광범위하게 영향을 끼쳤

[7-23] 전북 익산 석조불좌상
(『世界美術大全集: 東洋編 10』)

[7-24] 대구 군위군 군위삼존석굴 삼존상
(『世界美術大全集: 東洋編 10』)

다. 게다가 남조 불상에서도 북방 양식의 영향을 받은 것들이 발견된다. '변화된 포의박대식'은 건강建康에서 발단이 되었으며, 중국에서의 전파 궤적은 주로 '남방식 불교장엄조상 루트'에서 나타났다.

해동 지역에 현존하는 실물을 보면, 7세기 중반 이전에는 '수직으로 떨어진 통견식' 법의의 흥행은 '포의박대식' 법의에 훨씬 미치지 못했고, 또한 '변화된 포의박대식'에는 훨씬 더 미치지 못했다.

'변화된 포의박대식'과 '부탑쌍견하수식'은 중국에서 비슷한 시기에 발생했으며, 중국에서의 전파력은 매우 강했다. 하지만 이 두 가지 방식이 해동 지역으로 전파되면서 어떤 방식이 먼저 전해졌는지 그 선후先後 변화와 그리고 어떤 방식이 강하게 전파되었는지 그 강약强弱 변화가 뚜렷해졌다. 불교가 공식적으로 한반도(372년)와 일본(538년)에 전래된 이후 7세기 중반까지 남조에서 유래한 '변화된 포의박대식' 불상의 해동 지역으로의 전파력은 북조에서 유래한 '부탑쌍견하수식'보다 강했다.

5. 한반도 삼국시대 불상 양식의 지역성

1) '우단식' 불입상과 동안 단구형 조상

현존하는 한반도 삼국시대 불상 중에는 '포의박대식' 불상 외에 '우단식' 불입상도 몇 존 있는데, 대부분 한 손은 보주寶珠를 쥐고 다른 한 손은 시무외인 혹은 여원인與願印 형태로 비교적 안정된 양식을 보이고 있다. 이들 가운데 일부 불입상은 동시에 동안단구童顔短軀(어린아이 얼굴에 작은 몸)의 특징을 지니고 있는데, 이러한 불상은 약사불을 표현한 것으로 일반적으로 7세기에 발생한 것으로 여겨지고 있다.

---

62) 동위, 북제 정치 중심 부근의 '부탑쌍견하수식' 불상의 예는 다음과 같다. 동위 무정 2년(544) 산동 四門塔 내 西面 좌불, 동위 무정 4년(546) 安陽 大留聖窟 북벽 좌불, 대략 북제 천보 원년~6년(550~555), 대략 동위 무정 5년~북제 무평 3년(547~572)에 건립된 北響堂 南洞 正壁 주존, 대략 북제 천통 원년(565)에 건립된 南響堂山 제1굴 中心柱 正壁 주존, 곡양 修德寺에서 출토된 북제 태녕 2년(562) 陳思業 등이 만든 불상의 우측 좌불 등이다.

이 불상들 가운데 출토지가 명확한 것은 모두 신라인데, 이 사실은 신라는 '변화된 포의박대식'으로 대표되는 중국 남조 조상을 흡수한 뒤에도 중국 북조 조상의 영향도 받았음을 입증한다. 왜냐하면 남조 조상에는 '우단식' 불상이 발견되지 않았고, 도리어 북조의 천룡산天龍山, 곡양曲陽, 청주靑州에서 많이 볼 수 있기 때문이다. 한반도 삼국시대에 출현한 이들 '우단식' 불상은 신라 지역에만 영향을 미쳤는지는 단언할 수 없지만 적어도 일본 하쿠호시대 불상에는 실질적인 영향을 미치지 않았다고 볼 수 있다. 왜냐하면 하쿠호 말기의 '우단식' 불상들, 예를 들면 나라(奈良) 쇼랴쿠지(正曆寺) 불의좌상佛倚坐像, 호류지(法隆寺) 헌납보물 제146호, 간신지(觀心寺) 반가상, 와카야마(和歌山) 신노인(親王院) 아축불입상阿閦佛立像 등은 이미 신라가 아닌 당나라를 모범으로 삼았기 때문이다.

한전불교문화권 내에서 신라의 이러한 '우단식' 약사불입상은 중국과 일본에서는 찾아볼 수 없는 한반도만의 지역적 특색을 띠고 있다. 이것은 신라가 6세기에 중국에서 건너온 '포의박대식' 불상을 흡수하여 이를 기초로 7세기에 이러한 불상에 대해 현지화하여 개조한 결과물이며, 이러한 지역성은 신라 관할 지역에만 국한된 것이 아니었다.

한반도에 현존하는 실물 자료 중 '동안단구형' 불상은 대부분 삼국시대 신라에서 나온 것이다. 예를 들면, 국립중앙박물관에 소장된 7세기 금동여래입상[63], 경주 남산 삼화령三花嶺에서 출토된 대략 7세기 일불이보살삼존상一佛二菩薩三尊像 등이다. 머리가 크고 체구가 작은 불상들 중에는 한 손에 구슬을 쥔 '우단식' 약사불입상이 대부분을 차지하고 있다. 그러므로 한반도 삼국시대 신라 불상의 지역적 특색은 '우단식' 법의뿐만 아니라 동안단구 역시 두드러진 지역적 특색이다.

2) 우임교령 내의와 '좌단식' 내의

현존 실물에 따르면, 한반도 삼국시대 불상과 보살상에는 우임교령 내의와 '좌단식左袒式' 내의를 입은 불상들이 많다. 비록 이 두 가지 착의 양식은 중국에서도 그 원형을 찾을 수 있지만, 한반도에서 이 두 종류의 착의 양식을 더 선호한 것으로 보이며, 특히 보살이 좌단의左袒衣를 입은 것은 중국에서 그 원형을 찾을 수 없다.

한반도 삼국시대 불상 중에 우임교령 내의를 입은 불상이 출현했다. 예를 들면 충청남도 예산군 백제 6세기 후반 사면석불 정면의 불좌상, 고구려 6세기 금동불좌상 등에 나타난 불상의 내의가 우임교령과 흡사하다.

한반도에 '좌단의'를 입은 불상의 사례, 예를 들면 미국 클리블랜드미술관에 소장된 백제 석조여래좌상은 내의를 왼쪽으로 두르고 겉에 가사를 걸치는 방식을 취했는데, 이 방식은 '변화된 포의박대식'과 유사하다. 경상북도 영주군 영주읍 가흥리에 있는 신라 7세기 후반의 불삼존상 주존은 내의를 왼쪽에 두르고, 겉에 두 겹의 가사를 두른 방식은 '반피식'과 '부탑쌍견하수식'을 서로 융합한 양식이다. 즉 "야마다전

---

63) 菊竹淳一·吉田宏志 主編, 『世界美術大全集: 東洋編 10』(小學館, 1998년판), 도판93.

[7-25] 클리블랜드미술관 소장 백제 석조여래좌상(『佛像的系譜』)

[7-26] 경북 영주군 가흥리 신라 불삼존상 (『古代朝鮮佛と飛鳥佛』)

[7-27] 동위 무정 2년(544) 삼존상 (『海外及港臺藏歷代佛像珍品紀年圖鑒』)

상"(山田殿像) 착의 양식에 기초하여, 가장 바깥의 가사를 기존의 '우단식'에서 '반피식'으로 바꾸어 이루어진 것이다. 한반도에 좌단식으로 착의를 한 보살이 출현한 불상 사례는 예를 들면 강원도 춘천에서 출토된 것이라 전해지는 호암미술관에 소장된 금동보살삼존상(국립중앙박물관에 기증됨)인데, 이 삼존상의 주존 보살이 좌단식 착의 형식이다. 이것은 호류지(法隆寺) 백제관음(百濟觀音)의 착의 양식과 모종의 관계가 있을 수 있다.

중국에도 좌단식 내의를 한 불상 사례가 있다. 예를 들면 하남성박물관에 소장된 동위 천평 2년(535) 불칠존상佛七尊像 주존은 좌단식 내의이면서 띠를 매었고, 겉옷 왼쪽 옷깃은 늘어뜨리고 오른쪽 옷깃은 왼쪽 앞 팔에 걸쳤다. 만일 이 불상의 오른손 하단의 법의가 서로 교합되지 않았다면 '포의박대식'으로 볼 수도 있다. 이는 마치 영국 빅토리아앤알버트박물관에 소장된 동위 무정 2년(544)에 이홍연李洪演이 만든 석가불삼존상과 같다. 이 삼존상의 주존은 '포의박대식'을 입었고, 내의는 동위 천평 2년에 만든 불상 주존과 마찬가지로 '좌단식'으로 했다.

3) '탄생불'의 유행

한반도는 대략 삼국시대 무렵에 '탄생불'이라는 표현 양식이 출현했으며, 통일신라시대에 성행했다.[64] 이러한 불교조상은 대부분 원조圓雕 기법으로 만든 독존상으로, 일반적으로 아기의 모습을 하고 있다. 왼손은 땅을, 오른손은 하늘을 가리켰고, 상반신은 나체에 하반신은 치마를 입었으며 연꽃을 밟은 모습이다. 이들 대부분은 금동상이었다. 탄생불은 일본 하쿠호(白鳳)시대에도 비교적 많이 조성되었다.[65]

중국에서 한 손은 하늘을, 한 손은 땅을 가리키는 현존하는 최초의 '탄생불' 도상圖像은 사천四川 만불사에서 출토된 송 원가 2년(425)의 경변도상經變圖像에서 볼 수 있다. 또 다른 예는 일본 개인이 소장하고 있는

---

64) 『百濟·新羅の金銅佛—飛鳥·白鳳佛の源流』(大和文華館, 1982년판), 51~54쪽.
65) 久野健, 『古代小金銅佛』(小學館, 1982년판), 66쪽, 圖88.

북위北魏의 탄생불도 있다.[66] 해동 지역의 탄생불은 중국에서 유래한 것으로 남조와의 관계가 더 긴밀했을 가능성이 있는데, 이는 도상의 유사성에서 확인 가능하다.

4) 반가사유상

한반도 삼국시대의 불상 중 반가사유상이 눈에 띄는 것은 조상의 수량과 양식이 많을 뿐만 아니라 일본에 미친 영향이 매우 컸다는 점 때문이다. 이들 한반도 반가사유상은 조상의 형태상 중국으로부터 영향을 받긴 했지만, 남조와 관련된 조상의 부재로 중국과 구체적으로 어떤 관계가 있는지 불분명하다.

현존하는 실물로 볼 때 한반도의 반가사유상 중 몇 가지 양식이 비교적 강한 영향력을 나타냈는데, 특히 일본의 삼산형三山形의 낮은 보관이나 투조 기법의 보관을 쓰고 있거나 좁은 어깨와 가는 허리를 가진 반가사유상에 영향을 끼쳤다.

한반도의 삼산형의 낮은 보관을 지닌 상의 예는 평양 평천리에서 출토된 6세기 후반의 고구려 금동반가사유상(국보 118호), 경주 오릉 부근 폐허가 된 절터에서 출토된 7세기 신라의 금동반가사유상(국보 83호), 경주 성건동에서 출토된 7세기 신라의 금동반가사유상 등이다. 일본에 있는 이런 유형의 대표적인 반가사유상은 바로 고류지廣隆寺에 있는 스이코推古 11년(603)의 목조보관보살 반가사유상으로, 조상은 미소를 띠는 모습을 하고 있다.

[7-28] 국립중앙박물관 소장 반가상 보관
(Two Gilt-Bronze Korean National Treasures)

[7-29] 국립중앙박물관 소장 반가상 보관 소묘
(Two Gilt-Bronze Korean National Treasures)

삼산형의 낮은 보관을 쓴 반가상은 한반도에서는 대략 6세기 후반에서 7세기 전반에 걸쳐 출현하였는데, 이때는 신라가 산동반도와 남조와의 왕래가 용이하도록 서쪽으로 향하는 해로 출항지를 이미 개척한 때였다. 그러므로 당시 신라로의 불상 전입은 고구려나 백제에 의존하지 않아도 되어서, 삼산형의 낮은 보관을 쓴 반가상이 한반도 삼국 중 어느 국가에서 가장 먼저 나타났는지는 분명치 않다.

한반도에서 투각 기법의 보관을 쓴 상의 예는 국립중앙박물관에 소장된 약 6세기 금동일월관 반가사유상(국보 78호)으로, 보관寶冠 정면 위쪽에 해와 달로 구성된 세 세트가 조각되어 있으며, 두 세트는 파손되어 있다. 이 불상의 출토지는 신라라는 설과 고구려라는 설이 있어[67] 불분명하지만, 이것은 한반도 삼국시대 불교조상 가운데 최고로 뛰어난 작품으로 꼽힌다. 오吳나라 지겸支謙은 『보살본연경菩薩本緣經』을 번역했는데, 이 책에서

---

66) 金申, 『海外及港臺藏歷代佛像珍品紀年圖鑒』(山西人民出版社, 2007년판), 389쪽.
67) 세키노 다다시(關野貞)는 『朝鮮의 建築과 藝術』, 우쥐(吳焌)는 『朝鮮半島美術』에서 모두 신라설을 지지했다. 기쿠타케 준이치(菊竹淳一), 요시다 히로시(吉田宏志)가 주편한 『世界美術大全集: 東洋編 10』에서는 고구려로 확정했다.

"자태는 수미산처럼 편안하며, 지혜는 큰 바다처럼 깊고도 깊다. 인욕忍辱하여 이루어 낸 성취는 대지처럼 넓고, 마음은 가장 고귀한 염부단금閻浮檀金처럼 쉬이 변하지 않는다. 항상 모든 이들을 위해 하늘이 베푸는 사랑인 듯, 다양한 맛을 내는 청정한 물인 듯, 모든 세상에 그 마음은 평등하여, 마치 해와 달이 온 세상을 비추듯 온 만물과 중생의 소원을 비추는 것 같다"68)고 하였다. 경문에서 보살의 은택을 일월로 비유하였는데, 국보 78호 보관寶冠의 일월日月 도상의 경전적인 근거로 보인다.

제작 기술이나 조형에 있어서 국보 78호의 보관寶冠과 유사한 반가사유상은 한반도에는 7세기경 백제 금동반가사유상, 충청남도 공주 절터 석탑 안에서 발견된 것으로, 현재 도쿄국립박물관에 소장된 대략 7세기경 백제 금동반가사유상, 한반도에서 출토

[7-30] 한국 개인 소장 반가상 (『三國時代佛教雕刻』) [7-31] 도쿄국립박물관 소장 반가상 (『東洋美術をめぐる旅』) [7-32] 일본 개인 소장 한반도 반가상 (『古代小金銅佛』)

되어 일본 개인이 소장하고 있는 대략 7세기 전반 금동반가사유상 등이다. 이러한 보살상들의 보관에 나타난 도안들은 모두 매우 복잡하게 조각되었다. 성도成都로 대표되는 남조 보살상에는 적어도 6세기 중반에는 복잡한 영락瓔珞과 패식佩飾이 조각되어 있다. 그러므로 만불사에서 출토된 북주 천화 2년(567) 보살좌상의 복잡하고 화려한 장식을 한 표현은 모두가 성도의 남조 조상의 영향이었다.69) 뿐만 아니라 남조 조각상의 영향을 많이 받은 청주青州 지역의 북조 조상70) 역시 6세기 중반 보살 보관 및 장신구의 조각이 복잡해지는 추세였다.71) 한반도의 이러한 보관에 복잡한 문양을 더한 반가사유상의 원형이 건강(남경)에서 나왔는지의 여부에 대해서는 좀 더 많은 연구가 필요하다.

'좁은 어깨와 가는 허리를 가진' 반가사유상은 한국 국립중앙박물관에 소장된 보물 331호72) 금동상이 대표적인 예이다.73) 일본에도 이와 유사한 것이 있는데, 그것은 바로 어물御物 병인명(606) 반가사유상이다.

---

68) 『大正藏』第03冊, No.0153.
69) 楊泓, 「關於南北朝時青州考古的思考」, 『文物』 1998년 제2기; 金維諾, 「簡論青州出土造像的藝術風範」, 『山東青州龍興寺出土佛教石刻造像精品』, 中國曆史博物館, 1999년판), 24~25쪽.
70) 費泳, "青州模式"造像的源流」, 『東南文化』 2000년 제3기.
71) 杜在忠·韓崗, 「山東諸城佛教石造像」, 『考古學報』 1994년 제2기; 『山東青州龍興寺出土佛教石刻造像精品』, 中國曆史博物館, 1999년판), 130, 133~134, 136쪽.
72) 감수자 주: 원문은 국보.
73) 이 조각상의 출토지는 분명치 않다. 고바야시 다케시(小林剛)와 미즈노 세이치(水野清一)는 한반도 삼국시대의 신라 작품으로 여겼다.(小林剛, 『御物金銅佛像』, 1947; 水野清一, 『飛鳥白鳳佛の系譜』, 1949) 하지만 마쓰바라 사부로(松原三郎)는 백제의 작품이라 생각했다.(松原三郎, 「飛鳥白鳳佛源流考 1」, 1971)

특히 우리가 주목해야만 할 점은 좁은 어깨와 가는 허리를 가진 반가사유상이 일본 아스카시대의 유메도노(夢殿) 관음(622) 및 백제관음(百濟觀音) 등 2존의 목칠상과 조형적으로 같은 공통점을 지니는데, 즉 가늘고 길다는 점이다. 이러한 조형은 석조상보다 진·송 이후 협저상에서 훨씬 우세하다. 보물[74] 331호는 비록 동(銅) 재질이지만 상체가 가늘고 좁은 조형으로, 남방에서 유래한 목칠상과 일련의 연원 관계가 있어 보인다.

중국 남북조시대의 불교조상은 크게 보면 대략 5세기 말과 6세기 중반에 각각 '수골청상'과 '면단이염' 두 가지의 조형적 특징이 나타났다. 전자는 수척하고 후자는 풍만하다. 6세기 중반 이전에 한반도에 불교가 본격적으로 전해진 것을 감안하면 한반도에서의 불교조상 양식의 전환은 거의 중국과 일치한데, 사실상 한반도에 '수골청상', '포의박대식' 불상과 '면단이염', '변화된 포의박대식' 불상은 선후로 나타났다. 전자의 실물로 비교적 이른 것은 연가 7년(539) 불상이, 후자는 신묘명(571) 불상이 대표적인 예이다. 이러한 생각에 기초하여 보물[75] 331호는 한반도에서 출현 시간이 비교적 이른 반가사유상으로 볼 수 있는데, 그렇다면 이 작품은 6세기의 작품일 가능성이 있다. 이와 매우 비슷한 것으로는 충청남도 연기군 비암사(碑巖寺)에서 출토된 백제 반가사유상(보물[76] 368호)이 있는데, 이 두 불상은 분위기가 매우 비슷하다. 반면 백제의 서산마애삼존상(국보 84호)의 반가사유상은 용모와 체형이 풍만하여 출현 시기가 조금 늦다.

세키노 다다시(關野貞)는 한반도 삼국시대의 불상 양식에 대해 다음과 같은 결론을 내렸다. "불상 양식은 대체로 남북조와 같을 뿐 아니라 광배와 화염(火焰)의 제작 기법, 특히 인동문 장식 등도 거의 같아서, 남북의 구별을 할 수가 없다. 따라서 고구려가 북조 양식을, 백제와 신라가 남조 양식을 주로 받아들였다고는 하나, 중국으로서도 당시 남북 양식의 형식은 큰 차이가 없었기 때문에 한반도 삼국도 큰 차이가 없었으므로 남북조 양식이라 통칭할 수 있으며, 우리나라(일본)에 전해진 것도 이와 마찬가지였다."[77] 이 관점은 한반도 삼국시대 불상에 드러난 일반적인 모습을 객관적으로 보여 주는 것으로, 이를 보다 심층적으로 분석해 보면 고구려 역시 남조 양식을 직·간접적으로 흡수했을 가능성을 배제할 수 없다.

중국 남북조시대에 불교조상의 조형적인 변화는 두 번 발생했다. 이 변화는 지역을 넘어서 전파되었는데, 거의 중국 내 주요 석굴사 조상을 포괄할 정도로 영향을 미친 지역이 매우 넓었다. 그러나 두 번의 전파가 준 영향은 여전히 지역마다 분명한 차이가 있다. '수골청상'과 '포의박대식'을 중심으로 한 먼저 나타난 1차 전파(대략 5세기 말)가 통일적인 국면을 보였던 것과 비교되게 뒤에 나타난 2차 전파(대략 6세기 중반)에서는 비록 남북 조상 대다수가 대체로 '면단이염'을 나타냈지만, 법의 양식의 전파 분포는 이와는 달랐다. 즉, '변화된 포의박대식'을 위주로 한 '남방식 불교장엄조상 루트' 선상의 석굴사 조상과 동위, 북제의 정치적 중심지 부근의 '부탑쌍견하수식'을 위주로 한 석굴사 조상이 서로 대치되는 국면이었다는 점이다. 만일 정치 판도로 보면, 남조와 서북쪽에 위치한 서위 그리고 북주 및 동위, 북제 경내의 청주 등 세 지역은 양식상 불교조상이 대체로 일치되는 성향이었다. 하지만 동위, 북제 정치의 중심지 일대는 또 다른 하나의 조형적 특징을 지녔다.

---

74) 감수자 주: 원문은 국보.
75) 감수자 주: 원문은 국보.
76) 감수자 주: 원문은 국보.
77) 關野貞, 「朝鮮三國時代の彫刻」, 『朝鮮の建築と藝術』(巖波書店, 1941년판), 491~498쪽.

불교조상의 전체적인 조형이 크게 바뀌는 2차 전파의 과정에서 북조는 남조 양식을 받아들이는 데 있어서 제1차에서처럼 철저하지 않았지만, 반드시 지역 안에서 스스로의 조상 양식을 창조하였다. 이처럼 북조만 놓고 보면, 6세기 중반에서 6세기 말에는 하나의 불교조상 양식이 주체가 된 것이 아니라 '변화된 포의박대식'과 '부탑쌍견하수식'이 공존했다. 만일 이보다 좀 더 추측해 본다면, 북조에는 제1차 조형적 특징 대전환 과정에서 출현한 '포의박대식' 불상 및 이보다 더욱 이른 운강석굴 18, 19, 20굴 주존으로 대표되는 '반피식' 불상 등이 있었다. 이처럼 북조는 '반피식', '포의박대식', '변화된 포의박대식', '부탑쌍견하수식' 등 적어도 네 가지 조상 양식으로 구성되었다.

"고구려가 주로 북조 양식을, 백제와 신라가 주로 남조 양식을 받아들였다"는 세키노 다다시의 말대로라면, 그가 언급한 '북조 양식'은 구체적으로 어떤 양식일까? 설령 그가 지칭한 '북조 양식'이 남조의 '포의박대식'과 '변화된 포의박대식'을 본뜬 것이라면, 둘 중 어떤 것일까? 사실 한반도 삼국시대 불상 중에서 동진, 십육국의 영향을 받은 것으로 보이는 '통견식' 불상 몇 존을 제외하면, 연가 칠년명 불상, 계미명 불상, 신묘명 불상처럼 연도와 출토지가 분명한 고구려 불상들은 모두 남조 불교조상 양식을 띠고 있다. 앞의 두 존은 '수골청상', '포의박대식' 불상이고, 마지막 것은 '면단이염', '변화된 포의박대식' 불상이다.

'수골청상', '면단이염', '포의박대식', '변화된 포의박대식' 등 이러한 조형적 특징과 양식이 모두 남조 건강(남경)에서 출발했다는 점을 감안하여 한반도 삼국시대 불교 양식의 유래를 고찰해 보면, 그것들이 지향하는 바는 보다 구체화될 것이고 결국은 남조라는 결론이 도출될 것이다. 설령 고구려가 북조의 영향을 받았다 하더라도, 그것 역시 남조에 근원을 둔 간접적 전파에 불과하다.

한반도가 통일신라시대로 접어든 이후, 중국 북조에서 발생하여 수당시대에도 여전히 표현되었던 '부탑쌍견하수식', '반피식' 등과 같은 불교조상의 양식들이 점차 남조에서 만들어진 '변화된 포의박대식'을 대신해서 불교조상의 주류 형식이 되었다. 하지만 실물 자료를 통해 살펴보면, '변화된 포의박대식' 불상은 통일신라시대에도 여전히 오랜 시간 동안 지속되었다는 점에 주의를 기울여야 한다. 이 점은 일본이 다이카 개신 이후에 불상 양식에 있어서 비교적 철저하고도 신속하게 중국 북조에서 만든 양식을 흡수하여 변화되었다는 점과는 약간 다르다.

제8장

일본 아스카, 하쿠호 불교 조각에서의 남조, 한반도의 영향

1. 아스카, 하쿠호 시대의 불입상

　미즈노 세이치(水野淸一)는 아스카, 하쿠호 불입상에 대하여 "불입상 중 특별히 굉장한 작품은 없다. 어물御物인 금동소불상은 모두 이미 일본화된 작품으로, 아스카불상의 원류를 조사하는 데는 적합하지 않다. 그러나 완전히 참고가 되지 않는 것은 아니다"라고 생각했다.[1] 미즈노 선생의 관점은 다소 섣부른 듯한데, 실제 현존하는 아스카, 하쿠호 시대의 불입상은 수량이 많지 않음에도 (불상에는) 아스카에서 하쿠호까지의 변화가 선명하게 반영되어 있다. 6세기 중기 이전에 중국 남북조南北朝에서 발생한 불상 양식은 7세기 초기에서 7세기 중기 일본에서 한 차례 다시 나타났다. 비록 두 지역 불상은 여전히 세부적인 차이가 있지만, 이러한 공통점과 차이점은 아스카, 하쿠호 불입상의 원류를 고찰할 수 있는 조건을 제공했다.

1) 아스카시대 불입상과 남조에서 만들었거나 유행한 조상 양식

　아스카시대 불입상의 예로는 호류지(法隆寺) 헌납보물 제143호 삼존상 주존(앞 그림 5-3), 호류지 헌납보물 제151호, 제150호, 149호(앞 그림 4-100), 나가사키(長崎) 묘조인(明星院) 불입상[2]이 있다.
　위에서 언급한 사례 중 호류지 헌납보물 제143호와 제151호는 일반적으로 한반도에서 전래된 것으로 알려졌으며, 고바야시 다케시(小林剛)는 제143호 불상이 『일본서기』에 기록된 긴메이 천황(欽明天皇) 13년(552) 백제 성명왕聖明王 대 처음으로 불교가 전해졌을 때에 한반도에서 일본으로 전래된 것으로 본다. 고바야시 다케시는 제151호 상도 한반도 작품으로 보고 있다.[3] 제150호에 대해서 미즈노 세이치는 제151호를 모방하고 일본적 요소를 재융합하여 만든 것으로 보고 있다.[4] 이러한 불입상들은 몇 가지 공통된 특징들을 가

---

1) 水野淸一, 「飛鳥白鳳佛の系譜」, 『佛敎藝術』 4호(1949).
2) 구노 다케시(久野健)는 나가사키 묘조인(明星院) 불입상을 아스카 말기에서 하쿠호 전기의 작품으로 추정한다. 久野健, 『古代小金銅佛』(小學館, 1982년판), 204~206쪽 참고.
3) 小林剛, 『御物金銅佛像』(國立博物館, 1947년판), 76~77, 79~80쪽.
4) 水野淸一, 「飛鳥白鳳佛の系譜」, 『佛敎藝術』 4호(1949).

지고 있는데, 이는 남조南朝에서 만들어지거나 유행한 요소로 예를 들어 '포의박대식' 범주의 불의佛衣 양식, 나발, 두 손가락을 편 왼손 등이다.

(1) '포의박대식' 범주의 불의(착의) 양식

중국에서 '포의박대식' 범주의 불의 양식은 구체적으로 '포의박대식'과 '변화된 포의박대식'(褒衣博帶演化式)을 포함하며, 일본에 전해진 후에는 '포의박대식'과 '변화된 포의박대식'의 융합 양식이 추가됐다.

1. '변화된 포의박대식' 불의: 위에서 언급한 예 중 호류지 헌납보물 제143호 주존, 제151호, 제150호, 나가사키(長崎) 묘죠인(明星院) 불입상 불의는 모두 '변화된 포의박대식'으로, 이 착의법과 같은 아스카시대 불좌상으로는 아스카대불이 있다. 이러한 불의 양식의 가장 큰 특징은 가사 오른쪽 상단 모서리가 '포의박대식'으로 왼쪽 팔에 걸쳐졌던 것에서 왼쪽 어깨로 바뀌었고, 불의[5]는 '포의박대식'보다 가슴에서 더 조여졌으며, 흉복부에는 승기지 혹은 띠 장식이 있는 것이다. '변화된 포의박대식' 불의는 남조에서 시작되었는데, 비교적 이른 예는 남경南京 덕기德基광장 출토의 양 대동 원년(527) 초월超越 조상과 성도成都 만불사 출토의 양 중대통 원년(529)의 상이다. 6세기 중기에 '변화된 포의박대식' 불의는 크게 유행하며 지역을 넘나들며 퍼져 나갔는데, 청주青州·남경南京·성도成都·맥적산麥積山·막고굴莫高窟을 따라 '변화된 포의박대식' 불의를 중심으로 '남방식 불교장엄조상 루트'(南式佛裝造像帶)를 형성하였다. 실제로 서위, 북주 지역의 실크로드에 있던 주요 석굴사 불상들이 모두 이 범주에 포함되고, 동위와 북제 지역에서도 청주青州에서 정주鄭州에 걸쳐 유행하였다.

2. '포의박대식'과 '변화된 포의박대식'의 융합 양식 불의: 위 사례에서 제149호가 여기에 해당하며, 그 착의의 특징은 앞면에서 볼 때 가사 오른쪽 상단 모서리가 왼쪽 팔에 걸쳐져 '포의박대식'과 같으나, 상의 뒷면에서 보면 가사의 오른쪽 상단 모서리가 좌측 어깨에도 걸쳐져 있다. 이와 같은 시기의 불좌상으로는 호류지 금당의 계미명 석가삼존상 주존, 무자년명 삼존상 주존, 호류지 헌납보물 제145호가 있다. 이러한 불의의 착의 방

[8-1] 호류지 헌납 제151호 불상
(『御物金銅佛像』)

[8-2] 호류지 헌납 제150호 불상
(『御物金銅佛像』)

[8-3] 나가사키 묘죠인 불입상
(『古代小金銅佛』)

---

5) 역자 주: 원문에는 가사.

식은 일본 아스카시대 불상에서만 볼 수 있고 중국 불상에서는 볼 수 없다. 일본에서 비교적 순수한 '포의박대식' 불의는 대략 7세기 후반의 하쿠호시대에 출현한다.

(2) 나발

위에서 언급한 예 중 파상문의 육계인 호류지 헌납보물 제143호와 소발의 육계(素髮[磨光肉髻])인 제151호 외 나머지 일본 본토의 불입상은 모두 나발이다. 이 밖에 아스카대불, 호류지 금당의 계미명 석가삼존상 주존, 무자년명 삼존상의 주존, 호류지 헌납보물 제145호 등 아스카시대의 대표적인 불좌상으로 꼽히는 이 불좌상들 모두가 나발로, 아스카시대 불상이 거의 유일하게 선택한 것은 나발이었다.

나발은 남조 제나라와 양나라 때 가장 먼저 나타나, 청주靑州와 서안西安 등 북방 조상에 영향을 미쳤다. 아스카시대 불상의 나발은 기본적으로 남조 조상 양식을 수용한 것으로 볼 수 있다.

(3) 두 손가락을 편 왼손

아스카시대의 불상은 거의 모두 왼손의 두 손가락을 펴고 있다.[6]

두 손가락을 편 왼손은 일부 보살상에서도 보이며 한국의 6세기 작품에서도 자주 보이는데 고구려의 연가 7년(539) 불입상(국보 제119호[7]), 국립중앙박물관 소장의 대략 6세기 금동보살입상(보물[8] 제333호), 간송미술관 소장의 계미명(563) 삼존상의 주존불(국보 제72호[9]), 국립중앙박물관[10] 소장의 6세기 삼존상의 주존보살(국보 제134호), 리움미술관[11] 소장의 고구려 신묘명(571) 삼존상의 주존 등이 그 예이다.

두 손가락을 편 왼손은 현존하는 남조 불상에서 가장 자주 보이는 수인으로, 남경 덕기德基광장에서 출토된 남조의 일광一光(背屛)류 조각 중 주존불·보살상은 거의 예외 없이 오른손은 시무외인을, 왼손은 두 손가락을 펴고 있으며, 성도成都 지역 예로는 서안로西安路 출토의 제 영명 8년(490)의 법해 조상 주존, 상업가商業街 출토의 건무 2년(495) 법명 조상의 주존, 이 밖에 보스턴미술관 소장의 제 건무 원년(494) 조상, 상해박물관 소장의 양 중대동 원년(546) 혜영 조상의 주존이 모두 왼쪽 손가락 두 개를 아래로 펴고 있는데, 이는 『유마힐경』의 불이법문의 깨달음을 암시하고 있는 것은 아닐지?[12] 그 원류가 남조南朝에 있는 것으로 보는 것이 합리적이다.[13]

---

6) 아스카대불은 왼손을 왼다리 위에 두었는데 손바닥은 위를 향하고 있다. 이 상의 왼손은 아직 두 손가락을 펴지 않아 현존하는 아스카시대 불상 중 특별한 예처럼 보인다. 그러나 이것이 원래 상의 수인인지, 아니면 고토바(後鳥羽) 겐큐(建久) 7년(1196)에 입은 화재로 인한 소실 이후 복원될 때 이렇게 된 것인지는 확실하지 않다.
7) 역자 주: 원문에는 지정 내용 없음.
8) 역자 주: 원문에는 국보. 오기 추정.
9) 역자 주: 원문에는 지정 내용 없음.
10) 역자 주: 원문에는 호암미술관. 소장처 변경.
11) 역자 주: 원문에는 김동현 소장. 소장처 변경.
12) 費泳, 「南京德基廣場南朝佛教造像的新發現」, 『藝術探索』 2018년 제1기.
13) 이 밖에 마쓰바라 사부로(松原三郎)는 호류지(法隆寺) 헌납보물 제145호 불좌상과 149호 불입상을 예로 삼으며, 2존의 금동불상 광배가 모두 두광이라 추정하였으며, 이는 동위의 영향 혹은 백제의 특색이라 추정하였다.(『飛鳥白鳳佛源流考 1』, 1971) 이 관점은 남조의 영향력을 간과한 것이다. 成都 지역과 南京 德基광장에서는 남조 시기 불상 두광의 예가 발견되었으며, 성도 지역에서는 西安路 출토의 梁 太淸 5년(551) 아육왕상, 남경 덕기 12호의 두광 잔편 등 두광을 갖춘 비교적 이른 불상이 출토되었다.

2) 하쿠호시대 불입상과 북조의 조상 양식

앞글에서 언급한 탄생불상 외에 하쿠호시대 불입상[14]의 예로는 에히메(愛媛) 고류지(興隆寺) 석가불입상[15]으로 대략 하쿠호 중기의 소발의 육계 불상이다. 불상은 '포의박대식' 불의를 입었는데, 가사의 오른쪽 상단 모서리가 좌측 팔에 걸쳐져 있으며, 등에는 옷자락이 드리워지지 않았다. 이는 '포의박대식'과 '변화된 포의박대식'의 융합 양식과는 차이가 있으며, 표준적인 '포의박대식'이다. 이러한 양식은 일본에서 뒤늦게 하쿠호시대에야 나타나 매우 드물게 보이는데, 아스카시대에 출현한 '변화된 포의박대식' 그리고 '포의박대식'과 '변화된 포의박대식' 융합 양식이 유행한 것에 비해서는 훨씬 미치지 못한다.

[8-4] 호류지 헌납 제193호 불상(『御物金銅佛像』) [8-5] 호류지 헌납 제153호 불상(『古代小金銅佛』) [8-6] 나라 한야지 불상(『古代小金銅佛』)

하쿠호 불입상의 다른 예로는 하쿠호 초기작인 호류지 헌납보물 제193호 목조불입상이 있는데, '부탑쌍견하수식敷搭雙肩下垂式'(법의가 양어깨를 걸치고 아래로 흘러내린 방식) 불의와 큰 나발이 '야마다덴노조(山田殿像)'명 동조아미타여래 및 양협시상'(이하 '야마다덴노조'명 아미타 삼존상)[16] 주존과 비슷하다. 하쿠호 중후기 작인 호류지 헌납보물 제153호는 '부탑쌍견하수식' 불의와 나발이 있다. 호류지 헌납보물 제152호 상은 하쿠호 중후기작이며, 불의는 '부탑쌍견하수식'에 소발의 육계를 하고 있다. 호류지 헌납보물 제154호 상은 '부탑쌍견하수식' 불의에 소발의 육계를 하고 있다. 나라(奈良) 한야지(般若寺) 금동불입상[17]은 하쿠호 말부터 덴표(天平) 초기 작품으로 '부탑쌍견하수식'의 착의에 소발의 육계를 하고 있다. 오이타(大分) 유스하라하치만구(柞原八幡

[8-7] 일본 개인 소장 불상(『古代小金銅佛』) [8-8] 와카야마 신노인 불상(『古代小金銅佛』) [8-9] 도쿄 요시다 소장 금동불상(『古代小金銅佛』)

---

14) 불상의 발생 시기에 관련해서는 小林剛, 『御物金銅佛像』(國立博物館, 1947년판); 久野健, 『古代小金銅佛』(小學館, 1982년판) 참조.
15) 久野健, 『古代小金銅佛』(小學館, 1982년판), 불상의 앞면 모습은 22쪽, 뒷면 모습은 209쪽 圖172c.
16) 역자 주: '山田殿像'을 '야마다덴조', '야마다덴상' 등으로 번역하는 것은 유물에 대한 해석에서 부분적인 차이가 있을 것으로 보여, 유물 명칭은 일본 지정 명칭을 따름.
17) 한야지(般若寺) 불입상의 뒷면에 나타난 오른쪽 어깨에 걸쳐진 가사의 끝단은 불상에서 비교적 보기 드문 예이다. 불교 율전 규제에는 가사 착의 후 그 끝단이 왼쪽 어깨에 걸쳐 있어야 한다고 되어 있다. 費泳, 「佛像袈裟的披着方式與"象鼻相"問題」, 『敦煌研究』 2008년 제2기.

宮) 소장의 금동불입상은 하쿠호시대 상으로 '부탑쌍견하수식' 불의에 소발의 육계를 갖추고 있다. 일본 개인 소장의 금동불입상은 하쿠호 말기에서 덴표 초기 작품으로 '편단우견식'(右袒式) 불의에 소발의 육계를 하고 있다. 와카야마(和歌山) 신노인(親王院) 아촉불입상은 하쿠호 말기에서 덴표 초기 작품으로 편단우견식 불의에 소발의 육계를 하고 있다. 도쿄 요시다(吉田)가家 소장의 금동불입상은 하쿠호 중후기 작으로 '변화된 포의박대식' 불의에 나발이다. 나라 신야쿠시지(新藥師寺) 향약사입상香藥師立像은 하쿠호 말기에서 덴표 초기 작품으로 '변화된 포의박대식' 불의에 소발의 육계를 갖추고 있다. 일본 개인 소장의 불입상은 하쿠호 말기에서 덴표 초기 작품으로 '변화된 포의박대식' 불의에 소발의 육계를 하고 있다.

위에서 언급한 예에서 하쿠호시대의 불상 양식이 비교적 다원적임을 볼 수 있는데, 이 중 북조로부터 창안된 조상 요소인 '부탑쌍견하수식' 불의와 건장한 체형 등이 점차 주류를 이루고 아스카시대에 성행한 두 손가락을 편 왼손은 사라지며, 대신 좌측 팔을 굴곡지게 펴고 손바닥을 위로 향하게 한 것이 성행하였다. 그러나 아스카시대 불상의 기타 구성 요소는 계속되었는데, '변화된 포의박대식'의 불의와 나발 등과 같은 것이다. 이 외에 같은 시기에 '편단우견식' 불상이 증가되었고, 한반도에서 전래된 파상문의 육계는 유행하지 않으며, 소발의 육계가 도리어 성행하기 시작한다.

(1) '부탑쌍견하수식' 불의

강조할 점은 하쿠호시대 불의 양식은 남조의 방식이 반영된 아스카시대로부터 북조의 방식이 반영된 것으로 변화하였는데, 특히 동위와 북제의 정치 중심인 임장臨漳과 진양晉陽 석굴사 불상으로부터 영향을 받았다. 하쿠호시대에는 '야마다덴노조'(山田殿像)명 아미타삼존상의 '부탑쌍견하수식'과 같은 모습의 불의 양식이 많이 나타났다. 그러나 호류지 헌납보물 제152호, 제153호, 제154호 불상 및 나라(奈良) 한야지(般若寺) 금동불입상, 오이타(大分) 유스하라하치만구(柞原八幡宮) 금동불입상 등은 내측에 소매가 있는 개척식開脊式(등쪽이 분리되어 있는 방식) 옷 형태의 단소매 가사와 비슷한 복식이 나타나는데, '야마다덴노조'명 아미타삼존상의 복식과는 차이가 있고 혹은 '부탑쌍견하수식' 범주의 불의 양식으로 볼 수 있다. 고바야시 다케시는 152호와 153호의 불의 양식이 공통점이 있다고 생각하여 두 불상을 같은 양식 계통으로 보고 있다.[18]

(2) 소발의 육계

하쿠호시대 불상에서는 소발의 육계와 나발이 비슷하게 유행하였다. 일본 아스카시대의 불상 중 소발의 육계를 갖춘 불상은 호류지 헌납보물 제151호 불상과 같이 한반도에서 건너온 소수만이 있고 나머지는 모두 나발이다. 하쿠호시대 불상에서 유행한 소발의 육계 원류는 주목할 만한데, 중국에서는 북조 6세기 중기 이전 비교적 유행하였지만, 수당대에는 소발의 육계 표현이 이미 줄어들었다. 남조에서 소발의 육계가 유행한 것은 주로 6세기 초 이전이다. 그러나 한반도에서 소발의 육계는 삼국시대 불상(표현)에서 계속 유행하였다. 하쿠호시대에 유행한 소발의 육계는 같은 시기의 중국에서는 사실상 이미 쇠퇴하였으

---

18) 小林剛, 『御物金銅佛像』(國立博物館, 1947년판), 83~84쪽.

나, 한반도에서는 쇠퇴하지 않고 계속 성행하였다. 하쿠호시대 불상에 보이는 소발의 육계는 한반도의 양식을 따른 것이다.

(3) 불상의 건장한 체형

중국은 6세기 중기를 전후하여, 불교조상의 전반적인 양식이 '수골청상'에서 '면단이염'으로 변화하였다. (즉) 같은 시기 남북방의 불상은 모두 이전의 호리호리한 모습에서 둥글게 변하였는데, 북방에서는 특히 동위, 북제 정치 중심인 업도와 서위, 북주의 정치 중심인 장안長安 부근의 불상에서 보다 중후하고 건장한 모습이 나타난다. 구체적으로 머리가 둥글고, 목이 굵고 짧으며, 불신은 비교적 두텁다. 이러한 특징은 풍만한 유형의 수당대 불상과는 차이가 있는데, 수대 불상에서는 비교적 세장한 목에 체형이 견실하며, 당대 불상은 군살이 (이미) 나타난다. 나라 신야쿠시지(新藥師寺) 향약사입상과 서안西安 파교灞橋 출토의 북주 오불에서 유사성을 볼 수 있다. 북주가 북제를 병합해 북방을 통일한 이후, 북주 조상이 해동으로 전파되었을 가능성이 있다.

주목할 점은 보살상이 '동안단구식'(동안에 단신)일 때, 하쿠호시대 역시 '동안단구식' 불상이 출현하였는데, 이는 호류지 헌납보물 제153호(앞 그림 8-5)와 같은 하쿠호시대 건장한 불상류와는 차이가 있다. 하쿠호시대 '동안단구식' 불상은 현존하는 유물로 볼 때, 동 시기 '동안단구식' 보살상의 수량에 미치지 못한다. 이러한 불상은 한국 국립중앙박물관 소장의 신라 7세기로 추정되는 불입상과 같은 기관 소장의 동 시기 다른 불입상에서도 볼 수 있다. '동안단구식' 불상은 일본과 한반도에서 모두 나타나지만, 중국에서는 이러한 류의 불상은 아직 볼 수 없다. 일본은 하쿠호시대에 '동안단구식'을 불상 표현에 적용하였는데, 한반도의 표현 양식을 참고한 것일 수도 있다.

같은 '동안단구식' 불상이라고 하더라도 한반도와 일본은 지역성의 차이가 존재하는데, 전자는 한반도와 얼굴 모양과 눈의 특징이 한국 사람의 모습을, 후자는 일본 사람의 모습을 따른다. 또한 착의법의 선택에서 한국은 '편단우견식'이 많으며, 일본에서는 '부탑쌍견하수식' 범주에 속한 양식이 많다.[19] 일본의 '동안단구식' 불상은 신라 불상에 가까운 체형, 일본적인 용모, 중국의 불의 양식을 취하고 있어서 이미 한반도와는 다른 본토 양식으로 이루어진 것이라고 볼 수 있다.

[8-10] 국립중앙박물관 소장 신라불상
(『三國時代佛敎彫刻』)

---

19) '부탑쌍견하수식' 불의는 6세기 중기에 동위, 북제의 정치 중심지 부근에서 유행한 새로운 불의 양식으로, 광범위한 지역에 걸쳐 전파되어 그 영향을 미쳤다. 일본에서는 대략 하쿠호시대에 유입되어 7세기 중기에 '부탑쌍견하수식' 불의 양식이 자주 보이기 시작하였는데, '야마다덴노조'(山田殿像)명 아미타삼존상 주존 불의가 이 양식이며, 유사한 양식으로 호린지(法輪寺) 약사여래의 불의가 있다. 한반도에서는 '부탑쌍견하수식' 불의가 통일신라시대(668~935)부터 나타났으며, 그 발생 시기는 대략 일본과 같거나 조금 늦다. 중국 산동 청주에서도 역시 동위(533~550) 시기에 '부탑쌍견하수식'을 착의한 불좌상을 볼 수 있다. 費泳, 「"敷搭雙肩下垂式"與"鉤紐式"佛衣在北朝晚期的興起」, 『考古與文物』 2010년 제5기; 『中國佛敎藝術中的佛衣樣式研究』(中華書局, 2012년 판), 361~380쪽.

2. 아스카, 하쿠호 시대의 가부좌한 불좌상

현전 실물 자료를 보면 아스카시대의 불좌상은 모두 가부좌를 하고 있는데, 이러한 기초 위에 하쿠호 시대에는 의좌상과 반가부좌상이 추가되었다.[20] 아스카시대의 가부좌한 불상은 '포의박대식' 범주의 불의에 나발을 하고 왼손은 두 손가락을 펴고 상현좌를 취하는 특징을 보이며, 상현좌에 표현되는 띠 장식은 아스카 불상 양식의 원류가 남조 불상과 밀접한 관계임을 보여 주고 있다. 하쿠호시대의 가부좌한 불상은 특히 불의 양식과 불상의 형태에서 중국 북조 불상의 특징을 나타내기 시작한다.

1) 아스카시대의 가부좌한 불상

아스카시대의 가부좌한 불상의 예를 보면, 호류지 금당의 정묘명(607) 약사불상과 같이 불의는 '포의박대식'과 '변화된 포의박대식'의 융합 양식이며, 왼손은 두 손가락을 펴고 오른손은 시무외인을 결하고 있으며, '겹쳐 쌓아 올린 받침(疊澁)이 있는'(이하 다단의) 아亞자형 대좌[21]를 갖추고 있고, 상현좌에는 띠 장식이 있으며 물방울형 두광에 소발의 육계를 하고 있다.

아스카데라(飛鳥寺) 안고인(安居院)에 있는 스이코(推古) 17년(609)에 조성된 아스카대불은 '변화된 포의박대식' 불의를 입고 있으며 손은 중수되었고 상현좌는 갖추지 않았으며 나발이다.

호류지(法隆寺)[22] 금당 계미명(623) 불삼존상 주존은 '포의박대식'과 '변화된 포의박대식'의 융합 양식의 불의에, 왼손은 두 손가락을 펴고 오른손은 시무외인을 결하고 있다. 다단의 아亞자형 대좌 위에 띠 장식이 있는 상현좌를 하고 주형舟形 광배와 원형 두광이 있으며 나발을 갖추고 있다.

호류지의 무자명(628) 불삼존상 주존은 불의가 '포의박대식'과 '변화된 포의박대식'의 융합 양식이며, 왼손은 두 손가락을 펴고 오른손은 시무외인을 결하고 있으며, 장방형 기단 위에 띠 장식이 없는 상현좌를 하고 있으며, 주형 광배와 원형 두광에 나발을 하고 있다.

호류지 헌납보물 제145호 불상은 불의가 '포의박대식'과 '변화된 포의박대식'의 융합 양식이며, 왼손은 두 손가락을 펴고, 오른손은 시무외인을 결하고 있다. 장방형에 가까운 기단에 띠 장식이 있는 상현좌를 하고 있는데, 머리카락은 나발이다.

이러한 예에서 '포의박대식' 불상은 상현좌하거나 하지 않거나, 띠 장식이 있는 상현좌 및 다단의 아亞자형 대좌를 갖추고 있는 것 모두 주목할 만한 가치가 있다.

---

20) 하쿠호시대 반가부불좌상은 오사카 간신지 석가상 등 외에 현전하는 예가 매우 적다.(久野健, 『古代小金銅佛』, 圖85) 중국에는 북향당산 북제 북동(제7굴) 중심주 북벽에 반가부좌불상이 있다.(『中國美術全集: 雕塑編 13』, 圖133)
21) 역자 주: 정확한 표현을 위해 순서 변경.
22) 역자 주: 고류지(廣隆寺). 오류 추정.

(1) 상현좌에 나타난 띠 장식 문제

상현좌에 띠 장식이 나타난 것은 남조 조상에서만 볼 수 있는데, 성도成都 상업가에서 출토된 제 건무 2년명 법명 조상(앞 그림 5-16)이 그 예로, 상현좌에 2개의 뾰족한 수식물[23]이 겹쳐져 아래로 흘러내려 두 줄의 띠 장식을 이루고 있는데, 군의의 띠로 이해되고 있다.[24] 위에서 언급한 상 중 호류지 금당의 정묘명 약사불상, 호류지[25] 금당 계미명 불삼존상 주존, 호류지 헌납보물 제145호 불좌상의 상현좌에 모두 띠 장식이 있다. 현존하는 실물 자료는 성도를 대표하는 남조 불좌상과 아스카시대 불좌상의 상현좌에만 띠 장식이 표현되어 있는 것을 보여 주기 때문에, 아스카시대 불상 양식이 직접적으로 남조의 양식을 취했던 것으로 볼 수 있다.

(2) '포의박대식' 범주 불의와 무상현좌에 대한 인식

아스카대불에 보이는 무상현좌의 특징은 중국 6세기 중기 상현좌의 발전 추세와 부합된다. 상현좌의 발생은 '포의박대식' 불의 출현과 밀접한 관계가 있다. 현전 자료로 볼 때, 상현좌는 '포의박대식' 불의와 함께 만들어진 것으로, 사천四川 무문茂汶 석현숭의 제 영명 원년(483) 조상비 이전에는 '포의박대식' 불상에서 상현좌가 적용된 실례를 아직 발견할 수가 없다. 5세기 말기에서 6세기 초기의 상현좌도 '포의박대식' 불의에만 적용되었다. 6세기 중기 이후, 상현좌는 '포의박대식' 범주 이외의 불상에도 표현되기 시작한다. 맥적산 제62굴 북주 좌상은 상현좌에 '반피식'과 '부탑쌍견하수식'의 융합 양식의 착의를 하고 있으며, 맥적산 제31감 북주 불좌상[26]은 상현좌에 '반피식'이고, 초당 때 조성된 광원廣元 천불애 제13호 연화동 오른쪽 감실 주존[27]은 편단우견식 착의를 하고 있다. 이를 통해 6세기 중기 이후 상현좌는 이미 포의박대식 불상만의 전유물이 아닌 것을 알 수 있다.

6세기 중기 상현좌가 각종 불의 양식과 함께 표현될 때 상현좌의 전체적인 표현은 오히려 미미해진다. '남방식 불교장엄조상 루트'(南式佛裝造像帶) 상의 성도 지역은 '변화된 포의박대식' 불상의 상현좌가 사라지는 추세이며, 맥적산의 북주 제141굴 좌벽의 이러한 유형의 불좌상 역시 상현좌를 갖추지 않았다. 서위시대 막고굴 248굴 중심주 정면감 안의 주존은 가부좌를 하고 '변화된 포의박대식'으로 착의하였으나 상현좌는 아니다. 청주青州와 제성諸城 등 동 시기 '변화된 포의박대식' 불의는 상현좌와 무상현좌 등 2가지로 나뉘는데, 제성의 북제 천보 3년(552) 불좌상과 SZF:70호 불좌상이 그것이다.[28]

6세기 중기에 상현좌의 표현이 감소된 것은 '남방식 불교장엄조상 루트'(南式佛裝造像帶)에 한정되지 않고, 북방北方 향당산, 천룡산, 안양 석굴사 및 곡양 등의 '부탑쌍견하수식' 불의를 착의한 상에도 더 이상 표현

---

23) 이 2개의 돌출형 수식물의 성격은 안쪽의 승기지로 여겨진다. 費泳, 『中國佛敎藝術中的佛衣樣式研究』(中華書局, 2012년판), 291쪽.
24) 費泳, 『中國佛敎藝術中的佛衣樣式研究』(中華書局, 2012년판), 310쪽.
25) 역자 주: 원문은 고류지(廣隆寺). 오류 추정.
26) 역자 주: 여러 불상 중 하나.
27) 역자 주: 천불애 13호굴은 관음입상이며, 535호굴(연화동)-13호 역시 관음상으로 추정된다. 천불애 연화동(535호) 우측(향좌측) 상은 편단우견식 방식으로 법의를 입고 상현좌를 취하고 있다.
28) 杜在忠·韓崗, 「山東諸城佛敎石造像」, 『考古學報』 1994년 제2기.

되지 않았다.

7세기 초에 조성된 아스카대불의 상현 처리는 6세기 '남방식 불교장엄조상 루트' 상의 '변화된 포의박대식' 불상의 상현 표현 방식을 주로 받아들인 것이다.

(3) 다단의 아亞자형 대좌

다단의 아亞자형 대좌는 호류지(法隆寺) 금당 정묘명 약사불상과 고류지(廣隆寺) 금당 계미명 불삼존상 주존에 사용되었으며, 남경南京 서하산 남조 불교조상과 관련한 앞쪽의 언급에서 이미 중국 남북조시대의 불상에 사용된 해당 조상의 요소에 대하여 개괄적으로 언급하였다. 실물 자료들은 다단의 아亞자형 대좌가 비교적 일찍 남조에서 먼저 나타난 것을 보여 주고 있으며, 북조의 아亞자형 대좌는 4개의 다리를 배치하고 있는데, 이러한 대좌들은 한반도 삼국시대 불상에서 보이지 않는다. 남경 서하사에서 비교적 이른 시기에 조성된 하026, 024굴(삼불굴)에서 다단의 아亞자형 대좌가 나타나는데, 이는 아스카시대의 다단의 아亞자형 대좌의 모형母型이라 할 수 있다.

2) 하쿠호시대의 가부좌한 불상

하쿠호시대의 가부좌한 불상의 예는 호류지 헌납보물 제147호 하쿠호 중후기의 상으로 '반피식'과 '포의박대식'으로 법의를 겹쳐 착의하고 있다. 왼손은 두 손가락을 펴고 오른손은 시무외인을 하였으며 띠 장식이 있는 상현좌로 방형 기단에 나발이 있다. 이 외에 이 불상과 착의 형식이 같으며 '좌단식'의 내의를 포함한 띠 장식이 있는 상현좌, 왼손은 두 손가락을 편 하쿠호시대 불상으로는 돗토리현(鳥取縣) 도하쿠군(東伯郡)의 미토쿠산(三德山) 산부쓰지(三佛寺) 지역에서 출토된 금동불입상[29], 니가타(新潟) 이오지(醫王寺) 약사금동불좌상이 있는데, 다만 두 불상은 소발의 육계를 갖추고 있다.

호류지 다치바나(橘) 부인 불감의 아미타불삼존상 주존은 대략 하쿠호시대 후기 상으로서 불의는 '반피식'과 '변화된 포의박대식'으로 겹쳐 입고 있으며, 왼손은 두 손가락을 펴고 오른손은 시무외인을 결하며, 연화좌 위에 있고 나발이 표현되어 있다.

호린지(法輪寺)의 약사불좌상은 하쿠호시대 중기의 상으로

[8-11] 니가타 이오지 약사불좌상(『古代小金銅佛』)

---

29) 久野健, 『古代小金銅佛』(小學館, 1982년판), 85쪽.

서 불의는 '부탑쌍견하수식'으로 착용하고, 왼손은 왼다리 위에 두고 손바닥은 위를 향하였으며 오른손은 시무외인을 결하고, 다단의 아亞자형 대좌 위에 있으며 나발이 표현되어 있다.

야쿠시지(藥師寺) 금당의 약사불좌상은 하쿠호시대 후기 상이며, '반피식' 불의에 왼손은 왼다리 위에 두었는데 손바닥은 위를 향하였으며, 오른손은 시무외인을 결하고, 다단의 아亞자형 대좌 위에 있으며 나발이 표현되어 있다.

호류지 헌납보물 제146호는 하쿠호시대 후기 상으로서 편단우견식으로 불의를 입고, 왼손은 왼다리 위에 두었는데 손바닥은 위를 향하였으며 오른손은 시무외인을 결하고 연화좌 위에 있으며, 소발의 육계를 갖추고 있다.

다이마데라(當麻寺) 금당에 있는 덴무(天武) 시기의 미륵불좌상은 하쿠호시대 후기 상으로서 '반피식'으로 불의를 입고, 왼손은 왼다리 위에 올려 손바닥은 위를 향하게 하고, 오른손은 시무외인을 결하며, 방형기단과 나발을 갖추고 있다.

하쿠호시대의 가부좌한 불상은 이미 아스카시대의 도리식 조상 양식에서 벗어났으며, 도리식의 모형이 되었던 남조불상 양식에서도 역시 벗어나, 북조와 수당의 양식을 따랐다. 이러한 시기의 불상은 머리가 둥글고 몸이 건장하며 착의법은 북방에서 일반적으로 보이는 '부탑쌍견하수식', '반피식', 편단우견식 등이 많이 차지한다. 그러나 아스카시대에 유행했던 남조의 색채가 농후한 나발, 상현좌의 띠 장식, 두 손가락을 편 왼손, 포의박대식 범주의 불의가 계속된 것과 특히 중국 북방지역 색채가 짙은 '반피식'의 법의가 '포의박대식' 법의 위에 겹쳐진 법의도 있다.

주목해야 할 점은 하쿠호시대에 두 손가락을 편 왼손, 손바닥을 위로 향한 가부좌를 한 불상이 불의 양식 선택에서는 다른 경향을 보이는데, 전자는 '포의박대식' 범주의 불의와 상현좌에 보이는 띠 장식 등 남조 조상의 내용으로부터 유래된 것으로서 호류지 헌납보물 제147호, 돗토리현 산부쓰지 출토의 금동불좌상, 니가타 이오지의 금동약사불좌상, 호류지 다치바나 부인 불감의 아미타불삼존상 등이 그 예이다. 그리고 왼쪽 손바닥이 위로 향한 가부좌한 불상에서는 '부탑쌍견하수식' 혹은 '반피식' 등 중국 북방 불의 양식이 많은데, 이를 통해서 하쿠호시대에 아스카시대의 양식을 이어나가고 있음을 볼 수 있다.

역사 발전의 흐름에서 볼 때, 아스카시대에 성행한 두 손가락을 편 왼손은 하쿠호시대의 가부좌한 불상에서 이미 사라져 점차 왼쪽 손바닥을 위로 향하는 것으로 대체되어 갔으며, 하쿠호시대 이후에는 곧 종적을 감추었다.

〈표 8-1〉 아스카, 하쿠호 시대 불상 양식 특징

	아스카시대	하쿠호시대	
머리 형식	대부분 나발	나발과 소발의 육계가 모두 유행	
불의 양식	– '변화된 포의박대식'(아스카대불) – '포의박대식'과 '변화된 포의박대식'의 융합 양식(호류지 헌납보물 제149호)	– '부탑쌍견하수식'('야마다덴노조'[山田殿像]명 아미타삼존상 주존) – '포의박대식'(에히메 고류지 석가불입상) – '변화된 포의박대식'(도쿄 요시다 가家 금동불입상) – '편단우견식'(와카야마 신노인 아촉불입상) – '반피식'(다이마데라 금당 미륵) – '반피식'과 '부탑쌍견하수식'의 융합(호류지 약사여래) – '반피식'과 '변화된 포의박대식'의 이중 착의 (호류지 다치바나 부인 불감 아미타삼존상 주존)	
얼굴, 몸, 체형, 수인	긴 얼굴, 균형 잡힌 세장한 몸, 두 손가락을 편 왼손과 시무외인을 결한 오른손	둥근 얼굴, 균형 잡힌 건장한 몸	왼팔이 살짝 굽은 채 손바닥은 위를 향하고, 시무외인을 결한 오른손
		어린아이 얼굴에 단신	

3. 구 야마다데라 불두와 '야마다덴노조'명 아미타삼존상의 약간의 문제

1) 구 야마다데라 을유(685) 금동불두와 이와 관련한 하쿠호시대 불상의 변화

구 야마다데라(고후쿠지[興福寺]로 이안) 강당 본존인 금동불의 잔존 불두佛頭는 높이 98.3cm로, 『상궁성덕법왕제설上宮聖德法王帝說』에 다이카(大化) 5년에 스스로 목숨을 끊은 소가노 구라야마다노 이시카와마로(蘇我倉山田石川麻呂)의 원을 위하여 장육상을 덴무(天武) 6년에 만들기 시작하여 덴무 14년에 개안(점안)하였다고 실려 있다.

이 불상은 이후 오에이(應永) 18년(1411)의 화재로 소실되어, 머리 부분만 겨우 남아 있다. 구노 다케시는 "하쿠호시대 후기에 조성된 명랑한 표정의 대부분의 불상들은 그 원류가 구 야마다데라 불두에 있다"[30]라 하였다. 마치다 고이치(町田甲一)는 불상 얼굴에 전형적인 하쿠호시대 불상의 특징이 나타난다고 하였다.[31]

불두는 풍만하고 튼실한 모습, 소발의 육계, 삼도가 굴곡지게 표현된 목, 옅은 미소를 머금은 얼굴에서 이미 일본 사람의 특징이 나타난다. 오관의 위치가 이미 성년의 비례를 보여 주고 있어서, 하쿠호시대 나타난 동안단구식 불상의 유

[8-12] 구 야마다데라 을유(685) 동조약사불두
(『日本古寺美術全集 5』)

---

30) 久野健 等 編, 蔡敦達 譯, 『日本美術簡史』(上海譯文出版社, 2000년판), 27쪽.
31) 町田甲一 著, 莫邦富 譯, 『日本美術史』(上海人民美術出版社, 1988년판), 56쪽.

[8-13] 하쿠호 전기 '야마다덴노조'명 동조아미타여래 및 양협시상(『古代小金銅佛』)

형에 속하지 않는다.(동안의 가장 큰 특징은 눈이 얼굴 중앙에 위치하고, 성인의 눈은 일반적으로 중간보다 위쪽에 위치한다.)

'야마다덴노조'(山田殿像)명 아미타삼존상의 주존 불두와 구 야마다데라 불두를 비교하자면, 구 야마다데라 불두는 사실성이 뚜렷하고 모델링이 더욱 정교하며 눈 부분의 소위 몽고주름의 조각이 비교적 분명하다.[32] 두 상의 차이점은 '야마다덴노조'명 아미타삼존상 주존이 나발에 얼굴이 신申자형으로 상대적으로 마른 모습인 데 비하여, 구 야마다데라의 불두는 원형이다.

주목할 점은 하쿠호시대 후기(약 7세기 말기~8세기 초)에 일본에서는 야마다데라 불두 모습과 유사한 불상이 많이 나오는데, 이 불상들의 불의 양식은 차이가 있고, 자세는 입상과 좌상이 있다. 비슷한 점으로는 좌상의 양손 자세가 일률적으로 '야마다덴노조'명 아미타삼존상의 주존과 같아, 왼손바닥이 위로 향한 채 왼다리 위에 두었고 오른손은 시무외인을 결하였다. 입상은 한 손은 손바닥을 밖을 향하게 하여 늘어뜨렸고, 한 손은 시무외인 혹은 발鉢을 지니고 있다. 이들 조상의 불두의 조형적 처리는 구 야마다데라 불두의 오관과 육계의 처리와 매우 비슷하며, 이러한 유사성은 이들 불상이 일정한 범본을 따르고 있는 것을 나타낸다. 지적할 점은 구 야마다데라 불두가 비록 하쿠호시대에 유행한 동안단구식 상과는 다소 차이가 있지만, 유사한 많은 작품 중 여전히 동안단구의 흔적이 남아 스며들어 가 있음을 배재할 수 없다.

불좌상의 예로는 다음과 같다.

도쿄국립박물관(東京國立博物館) 소장의 호류지 헌납보물 제146호 금동불좌상으로 목에 굴곡지게 삼도를 표현을 하고 연화대좌 위에서 가부좌하고 있으며, 편단우견식 착의법에 손 자세는 '야마다덴노조'명 아미타삼존상과 유사하다.

나라 쇼랴쿠지(正曆寺)의 금동불의좌상은 손의 자세와 불의 양식이 호류지 헌납보물 제146호와 같다. 체형은 약간 굵고 짧으며, 대좌 뒷면은 타원형이다.

[8-14] 호류지 헌납 제146호 불상(『御物金銅佛像』)

도쿄국립박물관 소장의 호류지 헌납보물 제148호 금동불의좌상(앞 그림 7-21, 7-22)은 목에 삼도가 굴곡지게 표현되어 있고 체형은 쇼랴쿠지 불좌상

---

32) 몽고주름의 구체적 표현은 상의 두 눈 안쪽 眼角에 위치하며, 상안검이 하안검을 덮고 콧방울(鼻翼)로 연장되어 펼쳐진 구조로 나타나며, 몽고계 인종에서 자주 보인다. 중국에서 불상에 몽고주름이 언제부터 나타났는지는 명확하지 않으며, 대략 정관 15년(641)에 조성된 빈양남동 정벽의 조상 중 주존불과 협시보살 모두 이미 이러한 특징을 가지고 있다. 일본에서는 불교조상에서 몽고주름이 명확해지는 과정이 있는데, 호린지(法輪寺) 허공장보살과 약사불의 안각에 몽고주름이 미묘하게 표현되어 있으며, 하쿠호 후기에 이르러 이 특징은 불상에 강하게 적용된다.

과 유사하며, 다단의 아亞자형 대좌는 '야마다덴노조'명 아미타삼존상의 그것과 유사하다. 착의 방식은 '야마다덴노조'명 아미타삼존상과 같은 '부탑쌍견하수식'이나 가사 우측 상단 모서리 처리에 약간의 차이가 있다. 헌납보물 제148호 금동불의좌상은 바깥쪽에 편단우견식으로 착의한 가사의 우측 상단 모서리가 왼쪽 팔의 하박下膊으로 걸쳐 흘러내리지만, '야마다덴노조'명 아미타삼존상은 왼쪽 어깨에 걸쳐 내려온다. 중국에서는 '부탑쌍견하수식' 불의가 6세기 중기에 유행할 때, 바깥쪽의 가사 우측 상단 모서리의 처리 방식이 다른 두 종류가 나타난다.[33]

[8-15] 나라 사쿠라모토보 불상
(『古代小金銅佛』)

[8-16] 도쿄 진다이지 의좌상
(『古代小金銅佛』)

나라 사쿠라모토보(櫻本坊)의 석가여래좌상은 목에 굴곡진 삼도의 표현이 없으며 다단의 아亞자형 대좌를 갖추고 있다. 가사 우측 모서리는 왼쪽 팔의 하박으로 떨어져 중국의 포의박대식과 유사한데, 다만 승기지와 띠 장식의 표현이 없을 뿐이다. 불상은 오른발을 밖으로 드러낸 채 가부좌하고 있으며, 상현좌에 방형 대좌 위에 있다. 손의 모습은 위에서 언급한 불상들과 같고, 체형은 굵고 짧으며, 얼굴은 동안에서 완전히 벗어나지 못한 상태이다.

도쿄 진다이지(深大寺)의 금동석가모니불의좌상은 목에 삼도가 굴곡지게 표현되어 있으며, 손의 형태와 좌세는 '야마다덴노조'명 아미타삼존상과 비슷하다. 체형은 비교적 길고 방형 기단을 갖추고 있다. 불의는 '반피식'으로 착용하였는데, '야마다덴노조'명 아미타삼존상의 '부탑쌍견하수식'과는 다르며, 진다이지 불좌상의 불두에는 나발 표현이 명확하지 않고 부조 기법을 사용하여 일련의 凹 흔적으로 피부 질감을 표현하였다.

하쿠호시대의 유사한 불좌상으로는 오사카 간신지(觀心寺) 금동석가모니불반가상, 니가타 이오지에 전하는 금동약사불좌상 등이 있다. 이러한 불두 특징을 지닌 불좌상은 덴표시대에 이르러서도 여전히 볼 수 있는데, 호류지 금동약사불좌상, 일본 문화청 소장의 약사불좌상 등이 그 예이다. 두 불상의 머리, 손의 형태와 좌세는 모두 나라 사쿠라모토보의 석가여래좌상 유형과 같고, 불의 양식은 '부탑쌍견하수식'의 호류지 약사불, '반피식'에 '부탑쌍견하수식'이 융합된 양식을 한 문화청 소장의 약사불상과 닮았다. (약사불

---

33) 龍門석굴에서 대략 보태 원년(531)에 조성된 북벽대불감 안의 불좌상, 안양 大留聖窟에서 대략 동위 武定 4년(546)에 조성된 북벽불좌상을 보면, 두 불의 양식이 모두 '부탑쌍견하수식'인데, 바깥쪽 가사 우측 상단 모서리의 처리에 있어서 전자는 왼쪽 팔뚝(하박)에 걸쳐 있고 후자는 왼쪽 어깨에 걸쳐 있다. 보태동의 개착 연대에 관해서는 다음을 참고하기 바란다. 溫玉成, 「龍門北朝小龕의 類型, 分期與洞窟排年」; 李文生, 「龍門石窟北朝主要洞窟總敍」. 두 글은 『中國石窟·龍門石窟 1』(文物出版社, 1993년판), 170~224, 265~280쪽에 실려 있다. 안양 대류성굴의 조성 연대에 관해서는 다음을 참고하기 바란다. 丁明夷, 「巩縣天龍响堂安陽數处石窟寺」, 『中國美術全集: 雕塑編 13』(文物出版社, 1989년판), 26~51쪽. 이 불좌상의 불의에 대하여 서술한 필자의 글로는 다음과 같다. 費泳, 「"敷搭雙肩下垂式"與"鉤紐式"佛衣在北朝晚期的興起」, 『考古與文物』 2010년 제5기; 『中國佛敎藝術中的佛衣樣式研究』(中華書局, 2012년판), 362~366쪽.

[8-17] 오사카 간신지 석가반가상
(『古代小金銅佛』)

[8-18] 일본 문화청 소장 약사상 정측면(『古代小金銅佛』)

상의 착의법이) '부탑쌍견하수식'과 다른 점은 바깥쪽의 가사가 원래 편단우견식에서 '반피식'으로 고쳐서 착의한 것이다. 이러한 가사의 착의 방식은 중국에서 만들어졌으며 발생 시기는 6세기 중기로, '부탑쌍견하수식'보다 약간 늦게 나타난다.

[8-19] 맥적산 서위 제105굴 정벽 주존 우협시 제자상(『中國石窟雕塑全集 2』)

[8-20] 호류지 헌납 제154호 불상(『古代小金銅佛』)

불입상의 예는 다음과 같다.

도쿄국립박물관 소장의 호류지 헌납보물 제152호 약사불[34]로 바깥쪽의 가사는 편단우견식으로 착의하였으며 안쪽에서는 오른쪽 어깨를 옷으로 가렸는데, 구노 다케시는 이를 편삼으로 보았다.[35] 이러한 안쪽 옷의 표현 방식은 현존하는 중국 불상에서는 확인되지 않지만 중국의 불제자상 중 유사한 표현이 있는데, 맥적산석굴의 서위시대 제105굴 정벽 주존 양측 제자상이 그것이다.[36]

호류지 헌납보물 제154호 입상은 바깥쪽의 가사를 편단우견식으로 착의하였으며, 오른쪽 어깨에 걸친 한 층의 옷은 개척식開脊式 편삼으로도 볼 수 있다. 나라 신야쿠시지 향약

---

34) 久野健, 『古代小金銅佛』(小學館, 1982년판), 49쪽.
35) 久野健, 『古代小金銅佛』(小學館, 1982년판), 175쪽.
36) 費泳, 『中國佛教藝術中的佛衣樣式研究』(中華書局, 2012년판), 81~86쪽.

사불[37]은 '변화된 포의박대식' 불의를 착용하고 있다. 시가(滋賀) 쇼주라이코지(聖衆來迎寺) 약사불[38]의 불의는 '부탑쌍견하수식'의 범주에 속하며, '야마다덴노조'명 아미타삼존상과 실질적으로 같은데, 다만 오른쪽 팔에 (옷이) 자연스럽게 흘러내리고, 팔을 구부리지 않았다. 와카야마 신노인 아촉불(앞 그림 8-8)은 편안우견식 가사를 입고 있다.

이들 불입상의 불의 양식은 차이가 있으나, 체형은 유사하며 대부분 목에는 삼도가 굴곡지게 표현되어 있다. 위에서 언급한 예 중 구 야마다데라 불두와 유사한 불상에서는 불의가 편단우견식과 부탑쌍견하수식(법의가 양어깨를 걸치고 아래로 흘러내린 방식)이 많으며, '반피식'과 포의박대식 범주의 불의도 일부가 있는 것을 보여 준다. 편단우견식과 부탑쌍견하수식(법의가 양어깨를 걸치고 아래로 흘러내린 방식)은 6세기 중기에 유행한 중국 북방의 불의 양식인데, 전자는 천룡산, 곡양, 청주 등의 석굴사에서 많이 보이며, 후자는 동위 북제 정치 중심인 업(鄴漳)과 진양(太原) 부근의 석굴사에서 확인되고, 수나라가 남북방을 통일한 이후에는 '부탑쌍견하수식'과 '반피식' 불의가 중국 불상 착의에서 가장 자주 보이는 양식이 되었다.

소발의 육계를 가진 불상은 비록 중국 남·북방에서 모두 나타나지만, 현존하는 실물을 볼 때, 남조는 6세기 이전에 소발의 육계가 많았으며, 6세기 즉 제나라와 양나라 이후에는 나발이 유행하기 시작하였고, 6세기 중기에 북방의 서안, 청주 등 북주, 북제 관할 지역의 불상 제작에 영향을 주었으며, 수·당대에는 불상에 나발이 많이 보인다. 6세기 중기 이전에 북방에서는 비교적 이른 시기의 나발을 한 불상의 예가 있었지만[39] 크게 유행하지 않았고, 불상은 파상문 육계와 소발의 육계가 많았다.

하쿠호시대의 구 야마다데라 불두 류의 불상은 초당 조상과 닮지 않고[40], 제, 주, 수의 조상과 더 유사하다. 초당 때에 조성된 용문석굴 봉선사동의 노사나대불을 보면, 얼굴 뺨을 부드럽게 처리하며 당나라 불상의 '농려풍비'(농염하고 풍만한 아름다움)의 양식에 전주前奏를 보여 준다. 그리고 제, 주, 수의 조상에서 보이는 건장함과 견실함은 구 야마다데라 불두와 같은 유형의 불상과 한층 더 유사하다.

전체적으로 볼 때, 하쿠호시대에 출현한 당나라 불상의 이러한 유형의 불상과 구 야마다데라 불두와 유사한 불상은 그 양식이 중국 북방의 지역적인 특징을 비교적 강하게 띤다고 볼 수 있다.

2) '야마다덴노조'명 아미타삼존상과 하쿠호시대 불의 착의 양식의 변화

'야마다덴노조'(山田殿像)명 아미타삼존상[41]과 관련이 있는 기록은 『일본서기日本書紀』 권25에서 볼 수 있다.

---

37) 久野健, 『古代小金銅佛』(小學館, 1982년판), 69쪽.
38) 久野健, 『古代小金銅佛』(小學館, 1982년판), 72쪽.
39) 북방에서 제작된 나발을 갖춘 비교적 이른 불상은 일본 교토(京都) 후지유린칸(藤井有鄰館) 소장의 북위 太安 원년명(455) 장영 조상 석불좌상, 일본 개인 소장의 북위 태안 3년명(457) 宋德興 석불좌상이 있다.
40) 구노 다케시(久野健)는 구 야마다데라 불두가 초당 미술의 영향을 받았다고 보았다. 久野健 等 編, 蔡敦達 譯, 『日本美術簡史』(上海譯文出版社, 2000년판), 26쪽 참고.
41) 이 상의 협시보살상의 보관에 화불과 보병이 있어서 이를 근거로 본존은 아미타불, 협시보살은 관음보살, 대세지보살임을 알 수 있다.

다이카(大化) 5년(649)...... 대신(소가노 구라야마다노 이시카와마로[蘇我倉山田石川麻呂])의 장자인 고지(興志)가 이전에 왜에 머물면서(야마다의 집에 있었음을 말한다) 절을 지었다. 지금 갑자기 아버지가 도망쳐 온다는 소식을 홀연히 듣고, 이마키(今來)의 느티나무 아래에서 맞이하여 데리고 절에 들어갔다...... 야마다데라에서 달려와 "소가노오오미(蘇我大臣)는 이미 3남 1녀와 함께 스스로 목을 매어 죽었습니다"라 보고 하였다. 그래서 장군들은 타지히노사카(丹比坂)에서 돌아갔다. 경오(26일)에 야마다오오미(山田大臣)의 처자 및 종자들이 스스로 목을 매어 죽는 사람이 많이 있었다.[42]

소가노 구라야마다노 이시카와마로(蘇我倉山田石川麻呂)는 소가노 우마코(蘇我馬子)의 손자이며, 그는 고교쿠(皇極) 4년(645)에 나카노오에(中大兄) 황자가 정적政敵을 제거하는 을사의 변을 일으킬 때 도와서 우대신右大臣 관직에 이르고 '다이카 개신'(大化改新)의 공신으로 추대되었다. 후에 누명을 뒤집어쓰고, 다이카(大化) 5년에 우지데라(家氏寺)인 야마다데라에서 자결의 명을 받았다. '야마다덴노조'명 아미타삼존상 불상과 소가노 구라야마다노 이시카와마로는 '반드시 터무니없는 소리라 할 수는 없다'라고 한 고바야시 다케시(小林剛)의 말과 같이 분명히 관계가 있다.[43]

한 가지 주목할 만한 현상은 일본이 하쿠호시대에 들어선 이후, 아스카시대에 가장 유행한 남조의 포의박대식 불의 양식의 발전 추세가 멈추고, 육조 시기에 원류를 둔 중국 북방 불의 양식이 나타나기 시작하였는데, 농우, 하서 지역의 '반피식', 업과 진양 지역의 '부탑쌍견하수식'이 그 예이며, 또한 천룡산, 곡양 수덕사, 청주, 광원 천불애, 용문의 편단우견식 불의 역시 나타나기 시작하는 것이 확인된다.

[8-21] 나라 야쿠시지 금당 약사불좌상
(『日本美術』)

[8-22] 쇼랴쿠지 의좌상
(『古代小金銅佛』)

'반피식' 불상의 예로는 덴무(天武) 시기(672~686)의 작품인 다이마데라(當麻寺) 금당의 미륵불좌상[44], 진다이지(深大寺)의 석가불좌상(앞 그림 8-16), 야쿠시지 약사여래상이 있다. '부탑쌍견하수식' 불상의 예로는 호류지 헌납보물[45] 제146호(앞 그림 8-14), 간신지 석가모니불반가상(앞 그림 8-17), 쇼랴쿠지 불의좌상이다. 그중 '야마다덴노조'명 아미타삼존상의 부탑쌍견하수식(법의가 양어깨를 걸치고 아래로 흘러내린 방식)이 지표가 되었는데, 이러한 불의 양식이 하쿠호시대에 잠깐 유행하였다.[46]

---

42) 武田祐吉 校注, 『日本書紀 5』(朝日新聞社, 1956년판), 104~105쪽.
　　역자 주: 이하 『日本書紀』의 번역은 연민수 등, 『역주 일본서기』(동북아역사재단, 2013)의 내용을 수정, 인용하였음을 밝힘.
43) 小林剛, 『御物金銅佛像』(國立博物館, 1947년판), 85쪽.
44) 久野健 等 編, 蔡敦達 譯, 『日本美術簡史』(上海譯文出版社, 2000년판), 26쪽.
45) 역자 주: 원문에는 어물.
46) 하쿠호시대 이후 일본 불상에 가장 널리 사용된 것은 '半披式'(중국식 편단우견식) 불의이다. 費泳, 『中國佛教藝術中的佛衣樣式研究』(中華書局, 2012년판), 241~248쪽.

하쿠호시대를 연 다이카 개신은 수당의 정치경제 체제를 들여와 진행된 개혁으로, 구체적 내용은 다이카 2년(646)에 반포한 네 가지 항의 조령에 반영되어 있는데[47], 이 중 종교의 내용은 언급되지 않았다. 그러나 그 이전인 다이카 원년(645)에 반포한 '불교 현양'의 조문에 "천신지기天神地祇에 제를 먼저 올리고, 후에 정사에 임한다"라는 내용이 『일본서기』 권25에 있다. 이 조문은 조정에서 추진한 다이카 개신의 전주이다.

다이카(大化) 원년 계묘(8일)에 사신을 대사大寺에 파견하여 승니를 불러 모아놓고 조서를 내려 말하기를, 시키시마노미야니아메노시타시로시메시시스메라미코토(磯城嶋宮御宇天皇) 13년에 백제의 명왕이 불법을 우리나라(倭)에 전했다. 이때 신하들이 모두 받아들이려 하지 않았다. 그러나 소가노 이나메노 스쿠네(蘇我稻目宿禰[48])가 홀로 그 법을 믿었다. 천황은 이에 이나메노 스쿠네(稻目宿禰[49])에게 그 법을 받들게 하였다. 오사타노미야니아메노시타시로시메시시스메라미코토(譯語田宮御宇天皇) 시대에는 소가노 우마코노 스쿠네(蘇我馬子宿禰[50])가 돌아가신 아버지의 가르침에 따라 더욱더 붓다의 가르침을 존중하였다. 그러나 다른 신하들은 믿지 않았다. 그래서 그 법이 거의 없어지게 되었다. 천황은 우마코노 스쿠네(馬子宿禰)에게 그 법을 받들게 하였다. 오하리다노미야니아메노시타시로시메시시스메라미코토(小墾田宮御宇天皇) 시대에는 우마코노 스쿠네(馬子宿禰)가 천황을 위하여 장육의 수상과 장육의 동상을 만들었다. 그리고 불교를 선양하고 승니를 공경하였다. 짐은 더욱더 바른 가르침을 숭상하고 큰 법을 널리 퍼뜨리고자 한다. 그래서 승려 고마노다이호시(狛大法師), 후쿠랴우(福亮), 에운(惠雲), 자우안(常安), 랴우운(靈雲), 에시(惠至), 사주 승려 민(旻)[51], 다우토(道登), 에린(惠隣), 에메우(惠妙)를 십사로 삼는다. 특히 혜묘법사는 백제사의 사주로 삼는다. 이 십사들은 여러 승려들을 가르치고 이끌며, 석가의 가르침을 수행할 때는 반드시 불법에 따르게 하라. 무릇 천황으로부터 반조에 이르기까지 절을 세울 때 조영할 수 없는 경우는 짐이 도와 지을 수 있게 하겠다.

다만 동시에 '다이카 개신' 전후를 살펴볼 필요가 있는데, 일본 정치 제도 변화와 중국과의 관계의 미묘한 변화는 두 지역의 불사 교류에 대한 생산적 영향을 가능하게 하였는데, 마치다 고이치(町田甲一)는 "중국 당 정관(627~649) 말기에서 당 고종의 함형 연간(670~673)의 일본과 중국의 관계는 아스카시대 전기와는 매우 다르다. 이 시기에 유가, 법가의 사상은 쇼토쿠 태자 시대의 불교를 대신하여, 위대한 정치 개혁인 다이카 개신의 지도指導 사상을 완성하였는데, 조정은 불교에 대하여 상당히 소극적 태도를 취하였을 뿐 아니라 점점 중국, 한반도와의 교류에 대해서도 적극성을 잃어갔다. 사이메이(齊明) 시기(655~661), 일본은 백제를 도와 당나라와 신라 연합군에 맞서다가 패배하였으며, 계속해서 덴지(天智) 2년(663)에는 결정적인 패배를 하였다. 이리하여 수세기에 걸친 오랜 한반도 병합 계획은 다시 제기되지 않았다. 일본은 중국과의 의례(禮儀)적인 왕래까지 단절되지 않았으나, 이미 이전과 같지 않았고 이후에 대량으로 중국의 직접적인 문화적 영향을 받아들이는 것과도 같지 않았다"[52]라고 하였다.

---

47) 다이카(大化) 2년에 반포된 4항의 조령은 『日本書紀 5』(朝日新聞社, 1956년판), 68~69쪽 참고.
48) 역자 주: 오자 추정(彌 X, 禰 O).
49) 역자 주: 오자 추정(彌 X, 禰 O).
50) 역자 주: 오자 추정(彌 X, 禰 O).
51) 역자 주: 僧旻이 이름이라는 견해도 있다.
52) 町田甲一 著, 莫邦富 譯, 『日本美術史』(上海人民美術出版社, 1988년판), 52쪽.

중국에서는 6세기 말 이후 즉, 수의 남북통일 이후, 남조에서 유래된 '포의박대식' 범주의 불의는 남조의 소멸에 따라 전체적으로 미미해지나, 북방에 원류를 둔 '부탑쌍견하수식'과 '반피식' 착의법은 여전히 발전하는 추세를 비교적 잘 유지하였다.[53] 이러한 불의 양식은 다이카 개신에 따른 수당 율령의 유입과 황실의 불교 추숭으로 하쿠호시대에 비교적 큰 규모로 일본에 들어왔는데, 하쿠호 후반기에 조성된 구 야마다데라 금동약사불두의 충만하고 힘이 넘치는 조형도 역시 수당 불상의 영향을 깊이 받았음을 보여 준다.

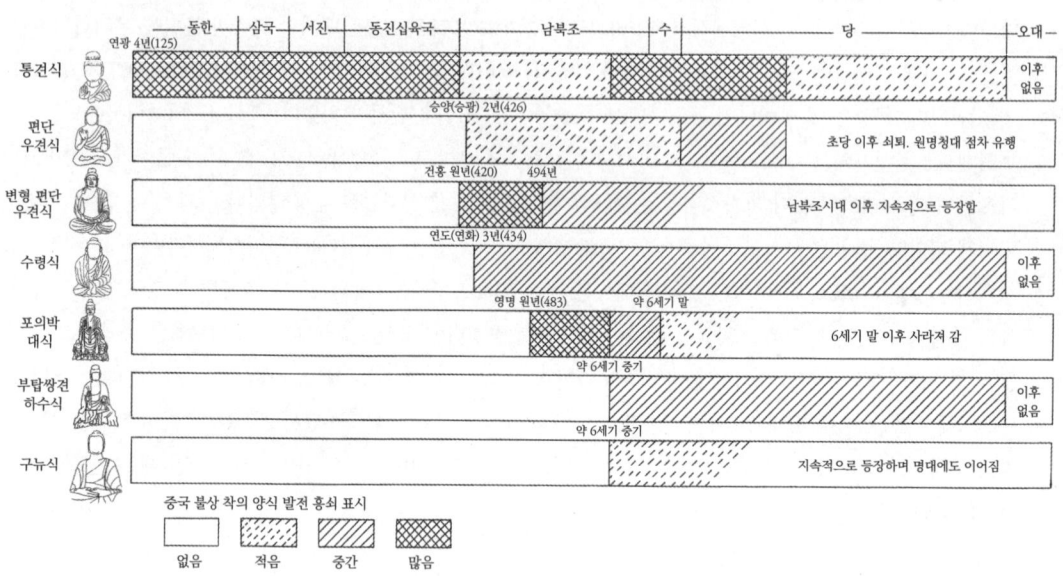

[8-23] 중국 불상 착의 양식 발전 과정(추세) 도식(費泳 만듦)

3) '야마다덴노조'명 아미타삼존상 불의와 유사한 몇 건의 불상 예와 관련한 문제

불상 예1: 호린지(法輪寺) 약사여래.

이 상은 무로마치시대의 『법륜사연기法輪寺緣起』에 전하기를 구라쓰쿠리노 도리(鞍部鳥, 止利)가 만들었다고 하며, 7세기 후반 즉 하쿠호시대에 조성된 것으로 보는 관점도 있다[54]. 도리 작 호류지 금당의 석가삼존상 주존과 비교하면, 호린지 약사여래는 상현좌의 떨어진 수식의 폭이 비교적 작고 불의 양식의 차이와 육계의 높낮이가 다른 것을 제외하면, 다단의 아亞자형 대좌, 좌세, 나발, 띠 장식, 얼굴형, 오관, 두광 등의 요소에서는 그것과 비슷하며, 완만한 육계를 표현한 양식은 도리 작 호류지 금당의 석가삼존상 주존보다 늦다는 것을 보여 준다.[55] 이 외에 호류지 금당의 석가삼존상 주존과 호린지 약사여래의 내안각을 자세히 비교해 보면, 후자는 몽고주름이 있으나 전자는 없어, 호린지 약사여래는 하쿠호시대의 작품으로

---

53) 費泳, 『中國佛敎藝術中的佛衣樣式研究』(中華書局, 2012년판), 222~232, 373~377쪽.
54) 久野健, 『古代小金銅佛』(小學館, 1982년판), 168~178쪽.
55) 중국 남북조시대부터 수당대에 이르는 불상의 육계는 대체로 높은 육계에서 낮은 육계로 변화하는데, 이런 현상은 아스카시대, 하쿠호시대 불상에서도 보인다.

보는 것이 더 합리적이라는 것을 확인할 수 있다.[56]

이 상의 법의를 입은 모습은 '야마다덴노조'명 아미타삼존상과 유사한 점이 있는데, 두 상은 바깥쪽 가사의 오른쪽 상단의 모서리가 오른쪽 옷깃을 통과하여 왼쪽 어깨를 감싸고 있다. 구별되는 점은 호린지 약사여래의 바깥쪽 가사는 오른쪽 어깨를 반만 걸친 '반피식'이나, '야마다덴노조'명 아미타삼존상은 편단우견식이다. 그리고 호린지 약사여래의 오른 손목에 늘어진 옷자락은 소매로

[8-24] 나라 호린지 약사여래상
(『佛像的系譜』)

[8-25] 호류지 금당 삼존상 주존 세부
(『日本古寺美術全集 1』)

보이며, '야마다덴노조'명 아미타삼존상의 오른 손목에 늘어진 옷자락은 두 갈래로 나뉘어져 있다. 즉 호린지 약사여래상은 승기지와 바깥쪽 가사의 사이에 옷이 통과해 맞춰 봉합해 이루어진 옷이며, '야마다덴노조'명 아미타삼존상의 바깥쪽은 가사이다.

구노 다케시(久野健)는 이 상과 대략 7세기 전반에 조성된 한국 전라북도 익산의 석조불좌상과 착의가 비슷하다고 여겼으나[57], 익산의 석조불좌상의 오른손이 소매인지 아닌지는 분명하게 판단하기 어렵다.

중국에서는 호린지 약사여래의 착의 양식과 비슷한 일종의 변화된 양식의 '부탑쌍견하수식'이 비교적 자주 보이는데, 이는 바깥쪽 가사가 원래의 편단우견식에서 오른쪽 어깨를 반쯤 가리는 '반피식'으로 바뀌

[8-26] 광원 황택사 제45굴 좌벽 주존(費泳 그림)

[8-27] 천룡산 제1굴 동벽 주존(費泳 그림)

[8-28] 맥적산 제62굴 불좌상(費泳 그림)

---

56) 久野健, 『古代小金銅佛』(小學館, 1982년판), 175쪽.
57) 久野健, 『古代小金銅佛』(小學館, 1982년판), 175쪽.

며 '반피식'과 '부탑쌍견하수식'의 융합 양식이 만들어진 것으로[58] 매우 광범위한 지역에 걸쳐 유행하였는데 북방에서 주로 보인다. 예를 들어 광원廣元 황택사 제45굴 좌벽 주존(서위), 천룡산天龍山 제1굴 동벽 주존(북제), 맥적산麥積山 제62굴 불좌상(북주) 등이다. 이 상들은 오른 손목에 늘어진 옷자락이 모두 서로 교차하지 않아 가사로 보이는데, 이것도 호린지 약사여래의 불의와 가장 큰 차이점이다.

불상 예2: 호류지 헌납보물 제153호 금동불(앞 그림 8-5).

이 불상은 하쿠호시대에 만들어졌으며[59], 그 착의 모습은 '야마다덴노조'명 아미타삼존상과 유사하다. 두 상의 바깥쪽 가사는 모두 편단우견식이며, 가사 우측 상단 모서리는 모두 우측 옷깃을 통과하여 왼쪽 어깨 안쪽에 걸쳐져 있다. 구별되는 점은 전자는 바깥쪽 가사의 아래에 소매로 보이는 한 겹의 옷자락이 있어 불의를 이루는 것이다.(본 상은 양손 모두 소매가 있다.)

불상 예3: 호류지 헌납보물 제154호 금동불(앞 그림 8-20).

이 불상의 조성 시기에 대해서 고바야시 다케시(小林剛)는 아스카시대 작품이 아닌 나라(奈良)시대(덴표[天平]시대, 710~794) 이후 신라 양식이 전승되어 제작된 것으로 추정하여, 헤이안(平安)시대(794~1185)의 작품으로 보았다.[60] 구노 다케시(久野健)는 이 상이 하쿠호시대 말에서 덴표시대에 만들어진 것으로 보았으며[61], 구야마다데라 약사불두상과 육계, 오관, 안쪽 윤곽과의 유사성 등의 조형적인 특징을 가진 것으로 보아 하쿠호 말기의 작품으로 보는 것이 합리적이라고 보았다.

이 불상의 착의 양식은 정면에서 볼 때 '야마다덴노조'명 아미타삼존상 유형과 같으며, 바깥쪽 가사는 편단우견식으로 착의하였으나, 오른쪽 손목에 소매가 있다. 뒷면에서 볼 때, 바깥쪽 옷자락의 형태는 '야마다덴노조'명 아미타삼존상, 호린지 약사여래상, 호류지 헌납보물 제153호와 같지 않으며, 154호 뒷면 바깥쪽 옷자락은 등이 노출되어 개방적인 모습을 하고 있다.

154호 불상 유형과 유사한 작품으로는 교토 지조인(地藏院) 대략 7세기 말에서 8세기 초의 아촉불입상이 있다. 이 불상의 바깥쪽 가사는 '반피식'이고, 154호의 바깥쪽은 편단우견식의 가사가 걸쳐져 오른쪽 어깨를 가렸으나, 그다음 층의 옷자락은 154호와 같다.

불상 예4: 호류지 헌납보물 제152호 금동불.

이 불상은 손에 보주형의 약기의 형상을 들고 있어 존상은 약사불로 이야기되며[62], 조성 시기는 대략 하쿠호시대로[63] 바깥쪽 가사[64]는 편단우견식으로 입었으며, 가사 우측 상단 모서리는 좌측 어깨와 팔, 팔

---

58) 費泳, 『中國佛敎藝術中的佛衣樣式硏究』(中華書局, 2012년판), 220~221쪽.
59) 久野健, 『古代小金銅佛』(小學館, 1982년판), 168쪽.
60) 小林剛, 『御物金銅佛像』(國立博物館, 1947년판), 87쪽.
61) 久野健, 『古代小金銅佛』(小學館, 1982년판), 195쪽.
62) 大廣智不空 譯, 『藥師如來念誦儀軌』, "藥師如來像, 如來左手令執藥器, 亦名無價珠, 右手令作結三界印, 一着袈裟結跏趺坐, 令安蓮華臺."
63) 마쓰바라 사부로(松原三郎)는 이 상을 7세기 중엽(원문: 7世紀半)에 조성하였다고 보았다. 松原三郎, 「四十八體佛―その系譜について」, 『古美術』 19호(1967). 구노 다케시(久野健)는 이 상을 덴지(天智) 5년(666)에서 지토(持統) 시기(687~696)에 조성된 것으로 보았다. 久野健, 『古代小金銅佛』(小學館, 1982년판), 168~175쪽.
64) 이 상의 바깥쪽 옷을 가사라고 보는 이유는 상의 바깥쪽에 紐가 달려 있어서인데, 율에서는 釋門 제자들이 단지 삼의(혹 制衣)만 입을 수 있고 鉤와 紐를 달 수 있다고 명확하게 하였다. 기타 옷(혹은 聽衣)은 帶를 맬 수 있으나, 鉤와 紐에 대해서는 불명확하다. 費泳, 「佛像衣着中的"帶飾"問題」, 『民族藝術』 2007년 제4기.

꿈치를 덮고 있으며, 안에는 '좌단
식'으로 옷을 입고 있다. 오른쪽 팔
에는 하나의 천 조각이 있는데 이
는 가사가 아니며 소매로 이루어진
옷도 아닌데, 이 불상의 착의 양식
은 극히 보기가 드물다. 위의 네 작
품의 불의 양식은 '야마다덴노조'명
아미타삼존상과 대체로 비슷하지
만, 여전히 일련의 근본적인 차이
들도 있는데, 이것은 일본에서 '부
탑쌍견하수식' 불의를 수용할 때
나타나는 복잡한 현상이 반영된 것
이다.

[8-29] 교토 지조인의 아촉불
(『御物金銅佛像』)

[8-30] 호류지 헌납보물
제152호 불상 정면
(『御物金銅佛像』)

[8-31] 호류지 헌납보물
제152호 불상 후면
(『御物金銅佛像』)

이러한 작품들과 '야마다덴노조'
명 아미타삼존상과의 가장 큰 공통점은 가장 바깥쪽의 불의가 모두 가사로, 편단우견식(혹은 편단우견식과 유사한 '반피식')이라는 점이며, 차이점은 그다음 층의 옷에서 나타나는데, '야마다덴노조'명 아미타삼존상 유형의 가사로 정리될 수 있다.

불상 예1(호린지 약사여래)은 긴 소매 옷.

불상 예2(호류지 헌납보물 제153호)는 긴 소매에 연척의連脊衣.

불상 예3(호류지 헌납보물 제154호)은 긴 소매에 개척의開脊衣.

불상 예4(호류지 헌납보물 제152호)는 짧은 소매와 유사한 옷.

만약 상술한 예들의 오른쪽 어깨 다음 바깥쪽의 옷을 모두 편삼이라고 본다면, 이는 타당하다고 보기 어려운데[65], 특히 이러한 상들은 착의 형식이 모두 완전히 같지 않다. 구노 다케시(久野健)가 편삼이라고 한정한 것은 대체로 헨미 바이에이(逸見梅榮)가 말하는 편삼과 유사하다. 불상 예3(호류지 헌납보물 154호)에 대해서 헨미 바이에이는 불상의 오른쪽 어깨에 착의한 것을 부견의[66]로 생각하였다. 구노 다케시는 이런 불상의 오른쪽 어깨의 옷을 편삼으로 인식하였다.

부견의와 편삼의 개념의 경계를 정하는 문제에 대해서는 필자가 연구에서 밝힌 바가 있다. 중국 고대에 부견의로 말하는 사문의 복식은 사실 근본적으로 승기지로, 당나라 의정義淨이 서역 구법 후에 번역한 『근본설일체유부백일갈마』에 기록되어 있다.[67] 하지만 중국은 부견의가 사문 복식의 한 가지인 승기지와

---

65) 久野健, 『古代小金銅佛』(小學館, 1982년판), 152~202, 242~249쪽.
66) 逸見梅榮, 『佛像の形式』(東出版), 339쪽.
67) 의정이 번역한 『根本說一切有部百一羯磨』 권2 僧脚崎에 대한 주석에서 일찍부터 중국(內地) 사문들이 승기지와 부견의 개념을 혼동하는 문제가 있었음을 기술하였다. "번역하여 전수함에 그 법도를 체득하지 못하여서 '승기지'라 말하다가 후에 '부견의'라 말하게 되었다. 그러나 부견의라 하는 것은 곧 '승각기'를 뜻하는 것인데도 이것을 '승기지'라 부르고 있는 것이다. 이는 곧 전하고자 하는 말이 정확하지 아니하였기 때문이며, 이 두 가지는 원래 같은 것인데, 두 가지의 이름으로 부르고 있는 것이다."(翻譯傳授不

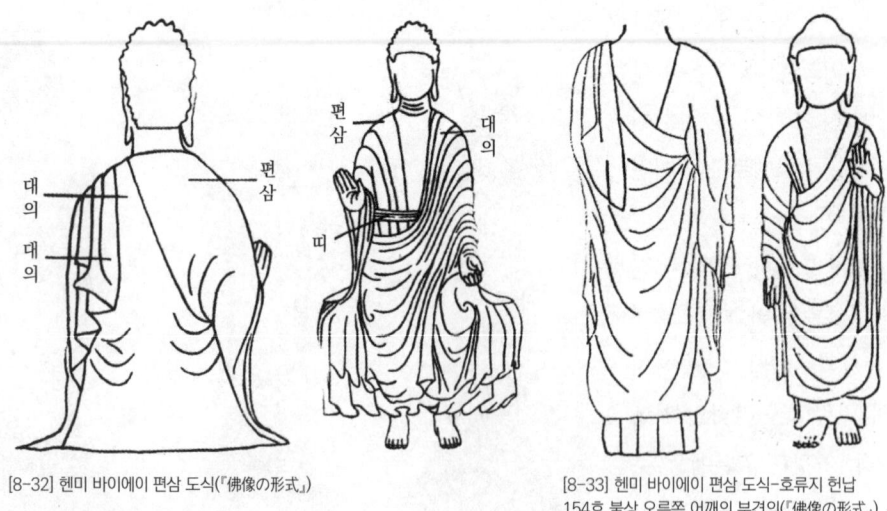

[8-32] 헨미 바이에이 편삼 도식(『佛像の形式』)

[8-33] 헨미 바이에이 편삼 도식-호류지 헌납 154호 불상 오른쪽 어깨의 부견의(『佛像の形式』)

다르다고 보는 것이 이미 오래되었고 일찍이 의정 이전인 진나라부터 송나라 연간에 번역된 사부 불교 율장 중에서 모두 이미 부견의 개념이 나타난다.[68] 특히 그중 『사분율』은 부견의와 승기지 두 가지가 완전히 다르다고 하였으며, 비구니가 구족계를 받을 때 입어야 하는 오의 중 하나에 포함하였다. 그리고 『사분율』은 또한 도선道宣이 만든 율종의 주요 근거가 되었다. 부견의는 고인도 사문의 착의 형식에 존재하지 않던 것으로, 번역의 착오로 인하여 그 율전 규제의 방식이 중국에서 창조되어 더욱 확대 및 발전된 것이라고 볼 수 있다.[69]

편삼과 부견의의 관계에 대해서 필자는 아래와 같이 결론을 내렸다.

첫째, 한漢 지역의 편삼의 발생 시기는 조위曹魏로[70], 부견의의 발생은 진송 시기 사부 율전 번역 이후 나온 것이다.

둘째, 편삼과 부견의는 모두 중국의 사문 복식에서 만들어진 것으로, 그중 편삼은 율전에 근거하지 않으며, 승기지는 중국 사람들이 오른쪽 팔을 드러내는 것이 적응되지 않아 민간에서 만든 사문 복식이다. 그리고 부견의는 한역 율전에 의거한 것이나, 이는 경전 오역에서 비롯된 것이다.

體其儀, 云僧祇支, 復道覆肩衣, 然覆肩衣者, 卽僧腳崎, 喚作僧祇支, 乃是傳言不正, 此二元是一物, 强復施其兩名.) 의정이 본 바로는, 승기지와 부견의는 본래(本) 하나이며, 부견의는 아마 의역이거나, 승각기를 승기지로 번역하는 것은 불확실한 譯音이다. 만약 의정의 주석에 의거해 본다면, 승기지를 부견의로 번역하는 것 역시 큰 지장은 없으나, 다른 복식(二物)으로 볼 수는 없다.

68) 진나라와 송나라 사이에 한역된 사부 율전 중 사문 五衣에는 모두 이미 覆肩衣가 등장한다. 『五分律』: 三衣+覆肩衣+水浴衣. 『四分律』: 三衣+僧祇支+覆肩衣. 『摩訶僧祇律』: 三衣+覆肩衣+雨衣. 『十誦律』: 三衣+覆肩衣+俱修羅(일종의 군의). 그중 『四分律』에서 부견의와 승기지가 동시에 나타나는 것으로 보아, 이미 다른 두 종류의 복식으로 인식되었음을 볼 수 있다. 이 외에 의정이 번역한 『根有部律』에서 五衣를 三衣+僧祇支+涅槃僧이라 하여 부견의가 아직 보급되지 않았으나, 의정이 번역한 이 율전에 계속 의문을 갖는 사람이 있었다. 南傳律藏에서는 僧尼가 반드시 지켜야 하는 오의를 아직 강조하지 않은 것과 같이, 僧伽梨, 鬱多羅僧과 安陀會를 모아 삼의만 있다.(『南傳大藏經』 第2冊, 「誦品十」 참고) 이는 중국에 전해지지 않았다.
69) 費泳, 『中國佛教藝術中的佛衣樣式研究』(中華書局, 2012년판), 55~59쪽.
70) 沙山 편삼의 가장 이른 예와 관련해서는 송나라 道成의 『釋氏要覽』 偏衫條에 기술된 竺道祖의 『魏錄』에서 볼 수 있다. "위나라 궁인이 승려들이 팔을 드러내는 것을 보고 좋다고 하지 못하여 이내 편단을 만들어 승려의 승기지를 서로 꿰매었는데, 이로 인하여 이름이 편삼이다.(지금 개척의에 소매가 접한 것은 위나라 제도가 남은 것이다.)"(魏宮人, 見僧祖一肘, 不以爲善, 乃作偏袒, 縫於僧祇支上相從, 因名偏衫.[今開脊接領者, 蓋遺魏制也.]) 축도조는 東晉에서 죽었는데, 『魏錄』(전칭 『魏世錄目』)을 찬한 것이 曹魏의 경전 목록으로, 北魏가 아니다. 吉村怜, 「古代比丘像の着衣と名稱—僧祇支・汗衫・偏衫・直裰について」, 『博物館』 587호 (2003).

셋째, 편삼과 부견의의 착의 방식상 유사성이 있으나, 완전히 같지는 않다. 두 가지의 유사성은 고문헌 기록에 의거해 보면, 편삼은 조위 시기의 발생한 것으로 우단피착의 승기지 위에 일종의 좌단피착의 장방형 큰 헝겊이 더해진 것으로 이는 승기지의 오른쪽 팔의 노출 문제를 보완한 것이다.[71] 따라서 최초의 편삼 모습은 두 가지의 큰 헝겊으로 나누어지며, 먼저 우단 후 좌단의 방식으로 교차하여 입고 소매를 꿰매어 완성

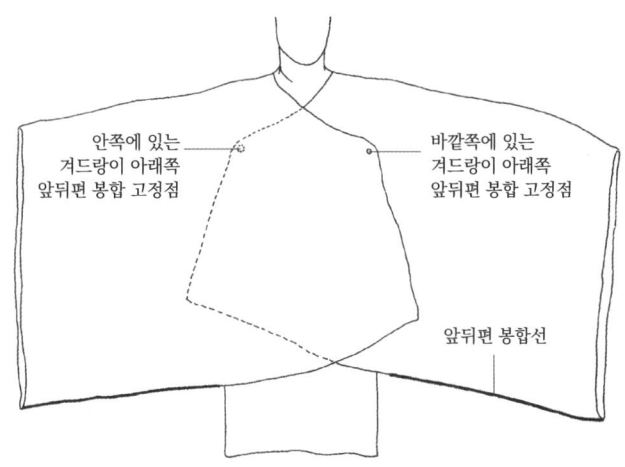

[8-34] 조위 편삼 형제 추정도(費泳 만듦)

한 옷이다.[72] 부견의의 형제刑制는 율종 제15대 조사 원조元照의 『사분율행사초자지기』 「석이의釋二衣」 중에 명확히 기술되어 있다. "이 방법은 예로부터 온 것으로, (승)기지를 아울러 입었는데, 후위(조위) 시기, 우측 소매가 더해지고 양변을 봉합하여 이를 편삼이라 칭하고, 옷깃을 잘라 옷자락을 열어 마땅히 본으로 세웠다. 이리하여 편삼 왼쪽 어깨는 곧 본래의 (승)기지이고, 우측은 곧 어깨를 덮게 한 것이다." 이를 근거로 원조는 편삼이 승기지와 부견의로 구성되며, 부견의는 곧 조위 편삼 중 오른쪽 어깨를 덮고 '좌단식'의 옷을 입는 것으로 생각하였다.

이상의 세 가지 인식을 근거로[73], 편삼은 승기지와 부견의가 혼합되어 만들어진 것이 명확하다고 할 수 있다. 편삼과 가사의 근본적인 차이는 전자는 소매가 있고, 후자는 장방형의 대형 헝겊에 소매가 없는 것이다. 편삼은 처음에 등이 열린 형상이었으나, 일종의 등이 연결된 편삼으로 변화하였다. 이를 근거로 소매가 있는 불의는 편삼일 가

[8-35] 도쇼다이지(唐招提寺) 감진상鑒眞像 (『南都佛敎』 81호)

[8-36] 일본 도다이지 쇼소인 소장 나라시대 편삼(連脊)(『南都佛敎』 81호)

---

71) 費泳, 『中國佛敎藝術中的佛衣樣式硏究』(中華書局, 2012년판), 76~77쪽.
72) 贊寧, 『大宋僧史略』, "(편삼은) 두 개의 소매가 있어 祇支의 모습을 잃었는데, 위나라부터 시작된 것이다."([偏衫]全其兩扇衿袖, 失祇支之體, 自魏始也.)
73) 그러나 가로로 가슴을 두르고 있는 승기지가 중국 남북조시대에 존재했을 가능성을 여전히 배제할 수 없으며, 이로 인하여 양어깨를 덮는 부견의에 이르렀을 가능성도 배제할 수 없다. 費泳, 『中國佛敎藝術中的佛衣樣式硏究』(中華書局, 2012년판), 59~64쪽. 참고. 이 외에 요시무라 메쿠미(吉村怜)는 승기지를 통견식의 착의법의 관점으로 보았다. 吉村怜, 「佛像の着衣〈僧祇支〉と〈偏衫〉について」, 『南都佛敎』 81호(2002); 「古代比丘像の着衣と名稱―僧祇支・汗衫・偏衫・直裰について」, 『博物館』 587호(2003). 즉 요시무라 메쿠미가 승기지를 남북조시대의 불상 중의 통견식으로 착의한 관점으로 본 것에 대하여 필자는 이견을 가지고 있다. 費泳, 『中國佛敎藝術中的佛衣樣式硏究』(中華書局, 2012년판), 66~69쪽 참고. 위에서 언급한 두 가지의 승기지 착의 방식에 대한 생각은 본고에서 다루지 않기로 하겠다.

능성을 배제할 수 없고, 상술한 5구의 불상의 예에서도 차외층의 복식이 모두 편삼에 속하나, 다만 구체적으로 개척식開脊式(등쪽이 분리되어 있는 방식) 혹은 연척식連脊式(등쪽이 연결되어 있는 방식) 등 약간의 차이가 있다.

불상 예1(호린지 약사여래), 편삼으로 다만 불상 바깥쪽이 '반피식' 가사이며, 이 상 편삼 후면의 결구는 감추어져 있다.

불상 예2(호류지 헌납보물 제153호), 연척식 편삼이다.

불상 예3(호류지 헌납보물 제154호), 개척식 편삼이다.

불상 예4(호류지 헌납보물 제152호), 이 상의 차외층 옷은 보기 드문 것으로, 일종의 편삼 변화 양식으로 볼 수 있다. 이에 대해서 고바야시 다케시는 이 불상 양식과 호류지 헌납보물 153호가 동일 계통에 속한다고 생각하였는데, "다만 전체적 양식 수법이 지극히 형식화가 되어 사람들에게 충분히 생경한 느낌을 주고, 특히 오른쪽 어깨에 걸쳐진 가사는 매우 불합리하여, 이로 인해 구체적으로 표현하려는 의미를 이해하기 어렵다. 동시에 사선의 의습선 표현은 매우 옹졸하여, 기본적으로 어떤 의미도 없다고 볼 수 있다"라 하였다.[74]

마쓰바라 사부로(松原三郎)는 이 작품의 원류를 중국 북제에서 찾았다. 북제 무평 5년(574) 사면상의 정면에 표현된 1불 2제자의 삼존상 본존을 호류지 헌납보물 152호의 오른쪽 어깨에서 왼쪽 겨드랑이로 걸쳐진 편삼[75] 형상 복식의 선례로 보았으며 의복 가장자리가 드리워진 것도 협시 비구상과 완전히 같다고 보았다. 그러나 그는 동시에 불상이 오른손을 아래로 내려 손바닥 위에 약호를 두고 왼손이 위를 향한 형식을 한반도 삼국시대 말기의 약사불상의 하나의 큰 특징으로 보아, 152호 작품이 한반도의 불상 양식 영향을 수용하여 생산한 것이라 생각하였다. 구노 다케시는 이 상의 대의를 편단우견식으로, 오른쪽 어깨에 걸쳐진 것을 편삼으로 인식하였다.[76]

[8-37] 북제 무평 5년(574) 사면상 정면 (『古美術』 19호)

[8-38] 삼국시대 금동 약사불(『古美術』 19호)

[8-39] 삼국시대 금동약사불 (『三國時代佛敎彫刻』)

마쓰바라 사부로가 기술한 호류지 헌납보물 제152호의 착의 양식 원형은 북제로부터 나온 것이나, 직접 영향은 한반도로부터 온 것이라 보는 것이 합리적이다. 상의 왼손은 시무외인을, 오른손은 구슬형 약기를 지니고 입상을 하고 있는데, 이는 중국에서 보이지 않고 한반도에서 많이 보이기 때문이다.

---

74) 小林剛, 『御物金銅佛像』(國立博物館, 1947년판), 83쪽.
75) 역자 주: 원문은 杉樹.
76) 이 상은 덴지(天智) 시기(662~671) 말기의 작품으로 추정한다. 久野健, 『古代小金銅佛』(小學館, 1982년판), 175쪽.

그러나 우리는 하나의 현상을 간과할 수 없는데, 한반도 삼국시대 말기에 출현한 왼손은 시무외인, 오른손은 보주형 약기를 든 현전하는 많은 입상이 모두 편단우견식 착의를 보이며, '부탑쌍견하수식'이나 이 유형과 유사한 위에서 언급한 네 상과 같은 편삼의 사례가 발견되지 않는 점이다. 따라서 호류지 헌납보물 제152호에서의 수인과 지물 등은 한반도에서 형식을 취하였음을 배제할 수 없으나, 불의의 착의에 대해서는 중국의 영향을 받았을 가능성이 있으며, 특히 앞서 언급한 서위시대 맥적산석굴 제105굴의 불제자상 중 152호와 유사한 착의 형식을 들 수 있다.

[8-40] 하남성박물관 소장 동위 천평 2년(535) 불칠존상
(『中國歷代紀年佛像圖典』)

소매가 있는 불상은 중국에서 매우 드문 것으로, 예를 들면 하남성박물관 소장의 동위 천평 2년명(535) 불칠존상 주존이 있다. 이 상의 착의법이 호린지 약사여래와 유사한 점은 불의 양식의 외관과 오른손에 모두 소매가 있다는 것인데 동위 천평 2년 상의 주존 소매의 층은 편삼의 범주에 속한다.

지적이 필요한 것은 편삼이 오른쪽 어깨를 덮은 승기지와 왼쪽 어깨를 덮은 부견의의 혼합 양식으로 이루어졌기 때문에 옷을 입은 후에 옷깃이 교차하는 모습(교령의)이 나타나는 가능성이 있다는 것인데, 중국에 나타난 교령식 내의를 입은 불상의 예는 '남방식 불교장엄조상 루트'(南式佛裝造像帶)에서 많이 보이고, 아울러 한반도 백제, 고구려 등 삼국시대 및 일본 아스카시대의 불상 중에서도 보인다. 그러나 이들 상의 교령의는 모두 차외층으로서 소매의 유무를 보기 어려워, 이들 상이 입은 교령 내의를 편삼이라 단정하기는 어렵다.

일본 8세기 초 이전에 나타난 편삼을 입은 불상의 예에서는 아직 교령의가 나타나지 않지만, 이러한 상들은 소매가 있고, 개척식 등의 특징이 있어 그것이 편삼이 아니라 단언하기 어렵고, 이 유형의 편삼 역시 중국 북방에서 원형을 찾을 수 있다.

전체적으로 볼 때, 하쿠호시대에 나타난 '야마다덴노조'명 아미타삼존상이나 이와 유사한 착의 양식의 불상은 의심할 여지없이 중국으로부터의 불의 특징을 반영한 것이며 동위, 북제 정치 중심 및 그 일맥의 불교조상의 영향을 받은 것이다. 한반도에는 대략 통일신라시대(668~935)에 '부탑쌍견하수식' 불상이 나타나는데, 구체적 발생 시기는 일본보다 이르지 않다.[77] 따라서 이러한 유형의 불의 양식이 중국으로부터 일본에 직접 전해졌을 가능성을 배제할 수 없고, 전파 경로는 중국 청주가 유력하다. 청주는 비록 동위와 북제의 관할 구역이나 북조시대 불의 변화가 이어져 오히려 동위와는 차이가 있고 북제 정치 중심인 업鄴과 임장, 그리고 성도로 대표되는 남조불상과 같다. '부탑쌍견하수식' 불상은 용흥사에서 출토된 '부탑쌍견하수식'으로 불의를 입은 불좌상이 동위 작품이긴 하지만 청주의 북조 조상에서 유행하지 않는다.[78] 수당 시

---

77) 費泳, 『中國佛敎藝術中的佛衣樣式硏究』(中華書局, 2012년판).
78) 이 불좌상은 『山東青州龍興寺出土佛敎石刻造像精品』(1999)과 『青州龍興寺佛敎造像藝術』(1999)에 각각 수록되어 있으며, 연대는

기 청주 지역의 불상은 타산駝山과 운문산석굴 불상과 같이 '부탑쌍견하수식' 불의가 이미 보편화되었다. 종합적으로 볼 때, 이러한 불의 양식은 청주를 거쳐 일본에 전해졌을 가능성이 높다.

4) '야마다덴노조'명 아미타삼존상 주존과 하쿠호시대 의좌상

[8-41] 나라 다치바나데라 출토 삼존상(『古代小金銅佛』)

기존 일본 불상 실물 자료 중 '야마다덴노조'(山田殿像)명 아미타삼존상 주존인 아미타불의좌상보다 이른 예는 명확한 것이 없으며, 일본에서 의좌상은 하쿠호시대에 잠깐 유행하고 곧 사라졌다.

하쿠호시대 의좌상의 예는 나라 다치바나데라(橘寺) 출토의 삼존상 전불塼佛[79]로 주존 머리의 머리카락은 파손되었으나, 머리 형태는 '야마다덴노조'명 아미타삼존상 주존과 유사하며 몸이 세장하고 선정인을 결하며 편단우견식 착의를 하고 있다. 야마토문화관(大和文華館) 소장의 사카이시(堺市) 다이헤이지(太平寺) 출토의 삼존상 전불[80]은 소발의 육계이며 빼어난 얼굴, 세장한 몸에 선정인을 결하고 편단우견식으로 불의를 입고 있다.

가와라데라(川原寺, 이칭 弘福寺)의 삼존상 전불[81]은 주존이 소발의 육계와 빼어난 얼굴, 세장한 몸에 선정인을 결하고 편단우견식의 불의를 입고 있다.

구로카와(黑川) 고문화연구소 소장의 삼존상 전불[82]은 주존 육계 형태가 희미하여 명확하지 않다. 얼굴은 빼어나며 몸이 세장하고 선정인을 결하며 편단우견식으로 불의를 입고 있다.

도쿄 진다이지(深大寺) 석가모니불의좌상[83]은 소발의 육계에 얼굴이 풍만하고 둥글며, 몸은 세장하다. 왼손은 왼다리 위에 둔 채 손바닥을 위로 향하게 하였으며, 오른손은 시무외인을 결하였는데, '반피식'으로 불의를 입고 있다.

전자가 동위, 후자가 수나라로 기술되어 있다. 필자는 상의 얼굴이 길어 동위 이후의 둥근 형태와 다르고, 동위의 높은 육계 나발에서 북제의 낮은 육계 나발로 가는 과도기인 특징을 보이기 때문에 발생 시기는 동위가 더 합리적일 것으로 생각한다.

79) 나라 다치바나데라(橘寺) 출토의 삼존상 전불도 덴지(天智, 662~671) 말년에 조성된 것으로 본다. 久野健, 『古代小金銅佛』(小學館, 1982년판), 164쪽. 참고.
80) 『東アジアの金銅佛—中國・韓國・日本』(大和文華館, 1999년판), 129쪽.
81) 『日本古寺美術全集 1—法隆寺と飛鳥の古寺』(集英社, 1979년판), 圖58.
82) 張夫也, 『日本美術』(中國人民大學出版社, 2004년판), 102쪽.
83) 미즈노 세이치(水野淸一)는 진다이지(深大寺) 석가모니불의좌상이 호류지 헌납보물 제148호보다 오래되었고, '야마다덴노조'명 아미타삼존상 주존과는 많은 부분 공통점이 있다고 하였다.(『飛鳥白鳳佛の系譜』, 1949) 구노 다케시(久野健)는 이 상의 조성 시기를 대략 덴무(天武) 초년(697)에서 쇼무(聖武) 덴표(天平) 20년(748) 사이로 보았다.(『古代小金銅佛』, 1982) 필자는 이 상의 세장한 몸이 '야마다덴노조'(山田殿像)명 아미타삼존상(三田殿像은 원문 오타 추정)과 유사하지만, 둥글고 풍만하며 단정한 얼굴은 이미 하쿠호 후기 불상의 특징이기에 하쿠호 말기 및 덴표 초기의 불상의 비례가 짧으며 굵고 풍만해지는 것에 견주어 보았을 때, 진다이지 석가모니불의좌상의 양식은 '야마다덴노조'명 아미타삼존상 주존과 덴표시대 불상 사이의 과도기적 형식으로서 발생 시기는 대략 7세기 중후기에서 8세기 초로 추정한다.

다이마데라(當麻寺) 오쿠인(奧院)의 동조압출불삼존상의 주존은 소발의 육계에 얼굴은 풍만하고 둥글며, 몸이 비교적 길고 건장하며 선정인을 결하고 편단우견식으로 불의를 입고 있다.

호류지 대보장전 압출불삼존상의 주존[84]은 소발의 육계와 풍만하고 둥근 얼굴, 균형 잡힌 건장한 몸에 선정인을 결하고, 편단우견식으로 불의를 입고 있다. 호류지 대보장전 아미타불삼존상 전불[85]은 나발에 얼굴이 풍만하고 둥글며, 몸이 균형 잡히고 건장하며 설법인을 결하고 '변화된 포의박대식' 불의를 입고 있다.[86]

나라(奈良) 쇼랴쿠지(正曆寺) 의좌상은 소발의 육계와 풍만하고 둥근 얼굴, 굵고 짧은 모습의 건장한 몸에, 왼손은 왼다리 위에 두고 손바닥은 위를 향하였으며, 오른손은 시무외인을 결하고, 편단우견식으로 불의를 입고 있다.

하세데라(長谷寺)의 슈초(朱鳥) 원년(686) 혹은 몬무(文武) 2년(698) 천불다보불동판 좌우 두 곳의 삼존상주존은 소발의 육계에 풍만하고 둥근 얼굴, 굵고 짧은 모습에 건장한 몸에 왼손은 손바닥을 위로 한 채 복부에 걸쳤으며, 오른손은 시무외인을 결하였는데, 편단우견식으로 불의를 입고 있다.

호류지 헌납보물 제148호는 소발의 육계에 풍만하고 둥근 얼굴, 굵고 짧으며 풍만하게 살이 오른 몸을 갖추고 있다. 왼손은 손바닥이 위로 한 채 왼다리에 두었고, 오른손은 시무외인을 결하고 있으며, '부탑쌍견하수식'의 불의에 바깥쪽 가사의 오른쪽 상단 모서리는 왼팔 앞으로 걸쳐 내려와, '야마다덴노조'명 아미타삼존상의 왼쪽 어깨에 걸쳐진 것과는 다소 차이를 보여 준다.

[8-42] 다이마데라 오쿠인 동조압출삼존상
(『東アジアの金銅佛』)

[8-43] 하세데라 천불다보동판 상단 좌측 삼존상
(『飛鳥·白鳳の在銘金銅佛』)

이들 상은 불의 양식, 수인 및 도상(題材)이 서로 같지 않으나, 양식 변화의 큰 흐름에서 초보적인 판단을 할 수 있다. 즉 얼굴이 빼어나고 몸이 세장한 것에서 얼굴이 풍만하고 둥글어지며 몸은 굵고 짧으며 건장하게 변화하고 사실성이 강해진다는 것이다.

위에서 언급한 예들 중에는 많은 예가 틀에 찍어서 만든 것인데, 이는 하쿠호시대에 성행한 불상 조성 방식(工藝)으로서 동제 모형 위에 동편을 두고 망치로 두들겨 만드는 압출불과 모형에 점토를 이용해 만드

---

84) 『日本古寺美術全集 2―法隆寺と斑鳩の古寺』(集英社, 1979년판), 圖71.
85) 『日本古寺美術全集 2―法隆寺と斑鳩の古寺』(集英社, 1979년판), 圖72.
86) 이 불상은 옷깃이 열려 가슴이 노출된 모습이 중국 '남방식 불교장엄조상 루트'에서 볼 수 있는 '변화된 포의박대식'과 유사하지만, 조넨(奝然)이 헤이안시대 영연 원년(987)에 송나라에서 가져온 교토 세이료지(清凉寺) 석가여래상의 인도식 '통견식' 불의와는 구별되며, 후자는 옷깃이 조여져 있다. 費泳, 「論南北朝后期佛像服飾的演變」, 『敦煌研究』 2002년판 2기 참고.

는 전불磚佛이 포함된다. 압출불과 전불의 현전하는 자료는 수당대에 많이 보이는데, 미국 하버드대학미술관 소장의 수나라 압출불설법상, 일본 효고현 하쿠쓰루미술관(白鶴美術館) 소장의 당대 압출불, 일본 개인 소장의 당나라 전불[87] 등이 있다. 압출불의 제작과 관련된 문헌 기록은 동진까지 거슬러 올라간다. 즉, 『고승전』권5 「진오호구동산사축도일」에 "이 무렵 군수인 낭야왕琅琊王 사마회司馬薈가 고을 서쪽에 가상사嘉祥寺를 세웠다. (축도)일의 기풍과 덕이 드높다 하여 초청해서 승려의 우두머리로 앉혔다. 이에 일은 곧 6물物(三衣, 鉢盂, 坐具, 甁)을 거두어 절로 보내고 금첩천상金牒千像을 조성하였다"[88]는 내용이 게재되어 있다.

한반도에서도 압출불이 출현하였는데, 비교적 이른 시기의 것으로 대략 7세기의 작품인데, 한국 국립전주박물관에 소장되어 있는 전북 김제 출토의 압출불과 같은 것이다. 이들 불상의 모습에서 이미 당나라 불상의 특징을 보여 주고 있으며, 하쿠호시대의 불상 중에서 몸이 세장한 유형의 의좌상은 보이지 않는다.

의좌상은 고인도古印度에도 이미 있었는데, 쿠샨시대 스와트 부트카라 출토의 의좌상(앞 그림 1-32)은 오른손으로 시무외인을 결하고, 왼손은 왼다리 위에 두었으며 손바닥은 복부 쪽으로 하여 '야마다덴노조'명 아미타삼존상과 매우 유사하다. 비록 불상의 도상은 판정이 어려우나, 수인과 좌세는 '야마다덴노조'명 아미타삼존상의 주존 양식과 연결되어 그 원류의 가장 이른 예(出處)라 할 수 있다.

북조에서는 의좌상이 5세기 후반에 비교적 일찍 보이는데, 그 존격은 정해지지 않고 미륵, 아미타불 모두 의좌의 좌세이다. 비교적 이른 시기의 예로는 운강 제19굴의 양 옆에 석굴의 의좌상이 있으며[89], 불상은 오른손으로 시무외인을 결하고 왼손은 무릎을 어루만지고 있는데, 포의박대식으로 불의를 입고 소발의 육계에 얼굴은 풍만하고 둥글다. 몸에 비하여 머리가 차지하는 비율이 수당의 의좌상만큼 크지 않으며, 몸은 세장하지가 않다. 운강 제19굴의 3존의 대불은 일반적으로 삼세불로 여겨진다.

대략 6세기 중기, 북방 곡양曲陽, 향당산響堂山, 청주靑州에 의좌상이 나타나는데, 그 예인 곡양 수덕사에서 출토된 동위 무정 원년(543)에 왕녀인王女仁이 조성한 석가상은 머리가 부서졌으며, 몸은 세장하고 포의박

[8-44] 하버드대학미술관 소장 수대 압출불설법상
(『海外及港臺藏歷代佛像珍品紀年圖鑒』)

[8-45] 하쿠쓰루미술관 소장 당대 압출불
(『海外及港臺藏歷代佛像珍品紀年圖鑒』)

[8-46] 국립전주박물관 소장 압출불
(『三國時代佛敎彫刻』)

---

87) 『東アジアの金銅佛―中國·韓國·日本』(大和文華館, 1999년판), 129쪽.
88) 백명성 등 역, 『高僧傳 外』(동국대학교 부설 동국역경원, 2001).
89) 운강 제19굴 양 옆에 있는 석굴의 주요 공정은 2기(465~494)에 완성되었다. 宿白, 「雲崗石窟分期試論」, 『考古學報』 1978년 제1기 참고.

대식으로 불의를 입고 시무외인과 여원인을 결하고 있다.

북제 때 조성된 남향당산 제7굴 남벽의 주존은 머리가 부서졌으며, 몸은 세장하고 '부탑쌍견하수식'으로 불의를 입고 있으며, 왼손은 무릎 위에 두었고, 오른손은 위로 들고 있으나 파손되어 온전하지 않다. 비슷한 불상이 남향당산 제5굴의 북벽 주존에서도 보인다.

청주 용흥사에서 출토된 북제시대의 불좌상은 머리가 풍만하고 둥글며, 나발이고 균형 잡힌 몸은 건장하며 '반피식'으로 불의를 입고 있다. 양손은 들고 있으나 모두 파손되어 온전하지 않다. 청주에는 북제 연간에 조성된 것으로 추정되는 또 다른 의좌상이 있는데[90], 그 몸에는 살이 올라오고 있음을 선명하게 볼 수 있다.

남조에서는 성도成都 만불사지 출토의 불상으로 북주 천화 2년(567)에 조성된 보살의좌상의 일부분(앞 그림 4-24)이 있는데, 잔존 부분으로 볼 때 몸이 비교적 세장하며, 북주 연호年號를 가지고 있지만 남조의 양식을 답습하고 있다.[91]

[8-47] 청주 용흥사 북제 의좌상
(『山東靑州龍興寺出土佛敎石刻造像精品』)

남경南京 서하산 천불애의 남조불상 중에도 몸이 세장한 의좌상이 보이는데, 102굴 주존(앞 그림 6-46)이 그 예로, 옷 주름이 덮인 방형 기단을 갖추고 있다.

당대에는 비교적 많이 남아 있는 실물 자료로 볼 때, 당시에 의좌상 조성이 유행하였는데, 초당 시기의 의좌상은 전체적으로 머리가 풍만하고 둥글며, 몸이 굵고 짧은 풍만한 시대적 특징을 갖추고 있다. 청주 용흥사 불좌상, 용문龍門석굴의 초당 시기 조성된 마애삼존감 주존 미륵불[92], 용문석굴 혜간동의 당 함형 4년(673)의 미륵불좌상, 운강석굴 제3굴 후실의 탑주 정면의 초당 때의 아미타불의좌상, 곡양 수덕사 불좌상, 샌프란시스코 아시아미술관 소장의 당 상원 2년명(675) 미륵불상[93], 대만 예영禮瀛 예술품공사 소장의 당 수공 2년명(686) 불좌상 등이 그 예이다. 당나라 의좌상 중에서 명문이 있는 것은 미륵불로 많이 나타난다.

하쿠호 의좌상의 몸은 세장함에서 굵고 짧은 모

[8-48] 청주 용흥사 당대 의좌상
(『靑州龍興寺佛敎造像藝術』)

[8-49] 예영예술품공사 소장 당 수공 2년(686) 불좌상(『海外及港臺藏歷代佛像珍品紀年圖鑒』)

---

90) 靑州市博物館 編, 『靑州龍興寺佛敎造像藝術』(山東美術出版社, 1999년판), 圖88.
91) 成都 만불사의 북주 天和 2년명 의좌보살상의 남조 특징에 관한 관점은 다음을 참고하였다. 楊泓, 「關于南北朝時靑州考古的思考」, 『文物』 1998년 제2기; 金維諾, 「簡論靑州出土造像的藝術風范」, 『山東靑州龍興寺出土佛敎石刻造像精品』(中國歷史博物館, 1999년판), 24~25쪽.
92) 용문석굴 마애삼불감의 도상(題材)에 관한 명문과 문헌기록이 보이지 않는다. 비교적 이른 시기에 미즈노 세이치(水野淸一) 등 학자들이 추정한 것이 학계에 계속 사용되고 있다.(水野淸一·長廣敏雄, 『龍門石窟の硏究』, 1941)
93) 金申, 『海外及港臺藏歷代佛像珍品紀年圖鑒』(山西人民出版社, 2007년판), 192쪽.

습으로 변화하는데, 대체로 남북조시대인 대략 6세기 중기에서 초당 양식까지 양식 변화가 일치한다. 다만, 호류지 헌납보물 제148호도 초당 양식의 영향을 받은 것일까? 이 불상의 양식적인 원류를 확정하는 것은 하쿠호 말기와 덴표 초기 불상 양식을 구별하는 것과 관련된다.[94]

풍만함은 당나라 불상의 큰 특징으로, 군살의 표현이 두드러지게 반영되는데, 양 볼과 가슴, 복부의 그것이 더욱 그러하다. 제, 주, 수나라의 불상 양식은 비록 풍만하지만 군살이 없고 오히려 건장함에 가까운데, 당나라 불상에 이르면 목 부분에 여러 줄의 굴곡진 삼도의 표현이 나타난다. 남조불상 중에서 일찍이 이미 이러한 표현이 나타나는데, 성도 서안로에서 출토된 양 대동 11년(545)에 장원이 조성한 석가다보불이 그 예이다. 군살의 표현은 당나라 불상으로 하여금 제, 주, 수나라 불상과 비교하여 역량감(力量感)이 줄어들게 하여 오히려 온화하고 귀한 분위기가 많게 해 준다. 이 외에 당나라 불상에서는 '부탑쌍견하수식'의 불의가 다수를 차지하는데, 청주 지역을 중국으로부터 해동 지역으로 통하는 중요한 항구로 본다면, 청주 지역의 불의 양식적인 변화를 간과할 수 없다. 예를 들어 북조시대 청주 지역의 불의의 양식적인 주체는 남조로부터 온 '포의박대식'과 '변화된 포의박대식'이며, 수당대에는 북조로부터 온 '부탑쌍견하수식'이다. 청주 지역의 불의 양식에서는 전체적으로 북조에서 수당으로의 전환이 매우 선명하다. 종합적으로 볼 때, 호류지 헌납보물 제148호 불상의 가슴과 복부 아래에 떨어지는 군살과 '부탑쌍견하수식'의 착의는 그 양식의 원류가 초당이라 할 수 있다.

한반도에 현전하는 의좌상은 실물 자료가 많지 않다. 예를 들면 국립경주박물관 소장의 경상북도 경주시 남산 삼화령 출토의 신라 미륵불삼존상[95]이며, 조성 시기는 대략 644년으로 미륵불의 머리는 풍만하고

[8-50] 국립경주박물관 소장 미륵삼존상(『世界美術大全集: 東洋編 10』)

둥글며 몸은 굵고 짧으며 건장하다. 주목할 점은 이 불상이 아직도 '변화된 포의박대식'의 불의를 입고 있는 것인데, 바꾸어 말하면 조성자는 아직도 수나라 이전의 청주를 포함한 '남방식 불교장엄조상 루트'(南式佛裝造像帶) 상의 불의 양식을 그대로 지키고 있고, 이와 더불어 양측의 협시보살의 몸은 북주 천화 원년(566) 시기의 어린아이 모습을 하고 있어, 북주 불상의 영향을 깊게 받았음을 알 수 있다.[96]

---

94) 水野淸一, 「飛鳥白鳳佛の系譜」, 『佛敎藝術』 4호(1949).
95) 삼화령 미륵상은 『삼국유사』에서 언급된다. "생의사 석미륵: 善德王(재위 632~647) 때 生義라는 스님이 항상 道中寺에 거주하였다. (하루는) 꿈에 (한) 스님이 그를 데리고 남산으로 올라가 풀을 묶어서 표를 하게 하고, 산의 남쪽 마을에 이르러서 말하길, '내가 이곳에 묻혀 있으니 스님은 꺼내어 고개 위에 안치해 주시오'라고 하였다. 꿈을 깬 후 친구와 더불어 표시해 둔 곳을 찾아 그 골짜기에 이르러 땅을 파 보니 石彌勒이 나오므로 三花嶺 위에 안치하였다. 선덕왕 13년 甲辰년(644)에 (그곳에) 절을 짓고 살았으니 후에 '生義寺'라 이름하였다."(국사편찬위원회 해석 인용)
96) 6세기 중기에 형성된 '변화된 포의박대식' 불의를 주체로 한 '남방식 불교장엄조상 루트'는 그 범위가 대체로 남조, 서위·북주 관할 내의 실크로드 주변의 석굴사 및 동위 북제 관할 지역인 청주를 포함하고 있어서 청주와 섬서성, 감숙성의 북조 불상은 비록 정치적으로 관할 지역은 다르지만, 불의 양식은 매우 유사한데, 그 이유는 그들이 모두 남조의 불상을 본받았기 때문이다. 북주는 577년에 북제를 병합한 후 해동으로 가는 길도 열리게 되었다.

5) '야마다덴노조'명 아미타삼존상 주존의 나발과 수인

야마다덴(山田殿) 삼존상의 아미타 주존은 몇 가지 불상 조성 요소가 고정적으로 배합되어 나타났는데, 예를 들어 나발이 있는 것과 왼손바닥이 위로 가게 하여 왼다리 위에 두고, 오른손은 시무외인을 결하는 것이다. 그중 불상의 왼손 수인은 아스카시대의 두 손가락을 편 왼손을 대체하였고, 이는 하쿠호시대 불상에서도 비교적 유행하였다.

이러한 안정된 표준 양식의 형성은 하쿠호시대 그리고 후대의 불좌상의 표현에서 많이 사용되었으며, 가마쿠라시대(1185~1336)까지 지속적으로 유행하였다. 그 예로는 교토 산젠인(三千院)의 큐온(久安) 4년명(1148) 아미타불삼존상 주존이 있다. '야마다덴노조'(山田殿像)명 아미타삼존상은 해동 지역에서 현존하는 가장 이른 이러한 유형의 불상으로 볼 수 있다.

'야마다덴노조'명 아미타삼존상과 유사한 하쿠호시대 불상의 예로는 호린지 약사불좌상, 호류지 헌납보물 제147호 불좌상, 다이마데라 금당의 덴무(天武, 672~686) 연간에 조성된 미륵불좌상[97], 야쿠시지 금당의 삼존의 주존인 약사불좌상(앞 그림 8-21) 및 호류지 다치바나(橘) 부인 주자(廚子)(다치바나후진노즈시)의 아미타불삼존상의 주존인 불좌상이 있다. 다치바나 부인 주자의 불좌상은 하쿠호시대 후기 작품으로서 구노 다케시(久野健)는 이 역시 고후쿠지 불두와 같은 맥락에 속한다고 보았다.

만약 하쿠호시대부터 의좌상이 쇠퇴하고 불상의 체형이 점차 풍만해지고 건장해지는 추이로 본다면, 위에서 예로 언급한 불상 조성의 선후 관계는 '아미타삼상' → 호린지 약사불 → 호류지 헌납보물 제147호 불좌상 → 다치바나(橘) 부인 주자 아미타불 → 야쿠시지 금당 약사불 순이 된다. 이 몇 존의 상은 불좌상이 아스카시대로부터 덴표시대로 전환되는 하쿠호시대의 과도기적인 특징을 보여 주며, 이 중 수인, 나발과 건장한 몸은 모두 덴표시대에 계승되고 발전하였다.

[8-51] 교토 산젠인 큐온 4년(1148) 삼존상(『日本美術』)

[8-52] 호류지 헌납 제147호 불상 (『佛像的系譜』)

[8-53] 호류지 다치바나 부인 불감 아미타삼존상 (『日本美術』)

---

97) 久野健, 『古代朝鮮佛と飛鳥佛』(東出版, 1979년판), 44쪽.

'야마다덴노조'명 아미타삼존상의 왼손은 손바닥을 위로 하고 왼다리 위에 놓았는데, 이러한 특징은 이전의 일본 불상에서는 보이지 않는다. 한반도에서는 신라 대략 7세기 중엽의 불좌상에서 유사한 수인이 출현한다. 한국 국립경주박물관 소장의 미륵불삼존상 주존, 대구광역시 군위군의 군위석굴 아미타삼존상의 주존(앞 그림 7-24)이 그 예로, 두 불상은 나발이 표현되지 않았고 몸은 풍만하고 건장하여 전체적인 양식과 몸이 세장한 '야마다덴노조'명 아미타삼존상의 주존과는 비교적 차이가 크다.

고인도에서는 앞에서 언급한 쿠샨시대 스와트 부카라 출토의 의좌상의 수인이 '야마다덴노조'명 아미타삼존상 주존 수인과 유사하나, 불상은 머리를 묶은 육계를 갖추고 있다.

중국에서는 '야마다덴노조'명 아미타삼존상의 주존 수인과 유사한 유형이 비교적 이른 대략 5세기에 북방 석굴에서 많이 보이는데, 감숙甘肅 금탑사 석굴의 북량시대 불상(앞 그림 2-33), 운강석굴 제19굴의 주존, 샌프란시스코 아시아미술관 소장의 법량이 조성한 미륵삼존상, 돈황막고굴 제275굴의 주존인 교각보살이 대표적인 예이다.

6세기 이후에 남북방에서는 모두 유사한 양식의 불상이 나타나는데, 남방의 예로는 성도 서안로에서 출토된 양 대동 11년(545)에 장원이 조성한 석가다보불 중 왼쪽의 불좌상(앞 그림 6-19)이 있으며, 북방의 예로는 북제 때 조성된 남향당산석굴의 제7굴의 남벽 주존, 오사카시립미술관 소장의 북제 천보 8년명(557) 조상 등이 있다. 사천 광원석굴 중에도 서위와 초당 시기의 나발 유형이 같은 불좌상들이 있는데, 황택사 제37호감 주존, 광원 천불애 제13호 연화동 우측 감실 주존, 천불애 초당 제30호 미륵굴 주존불 등이 그 예이다.

청주 지역의 땅 속에서 출토된 북조 불좌상은 손 부분이 파손되어 온전하지 못한 것이 많으며, 수대에 처음 조성된 타산석굴 제2, 3굴의 주존은 '야마다덴노조'명 아미타삼존상의 나발, 수인과 유사한 모습이며, 이 중 제2굴 주존의 불의 양식은 역시 '야마다덴노조'명 아미타삼존상 유형과 같은데, 특별히 낮은 육계를 가진 나발의 표현은 '야마다덴노조'명 아미타삼존상 및 청주 북제 불상과 일치되는 성향을 보여

[8-54] 샌프란시스코 아시아미술관 소장 법량 조성 미륵삼존상(『世界美術大全集: 東洋編 3』)

[8-55] 북제 천보 8년(557) 황해백 등 조성 상 (『世界美術大全集: 東洋編 3』)

[8-56] 광원 천불애 제13호 연화동 우측감 주존 (『中國石窟雕塑全集 8』)

준다.[98]

하북 곡양 수덕사에서 출토된 북제, 수, 당나라의 불좌상은 모두 '야마다덴노조'명 아미타삼존상 주존의 수인과 같은 불상의 예가 있는데, 비교적 이른 시기의 예는 북제 천보 7년(556)에 장경빈이 조성한 미륵불좌상이다. 곡양 수덕사의 북제에서 당나라 사이의 이런 유형의 불좌상의 불두는 대부분 훼손되었으나, 기타 완전한 불상으로 볼 때, 북조에서 수까지의 불상은 대부분 소발의 육계를 갖추고 있으며 당대 불상은 대부분 나발과 물결문의 육계를 하고 있다. 북조시대

[8-57] 타산석굴 제2굴 삼존상(『中國石窟雕塑全集 6』)

곡양의 불교 조각은 북방 정치중심의 영향을 받은 것 외에 특별히 불의 양식 방면에서는 청주로부터의 영향을 크게 받았다.[99] 지역적 관계를 종합적으로 보면, 산동 청주 지역은 '야마다덴노조'명 아미타삼존상 양식의 원류에 가깝다.

'야마다덴노조'명 아미타삼존상과 구 야마다데라 불두 유형의 불상은 비록 부분적인 차이가 있으나, 하쿠호시대 말기에 통일되어 가고 있으며, 이와 함께 덴표 불상의 새로운 양식으로 자리 잡아 갔다. 구체적으로 말하자면, 두 불상의 비슷한 점은 미소를 띤 모습을 지닌 것으로, 이 역시 아스카시대 이후 일본 불상이 많든 적든 계속적으로 이어져 온 특색이다. 하쿠호시대 이후, 일본 불상의 미소를 띤 모습은 점차 사라졌으며, 입술이 점점 "∩"형을 띠는 추세가 되었다. 차이점은 '야마다덴노조'명 아미타삼존상은 나발이며, 구 야마다데라 류의 불상은 소발의 육계를 갖추고 있는데, 아스카시대는 한반도에서 왔을 가능성이 있는 소수의 불상 외에는 거의 모두가 나발이다.[100]

'야마다덴노조'명 아미타삼존상과 구 야마다데라 불두와 같은 류의 불상은 각자 하쿠호시대 불상 발전의 추세를 대표한다고 할 수 있다. 전자는 일본에서 하쿠호시대 불좌상에서 일종의 나발과 수인이 조합된 모델을 열었으며, 후자는 아스카시대의 세장함에서 덴표시대의 풍만함으로 가는 과도기적 양식을 대표한다. 두 가지 모두 다이마데라 금당의 미륵불좌상과 호류지 다치바나 부인 주자의 아미타불삼존상 주존인 불좌상으로 대표되는 하쿠호시대 후기에 통일을 이루어 후대 일본 조각에 오랜 기간 깊은 영향을 끼쳤다.

---

98) 費泳, 「"靑州模式"造像的源流」, 『東南文化』 2000년 제3기; 吉村怜, 「青州龍興寺遺址出土・北齊インド風佛像の起源」, 『奈良美術研究』 16호(2015).
99) 費泳, 『中國佛敎藝術中的佛衣樣式研究』(中華書局, 2012년판), 319~320쪽.
100) 호류지 헌납보물 제151호는 소발의 육계를 가지고 있는데, 6~7세기에 한반도로부터 전래된 것으로 본다.

4. 불상의 '좌단식' 내의의 착의법

불상의 '좌단식左袒式' 내의의 착의는 비록 현존하는 불상의 예가 많지 않으나, 해동 지역(한국과 일본)에서 8세기 초기 이전의 불상에서는 간과할 수 없는 하나의 현상이다. 하쿠호시대의 불상의 예로는 앞에서 언급한 호류지 헌납보물 제147호, 돗토리현(鳥取縣) 도하쿠(東伯)의 미토쿠산(三德山) 산부쓰지(三佛寺) 지역에서 출토된 불좌상, 니가타(新潟) 이오지(醫王寺)의 약사불좌상 등이 있는데, 이 3건의 불상은 착의법이 형식화된 것이 매우 일치한다. 예를 들어 내의는 '좌단식', 바깥쪽 가사는 '반피식'인데, 바깥쪽 가사[101]의 끝단은 왼쪽 하박에 걸쳐 있고 흉복부에는 띠가 메어져 있으며 왼손 아래쪽에 한 다발의 옷자락이 드리워져 있는 것 등이다. 불의의 구조는 띠 장식 표현에 약간의 차이가 있는데, 호류지 헌납보물 제147호 불상의 흉복부의 띠 장식은 차외층 옷의 위로 이어지지만, 다른 두 건은 내층의 옷 위로 이어진다.

일본 아스카시대의 불상에서는 아직 내의를 '좌단식'으로 입은 모습은 발견되지 않았으나, 아스카시대의 보살상에서는 '좌단식' 내의가 출현하는데, 호류지 대보장전 백제관음이 그 예이다. 이 보살상은 상반신에 '좌단식'으로 내의를 입고 하반신에는 군의를 착용하였는데, 천의(帔帛)가 양어깨로부터 수직으로 걸쳐져 내려온다. 이 보살상의 '좌단식' 내의를 승기지로 볼 수 있지 있을까?

[8-58] 호류지 대보장전 백제관음(『日本古寺美術全集 2』)

중국과 해동 지역에서는 모두 '좌단식'으로 내의를 입은 불상이 나타나는데, 이를 승기지로 칭할 수 있을지 의문이다.[102] 주목할 만한 것은 불상의 '좌단식' 내의는 중국에서는 우연한 현상으로 보이며, 해동 지역 특히 일본에서는 위에서 언급한 세 존의 하쿠호시대의 금동불과 같이, 분명히 비교적 흔히 있는 특정한 모델로 존재했다. 이와 함께 위에서 언급한 소매가 있는 불의는 중국과 일본 두 지역에서 발생한 정황이 매우 유사하다. 일련의 불의가 중국에서 보이는 것 같지만 불의 표현 형식이 규모 있게 이루어지지 못한 것이, 오히려 해동 지역에서 완전히 다르게 발전하는 국면을 가진다는 것을 볼 수 있다.

---

101) 역자 주: 원문은 袈裝.
102) 久野健, 『古代小金銅佛』(小學館, 1982년판), 206, 216쪽. 구노 다케시(久野健)는 돗토리현 도하쿠군 미토쿠산 산부쓰지 지역에서 출토된 금동불좌상과 니가타 이오지의 약사금동불좌상의 내의를 승기지로 보았다. 필자는 불교 율전 및 관련 문헌에서 승기지를 '좌단식'으로 입었다는 언급이 없다고 생각한다. 현장, 『大唐西域記』: 승각기(당나라에서는 掩腋이라고 하며 구역에서는 僧祇支라고 하는데 잘못된 것이다)는 왼쪽 어깨를 덮고 양 겨드랑이를 가리며, 왼쪽이 트였고 오른쪽이 합해졌으며, 길게 마름질되었고 허리까지 내려온다.(僧却崎[唐言掩腋, 舊日僧祇支, 訛也]覆左肩掩兩腋, 左開右合, 長裁過腰.) 의정, 『南海寄歸內法傳』: 僧脚崎衣라 하는 것은 곧 어깨를 덮는 옷인데 다시 1肘의 길이를 더해야만 비로소 본래 (위의) 법에 맞게 된다. 그것을 입고 걸치는 법은 마땅히 오른편 어깨가 나오게 하여 교차시켜 왼쪽 어깨 위에 걸친다.(其僧脚崎衣[卽僧祇支], 卽是覆膊. 更加一肘始合本儀. 其披着法, 應出右肩, 交搭左膊.) 승기지의 편단우견식 착의에 관한 두 사람의 인식은 모두 구법(西行) 길에서 실제로 고찰하여 얻은 것이다. 승기지의 착의 방식과 연관된 고증은 費泳, 『中國佛教藝術中的佛衣樣式研究』(中華書局, 2012년판), 59~64쪽을 참고할 것.

5. 호류지 다치바나 부인 불감 주자 주존 불의 양식

　　다치바나(橘) 부인 불감 주자의 아미타삼존상은 일반적으로 하쿠호시대 후기의 작품으로 보며(앞그림 8-53), 주존불의 불의 문제는 미즈노 세이치(水野淸一)가 언급한 바 있는데, 이는 신야쿠시지의 향약사불 등과 비슷하다고 생각하였다. 다만 다치바나 부인 불감의 아미타삼존상 주존의 불의 양식은 향약사불과 비교하면 더욱 복잡한데, 이것도 6세기 중기에 발생하여 남북조의 불의 양식을 거치면서 서로 융합되어 성립된 새로운 형식의 불의 양식이다. 이 불의 양식은 일본 하쿠호시대 불상에 대하여 중요한 영향을 미쳤기 때문에 다시 논할 필요가 있다.[103]

　　다치바나 부인 불감의 아미타삼존상 주존의 불의 양식은 '반피식'과 '변화된 포의박대식'을 겹쳐서 입은 것인데[104], 불상의 안쪽 가사는 '변화된 포의박대식'으로 옷깃은 단단하게 조여졌으며 바깥쪽의 가사는 '반피식'이다.

　　해동 지역의 독립적인 '반피식' 불상은 하쿠호시대에도 역시 출현하였는데, 비교적 이른 것으로는 덴무(天武) 시기(672~686) 다이마데라(當麻寺) 금당의 미륵불좌상이다.

　　'반피식'과 '변화된 포의박대식'이 중첩된 착의 양식은 중국에서는 주로 남조불상에서 보이는데, 상해박물관 소장의 양 중대동 원년명(546) 혜영 석조상, 같은 박물관 소장의 다른 한 점의 남조 석조상, 남경 서하산에서 출토된 남경시박물관 소장의 남조불좌상(앞 그림 3-2), 서하산 천불애 삼불굴(하024굴) 정벽의 주존이 그 예이다.

　　필자는 최근에 감숙甘肅과 서안西安 (각각)에 있는 '반피식'과 '변화된 포의박대식'으로 중첩되게 착의한

[8-59] 상해박물관 소장 혜영 조성 상(費泳 그림)　　[8-60] 상해박물관 소장 석조상(費泳 그림)　　[8-61] 서하 하024굴 정벽 주존(費泳 그림)

---

103) 다치바나(橘) 부인 불감 주자의 아미타삼존상 주존의 불의 양식과 관련해서는 필자가 일찍이 의견을 낸 바가 있다. 費泳, 「佛衣樣式中的"褒衣博帶式"及其在南北方的演繹」, 『故宮博物院院刊』 2009년 제2기; 費泳, 『中國佛敎藝術中的佛衣樣式硏究』(中華書局, 2012년판), 241~248쪽 참고.
104) 費泳, 『中國佛敎藝術中的佛衣樣式硏究』(中華書局, 2012년판), 217~219, 325~326쪽.

[8-62] 화정현박물관 소장 서위 불상(王懷宥 提供)

[8-63] 서안박물관 소장 서위 조상비(王懷宥 提供)

불상의 예를 발견하였는데, 그 예로는 감숙성 화정현華亭縣박물관 소장의 서위시대 불삼존상의 주존인 불좌상, 서안박물관 소장의 서위 조상비의 주존이다.

'반피식'과 '변화된 포의박대식'이 중첩된 착의가 나타나는(발생) 지역은 '변화된 포의박대식'이 중심인 '남방식 불교장엄조상 루트'(南式佛裝造像帶) 주변 범위에서 벗어나지 못하고 있음을 볼 수 있다.

주목할 만한 것은 '반피식'과 '변화된 포의박대식'의 중첩 착의가 아직 청주 지역의 불상에서는 발견되지 않아서 건강建康에서 해동(지역)으로 전해졌을 가능성이 높은데, 더구나 다치바나(橘) 부인 불감의 아미타삼존상 주존의 나발이 상술한 남조의 혜영 조상 주존의 머리카락 양식과 같다.

'반피식'과 '변화된 포의박대식'이 중첩된 착의는 한반도 불상에서도 나타나는데, 경주 배동의 신라 7세기에 조성된 아미타불삼존상 주존이 그 예이다. 현존하는 실물 자료는 이러한 불의 양식이 중국에서 발생 시기가 '변화된 포의박대식'보다 다소 늦고, 발생 규모도 '변화된 포의박대식'에 훨씬 미치지 못하고 겨우 건강 일대로 한정된다는 것을 보여 준다. '반피식'과 '변화된 포의박대식'의 중첩된 착의는 7세기 후반 무렵에 한반도와 일본에 전해졌으나, 그 영향은 '포의박대식'과 '부탑쌍견하수식'의 불의에 미치지는 못하였다.

[8-64] 광원 황택사 서위 제37호감 주존 (『中國石窟雕塑全集 8』)

'반피식'은 중국 북방에서 만들어져 지속성이 강한 착의 양식인데, 비교적 이른 시기에 농우隴右[105], 하서河西[106]에서 나타나 이후 운강雲崗석굴로 전해졌다[107]. '포의박대식' 불의가 5세기 말기 남북조에서 유행할 때, '반피식'은 또한 포의박대식과 중첩되는 착의 방식으로 그 속에서 살아 났다.[108] '변화된 포의박대식'과 '부탑쌍견하수식'은 6세기 중기에 유행할 때, '반피식'은 또다시 기생하였는데, 전자는 위에서 언급한 '반피식'과 '변화된 포의박대식'의 중첩 착의 불상의 예이며, 후자는 광원 황택사

---

105) 병령사석굴의 서진시대 건흥 원년(420)경에 조성된 169굴 제6, 22감의 주존, 제9감 동쪽의 2존의 불입상은 착의 양식이 모두 반피식이다.
106) 감숙 酒泉 출토의 延和 3년(434) 석탑, 미국 클리블랜드미술관 소장의 연화 4년(435) 索阿后塔 탑신의 불좌상에서도 반피식 불의가 나타난다.
107) 대략 북위의 和平 원년(460)에 개착한 운강석굴 담요5굴 중 제18, 19, 20굴 주존의 착의는 모두 '반피식'이다.
108) 북위의 宣武 말년경에 조성된 용문석굴 빈양중동(원문: 賓中洞) 주존, 북위의 정광 初年(520)의 공현석굴 제1굴의 中心柱 정면의 주존, 사천 만불사의 양 대동 3년(537) 전후의 wsz47호 背屛 조상 주존은 모두 '반피식'과 '포의박대식'을 겹쳐서 착의하고 있다.

의 서위시대 제37호 주존불과 같이 '반피식'과 '부탑쌍견하수식'의 융합 양식이다. 수나라 이후 청나라까지 계속 이어진 '반피식' 착의는 거의 중국에서 가장 흔히 볼 수 있는 한식漢式 불의 양식이 되었다.

남북조 시기에 '반피식'은 끊임없이 새로 생긴 여러 가지 불의 양식에 기생하는 동시에 독립적으로도 계속되었다. 북위 태화 18년(464)에 윤수국이 조성한 석가석불좌상, 용문龍門석굴 고양동 남벽에 북위 경명 4년(503)에 법생이 조성한 석가불좌상, 북제 천보 2년(551)에 고예가 조성한 석가불, 무량수불, 아촉불상이 그 예이다.

다치바나(橘) 부인 주자의 아미타불삼존상에 대하여, 요시무라 메쿠미(吉村怜)는 "염지불念持佛이 오래되었다는 근거는 호화로운 광병光屛(광배 뒤의 병풍 형태의 구조물) 그림 속에 있는 성중들의 배경이 되는 천련화天蓮華와 빛을 발하는 연화의 공중에 떠 있는 변화생 때문이다. 이는 남조 계통의 도상의 한 부분을 보여 준다. 이 도상은 매우 특수하여 외래에서 유입된 것임을 암시한다.…… 이러한 탄생 도상의 발상지는 남조로, 제 → 양 → 진으로 줄곧 지속되었다고 보는 것이 맞는데, 다만 언제까지 계속되었는지는 분명하지 않다. 북조에서 유행한 정황으로 볼 때, 진陳나라 때에 이르러 기본적으로 사라졌을 가능성이 높다. 이러한 독특한 도상은 남조의 제, 양에서 직접 한반도의 고구려, 백제, 신라에 전파된 것으로 보는 것이 맞으며, 아울러 양 → 백제 → 일본으로 백제를 다리로 삼아 일본에 전해졌다. 주구지(中宮寺) 천수국수장, 호류지 금당 약사여래의 두광 및 호류지 보물 금동관정번의 도상, 압출불의 원형 삼존상 등에서 모두 변화생의 모습(圖形)을 볼 수 있다. 마지막으로 다치바나 부인의 아미타삼존상 광배에 약간의 표현이 보이다가 이후 바로 사라졌다"[109]라고 하였다.

[8-65] 북위 태화 18년(494) 윤수국 조성 석가석불좌상(『海外及港臺藏歷代佛像珍品紀年圖鑒』)

[8-66] 용문 고양동 남벽 법생 조성 석가상(『中國石窟雕塑全集 4』)

[8-67] 북제 천보 2년(551) 고예 조성 석가상(『曲陽白石造像研究』)

---

109) 吉村怜, 『天人誕生圖研究』(中國文聯出版社, 2002년판), 211쪽.

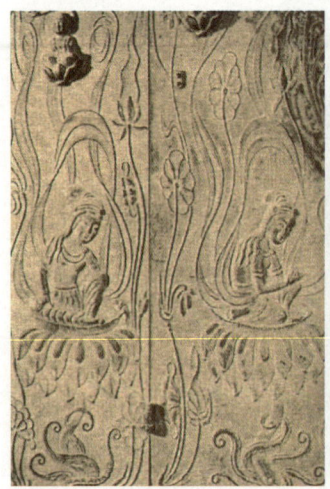  

[8-68] 호류지 다치바나 부인 불감 삼존상 광배 상단 변화생(『日本美術簡史』)
[8-69] 호류지 금당 약사상 두광 (『日本古寺美術全集 1』)
[8-70] 호류지 대보장전 다마무시노즈시 (『法隆寺玉蟲廚子と橘夫人廚子』)

　요시무라 메쿠미의 말에서 '변화생'은 '천련화 → 변화생 → 천인'의 천인 탄생을 그림으로 명료하게 설명하였는데(앞 그림 4-52), 이 중 변화생 도상은 다치바나 부인 주자의 아미타불삼존상 광병(光背)과 요시무라가 열거한 도상에서 모두 볼 수 있다. 대략 7세기 중엽에 만든 호류지 대보장전의 다마무시노즈시(玉蟲廚子)의 궁전형 외관에는 비록 변화생이 나타나지 않고 오히려 천련화와 천인 도상이 출현한다. 동시에 이 작품의 회화 부분은 육조시대의 필법과 밀타회密陀繪 공예가 채용되었는데[110], 이는 일본에 현존하는 비교적 이른 밀타회 공예를 응용한 작품이다.

　요시무라는 남조에서 보이기 시작한 변화생이 다치바나(橘) 부인 불감 아미타불삼존상 광병에서 적게 나타나는 것은 이미 그 전통이 단절되었기 때문으로 보았다. 만약에 다치바나(橘) 부인 불감의 아미타불삼존상 주존의 불의 양식과 다시 연관해 본다면, 일본에서 '반피식'과 '변화된 포의박대식'의 중첩된 양식이 나타난 것이 겨우 이 한 예로, 아스카시대에 유행한 포의박대식 범주의 불의와 비교하면, 하쿠호시대에도 남조 조상의 요소가 여전히 강하게 지속되었으나, 그 영향은 이미 쇠퇴해 가고 있음을 나타낸다.

6. 아스카, 하쿠호 시대 보살입상

1) 아스카시대 보살입상

　일본 아스카시대 보살입상은 주로 호류지 금당의 석가삼존상 협시상으로 대표되는 일군의 도리(止利)식 보살과 많은 도리 양식의 요소를 갖고 있는 유메도노(夢殿) 관음보살, 이보다 약간 시기가 늦은 백제관음

---

110) 久野健 等 編, 蔡敦達 譯, 『日本美術簡史』(上海譯文出版社, 2000년판), 20~21쪽.

상, 허공장보살상으로 대표되는 도리 양식과 하쿠호 양식을 이어 주는 보살상이다.

문헌 기록에서는 호류지의 유메도노 관음(앞 그림 4-99)과 금당의 석가삼존상 중 주존(앞 그림 4-72)이 모두 쇼토쿠(聖德)태자의 등신을 나타낸 기원상으로 적혀 있는데, 조성 시기도 가깝다.

호류지 유메도노 관음과 금당 석가삼존상 중의 협시보살은 양식적으로 많은 요소가 매우 유사한데, 산山형 높은 보관과 궐아(蕨芽(고사리 싹) 형태로 어깨에 드리운 보발, 몸 양측을 따라 지느러미형으로 아래로 떨어진 천의(帔帛), 편단우견식 내의(승기지), 중간에 뿔처럼 아래로 솟은 목걸이(가슴 장식), 무릎 부분에서 교차된 천의(帔帛), 군의 중간에 분포하고 있는 밀집된 주름 등이다. 그중 산山형 높은 보관, 궐아 형태로 드리운 보발, 지느러미 형상의 옷 표현 등은 모두 도리 양식 보살에서 빠질 수 없는 양식적인 특징이자, 아스카시대 보살의 중요한 특징이기도 하다. 그러나 이와 같음에도 불구하고 여전히 호류지 유메도노 관음상과 금당 석가삼존상 중 협시보살이 동일한 양식이라 보기 어려운 것들이 있는데, 전자는 몸이 세장하나, 후자는 상대적으로 비교적 왜소하며, 두 보살상은 신체 비례에서 머리가 차지하는 비율 차이가 매우 크다. 이 외에도 유메도노 관음은 아래로 드리운 군의의 띠 매듭 특징도 중시할 필요가 있는데, 이는 일부 도리식 보살상에서도 보이지만, 금당 석가삼존상 중 협시보살상에서는 나타나지 않는다.

현존하는 아스카시대의 호류지 금당 석가삼존상 중 협시보살상 양식과 매우 유사한 보살상으로는 호류지의 무자년명(628) 금동석가삼존상 주존의 좌협시보살입상이 있는데, 보살상은 왼손을 왼쪽 복부에 두고 오른손으로 시무외인을 결하고, 아래로 드리워진 군의의 띠는 묶여 있다. 호류지 대보장전의 금동보살입상은 양손으로 보주를 받들고 있으며, 아래로 드리워진 군의의 띠는 묶여 있다. 호류지 헌납보물 제155호 금동보살반가부좌상[111], 호키지(法起寺) 청동보살입상[112]도 유사하다. 이러한 유형의 보살상은 오사카시

[8-71] 호류지 무자년(628) 금동불
(『飛鳥·白鳳の在銘金銅佛』)

[8-72] 호류지 대보장전 보살상
(『古代小金銅佛』)

[8-73] 호류지 헌납보물
제155호 불상(『御物金銅佛像』)

[8-74] 호키지 보살상
(『日本古寺美術全集 2』)

---

111) 이 보살상은 편단우견식으로 입은 승기지 외에 목 아래로 쳐진 긴 소매 옷을 입고 있다.(逸見梅榮, 『佛像の形式』, 東出版, 1970년판, 제354쪽, 圖493[2] 표시) 이러한 보살상은 비교적 드물게 보인다.
112) 역자 주: 원문에 불상이 나열만 되어 있음.

립미술관 소장의 나라 요코이하이지(橫井廢寺) 출토의 금동보살입상[113]과 같이 하쿠호 전기에도 여전히 출현하는데, 보살은 양손으로 하나의 보주를 받들고 있다.

위에서 열거한 불보살상의 예는 매우 유사한 외관적인 특징을 가지고 있지만, 손의 자세는 완전히 같지 않으며, 허리 부분 아래에 있는 군의의 매듭은 유메도노 관음의 특징과 같다. 호류지 금당의 석가삼존상 중 두 협시상과 일맥상통하는 일본 아스카시대의 보살상들이 매우 유행하였음을 알 수 있다.

그렇다면 호류지 금당의 석가삼존상의 협시보살과 유메도노 관음의 신체 차이 및 그에 따라 나타난 양식적인 차이는 두 보살상을 구별하게 하는 다른 모본이 있었음을 의미하는 것일까?

불교조상의 신체는 굵고 짧은 것에서 세장한 것으로 바뀌었는데 서하사(棲霞寺)의 남조 석굴 조상의 발전 과정에서도 나타나며[114], 마투라 불교조상에서는 쿠샨시대로부터 굽타시대로의 변화 속에서 볼 수 있으며, 중국 불교조상에서는 6세기 중기 전후에 신체가 세장하게 바뀐다(북주 보살 제외). 다만 이렇게 고인도와 중국 불교조상의 짧은 것에서 세장해지는 과정은 해동 지역에서는 그다지 뚜렷하게 나타나지 않는다. 일본에서 나타난 어떤 양식은 완전히 그들이 어떤 양식을 수용할 것인지에 달렸다. 이때 거의 모든 한식漢式 불교조상 양식이 이미 만들어졌기 때문이다.

미즈노 세이치(水野淸一)는 호류지 금당의 석가삼존상 중 양측의 협시보살의 원류를 용문석굴의 북위시대 보살로 보았다. "빈양동의 협시보살상은 U형으로 떨어지는 천의 외에 U형의 화려한 영락 장식이 있다. 그러나 앞으로 기울어진 크고 높은 보관, 보관에서 아래로 드리운 관대, 대칭을 이루는 어깨에서 드리운 보발(두발), 좌우로 휘날리는 천의 자락, 하체에 입고 있는 옷의 매듭과 주름은 대체로 같은 양식이고, 특히 하복부가 돌출된 특징은 공통적이다. 만약에 빈양동의 좌우 협시보살과 연화동의 협시보살을 보면, 이러한 점이 완전히 같다. 따라서 이러한 보살상들은 용문석굴 양식의 보살상이 기초가 되었다는 것은 의심할 여지가 없다. 다만 유메도노 보살과 지금 언급한 이러한 보살상은 다른데, 분위기상 매우 큰 차이가 있다."[115]

호류지의 유메도노 관음상에 대해서 미즈노 세이치는 산서山西 천룡산天龍山석굴의 동위 보살에서 유래되었다고 생각하였다. "산서 천룡산의 동위시대 석굴인 제2동에 있는 협시보살상의 몸 형태는 크고 날씬하며, 의습선이 좌우로 펄럭이고, 교차한 천의는 X형이며, 어떠한 영락 장식도 없는데, 이 몇 가지 점으로 보면, 이러한 보살상은 모두 유메도노 관음상과 밀접하다."[116]

마쓰바라 사부로(松原三郎)는 호류지 금당의 석가삼존상에 대해서 "전체적인 조형은 후지유린칸(藤井有鄰館) 소장의 동위 천평 2년명(535) 석조상과 클리블랜드미술관 소장의 천평 4년명(537) 석조상에 가깝다", "삼국시대 일광삼존형식이 대체로 560년에서 7세기 초에 유행하였는데, 이 중 고구려가 가장 이르고 백제가 약간 늦지만 모두 중국의 동위 초기 제작된 불상과 밀접한 관계가 있다. 그리고 특별히 일광삼존상 유형의 불상 제작 형식에서 출발하여 호류지 금당의 석가삼존상과 한국의 삼국시대 불상의 관계를 고려해 보면, 한국에서 유행한 형식을 가져와서 호류지의 석가삼존상을 제작했다고 보는 것이 설득력이 있다. 광배

---

113) 久野健, 『古代小金銅佛』(小學館, 1982년판), 162쪽, 圖66a.
114) 費泳, 「南朝佛敎造像硏究」(南京藝術學院 2001年 碩士學位論文), 7~8쪽.
115) 水野淸一, 「飛鳥白鳳佛の系譜」, 『佛敎藝術』 4호(1949).
116) 水野淸一, 「飛鳥白鳳佛の系譜」, 『佛敎藝術』 4호(1949).

의 형태와 문양(특히 화염문) 모두 앞에서 언급한 백제 때 조성한 익산 석조상의 광배와 매우 유사하며, 전체 형태와 본존의 양식도 고구려의 신묘명 금동삼존상과 매우 가까워서 조상의 제작 과정이 백제로부터 시작하여 고구려까지 거슬러 올라가는 한반도의 계보를 무시할 수 없다"[117]라고 하였다.

또한 "도리파는 어떻게 아스카시대 불상 제작 분야에 들어와 중심이 되었는가? 앞에서 언급한 바와 같이 호류지의 석가삼존상은 중국과의 관계에서 대체로 동위 초기(특히 덴표[天平] 시기의 중심) 불상의 계보로 이해되고 있는데, 그 첫 번째 특징은 위엄 있는 자세와 단아함 그리고 옷의 펼쳐짐이 강한 것으로, 이 점은 북위 6세기의 불상과도 상통한다. 이 특징은 6세기 북위로부터 시작하여 동서위를 포함한(백제 시기까지) 북조 불상의 조형적인 기초가 되었다. 다시 말해서, 도리파는 백제 양식의 다양성 및 중국, 한국의 많은 양식과 형식을 결코 그대로 답습하지 않았다. 이는 도리파가 북조 불상의 기초 위에 정리되고 통일되었기 때문인데, 특히 백제와의 관계로 볼 때, 앞에서 언급한 것과 같이 백제 양식이 수용한 북조의 영향이 깊기 때문에, 도리파는 백제 양식의 기초 위에 서 있는 북조 양식이라 할 수 있다. 또한 같은 도리파의 소형 금동불상과 달리, 호류지 석가삼존상과 같은 걸작은 북조 양식에 기초한 통일 의식을 보다 확고하게 관철하고 있다. 아울러 앞에서 서술한 바와 같이 대륙 양식을 전적으로 수용하는 상황은 6세기 말에서 7세기 초에 가장 많이 유지되었는데, 중국 대륙과 한반도의 불상 양식과 형식을 받아들였다는 것을 반드시 상상하게 하는 623년에 제작된 이 상은 이미 자유로이 발휘된 공간적인 면을 가지고 있었다. 바로 독특한 선택으로 인하여 비로소 중국과 한반도에는 없는, 일본에서만 볼 수 있는 유일무이한 불상들이 제작된 것이다."[118]라고 하였다.

유메도노관음에 관하여 마쓰바라 사부로는 다음과 같이 생각했다. "이 상은 천의와 상이 동일 평면상에 펼쳐져 있고, 기본 조형 등에서 모두 도리파의 양식을 보이는데, 이는 반드시 북조의 불상 틀 안에서 원류를 찾아야 하며, 이 점은 의심의 여지가 없다. 또한 중국에서 전파되어 온 불상 계보 중에 주목할 가치가 있는 것은 조상의 세장한 자태와 양볼, 양어깨가 부분적 돌출된 것으로 보면, 이러한 상들은 모두 북위보다 늦은 동위 시기에 만들어진 것이며, 특히 산서성 천룡산석굴의 동위 말기의 불상일 것이다. 확실히 유메도노 관음상의 동적인 모습과 보통 북위 6세기 조상 양식의 정적인 모습, 일정한 조형적인 특징이 완전히 다르다. 다만 그럼에도 불구하고 동위 시기, 특히 동위 후반기에는 기본적으로 이와 같이 분명한 옷 주름과 천의가 펄럭이는 작품을 찾아볼 수가 없다. 동시에 동위시대에 조성된 석조상와 목조상 간의 큰 차이를 가볍게 볼 수 없는데, 이 상의 양식적인 원류는 북위의 6세기 양식의 지류로만 말할 수 있고 진정한 의미의 동위 불상이라고는 할 수가 없다. 동위 불상의 전체적인 조형은 힘이 있는 긴장감이지만, 부분적인 특징은 오히려 편안하고 온화한 것인데, 이는 본래 일종의 모순인 것이지만, 유메도노 관음상에서는 오히려 완전히 반대로 나타나는데, 가장 큰 특징은 바로 전체적인 조형이 조금의 느슨함도 없는 긴장감을 지니고 있다는 것이다."[119]

---

117) 松原三郎, 「飛鳥白鳳佛源流考 1」, 『國華』 931호(1971).
118) 松原三郎, 「飛鳥白鳳佛源流考 1」, 『國華』 931호(1971).
119) 역자 주: 원문에 따옴표 없음.

"그러나 어떤 관계를 막론하고 유메도노 관음상의 계보에 대한 정확한 해석을 할 수 없는 것은 중국과 한반도로부터 전승된 체계적인 조상을 매우 찾기 어려운 것이 주된 원인이다. 필자는 공현鞏縣석굴 제3굴의 보살입상을 중국 조상 중에서 비교할 수 있는 자료로 본다."[120]

(마쓰바라 사부로의) "추론에 의하면 같은 모습의 공현석굴 제3굴과 제4굴은 모두 북위 효창 4년(528)의 작품으로, 조상은 6세기 초기의 제1, 2굴과 북위 말기의 제5굴의 사이에 제작되었다. 주목할 만한 특징으로는 불좌상이 엄숙하고 당당하며, 보살상과 비구입상은 허리가 가늘고 몸이 날씬하다는 점이다.(이 특징은 비구상에서 특히 뚜렷하다.) 서벽 주감실의 협시보살상, 중심주 북면 불감의 협시보살상과 비구상은 이 중 전형적인 예이다."[121]

"(유메도노 관음상)과 금당 석가삼존상의 제작 연대의 차이는 그다지 크지 않으며, 또한 만약에 유메도노 관음상의 연대가 석가삼존상보다 더욱 오래되었다고 말을 하더라도 완전히 가능성이 없는 것도 아니다. 그 밖에 유메도노 관음상의 연대가 이르다는 증거로는 복판식 연화대좌가 있는데, 이것과 후술할 사천 성도 만불사에서 출토된 양 보통 4년명(523) 석상의 본존 대좌와 매우 닮아, 이러한 종류의 대좌는 바로 이른 시기의 전통을 가장 잘 증명해 주는 것으로서, 이 점도 주목할 만한 가치가 있다."[122]

"앞의 내용을 종합해 보면, 유메도노 관음의 원류는 대체로 북위 말기의 하남 지역의 불상으로부터 그 전형을 찾아볼 수 있으며, 이것과 같은 북조 양식의 도리파 불상은 명확하게 구분이 진행되어야 하나, 중국 조상과의 관계에서 보자면, 가장 큰 문제는 북위 말기에서 동위 초기에 하남식 불상에 영향을 끼친 남조 불상이다. 그리고 유메도노 관음의 계보가 된 연화대좌에서 볼 수 있는 남조 계통의 특징(후술하겠으나 이러한 대좌 양식은 한반도에서도 백제에서 받아들여져 전승되었다)뿐만 아니라, 특히 조상 형식으로 볼 때, 이것과 남조 불상간의 관계도 이해하는 것이 어렵지 않다. 다시 말하면, 양손으로 보주를 받들고 있는 형식은 유메도노 관음상에서 가장 잘 보여 주는 특징으로, 중국으로부터 한반도를 거친 전승 계보를 갖추고 있어 매우 중요한 의미를 지닌 문제이다."[123]

요약해 보면 미즈노 세이치는 호류지 금당의 석가삼존상의 협시보살의 원류를 북위 때의 용문석굴로 보았으며, 유메도노 관음의 원류는 동위시대의 천룡산석굴로 보았다. 마쓰바라 사부로는 도리파를 대표하는 금당의 석가삼존상이 백제 양식의 기초 위에 서 있는 북조 양식으로 보았고, 모두 일본의 독창성을 가졌다고 보았다. 유메도노 관음상의 원류는 북위 말기의 공현석굴로 대표되는 하남파에서 나왔지만, 동시에 남조 조상 요소의 영향을 가볍게 볼 수 없다고 보았다. 미즈노 세이치와 마쓰바라 사부로의 시각은 모두 영향을 준 원류의 중점을 중국의 북조에 두었다고 볼 수 있는데, 호류지 금당의 석가삼존상의 협시보살과 유메도노 관음에 영향을 준 중국의 예가 대부분 북조에 한정적이나, 마쓰바라 사부로 선생은 북조의 배후에 큰 영향을 끼치고 있었던 남조가 존재할 가능성을 이미 날카로운 시각으로 고찰하였다.

미즈노 세이치와 마쓰바라 사부로가 언급한 관점은 당시의 고고학적 실물을 기초로 하고 있다. 지금

---

120) 역자 주: 원문에 따옴표 없음.
121) 松原三郞,「飛鳥白鳳佛源流考 2」,『國華』 932호(1971).
122) 역자 주: 원문에 따옴표 없음.
123) 松原三郞,「飛鳥白鳳佛源流考 2」,『國華』 932호(1971).

의 시점에서 볼 때 남조 요소의 영향을 좀 더 중요하게 볼 필요가 있는데, 남조 혹은 '남방식 불교장엄조상 루트'(南式佛裝造像帶)의 연해沿海 지역에서 모두 호류지 금당의 석가삼존상의 협시보살과 유메도노 관음의 조상 요소와 유사한 것을 볼 수 있고, 유사성이 더욱 많이 나타나고 발생 시기가 북조와 비교하여 더욱 이르다고 할 수 있다.

우선 유메도노 관음의 '아래로 드리운 군의 띠 매듭'의 특징을 주목하면, 이와 유사한 특징은 위에서 언급한 도리식의 호류지 무자년 금동석가삼존상의 좌협시보살입상과 호류지 대보장전의 금동보살입상에서 볼 수 있다. 조상 요소의 원류는 남조에 있는데, 더불어 남조 조상 양식의 영향을 농후하게 받은 청주 지역에서도 보편적으로 나타나며 아울러 하북성 곡양의 수덕사로 대표되는 정주 지역에서도 간혹 나타난다.

남조에 '아래로 드리운 군의 띠 매듭'이 있는 보살상의 비교적 이른 예로는 성도 서안로 출토의 양 천감 3년명(504) 석법해 불상 중 두 협시보살(앞 그림 6-31), 성도 서안로에서 출토된 양 천감 10년명(511) 왕주자 불상 중의 두 협시보살(앞 그림 4-41)이 있다. 성도 지역 출토의 남조 불교조상 중 '아래로 드리운 군의 띠 매듭'이 나타나는 보살상은 비교적 보편적이지만, 이러한 형식이 아닌 보살상도 여전히 많이 만들어졌다.

'남방식 불교장엄조상 루트'(南式佛裝造像帶) 최동단에 위치한 청주 지역에서 6세기 중기 전후에 조성된 보살상에서도 '아래로 드리운 군의 띠 매듭'의 특징이 성도와 같이 보편적으로 나타난다. 청주의 동위 천평 3년명(536) 형장진 조상의 주존 우협시보살, 청주의 대략 6세기 중기의 보살상[124], 제성의 동위 무정 3년명(545) 사계숙 조상의 주존 우측 보살[125] 등이 그 예이다.

'남방식 불교장엄조상 루트'(南式佛裝造像帶)가 북쪽으로 뻗치면서 그 영향을 받은 곡양 수덕사에서도 '아래로 드리운 군의 띠 매듭'이 간혹 나타나며, 그 예로 곡양 수덕사 출토의 동위 연간으로 추정되는 보살상이 있다.[126] 수덕사에서 출토된 수대의 보살상 중에서도 여전히 이러한 특징을 볼 수가 있다.[127] '아래로 드리운 군의 띠 매듭'의 특징을 갖춘 보살상은 청주靑州와 정주定州 외에 기타 북조 지역 보살상에서는 아직 발견되지 않는다.

마쓰바라 사부로 선생이 언급한 유메도노 관음상의 복판식 연화대좌에 대하여 다시 살펴보면, 그는 이 형식의 연화대좌가 성도의 만불사지에서 출토된 양 보통 4년명(523) 강승 조상에서 비교적 이른 것이 보인다고 생각하였다. 필자는 앞글 남경 덕기德基 출토의

[8-75] 청주 용흥사 보살상
(『山東靑州龍興寺出土佛敎石刻造像精品』)

[8-76] 곡양 수덕사 수대 보살상
(『故宮收藏曲陽造像』)

---

124) 『山東靑州龍興寺出土佛敎石刻造像精品』(中國歷史博物館, 1999년판), 83쪽.
125) 杜在忠·韓崗, 「山東諸城佛敎石造像」, 『考古學報』 1994년 제2기, 圖10-2.
126) 胡國强 主編, 『故宮收藏曲陽造像』(紫禁城出版社, 2009년판), 55쪽, 圖39.
127) 胡國强 主編, 『故宮收藏曲陽造像』(紫禁城出版社, 2009년판), 150쪽, 圖130.

남조 금동불의 연화대좌 내용에서 이미 언급한 바가 있는데, 이러한 이중 복판연화의 높은 대좌는 남조에서 만들어졌으며, 남경 덕기 공사장에서 출토된 남조의 금동불과 산동성 제성에서 발견된 대략 6세기 전반의 불교조상 중에서도 나타난다고 보았다. 유메도노 관음의 복판식 연화대좌의 원류는 건강建康이라고 할 수 있다.

'보주를 받치고 있는 보살'의 조상 요소는 중국 남조와 해동의 한반도, 일본에서 모두 나타나는데, 마쓰바라 사부로 역시 그렇게 인식하였다. 양손으로 보주를 받치고 있는 이러한 형식에 대하여, "만약 중국의 같은 유형 작품들에서 다시 추적하여 거슬러 가 보면, 사천 성도 만불사에서 출토된 보통 4년명 석상, 중대동 3년명(548) 석상의 협시보살상 등 남조 양나라의 조상 모두가 양손으로 보주를 받치고 있으나, 사실 사천 불상뿐만 아니라 상해박물관 소장의 강남 불상 중에서 중대동 원년명(546) 불삼존석상의 협시보살상도 이러한 유형에 속한다"[128]고 하였다.

[8-77] 임구현박물관 소장 북제 모인백도 보살상(『臨朐佛教造像藝術』)

필자는 연구에서 양손으로 보주를 받들고 있는 보살이 청주 지역과 곡양 수덕사의 6세기 중기의 조상에도 있다는 것을 발견하였는데, 전자의 예로는 임구현臨朐縣박물관 소장의 모인백도模印白陶보살상, 박흥현博興縣박물관 소장의 백자보살상 등이다. 청주 지역은 이러한 형식과 같은 백도보살상이 많이 출토되었는데[129], 대부분 보살은 왼손을 아래로 내리고 보주를 들고 있으며, 오른손은 올려서 연봉오리를 들고 있다. 곡양 수덕사 조상의 예로는 동위 보살입상[130]이 있으나, 보살상이 손으로 보주를 쥐고 있는 상은 곡양 수덕사에서 많이 보이지는 않는다. 이 외에 북조 기타 지역에서 보살이 손으로 보주를 쥐고 있는 예는 보이지 않는다.

양손으로 보주를 받들고 있는 보살상과 '아래로 드리운 군의 띠 매듭'을 갖춘 보살상은 중국 6세기 중기에 지역적으로는 '남방식 불교장엄조상 루트'(南式佛裝造像帶) 상에서 주로 분포하며 이는 청주에서 정주로 뻗어 나가는 추세이다.

호류지 금당 석가삼존상 협시보살과 유메도노 관음은 궐아와 같은 형태의 보발과 지느러미 형상의 옷자락을 가지고 있는데, 이는 북조 보살상이 가지고 있을 뿐만 아니라, 성도 출토의 남조 제, 양 연간의 불교조상, 면양綿陽 평양부군 한궐에 소량 시기 보각한 불교조상, 남경 덕기광장 출토의 남조 보살상에서 항상 보인다. 그리고 발생 시간 상, 남조가 확실히

---

128) 松原三郎, 「飛鳥白鳳佛源流考 2」, 『國華』 932호(1971). 이 외에 마쓰바라 사부로의 논문에서 열거한 봉보주보살상의 예로는 사천 만불사 출토의 普通 4년명(523) 석상과 中大同 3년명(548) 석상이다. 『四川出土南朝佛教造像』(中華書局, 2013년판)에서는 두 건의 보살상 중 전자가 鉢을, 후자가 원형의 물건을 들고 있다고 보았다. 필자는 뚜껑이 없이 입구가 뚫려 있는 그릇인 발이라고 생각한다. 元照의 『佛制比丘六物圖』에서는 발을 "범어는 발다라로, 이는 (量)器로 명명된다"고 설명하고 있다. 전자의 보살상의 지물 형태는 보주와 발로 해석할 수 있으며, 유메도노 관음의 유형과 같다. 후자는 보주이다.
129) 張淑敏·肖貴田 主編, 『山東白陶佛教造像』(文物出版社, 2011년판).
130) 胡國强 主編, 『故宮收藏曲陽造像』(紫禁城出版社, 2009년판), 55쪽.

앞서 가는 모습을 갖추고 있다. 보살이 머리에 쓴 높은 보관도 성도와 청주의 남북조 시기 전후에 공통적으로 보이는 요소이다.[131] 보살의 아랫배는 돌출되어 있는데, 성도 서안로 출토의 양 천람 3년명(504) 법해 조상, 만불사에서 출토된 양 보통 4년명(523) 강승 조상, 만불사 출토

[8-78] 사천 면양 평양부군 한궐 소량시기 보각 보살상(費泳 촬영)

[8-79] 남경 덕기광장 출토 남조 보살상(費泳 그림)

의 양 중대동 3년명(548) 법수 조상 등에서 보이며, 이러한 아랫배가 돌출된 특징은 천왕상이나 역사상에도 역시 반영되어 있고, 청주 지역의 동위 시기 삼존상의 협시보살상에서도 보인다.

호류지 금당의 석가삼존상 협시보살상과 유메도노 관음상의 펄럭이는 천의의 모습이 같으며, 특히 천의는 무릎 부분에서 교차하는 특징이 있는데, 보살의 복부에서 X자 형태로 교차하는 것과는 조형적으로 약간 다르다. 또한 천의의 두 가지 교차 방식은 각각의 형식이 있어서 혼동할 수 없다. 그중 복부에서 교차하는 X자 형태 천의의 발생 시기가 비교적 이르며, 사천 무문에서 출토된 제 영명 원년명(483) 조상비의 좌우측의 보살상, 성도와 남경 덕기 출토의 남조 보살상 및 북조 대략 5세기 말의 조상에서 광범위하게 나타난다. 천의가 무릎에서 교차하는 것은 대략 6세기 초 남조와 북조 조상에서 모두 나타나며, 남조의 예로는 남경시박물관 소장의 덕기광장 공사장 출토의 양 대통 원년명(527) 초월 조상 주존의 우협시보살(앞 그림 4-1), 북조의 예로는 용문석굴 빈양중동의 남, 북측 벽 주존의 두 협시보살상이 있다.

유메도노 관음상의 하나의 특징인 세장한 몸의 원류에 대해서는 미즈노 세이치와 마쓰바라 사부로의 관점이 비록 다르지만, 모두 북조로부터 나온 것으로 본다. 두 관점의 차이는 산서성 천룡산석굴의 동위시대 보살상과 공현석굴의 북위 효창 4년(528)의 보살상에 그 원류를 둔다는 것이다. 북조 불교 조각의 세장함은 미국 샌프란시스코 아시아미술관 소장의 북위 때 조성된 석조불삼존상의 주존과 두 협시보살상의 세장함에서 볼 수 있다. 이외에 특히 지적할 만한 점은 신체가 세장한 보살상이 남조 조상에서 발생 시기가 더욱 이르다는 것이다. 그 예로 보스턴박물관 소장의 제 건무 원년(494) 석조불삼존상(앞 그림 4-22)[132]이 있는데, 주존인 불좌상 양측에 선각된 협시보살상의 신체가 가늘고 길다. 앞에서 언급한 신체가 세장한 보살상들을

[8-80] 샌프란시스코 아시아미술관 소장 북위 삼존상(『海外遺珍』)

---

131) 費泳, 「"靑州模式"造像的源流」, 『東南文化』 2000년 제3기.
132) Osvald Siren, *Chinese Sculpture: From the Fifth to the Fourteenth Century*(SDI Publications, 1998), PL. 16B.

보면, 그 협시의 주존은 모두 '포의박대식'으로 불의를 입고 있다. 신체가 가늘고 긴 보살상은 대략 5세기 말에서 6세기 중기에 걸쳐 남북방에서 유행하였고, '포의박대' 불의를 동반한 "수골청상"의 시대적인 양식이 보살상에 구체적으로 반영되었는데, 남북조의 모든 지역에 전파되어 영향이 매우 광범위하다. 그래서 이러한 유형의 보살상의 원류를 고찰할 때, 전파 과정에 나타난 개별적인 조상의 예에 국한하지 말고, 그 시각을 "수골청상"의 발생지인 남조로 바꿔 보아야 한다.

호류지 금당의 석가삼존상 주존의 나발과 포의박대식 불의 등 두 가지 특징의 관련성이라는 관점에서 본다면, 남북조에는 오직 성도로 대표되는 남조 불상과 북방 청주 지역의 불상만 동 시기에 이 두 가지 특징을 모두 가지고 있다. 따라서 유메도노 관음과 호류지 금당의 석가삼존상의 협시보살의 원류가 남조인 것은 의심의 여지가 없다. 다만 그럼에도 불구하고 남조 혹은 북조의 대략 5세기 말에서 6세기 중기까지 보살은 몸이 가늘고 길거나 적절한 것 등 두 가지 종류의 몸이 동시에 병존하였는데, 이는 곧 호류지 금당의 석가삼존상의 협시보살상과 유메도노 관음상의 신체 차이와 동일하다.

이 외에 한 가지 세부적으로 주목해야 하는 것은 호류지 금당의 석가삼존상 주존과 남조 불상과의 관계의 밀접성에 대한 설명으로 주존 상현좌에 나타나는 드리워진 띠 장식이다. 정묘년(607)에 조성된 호류지 금당의 약사불좌상의 상현좌에 이미 나타나며, 가장 이른 상의 예는 사천성 성도 상업가에서 출토된 제 건무 2년명(495) 불삼존상의 주존(앞 그림 5-16)이다.

유메도노 관음상과 호류지 금당의 석가삼존상의 협시보살은 일정 형식을 갖춘(程式化) 산山형의 높은 보관을 갖추고 있으며, 이는 한반도에서도 볼 수 있다. 한국 국립중앙박물관 소장의 대략 6세기 금동반가사유상, 한국 호암미술관 소장의 전 경남 출토의 대략 7세기 금동반가사유상, 한국 국립부여박물관 소장의 충남 부여 출토의 대략 6세기 백제 금동보살입상[133]이 그 예이며, 산 형태의 높은 보관을 쓰고 두 손으로

[8-81] 국립중앙박물관 소장 반가보살상(『三國時代佛敎彫刻』)

[8-82] 호암미술관 소장 삼국시대 반가상(『三國時代佛敎彫刻』)

[8-83] 삼국시대 서산마애삼존상(『韓國佛敎美術』)

---

133) 『三國時代佛敎彫刻』(國立中央博物館, 1990년판), 42쪽.

보주를 받들고 있는 것은 충청남도 서산의 대략 7세기 백제 마애삼존상의 두 협시보살상이다.

유메도노 관음의 보관과 유사한 투조 공예를 응용한 표현 방식은 하쿠호시대에도 여전히 유행하였는데, 호류지 금당의 고토구(孝德) 하쿠치(白雉) 원년(650) 전후 조성된 사천왕상이 그 예이다. 보살의 보관에 투조 공예기법은 비교적 이른 시기에 한반도에서 나타나는데, 한국 국립중앙박물관 소장의 대략 6세기 금동반가사유상(국보 제78호), 개인 소장의 대략 7세기 백제의 금동반가사유상(앞 그림 7-30) 등이 그 예이다.

유메도노 관음상과 호류지 금당의 석가삼존상의 협시보살은 자체 양식화(程式化)가 이루어지는 과정에서 남조 혹은 한반도에서 만들어진 조상 요소와 제작 기법의 영향을 받은 것이다. 남조가 589년 완전히 멸망한 후, 남조 조상 요소가 일본으로 전파되는 것은 한반도와 중국 산동 청주 지역이 유일하게 고려될 수 있다.

호류지 대보장전의 목제관음입상(앞 그림 8-58)은 어떻게 해서 "백제관음"이라고 칭하게 되었는지 아직 분명하지 않다. 이 상은 아스카시대의 작품으로 보고 있으며, 체형은 가늘고 긴 유메도노 관음상과 비교되는데, 백제관음상의 몸 양측면의 천의는 몸에 밀착되어 드리워졌으며, 유메도노 관음상의 천의는 밖으로 펼쳐지며 드리워져 있어서 두드러진 양식적 차이를 보인다.

이 외에 백제관음상과 유메도노 관음의 공통점과 차이점은 이렇다. 두 상은 모두 가늘고 긴 체형에 천의가 무릎 부분에서 교차하며, 군의 띠 매듭이 아래로 드리워져 있다. 백제관음상의 드리워진 보발은 아직 궐아(蕨芽, 고사리 싹) 형태가 아니며, 상반신은 '좌단식'으로 법의를 입고 있다. 그중 '좌단식' 착의는 해동 지역 불상에서 가볍게 볼 수 없는 현상인데, 중국에서는 그와 유사한 예가 매우 적고, 중국 불상이 '좌단식'으로 내의를 입은 모습은 한반도와 일본과 같이 두드러지지 않는다.

백제관음상과 유메도노 관음상의 몸 양측에서 떨어지는 천의의 표현 방식의 차이를 중국에 두고 생각한다면, 백제관음의 양식은 분명 새롭다. 중국 남북조 시기에는 불상과 보살상의 몸 양측에서 드리워진 옷 주름의 표현이 밖으로 펼쳐져 떨어지는 것에서부터 밀착하여 떨어지는 것에 이르는 두 가지 방식이 이미 나타났다. 대략 5세기 말에서 6세기 중기 이전까지 "수골청상" 양식의 영향을 받은 불상과 보살상은 몸 양측에서 옷 주름이 밖으로 펼쳐져 아래로 드리워져 있다. 대략 6세기 중기 이후, "면단이염" 양식의 영향을 받은 불상과 보살상은 옷 주름이 몸에 더욱 밀착되는 추세이다.

그러나 이 두 가지 양식의 보살상은 7세기 중기를 전후하여 동시에 일본에 유입되어, 유메도노 관음과 백제관음상 등의 작품을 만들었는데, 두 가지 양식의 발생 시간의 선후에 대한 판단은 비교적 복잡하다. 중국에서 같은 불상의 '포의박대식'과 '변화된 포의박대식'이 5세기 말과 6세기 중기에 선후 관계를 두고 흥기하여 일본에 전해졌는데, 특히 현존하는 비교적 이른 시기의 7세기 초기 아스카시대의 불상은 '포의박대식'과 '변화된 포의박대식'이 병존하고, 심지어 '변화된 포의박대식'이 더 이를(早) 가능성이 있다. 안고인(安居院)에 봉안된 스이코(推古) 17년(609)에 도리가 만든 금동아스카대불, 호류지 헌납보물 제143, 151호 등이 그 예이다.

일본 학술계에서는 백제관음상이 유메도노 관음상보다 다소 늦다고 보는데, 주된 이유는 이러한 인식에 기초한다. 즉 백제관음상은 신체적인 모델링이 몸의 정면 혹은 평면에 치중하고 몸을 비교적 편평하게

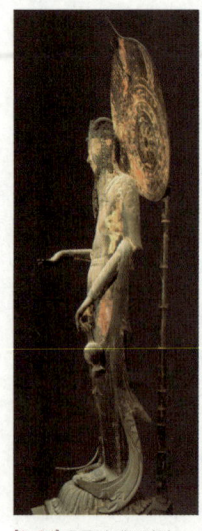 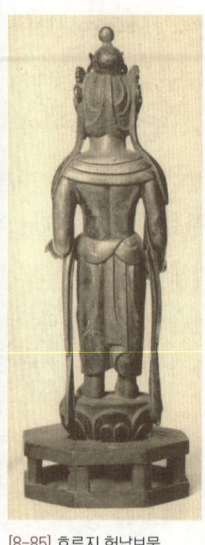 

[8-84] 호류지 대보장전 백제관음 측면
(『特別展·百濟觀音』)

[8-85] 호류지 헌납보물 제179호 관음상 후면
(『御物金銅佛像』)

[8-86] 일본 호린지 허공장보살상
(『日本古寺美術全集 2』)

조성하던 방식으로부터 측면 혹은 두께를 중시하여 몸이 비교적 풍만하고 둥근 조성 방식으로 가는 과도기적인 모습으로, 백제관음의 몸 양측에 드리운 천의가 앞뒤로 흔들리는 모습은 눈에 띠는 조성 방식의 반영이다. 이 밖에 상의 뒷면은 풍만하게 조각되어 있는데, 이전의 불상의 뒷면은 많은 예가 비교적 편평하게 처리하였는데, 이후의 조상 특히 아스카 말기와 하쿠호시대의 보살상 뒷면 조각은 살의 굴곡이 표현될 정도였다.[134] 아울러 이러한 인식으로 구분해 보면, 호린지 허공장보살과 호류지의 사천왕상 모두 유사한 점이 있다.

문제는 백제관음과 같은 가늘고 긴 몸을 가진 상이 일본에서는 드문 예라는 것인데, 중국과 한반도에서도 이러한 유형의 보살상을 찾을 수 없다. 이 상의 원류에 관하여 미즈노 세이치는 "이 상은 용문석굴 말기의 양식을 채용하였으며, 일본화가 이미 고도로 진행되었음을 보여 준다고 할 수 있다. 사실 이것 역시 아스카 불상인데, 중국에서는 이러한 청정한 작품을 찾아볼 수 없다"고 하였다. 그러나 미즈노 세이치는 동시에 "중국에 없는 물건이 일본화를 이루어 아스카 양식을 이루었다고 하는 것은 아마도 다소 지나친 것이다. 아스카 양식 중 일본화된 것 외에, 백제, 한반도의 것이 있고, 나아가 남조南朝류의 요소를 가지지 않은 중국 북방의 것이 있을 수 있는데, 이러한 가능성은 매우 크다"고 보았다.[135]

구노 다케시는 "백제관음상의 원류를 북위 불상에서는 찾기 어렵고, 중국 남조 형식으로 추정되지만, 남조의 불상 조각 작품이 거의 전해지지 않아 확정해서 말하기는 어렵다"라고 하였다.[136]

마쓰바라 사부로는 "백제관음상에 나타난 중국 불상의 양식은 호린지 (허공장)보살상과 비슷한 수준으로, 한반도를 통해 소화하고 흡수하여 이루어졌다. 호린지 보살상의 다소 미약한 용모와 고상하고 우아한 몸은 한반도의 불상과 일맥상통한다. 이러한 제작 양식을 추측해 보면, 중국으로부터 한반도에 전해지고, 한반도를 경유하면서 취사선택되어 제작되었던 것이다", "백제관음상에 보이는 시원하게 가늘고 긴 양식은 강남의 비非 석조 전통의 기초 위에 생산되고 발전한 것으로, 나는 강북과 관련된 유적에서 특히 강북의 석조상에서는 이러한 몸 표현의 계보를 찾는 것이 불합리적이라 생각한다", "섬서, 감숙, 하남 계열의 불상은 백제관음상의 계보를 거슬러 올라가기에는 뚜렷하지 않기 때문에 백제관음상의 원류를 찾기

---

134) 水野清一,「飛鳥白鳳佛の系譜」,『佛敎藝術』4호(1949); 町田甲一 著, 莫邦富 譯,『日本美術史』(上海人民美術出版社, 1988년판), 42~45쪽.
135) 水野清一,「飛鳥白鳳佛の系譜」,『佛敎藝術』4호(1949).
136) 久野健 等 編, 蔡敦達 譯,『日本美術簡史』(上海譯文出版社, 2000년판), 19쪽.

위해서는 남방 혹은 강남 지역에서 찾아야 할 것이다"[137]라고 하였다.

백제 관음상의 비교적 부드럽고 연약하며 가녀린 모습은 지나친 과장된 표현에 가깝다. 조각의 시각에서 볼 때, 인체와 복식은 물론, 단순하고 얇지만 긴장감이 있는 리듬을 보여 주는 선조는 쉽게 부러질 수 있는 석재로 제작하기에 부적합하여, 석재 조각을 주로 사용한 북방에서 만들어진 조형 표현 형식이 아니라, 오히려 동진 대규戴逵의 "수제오협저상手製五夾紵像"과 가까워서, 목태협저木胎夾紵 혹은 목조칠기木雕髹漆 등 공예 기법의 상들을 채용한 남방에서 숙성된 것이라고 할 수 있다.

2) 하쿠호시대의 보살입상

대략 하쿠호시대에 이르면 부분적으로 도리식 조상 요소가 남아 있는 동시에 새로운 보살 표현 형식이 대량으로 나타난다. 삼면관 머리 장식이 보편적으로 응용되어 두드러지게 반영되었고, 보살의 모습(形體)은 비례가 적절한 유형, 어린아이 얼굴에 짧은 몸 유형, 세장한 유형의 3가지로 나타났다. 하쿠호시대 보살의 몸 위의 장식류도 비교적 큰 변화가 있는데, 이전의 산山형 높은 보관이 삼면관으로 대체되었고, 많은 보살에 영락 장식이 증가하였다.

하쿠호시대에 일본 보살상은 아동형 얼굴에 짧은 몸을 가진 유형이 나타나기 시작하였는데, 야추지(野中寺)의 병인명(666) 보살반가상이 그 예이다. 이에 상응하는 보살입상으로는 하세데라(長谷寺)의 임세壬歲년명(대략 大寶 2년[702]) 금동관음보살상, 시가현 호온지(報恩寺)의 금동관음보살상, 대략 호류지 재건 시기인 덴무(天武)·지토(持統) 연간에 제작된 조형과 유사한 호류지의 육체六體보살상이 그 예이다. 이 외에 호류지 헌납보물 중에도 여러 금동보살입상이 있는데, 예를 들어 제168호, 제170호 관음입상, 제172호 관음입상,

[8-87] 일본 시가현 호온지 관음보살상(『古代小金銅佛』)
[8-88] 호류지 육체보살 중 문수상(『日本古寺美術全集 2』)
[8-89] 호류 헌납 제168호 보살상(『御物金銅佛像』)
[8-90] 호류지 헌납 제179호 관음상 정면(『御物金銅佛像』)
[8-91] 호류지 헌납 제188호 보살상(『御物金銅佛像』)

---

137) 松原三郎, 「飛鳥白鳳佛源流考 2」, 『國華』 932호(1971).

제174호 관음입상, 제175호 관음입상, 제176호 관음입상, 제179호 관음입상, 제188호 보살입상 등이다. 이 유형의 보살입상은 하쿠호시대 이후에도 여전히 계속되었는데, 호류지 헌납보물 제180, 169호 관음입상이 그 예이다.[138]

위에서 언급한 호류지 헌납보물 제179호와 188호의 두 보살입상은 매우 유사하고 하쿠호시대에 만들어진 호류지 육체보살과도 유사하다. 고바야시 다케시(小林剛)는 두 불상은 주존상의 양협시상으로 생각하였으며, 보관에 화불이 있는 179호를 관음, 화불이 없는 존상을 대세지보살로 보았다. 고바야시 다케시는 한 발 더 나아가 두 보살상의 조성 시기를 아스카 중기 이전으로 보았는데, 그는 "모든 우수한 양식 수법이 아스카 중기 이전에 가장 활발하였기 때문에 의심할 여지가 없다"는 것에 근거를 두었다.[139]

미즈노 세이치(水野淸一)는 이러한 인식을 겨냥하여 "고바야시 다케시(小林剛)의 관점은 각종 불상을 한 시기(아스카시대)로 언급하였다. 그리고 주구지(中宮寺)의 미륵, 고류지(廣隆寺)의 2구의 미륵, 나아가 금당 '약사'와 어물 금동불상 등 전부(몇 건은 제외)를 아스카시대에 포함시켰고 다양한 양식들이 병존한다고 하였다. 즉 아스카시대를 하나의 양식 혼란의 시대로 보았다. 그 근본적 이유는, 당시의 일본은 주로 중국과 한반도의 영향을 받았고, 기본적으로 수동적으로 받아들여, 당시 우리는 그 속에 있는 핵심에 대한 충분한 이해와 체득이 없었기 때문이다", "이 설의 가장 큰 결함은 거슬러 올라가는 불상들이 모두 확실한 조성 연대의 기록이 없다는 것이다"[140]라고 지적하였다.

미즈노 세이치(水野淸一)는 「아스카 하쿠호 불상의 계보」(飛鳥白鳳佛の系譜)에서 '아스카 양식'과 '하쿠호 양식'을 두 시대 불교 조각의 양식적 특징이라고 개괄하였는데[141], 기본적으로 한 시대는 한 가지 양식을 가진다는 관점이다.

우리는 한 정권의 관할 지역 내에서 하나의 양식이 주체가 되는 동시에 그것과 기타 다양한 양식이 병존하는 현상을 가볍게 볼 수 없다. 또한 구노 타게시(久野健)가 지적한 것처럼 "도리식 이외의 불상은 아주 이른 시기에 이미 한반도와 대륙으로부터 일본에 들어왔다."[142]

중국에 대해 말하자면, 남북조 시기 정치 혹은 정치 권역 변천과 연관된 것의 영향을 받아 불교 조각 양식의 복잡성이 야기되었다. 비록 우리는 대략적으로 남북조시대의 5세기 말에서 6세기 중기의 조상을 칭해 '수골청상' 양식이라 하고, 6세기 중기 이후의 조상을 '면단이염' 양식으로 칭하지만, 구체적으로 양식을 묘사할 때 하나로 개괄하기는 어렵다.

5세기 말에서 6세기 중기까지 지역을 넘어 전파된 '수골청상', '포의박대식' 불상은 남방에서 북방으로 전파되던 초기에 북조에서 운강석굴의 제5, 6굴의 불상 착의와 같은데, 특히 상현좌의 표현에서 남조와 차이가 있었으며, 얼마 후의 빈양중동 주존과 같은 용문석굴 조상은 가장 바깥쪽 가사가 농우隴右, 하서河西에 예로부터 있었던 '반피식'으로 바뀌어졌다. 각각의 정권 관할 지역에서 같은 양식의 '수골청상' 불상

---

138) 문장에서 열거한 무기년 보살입상의 조성 시기는 다음을 참고하였다. 久野健, 『古代小金銅佛』(小學館, 1982년판), 178~196쪽.
139) 小林剛, 『御物金銅佛像』(國立博物館, 1947년판), 107쪽.
140) 水野淸一, 「飛鳥白鳳佛の系譜」, 『佛敎藝術』 4호(1949).
141) 水野淸一, 「飛鳥白鳳佛の系譜」, 『佛敎藝術』 4호(1949).
142) 久野健, 「飛鳥佛の誕生」, 『美術研究』 315호(1980); 『古代小金銅佛』(小學館, 1982년판), 139~151쪽.

이 유행하였지만, 불의 양식은 세부적으로 중요한 차이가 존재했다.[143]

또한 6세기 중기 이후부터와 같이 중국 남북방의 불교조상은 이전의 야위고 마른 '수골청상'에서 풍만한 것을 선호하여 '면담이염'으로 바뀌었다. 그러나 구체적인 착의법에서는 도리어 청주, 건강, 성도, 맥적산, 막고굴을 잇고 있는 불상에서 '변화된 포의박대식'이 많이 나타나지만, 동위·북제의 정치적인 중심지 부근에 있는 향당산响堂山, 천룡산, 안양 지역의 여러 석굴의 불상들은 '부탑쌍견하수식'으로 입고 있는 것이 많이 나타난다. 불의 양식의 선택은 북방의 서위와 북주 관할 지역과 남조 소량蕭梁이 기본적으로 같은 궤에 있다. 북방 동위와 북제의 관할 지역에서 정치 중심지와 가까운 석굴사의 불상은 남조와 구별되며, 정치 중심지와 멀리 떨어진 청주 등지에서는 오히려 소량과 같은 길을 걷고 있어서, 동위와 북제의 불상의 면단이염이라는 큰 양식 아래, 두 종류의 수량과 규모가 비교적 큰 조상 양식이 나타난다.

남북의 판국 사이에 위치한 산동 청주 지역은 비교적 장기간 동진과 남조의 통치를 받았기 때문에 이후 북조 관할에 들어갔지만, 조상 양식의 흐름은 오히려 남조에 가까웠으며 동위와 북제 정치 중심지의 것과는 달랐다.[144]

만약 위에서 열거한 어린아이 얼굴에 신체가 아담한(동안단구식) 유형의 많은 보살상들을 모두 아스카시대의 작품으로 본다면, 이는 도리식 조상과 동안단구식 조상 중 어느 것이 아스카시대의 주된 양식인지 확정하기가 매우 어렵다. 그래서 구노 다케시는 이러한 어린아이 얼굴에 신체가 아담한 유형을 대부분 하쿠호시대로 보는 것이 합리적이라 여겼다.

호류지 헌납보물 제179, 188호 유형의 동안단구식 양식의 원류에 대하여 고바야시 타케시는 상이 예스럽고 우아하여 북제와 북주 등 작품보다 순수하다고 여겼다.[145]

마쓰바라 사부로는 48체불四十八體佛 중 특히 제179호 보살입상의 양식적인 원류를 "소위 수대 불상의 형성 과정에서 북제 불상과 비교해 북주 불상 계보가 더 중시되는데, 나는 수와 북제, 북주의 관계는 제, 수 불상을 통해 정리되는 것이지, 주, 수 불상 중심으로 정리되는 것 같지는 않다. 이러한 관점에서 말하자면, 일본(我國) 48체불의 보살상은 대체로 수나라 양식이라 할 수 있으며, 특히 전반기 양식을 이해하는 데에는 북주 불상과의 관계를 생각할 필요가 없다. 앞에서 언급한 삽도 8(제179호 보살)의 보살상이 바로 이중 하나의 예이다"[146]라고 설명하였다.

마쓰바라 사부로는 이보다 약간 앞선 글에서 제179호 보살에 대하여 이미 그의 관점을 나타냈다. "삽도 29(제179호 보살)의 보살상은 두 가지 큰 특징을 지닌 고식의 북주 양식으로, 첫 번째가 어린아이의 신체 비례와 동안이다. 이러한 양식의 동안은 중국 불상에서 찾기 어렵고, 이 동안형 불상은 기본적으로 일본 양식의 작품으로 볼 수 있기 때문에 이는 곧 '하쿠호 조각이 곧 아스카 양식의 일본화'라고 하는 추론이 설득력 있는 원인이 된다."

"확실히 중국에서 이러한 천진난만한 표정의 동안형 불상을 찾는 것은 거의 불가능하다. 이는 명랑하

---

143) 費泳, 「佛衣樣式中的"褒衣博帶式"及其在南方的演繹」, 『故宮博物院院刊』 2009년 제2기.
144) 費泳, 「"青州模式"造像的源流」, 『東南文化』 2000년 제3기.
145) 小林剛, 『御物金銅佛像』(國立博物館, 1947년판), 105~107쪽.
146) 松原三郎, 「飛鳥白鳳佛源流考 3」, 『國華』 933호(1971).

고 온화한 풍토의 사람들의 마음에서 비로소 배양되어 나올 수 있는 어린아이의 모습으로, 중국 대륙에서는 근본적으로 볼 수가 없다. 중국 불상의 표정은 대부분 엄숙하다. 나는 이것도 하쿠호시대의 사람들의 마음을 매우 잘 표현한 것이라고 생각한다."

"다만 아스카 초기의 평탄한 조형으로 보면, 이 종류의 원숙한 변화의 추세를 가져온 원동력은 여전히 중국에서 나왔으며, 삽도 30의 북주 천화 2년명 관음상(쇼도[書道]박물관 소장)과 같은 예가 비교하는 데 가장 적합하다. 큰 얼굴, 짧고 작은 양 다리, 어린아이의 체형, 벗은 상체, 군의의 의습선과 뒷면 의습선의 제작수법이 완전히 같다."

"48체불 관음상(삽도 29)이 북주 양식에 속한다고 판단한 근거는 이 불상의 광배(두광)가 좌대 위의 막대기에 지지되어 기대어 세워져 있다는 점인데, 북주 석상도 보통 이러한 수법을 사용하는 것이 닮았다. 이 외에 앞에서 언급한 것과 같이, 이러한 양식의 광배 형식은 한반도에서도 많이 보여 나는 그 원류가 중국 강남 지역에 있다고 추측한다."147)

마쓰바라 사부로의 글 중 '삽도 30'은 즉 북주 천화 원년명(566) 보살상이며, 그는 글에서 호류지 헌납보물 제179호 보살상이 갖고 있는 아이의 천진난만한 표정이 중국 불상에서 보이지 않는다고 강조하고, 하쿠호시대의 사람들의 마음을 나타낸 것이라 하였다. 그렇지만 동시에 마쓰바라 사부로는 제179호 상의 양식 원류에 대한 시선을 북주에서 남조로 돌렸다. 마쓰바라 사부로는 일본 하쿠호시대의 동안단구식 보살상의 원류를 남조 → 북주 → 일본으로 보았다. 이 관점은 합리적이지만, 마쓰바라 사부로가 중국 불상 표정이 대부분 엄숙하다고 인식한 것은 육조시대의 도용 혹은 불교조상에서 가장 두드러진 인물 용모의 특징이 미소라는 것을 간과한 것 같다. 필자는 이를 '육조의 미소'라 칭한다.148)

[8-92] 쇼도박물관 소장 북주 천화 원년(566) 보살상(『海外及港臺藏歷代佛像珍品紀年圖鑒』)

북방의 서위와 북주 지역의 불교조상은 조형적 분위기와 구체적 양식 발전의 맥락에서 모두 성도로 대표되는 남조에 더욱 가깝다. 또한 양홍이 지적한 바와 같이, "맥적산은 당시 감숙과 사천 등과 밀접하게 왕래하였기 때문에, 통견식 소조상을 제작하는 데 있어서 얼굴형에서 의습선 등에 이르기까지 각 방면에서 남조의 원가元嘉 연간의 금동불상과 더욱 닮았다."149) 이 외에 맥적산 보살상의 미소 띤 얼굴, 정수리의 쌍계 및 '포의박대식'에서 '변화된 포의박대식'에 이르는 발전 맥락이 나타난 6세기의 불의를 포함하고 있다.

마쓰바라 사부로는 북주의 천화 원년명 관음상의 광배 구조가 남조에서 비롯되었다고 인식하였다. 이 외에 보살상 자체도 성도 지역

---

147) 松原三郎,「四十八體佛—その系譜について」,『古美術』19호(1967).
148) 費泳,「"建康模式"的形成及佛像樣式特征」,『南京藝術學院學報(美術與設計版)』 2017년 제1기.
149) 楊泓,「試論南北朝前期佛像服飾的主要變化」,『考古』 1963년 제6기.

의 남조 조상 중 머리가 크고 몸이 아담한 상의 예를 찾을 수 있는데, 제의 영명 원년(483)에 조성된 배병背屛의 좌우측 위에 새겨진 장엄 보살입상, 성도 서안로에서 출토된 양 천감 3년명(504) 법해 조상의 협시보살(앞 그림 4-102), 만불사 양 중대동 3년명(548) 조상의 주존 관음보살(앞 그림 6-15), 성도 상업가에서 출토된 번호 90CST:2호 불삼존상 중 두 협시보살 등이 그 예이다. 또한 분명하게 식별되는 성도에서 출토된 남조의 이러한 유형의 보살상은 대부분 미소를 띠고 있다.

또한 동시에 분명하게 큰 머리에 짧은 몸, 미소를 갖춘 보살상은 특별히 병령사와 맥적산으로 대표되는 십육국, 북조 석굴 조상에서 자주 보이는데, 병령사 169굴의 서진시대 보살입상(앞 그림 2-7), 맥적산 제115굴의 북위시대 보살입상, 맥적산 제132굴의 서위시대 보살입상 등이 그 예이다.

[8-93] 사천 무문 출토 제 영명 원년(483) 조상 좌우측 돌 상단의 보살상 탁본(『四川出土南朝佛敎造像』)

수나라 보살 중 얼굴이 크고 아담한 몸을 가진 유형은 병령사, 맥적산으로 대표되는 북조 유형의 조상을 계승한 것으로, 맥적산 제94굴의 보살입상, 네덜란드 국립민족학박물관 소장의 관음보살입상, 일본 개인 소장의 관음보살입상, 미국 보스턴미술관 소장의 관음보살입상, 미국 메트로폴리탄박물관 소장의 관음보살입상[150]이 그 예이다.

[8-94] 맥적산석굴 94굴 보살상 (『中國石窟·天水麥積山』)

[8-95] 네덜란드 국립민족학박물관 소장 수대 관음보살상(『海外及港臺藏歷代佛像珍品紀年圖鑒』)

[8-96] 일본 개인 소장 수대 관음보살상(『海外及港臺藏歷代佛像珍品紀年圖鑒』)

---

150) 金申, 『海外及港臺藏歷代佛像珍品紀年圖鑒』(山西人民出版社, 2007년판), 164·167쪽.

머리가 크고 몸이 아담한 유형의 보살상은 중국 남조에서 발생되었으며, 후에 북방 서부의 서위, 북주 영역에 전해졌다. 현전하는 실물 자료로 볼 때, 북방 동부의 동위, 북제의 관할 지역에 있는 현존하는 실물 자료는 이곳이 577년에 북주에 귀속 전에는 머리가 크고 몸이 아담한 유형이 오히려 발견되지 않는다는 것을 보여 준다. 그렇기에 중국에서 일본으로 전파된 것을 고려하면, 아스카시대에 남조에서 직접 일본으로 전해졌을 가능성을 배제할 수 없으며, 혹은 당시 도리식 양식이 주도적인 지위에 있어서, 충분히 드러나지 못했었을 수도 있다. 만약에 중국 북조로부터 일본에 전해졌다는 것을 고려한다면, 발생 시기는 가장 이르게 보아도 577년 이후가 될 것이다.

또한 머리가 크고 아담한 몸의 보살상은 성도로 대표되는 남조, 혹은 서위, 북주, 수 보살상의 유일한 신체적 특징이 아니며, 이들 지역 내에서도 몸이 균형 잡히거나 세장한 보살상도 많다. 머리가 크고 몸이 아담한 유형의 보살상은 일본 하쿠호시대에 더욱 발전하였는데, 필자는 그 조형적인 특징이 일본인이 추구하는 미의식과 부합하여, 동안의 얼굴 특징이 만들어져 빠르게 일본화된 동시에 하쿠호시대 불상에도 영향을 끼쳤다고 생각한다(앞 그림 8-5).

미즈노 세이치와 같이 하쿠호시대 불상 양식에 대한 일본 학계에 존재하는 개괄적인 인식은 이렇다. "하쿠호시대 전반 3대(고토쿠[孝德], 사이메이[齊明], 덴지[天智])는 아스카 조각의 계승이며, 후반 3대(덴무[天武], 지토[持統], 몬무[文武])는 덴표(天平) 조각에 대한 개척이다."[151] 호류지 헌납보물 제179호에 보이는 동안단구식 유형의 조상은 하쿠호시대 중기에 대규모로 나타난다고 보는 것이 비교적 믿을 만하다. 도리식 조상과 서로 비교하면, 이러한 조상은 일본 본토화의 색채가 더욱 농후한 덴표시대 불교조상에 더욱더 가깝다.

균형 잡힌 몸을 가진 유형의 보살입상은 몸과 얼굴 모습이 동안단구와 같지 않으며, 어른의 모습에 보

[8-97] 호류지 헌납보물 제166호 보살상(『御物金銅佛像』)

[8-98] 호류지 대보장전 유메치가이관음(『古美術』 19호)

다 가까운데, 가쿠엔지(鱷淵寺)의 임진명(692) 관음보살, 이치조지(一乘寺)의 대략 다이카(大化) 5년(649) 금동관음보살, 호류지 헌납보물 제165호 신해명(591/651) 금동관음보살상, 호류지 헌납보물 제144호('야마다덴노조'명 아미타삼존상) 주존의 양측 관음대세지보살, 호류지 헌납보물 제166호, 호류지 헌납보물 제167호, 호류지 관음보살, 호류지 대보장전 유메치가이(夢違)관음이 그 예로, 이 유형의 보살입상은 대부분 머리에 삼면관을 쓰고 있다.

이 중 신해명 조상은 쌍계에 삼면관을 썼으며, 그 조성 시기는 고토쿠 천황의 하쿠치(白雉) 2년(651)으로 보는 것이 비교적 합리적이다. 몸 양측으로 펼쳐져 떨어지는 천의(혹은 지느러미형 의습선) 및 양손으로 보주를 받들고 있는 특징은 모두 호류지 금당의 석가삼존상과 유메도노 관

---
151) 水野淸一,「飛鳥白鳳佛の系譜」,『佛敎藝術』 4호(1949).

음상의 유형과 같다. 이는 도리 양식 조상에서 받아들인 것으로, 신해명 조상을 스슌(崇峻) 4년(591)의 작품으로 본다면, 삼면관의 발생 시기가 아무래도 너무 이르다.

양손으로 보주를 받들고 있는 보살상의 원류는 성도 成都로 대표되는 6세기 전의 남조 보살상까지 거슬러 올라간다. 백제 보살상 중에서도 자주 보이는데, 충청남도의 서산 마애삼존의 주존 우측 보살입상, 충청남도 부여 출토의 금동보살입상, 한국 국립중앙박물관[152] 소장의 금동보살입상이 그 예이다. 일본에서 양손으로 보주를 받들고 있는 보살은 호류지 유메도노 관음, 대보장전 금동보살입상 등과 같이 아스카시대 보살상에서 비교적 자주 보이는데, 하쿠호시대에는 상술한 호류지 헌납보물 제166, 167호가 포함되고, 또한 오사카시립미술관 소장의 나라 요코이하이지(横井廢寺) 출토의 금동보살입상, 교토 호소미(細見)미술관 소장의 보살입상 등이 있다.

[8-99] 국립중앙박물관 소장 금동보살상(『美術研究』 296호)

[8-100] 호소미미술관 소장 보살상(『東アジアの金銅佛』)

1956년, 절강浙江성 금화金華에 있는 오월시대의 만불탑 기단에서 여러 존의 동조불상이 출토되었는데, 그중 1존의 보살입상의 모습, 머리 장식과 복식의 특징이 신해명 존상과 유사한데[153], 마쓰바라 사부로는 이 상을 남북조시대의 양과 진의 조상으로 보았다[154]. 이 상의 미소를 띤 얼굴, 지느러미형 의습, X형 영락, 두 손가락을 편 왼손, 삼주관 三珠冠, 광배 구조와 관증 형태[155] 등이 모두 성도 및 남경 덕기광장에서 출토의 남조 조상에서 유사한 예를 찾을 수 있는데, 특히 만불사 출토의 양 중대동 3년명(548) 법수 조상의 주존 관세음보살과 유사하다. 만불탑의 이 상은 남조 시기부터 전해 내려오는 보살입상인지 모호하며, 그 상의 양식은 만불사의 법수 조상과 일본 신해명 상 사이에 위치한다.

주목해 볼 만한 점은 하쿠호시대의 몸이 균형 잡힌 이러한 유형의 같은 보살입상도 몸 양측에 천의가 드리워지는 방식이 2가지로 나뉜다는 것인데, 즉 밖으로 펼쳐져 드리워진 양식(지느러미형 의습)과 밀착된 채 드리워진 양식이다. 전자는 신해명 상, 호류지 헌납보물 제166호 등이 그 예이며, 후자는 이치조지(一乘寺)

[8-101] 절강 금화 만불탑 지궁 출토 남조 보살상(『佛畤天姥』)

---

152) 역자 주: 원문 국립현대미술관. '덕수 3231'로 국립중앙박물관 소장품임.
153) 浙江省文物管理委員會 編, 『金華萬佛塔出土文物』(文物出版社, 1958년판), 圖16.
154) 松原三郎, 「中國佛像樣式の南北再考」, 『美術研究』 296호(1974).
155) 이 상의 寶繒(관증)이 날리는 모습은 성도 서안로에서 출토된 제 永明 8년명(490) 법해 조상 뒷면의 교각미륵보살과 유사하다.(『四川出土南朝佛教造像』, 도판54-2) 북방 역시 이러한 보증의 표현 방식이 나타나지만 발생 시기는 남방보다 늦은데, 일본 개인 소장의 북위 熙平 3년(518)에 疊任이 만든 관세음입상이 그 예이다.

관음보살, 호류지 헌납보물 제167호, 유메치가이관음 등이며, 이러한 조상의 양식적인 원류는 제, 수대 보살과 밀접하다.[156] 지느러미형 의습선을 보면 하쿠호시대 초기에 몸에 붙는 양식으로 완전히 대체되지 않았으나, 하쿠호시대 보살상 의습의 발전 추세는 지느러미형 의습선이 점차 적어지고, 몸에 달라붙는 양식이 발전하여 주류를 이룬다는 것을 보여 준다.

하쿠호시대의 이러한 보살은 또 하나의 특징이 있다. 바로 영락 장식이 비교적 복잡해진 것인데, 이는 중국 남북조에서 비교적 자주 나타나는 X형 영락에 한정된 것은 아니다. 특히 이치조지의 다이카(大化) 5년명 보살입상, '야마다덴노조'명 아미타삼존상, 가쿠엔지의 임진명 보살입상은 이미 영락 표현이 번잡해졌다. 중국 산동 청주 지역, 특히 제성諸城의 북제 연간에 조성된 보살에서도 복잡한 구조의 영락이 나타나는데[157], 이에 대하여 양홍(楊泓)은 "제성의 북조 말기 보살상의 복잡한 구조의 영락과 패식은 사람들로 하여금 사천 성도 만불사 폐사지에서 출토된 북주 천화 2년명(567) 보살입상을 연상하게 하는데, 이는 복잡한 영락과 패식을 갖추고 있다. 아쉽게도 천화 2년명 보살입상은 머리와 어깨 부분이 훼손되었으나, 조형 양식은 서북 지역의 현전하는 북조 조상과 다르며, 성도 지역에 원래부터 있었던 남조 조상과 지방 양식의 영향을 받았음이 뚜렷하다. 이것도 제성 조상에 보이는 지방 양식의 원류를 고찰하는 데 도움을 준다."[158]라고 하였다. 하쿠호시대 보살상의 복잡한 영락 장식이 청주 지역과 관련된 가능성은 명확하며, 그 연원은 또한 남조를 가리키고 있다.

[8-102] 야쿠시지 동원당 성관음보살동상
(『日本古寺美術全集 3』)

[8-103] 클리블랜드미술관 소장 당대 수공 3년(687) 보살상(『海外及港臺藏歷代佛像珍品紀年圖鑒』)

이 외에 야쿠시지 동원당의 성관음보살동상과 이 절 금당의 약사삼존상 중 일광, 월광 두 협시보살상 역시 신체 비례가 비교적 적절한 이러한 유형의 보살입상으로, 이 중 성관음보살은 일반적으로 하쿠호시대에서 비교적 늦은 시기의 작품으로 보며, 일광·월광 두 보살상의 조성 시기는 하쿠호시대 말기 혹은 덴표시대 초기일 가능성이 있다.[159] 이 3존의 보살입상에서는 이미 완전히 동안단구의 영향이 사라졌고, 힘 있고 건장한 신체와 우뚝 솟은 육계와 얼굴 및 일광·월광 보살의 S자 형의 몸은 중국 초당 보살 조상의 영향을 받은 것이 분명하게 느껴진다. 대략 하쿠호 말기에서 덴표 초기 보살상의 자세는 S자로 굽은 자세가 비교적 자주 보이는데[160], 이러한 상들의 예로

---

156) 水野淸一,「飛鳥白鳳佛の系譜」,『佛敎藝術』4호(1949).
157) 杜在忠·韓崗,「山東諸城佛敎石造像」,『考古學報』1994년 제2기.
158) 楊泓,「關于南北朝時靑州考古的思考」,『文物』1998년 제2기.
159) 야쿠시지(藥師寺) 금당의 약사삼존상의 조성 연대는 몬무(文武) 천황 원년(697) 설과 겐쇼(元正) 천왕 요로(養老, 717~723)에서 쇼무(聖武) 천황 진키(신키, 神龜, 724~728) 연간 설이 있다.
160) 久野健,『古代小金銅佛』(小學館, 1982년판), 152~203쪽.

는 가쿠린지(鶴林寺)의 관음보살상, 호류지 헌납보물 제184호, 호류지 헌납보물 제173호, 호류지 헌납보물 제185호 관음, 세지보살입상 등이다.

몸이 가늘고 긴 유형의 보살입상은 하쿠호 초기의 작품인 간신지(觀心寺)의 무오년명(658) 금동관세음보살상이 그 예로, 비록 몸이 가늘고 긴 것은 같지만 유메도노 관음상, 백제관음상과는 여전히 구별되는데, 특히 허리가 가늘고 긴 특징을 반영하고 있다. 즉 미즈노 세이치는 간신지 관음상의 양식적인 원류는 동위와 수 사이에 있으며, 특히 만곡의 허리는 수나라 조상과 닮았다고 보았다.[161]

보살상의 몸이 세장하며 허리가 가늘고 S자 형태 등의 특징을 동시에 보이는 상은 중국 수나라 보살상에서 많이 보이며, 수 개황 5년명(585) 금동보살입상, 미국 디트로이트미술관 소장의 관음보살입상이 그 예이다. 몸이 세장하고 허리가 가는 수대 보살상 중에서 S자 형태를 하지 않은 유형은 미국 하버드대학미술관[162] 소장의 수나라 금동보살입상, 도쿄국립박물관 소장의 수나라 금동보살입상[163], 일본 아타미 MOA미술관 소장의 수나라 금동보살입상[164] 등이 그 예이다. 이러한 유형의 보살상의 몸은 간신지 보살상과 더욱더 유사하다.

이 밖에 백제 7세기의 보살입상 중에서도 몸이 세장하고 허리가 가는 조형이 나타난다. 마쓰바라 사부로는, 비록 신해명 보살과 간신지 보살이 두 손으로 보주를 받치고 있는 것은 같지만, 두 상은 두 개의 다른 계파에 속하는데, 전자는 중국 계열에 속하며, 후자는 한반도 계열에 속한다고 보았다. 그는 동시에 이

[8-104] 가쿠린지 관음보살상 (『古代小金銅佛』)

[8-105] 디트로이트미술관 소장 관음보살입상(『海外遺珍』)

[8-106] 하버드대학미술관 소장 수대 보살상(『海外遺珍』)

[8-107] 백제 7세기 보살상 (『三國時代佛敎彫刻』)

---

161) 水野淸一,「飛鳥白鳳佛の系譜」,『佛敎藝術』4호(1949).
162) 역자 주: 현 명칭으로 변경.
163) 村田靖子,『小金銅佛の魅力: 中國·韓半島·日本』(里文出版, 2004년판), 56쪽.
164) 金申,『海外及港臺藏歷代佛像珍品紀年圖鑒』(山西人民出版社, 2007년판), 475쪽.

러한 다른 계보가 병존하는 현상은 하쿠호 초기의 현저한 특징이며, 하쿠호 초기에 불교조상은 중국 수나라의 영향을 받음과 동시에 한반도의 영향도 매우 크게 받으면서 발전하였다[165]고 보았다.

간신지 보살은 결국 수나라 보살의 직접적인 영향을 받았거나 아니면 백제를 거친 수대 보살의 간접적인 영향을 받았다. 다만 양식 분석이 여전히 불명확하며, 필자는 스이코(推古) 8년(600)에서 덴지(天智) 8년(669)까지 이 기간 동안에 일본이 10여 차례에 걸쳐 견수사, 견당사를 중국에 파견하여 중국 불교와의 왕래가 끊어지지 않아, 하쿠호시대에 일본이 직접 중국으로부터 불교조상의 영향을 받았을 가능성은 충분하다고 생각한다.

〈표 8-2〉 수, 초당 일본 견수사, 견당사 기사[166]

연대	사건	내용	출처
수 개황 20년(600) 일본 스이코 8년	일본 제1차 견수사	개황 20년(600)에 왜왕의 성은 아매阿每(아메), 자는 다리사비고多利思比孤(다리시히코), 호는 아배계미阿輩雞彌인데 사신을 보내어 궁궐에 찾아왔다.	『수서』, 「왜국」
수 대업 3년(607) 일본 스이코 15년	일본 제2차 견수사	대업 3년(607)에 그 왕 다리사비고多利思比孤가 사신을 보내어 조공하였는데, 그 사신이 말하기를 "바다 서쪽의 보살천자가 불법을 중흥하였다고 들었으므로 사신을 보내어 조배하고, 아울러 승려 수십 명을 보내어 중국에서 불법을 배우고자 한다"고 하였다. 그 국서에서 이르기를, "해 뜨는 곳의 천자가 해 지는 곳의 천자에게 글을 보낸다. 잘 지내는가?" 운운이라고 하였다. 황제가 이를 보고 기꺼워하지 않고, 홍로경에게 이르기를, "오랑캐의 글이 무례한 바가 있으니, 다시 보고하지 않도록 하라"고 하였다.	『수서』, 「왜국」
		7월 무신삭 경술(3일)에 대례大禮 오노노오미 이모코(小野臣妹子[蘇因高])를 대당에 파견하였다. 그리고 구라쓰쿠리노 후쿠리(鞍作福利)를 통역으로 삼았다.	『일본서기』, 권22
		비고: 같은 해, 호류지 금당의 정묘명(607) 약사여래 목조(木質)좌상	불상 명문
수 대업 4년(608) 일본 스이코 16년	수에서 처음으로 일본에 사신을 보냄. 일본 제3차 견수사	다음 해(대업 4년, 608)에 황제는 문림랑 배청裵淸을 왜국에 사신으로 보냈다. 백제로 건너가 죽도에 이르러, 남쪽으로 탐라국을 바라보면서, 도사마국을 거쳐 멀리 큰 바다로 들어갔다. 다시 동쪽으로 일지국에 이르고 다시 죽사국에 이르렀고, 다시 동쪽으로 진왕국에 이르렀다. 그곳의 주민은 중국과 같으며 이주라고 하는데, 의심스럽고 분명히 알 수 없다. 다시 10여 국을 거쳐 바닷가에 다다른다. 죽사국부터 동쪽 (나라들)은 모두 왜에 부용附庸한다. 왜왕은 소덕小德 아배대阿輩臺를 보내어 수백 명을 데리고 와서 의장을 설치하고 북과 뿔피리를 울리며 맞이하였다. 열흘 후에 다시 대례大禮 가다비哥多毗를 보내어 200여 기병을 거느리고 교외에 나아가 위로하였다. 드디어 그 도읍에 이르렀는데, 그 왕은 배청과 만나 크게 기뻐하며 말하기를, "나는 바다	『수서』, 「왜국」

---

165) 松原三郎, 「四十八體佛―その系譜について」, 『古美術』 19호(1967).
166) 역자 주: 본 표의 해석은 국사편찬위원회, 『國譯 中國正史朝鮮傳』(국사편찬위원회, 1986); 동북아역사재단, 『譯註 中國 正史 外國傳 8―周書·隋書 外國傳 譯註』(동북아역사재단, 2010); 『譯註 中國 正史 外國傳 10―舊唐書 外國傳 譯註·下』(동북아역사재단, 2011); 『譯註 中國 正史 外國傳 11―新唐書 外國傳 譯註·中』(동북아역사재단, 2011); 『역주 일본서기 3』(동북아역사재단, 2013)의 내용을 수정 및 인용하였음.

연대	사건	내용	출처
수 대업 4년(608) 일본 스이코 16년	수에서 처음으로 일본에 사신을 보냄. 일본 제3차 견수사	서쪽에 대수라는 예의를 갖춘 나라가 있다고 들은 까닭에 사신을 보내어 조공하였다. 나는 오랑캐로서 바다 모퉁이에 치우쳐 살고 있어서 예의를 듣지 못했다. 그래서 내 땅 안에 머물러 있어서 쉽게 서로 만나지 못했다. 이제 새로이 길을 청소하고 숙소를 꾸미 대사를 기다렸다. 바라건대 대국이 새롭게 된 가르침을 듣고자 한다"고 하였다. (배)청이 대답하기를, "황제는 그 덕이 하늘과 땅에 버금가며, 은택은 온 세상에 미친다. 왕이 교화를 사모하는 까닭에, 사신을 이곳에 오게 하여 가르침을 베풀도록 한 것이다"라고 하였다. 그런 뒤에 (배)청을 이끌어 숙소에 머물게 하였다. 그 후 (배)청은 사람을 보내어 그 왕에게 말하기를, "조정의 명령이 이미 도달하였다. 청컨대 곧 길을 경계할 것을 부탁한다"고 하였다. 그래서 연향을 베풀고 (배)청을 보내었고, 또한 사자로 하여금 (배)청을 따라 와서 방물을 바쳤다. 그 후 마침내 (관계가) 끊어졌다.	『수서』, 「왜국」
		4월에 오노노오미 이모코(小野臣妹子)가 대당에서 귀국하였다. 당국(唐國)에서는 매자신을 소인고蘇因高라 불렀다. 대당의 사인 배세청과 하객 12명이 매자신을 따라서 쓰쿠시(筑紫)에 도착하였다. 천황은 나니와노키시 오나리(難波吉士雄成)를 보내 대당의 객 배세청 등을 부르고, 당의 객을 위해 새로운 관을 나니와(難波)의 고구려관 옆에 지었다.	『일본서기』, 권22
		9월 신미삭 을해(5일)에 객들이 나니와(難波)의 오호고오리(大郡)에서 향응하였다. 신사(11일)에 당의 객인 배세청이 돌아갔다. 즉시 다시 오노노오미 이모코를 대사로 하고 길사 오나리를 소사로, 후쿠리를 통사로 삼아 당객을 수행시켰다. 이에 천황이 당의 황제에게 안부를 물었다. "동쪽의 천황이 삼가 서쪽의 황제에게 아룁니다. 사신인 홍려시의 장객 배세청 일행이 오게 되어 오랜 기간의 회포가 풀렸습니다. 가을도 점차 저물어 가고 청량해졌는데 황제께서는 어떻게 지내시는지요. 평안하실 것으로 생각합니다. 저도 평안합니다. 지금 대례 소인고와 대례 오나리 등을 보내어 삼가 아룁니다"라고 말하였다. 이때 당국으로 보낸 학생은 야마토노아야노아타이 후쿠인(倭漢直福因)과 나라노야사 에묘(奈羅譯語惠明), 다카무쿠노아야히토 구로마로(高向漢人玄理), 이마키노아야히토 오쿠니(新漢人大國) 및 학문승 니치몬(日文), 미나부치노아야히토 쇼안(南淵漢人淸安), 시가노아야히토 에온(志賀漢人慧隱), 이마키노아야히토 고사이(新漢人廣齊) 등 모두 8명 이었다.	『일본서기』, 권22
수 대업 5년(609) 일본 스이코 17년	오노노오미 이모코가 수나라로부터 귀국함.	9월에 오노노오미 이모코 등이 대당에서 귀국하였다. 오직 통역인 후쿠리는 돌아오지 않았다.	『일본서기』, 권22
	비고: 같은 해, 아스카데라 안고인(安居院) 장육금동불 낙성. 이 상은 스이코(推古) 16년, 일본에 온 수나라 사자 배세청의 공양을 받았다.		장육광명 丈六光銘
수 대업 6년(610) 일본 스이코 18년	일본 제4사 견수사	(대업) 6년 봄 정월, 기축, 왜국에서 사신과 방물을 바쳤다.	『수서』, 「제기帝紀」
수 대업 10년(614) 일본 스이코 22년	일본 제5차 견수사	(스이코 22) 6월 정묘삭 기묘(13일)에 이누카미노기미 미타스키(犬上君御田鍬)와 야타베노 미야쓰코(矢田部造)를 대당에 보냈다.	『일본서기』, 권22

연대	사건	내용	출처
당 정관 4년(630) 일본 조메이 2년	일본 제1차 견당사	(조메이 2) 가을 8월 계사묘삭 정묘(5일)에 대인大仁 이누카미노키미 미타스키(犬上君三田耜)와 대인 구스시 에니치(藥師惠日)를 대당에 보냈다.	『일본서기』, 권23
당 정관 6년(632) 일본 조메이 4년	당에서 보낸 사신 고표인 高表仁이 일본에 도착함.	(조메이) 4년 가을 8월에 대당이 고표인을 보내어 삼전사를 귀국시켰다. 함께 대마에서 머물렀다. 이때 학문승 영운靈雲과 승민僧旻, 승조 양승勝鳥養, 신라에서 보낸 사신들이 따라왔다. 겨울 10월 신해삭 갑인(4일)에 당국의 사신 고표인 등이 난파진에 정박하였다. 곧 오토모노무라지 우마카히(大伴連馬養)를 보내 강 입구에서 맞이하게 하고, 배 32척과 북, 피리, 깃발을 모두 갖추어 장식하였다. 그리고 고표인에게 "천자의 명을 받은 사자가 천황의 조정에 오신 것을 알고 마중을 나왔습니다"라고 말하였다. 고표인이 "바람이 찬 날에 배를 장식하여 마중 나오시어 황송합니다"라고 말하였다. 이때 나니와노키시 오쓰기(難波吉士小槻)와 오호카후치노아타이 야후시(大河內直矢伏)를 안내자로 삼아 사신들을 객관 앞에 오게 하였다. 그리고 이키노후히토 오토(伊岐史乙等)와 나니와노키시 야쓰시(難波吉士八牛)를 보내 사신들을 안내하여 객관에 들어가게 하였다. 그날 신주를 내렸다.	『일본서기』, 권23
	비고: 『구당서』「동이」에 "정관 5년(631)에 사신을 보내어 방물을 바쳤다. 태종이 그 길이 먼 것을 불쌍히 여겨, 담당관사에 칙을 내려 해마다 공물을 바치지 않도록 하였다. 또한 신주자사 고표인을 보내어 부절을 가지고 가서 위무하게 하였다"라고 되어 있다. 『일본서기』 기록에서는 조메이 2년에 견당사를 파견하였고, 당나라 사신은 역시 고표인으로, 기록의 발생 시기에서 『구당서』와 『일본서기』에 약간의 차이가 있다.		『구당서』, 「동이」
당 정관 7년(633) 일본 조메이 5년	당에서 보낸 사신 고표인이 귀국함.	(조메이) 5년 봄 정월 기묘삭 갑진(26일)에 대당의 고표인 등이 귀국하였다. 송사 기시노 오마로(吉士雄摩呂)와 구로마로(黑麻呂) 등이 대마까지 배웅하고 돌아왔다.	『일본서기』, 권23
당 정관 13년(639) 일본 조메이 11년	당유학승이 귀국함.	(조메이 11) 가을 9월에 대당의 학문승 혜은惠隱과 혜운惠雲이 신라의 송사를 따라 입경하였다.	『일본서기』, 권23
당 정관 14년(640) 일본 조메이 12년	당유학승이 귀국함.	(조메이 12) 겨울 10월 을축삭 을해(11일)에 대당에서 학문승 쇼안(淸安)과 학생 다카무쿠노아야히토 구로마로(高向漢人玄理)가 신라를 경유하여 귀국하였다.	『일본서기』, 권23
당 영휘 4년(653) 일본 하쿠치 4년	일본 제2차 견당사	(하쿠치) 4년 여름 5월 신해삭 임술(12일)에 당에 파견하는 대사 소산상小山上 기시노 나가니(吉士長丹), 부사 소을상小乙上 기시노 고마(吉士駒), 학문승 다우곤(道嚴), 다우쓰우(道通), 다우쿠와우(道光), 에세(惠施), 가쿠쇼(覺勝), 벤샤우(弁正), 에세우(惠照), 소우닌(僧忍), 지소(知聰), 다우세우(道昭), 조에(定惠, 내대신의 장자), 안다치(安達, 나카토미노코메노무라지[中臣裒每連]의 아들), 다우쿠완(道觀, 가스가노아타노오미 구다치[春日粟田臣百濟]의 아들), 학생 고세노오미 구스리(巨勢臣藥, 도요타리노오미[豐足臣]의 아들), 히노무라지 오키나(冰連老人, 마타마[眞玉]의 아들), 어떤 책에는 학문승 지벤(知辨), 기토쿠(義德) 학생 사카히베노무라지 이하쓰미(坂合部連磐積)를 더하였다. 모두 121명이 한 척의 배에 탔다. 무로하라노오비토 미타(室原首御田)를 송사로 삼았다. 또한 대사 대산하大山下 다카타노비토 네마로(高田首根麻呂), 부사 소을상小乙上 가니모리노무라지 오마로(掃守連小麻呂), 학문승 다우후쿠(道福), 기캬우(義向) 등 모두 120명이 한 척의 배에 탔다. 하지노무라지 야쓰테(土師連八手)를 송사로 삼았다.	『일본서기』, 권25

연대	사건	내용	출처
당 영휘 4년(653) 일본 하쿠치 4년	일본 제2차 견당사	가을 7월에 당에 파견된 사신 다카타노 네마로(高田根麻呂) 등이 사쓰마노쿠마(薩麻之曲)와 다카시마(竹嶋)의 사이에서 배가 침몰하여 모두 죽었다. 단지 5명만이 살아남아 판자 하나에 의지하여 다카시마로 떠내려가 어찌할 바를 몰랐다. 5명 가운데 가도베노 가네(門部金)가 대나무를 베어 뗏목을 만들어 이것을 타고 시토케시마(神嶋)에 도착하였다. 이 5명은 6일 밤낮을 아무 것도 먹지 못하였다. 가네(金)를 칭찬하여 관위를 올려주고 녹을 내렸다.	『일본서기』, 권25
당 영휘 5년(654) 일본 하쿠치 5년	일본 제3차 견당사	(하쿠치 5년) 2월에 당에 파견할 압사押使 대금상大錦上 다카무쿠노후비토 구로마로(高向史玄理), 대사 소금하小錦下 가하베노오미 마로(河邊臣麻呂), 부사 대산하 구스시 에니치(藥師惠日), 판관 대을상 후미노아타이 마로(書直麻呂), 미야노오비토 아미다(宮首阿彌陀¹⁶⁷), 소을상 오카노키미요로시(岡君宜), 오키소메노무라지 오쿠(置始連大伯), 소을하 나카토미노하시히토노무라지 오유(中臣間人連老), 다나베노후비토 도리(田邊史鳥) 등은 배 두 척에 나누어 타고 수개월간 머물다가 신라도를 항해하여 내주萊州에 도착하였다. 그리고 드디어 왕경에 이르러 천자를 뵈었다. 이에 동궁감문東宮監門 곽장거郭丈擧가 일본국의 지리와 국초의 신의 이름에 관해 자세히 물었다. 모두 물음에 따라 답하였다. 압사 타카무쿠노 구로마로(高向玄理)는 당에서 죽었다. (이키노 하카토고[伊吉博得]가 말하길, "학문승 에메우[惠妙]는 당에서 죽었다. 지소[知聰]는 바다에서 죽었다. 지코쿠[智國]도 바다에서 죽었다. 지소는 경인년에 신라의 배편으로 돌아왔다. 가쿠쇼[覺勝]는 당에서 죽었다. 기쓰우[義通]는 바다에서 죽었다. 조에[定惠]는 을축년에 유덕고劉德高의 배편으로 돌아왔다. 메우루[妙位], 호후쇼[法勝], 학생 히노무라지 오키나[冰連老人], 가우와우콘[高黃金] 등 모두 12명과 따로 야마토노우지 간치코[倭種韓智興], 데우 구완호[趙元寶]는 금년에 사신과 함께 돌아왔다"라 하였다.)	『일본서기』, 권25
	일본 제2차 견당사와 백제, 신라에서 보낸 사신이 귀국함.	가을 7월 갑신삭 정유(24일)에 서해사西海使 기시노 나가니(吉士長丹) 등이 백제, 신라에서 보낸 사신과 함께 쓰쿠시에 이르렀다. 이달에 서해사들이 당나라의 천자를 만나 많은 문서와 보물을 받아온 것을 칭찬하여 소산상 대사 기시노 나가니에게 소화하少花下를 내렸다. 봉호 2백호를 내리고, 구레(吳)라는 우지(氏)를 주었다. 소을상 부사 기시노 고마(吉士駒)에게 소산상을 주었다.	『일본서기』, 권25
당 영휘 6년(655) 일본 사이메이 원년	제3차 견당사가 일본으로 귀국함.	8월 무술삭(1일)에 가하베노오미 마로(河邊臣麻呂) 등이 당에서 돌아왔다.	『일본서기』, 권26
당 현경 4년(659) 일본 사이메이 5년	제4차 견당사	영휘 초에 그 왕 효덕孝德(고토쿠)이 즉위하여 연호를 백치白雉(하쿠치)라고 하고, 한 말 크기의 호박과 다섯 되 그릇만한 마노를 바쳤다. 이때 신라가 고려와 백제의 침략을 받자 고종이 새서를 내려, 군사를 돕도록 하였다. 얼마 있지 않아 효덕이 죽자 그 아들 천풍재天豐財가 섰다. (天豐財가) 죽자 아들 천지天智(덴지)가 섰다. 다음 해 사자가 하이인蝦蛦人들과 함께 입조하였다. 하이는 또한 바다 섬에 사는데, 그 사자들은 수염 길이가 4척 정도였으며, 화살을 목에 걸고 사람에게 박을 이고 수십 보 떨어진 곳에 서게 하고 쏘아서 모두 명중시켰다. 천지가 죽자 아들 천무天武(덴무)가 섰다. (天豐財가) 죽자 아들 총지總持(지토)가 섰다. 함형 원년(670)에 사신을 보내어 고려를 평정한 것을 축하하였다.	『신당서』, 「동이」

---

167) 역자 주: 원문에는 '宮道阿彌陀'.

연대	사건	내용	출처
당 현경 4년(659) 일본 사이메이 5년	제4차 견당사	그 후에 점차 중국말을 익히면서 왜라는 이름을 싫어하여 일본으로 이름을 바꾸었다. 사자는 자신의 말로는 나라가 해가 뜨는 곳에서 가까우므로 (일본이라고) 이름하였다고 한다. 혹은 말하기를 일본은 작은 나라인데, 왜에 병합되었으므로, 그 칭호를 쓰게 되었다고 한다. 사자가 사실을 말하지 않으므로 의심하였다. 또한 함부로 그 국도가 사방 수천 리가 된다고 자랑하였고, 남과 서는 모두 바다에 이르고 동과 북은 큰 산으로 경계를 삼으며 그 바깥은 모인毛人(에미시)의 거주 지역이라고 하였다.	『신당서』, 「동이」
		가을 7월 병자삭 무인(3일)에 소금하 사카히베노무라지 이하시키(坂合部連石布), 대산하 쓰모리노무라지 기사(津守連吉祥)를 사신으로 당에 파견하였다. 道奧(미치노쿠)의 에조(蝦夷, 에미시; 에비스) 남녀 두 명을 당의 천자에게 보였다. 『이길련박덕서伊吉連博德書』에서는 다음과 같이 말한다. 천황시대에 소금하 사카히베이하시키노무라지(坂合部石布連)와 대산하 쓰모리키사노무라지(津守吉祥連) 등이 탄 두 척의 배가 오당로로 가는 사신으로 파견되었다. 기미년 7월 3일에 나니와(難波)의 미쓰노우라(三津之浦)를 출발하였다. 8월 11일에 쓰쿠시의 오쓰노우라(大津之浦)를 출발하였다. 9월 13일에 백제의 남쪽 해안에 있는 섬에 닿았다. 섬의 이름은 분명하지 않다. 14일 인시에 두 척의 배가 나란히 대해로 나아갔다. 15일 해가 질 무렵에 이하시키노무라지(石布連)의 배가 갑작스럽게 역풍을 만나 남쪽 바다에 있는 섬에 표착하였다. 섬의 이름은 니카이(爾加委)라 한다. 그곳에서 섬사람에 의해 살해되었다. 야마토노아야노나가노아타이 아리마(東漢長直阿利麻), 사카히베노무라지 이나쓰미(坂合部連稻積) 등 5명은 섬사람의 배를 훔쳐 타고 도망쳐 괄주括州에 도착하였다. 주현의 관인이 낙양의 도읍으로 보내주었다. 16일 한밤중에 기사노무라지(吉祥連)의 배가 월주越州 회계현會稽縣 수안산須岸山에 도착하였다. 동북풍이 매우 강하게 불었다. 23일 여도현餘姚縣에 도착하였다. 타고 온 배와 여러 가지 비품을 그곳에 남겨 두었다. 윤10월 1일 월주의 관청에 도착하였다. 15일에 역마를 타고 왕경에 들어갔다. 29일에 말을 달려 동경에 도착하였다. 천자는 동경에 있었다. 30일에 천자가 이들을 대면하여 질문하였다. ……	『일본서기』, 권26
		비고: 『신당서』와 『이길련박덕서』를 인용한 『일본서기』의 기록에서는 이번 견당사 파견 시간에 관하여 차이를 보인다.	
당 고종 현경 4년(660) 일본 사이메이 6년	백제의 멸망과 웅진 등 도독부 설립	고구려 승려 도현道顯(다우켄)의 『일본세기日本世紀』에서는 다음과 같이 적고 있다. "7월 운운. (신라) 춘추지春秋智가 (당나라) 대장군 소정방의 도움을 얻어 백제를 협공하여 멸망시켰다."	『일본서기』, 권26
		영휘永徽 6년(655)에 신라가 백제·고(구)려·말갈이 북쪽 국경의 30성을 빼앗아 갔다고 호소하여 왔다. 현경顯慶 5년(660; 백제 의자왕 20)에 이에 조서하여 좌위대장군 소정방을 신구도행군대총관神丘道軍大摠管으로 삼아 좌위장군左衛將軍 유백영劉伯英·우무위장군右武衛將軍 풍사귀馮士貴·좌효위장군左驍衛將軍 방효태龐孝泰를 거느리게 하고, 신라병을 출동시켜 백제를 치게 하였다. (소정방의 군대는) 성산城山에서 바다를 건넜다. 백제는 웅진구熊津口를 지키고 있었는데, 소정방이 공격하자, 오랑캐가 대패하였다. 왕사王師는 다시 조수潮水를 타고 배로 진도성眞都城에 30리 가까이 진주하였다. 오랑캐가 모든 무리를 다 동원하여 방어를 하였으나, 또 쳐부수어 1만여 급의 머리를 베고 그 성을 탈취하였다. 의자왕이 태자 융隆과 함께 북쪽 변방으로 도망치니, 소정방은 이를 포위하였다. 둘째 아들	『신당서』, 「동이」

연대	사건	내용	출처
당 고종 현경 4년(660) 일본 사이메이 6년	백제의 멸망과 웅진 등 도독부 설립	태泰가 스스로 왕의 자리에 올라 무리를 거느리고 수비를 굳히자, 의자왕의 손자 문사文思는, "아직 왕과 태자께서 건재하여 있는데 숙부께서 스스로 왕이 되었으니, 만약 당군이 포위를 풀고 물러간다면 우리 부자는 어찌될 것인가?" 하고, 측근들과 함께 밧줄을 타고 (성을) 나왔다. 백성들이 모두 따라서자, 태는 제지하지 못하였다. 소정방이 군사에게 명하여 성첩城堞에 뛰어 올라 깃발을 꽂게 하니, 태가 성문을 열고 항복하였다. 소정방은 의자왕과 융, 소왕小王 효연孝演 및 추장酋長 58명을 사로잡아 경사京師로 보내고, 그 나라 5부 · 37군 · 2백성주城註 36976만 호를 평정하였다. 이에 (땅을 다시) 나누어 웅진 · 마한 · 동명 · 금련 · 덕안의 5도독부를 설치하여 추장을 뽑아 다스리게 하였다. 낭장郞將 유인원劉仁願으로 하여금 백제성을 지키게 하고, 좌위낭장左衛郞將 왕문도王文度를 웅진도독으로 삼았다.	『신당서』, 「동이」
당 용삭 원년(661) 일본 사이메이 7년	제4차 견당사 일본으로 귀국	『이길련박덕서』에서는, "신유년(661) 정월 25일에 돌아와 월주에 도착하였다. 4월 1일에 월주에서 출발하여 동을 향해서 갔다. 7일에 정안산檉岸山 남쪽에 도착하였다. 8일 동틀 무렵에 서남풍을 타고 대해로 배를 띄웠다. 해상에서 길을 읽고 표류하여 매우 고생하였다. 8박 9일 만에 겨우 탐라도에 도착하였다. 섬사람인 왕자 아파기阿波伎 등 9명을 불러 위로하고 함께 객선에 태워 천황의 조정에 바치려 생각하였다. 5월 23일에 아사쿠라(朝倉)의 조정에 이 사람들을 바쳤다. 탐라의 입조는 이때부터 시작되었다"라고 하였다.	『일본서기』, 권26
당 용삭 3년(663) 일본 덴지 2년	백촌강의 역	가을 8월 임오삭 갑오(13일)에 백제왕이 자기의 훌륭한 장수를 죽였으므로, 신라는 곧바로 백제로 쳐들어가 먼저 주유州柔를 빼앗으려고 하였다. 그러자 백제왕이 적의 계략을 알고 장군들에게 말하였다. "지금 들으니 대일본국大日本國의 구원군 장수 이호하라노기미오미(廬原君臣)가 건아健兒 1만여 명을 거느리고 바다를 건너오고 있다. 장군들은 미리 준비하도록 하라. 나는 백촌白村에 가서 기다리고 있다가 접대하리라"라고 말하였다. 무술(17일)에 적장이 주유에 이르러 그 왕성을 에워쌌다. 대당의 장군이 전선 170척을 이끌고, 백촌강에 진을 쳤다. 무신(27일)에 일본의 수군 중 처음에 온 사람들이 대당의 수군과 싸웠다. 그러나 일본이 져서 물러났다. 대당은 진열을 굳게 하여 지켰다. 기유(28일)…… 이때 백제왕 풍장豊璋은 몇 사람과 함께 배를 타고 고구려로 도망갔다.	『일본서기』, 권27
		(용삭) 2년(662) 7월에 인원仁願 · 인궤仁軌 등이 거느리고 있던 군사를 이끌고, 웅진 동쪽에서 복신福信의 무리들을 크게 무찔러 지라성支羅城 및 윤성尹城 · 대산大山 · 사정沙井 등의 책柵을 빼앗고, 많은 무리를 죽이거나 사로잡았다. 이어서 군사를 나누어 지키게 하였다. 복신 등은 진현성眞峴城이 강에 바짝 닿아 있는 데다 높고 험하며, 또 요충의 위치라 하여 군사를 증원시켜 지켰다. 인궤는 신라의 군사를 이끌고 야음을 타 성 밑에 바짝 다가가서 사면에서 성첩城堞을 더위잡고 기어올라 갔다. 날이 밝을 무렵 그 성을 점거하여 8백 명의 머리를 베어 마침내 신라의 군량운송로를 텄다. 인원이 이에 증병增兵을 주청하니, 조서를 내려 치淄(州) · 청靑(州) · 래萊(州) · 해海(州)의 군사 7천 명을 징발하여 좌위위장군左威衛將軍 손인사孫仁師를 파견하여 무리를 거느리고 바다를 건너 웅진으로 가서 인원의 무리를 도와주게 하였다. 이때 복신은 벌써 병권을 모두 장악하여 부여풍扶餘豊과 점점 서로 시기하여 사이가 나빠지고 있었다. 복신은 병을 핑계로 굴방에 누워서	『구당서』, 「동이」

연대	사건	내용	출처
당 용삭 3년(663) 일본 덴지 2년	백촌강의 역	부여풍이 문병오기를 기다려 덮쳐 죽일 것을 꾀하였다. 부여풍은 (그러한 낌새를) 알아차리고는 그의 심복들을 거느리고 가서 복신을 덮쳐 죽이고, 또 고(구)려와 왜국에 사자를 보내어 구원병을 청하여 관군을 막았다. 손인사가 중도中道에서 (부여풍의 군대를) 맞아 쳐 무너뜨리고 드디어 인원의 무리와 합세하니, 병세가 크게 떨쳤다. 이에 인사·인원 및 신라왕 김법민金法敏은 육군을 이끌고 진군하고, 유인궤劉仁軌 및 별수別帥 사상杜爽·부여융扶餘隆은 수군 및 군량선을 이끌고 웅진강에서 백강으로 가서 육군과 회합하여 함께 주류성周留城으로 진군하였다. 인궤가 백강 어귀에서 부여풍의 무리를 만나 네 번 싸워 모두 이기고 그들의 배 4백 척을 불사르니, 적들은 크게 붕괴되고, 부여풍은 몸만 빠져 달아났다. 위왕자僞王子 부여충승扶餘忠勝·충지忠志 등이 사녀士女 및 왜의 무리를 이끌고 함께 항복하니, 백제의 모든 성이 다시 귀순하였다. 손인사·유인원 등이 철군을 하여 돌아왔다. 조서를 내려 (유)인원 대신 유인궤에게 군사를 거느리고 진鎭을 지키게 하였다. 이에 부여융에게 웅진도독을 제수하여 본국으로 돌려보내어, 신라와 화친을 맺고 남은 무리들을 불러 모으게 하였다. 인덕麟德 2년(665) 8월에 (부여)융이 웅진성에 이르러 신라왕 법민과 백마白馬를 잡아 놓고 맹약하였다.	『구당서』, 「동이」
		(부여)장璋의 조카 복신福信은 일찍이 군병을 거느리고 있었는데, 이때에 승僧 도침道琛과 함께 주류성을 거점으로 하여 반란을 일으켰다. 왜倭(國)에서 고왕자故王子 부여풍扶餘豐을 맞아다 왕으로 삼으니, 서부가 다 호응하여 군사를 이끌고 (劉)인원仁願을 포위하였다. 용삭 원년(661)에 (劉)인궤仁軌가 신라 군사를 동원시켜 구원을 가게 하니, 도침道琛은 웅진강熊津江에다 두 개의 성책을 세웠다. 인궤가 신라 군과 함께 양쪽에서 공격하니, (백제 군사는) 성벽 안으로 쫓겨 들어가는데, 앞을 다투어 다리를 건너다가 빠져 죽은 사람이 1만 명에 달하였다. 신라 군사는 돌아갔다. 도침은 임존성任存城을 보루로 삼아 스스로 영군장군領軍將軍이라 일컫고, 복신은 상령장군霜岑將軍이라 일컬으며 인궤에게 고하기를, "당이 신라와 약속하기를 백제를 쳐부수면 노소를 가리지 않고 다 죽인 다음에 나라를 (신라에게) 넘겨준다고 들었소. 우리가 죽음을 당할 바에야 (어찌) 싸우다 죽으려 하지 않겠소?" 하였다. 이에 인궤는 사자를 시켜 답장을 보냈다. 도침은 거만하게 사자를 외관에 머무르게 하고, 업신여기는 말투로, "사자의 벼슬이 낮구나. 나는 일국의 대장이니만큼 예의상 만나 볼 수 없다" 하고 그냥 돌려보냈다. 인궤는 군사가 적으므로 군사를 쉬게 하며 훈련을 쌓고, 신라(군사)와 연합하여 쳐부술 것을 청하였다. 얼마 지나지 않아 복신이 도침을 죽이고 그의 군병을 병합하니, (부여)풍도 제지하지 못하였다. 용삭 2년(662) 7월에 인원 등이 웅진에서 백제군을 무찌르고 지라성支羅城을 탈취한 다음, 밤에 진현眞峴(성)으로 육박하여 날이 밝을 무렵에 안으로 쳐들어가서 머리 8백 급을 베니, 신라의 군량수송로가 비로소 열렸다. 인원이 증원병을 보내 달라고 요청하자, 조서를 내려 우위위장군右威衛將軍 손인사孫仁師를 웅진도행군총관熊津道行軍總管으로 삼아 제병齊兵 7천 명을 징발하여 보냈다. 복신은 국권을 장악하고 (부여)풍을 죽일 것을 꾀하였다. 풍은 친히 심복 군사를 거느리고 가서 복신을 베고, 고(구)려 및 왜와 연합하였다.	『신당서』, 「동이」

연대	사건	내용	출처
당 용삭 3년(663) 일본 덴지 2년	백촌강의 역	인원은 제병齊兵을 증원받고 나서 사기가 진작되었다. 이에 신라왕 김법민金法敏과 함께 보병·기병을 이끌고, 유인궤로 하여금 수군을 거느리고 가게 하여 웅진강에서 동시에 진군하여 주류성으로 육박하였다. 풍의 무리는 백강 어귀에 주둔하고 있었다. 이들을 사면에서 공격하여 다 이기고, 4백 척의 배를 불사르니, 풍은 도망쳐 자취를 감추었다. 위왕자僞王子 부여충승扶餘忠勝과 (부여)충지忠志가 남은 군사와 왜인을 거느리고 항복을 청하니, 다른 여러 성들이 모두 따라 항복하였다. 이에 인원은 군대를 정비하여 돌아오고, 인궤는 뒤에 남아서 대신 수비하였다. 고종은 부여융을 웅진도독으로 삼아 본국으로 돌아가서 신라와 묵은 감정을 풀고, (백제의) 유민을 불러 모으게 하였다. 인덕 2년(665)에 (부여융이) 신라왕과 웅진성에서 만나 백마를 잡아 놓고 맹약하였다. 맹사盟辭는 인궤가 작성하였다. "지난날 백제의 선왕이 역리와 순리의 이치를 돌아보지 않아 이웃과 우호가 돈독지 못하였고 친척과 화목하게 지내지 못하였으며, 고(구)려·왜와 함께 신라에 침입하여 성읍을 쳐부수고 도륙하였다. 천자께서 백성이 무고하게 (고통 받는 것을) 불쌍히 여기시어 사신을 보내 우호를 닦으라고 명하였으나, 선왕은 (지세가) 험하고 (도로가) 먼 것만 믿어 (詔命을) 멸시하고 받아들이지 않았다. 황제께서 이에 분하시어 이들을 쳐서 평정하기로 하셨다. 그러나 망하는 것을 일으켜 주고 끊어지는 것을 이어주는 것이 왕자王者의 법칙이다. 그러므로 전태자前太子 융을 세워 웅진도독으로 삼아 제사祭祀를 받들게 하는 것이다. 신라에 의지하여 길이 동맹의 나라가 되어서 지난날의 원한을 잊어버리고 다시 우호를 다져라. 천자의 명을 공손히 받들어 영원한 번신藩臣이 될지어다. 우위위장군右威衛將軍 노성현공魯城縣公 (유)인원이 이 맹서에 친림親臨하였으니, 신의를 저버리고 군사를 일으켜 많은 사람을 동원한다면, 신명神明이 이를 보고 온갖 재앙을 내려 자손이 번창하지 못하여 사직을 지킬 자가 없게 될 것이니, 세세영원토록 삼가 저버림이 없으라." 이에 금서철계金書鐵契를 만들어 신라의 종묘에 간직하였다. 인원 등이 돌아오자, 융은 (백제의) 유민들이 분산하는 것을 두려워하여 역시 경사京師로 돌아왔다. 의봉 연간(676~678)에 대방군왕帶方郡王으로 승진시켜 본국으로 돌려보냈다. 이 무렵 신라가 강성하자, 융은 감히 구국舊國에 들어가지 못하고, 고(구)려에 의탁하고 있다가 죽었다. (측천)무후 때 또 그 손자 (부여)경敬으로 왕위를 승습하게 하였으나, 이때 그 땅은 이미 신라·발해말갈이 나누어 차지하고 있어, 백제는 결국 멸망하고 말았다.	『신당서』, 「동이」
당 인덕 원년(664) 일본 덴지 3년	당이 보낸 사신이 일본에 입경함.	덴지(天智) 3년 여름 5월 무신삭 갑자(17일)에 백제진장百濟鎭將 유인원이 조산대부 곽무종郭務悰들을 보내 표함과 헌물을 바쳤다. 이달에 대자 소가노 무라지노 오오미(蘇我連大臣)가 죽었다. 겨울 10월 을해삭(1일)에 곽무종 등을 돌려보내도록 하라는 칙을 내렸다. 이날에 나카토미노 우치쓰마헤쓰키미(中臣內臣)는 사문沙門 치자우(智祥)를 보내 곽무종 등에게 물건을 주었다. 무인(4일)에 곽무종 등을 향응하였다.…… 12월 갑술삭 을유(12일)에 곽무종 등이 일을 마치고 돌아갔다.	『일본서기』, 권27

연대	사건	내용	출처
당 인덕 2년(665) 일본 덴지 4년	당 사신의 일본 입경	덴지 4년 9월 경오삭 임진(23일)에 당국唐國이 조산대부朝散大夫 흔주사 마沂州司馬 상주국上柱國 유덕고劉德高 등을 보냈다. 우륭위랑장右戎衛郎 將 상주국 백제녜군百濟禰軍과 조산대부 주국柱國 곽무종을 말한다. 모 두 254인이었다. 7월 28일에 쓰시마(對馬)에 왔고, 9월 20일에 쓰쿠시 (筑紫)에 왔다. 22일에 표함을 올렸다.	『일본서기』, 권27
	당 사신의 귀국	(덴지 4) 11월 기사삭 신사(13일)에 유덕고 등에게 향응하였다. 12월 무술삭 신해(14일)에 유덕고에게 물건을 주었다. 이달에 유덕고 등이 일을 마치고 돌아갔다.	『일본서기』, 권27
	제5차 견당사	이해에 소금小錦 모리노 기미 오이와(守君大石) 등을 대당에 보냈다. 소 산小山 사카히베노무라지(坂合部連石積), 대을大乙 기시노 기미 (吉士岐彌), 기시노 하리마(吉士針間)를 말한다. 생각건대 당의 사신을 배 웅한 것인가.	『일본서기』, 권27
당 건봉 2년(667) 일본 덴지 6년	제5차 견당사 일본 귀국	(덴지 6) 11월 정사삭 을축(9일)에 백제진장 유인원이 웅진도독부 웅산 현령 상주국 사마司馬 법총法聰 등을 보내, 대산하 사카히베노무라지 이하쓰미(境部連石積)들을 쓰쿠시도독부(筑紫都督府)로 돌려보냈다. 기사 (13일)에 사마 법총 등이 일을 마치고 돌아갔다.	『일본서기』, 권27
당 총장 원년(668) 일본 덴지 7년	고구려 멸망	겨울 10월에 대당의 대장군 영공이 고구려를 쳐 멸망시켰다.	『일본서기』, 권27
		(건봉 원년[666]) 11월에 사공司空 영국공英國公 이적李勣을 요동도행군 대총관遼東道行軍大總管에 임명하고 비장裨將 곽대봉郭待封 등을 거느리 고 가서 고(구)려를 정벌케 하였다.…… 총장總章 원년(668) 9월에 (이) 적이 또 평양성 남쪽으로 진영을 옮기니, 남건男建이 자주 군사를 보 내어 나와 싸웠으나, 모두 대패하였다. 남건의 밑에서 병사兵事를 총 괄하던 승려 신성信誠이 비밀리 군중軍中으로 사람을 보내어, 성문을 열고 내응內應하겠다고 하였다. 5일이 지나서 신성이 과연 성문을 열 었다. (이)적이 군사를 놓아 들여보내 성 위에 올라가서 북을 요란하 게 두들기고, 성의 문루에 불을 지르니 사면에서 불길이 일었다. 이에 남건은 다급한 나머지 스스로 몸을 찔렀으나, 죽지 않았다. 11월에 평 양성을 함락시키고, 고장高藏·남건 등을 사로잡았다.	『구당서』, 「동이」
당 총장 2년(669) 일본 덴지 8년	제6차 견당사	이해에(12월), 소금중小錦中 가후치노아타이 구지라(河內直鯨) 등을 보내 대당에 사하였다.	『일본서기』, 권27
당 함형 2년(671) 일본 덴지 10년	당 사신의 일본 입경	(덴지 10년 정월) 신해(13일)에 백제진장 유인원이 이수진李守眞을 보내 표를 올렸다. 가을 7월 병신삭 병오(11일)에 당인 이수진들과 백제의 사신들이 같이 일을 마치고 돌아갔다. 11월 갑오삭 계묘(10일)에 대마국사가 사자를 쓰쿠시(筑紫) 다자이후(大 宰府)에 보내 보고하였다. "이달 2일에 사문沙門 도쿠(道久), 쓰쿠시노키 미 사치야마(筑紫君薩野馬), 가라시마노스구리노 사바(韓嶋勝裟婆), 누노 시오비토노 이와(布師首磐) 4인이 당에서 돌아와서 '당의 사신 곽무종 등 6백여 인과 송사 사택손등沙宅孫登 등 1천4백 인, 합해 2천 인이 배 47척에 타고 비지도에 정박하였다.'"	『일본서기』, 권27

연대	사건	내용	출처
당 함형 3년(672) 일본 덴무 원년	당 사신의 귀국	(덴무) 원년(672) 봄 3월 임진삭 기유(18일)에 조정은 내소칠위內小七位 아즈미노무라지 이나시키(阿曇連稻敷)를 쓰쿠시(筑紫)에 보내어 천황의 상을 곽무종 등에게 고하게 하였다. 그러자 곽무종 등이 모두 상복을 입고 세 번 애도의 예를 행하였다. 그리고 동쪽을 향하여 머리를 깊이 숙이고 절을 하였다. 임자(21일)에 곽무종 일행은 두 번 절하고 황제의 국서를 담은 서함과 신물을 올렸다. 여름 5월 신묘삭 임인(12일)에 갑주와 긋시를 곽무종 등에게 내려주었다. 이날 곽무종 등에게 내려준 물건은 모두 거친 비단 1673필, 삼베 2852단, 명주솜 666근이다. 무오(28일)에 고구려가 전부 부가변 등을 보내어 조를 바쳤다.	『일본서기』, 권28

덴지(天智, 662~671) 이후 『일본서기』에 중국과 일본에서 상호 파견한 사신에 대한 기록은 적으며, 『구당서』 「동이」와 같은 중국 정사에 서로 관련되는 기록이 있다.

이들 기록은 『신당서』 「동이」에서 다시 언급되어 있다. 일본은 '안사의 난' 이후까지 모두 견당사를 대략 19차례 파견하였으며, 간표(寬平) 6년(894)에 견당사의 파견 중지가 결정되었다.

하쿠호시대에 중국은 이미 당나라였는데, 어찌하여 일본은 이 기간에 들여온 불교조각 대부분이 당나라 이전 양식인 것일까? 실물 자료들은, 일본이 하쿠호시대의 많은 시간 동안 수용한 많은 상이 중국 남북조 시기의 조상 양식이라는 것을 보여 준다. 가쿠엔지(鱷淵寺)의 임진명 보살입상이 그 예로 요시무라 메쿠미(吉村怜)는 그 조성 시기를 지토(持統) 6년에서 1갑자를 당겨, 조메이(舒明) 4년(632)으로 생각하였다. 그 이유는 이 보살상이 수나라의 양식을 띠고 있기 때문에, 만약 일본의 제1차 견수사 파견 시기인 스이코 8년(600)으로 계산해 본다면, 30여 년이 지나 이미 이 상을 조성할 시간이 충분하다는 것이다.[168] 미즈노 세이치는 "하쿠호 양식이 중국의 제, 주 양식에서 1세기 정도 늦는다"[169]라는 관점에서, 하쿠호시대의 조상 양식이 중국 양식을 모방하여 흡수하는 시간 차이로 해석하였다. 일본이 수나라 조상 양식을 받아들인 가장 이른 시기는 적어도 "다이카 개신"(645) 이후이다.

마치다 고이치(町田甲一)는 "하쿠호시대는 비록 초당 문화가 이식되었지만, 불교미술의 영역에서는 아스카시대 이후 중국, 한반도와의 교류가 한번 끊어졌기 때문에 하쿠호시대에 이르러 매우 자연스럽게 일본에 초당 양식이 새로 전해짐과 동시에 초당 양식의 모태인 제, 주, 수의 예술 양식의 영향도 유입되었다.(이 중 일부 영향은 이전 시기 말기에 한반도를 통해 점차 일본에 전해진 것이다.)"[170]라고 생각하였다.

덴지(天智) 2년(663)의 백촌강 전쟁에서 당과 신라의 연합군이 왜군을 대파하였으나, 『일본서기』의 기록에 의하면, 덴지(天智) 4년(665) 9월 당 사신 유덕고, 곽무종이 일본에 당도했고, 같은 해 12월에 견당사 모리노 기미 오이와(守君大石), 사카이베노 이와쓰미(坂合部石積) 등을 당에 파견하였다. 이후 덴무(天武) 원년(672)에 발발한 임신의 난까지 일본과 당 사이의 사신 왕래는 계속되었다.

---

168) 吉村怜, 「飛鳥白鳳彫刻史試論」, 『佛敎藝術』 227호(1996).
169) 水野淸一, 「飛鳥白鳳佛の系譜」, 『佛敎藝術』 4호(1949).
170) 町田甲一 著, 莫邦富 譯, 『日本美術史』(上海人民美術出版社, 1988년판), 54~55쪽. 마치다 고이치의 글에서는 하쿠호시대를 덴무(天武) 2년(673)에서 몬무(文武) 게이운(慶雲) 4년(707)까지로 보았다.

일본 하쿠호시대 불교조상은 동 시기 초당 조각으로부터의 영향이 뚜렷하게 나타나지 않는데, 그 원인은 아스카시대 전체에 남조 영향을 받은 도리식 조상이 일본 불교 조각의 영역에서 가장 큰 주도적인 위치에 있는 것과 관련된다. 머리에 삼면관을 쓴 유형의 조상과 같은 아스카시대에 약세를 보이는 여러 조각 양식들은 하쿠호시대에 발전할 수 있는 공간을 확보하였는데, 분명히 하쿠호시대에 당나라의 '농려풍비穠麗豐肥'한 양식이 유입되는 데 제약을 가져다주었을 것이다.

7. 아스카, 하쿠호 시대의 반가사유상 및 원류 고찰

[8-108] 충북 충주(중원) 봉황리 마애반가사유상
(『半跏思惟像の研究』)

[8-109] 안길박물관 소장 동경 반가사유상
(『越中佛傳』)

일본에서 아스카, 하쿠호 시대의 불교조상 중 가장 두드러지는 현상은 바로 이 기간에 많은 반가사유상이 출현한 것으로, 이러한 조상의 대부분은 이미 양식적으로 정립되었는데, 한반도와 중국의 반가사유상과 일맥상통한다. 아스카, 하쿠호 시대의 많은 반가사유상은 명문이 없어 대부분 존명이 불명확하며, 오직 야추지(野中寺)의 병인명(666) 금동반가사유상이 명문을 지니고 있어서 이 상이 미륵보살임을 증명해 준다. 한반도에는 충청북도 충주(中原) 봉황리 마애불상군에 미륵상생과 하생 신앙을 묘사한 부조가 있는데, 이 중에 반가사유상은 도솔천에 상생하는 미륵보살의 모습으로 해석이 가능하며, 불좌상은 아마 미륵하생 성불의 모습을 표현한 것으로 보인다.[171]

중국의 반가사유상의 출현 시기는 가장 이른, 3~4세기로 거슬러 올라간 것으로, 장강長江 유역의 동경에 장식된 불상과 혼병의 인물 조형이다. 호북湖北 악주鄂州 오리돈五里墩 출토의 불상기봉경佛像夔鳳鏡[172], 호남湖南 장사長沙 출토의 불상기봉경[173], 절강浙江 안길安吉 매계梅溪 출토의 불상기봉경 및 안휘安徽 선주宣州 향양向陽 출토의 서진 혼병[174] 등이 그 예로, 이는 현전하는 가장 이른 반가사유상들이다. 그러나 이들 반가사유상의 존명은 여전히 특정하기 어려운데, 운강석굴 제6굴에는 반가의 자세로 사유한 싯다르타 태자와 애마가 헤어지는 상의 예가 있다. 태자상을 제외한 중국 및 한전불교문화권

---

171) 竺法護 譯, 『佛說彌勒下生經』, 『大正藏』 第14冊, No.0453.
172) 賀中香, 『六朝武昌與出土銅鏡硏究』(五洲傳播出版社, 1998년판), 62~63쪽.
173) 王仲殊, 「論吳晉時期的佛像夔鳳鏡」, 『考古』 1985년 제7기.
174) 阮榮春, 『佛敎南傳之路』(湖南美術出版社, 2000년판), 51쪽.

안에서 반가사유상은 이미 미륵보살의 계보로 형성되었다.[175]

분명한 것은 중국의 교각미륵보살상이 반가사유상보다 늦게 나타나는 점인데, 북량석탑의 칠불과 1존의 보살상에 보이는 교각보살, 운강석굴 제17굴 주존, 막고굴 제275굴 주존 등이 그 예이다. 그러나 교각보살은 한반도와 일본에까지 전해지지는 못하였다. 물론 반가사유상과 교각보살상의 가장 이른 예는 모두 고인도로부터 나왔으며, 이 중의 반가사유상은 중국에 전해진 후 해동 지역으로 다시 전파되었다. 한반도를 거쳐 일본으로 전해진 미륵조상도 문헌 기록에서 보이는데,『일본서기』권20의 비다쓰(敏達) 13년(584)의 "가을 9월, 백제에서 가후카노오미(鹿深臣)가 미륵보살 1구를 가지고 왔다"[176]는 내용이 그것이다.

아스카와 하쿠호 시대에 각기 다른 표현 형식을 가진 현존하는 반가사유상은 분명 한전불교문화권 속에서 전파 과정을 보여 주는 맥락에 있는 이러한 종류의 조상을 반영하고 있다.

1) "삼산관" 반가사유상

일본 스이코(推古) 11년(603)에 건립된[177] 고류지(廣隆寺)의 목질보관반가사유 보살상은 현전하는 아스카시대의 비교적 이른 반가사유상으로, 마쓰바라 사부로는 이 반가사유상의 목질이 한국 소나무로 이루어진 점과 이 상의 모습과 양식을 종합하여 백제의 작품으로 추정하였다.[178] 이와 유사한 상으로는 나가사키 일본26성인기념관(長崎日本二十六聖人記念館) 소장의 전 백제 대략 7세기 금동반가사유상이 있다.[179]

이 유형의 반가사유상의 두드러지는 특징의 하나는 아래로 드리운 보발이나 관증(寶繒)이 없다는 것이며, 모두 삼면에 호형으로 볼록 올라온 삼산형 낮은 보관을 쓰고 상반신을 탈의한 채 하반신은 군의를 착의하며, 목걸이, 비천臂釧을 착용하고 있다. 보살상은

[8-110] 일본 스이코(推古) 11년(603) 고류지 반가사유상
(『日本古寺美術全集 12』)

[8-111] 나가사키 일본26성인기념관 소장 금동반가상
(『半跏思惟像の研究』)

조형적으로 세련된 선조를 갖추고 있으며, 몸의 구성이 간결하고 가녀린 모습이다. 이 보살상의 보관과 삼면관의 근본적 차이는 이 보관은 윗부분(冠頂)이 있으나, 삼면관에는 윗부분이 없다는 것이다. 보관의 정

---

175) 宮治昭,「ガンダーラにるけお半跏思惟の圖像」,『半跏思惟像の研究』(吉川弘文館, 1985년판), 99쪽.
176) 武田祐吉 校注,『日本書紀 4』(朝日新聞社, 1955년판), 185쪽.
177) 역자 주: 고류지 반가사유상이 603년 작으로 오해될 수 있어 의역함.
178) 松原三郎,「飛鳥白鳳佛源流考 2」,『國華』932호(1971). 다른 관점에서는 전해지는 말에 따라 고류지의 보관 반가사유상과 보계 반가사유상이 모두 신라에서 보냈다고 생각하는데, 당시 신라도 남조의 진과 수, 당 불교문화를 적극적으로 받아들이고 있었다. 吉村怜,「飛鳥白鳳彫刻史試論」,『佛敎藝術』227호(1996).
179) 이 상은 한반도의 삼국시대 백제 작품으로 여겨진다. 이 내용은 다음을 참고.『百濟·新羅の金銅佛—飛鳥·白鳳の源流』(大和文華館, 1982년판), 도판8; 八尋和泉,「日本二十六聖人記念館の銅造半跏思惟像について」,『半跏思惟像の研究』(吉川弘文館, 1985년판), 275~303쪽.

면과 양측면만 있어서 통상적으로 정수리나 상투가 가려지지 않고 노출되어 있다.

삼산관三山冠의 반가사유상은 한반도의 삼국시대에 역시 적지 않게 보이는데, 한국 개인(김동현, 현재는 리움미술관)[180] 소장의 평양 평천리에서 출토된 대략 6세기 후반의 고구려 금동반가사유상(국보 제118호)[181], 경주 남오릉 부근 폐사지에서 출토된 대략 7세기 전반의 백제 반가사유상(국보 제83호)[182], 경주 성건동[183] 출토의 대략 7세기 금동반가사유상[184] 등이 그 예이다.

[8-112] 평양 평천리 출토 고구려 금동반가사유상(『三國時代佛敎彫刻』)
[8-113] 경주 남오릉 부근 출토 반가사유상(『三國時代佛敎彫刻』)

만약 조성 시기와 양식의 변화로만 본다면, 고류지 유형의 반가사유상은 해동 지역의 전파 궤적상 고구려가 가장 이르게 나타나고 후에 백제로 전해져 '백제의 미소'를 형성하고 다시 신라와 일본으로 전해졌던 것으로 생각된다.

고류지의 삼산관 반가사유상의 중국 원류에 대해 마쓰바라 사부로의 관점은 다음과 같다. "원래 중국의 석제 반가사유상의 유품은 많지만, 겨우 몇 존상을 제외하면[185] 나머지는 하북 정현파定縣派의 동위, 북제 시대의 대리석상들만 남아 있다. 각 존상은 모두 상의를 벗었는데, 중국 불상으로 말하자면 중후함이 적지 않은데, 다만 고류지 상과 비교하면 두 상은 상반신을 노출한 것만 닮았을 뿐, 이들 반가상의 둔하고 육중한 양식과 고류지 상의 시원하고 세련됨과 비교하면 본질적으로 구별된다는 것을 인정하지 않을 수 없다.…… 당연히 대량으로 생산된 유형의 석상과 뛰어난 작품 간의 구별도 고려되어야 하지만, 가장 중요한 것은 동위 말기와 북제 초기 조상의 특징이 나타난다는 것이다.…… 흥미로운 점은 하북파 석상 중 일부 우수한 작품이 전파되었다는 것인데, 즉 필자가 다른 글에서 논증한 적이 있는 무평 원년(570)에 승상이 조성한 백옥사유상이 그 예로, 이러한 유

[8-114] 북제 무평 원년(570) 승상 조성 반가사유상(『中國佛敎彫刻史硏究』)

---

180) 역자 주: 개인 소장(김동현)에서 변경.
181) 田村圓澄, 「半跏思惟像の諸問題」, 『半跏思惟像の硏究』(吉川弘文館, 1985년판), 26쪽; 『三國時代佛敎彫刻』(國立中央博物館, 1990년판), 27쪽.
182) 關野貞, 『朝鮮の建築と藝術』(巖波書店, 1941년판), 507쪽. 이 상은 현재 국립중앙박물관(원 덕수궁미술관)에 소장되어 있으며, 드러낸 미소를 '백제의 미소'로 보아 백제의 작품으로 여긴다. 王衛明, 「中國南朝佛敎彫刻基本樣式論稿」, 『硏究紀要』 창간호(1990), 85~116쪽 참고. 이 외 菊竹淳一·吉田宏志 編, 『世界美術大全集: 東洋編 10』(小學館, 1998년판), 圖91 설명에도 역시 이 상을 백제 작품으로 보았다.
183) 역자 주: 원문 오자.
184) 『三國時代佛敎彫刻』(國立中央博物館, 1990년판), 110쪽.
185) 원문 주석은 마쓰바라 사부로(松原三郞)를 가리킨다. 『中國佛敎彫刻史硏究』(增訂本) 도판108 中 a, d, e 몇 존상.

파의 계보 조상에 보편적으로 보이는 미약함이 없고, 몸의 중후함과 건장함의 측면에서 한층 더 성숙해졌다는 것을 능히 볼 수 있다. 북제 말기에 가까운 이 상은 고류지 상과 덕수궁미술관에 소장된 상의 원류로 볼 수 있다. 조성 연대가 약간 늦어서 다만 참고자료로 삼아야 하지만, 다른 면에서 보면 이 두 존상은 일맥상통하는 부분이 있다. 문제는 이러한 특징을 가진 조상이 어찌하여 대량으로 유형화된 하북파 반가사유상에서 나타나는가? 라는 것이다. 이 점은 필자가 다른 글에서 논하였듯이, 대략적으로 강남 조상의 조성 양식과의 밀접한 관계에서 비롯된 것이다."[186]

중국에서 고류지의 삼산관 반가사유상의 원류를 찾은 마쓰바라 사부로 선생은 우선 보살의 상체가 나체인 특징을 북조의 정주 백석조상과 비교하였지만, 정주 조상의 건장함과 고류지 목질사유상의 가녀린 모습은 완전히 다른 두 가지 양식으로, 마지막에 마쓰바라 사부로는 그 원류의 시선을 남조로 돌렸다. 정주 사유상을 고류지 삼산관 반가사유상에 비교하면 살찜과 야윔의 양식적인 차이가 뚜렷하게 존재하며, 세부적인 조상 요소들도 선명한 차이가 있다. 정주 사유상은 양어깨 밖으로 펼쳐져 아래로 드리운 천의 표현, 궐아형의 보발과 보증(관중)이 많이 표현되어 있는데, 고류지 사유상에서는 모두 보이지 않는다.

중국에 현전하는 반가사유상 중 보발이나 관중이 표현되지 않은 상의 예는 보기 어렵지만, 조형적으로 간결하고 세련되며 가녀린 분위기에 중점을 두고 조각한 사유상이 남북조시대에 이미 나타났는데, 상해박물관 소장의 북제 천보 4년(553)에 비구 도상이 조성한 사유태자석상과 청주 용흥사 출토의 북제 사유보살상[187]이 그 예이다. 이 두 작품과 고류지의 삼산관 사유상의 양식은 유사한데, 그 유사성은 반라半裸의 상체 특징을 반영한 것뿐 아니라 더욱 중요한 것은 가녀린 분위기를 주는 조각이라는 것이다. 두 상의 양어깨 위에는 여전히 둥근 빵 모양의 장식[188], 보증(관중)과 드리워진 머리카락이 남아 있다.

두 작품 중에서 한 작품은 청주 용흥사로부터 명확하게 나왔는데, 유일한 상은 고류지의 삼산관 반가사유상의 중국에서의 원류가 청주 지역이라는 것을 의미하는 것은 아닐까? 만약 청주 불교 조상의 원류가 남조에 있다는 것을 고려한다면[189], 마쓰바라 사부로가 고류지 사유상의 양식적인 원류를 남조로 본 것은 이러한 생각에 합리성이 있다는 것이 커진다. 문제는 남방 오吳 지방의 반가사유상이 정말로 서진 이후 소실되었는지 아닌지에 대한 것으로, 이는 더 많은 고고학적 실물 자료가 나오기를 기다려야만 밝혀질 수 있다.

[8-115] 북제 천보 4년(553) 도상 조성 반가사유상(『中國歷代紀年佛像圖典』)

[8-116] 청주 용흥사 출토 북제 사유보살상 (『世界美術大全集: 東洋編 3』)

---

186) 松原三郎, 「飛鳥白鳳佛源流考 2」, 『國華』 932호(1971).
187) 『世界美術大全集: 東洋編 3―三國·南北朝』(小學館, 1998년판), 270쪽.
188) 逸見梅榮, 『佛像の形式』(東出版, 1970년판), 354쪽.
189) 費泳, 「"青州模式"造像的源流」, 『東南文化』 2000년 제3기.

2) 쌍계와 단계 반가사유상

일본 스이코 29년(621) 주구지(中宮寺) 쌍계 반가사유상(앞 그림 5-18)과 스이코 31년(623)의 고류지 단계 반가사유상은 조성 시기가 비슷하며, 조형적인 표현도 유사한데, 즉 어깨와 가슴이 넓으며 자연스럽게 허리가 잘록하게 만들어져 조상이 사실적으로 표현된 균형 잡힌 몸이라고 할 수 있다. 특히 어깨와 가슴부분 처리가 비교적 두꺼워, 고류지의 삼산관 반가사유상의 편평한 모습과는 선명하게 대비된다. 마치다 고이치(町田甲一)는 "7세기 중엽에 이르러, 일본에는 새로운 불상 조형이 나타났다.…… 제작한 사람은 측면 관찰 방법을 사용하였는데, 즉 대상의 측면을 관찰하고 표현하여 물체의 깊이감(즉 3차원 공간 인식)과 평면적인 수평선, 수직선이 모두 같은 비례임을 알고 이러한 불상의 몸을 점차 원형으로 나타냈다", "도리 양식의 불상은 단지 정면 관찰로부터 대상을 표현하는 것을 중시하고, 완전히 측면에서 관찰은 진행하지 않았다"[190]라고 하였다. 마치다 고이치는 측면 관찰 방법을 사용한 아스카 조각으로는 호류지의 보고寶庫인 백제관음상, 호린지의 허공장보살상, 호류지의 사천왕상 및 고류지와 주구지의 반가사유상이 포함된다고 생각하였다.[191] 주구지와 고류지의 반가사유상의 유사성은 위에서 언급한 중요한 특징 외에 상체를 벗고, 보관이 없다는 것 등도 있다. 그러나 두 상에는 여전히 구별되는 것이 있는데, 보발 형식에 주요하게 반영된 것이 다른 것으로, 즉 하나는 쌍계이며, 하나는 단계이다. 또한 주구지 유형의 반가사유상은 양어깨에 보발이 드리우고 있으나, 고류지 유형은 어깨에 보발이 없다.

[8-117] 일본 스이코(推古) 31년(623) 고류지 반가사유상(『日本古寺美術全集 12』)

주구지(中宮寺)의 쌍계 반가사유상과 비슷한 류의 존상의 예로는 일본 도쿄국립박물관 소장의 나치산쿄즈카(那智山經塚)에서 출토된 대략 하쿠호시대의 금동반가사유상(앞 그림 5-21)이 있다. 이 외 쌍계 보살입상은 아스카시대에도 출현하는데, 그 예로는 나라 고후쿠인(興福院)의 금동보살상이 있다. 쌍계를 튼 보살은 분명 아스카시대에 보편적이었을 뿐 아니라, 주구지의 쌍계 반가사유상을 대표로 당시에 이미 비교적 자리 잡은 양식이 되어 유행하였다. 한반도의 삼국시대 조상 중 비교적 이른 시기에 보이는 쌍계 보살상은 한국 국립부여박물관에 소장된 대략 6세기에 조성된 정지원명 조상의 협시보살상이다.

쌍계로 묶은 중국 반가사유상은 남방 오 지역이 출현 시기가 이르며, 일본에서는 고분에서 출토된 것으로 3~4세기의 오 지역 장인의 솜씨인 화문대불수경畫紋帶佛獸鏡에 나타난다.[192] 보살이 쌍계를 하고 있는 것은 남조 조상에 여전히 계속되어 성도 상업가에서 출토된 제 건무 2년(495) 석법명 조상 중 협시보살, 남경 덕기광장에서 출토된 금동배병

---

190) 町田甲一 著, 莫邦富 譯, 『日本美術史』(上海人民美術出版社, 1988년판), 42~43쪽.
191) 町田甲一 著, 莫邦富 譯, 『日本美術史』(上海人民美術出版社, 1988년판), 42~43쪽.
192) 樋口隆康, 『古鏡』 圖錄(新潮社, 1979년판), 도판108, 109.

식 조상 중 협시보살 등이 있다.[193] 북조에서 쌍계를 한 보살이 나타나는 곳은 주로 청주와 맥적산 등이다. 보살이 쌍계를 한 조상 요소만 보면, 남조 건강과 북방 청주에서 해동 지역으로 전파되었다. 따라서 모리 히사시(毛利久)가 주구지 보살상과 호류지 백제관음상을 남조계열 작품으로 보는 관점은 분명히 일리가 있다.[194]

[8-118] 국립중앙박물관 소장 금동사유상(『三國時代佛敎彫刻』)

고류지의 단계 반가사유상 역시 드리운 머리카락과 보관이 없으며, 머리의 상투는 높게 솟아 있고, 상반신은 반라에 팔에는 비천臂釧 장식이 있고 몸에 밀착된 천의를 걸치고 있다. 보관을 쓰지 않은 단계 반가사유상은 한국 국립중앙박물관 소장의 대략 7세기 금동상[195]에서도 보이는데, 이 상은 7세기 초의 해동 지역에 고류지 반가사유상과 유사한 유형의 보살 양식이 존재함을 보여 준다. 이 외에 오사카 다이세이쇼군지(大聖勝軍寺)의 하쿠호시대 금동보살사유상도 보관이 없는데, 비록 이러한 유형과 고류지 단계 반가사유상은 비교적 차이가 크지만, 도리어 낮은 단계單髻가 있음을 여전히 보여 준다.

해동 지역에서 반가사유보살상이 보관을 쓰지 않고 단계를 한 실물 자료는 비교적 드물고 보관을 쓰고 단계를 한 보살상은 분명하게 보이진 않으며, 보관을 쓰지 않고 단계를 한 것은 사유보살상이 아닌 경우라도 역시 많이 보이진 않는다. 미즈노 세이치는 "고류지 보계寶髻 미륵상은 그 보계로 보면, 하쿠호시대의 많은 보살상과의 유사한데, 그 이유는 높은 보관을 쓴 보살은 보계가 없고 삼면관 시기에 이르러야 보계가 보편적으로 나타나기 때문이다"[196]라고 생각하였다. 고류지와 주구지 반가사유상의 단계와 쌍계 및 고류지 반가사유상의 삼산관은 일본 아스카, 하쿠호 시대 보살상이 전체적으로 산형 보관으로부터 삼면관으로 전환되는 과정 속에서 출현한 몇 가지 종류의 관冠과 계髻의 표현 형식이다.

한반도에서 보관을 쓰지 않고 단계를 한 상의 예로는 평남 평원군 원오리 사지에서 출토된 고구려의 대략 6세기 소조보살입상이 있다.[197] 일본의 경우 호린지의 아스카시대 후기의 허공장보살상(앞 그림 8-86)이 있다.[198]

중국에서 보관을 쓰지 않고 상투를 튼 보살은 단계와 쌍계에 관계없이 모두 비교적 이른 시기 남방 오나라 지역에서 보인다. 단계의 예로는 무창武昌 연계사蓮溪寺의 오吳 영안 5년(262)의 교위校尉 팽로彭盧 묘墓에서 출토된 동장식 편의 보살상(앞 그림 1-35)[199]이 있으며, 쌍계 보살상의 예는 3세기 전후에 오나라 지역 장인이 조성한 불상이 장식된 동경으로, 이 중 천의를 걸친 협시입상이 쌍계를 하고 있다. 이후, 단계와 유사

---

193) 費泳, 「"建康模式"的形成及佛像樣式特徵」, 『南京藝術學院學報』(美術與設計版) 2017년 제1기.
194) 毛利久, 「佛像の東漸と飛鳥彫刻」, 『日本古寺美術全集 1』(集英社, 1979년판), 90~96쪽.
195) 『三國時代佛敎彫刻』(國立中央博物館, 1990년판), 114쪽.
196) 水野淸一, 「飛鳥白鳳佛の系譜」, 『佛敎藝術』 4호(1949).
197) 『三國時代佛敎彫刻』(國立中央博物館, 1990년판), 12쪽.
198) 『日本古寺美術全集 2—法隆寺と斑鳩の古寺』(集英社, 1979년판), 144쪽.
199) 湖北省文物管理委員會, 「武昌蓮溪寺東吳墓淸理簡報」, 『考古』 1959년 제4기.

[8-119] 청주 용흥사 북위 보살상
(『山東青州龍興寺出土佛敎石刻造像精品』)

하게 머리를 묶은 보살은 후지유린칸 소장의 십육국 시기의 금동 보살입상[200], 병령사 169굴의 서진 건흥 원년명(420) 보살입상 등(앞 그림 2-35)이 있다. 남북조 시기에도 단계로 묶은 보살상의 예가 있는데, 청주 지역의 일련의 보살상은 상투의 손상이 크나 원래는 단계로, 용흥사지에서 출토된 것으로 북위의 영안 2년(529)에 한소화韓小華가 조성한 미륵상의 두 협시보살과 같은 사지에서 출토된 북위의 협시보살상[201]이 그 예이다. 이 외에 하북성 정주성定州城에서 출토된 대략 북위 말기에서 동위의 것으로 보이는 불삼존상 중 양 협시보살상이 모두 단계로 묶고 있다.[202] 해동 지역에서 단계를 한 보살상은 남조와 청주로부터 동쪽으로 전해졌을 가능성이 있음을 마땅히 고려해야 한다.

3) "삼면관" 반가사유상

부건관敷巾冠, 원통형관과 삼면관 등 3가지 종류의 보살의 보관 중 부건관과 원통형관은 고인도 쿠샨시대에 이미 나타났으며, 삼면관은 대략 굽타시대가 되어서야 나타난다. 이 3종류의 보관 중 원통형관과 삼면관은 한전불교문화권의 불교조상 조성에 비교적 큰 영향을 끼쳤으며, 그중 삼면관만이 반가사유상과 관련이 있다.

삼면관은 머리 정면과 양측면에 꽂아 쓰는 보관으로, 일본학자들은 통상 하쿠호시대에 대량으로 나타나는 보살 보관을 지칭한다. 삼면관 중 3개 면의 구성 요소는 비교적 복잡하기 때문에 넓은 의미의 삼면관에서 여러 가지의 변화 형식이 있다.

(1) 좁은 어깨와 가는 허리 형식

어물 병인년명 반가사유상(즉 호류지 헌납보물 제156호)의 연대 비정은 일본학계에서 통일되지 않았으며, 주로 스이코(推古) 4년(606)과 덴지(天智) 5년(666)의 두 가지 설이 있고[203], 그 결론은 하쿠호시대 유행한 삼면관 보살의 일본 발생 시기 및 이로부터 발생한 아스카시대 조상 양식 해석과 직접적으로 관련된다.

---

200) 村田靖子,『小金銅佛の魅力: 中國·韓半島·日本』(里文出版, 2004년판), 11쪽.
201) 『山東青州龍興寺出土佛敎石刻造像精品』(中國歷史博物館, 1999년판), 40, 53쪽.
202) 夏長生,「中國全臂維納斯—定州發現一批東魏石造像」,『文物天地』1994년 제4기; 劉建華,「彩繪佛三尊造像」,『保利藏珍』(岭南美術出版社, 2000년판), 186~189쪽.
203) 御物 병인명 반가사유상의 조성 시기에 관하여 606년설을 주장하는 학자로 고바야시 다케시(小林剛,『御物金銅佛像』, 1947), 마치다 고이치(町田甲一,「鞍作部の出自と飛鳥時代に於ける「止利式佛像」の興亡について」, 1965), 모리 히사시(毛利久,『三國彫刻と飛鳥彫刻』, 1978), 요시무라 메쿠미(吉村怜,『飛鳥白鳳彫刻史試論』, 1996)가 있다. 666년설을 주장하는 학자로는 야부타 가이치로(藪田嘉一郎,「丙寅年高屋大夫造像記考釋」, 1948), 미즈노 세이치(水野清一,「飛鳥白鳳佛の系譜」, 1949), 광황(光晃,「關于大化前後的大夫」, 1959), 구노 다케시(久野健,『古代小金銅佛』, 1982)가 있다. 마쓰바라 사부로(松原三郎)는 「四十八體佛—その系譜について」(1967)에서 이 상의 조성 시기를 606년 혹은 666년 모두 가능성이 있다고 보았으나, 그 이후의 글인「飛鳥白鳳佛と朝鮮三國の佛像」(1968)과「飛鳥白鳳佛源流考 1」(1971)에서는 606년 설로 보았다.

삼면관이 일본에서 유행한 것은 하쿠호 시대이다. 만약 어물 병인년명 반가사유상의 연대를 스이코 14년으로 비정한다면, 이는 삼면관의 발생 시기가 60년 앞으로 당겨지는 것으로, 아스카시대의 조상 양식에 도리 양식 외 또 다른 새로운 양식이 추가되는 것이다. 어물 병인년명 반가사유상의 양식은 일본에서 유일한 것으로, 특히 좁은 어깨와 가는 허리 등 조형적인 특징이 같은 유형을 찾기 매우 어렵다. 이를 아스카시대의 조상으로 간주하지만, 서로 관련되는 예증을 찾을 방법이 없고, 문제는 현재 이 상을 아스카 조상에서 배재할 이유도 없는 것이다.

[8-120] 일본 병인명 금동반가사유상
(『飛鳥·白鳳の在銘金銅佛』)

[8-121] 국립중앙박물관 소장 반가보살상
(『三國時代佛敎彫刻』)

마쓰바라 사부로는 한반도 삼국시대의 작품 중에서 어물 병인년명 반가사유상과 유사한 작품을 발견하였는데, 바로 한국 국립중앙박물관의 대략 7세기 금동반가사유상(보물[204] 제331호)으로, 머리에 남아 있는 삽입용 구멍을 통해 원래 삼면관이었을 것[205]으로 보았고 특히 두 건의 작품이 좁은 어깨에 가는 허리를 갖춰 유사성이 있다고 보았다. 어물 병인년명 반가사유상의 양식이 한반도로부터 들어왔다는 것은 이미 많은 학자들이 받아들였으나, 한반도의 반가사유상이 신라 작인지, 백제 작인지에 대해서는 학계에서 의견이 일치하지 않는다.[206]

원류를 찾는데 한발 더 나아가, 미즈노 세이치는 어물 병인년명 반가사유상이 용문석굴 양식 조상의 기초에서 발전한 것으로 보았다.[207] 마쓰바라 사부로는 다른 관점으로 보았는데, 북조 요소를 고려하는 동시에 남조의 영향을 강조하였다. "만약 삼국시대의 이 반가사유상을 중국 북조를 그 양식적인 기준으로 참고한다면, 대체로 동위 초기 작품으로, 제작 연대는 570~580년 전후가 된다. 또한 앞에서 언급한 삽도 6의 금동상과 서로 같고 중국 북조불상과 서로 통하는데, 세장한 몸과 오이씨와 같은 뾰족하고 갸름한 얼굴과 동시에 북조불상 중에서 볼 수 없는 둥근 느낌과 정서적인 느낌을 느낄 수 있어서 이는 북조 조상과는 완전히 다른 계보이며 남조 양식 영향을 띠고 있는 백제의 특징이라고 할 수 있다."[208] 문장의 삽도 6은 한국 국립중앙박물관 소장의 반가사유금동상(앞 그림 8-81)으로, 머리에는 "일산관"을 썼는데, 마쓰바라 사부로는 백제 작품으로 보고 대략 6세기 말기에 백제의 반가사유상 유행의 산물이라고 보았다.

---

204) 역자 주: 원문에는 국보.
205) 松原三郞, 「四十八體佛―その系譜について」, 『古美術』 19호(1967).
206) 이 상의 출토지는 미상이며, 고바야시 다케시(小林剛)는 고신라의 작품으로 추정하였고(『御物金銅佛像』, 1947), 미즈노 세이치(水野淸一) 역시 고신라의 작품으로 보았으나(『飛鳥白鳳佛の系譜』, 1949), 마쓰바라 사부로(松原三郞)는 백제 작품으로 추정하였다(『飛鳥白鳳佛源流考 1』, 1971).
207) 水野淸一, 「飛鳥白鳳佛の系譜」, 『佛敎藝術』 4호(1949).
208) 松原三郞, 「飛鳥白鳳佛源流考 1」, 『國華』 931호(1971).

이 밖에 중국에서 삼면관이 결국 언제, 어디서 형성되었는지가 한층 명확해져야 하는데, 과거에는 당나라가 들어선 이후 제작되었다고 보는 관점이 있었는데, 만약 이와 같다면 어물 병인년명 반가사유상을 606년에 비정하였을 때, 중국 쪽에서 영향을 받았다는 근거를 잃게 된다. 고바야시 다케시는 이러한 종류의 삼면관은 중국 육조시대에 보편화된 것으로 여긴다. 비록 그가 운강석굴 제3굴의 후실 북벽 주존 서측 협시보살상을 논거로 삼은 것은 적절하지 않지만[209], 남북조 후기의 조상에서 삼면관을 쓰고 높은 상투를 튼 보살을 확인할 수 있는데, 북조의 예로는 스위스 리트베르크박물관 소장의 북제 무평 원년명(570) 석조 관음보살입상이 있으며, 남조의 예로는 진 태건 원년명(569) 금동관음입상이 있다. 수나라 이후, 삼면관은 계속 발전하여[210], 당대에 이르러서는 더욱 유행하였다.

(2) 동안단구식 반가사유상

일본 야추지의 병인명 금동미륵반가상(앞 그림 1-74)은 그 존상이 미륵임이 명확하고, 조성 연대가 덴지(天智) 5년(666)으로 확실하다. 이 상과 어물 병인년명 반가사유상을 비교하면 두 상의 요소에서 많은 부분이 유사함을 보이는데, 예를 들어 삼면관, 높은 상투, 반라의 상반신, 목걸이(項飾)와 비천(臂釧) 착용, 하반신의 군의 착의 등이다. 다만 두 상의 양식이 완전히 같지는 않는데, 전자는 몸이 세장하고 머리가 적절한 크기이며, 후자는 몸이 굵고 짧으며 머리가 크다.[211] 야추지의 병인명 금동미륵반가상은 이미 하쿠호시대의 동안단구식이 나타난다.

[8-122] 오사카 간신지 금동반가상
(『東アジアの金銅佛』)

[8-123] 마사키미술관 소장 금동반가상 (『東アジアの金銅佛』)

야추지의 병인명 반가사유상과 유사한 현존하는 많은 하쿠호시대의 상의 예로는, 오사카 간신지(觀心寺)의 금동보살, 오사카 마사키(正木)미술관 소장의 동조보살, 후쿠이 쇼린안(正林庵) 동조보살, 나라 기타무라(北村)가家의 금동반가사유상, 후쿠오카시미술관 소장의 금동반가사유상, 도쿄국립박물관 소장의 호류지 헌납보물 제159호, 제160호, 제161호, 제162호, 제163호, 제164호가 있다. 이 중 163호, 164호 두 상은 형태가 매우 비슷하고 모두 쌍계를 하고 있다. 지적할 필요가 있는 것은 야추지의 병인명 반가사유상과 유사한 조상 중 상투를 틀지 않은 상이 있다는 것인데, 도쿄국립박물관 소장

---

209) 고바야시 다케시는 『御物金銅佛像』 중 圖44에 대해 설명하면서 삼면관(글에서는 "삼면장식관"으로 칭함)이 중국 북위 때 출현한 것을 증명하는 예로 보았다. 그러나 이 그림은 운강석굴 제3굴의 후실 북벽 서측의 협시보살로, 당대 초기의 작품이지 북위 작품이 아니다.
210) 미국 미니애폴리스미술관 소장의 수 개황 원년(581) 석조상. 金申, 『海外及港臺藏歷代佛像珍品紀年圖鑒』(山西人民出版社, 2007년판), 160쪽.
211) 역자 주: 전자와 후자 내용을 뒤바꿔서 설명함.

의 호류지 헌납보물 제157호가 그 예이다. 이 유형은 본토화 색채가 농후한 반가사유상으로, 덴표(天平)시대까지 계속되었다.

머리에 삼면관을 쓴 하쿠호시대의 반가사유상은 현존하는 수량은 매우 적으나 몸의 형태가 비교적 균형 잡힌 한 종류의 조상이 있는데, 시가(滋賀) 하쿠사이지(百濟寺)의 대략 하쿠호시대 후기 작으로 보이는 보살상이 그 예로[212], 이 상은 어물 병인년명 반가사유상만큼 세장하지 않고, 야추지의 병인명 반가사유상처럼 머리가 크거나 몸이 아담하지도 않다.

한반도에서 야추지의 병인명 반가사유상의 머리 관식과 자세가 비교적 유사한 상의 예로는 한국 국립중앙박물관에 소장된 것으로 경남 양산에서 출토된 대략 7세기의 금동반가사유상[213]이 있다. 이 상이 삼면관이 유실된 한국 국립중앙박물관 소장의 보물[214] 331호 반가사유상을 어느 정도 보충해 줄 수 있다는 인식은 삼면관을 쓴 반가보살상이 한반도에서부터 일본으로 전해졌을 가능성을 명확하게 해 준다. 다만 이러한 동안단구식 표현 방식과 중국 보살상 사이에 존재하는 관계를 여전히 살펴볼 필요가 있다.[215]

(3) 삼면관의 변화 양식

대략 6세기 말부터 7세기 초의 반가사유상에는 몇 가지 양식이 있는데, 일반적으로 한반도의 작품으로 보고 있으며, 일본으로 전해졌는지는 아직 확정할 수 없다. 보관도 삼면관의 범주에 속하나 보관의 구체적인 형식에서 비교적 큰 차이를 보이고 있어 자생한 하나의 양식으로 보인다. 한국 국립중앙박물관 소장의 금동반가사유상과 같이 보관 삼면에 각각 한 송이의 꽃으로 구성된 양식은 일본 반가보살상 중에서는 아직 보이지 않는다. 다만 일본에 비교적 이른 시기에 한반도로부터 들어온 것으로 보이는 보살입상 중에는 이러한 양식의 보관을 확인할 수 있는데, 미야기현 후나가타야마진자(船形山神社)의 보살입상(앞 그림 4-67)이 그 예로, 보관은 그 모습에 의해 삼화관三花冠[216]으로 칭해지기도 하고, 이러한 종류의 보관을 삼주관三珠冠의 일종의 변화 형식으로 보기도 한다. 삼주관은 보관의 정면과 양측면에 3개의 비교적 큰 원주형

[8-124] 국립중앙박물관 소장 반가사유상 세부
(『三國時代佛敎彫刻』)

을 감입하여 만든 구조, 그 본질은 삼면관의 표현 범주에 속하지만, 형태상에서 삼화관과 더 유사하며, 머리에 쓰면 삼면관과 비교하여 훨씬 표현이 평면화되는 추세가 된다. 삼주관의 원류는 백제 대략 6세기 금동보살입상이며, 더 거슬러 올라가면 중국 북조 대략 5세기 말의 막고굴에 이른다. 중국에서 이른 시기의

---

212) 久野健, 『古代小金銅佛』(小學館, 1982년판), 65쪽.
213) 『三國時代佛像雕刻』(國立中央博物館, 1990년판), 56쪽.
214) 역자 주: 원문에는 국보.
215) 수 開皇 2년(582) 반가보살석상은 松原三郎, 「飛鳥白鳳佛源流考 3」, 『國華』 933호(1971)를 참고.
216) 久野健, 『古代小金銅佛』(小學館, 1982년판), 146쪽.

[8-125] 국립부여박물관 소장 백제 금동보살입상(『三國時代佛敎彫刻』)

[8-126] 국립중앙박물관 소장 반가상 (『三國時代佛敎彫刻』)

병령사 169굴 등 농우, 하서 지역의 석굴 조상에서는 아직 삼주관이 발견되지 않았으나, 오히려 막고굴의 벽화의 보살에서 가장 자주 표현되던 형식이다. 남경 덕기광장에서 출토된 배병식 조상 중 주존 보살도 머리에 삼주관을 쓰고 있어서 삼주관은 쌍계와 마찬가지로 대략 6세기 전반에 건강健康의 보살에서 비교적 유행한 보관, 상투 양식으로 설명된다. 같은 시기에 북조 보살상에서도 덕기 보살상과 형태가 유사한 삼주관이 나타나는데, 일본 개인 소장의 북위 영안 3년명(530) 보살입상과 동위의 금동보살입상 등이 그 예이다.[217]

한반도에서 일본으로 전해진 머리에 삼화관을 쓴 보살상과 함께 머리에 삼화관을 쓴 반가사유보살도 대략 6세기에서 7세기에 한반도에서 일본으로 전해졌을 가능성이 있다. 주목되는 점은 사천 충현忠縣의 삼국시대 마애묘에서 출토된 백호상白毫相이 있는 도용 중에서[218] 삼계三髻에 각각 한 떨기 꽃을 꽂아 표현한 형식을 갖춘 몇 존을 볼 수 있다는 것인데(앞 그림 4-68), 외관이 삼화관과 유사하고, 이 유형은 비교적 이른 시기에 남방으로부터 나와 불교문화 영향을 받은 삼화 머리 장식을 한 도용으로, 이후 보살의 삼화관과 조형적인 유사성이 있어서, 두 존상에 모종의 전승 관계가 존재하였을 것으로 보인다.

이 외에 한국 국립중앙박물관 소장의 금동반가사유상(국보 제78호)은 대략 6세기에 조성되었으며, 보관은 독특한 특색을 가지고 있다. 투조 공예를 응용한 삼면관의 도안은 유사한 조상이 한반도에 많은 예가 있어서 한 종류의 모습이 꾸준하게 이어지고 있다고 설명할 수 있다. 도쿄국립박물관 소장의 전 충청남도 공주 사지의 석탑에서 발견된 백제 대략 7세기 금동반가사유상, 한국 개인 소장의 백제 대략 7세기 금동반가사유상[219], 일본 개인 소장의 한국 출토 금동반가사유상[220]이 그 예이며, 일본에서 국보 제78호와 유사한 작품이 나올지는 아직 명확하지 않다.

4) "일산관" 반가사유상

도쿄국립박물관 소장의 금동반가보살상(호류지 헌납보물 제158호)은 정면이 융기된 산형 보관을 머리에 쓰고 있는데, 혹은 일산관一山冠이라고 칭한다. 상투가 없거나 낮은 상투가 있으며, 양어깨에는 궐아蕨芽(고사리 싹)

---

217) 村田靖子, 『小金銅佛の魅力: 中國・韓半島・日本』(里文出版, 2004년판), 50~51쪽, 도판55, 58.
218) 四川省文物管理委員會, 「四川忠縣塗井蜀漢崖墓」, 『文物』 1985년 제7기.
219) 『三國時代佛敎彫刻』(國立中央博物館, 1990년판), 59쪽.
220) 中吉功, 『新羅高麗の佛像』(增訂版, 二玄社, 1973년판), 80쪽.

형태의 보발이 있고, 반라형 상반신에 장식물이 없으며, 하반신을 덮은 군의에는 옷자락 표현이 되지 않았으나, 대좌를 덮고 있는 군의에는 옷자락 표현이 되어 있다. 이 유형의 반가사유상의 산형 보관은 하쿠호시대에 대량으로 출현한 삼면관과 유사한 점이 있는데, 본질적으로는 모두 삼면이 머리에 끼워져 있으며, 보관 윗판이 없다는 것이다. 다만 산형 보관은 정면이 우뚝하게 높이 솟아 있어서 하쿠호시대에 유행한 세 면에 각각 잎사귀 모양의 장식물이 있는 삼면관과는 다르다. 이 외에 머리에 산형 보관을 쓴 보살은 상투를 틀지 않거나, 상투가 낮게 표현되어 잘 보이지 않는데, 삼면관을 쓴 보살은 상투가 통상적으로 높게 솟아 있다.

[8-127] 호류지 헌납보물 158호 반가상 (『古代小金銅佛』)

고바야시 다케시(小林剛)는 호류지 헌납보물 158호 보살상의 양식적인 원류에 대해서 "이 상의 가늘고 여린 기본적인 모습을 보면, 그 양식 계통이 자명하다고 말할 수 없는데, 앞에서 언급한 것과 같이 일본에서는 유사한 작품을 거의 찾아볼 수 없다. 보관 장식과 대좌 전면의 의습선 및 머리 뒷부분에서 등 뒷부분까지 거의 조각 예술의 어떠한 구사도 없다는 점에서 보면, 모든 것이 이 상이 한반도의 신라 일대에서 제작된 작품이라는 것을 설명해 준다", "그 제작 연대는 일본 스이코(推古) 천황 시기(593~628) 이전으로 생각된다"[221]라고 인식했다. 미즈노 세이치의 관점은 고바야시 다케시와 기본적으로 일치하며, 그는 동시에 이 상의 마르고 야윈 양식과 어물 병인명상(호류지 헌납보물 제156호)과 같다고 보아, 모두 원류가 용문석굴 양식에 있다고 보았다.[222] 마쓰바라 사부로는 특별히 세장한 몸을 백제 조상의 특색이라고 보았으며, 그 연대는 6세기 말인 580년경까지 거슬러 올라간다고 생각하였다.[223]

호류지 헌납보물 제158호 반가사유상은 조성 시기가 비교적 이른 작품으로 보는데, 고바야시 다케시와 마쓰바라 사부로는 이 상의 조성 시기를 『일본서기』에 기록된 비다쓰(敏達) 13년(584) 가후카노오미(鹿深臣)가 백제에서 미륵석상을 가져온 시기에 가깝다고 보고, 혹시 이 문헌기록상에 있는 비교적 이른 시기에 일본에 들어온 미륵보살상으로 이해해도 된다고 보았다.

이 불상과 닮은 조상은 일본 나가노 간쇼인(觀松院)의 금동반가사유상[224]으로, 보살상은 낮은 쌍계를 하고 있으며, 대략 6세기에서 7세기에 한반도에서 전래된 것으로 보인다.[225] 한국에는 국립중앙박물관 소장의 6세기 금동반가사유상, 국립중앙박물관 소장의 대략 7세기 금동반가사유상, 한국 개인 소장의 삼국시

---

221) 小林剛, 『御物金銅佛像』(國立博物館, 1947년판), 93~94쪽. 글에서 고바야시 다케시(小林剛)는 일련의 조상, 즉 호류지 헌납보물 158호 작품이 일본에서 조성된 것이 아닌 이유를 자세하게 기술하였다. "현재 길상좌 아래의 앙화(反花)와 밑받침 구조 부분이 이미 유실되었으나, 그 밑받침의 결구 방식으로 볼 때, 일본에서는 유사한 것이 거의 없고, 신라에서 전래된 우즈마사고류지(太秦廣隆寺)의 미륵보살상 및 일부 지역에서 전해 내려오는 몇 존의 작품은 모두 이러한 결론이 증거가 될 수 있다. 따라서 상관 자료들은 이 상이 일본에서 조성된 작품이 아니라는 것을 추측하게 한다."
222) 水野淸一, 「飛鳥白鳳佛の系譜」, 『佛教藝術』 4호(1949).
223) 松原三郎, 「飛鳥白鳳佛源流考 1」, 『國華』 931호(1971).
224) 『百濟·新羅の金銅佛―飛鳥·白鳳佛の源流』(大和文華館, 1982년판), 38쪽.
225) 久野健, 『古代小金銅佛』(小學館, 1982년판), 142~151쪽; 『百濟·新羅の金銅佛』(大和文華館, 1982년판), 38쪽.

[8-128] 국립청주박물관 소장 신라반가상
(『三國時代佛敎彫刻』)

대 금동반가사유상과 같은 것이 있으며, 유사한 조상으로는 충청남도 서산시 운산의 대략 6세기 초 마애삼존상 중 주존 좌측의 협시상이 있다.[226]

이상의 반가사유상의 유형 외에 일련의 종합 형태를 한 반가상이 있는데, 국립청주박물관 소장의 경북 안동 옥동 출토의 금동반가사유상이 그것으로, 신라 대략 7세기 작품이다.[227] 보관 형태는 한국 리움미술관[228] 소장의 고구려 금동반가사유상(국보 제118호), 호류지 헌납보물 제158호 및 국보 제78호 조상 사이에 낄 수 있으나 또한 이들 조상과는 다른 점도 있다. 국보 제118호와의 근본적인 차이는 하나는 삼면관, 하나는 윗부분이 막힌 원통형인 것이다. 호류지 헌납보물 제158호와도 보관 정면이 다르며, 후자처럼 높게 솟아 있지 않다. 또한 국보 제78호는 비교적 깊게 새겨졌으나 투조는 아닌 보관의 꽃무늬 조각 장식에서 주요한 차이를 보인다. 현재 이 상과 완전히 같은 유형의 예는 아직 발견되지 않았는데, 이는 혹시 과도기적 단계에 처해 있는 아직 정형화되지 않은 조상일 가능성이 있는데, 그 구체적 조성 시기는 더 많은 자료의 발견을 기다려야 할 것이다.

반가사유상은 일본 아스카 하쿠호시대에 다양한 양식으로 나타났으며, 이러한 다양성은 7세기 초기에 이미 많이 나타났는데, 구노 다케시(久野健)가 인식했던 것과 같이 도리식 이외의 불상이 매우 이른 시기에 한반도와 중국에서 일본으로 전입되었다고 볼 수 있다.[229]

〈표 8-3〉 아스카, 하쿠호 시대 반가사유상과 한국, 중국 관련 조상 예의 분류표

유형	기년작	유사 작품	중국 관련 작품
삼산관 반가사유상	고류지(廣隆寺) 스이코 11년(603) 목조보관보살	나가사키 일본26성인기념관 소장의 대략 7세기 백제 금동보살	상해박물관 소장의 북제 천보 4년명(553) 보살석상
		한국 국보 제118호	
		한국 국보 제83호	청주시박물관 소장의 6세기 후반 북제 보살석상
		한국 국립경주박물관 소장의 대략 7세기 신라 금동보살	

---

226) 久野健, 『古代朝鮮佛と飛鳥佛』(東出版, 1979년판), 도판23.
227) 國立中央博物館, 『三國時代佛敎彫刻』(1990), 107쪽.
228) 역자 주: 개인(김동현). 소유자 변경.
229) 久野健, 「飛鳥佛の誕生」, 『美術硏究』 315호(1980).

유형	기년작	유사 작품	중국 관련 작품
쌍계 반가사유상	주구지(中宮寺) 스이코 29년(621) 목조쌍계반가사유상	도쿄국립박물관 소장의 약 7세기 말 금동반가사유상	교토박물관 소장의 대략 3~4세기 화문대불수경의 쌍계 반가상
		한국 국립부여박물관 소장의 백제 대략 6세기 정지원명 금동삼존상의 좌협시보살	
단계 반가사유상	고류지 스이코 31년(623) 목조단계반가사유상	오사카 다이쇼군지(大聖軍寺) 대략 7세기 말 금동반가사유상	무창 연계사 금동띠 장식의 보살상
		한국 국립중앙박물관 소장의 대략 7세기 금동반가사유상	청주 용흥사 출토 한소화 조상의 우측보살상
		한국 국립중앙박물관 소장의 고구려 대략 6세기 소조 보살입상	정주의 북위 만기~동위 보살상
"좁은 어깨, 가는 허리식" 삼면관 반가사유상	어물 병인명(606) 반가사유상	한국 국립중앙박물관 소장의 대략 7세기 금동반가사유상, 보관 유실	상해박물관 소장의 북제 천보 4년 보살석상
			북제 무평 원년 보살석상
			진 태건 원년 관음상
			수 개황 원년 보살석상
동안단구식 삼면관 반가사유상	야주지(野中寺) 병인명(666) 금동미륵반가상	오사카 간신지(觀心寺) 하쿠호시대 금동반가사유상	수 개황 2년(582) 반가보살상
		호류지(法隆寺) 헌납보물 제163호	
		한국 국립중앙박물관 소장의 경남 양산시 출토의 7세기 금동반가사유상	
삼화관 반가사유상	한국 국립중앙박물관 소장의 대략 7세기 금동반가사유상	일본 미야기현 후나가타야마진자 대략 6세기 말 금동보살입상	북위 영안 3년명(530) 보살입상
		한국 국립부여박물관 소장 백제 6세기 보살입상	
투조보관 반가사유상	한국 국립중앙박물관소장 대략 6세기 금동반가사유상	도쿄국립박물관 소장의 충청남도 공주 사지 석탑 내 백제 대략 7세기 금동반가사유상	-
		한국 개인 소장의 백제 대략 7세기 금동반가사유상	
		일본 개인 소장의 한반도 전래 금동반가사유상	
일산관 반가사유상	호류지 헌납보물 158호(약 6세기 말~7세기 초)	가나가와 마쓰다 집안(神奈川松田家) 하쿠호 대략 7세기 중기 동조반가사유상	-
		나가노 간쇼인 백제 6~7세기 금동반가사유상	
		한국 국립중앙박물관 소장의 6세기 반가사유상	
		한국 개인 소장의 삼국시대 금동반가사유상	
		한국 충청남도 서산시 운산 대략 6세기 초 마애삼존상 주존 좌협시보살	

8. 아스카, 하쿠호 시대 불교회화의 원류

아스카, 하쿠호 시대 불교회화의 대표작으로 호류지 다마무시노즈시(玉蟲廚子)[230]의 고사화故事畵와 호류지 벽화가 남아 있다.

1) 다마무시노즈시의 경변화(변상화)

다마무시노즈시와 다치바나(橘) 부인 주자廚子는 모두 4개의 다리와 다단의 아亞자형 대좌 위에 봉안되어 있는 불감으로, 다마무시노즈시 불감의 외관은 중국의 팔작지붕(歇山頂) 궁전 건축과 유사한데, 회화 부분은 기단과 불감의 네 면에 분포하고 있다. 필자는 다마무시노즈시에 새겨진 경변화가 남조와 밀접한 관계를 가지는데, 다음의 몇 가지 방면에서 주로 반영되었다고 생각한다. 다마무시노즈시 기단 정면의 공양도(앞 그림 8-70)는 상반부에 그려진 2존의 비천이 만곡의 자세를 취하고 복부와 가슴 사이, 비천의 외형은 이미 사실성을 추구하고 있어서 남조 양식 비천의 연화형 외관에서 이미 벗어나고 있다. 이 두 비천은 이미 남조의 비천에서 수당의 비천으로 향하는 과도기적인 형식이다.[231]

만약에 다마무시노즈시 기단 뒷면의 도상을 성도 만불사 출토의 남조 조상비 정면 부조 도상과 비교해 보면 두 작품이 매우 닮았다는 것을 발견할 수가 있다. 특히 a. 화면 중심에 발이 4개이고 머리가 여러 개인 반룡이 기둥을 휘감는 도상이 있고, b. 기둥 상단에 치미가 있는 집이 있으며, c. 반룡 기둥의 좌우 공간에는 상서로운 구름과 하늘을 나는 새 등이 그려져 있고, d. 반룡 기둥 아래의 건물 안에는 가부좌하고 설법인을 결한 붓다가 있으며, 그 좌우에는 각각 1구의 보살이 시립하고 있는 것이다.

[8-129] 다마무시노즈시 기단 후면
(『法隆寺玉蟲廚子と橘夫人廚子』)

[8-130] 사천 만불사 wsz49 조상비 정면
(『四川出土南朝佛敎造像』)

만불사 wsz49 정면 하단의 남아 있는 부분의 도상은 화개 아래의 도상으로, 석가모니 붓다가 가부좌하고 설법하는 형상으로, 이와 대응되는 경문의 내용은 『묘법연화경』「서품」의 "붓다께서 이 경을 다 설하신 뒤 가부좌하시고 무량의처삼매無量義處三昧에 드시니, 몸과 마음이 흔들리지 아니하였다. 그

---

230) 호류지 다마무시노즈시(玉蟲廚子)의 제작 연대는 스이코(推古) 시기 혹은 아스카시대 후기로, 관점이 통일되지 않았다.
231) 費泳, 「南朝佛敎造像硏究」(南京藝術學院 2001年 碩士學位論文), 16~17쪽.

때 하늘에서는 만다라꽃, 마하만다라꽃, 만수사꽃, 마하만수사꽃을 내려 붓다 위와 대중들에게 뿌렸는데, 넓은 붓다의 세계가 여섯 가지로 진동하였다"[232]이다. 만불사 비의 정면은 다마무시노즈시 배면 도상의 모본으로 볼 수 있다.

다마무시노즈시의 기단 좌우 양측 면에는 본생고사本生故事인「사신사호捨身飼虎」와「문게시신聞偈施身」이 따로 그려져 있는데, 전자는 비교적 이른 시기인 오나라 강승이 번역한 『육도집경』권1「보시도무극장布施度無極章」에서 볼 수 있으며, 후자도 역시 비교적 이른 시기인 동진의 법현이 번역한 『대반열반경』제14권「성행품」에서 볼 수 있다. 두 폭의 경변화는 막고굴의 북위 제254굴[233]과 서위 제285굴에서도 볼 수 있으나, 가장 이른 시기에 유행한 것은 남방 장강 유역으로, 다마무시노즈시의 두 폭의 그림 속에 보이는 세장한 인물 모습은 모두 남조에서 만들어진 "수골청상"의 모습의 특징을 나타내고 있으며, 그 화풍 역시 구노 다케시가 언급한 것과 같이 육조시대의 고아한 필법을 채용한 것이다.

[8-131] 호류지 대보장전 다마무시노즈시 좌측「사신사호본생고사」
(『法隆寺玉蟲廚子と橘夫人廚子』)

[8-132] 호류지 대보장전 다마무시노즈시 우측「문게시신본생고사」
(『法隆寺玉蟲廚子と橘夫人廚子』)

다마무시노즈시 감의 후면에는 중심적인 내용에는 3좌의 불탑과 탑 속에 각각 1존의

[8-133] 호류지 대보장전 다마무시노즈시 후면(『法隆寺玉蟲廚子と橘夫人廚子』)

열반한 좌불이 그려져 있는 윗부분과 4명의 수행자가 그려져 있는 아랫부분이 위치하고 있으며, 중심 내용이 있는 양측에는 천인, 상서로운 구름, 날고 있는 새가 빼곡하게 둘러싸고 있다. 이 도상은 상술한 만불사 비의 후면에 묘사된『묘법연화경』「서품」과 내용 표현에 있어서 유사한데, 즉 모두 "그때 붓다께서는 미간의 백호상白毫相으로 광명을 놓으시어 동방으로 1만 8천의 세계를 비추시니, 두루하지 않은 데가 없었으며, 아래로는 아비지옥阿鼻地獄과 위로는 아가니타천阿迦膩吒天에까지 이르렀다. 이 세계에서 저 세계의 육취 중생들을 다 볼 수 있고, 또 저 세계에 계신 붓다들을 볼 수 있었으며, 여러 붓다들께서 설하시는 경법

---

232) 역자 주: 한글대장경 수정 인용.
233) 막고굴 제254굴의 연대는 다음을 참고. 樊錦詩·馬世長·關友惠,「敦煌莫高窟北朝洞窟的分期」,『中國石窟·敦煌莫高窟 1』(文物出版社, 1982년판).

經法을 들을 수 있었고, 아울러 저 여러 비구, 비구니, 우바새, 우바이들이 여러 가지 수행으로 깨달음을 이루는 것을 볼 수 있었고, 여러 보살마하살들이 가지가지 인연과 가지가지 믿음과 가지가지 모습으로 보살의 도를 행하는 것을 볼 수 있었고, 여러 붓다들께서 반열반에 드시는 것을 볼 수 있었고, 여러 붓다들께서 반열반에 드신 뒤에 그 붓다의 사리로 칠보탑을 일으키는 것도 볼 수 있었다. 그때 미륵보살은 이렇게 생각하였다. 지금 세존께서 신기한 모습을 나타내시니, 무슨 인연으로 이런 상서를 일으키시는 것일까?"[234])라는 내용을 나타내고 있다. 그러나 두 작품은 도상 형식에서 분명한 차이가 존재한다.

보증寶繒(관증)이 위로 날리는 것은 다마무시노즈시 감의 정면과 좌측면의 천부상과 보살상에 따로 나타나는데, 중국에 현전하는 것으로 위로 날리는 보증을 갖춘 실물 자료는 북방에서 많이 보인다. 비교적 이른 시기의 것으로는 북위 황흥 5년명(471) 구기노仇寄奴 조상의 관음입상(앞 그림 4-104)이 그 예이며, 동위 원상元象 2년명(539) 혜조惠照 조상의 사유보살과 동위 흥화興和 2년명(540) 저광수邸廣壽 조상의 사유보살상 등 곡양에서 출토된 백석 조상 중에도 보인다.

남방에서는 성도 지역의 남조 조상 중에 금강역사상 머리 양측에 거의 모두 표대飄帶가 위로 날리는 표현이 있는데, 만불사에서 출토된 중대동 3년명(548) 법애法愛 조상의 상(앞 그림 6-15)과 상업가 출토의 7호 배병背屛식 남조 조상이 그 예이다.

북방에서는 494년에 낙양 천도 이전의 불교조상 양식은 대체적으로 중후함과 사실성을 추구하지만, 대략 494년 이후 남조의 영향으로 인하여, 북방의 이 양식적인 특징이 변화하게 된다. 남조 조상과 비교하면 흩날리는 것이 더욱 강조되고 형식화되는데, 밖으로 펼쳐져 아래로 떨어지는 불의 옷자락, 지느러미 모습의 옷 주름을 지닌 보살의 천의, 연화형 외관을 가진 비천, 머리의 표대가 위로 날리는 금강역사상 등이 그 예이다. 따라서 남북조 불교조상에 나타난 모습에서 비교적 자유분방한 조상 요소가 어디서 왔는지를 생각할 때 남조를 간과할 수 없다. 특히 다마무시노즈시의 두 보살이 장식하고 있는 궐아 형태의 드리워진 머리카락과 같은 것은 남조 보살의 머리카락 형식에서 온 것이다.

위에서 언급한 분석은 다마무시노즈시의 불교회화가 여러 가지 많은 남조 조상 요소를 갖추고 있음과 동시에, 남조에서 수, 당으로 향하는 과도기적인 일련의 특징들이 나타나고 있음을 보여 준다. 아스카시대의 불교조상과 관련되는 것이 주로 남조 계통의

[8-134] 호류지 대보장전 다마무시노즈시 좌측면 2보살(「法隆寺玉蟲廚子と橘夫人廚子」, 圖3)

[8-135] 성도 상업가 출토 7호 배병식 조상 (「四川出土南朝佛敎造像」)

---

234) 역자 주: 한글대장경 번역 수정 인용.

형식과 양식을 흡수한 것을 보아, 다마무시노즈시의 비천은 이미 아스카시대의 주된 양식에서 점점 멀어지고, 하쿠호시대 비천과 같아지는 추세여서[235], 다마무시노즈시를 아스카시대 후기의 작품으로 보는 것이 비교적 합리적이다.

2) 호류지 벽화

호류지 벽화는 호류지가 덴지 9년(670)에 화재로 소실된 뒤[236] 중건하면서 그려진 벽화로, 시기는 대략 덴무 8년(679) 혹은 지토 7년(693) 전후이다.[237] 벽화는 금당 안의 12폭, 비천이 그려져 있는 천정 아래 20폭, 나한이 그려져 있는 벽화를 포괄하는데, 이에 더하여 오중탑 속의 벽화가 있다. 이들 벽화 중에서 금당 천정의 비천 벽화 20폭을 제외한 나머지는 모두 쇼와 24년(1949) 호류지의 화재로 소실되었다.

호류지는 전해지는 바에 의하면, 스이코 15년(607)에 쇼토쿠 태자가 창건하였다고 하며, 덴지 9년 화재로 소실된 후 그 유구에 중건되었는데, 중건 후의 호류지 건축이 아스카시대의 옛 양식을 완전히 따랐는지 아닌지는 여전히 논란의 문제로 남아 있다. 그리고 아스카시대의 호류지에 벽화가 그려져 있었는지 아닌지도 알 수 있는 방법이 없지만, 분명하다고 할 수 있는 것은 중건 후의 호류지 벽화는 수와 초당 회화의 예술 양식을 흡수하였다는 것인데, 혹자는 하쿠호시대 후기의 불교조상의 자취를 갖고 있다고 말한다. 이하 몇 가지 면에서 모두 이러한 모습이 반영되어 있다.

(1) 비천의 형태

금당 천정에 있는 비천은 이미 가슴 부분에서 몸이 꺾이는 특징이 나타나는데, 이러한 특징을 지닌 막고굴 비천은 비교적 이른 시기인 수대에 나타나 당대에 성행한다. 호류지의 비천은 분명히 수·당 비천의 영향을 받았다.

[8-136] 호류지 금당 내진內陣 14호 벽화 천정 비천(『日本古寺美術全集 1』)

---

235) 하쿠호시대 비천은 호류지 금당의 천정 비천을 참고.
236) 『일본서기』 권27, "(덴지 9년) 여름 4월 계묘삭 임신(30일)에 한밤중에 호류지(法隆寺)에서 화재가 있었다. 한 집도 남김없이 다 탔다. 큰 비가 오고 번개가 쳤다."
237) 호류지(法隆寺) 소실 후 중건된 시점에 대해서는 덴무(天武) 8년(679)설과 지토(持統) 7년(693)설이 있다. 전자의 근거는 『일본서기』에 기록된 "(덴무 8년) 여름 4월 신해삭 을묘(5일)에 詔를 내려, 모든 식봉이 있는 절의 유래를 고려하여 더할 것은 더하고 덜어야 할 것은 덜라고 하였다. 이날 여러 절의 이름을 정하였다"는 내용이다. 천황은 이번 각 사찰의 식봉의 증감을 거론할 때 호류지도 포함하였다. 『法隆寺伽藍緣起並流記資財帳』에서 호류지는 다이카(大化) 3년(647)에 천황으로부터 采邑 300호를 받았다가, 己卯(679)에 회수되었다. 채읍의 회수는 호류지의 모수가 이미 완성되었음을 말해 준다. 후자의 근거는 『일본서기』의 "(지토 7년) 기묘(23일)에 처음으로 百國에서 『仁王經』을 강설하게 하였다. 4일에 걸쳐서 끝났다"는 내용이다. 이 강경 법회(講經)도 호류지와 관련되는데, 『법륭사가람연기병류기자재장』에서 강경을 베풀고 인왕 법회가 이루어지던 날에 호류지는 경대, 천개 등 법회에 사용되는 물건을 거두어들였다. 이는 호류지가 이미 보수되어 법회에 사용되었음을 말한다.

(2) 호류지 벽화의 신체 묘사

호류지 벽화의 신체 표현은 철선묘와 입체적인 농담의 결합되어 이루어져 있다. 초당 시기에 장안에 들어와 관리가 된 우전인于闐人(호탄) 울지을승尉遲乙僧의 화풍이 철선묘와 입체 농담의 양대 요소를 동시에 겸비하였는데, 『역대명화기』에는 "(울지을승이) 외국(풍물)과 보살상을 그린 경우, 작은 그림은 붓의 사용에 긴장감과 힘이 있어서, 마치 구부러진 철사나 휘감긴 실과 같았고, 큰 그림은 시원스럽고 기개가 있었다"[238]라 하고, 『당조명화록』에는 "을승은 자은사 탑 앞에 공덕을 쌓았고, 또 요철화 면[239] 중간에 천수안대비는 상이 정묘하여, 이름 붙일 수가 없다"라고 하였다. 울지을승의 작품으로 전해지는 것과 모본으로부터 그의 회화 양식을 대략적으로 알 수 있다.[240]

[8-137] 호류지 금당 외진外陣 6호 벽화 아미타정토
(『日本古寺美術全集 1』)

중국 공필화 중에서 농담으로 형체의 기복을 강조한 것은 비교적 이른 시기에 양나라 장승요 때부터 보이며, 『건강실록』에 기록된 "일승사…… 사찰 문에 요철화를 그렸는데, 이는 장승요의 수법으로 칭해지며, 그 (요철)화는 천축에서 전해지는 법으로, 붉은 색과 청록색으로 이루어져 멀리서 바라보면 요철과 같이 눈이 어지러워지고, 나아가서 보면 곧 평평하여, 세상 사람들은 모두 그것을 이상하게 여겨, 이에 요철사라 부른다"라는 내용이 그것이다. 당나라 사람 양령찬梁令瓚이 그린 장승요의 「오성이십팔수신형도五星二十八宿神形圖」 모본에서 장승요의 화풍을 알 수 있다.

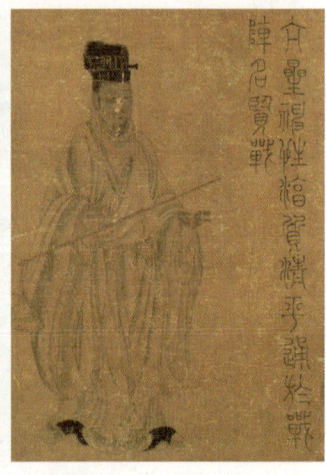

[8-138] 보스턴미술관 소장 북송 진용지陳用志 「방울지을승석가출산도仿尉遲乙僧釋迦出山圖」 세부(『海外藏中國歷代名畫 2』)

[8-139] 「오성이십팔숙신형도」 세부(『藝苑掇英』)

장승요와 울지을승의 선묘는 모두 굵기가 모두 일정한 유사묘游絲描의 유형으로, 장승요는 선묘가 펼쳐져 휘날리는 것 같고, 울지을승의 선묘는 비교적 팽팽하고 굳세며 힘이 있다. 입체적인 농담수법에서는 두 사람이 유사하며, 호류지 벽화 인물 표현에서도 이러한 수법이 나타난다. 다만 여전히 살펴볼 필요가 있는

---

238) 역자 주: 시공아트 역대명화기 역주 인용.
239) 역자 주: 乙僧今慈恩寺塔前功德, 又凹凸花面中間千手眼大悲, 精妙之狀, 不可名焉. 面 탈자 추정.
240) 시룽런(喜龍仁)은 그의 『中國繪畫』(1956)에 국외에서 전해지는 몇 건의 울지을승의 작품을 수록하였는데, 「호승도」, 「번군도」, 「구(쿠)자무녀」, 「천왕상」 등이다. 그러나 이들 그림을 송나라 이후의 울지을승 작품의 모본으로 보는 관점도 있다.

것은 장승요와 울지을승의 화풍은 호류지 벽화와 여전이 분명한 차이가 존재한다는 것이다. 혹자는 호류지 벽화 인물 표현의 견실함과 선의 긴장과 이완에 화풍의 법칙이 있어서 장승요와 울지을승 사이에 있다고 말한다.

막고굴 초당 벽화에서 호류지 벽화 양식과 매우 유사한 작품을 볼 수가 있는데, 제71굴 북벽의 아미타정토변상도가 그 예이다. 만약 아잔타 석굴의 대략 5세기에 그려진 제1굴의 연꽃을 쥔 보살벽화를 다시 본다면, 세 지역 벽화의 보살이

[8-140] 막고굴 71굴 북벽 아미타정토(『中國敦煌壁畫全集 5』)

큰 움직임이 나타나는 건장한 몸, 서로 닮은 오관의 특징을 볼 수 있다. 특히 튀어나온 안구와 가늘고 긴 눈꺼풀 등의 표현 방식은 일맥상통하며, 선묘 형식과 농담 표현에서도 매우 유사하다. 인도 불교예술의 바람은 초당시대에 강하게 불어 중국에 영향을 끼쳤고, 아울러 더 나아가 하쿠호시대의 일본에까지 전파되었다.

호류지 벽화 양식과 매우 유사한 회화 작품은 다치바나(橘) 부인 주자에서 볼 수 있는데, 특히 이들 작품의 제작 시기가 그다지 명확하지는 않지만, 감실 문판 안팎의 회화가 그것이다. 이 외에 하쿠호시대 작품인 궁내청 소장의 쇼토쿠 태자상도 있는데, 이 상은 선조, 의습의 구조, 농담의 표현이 초당시대 이현의 묘실 벽화와 매우 유사하다. 불교적, 세속적 영역을 포함한 현존하는 하쿠호시대 회화는 모두 당나라 회화의 영향을 깊이 받았다.

미즈노 세이치는 아스카, 하쿠호와 중국 불교조상의 발전 관계에 대하여 결론을 내린 적이 있다. 즉

[8-141] 아잔타석굴 1굴 지련화보살(『印度美術』)

[8-142] 호류지 대보장전 다치바나 부인 주자 우측 오른쪽 문짝 내 보살「문게시신본생고사」 (『法隆寺玉蟲廚子と橘夫人廚子』)

[8-143] 궁내청 소장 쇼토쿠 태자상 세부 (『日本古寺美術全集 2』)

"중국, 한반도의 불교 조각은 5세기로부터 시작하여 끊임없이 일본의 불교문화 발전에 영향을 주었다. 비록 새로운 모습의 문화 전개는 매우 중요한 역할을 하였지만, 6세기의 아스카, 하쿠호 시대에는 대략 100년, 적어도 수십 년의 차이가 존재한다. 이는 새로운 것을 이해하면서 받아들이는 데 반드시 거쳐야 하는 일정한 시간으로…… 아스카 양식이 형성된 후, 이 양식을 고수하려는 경향이 나타난 것도 당연한 것이다. 물론 문화 선진국으로부터 선진 문물을 도입하여, 가장 빠른 속도로 그 정수를 취하는 적극적 태도도 부정할 수는 없다. 이전 문화를 지키거나, 아니면 새로운 문화를 취하는 것과 관련 없이 그 생산과 발전 모두는 일본 문화 자체의 방향을 피할 방법이 없다. 하쿠호시대의 불상 대업 역시 뒤섞인 복잡한 정황 아래서 만들어졌으며, 아울러 많은 종류의 다른 양식이 이루어졌다. 비록 중국보다 늦지만, 중국과 유사한 발전 과정을 거쳐, 하쿠호 말기에 이르러 일본 민중의 이해 능력은 대폭 높아져 문화를 수용하는 속도도 대폭 빨라졌고 곧 성당 양식을 받아들인 후 최종적으로 완전히 새로운 나라시대 양식을 만들어 냈다."[241]

요시무라 메쿠미(吉村怜)는 미즈노 세이치의 관점에 대하여 이견을 가지고 있었다. 즉 "이미 직접적으로 견수사를 파견하여, 많은 유학생, 유학승을 보냈는데, 미즈노 세이치는 여전히 수나라 문화를 받아들이는 데 50~60년의 시간이 필요하다고 인식하여…… 만약 이 설이 불교, 불상이 처음 전해진 정황이라면 다른 이야기이다. 당시는 이미 수나라와 직접적으로 교류를 한 시기로, 필수적으로 50~60년이 늦는다고 생각하는 것은 근거가 없다."[242]

필자는 아스카, 하쿠호 불교조상이 중국과의 발전 과정상에 시간적인 차이가 객관적으로 존재한다고 생각하며, 대체로 시기가 더 이른 작품이 차이도 더 큰데, 하쿠호시대 초기의 실물 자료는 여전히 100년 가까운 차이를 보여 준다고 생각한다. 대략 하쿠호시대 후반에 이러한 차이는 빠르게 줄어들었다. 하쿠호 말기와 덴표(天平) 초기에 이르러서는 이러한 차이가 거의 없어졌으며, 일본은 이 시기에 중국 불상문화 발전과정을 따라잡았다고 말할 수 있다. 일본에 불교가 공식적으로 전해진 538년부터 계산해서 하쿠호시대가 끝나는 710년까지, 일본은 중국의 불상문화를 쫓아가는 데 거의 200년의 시간을 사용하였으며, 덴표시대에 이르러서 중국 불교문화 발전의 흐름을 비로소 따라잡은 것이다.

주목할 점은 남조 불교조상 양식이 6세기 말에 중국 본토의 전쟁으로 인하여 이미 쇠퇴하였으며, 북조에 원류를 둔 조상 양식은 수당에 크게 유행하기 시작하였다는 것이다. 이러한 상황의 발생은 중국 불상문화의 중대한 변화로써, 일본이 모를 리가 없지만, 우리는 여전히 남조 양식의 불교조상이 일본에서 아스카시대에 7세기 중기까지 충실히 지켜지고 유행한 것을 볼 수 있다. 이는 소가노 우마코(蘇我馬子)의 지지 아래에 덕을 본 것으로, 남조 불교조상 양식을 기준으로 삼은 도리식이 아스카시대 불교조상 영역에서 주된 지위를 가졌다. 미즈노 세이치 선생이 말한 바와 같이 "아스카 양식이 형성된 후, 이 양식을 고수하는 경향이 나타난 것도 당연한 것이다." 아스카 조상에서 하쿠호 조상으로 바뀌는 것은 그 사이에 중국과 같이 크게 지리적·정치적 국면 등이 변하진 않았지만, '다이카 개신'에서 주로 받아들인 것이 수당의 정치 경제 체제로, 이것이 바로 근본적으로 일본의 발전 공간에서 도리 양식을 억제한 것이다.

---

241) 水野淸一, 「飛鳥白鳳佛の系譜」, 『佛敎藝術』 4호(1949).
242) 吉村怜, 「飛鳥白鳳彫刻史試論」, 『佛敎藝術』 227호(1996).

제9장

육조 불교조상의 해동 전파 경로 분석

1. 육조와 한반도 및 일본의 왕래와 관련된 문헌 기록

해동 지역에 존재하는 초기 불상과 이와 관련된 유물 및 고문헌에 의하면, 이 지역의 불교조상은 육조 중 특히 남조와 명확한 연원 관계를 보여 주고 있다. 이러한 관계는 중국 남방 → 한반도 → 일본, 중국 남방 → 일본의 전파 방식을 통해 이루어졌을 것으로 보인다. 육조 시기에 중국 남방의 불상은 중국 북방에 두 차례 중대한 영향을 끼쳤다. 중국 북방에 위치한 요동은 고구려와 접해 있고, 또한 산동성 청주 지역은 한반도와 바다를 사이에 두고 왕래할 정도로 가까울 뿐만 아니라 그곳에는 출항하기에 좋은 항구도 있다. 그러므로 우리는 중국 남방에서 해동으로의 직접적인 전파를 고려함과 동시에 중국 남방에서 중국 북방을 경유하는 재전再傳 방식, 즉 중국 남방 → 중국 북방 → 한반도 → 일본으로 전파될 가능성도 배제할 수 없다. 전파 경로에 대해 기존의 고문헌을 통해 대략 이해할 수 있을 뿐이고 구체적인 전파 경로는 육조의 시간적 순서에 따라 다르므로 구체적 전파 경로를 간략히 정리해 보고자 한다.

〈표 9-1〉 육조와 해동 지역 간 교류에 관한 고문헌 기록

시대	경로	관련 문헌자료
손오孫吳	오 → 일본	『삼국지』, 「오서吳書·오주전吳主傳」: (황룡) 2년(230) 봄 정월, 위나라는 합비신성을 지었다. 조서를 내려 도강 제주를 세워 여러 아이들을 교육시켰다. 장군 위온과 제갈직에게 무장 사병 1만 명을 이끌고 바다를 건너 이주夷洲(대만)와 단주亶洲(일본 혹은 일본 열도의 일부분)를 구하도록 파견을 보냈다. 단주는 바다 가운데 있었다. 노인들이 전하는 말에 따르면, 진시황이 방사 서복을 보내 소년과 소녀 수천 명을 이끌고 바다로 들어가 봉래의 신산과 선약을 구하도록 하였으나 그곳에 정착하여 돌아가지 않았다고 했다. 게다가 그 자손들이 수만 가구가 되었고, 그곳 사람들은 때때로 회계로 와서 옷감을 사곤 하였으며 회계 동쪽 현 사람들이 바닷길을 가다가 또 태풍을 만나면 표류하여 단주에 이르는 사람도 있었다고 했다. (장군 위온 등은) 그곳이 너무 멀어서 끝내 도달할 수가 없었고, 다만 이주의 수천 명만 이끌고 돌아왔다. (『후한서』「동이열전」에도 이 사건과 비슷한 기록이 있다.)
	오 → 요동	『삼국지』, 「오서·오주전」: 가화嘉禾 원년(232) 3월, 오나라는 "장군 주하와 교위 배잠을 뱃길로 요동에 보냈다."

시대	경로	관련 문헌자료
손오	오 → 고구려	『삼국지』, 「오서·오주전」: 황룡黃龍 2년(230), 손오(오나라 손권)는 태세를 바꿔 고구려와 연합하였다. 그래서 오나라는 진단宣旦과 황강黃疆을 사신으로 보내기 전…… 진단과 황강이 헤어진 지 며칠 만에 고구려의 왕궁에 도착하고는, 손권이 고구려왕과 그 나라의 주부主簿에게 내린 조령을 밝히고 "(고려왕에게 줄 손권의) 사여품이 있었으나 요동(의 공손연)에게 공격받아 빼앗겼다"고 (속여서) 말했다. 가화 4년(235), "손권은 사굉謝宏, 중서中書 진순陳恂을 고구려에 사신으로 파견하여 (고구려의 동천왕을) 배알하여 선우單于로 임명하고…… 고구려왕은 사죄의 뜻으로 말 수백 필을 바쳤다. 이에 사굉이 착자岑咨와 대고帶固로 하여금 조서와 사여품을 지니고 가서 고구려왕에게 드리도록 했다. 이때 사굉의 배가 작아 말 80필 만을 싣고 돌아왔다." 『삼국사기』, 권17: (동천왕) 10년(236) 봄 2월, 오나라 왕 손권이 사신 호위胡衛를 보내 사이좋게 지내기를 청하였다. 왕은 그 사신을 잡아두었다가 가을 7월에 이르러 목을 베어 머리를 위魏나라에 보냈다. 비고: 『한서』, 「지리지」: "현도玄菟, 낙랑樂浪은 무제 때 설치해 둔 곳이다. 조선, 예맥濊貊, (고)구려는 모두 오랑캐다. 은나라의 도가 쇠퇴하자 기자가 조선으로 가서 그 사람들에게 예의, 농사, 양잠 그리고 길쌈을 가르쳤다." "낙랑의 바다 가운데에는 왜인이 사는데, 100여 개의 나라로 나뉘어 있고 해마다 와서 공물을 바쳤다." 『후한서』, 「동이열전」: "진秦나라가 여섯 나라를 합병한 뒤, 회수淮水와 사수泗水 지방의 오랑캐들을 모두 분산시켜 진나라의 백성으로 만들었다. 진섭陳涉이 기병起兵했기 때문에 진나라의 천하가 허물어지자 과거 연燕나라 사람 위만衛滿이 조선으로 피난하여 그 나라의 왕이 되었다. 약 100여 년 쯤 지나서 한 무제武帝가 그를 멸망시키니, 이에 동이가 처음으로 상경上京과 통하게 되었다. 왕망王莽이 왕위를 찬탈해 황제가 되자, 맥인貊人이 변경에 쳐들어와서 노략질했다. 건무(25~55) 초에는 동이가 다시 와서 조공을 했다. 이때 요동태수 제융祭肜의 위세가 북방을 떨게 하고 명성이 해외에까지 진동하니 이에 예濊, 맥貊, 왜倭, 한韓 등이 만 리 밖에서 조공했다. 그리하여 장제章帝, 화제和帝 시대 이후로 사절이 왕래하다가 영초永初 연간(107~113)에 (국내 정치가) 다난多難하게 되자 드디어 중국을 침입해 노략질하였다. 환제桓帝, 영제靈帝가 실정하여 국내가 어지럽게 되자 이런 일이 점점 잦아지게 되었다." "건무 8년(32), 고구려가 사신을 보내어 조공하므로, 광무제가 그 왕호를 회복해 주었다." "건무 중원 2년(57), 왜노국이 받들어 조공하고 하례하였다. 사자는 스스로를 대부라 칭하였다. 왜국 제일 남쪽 지역이다. 광무제가 인수印綬를 주어 하례하였다." "안제 영초 원년(107), 왜국왕 수승帥升 등이 백성 160인을 바치며 알현하기를 청하였다." 『삼국지』, 「위서魏書·오환선비동이전烏丸鮮卑東夷傳」의 왜인倭人 부분에는 삼국시대 북방의 조위가 경초 2년(238) 및 정시 원년(240)에 사마대국邪馬臺國과 공식 교류하였다고 기록되어 있다. 이 기록에 따르면, 위나라로부터 받은 선물 가운데 동경銅鏡이 포함되어 있다. 조위 정권은 공식적으로는 여전히 불교를 규제하고 있음을 감안하면, "한인은 출가할 수 없었다.", "관리는 제사를 지낼 수 없었다." 그러므로 다른 나라에 바치는 국례로 쓰이는 동경에는 불상이 장식되어 있지 않을 것이다. 기존의 실물 자료 역시 위나라의 동경과 불교 주제와는 관련이 없음을 보여 준다. 문헌에는 위나라로부터 일본까지의 항로가 다음과 같이 아주 상세하게 구체적으로 묘사되어 있다. "왜인은 대방帶方 동남쪽 큰 바닷가 가운데 있다. 산과 섬에 의지하여 국읍으로 삼았다. 과거에는 100여 국이었고, 한漢나라 때에는 조정에 알현하러 온 자가 있었다. 지금은 사자와 역관이 통하는 곳이 30국이다. 군郡으로부터 왜에 이르려면, 해안을 돌아 수로로 가야 한다. 한국을 지나고, 잠시 남쪽으로 가다가 또 잠시 동쪽으로 가면 그 항로의 북쪽 해안인 구야한국狗邪韓國에 이르니, 거리가 7천여 리에 달한다. (구야한국에서) 바다를 건너면 1천여 리나 떨어져 있는 대마국對馬國에 이른다. 그곳의 대관大官은 비구卑狗라고 부르고, 부副는 비노모리卑奴母離라 부른다. 외딴 섬인 그곳은 사방이 가히 4백여 리다. (그곳의) 토지는 산이 험하고 나무들이 무성하여, 나 있는 길이 마치 새나 사슴들이 노니는 길과 같다. 1천여 호戶가 있는데, 좋은 밭이 없어 해산물을 먹고 독자적으로 살아가며, 배를 타고 남쪽과 북쪽으로 거래하여 쌀을 산다. 다시 남쪽으로 한해瀚海라고 불리는 바다를 건너면 1천여 리 떨어져 있는 대국大國에 이르게 된다. 그곳의 관官 역시 비구卑狗라 부르고, 부副는 비노모리卑奴母離라 부른다. 사방이 가히 3백 리이고, 울창한 대나무와 나무들이 숲을 이룬다. 3천 가家 정도가 있는데, 농경지가 약간 있으나 농사는 먹고 살기에

시대	경로	관련 문헌자료
손오		많이 부족하여 역시 남쪽과 북쪽으로 거래하여 쌀을 산다. 다시 바다를 건너면 1천여 리 떨어진 말로국末盧國에 이른다. 4천여 호가 있는데, 산과 바다에 의지하여 살아간다. 초목이 무성하여, 다니면 앞 사람을 볼 수 없다. 물고기와 전복을 잘 잡는데, 물이 깊고 얕음을 따지지 않고 모두 물속에 들어가서 그것들을 잡는다. 그곳으로부터 육로로 동남쪽 방면으로 5백 리를 가면 이도국伊都國에 이른다. 그곳의 관官은 이지爾支라 부르고 부副는 설모고泄謨觚, 병거고柄渠觚라 부른다. 1천여 호가 있고, 대대로 왕이 있다. 모두 다 여왕국女王國에 복속하였고, 군군의 사신이 왕래하며 항상 머무르는 주재소가 있다. 동남쪽으로 노국奴國에 이르는데 거리는 1백 리다. 그곳의 관官은 시마고兕馬觚라 부르고, 부副는 비노모리卑奴母離라 부른다. 그곳에는 2만여 호가 있다. 다시 동쪽으로 가면 불미국不彌國에 이르는데 거리는 1백 리다. 그곳의 관官은 다모多模라 부르고, 부副는 비노모리卑奴母離라 부른다. 그곳에는 1천여 가家가 있다. 다시 수로를 이용해 남쪽으로 20여 일을 가면 투마국投馬國에 이른다. 그곳의 관官은 미미彌彌라 부르고, 부副는 미미나리彌彌那利라 부른다. 그곳에는 5만여 호 정도가 있다. 다시 남쪽으로 수로를 이용해 10일, 육로로 1개월을 가면 야마일邪馬壹國에 이르게 되는데, 그곳은 여왕女王이 도읍한 곳이다.…… 그러므로 군군으로부터 여왕국에 이르는 거리가 1만 2천여 리다."

『양서梁書』, 「동이 · 고구려」: "고구려는…… 한 무제 원봉 4년(B.C.107)에 조선을 멸망시키고 현도군玄菟郡을 두었다. 고구려는 현으로 만들어 현도군 밑에 두었다." "왕망이 집권 초기에 고구려 군대를 보내 오랑캐를 징벌하려고 하였다. 이에 (고구려는) 가길 원하지 않았는데 (왕망이) 강하게 핍박하여 그들을 보냈으나 모두 도망하여 산 변방에서 노략질을 일삼았다. 주州와 군군에서 구려후句驪侯 추騶에게 잘못을 돌렸다. 엄우嚴尤가 유인하여 그(구려후 추)를 참수하였다. 왕망이 크게 기뻐하며 고구려高句驪 이름을 하구려下句驪로 바꿨다. 이때 (고구려왕을) 후侯라고 불렀다." "광무 8년(32), 고구려왕이 사신을 보내 조공을 바쳤다. 바야흐로 (고구려왕을) 왕王이라고 칭하였다." "위 경초 2년(238), 태부太傅 사마선왕司馬宣王에게 군사를 거느리고 공손연公孫淵을 치게 할 때 위궁位宮이 주부主簿와 대가大加에게 군사 천 명을 돕게 했다. 정시 3년(242) 위궁이 서안평西安平을 쳤다. 5년(244), 유주자사幽州刺史 관구검(毋丘儉)이 군사 만 명을 거느리고 현도玄菟에서 나와 위궁을 쳤다. 위궁이 기병과 보병 2만 명을 거느리고 맞섰다. 비류沸流에서 큰 싸움이 벌어졌다. 위궁이 싸움에 져 달아났다. 관구검 군대가 위궁을 쫓아 산에 이르렀다. 수레를 세우고 말을 묶은 다음, 환도산丸都山에 올라 처소와 수도를 휩쓸며 만여 급을 참수하였고 또한 사로잡았다. 위궁이 혼자 아내와 자식만 거느린 채 멀리 달아났다. 6년(245), (관구)검이 이를 다시 쳤다. 위궁이 여러 가加들만 거느리고 옥저沃沮로 달아났다. (관구)검이 장군 왕기王頎로 하여금 이를 쫓게 했으나 옥저 천여 리에서 막혔다. 숙신肅愼 남쪽 경계에 이르러 돌을 파서 공적을 기록하고 환도산으로 돌아왔다. 그리고 불내성不耐城에 글을 새기고 돌아왔다. 그 후 다시 중화와 교류했다."

『양서』, 「동이 · 왜」: "한 영제 광화(178~184), 왜국이 혼란스러워 여러 해 동안 서로 싸웠다. 마침내 모두 비미호卑彌呼라는 한 여성을 왕으로 세웠다.…… 위 경초 3년(239), 공손연公孫淵이 죽임을 당한 후 비미호가 처음으로 사신을 보내 조공하였다. 그러자 위나라가 비미호를 친위왕親魏王에 봉했다. 그리고 금도장과 보라 비단을 임시로 내려 주었다. 정시(240~249)에 비미호가 죽자 다시 남자 왕을 세웠다. 하지만 나라 안 사람들이 승복하지 못하고 다시 서로가 서로를 죽이고 죽였다. 그리하여 다시 비미호 집안 여자인 대여臺與를 왕으로 세웠다. 그다음에 다시 사내를 왕으로 세웠다. 아울러 중국에서 벼슬을 받았다."

『수서隋書』, 「왜국」: "후한 광무제(25~57 동안 재위) 때 한나라 조정에 사신을 보내면서 스스로 대부大夫라고 일컬었다. 안제(107~125 동안 재위) 때 또 사신을 보내 조공하였다. 그때는 왜노국倭奴國이라고 불렀다." "환제에서 영제(147~188)에 이르는 기간 동안, 왜에서 큰 난리가 일어났다.…… 위나라 때부터 시작해서 제나라, 양나라에 이르는 기간 동안 대대로 중국과 사신을 주고받았다."

『북사北史』, 「왜」: "후한 광무제 때 한나라 조정에 사신을 보내면서 스스로 대부大夫라고 일컬었다. 안제 때 또 사신을 보내 조공하였다. 그때는 왜노국倭奴國이라고 불렀다. 영제 광화 연간에 왜에서 큰 난리가 일어나…… 위나라 경초 3년(239)에 공손문의公孫文懿가 죽임을 당한 후 비미호卑彌呼가 처음 사신을 보내 조공을 바쳤다. 위왕은 금도장과 보라 비단을 임시로 내려 주었다. 정시(240~248) 때, 비미호가 죽자 다시 남자 왕을 세웠다. 하지만 이 나라 사람들이 이에 불복하여 다시 서로를 죽이니, 비미호의 종녀宗女인 대여臺與를 다시 복위시켜 왕으로 삼았다. 그 후 다시 남왕男王이 복위하여 중국으로부터 작명爵命을 함께 받았다. 강 왼쪽에서는 진 · 송 · 제 · 양이 차례로 왕조가 이어졌고, 그 왕조 기간 동안에 조빙이 끊이지 않았다." |

시대	경로	관련 문헌자료
동진東晉	동진 → 고구려	『송서宋書』, 「이만夷蠻·고구려국」: "동이의 나라인 고구려국은······ 진 안제 의희 9년(413), 장사長史인 고익高翼을 사신으로 보내 표를 올리고 붉고 흰 말을 바쳤다. 고련高璉에게 사지절使持節, 도독영주제군사都督營州諸軍事, 정동장군征東將軍, 고구려왕高句驪王, 낙랑공樂浪公이란 직함을 주었다." 『양서梁書』, 「동이·고구려」: "고국양왕 손자인 고련은 진 안제 의희(405~418) 때 처음으로 표를 올리고 공물을 바쳤다. 역대로 송나라와 제나라 때 작위를 받았다. 그는 백여 살을 살고 죽었다. 아들 운雲은 제나라 융창 연간인 494년 때 사지절使持節, 산기상시散騎常侍, 도독영평이주都督營平二州, 정동대장군征東大將軍, 낙랑공樂浪公이란 직함을 받았다." 『삼국사기』, 권18: "소수림왕 4년(374), 승려 아도阿道가 왔다. 5년(375) 봄 2월, 처음으로 초문사肖門寺를 창건하여 순도順道를 안치하였다. 또 이불란사伊弗蘭寺를 창건하여 아도를 안치하였다. 이것이 해동불교의 시작이다." 『해동고승전海東高僧傳』, 「순도전順道傳」: "혹설에 따르면, 순도는 동진에서 와서 처음으로 불법을 전했다고 하는데, 진秦나라에서 왔는지 아니면 진晉나라에서 왔는지 불분명하다." 『삼국유사』, 권3, 「순도조려順道肇麗」: "또 (소수림왕) 4년(374) 갑술년, 아도阿道가 진晉나라에서 왔다. 다음 해인 을해년 2월, 초문사肖門寺를 창건하여 순도를 안치했다. 또 이불란사伊弗蘭寺를 창건하여 아도를 안치했다. 이것이 고구려에서 불교의 시작이다."
	동진 → 백제	『송서』, 「이만·백제국」: "백제국은······ 의희 12년(416), 백제왕 여영餘映은 사지절使持節, 도독백제제군사都督百濟諸軍事, 진동장군鎭東將軍, 백제왕百濟王이란 직함을 받았다." 『삼국사기』, 권24: "백제 근초고왕 27년(372) 봄 정월, 진晉나라에 사신을 파견하여 조공을 바쳤다.······ 봄 2월, 진나라에 사신을 파견하여 조공을 바쳤다.······ (백제 근구수왕) 5년(379) 봄 3월, 진나라에 사신을 보내 입조케 하였으나, 사절단이 해상에서 폭풍을 만나 도착하지 못하고 다시 돌아왔다.······ 백제 침류왕 원년(384) 가을 7월, 진나라에 사신을 파견하여 조공을 바쳤다.······ 백제 전지왕 2년(406) 2월, 진나라에 사신을 파견하여 조공을 바쳤다.······ 12년(416), 동진 안제가 사신을 (백제에) 파견하여 사지절使持節, 도독백제제군사都督百濟諸軍事, 진동장군鎭東將軍, 백제왕百濟王이란 직함을 하사했다." 『삼국사기』, 권24: "백제 침류왕 원년(384) 9월, 호승胡僧 마라난타摩羅難陀가 진晉나라에서 왔다. 왕이 그를 맞이하여 궁궐 안으로 모셔 예우하고 공경하니, 불교가 이로부터 시작되었다. 2년(385) 봄 2월, 한산漢山에 절을 세우고 승려 10명의 출가를 허락하였다." 이 사건을 통해 우리는 관방官方을 통해 공식적으로 백제에 불교가 전래되었음을 엿볼 수 있다. 『해동고승전』, 「마라난타전」: "마라난타는 호승胡僧이다.······ 천축국(인도)에서 중국으로 건너 왔다.······ 백제 제14대 침류왕 즉위 원년 9월에 진晉나라에서 왔다. 그러자 왕은 교외에 나가 그를 영접하여 궁중으로 맞아들이고, 공경히 받들어 공양하며 그의 설법을 본성으로 받아들이니, 윗사람이 좋아하므로 아랫사람도 교화되어 불사佛事를 크게 일으켜 함께 찬미하고 봉행奉行함이 마치 역참을 두어 명령을 전달하는 것과 같이 빨랐다. 2년 봄, 한산漢山에 절을 창건하고 열 사람을 승려로 출가시키니, 이는 법사를 존숭하기 때문이었다. 이로 말미암아 백제가 고구려 다음으로 불교를 일으켰다."
	비고:	『양서』, 「동이·왜」: "동진 안제(397~418) 때, 왜왕 찬贊이 있었다. 찬이 죽자 동생 미彌를 왕으로 세웠다. 미가 죽자 아들 제濟를 왕으로 세웠다. 제가 죽자 아들 흥興을 왕으로 세웠다. 흥이 죽자 동생 무武를 왕으로 세웠다."

시대	경로	관련 문헌자료
동진		『삼국사기』, 권18: "(고구려 소수림왕) 2년(327) 여름 6월, 진왕秦王 부견苻堅이 사신과 승려 순도順道를 보내어 불상과 경문을 전했다. (소수림)왕은 감사의 사절단을 파견하여 지방 특산품을 바쳤다. 그리고 태학太學을 세워 자제들을 교육시켰다. 3년(373), 처음으로 율령을 반포했다." 이 내용을 통해 불교는 관방을 통해 공식적으로 고구려에 전파되었음을 엿볼 수 있다. 요약하면, 전진前秦에서 고구려로의 불교 전파 경로는 육로 교통을 이용한 관방을 통한 공식적인 전파였다. 『삼국사기』, 권18: "(고구려 소수림왕 7년 11월), 왕이 사신을 부씨苻氏의 진秦나라에 보내 조공하였다." 『삼국사기』, 권3: "(신라 내물 이사금 26년[381]), 위두衛頭를 부씨苻氏의 진秦나라에 보내 지방 특산품을 바쳤다." 『삼국사기』, 권18: "(고구려 광개토왕) 9년(400) 봄 정월, 왕은 후연後燕에게 사신을 보내 조공을 바쳤다.…… 17년(408) 봄 3월, 사신을 북연北燕에 보내 또한 종족宗族의 예를 갖추었다."
유송劉宋	유송 → 고구려	『송서』, 「이만·고구려국」: "고조 류유劉裕가 천조하자(420) 조서를 내리면서 말하기를, '사지절使持節, 도독영주제군사都督營州諸軍事, 정동장군征東將軍, 고구려왕高句驪王, 낙랑공樂浪公 련璉과 사지절使持節, 독백제제군사督百濟諸軍事, 진동장군鎭東將軍, 백제왕百濟王 영映은 바다 밖 멀리서 나란히 의義로서 공물을 바쳤다. 이제 온 세상에 새 시작을 알리니, 나라를 세운 기쁨을 함께 누리는 것이 마땅하다. 련璉은 정동대장군이 합당하고 영映은 진동대장군이 합당하다. 지절, 도독, 왕, 공은 이전과 같다'라고 했다. 3년(422), 고련高璉에게 산기상시散騎常侍 직을 더하였고 여기에 독평주제군사督平州諸軍事 직도 더해 주었다. 소제少帝(유송의 두 번째 황제인 류의부) 경평 2년(424), 고련이 장사長史 마루馬婁 등을 대궐로 보내 지방 특산품을 바쳐왔다. 소제도 사신을 보내 고마움을 전했다……" "태조(유송의 3대 황제인 류의륭) 때 해마다 사신을 보내 지방 특산품을 바쳐왔다. 원가 12년(435), 벼슬을 높여 주었다." "세조(유송의 다섯 번째 황제인 류준) 효건 2년(455), 고련이 장사長史 동등董騰을 보내 표를 올리고 국상國喪의 주년周年을 애도하고 아울러 특산품도 바쳤다." "대명 3년(459), 또 숙신肅愼이 만든 싸리나무 화살과 돌화살촉을 바쳐왔다. 7년(463)에 조서를 내려, '사지절, 산기상시, 독평영이주제군사督平營二州諸軍事, 정동대장군, 고구려왕, 낙랑공 련璉은 대대로 충의忠義를 받들며 바다 밖에서 번신藩臣이 되어 성실히 송조宋朝와 끈끈한 관계를 이어 오며 잔인하고 음흉한 자들을 없애 버렸다. 나라에서 올린 표를 통역하여 왕도王道를 잘 펼쳤다. 관직을 더해 크게 올려 순수한 절개를 위로함이 마땅하다. 이에 가거기대장군可車騎大將軍, 개부의동삼사開府同儀三司 직책을 주는 것이 마땅하다. 지절, 상시, 도독, 왕, 공은 예전과 같다'라고 하였다. 태종 태시(465~471)에서 후폐제後廢帝 원휘元徽(473~476)까지도 공물의 헌상이 끊어지지 않았다." 『삼국사기』, 권18: "(고구려 장수왕) 43년(455) 송나라에 사신을 파견하여 조공했다.…… 62년(474) 송나라에 사신을 파견하여 조공했다.…… 66년(478), 송나라에 사신을 파견하여 조공했다."
	유송 → 백제	『송서』, 「이만·백제국」: "고조께서 천조하자(420), 진동대장군鎭東大將軍으로 호를 높여 주었다. 소제 경평 2년(424), 영映은 장사長史인 장위張威를 보내 궐에 이르러 조공을 바쳤다. 원가 2년(425), 태조는 조서를 내려…… 그 후에 해마다 사절을 파견하여 표를 올리고, 지방의 특산품을 바쳤다. 7년(430), 백제와 여비餘毗가 다시 공물을 바쳤으므로, 여비에게 여영餘映이 받은 관직과 호칭을 물려받게 하였다. 27년(450), 여비는 상서를 올리면서 특산품을 바쳤다. 백제가 단독으로 대사臺使 풍야보馮野夫를 서하태수西河太守로 임시로 앉혔다. 표를 올려 역림易林, 산가지(式占), 허리에 차는 쇠뇌를 요구하였다. 이에 문제文帝가 모두 주었다. 비毗가 죽자 아들 경경慶이 대를 이었다. 대명 원년(457), 백제 왕이 사신을 보내 관직을 요구하므로 조서를 내려 들어주었다. 2년(458), 경경이 사신을 보내 표를 올렸다.…… 태종 태시 7년(471), 또 사신을 보내 공물을 바쳤다." 『삼국사기』, 권25: "(백제 비유왕) 3년(429) 가을, 사신을 보내 송나라에 공물을 바쳤다.…… 4년(430) 여름 4월, 송나라 문황제文皇帝는 왕이 다시 조공에 힘쓰므로 사신을 보내 선왕先王 영映의 작호를 책봉해 주었다.…… 14년(440) 겨울 10월, 사신을 보내 송나라에 조공을 바쳤다."

시대	경로	관련 문헌자료
유송	유송→백제	『삼국사기』, 권26: "(백제 문주왕) 2년(476) 3월, 송나라에 사신을 파견하였으나, 고구려가 길을 막고 도착하지 못하여 돌아왔다."
	유송→일본	『송서』, 「이만·왜국」: "왜국은 고구려 동남쪽 큰 바다 가운데 있고 대대로 공물을 바쳤다. 고조 영초 2년(421), 조서를 내려 '왜국 왕 찬讚이 만 리 먼 곳에서 공물을 바쳤다. 먼 곳에서 보인 정성을 널리 밝히는 것이 마땅하므로 벼슬을 내리는 것이 옳다'고 했다. 태조 원가 2년(425), 찬이 또 사마조달司馬曹達을 보내 표를 올리고 특산물을 바쳤다. 찬이 죽자 아우 진珍이 왕이 되어 사신을 보내고 공물을 바쳤다. 자칭 사지절, 도독왜백제신라임나진한모한육국제군사都督倭百濟新羅任那秦韓慕韓六國諸軍事, 안동대장군安東大將軍, 왜국왕倭國王이라 불렀다. 표를 올려 바른 벼슬을 내려 달라고 요청했다. 이에 조서를 내려 안동장군, 왜국왕에 봉했다. 진이 또 왜인 수隋 등 열세 사람에게 평서平西, 정로征虜, 관군冠軍, 보국장군輔國將軍이란 호를 붙여 달라고 하므로 조서를 내려 모두 들어주었다. 20년(443), 왜왕 제濟가 사신을 보내 공물을 바쳤다. 이에 다시 제에게 안동장군, 왜국왕이란 벼슬을 주었다. 28년(451), 사지절, 도독왜신라임나가라진한모한육국제군사都督倭新羅任那加羅秦韓慕韓六國諸軍事란 벼슬을 더하였고, 안동장군이란 벼슬은 예전과 같다. 명단에 오른 스물 세 사람에게는 모두 군군이나 군군이란 벼슬을 내렸다. 제가 죽자 세자 흥興이 사신을 보내 공물을 바쳤다. 세조 대명 6년(462), 조서를 내려 '왜의 왕세자 흥은 여러 대에 걸쳐 충성을 보이며 먼 바다에서 번신藩臣이 되었다. 천지조화 기운을 받아 땅을 평안케 하고 공손히 공물을 바쳤다. 새로 가장자리 땅에서 대업을 이었으니 벼슬을 주는 것이 마땅하다. 이에 안동장군, 왜국왕에 봉하는 것이 옳다'고 했다. 흥이 죽자 아우 무武가 왕이 되었다. 자칭 사지절, 도독왜백제신라임나가라진한모한칠국제군사, 안동대장군, 왜국왕이라 했다. 순제 승명 2년(478), 사신을 보내 표를 올렸다.…… 조서를 내려 무에게 사지절, 도독왜신라임나가라진한모한육국제군사, 안동대장군, 왜왕이란 벼슬을 주었다." (위 글에 언급된 司馬曹達[시바소타쓰]과 司馬達止[시바다치시]와의 연관성 여부는 불분명하다.)
소제蕭齊	소제→고구려	『남제서南齊書』, 「동이·고구려」: "동이의 나라 고구려는 서쪽으로 위魏(北魏) 오랑캐와 맞닿아 있다. 송나라 말 고구려왕 낙랑공 고련에게 사지절, 산기상시, 도독영평이주제군사, 거기대장군, 개부의동삼사開府儀同三司 직을 주었다. 태조 건원 원년(479)에 직을 표기대장군驃騎大將軍으로 올려 주었다. 3년(481), (고구려가) 사신을 보내 공물을 바쳤다. 배를 타고 바다를 건너 늘 사신과 통역관이 오갔다. 또 오랑캐 위魏나라에도 고구려가 사신을 보냈다. (고구려는) 강성한 나라여서 우리 통제를 받지 않았다." "융창 원년(494), 고구려왕 낙랑공 고운高雲에게 사지절, 산기상시, 도독영평이주제군사, 정동대장군, 고려왕, 낙랑공 직을 주었다. 건무 3년(496), (글이 지워짐) 공적에 보답하고 수고를 위로하는 길은 실로 이름과 공덕을 길이 보존해 주는 것이다." 『삼국사기』, 권18: "(고구려 장수왕) 68년(480) 여름 4월, 남제南齊 태조 소도성蕭道成이 왕을 표기대장군으로 책봉하였다. 왕은 남제에 사신 여노餘奴 등을 보내 예방하게 하였는데, 위나라의 광주 사람이 바다에서 여노 등을 붙잡아 위나라 궁궐로 압송하였다. 위나라 고조가 왕에게 조서를 보내 다음과 같이 책망하였다. '소도성은 직접 자신의 왕을 시해하고 강남에서 왕으로 자칭하고 있다. 나는 이제 멸망한 나라를 옛터에서 다시 일으키고, 끊어진 대를 유씨劉氏에게 이어 주려 하고 있다. 그런데 그대는 국경을 넘어서 외부와 접촉하며, 자신의 왕을 죽인 역적과 내통하고 있다. 이것이 어찌 황실을 수호하는 제후가 절개를 지키는 도리이겠는가? 나는 이제 한 가지 잘못 때문에 그대의 옛 정성을 무시하지 않기 위하여 여노를 즉시 돌려보낸다. 나의 관대한 조치에 감동하여 자신의 잘못을 반성하고 법도를 지킬 것이며, 다스리는 지역의 백성들을 편안하게 하고, 그대의 동정을 보고하라.' 69년(481), 남제에게 사신을 파견하여 조공했다." 『삼국사기』, 권19: "(고구려 문자명왕 5년[496]), 남제南齊의 황제가 왕의 (책봉호를) 올려 거기장군으로 삼았다. 이에 남제에 사신을 보내 조공했다."

시대	경로	관련 문헌자료
소제	소제 → 백제	『남제서』, 「동이」: "(남제 영명 8년[490] 백제), 모대牟大(동성대왕)가 또다시 표를 올려 말하길,…… 조서를 내려 이를 허가하고, 더불어 군호軍號를 내리고 태수太守로 임명하였다. 또 사지절, 도독백제제군사, 진동대장군鎭東大將軍으로 삼았다. 또한 겸알자兼謁者인 복사僕射 손부孫副로 하여금 모대에게 명하여 그의 죽은 조부인 모도牟都를 이어 백제왕을 삼도록 했다." "이해(남제 영명 8년), 위노(북위)가 또다시 기병 수십만 명을 내어 백제를 공격하여 국경에 들어왔다. 이에 모대는 장수 사법명沙法名, 찬수류贊首流, 해례곤解禮昆, 목간나木幹那를 파견하여 군사를 거느리고 위노 군사를 기습하여 크게 깨뜨렸다. 건무 2년(495), 모대는 사절을 보내 표를 올려 말하길…… 조서를 내려 이를 허가하고, 더불어 군호를 내렸다." 『삼국사기』 권26에는 『책부원구冊府元龜』에 실린 내용을 인용하여 다음과 같이 기록했다. "남제 건원 2년(480), 백제왕 모도牟都는 사신을 파견하여 공납했다.…… 또 영명 8년(490), 백제왕 모대는 사신을 파견하여 표를 올렸다." 『삼국사기』, 권26: "(동성왕 8년[486]) 3월, (백제는) 남제에 사신을 파견하여 조공했다."
	소제 → 일본	『남제서』, 「동이·왜」: "왜국…… 건원 원년(479), 왜왕에게 새로 벼슬을 올려주어 사지절, 도독왜신라임나가라진한모한육국제군사, 안동대장군으로 삼았다. 그리고 왜왕 무武는 호칭을 진동대장군이라 하였다." 『양서』, 「동이·왜국」: "제 건원(479~482) 때, 무武에게 지절, 도독왜신라임나가라진한모한육국제군사, 진동대장군 벼슬을 내렸다."
소량蕭梁	소량 → 일본	『양서梁書』, 「동이·왜」: "왜는…… 대략 회계會稽의 동쪽에 있어 서로 왕래하기가 매우 멀다. 대방帶方에서 왜에 이르려면, 바다를 돌아 물길을 따라서 한국韓國을 거쳐 동쪽으로 갔다가, 다시 남쪽으로 가야 한다. 7천여 리를 가면 비로소 넓은 바다를 건너게 되는데, 바다의 넓이가 7천여 리요, 이름은 한해瀚海라고 한다. 일지국一支國에 이르면 또다시 천여 리나 되는 바다를 건너게 되며 (그 바다를 건너 도달하는 곳이) 말로국末盧國이라고 한다. 또다시 동남쪽으로 5백 리를 걸어가면 이도국伊都國에 도착한다. 다시 동남쪽으로 백리를 가면 노국奴國에 도착하고, 또 동쪽으로 백리를 가면 불미국不彌國에 도착한다. 다시 물길로 20일 가면 투마국投馬國에 도착하고, 그다음 남쪽 물길로 10일 가고 한 달 동안 걸어가면 사마대국邪馬臺國에 도착한다. 이곳이 바로 왜왕倭王이 거처하는 곳이다." "고조가 즉위하자(502) 무武를 정동대장군征東大將軍으로 승진시켰다." 『부상략기扶桑略記』, 권3: "게이타이천황 즉위 16년(522) 임인월, 당나라 사람 한인漢人 구라쓰쿠리노스구리 시바다치시(鞍部村主司馬達止)가 이해 봄에 입조하여, 야마토국(大和國) 다카이치군(高市郡) 사카타바라(坂田原)에 풀을 엮어 절을 지었다. 그리하여 본존을 안치하였고 귀의하여 예배를 드렸다. 세인들이 모두 이는 '중국의 신'(大唐神)이라고 했다. (이 내용은) 연기緣起에 기록되어 있다. 은자(약항법사)가 이 문장을 보았다. 긴메이 천황 이전에 중국인(唐人)이 불상을 가지고 왔으나 유포되지 않았다." 『원형석서元亨釋書』, 권17: "시바다치토(司馬達等)는 남양인이다. 게이타이 16년(522)에 조정에 왔다. 이때는 이곳에는 아직 불교가 없었다. 시바다치토는 와슈(和州) 다카이치(高市) 사카타바라(坂田原)에 풀을 엮어 절을 지어 불상을 안치했다. 세인들은 아직 불상을 몰랐기 때문에 이역신異域神이라 불렀다."
	소량 → 고구려	『양서』, 「동이·고구려」: "고조가 재위하자(502) 운雲에게 거기대장군 직을 주었다. 천감 7년(508) 조서를 내려 '고려왕 낙랑군공 운은 정성이 돈보이고 공물과 소식 보내는 것이 지극하므로 관직을 올려주는 것이 마땅하다. 조정 관례에 따라 관직을 더해 무동대장군撫東大將軍, 개부의동삼사開府儀同三司 관직을 올려주고, 지절, 상시, 도독, 왕은 모두 예전과 같다'라고 했다. 11년(512), 15년(516), 고구려왕이 사신과 공물을 여러 차례 보냈다. 17년(518), 운이 죽자 아들 안安이 왕이 되었다. 보통 원년(520), 조서를 내려 안에게 아버지가 받았던 작위인 지절, 도독영평이주제군사, 영동장군寧東將軍 직을 잇게 하였다. 7년(526), 안이 죽자 아들 연延이 왕이

시대	경로	관련 문헌자료
소량	소량→ 고구려	되었다. (그는) 사신을 파견하여 공납을 바치자, 연에게 조서를 내려 작위를 그대로 잇도록 하였다. 중대통 4년(532), 6년(534), 대동 원년(535), 7년(541), 계속해서 표를 올리고 특산품을 바쳤다. 태청 2년(548), 연이 죽자 그의 아들에게 조서를 내려 작위를 그대로 잇도록 하였다." 『삼국사기』, 권19: "(고구려 문자명왕 11년[502] 겨울 10월) 양나라 고조 즉위한 여름 4월, 왕이 (책봉호를) 올려 거기대장군으로 삼았다.…… 17년(508) 양나라 고조가 조서를 내려 말하기를, '고구려왕 낙랑군공 모某는 정성이 분명히 드러나고 조공하는 길이 서로 이어졌으므로 마땅히 관작을 후하게 주고 조정의 의전儀典을 넓혀 무군대장군, 개부의동삼사로 삼는다'라고 하였다.…… 21년(512) 봄 3월, 사신을 파견하여 양나라에 조공을 바쳤다.…… 25년(516) 여름 4월, 사신을 파견하여 양나라에 조공을 바쳤다." 『삼국사기』, 권19: "(고구려 안장왕 2년[520]) 봄 정월, 양나라에 사신을 파견하여 조공을 바쳤다. 2월, 양나라 고조는 왕을 봉하여 영동장군, 도독영평이주제군사, 고구려왕으로 삼았다. 사자使者 강주성江注盛을 (고구려로) 보내 왕에게 의관, 칼, 패물을 주었는데, 북위의 병사가 바다 가운데로 나아가 그를 사로잡고 낙양洛陽(위나라 수도)으로 보냈다.…… 가을 9월, 양나라에 입조하여 조공을 바쳤다.…… 8년(526) 봄 3월, 양나라에 사신을 보내 조공을 바쳤다. 9년(527) 겨울 11월, 양나라에 사신을 보내 조공을 바쳤다." 『삼국사기』, 권19: "(고구려 안원왕) 2년(532) 여름 4월, 양나라에 사신을 보내 조공을 바쳤다.…… 겨울 11월, 양나라에 사신을 보내 조공을 바쳤다.…… 5년(535) 봄 2월, 양나라에 사신을 보내 조공을 바쳤다.…… 11년(541) 봄 3월, 양나라에 사신을 보내 조공을 바쳤다."
	소량→ 백제	『양서』, 「동이·백제」: "백제는…… (동)진晉 태원(376~396) 때는 왕 수須가, 의희(405~418) 때는 왕 여영餘映이, 송나라 원가(424~453) 때는 왕 여비餘毗가 사신을 보내 사람을 바쳤다. 여비가 죽자 아들 경慶을 왕으로 세웠다. 경이 죽자 아들 모도牟都를 왕으로 세웠다. 모도가 죽자 아들 모태牟太를 왕으로 세웠다. 제나라 영명(483~493) 때, 태도독백제제군사, 진동대장군, 백제왕 관직을 제수하였다. 천감 원년(502), 큰 이름인 정동장군직을 더했다. 고구려와 싸워 대패한 후 힘이 약해진 지 여러 해가 되었다. 그리하여 나라를 남쪽의 한韓 땅으로 옮겼다. 보통 2년(521), 왕 여융餘隆이 처음으로 사신을 보내고 표를 올렸다.…… 그해, 고조가 조서를 내려 '행도독백제제군사, 진동대장군, 백제왕 여융은 바다 밖에서 번방藩方을 지킨다. 멀리서 공물을 바치며 지극한 정성을 보이니 짐이 너무 기쁘다. 마땅히 옛 규정을 따라 이 영예로운 작위를 내린다. 사지절, 도독백제제군사, 녕동대장군, 백제왕 관직을 주는 것이 마땅하다'고 했다. 5년(524), 여융이 죽자 다시 조서를 내려 그 아들 명明에게 지절, 독백제제군사, 수동장군綏東將軍, 백제왕 관직을 주었다. 왕이 살면서 나라를 다스리는 성을 고마固麻라고 부르고, 마을은 담로簷魯라고 부른다. 이는 중국말로 군현과 같다." "중대통 6년(534)과 대동 7년(541)에 여러 차례 사신을 보내 특산품을 바쳤다. 아울러 열반경 등의 경서와 모시박사毛詩博士, 기술자, 화가 등을 보내 달라고 했다. 그러자 칙서를 내려 모두 보내주었다. 태청 3년(549), 양나라 수도가 약탈당한 것을 모르고 사신을 보내 공물을 바쳤다. 사신들이 수도에 이르러 성과 궁궐이 모두 무너진 것을 보고 소리치며 서러워하더니 눈물을 흘렸다. 후경侯景이 화를 내며 사신들을 잡아 가두었다. 후경의 마음이 평정되고 나서야 백제로 돌아갈 수 있었다." 『삼국사기』, 권26: "백제왕 무녕왕 12년(512), 양나라에 사신을 보내 조공했다." "성왕 2년(524), 양나라 고조가 조서를 내려 왕을 지절, 도독백제제군사, 수동장군 백제왕으로 책봉했다.……" "12년(534) 봄 3월, 양나라에 사신을 파견하여 조공을 바쳤다.…… 19년(541), 왕은 양나라에 사신을 파견하여 조공을 바쳤고, 아울러 표를 올리며 모시박사, 열반경 등의 경서와 의서, 더불어 기술자와 화가 등을 보내달라고 했다. 이에 요청을 들어줬다.…… 27년(549) 겨울 10월, 왕은 양나라 수도가 약탈당한 것을 모르고 사신을 보내 공물을 바쳤다. 사신들이 수도에 이르러 성과 궁궐이 모두 무너진 것을 보고 소리치며 서러워하더니 눈물을 흘렸다. 거리에는 눈물을 흘리지 않는 이가 없었다. 후경이 화를 내며 사신들을 잡아 가두었다. 후경의 마음이 평정되고 나서야 백제로 돌아갈 수 있었다."

시대	경로	관련 문헌자료
소량	소량→ 신라	『양서』,「동이·신라」: "신라는…… 보통 2년(521), 왕의 성은 모募이고, 이름은 진秦이다. 처음으로 백제를 따라 사신을 보내고 특산품을 바쳤다." 『삼국사기』, 권4: "법흥왕 8년(521), 양나라에 사신을 보내 특산품을 바쳤다. 15년(528), 불교를 처음으로 공인하여 행하였다.…… 16년(529), 살생을 금한다는 명령을 내렸다." "진흥왕 5년(544) 봄 2월, 흥륜사興輪寺가 완공되었다. 3월, 사람들이 출가하여 승려가 되어 붓다를 받드는 것을 허락해 주었다. 10년(549) 봄, 양나라에서 신라에 사신과 함께 입학승入學僧 각덕覺德을 보내면서 붓다 사리를 보냈다. 왕은 백관으로 하여금 흥륜사 앞길에서 받들어 모시도록 했다." 이러한 내용으로 보아, 신라의 불교는 양나라로부터 관방을 통해 정식적으로 전래되었음을 엿볼 수 있다. 『해동고승전』,「아도전阿道傳」에는 상술한 내용과 유사한 기록이 있다. 그 기록은 다음과 같다. "아도는, 혹자는 본래 천축인(인도인)이라 했고, 혹자는 오吳나라로부터 왔다고 했으며, 혹자는 고구려에서 위魏나라에 갔다가 다시 신라로 돌아왔다고 했는데, 어느 것이 사실인지는 알 수가 없다. 풍의風儀가 남달랐으며, 신기함이 이루 말할 수 없었다. 그리하여 항시 변화무쌍하게 행동했다. 매번 설법을 행할 때면, 하늘에서 기묘한 꽃이 비처럼 내렸다. 신라 눌지왕 때, 묵호자墨胡子가 있었는데, 그는 고구려로부터 일선군一善郡에 왔다. 널리 베풀면 인연이 있는 법, 그곳 사람 모례毛禮가 집안에 굴을 파서 방을 만들고 그를 편히 모셨다. 이때 양나라에서 사신을 보내 의복과 향을 주었으나 왕이나 신하들이 그 향의 이름과 용도를 알지 못했다. 이렇게 되자 관리에게 향을 주어 여러 곳을 다니며 물어보게 하였다. 묵호자가 이를 보고 그 이름을 말해 주면서……"
	비고:	『양서』,「동이」: "동이의 나라들은 조선을 가장 크다고 하고, 기자箕子로부터 교화되었다고 하며, 그 문물은 예악禮樂을 갖추었다고 한다. 위魏나라 때, 조선의 동쪽은 마한馬韓과 진한辰韓에 속했는데, 대대로 중국과 통교하였다. 동진이 장강으로 들어간 후 해동에서 사신이 빈번하게 들어왔는데, 해동에는 고구리(고구려)와 백제가 있었다. 그들은 송나라와 제나라 사이에 통상 직공職貢(제후국에서 상국에 바치는 貢賦를 말함)하였으며, 양나라가 흥하자 더욱 빈번히 그러하였다." 『일본서기』, 권19: "긴메이 13년(552) 겨울 10월, 백제 성명왕聖明王이 서부西部의 희씨姬氏 달솔達率인 노리사치계怒唎斯致契 등을 보내어 석가불금동상 1구와 번개幡蓋 약간, 경론經論 몇 권을 바쳤다." 또 다른 『상궁성덕법왕제설上宮聖德法王帝說』에 기록된 내용에 따르면, 이 사건은 긴메이 7년(538)에 발생했다. 일반적으로 538년은 일본에 불교가 공식적으로 전해진 해로 보고 있다. 그 전파 경로는 백제를 거쳐 일본으로 전파되었고, 이는 정식적으로 관방을 통해 해로로 전파되었다.
진陳	진→ 고구려	『삼국사기』, 권19: "평원왕 3년(561) 겨울 11월, 사신을 파견하여 진나라에 조공을 바쳤다.…… 8년(566) 겨울 12월, 진나라에 사신을 파견하여 조공을 바쳤다. 4년(562) 봄 2월, 진나라 문제文帝는 조서를 내려 왕에게 영동장군寧東將軍 직을 제수하였다.…… 12년(570) 겨울 11월, 진나라에 사신을 보내 조공을 바쳤다. 13년(571) 봄 2월, 진나라에 사신을 파견하여 조공을 바쳤다.…… 16년(574) 봄 정월, 진나라에 사신을 파견하여 조공을 바쳤다.…… 27년(585) 겨울 12월, 진나라에 사신을 파견하여 조공을 바쳤다."
	진→ 신라	『삼국사기』, 권4: "(진흥왕) 26년(565), 진나라에서 사신 유사劉思와 승려 명관明觀을 보내 예방禮訪하고, 불교 경론經論 1천7백여 권을 보내주었다. 27년(566) 봄 2월, 기원사祇園寺와 실제사實際寺가 완공되었다. 왕자 동륜銅輪을 세워 왕태자王太子로 삼았다. 진나라에 사신을 보내 토산품을 바쳤다. 황룡사皇龍寺가 완공되었다. 28년(567) 봄 3월, 진나라에 사신을 보내 토산품을 바쳤다. 29년(568)에 연호를 태창太昌으로 바꿨다. 여름 6월, 진나라에 사신을 보내 토산품을 바쳤다.…… 31년(570) 여름 6월, 진나라에 사신을 파견하여 토산품을 바쳤다. 32년(571), 진나라에 사신을 파견하여 토산품을 바쳤다."

시대	경로	관련 문헌자료
진	진 → 백제	『삼국사기』, 권27: "위덕왕 14년(567) 가을 9월, 진나라에 사신을 파견하여 조공을 바쳤다.…… 24년(577) 가을 7월, 진나라에 사신을 파견하여 조공을 바쳤다.…… 33년(586), 진나라에 사신을 파견하여 조공을 바쳤다."
소제蕭齊		비고: 『삼국사기』 권18에는 다음과 같은 기록이 실려 있다. 고구려 장수왕 재위 기간(413~491), "(고구려 장수왕) 23년(435) 여름 6월, 왕은 위魏나라에 사신을 파견하여 조공을 바쳤고, 역대 황제의 이름을 알려 줄 것을 요청하였다. 위나라 세조가 그 정성을 가상히 여겨 제실의 계보와 이름을 기록하여 보내게 하였다. 원외員外 산기散騎 시랑侍郞 이오李敖를 보내, 왕을 도독요해제군사都督遼海諸軍事, 정동장군, 영호동이중랑장領護東夷中郞將, 요동군개국공, 고구려왕으로 책봉하였다. 가을, 왕은 위나라에 사신을 보내 사은하였다." 위나라에 사신을 파견하여 조공을 바친 사례는 대략 38회다. 『삼국사기』 권19에는 다음과 같은 내용이 기록되어 있다. 고구려 문자명왕 재위 기간(492~518), "고구려 문자명왕 원년(492) 봄 정월, 북위北魏 효문제가 사신을 보내 왕에게 벼슬을 주어 사지절, 도독요해제군사, 정동장군, 영호동이중랑장, 요동군개국공, 고구려왕으로 삼고, 의관衣冠과 복물服物, 수레 깃발의 장식 등을 주었다. 또 왕에게 조서를 내려 말하기를, '세자를 보내 입조入朝하게 하라'라고 하였으나, 왕은 (세자가) 병이 있다고 하여 사절謝絶하고, 종숙(당숙)인 승천升千을 보내 사신을 따라 북위 대궐에 나아가게 하였다." 고구려가 위나라에 사신을 파견하여 조공을 바친 횟수는 대략 30차례 정도였다. 고구려 안장왕 재위 기간(519~531), "(2년[520] 2월), 위나라 왕은 고구려왕을 안동장군, 영호동이교위, 요동군개국공, 고구려왕에 봉했다." 고구려는 위나라에 단지 한 차례만 사신을 파견했다. 고구려 안원왕 재위 기간(531~545), "2년(532) 봄 3월, 위나라 왕은 조서를 내려 사지절, 산기상시, 영호동이교위, 요동군개국공, 고구려왕에 책봉하였고, 의관과 수레의 깃발을 하사하였다." 고구려가 북위에 사신을 파견하여 조공을 바친 횟수는 2회다. 고구려 안원왕 4년(534), "4년, 동위東魏에서 조서를 보내 왕에게 표기대장군의 작위를 더하여 주고, 다른 관직은 모두 종전과 같게 하였다." 고구려가 동위에 사신을 파견하여 조공을 바친 횟수는 대략 8회였다. 고구려 양원왕 재위 기간(545~599)에는 동위에 사신을 파견하여 조공을 바친 횟수가 대략 5회이고, 북제北齊에 사신을 파견하여 조공을 바친 횟수는 대략 3회였다. 양원왕 6년(550) 가을 9월, "북제는 왕을 사지절, 시중, 표기대장군, 영호동이교위, 요동군개국공, 고구려왕으로 삼았다." 고구려 평원왕 재위 기간(559~590), "2년(560) 봄 2월, 북제의 폐제廢帝는 왕을 사지절, 영동이교위, 요동군공, 고구려왕에 봉했다. 왕이 졸본卒本으로 행차하여 시조의 사당에 제사 지냈다." 북제에 사신을 파견하여 조공을 바친 횟수는 3회였다. "평원왕 19년(577), 왕은 사신을 파견하여 주周나라에 조공을 바쳤다. 이에 주나라의 고조는 왕을 개부의동삼사대장군開府儀同三司大將軍, 요동군개국공, 고구려왕에 책봉했다." 23년(581), "(수나라) 고조는 왕을 대장군, 요동군공에 책봉했다." 수나라에 사신을 파견하여 조공을 바친 횟수는 대략 7회 정도였다. 『삼국사기』, 권4: "(신라 진흥왕) 25년(564), 북제北齊에게 사신을 파견하여 조공을 바쳤다. 26년(565) 봄 2월, 북제 무성황제武成皇帝는 조서를 내려 사지절, 동이교위東夷校尉, 낙랑군공, 신라왕으로 책봉했다.…… 33년(572) 봄 정월, 연호를 홍제鴻濟로 바꿨다. 3월, 왕태자 동륜銅輪이 죽었다. 이에 북제에 사신을 파견하여 조공을 바쳤다." 『삼국사기』, 권25: "(백제 개로왕) 18년(472), 북위北魏에 사신을 보내 조알朝謁하였다." 『삼국사기』, 권27: "(백제 위덕왕) 17년(570), 북제北齊의 후주後主가 왕을 사지절, 시중, 거기대장군, 대방군공帶方郡公, 백제왕에 책봉했다.…… 18년, 북제의 후주는 또다시 왕을 사지절, 도독동청주제군사都督東青州諸軍事, 동청주자사東青州刺史에 책봉했다."

시대	경로	관련 문헌자료
소제		『삼국사기』, 권27: "(백제 위덕왕 24년[577]) 11월, 사신을 북주의 우문宇文씨(북주의 성씨 우문)에 보내 조공하였다.⋯⋯ 25년, 북주에 사신을 파견하여 조공을 바쳤다.⋯⋯ 28년(581), 왕은 수나라에 사신을 파견하여 조공을 바쳤다. 수나라 고조는 조서를 내려 왕을 상개부의동삼사上開府儀同三司, 대방군공에 책봉하였다. 29년 봄 정월, 수나라에 사신을 파견하여 조공을 바쳤다.⋯⋯ 36년(589) 수나라가 진陳나라를 평정하였다.⋯⋯ 아울러 사절단을 파견하여 표를 올려 진나라를 평정한 것을 축하하였다."

위 표에 나타난 내용을 토대로 해동 지역 각국이 정식적으로 불교를 본격적으로 받아들인 시기와 출처를 다음과 같이 요약할 수 있다.

전진 → 고구려(372년 전입)

동진 → 백제(384년 전입) → 일본(538년 전입)

소량 → 신라(528년 전입)

위에서 볼 수 있듯이, 한반도 삼국과 일본이 불교를 공식적으로 받아들인 출처[1]는 서로 다르다. 백제와 신라는 중국 남방에서 직접적으로 전래되었음에 반해, 일본은 중국 남방에서 간접적으로 전래되었음을 알 수 있다. 네 나라 중 세 나라의 불교 연원이 중국 남방을 직·간접적으로 가리키는 데 반해, 유일하게 고구려의 불교만이 당시 국경을 맞대고 있던 전진前秦에서 왔다는 기록이 있다. 하지만 문헌 기록의 다음과 같은 점에 주목할 필요가 있다. 372년, 고구려 소수림왕이 전진에서 온 부견으로부터 불경과 불상을 받은 후인 374년과 375년에 각각 동진에서 온 고승 아도와 순도를 받아들여 절을 짓고 안치하였다. 이러한 사건은 『삼국사기』의 내용과 함께 "해동 지역에서의 불법의 시초"로 볼 수 있다. 이러한 기록을 통해 중국 남방 불교가 해동 지역에 강력한 영향을 끼쳤음을 엿볼 수 있다.

오, 동진, 남조와 해동 각국 간의 왕래는 비공식적인 민간과 공식적인 관방이라는 두 개의 경로가 존재했는데, 이 두 개의 경로는 대부분 해상 항로를 통해 이루어졌다.

2. 중·일 해상 항로

『한서』「지리지」에는 다음과 같은 내용이 기록되어 있다. 한 무제 때(기원전 140~기원전 89) "낙랑 바다 안에 왜인이 있는데, 100여 개 작은 나라로 나누어져 있고 해마다 와서 정기적으로 조공을 바치며 알현했다." 이러한 기록은 당시 일본이 서한西漢으로 가는 해상 항로를 개척하여 빈번하게 한나라에 조공할 수 있었다고 설명하지만, 문헌 기록에 구체적인 항로를 밝히지 않았다. 이후 정사正史에는 중일 양국 간 해상 항로는 주로 북으로는 '신라도新羅道'와 남으로는 '오당의 길'(吳唐之路) 등 2개 항로라고 기록되어 있다.

---

[1] 한반도 삼국이 공식적으로 불교를 받아들이기 전에 이미 사적으로 불교가 전래되었을 가능성도 배제할 수 없다.(吳焯, 「從相鄰國的政治關係看佛教在朝鮮半島的初傳」, 『中國史硏究』 2006년 제1기)

1) '신라도'

『양서梁書』「동이·왜」는 회계會稽에서 일본으로 가는 해상 항로, 회계 → 한국 → 일본으로의 항로에 대해 매우 구체적으로 묘사했다. 즉, 한국을 지날 때는 서해안(백제의 서쪽, 한반도의 서해안 일대)을 거침 → 한해瀚海(대한해협)를 지남 → 일지국一支國(일본 이키시마[壹岐島]) → 다시 대마도(쓰시마) 해협을 지남 → 말로국末盧國(일본 마쓰우라[松浦] 반도 일대)에 도착하여 육로로 이동 → 이도국伊都國(이토쿠오) → 노국奴國(나노쿠니) → 불미국不彌國(후미코쿠)까지 이동한 후 여기에서 다시 배로 이동함 → 투마국投馬國(도마코쿠)에 이르러 배와 육로로 이동함 → 왜왕의 거처인 사마대국邪馬臺國(야마타이코쿠)에 이른다.

이 항로는 『삼국지』「위서·오환선비동이전」에서 언급한 위나라에서 일본으로 가는 노선과 유사하다. 즉, 해안선을 따라 배로 이동 → 한국, 한국을 지날 때는 서해안(백제의 서쪽, 한반도의 서해안 일대)을 거침 → 처음으로 한해(대한해협)를 지남 → 대마국(대마도) → 남쪽으로 대마도 해협을 통과 → 일대(지)국(일기도)을 거침 → 말로국(일본 마쓰우라 반도 일대)에 도착한 후 육로로 이동 → 이도국 → 노국 → 불미국 → 투마국까지 배로 이동 → 미미彌彌(미미나리) → 왜 여왕의 거처인 사마대국에 이른다.

이 항로는 주로 한반도 남부와 남서부에 기반한다. 중국 연해에서 해안을 따라 → 한반도 남단 해로를 지나 대한해협을 거쳐 → 대마도를 지나 → 대마도 해협을 건너 → 일기도 해로를 거쳐 → 일본의 사가(佐賀)현 마쓰우라 반도까지 이어진다.

『일본서기』권25에는, 하쿠치 5년(654)에 일본은 제3차 견당사가 소위 '신라도'를 거쳐 당나라로 갔다는 내용이 기재되어 있지만, 문헌의 내용에서 이 항로의 일본 출항지는 명확하지 않다. 하지만 이 항로는 대마도 해협과 대한해협을 반드시 통과해야만 하는 것으로 살펴볼 때, 일본의 출항지는 마쓰우라 반도나 혹은 하카타(博多)로, 이곳을 출발해 신라의 남부를 거쳐 내주萊州(동래군)까지 갔을 것이다.

'신라도'의 해상 항로는 대체로 『삼국지』「위서·오환선비동이전」과 『양서』「동이·왜」에 언급된 중·일 항로이다.

'신라도'는 수·당 연간에 중일 양국이 서로 사자를 파견했던 항로로서, 수나라 4년(608)에 처음으로 배청裴淸을 왜로 파견한 항로였다. 즉『수서』「왜국」의 "(배청이) 백제를 건너서…… 다시 동쪽으로 일지국에 이르렀고,…… 또다시 10여 국을 지나, (왜의) 해안에 도착했다"라는 기록에 나타난 항로이다. 이번에 함께 배를 타고 일본에 온 사람은 일본의 제2차 견수사인 오노노오미 이모코(小野臣妹子)인데(중국 측에서는 '蘇因高'라 칭함), 『일본서기』권22에는 배청이 오노노오미 이모코를 따라 쓰쿠시(筑紫)에 상륙한 뒤 나니와(難波)에 이르렀는데, 쓰쿠시의 구체적인 상륙지는 분명히 하카타로 기록되어 있다.

『일본서기』권23에는 조메이 4년(632)에 당에서 사신 고표인高表仁을 보내어 일본의 견당사인 미타스키(三田耜)의 귀국을 전송토록 했는데, 배는 나니와(難波) 깊숙한 곳에 다다랐다.

2) '오당의 길'

『일본서기』권26에는, 사이메이 5년(659)에 일본의 제4차 견당사는 배 두 척으로 나뉘었는데, 배 두 척이 항해한 길은 모두 '오당의 길'이라고 기록되어 있다. 배 두 척의 구체적인 항해 과정은 각각 다음과 같다.

① 나니와(難波) 삼진三津 포구(나니와에서 배가 출항함) → 쓰쿠시(筑紫) 대진大津 포구(후쿠오카[福岡]) → 백제 남부 도서(탐라) → 괄주括州(溫州) 육로 이동 → 낙양

② 나니와 삼진 포구(나니와에서 배가 출항함) → 쓰쿠시 대진 포구(후쿠오카) → 백제 남부 도서(탐라) → 월주越州 회계현會稽縣 수안산須岸山 → 여요현餘姚縣 육로 이동 → 월주의 끝까지 육로 이동 → 낙양

『일본서기』권26에는 또한 제4차 견당사가 귀국한 항구도 월주에 있다고 기록되어 있다. 즉 '월주로부터 동쪽으로 귀국'하는 경로는 '탐라'를 지나 일본에 다다르게 된다. 즉 당나라와 일본으로 오가는 길은 같은 바닷길이었다.

'오당의 길'은 일본의 출항지는 분명 후쿠오카 하카타로, 배는 서쪽으로 백제 남쪽의 탐라까지 항해한 뒤 즉시 남서쪽에 위치한 강남의 월지越地로 직항했다. 이 항로는 『삼국지』「오서·오주전」에 기록된 손오孫吳시대 단주亶洲와 회계會稽 사이에 존재했던 바닷길로 보인다. 즉, "(단주) 사람들은 회계에 와서 옷감을 사곤 했으며, 회계 동쪽 현 사람이 바닷길을 가다가 또 태풍을 만나면 표류하여 단주에 이르는 자도 있었다"는 내용을 통해 확인된다.

이상의 고문헌 기록을 통해 육조시대의 중·일 양국 간의 왕래는 대체로 북쪽과 남쪽 두 개의 바닷길이 있었다고 결론지을 수 있다.

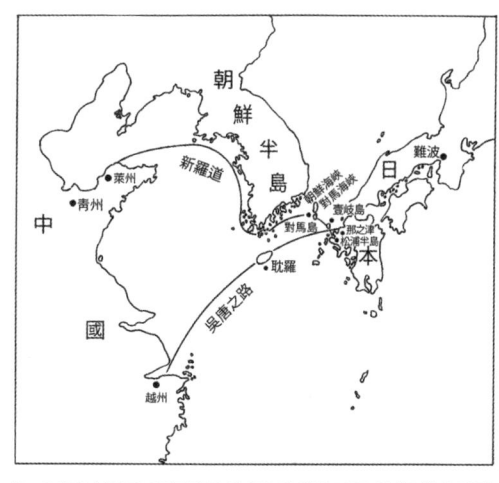

[9-1] 삼국시대부터 초당까지 중·일 양국 간 해상 교통로 안내도(費泳 만듦)

북쪽의 '신라도': 마쓰우라(松浦) 반도 혹은 하카타(博多) → 일기도 → 대마도 → 한반도 남서부 연안 → 내주(동래군)

남쪽의 '오당의 길': 하카타 → 탐라(제주도) → 월주(회계군)

중국 동부 연안에 위치한 옛 청주 지역에는 역외로 왕래하는 출항지가 두 곳, 즉 동래군東萊郡과 장광군長廣郡이 있었다. 동진東晉, 남조南朝 시대에 이 출항지 두 곳은 광주廣州, 교지交趾, 건강建康과 함께 중국과 남해에 있는 여러 나라의 승려들이 바다를 오가는 중요한 출항지였으며,[2] 그중 동래군 출항지는 일본을 오

---

2) 費泳, 「南北朝時期佛敎造像傳播格局的轉變」, 『敦煌硏究』 2004년 제2기.

가는 중요한 지위를 겸했다. 실물 자료에 따르면, 남방에서도 절강浙江 연해 지방이 비교적 일찍이 불교문화의 영향을 받았으며[3], 이와 동시에 월주는 일본을 오가는 출항지이기도 했다.[4]

옛 청주 지역은 진晉·송宋에 즈음하여 60년 가까이 남조에 속했으므로 남조와 특별한 정치적 관계를 가지고 있었다. 그러므로 불상의 조형적인 특징도 남조의 영향을 많이 받았다.[5] 이곳은 일본과 왕래하는 중국 북방의 중요한 출항지였기 때문에 불상의 대외 전파에 있어서 남조의 요소를 강하게 내포할 수밖에 없었다. 즉 일본이 다이카 개신(645) 이전에 만일 중국에서 직접 불상을 들여왔다면 남북 어느 항로를 취하였든 간에 남방식 조형을 지닌 남방 불상의 영향을 크게 받았을 것이다. 실제 상황 역시 이와 마찬가지였다.

육조 시기 일본에서 건강(남경)으로 직통하는 해상 항로가 존재했는지에 대해 아직까지 이와 관련된 문헌은 없다. 그러나 최소한 동진 혹은 그 이전 시기에 건강은 이미 장강을 거쳐 남쪽 여러 나라들과 바닷길로 왕래했다.『고승전』,『불타발타라전佛馱跋陀羅傳』에는 동진 연간에 천축(인도)의 배 다섯 척이 강릉江陵에 정박해 있었음이 기록되었는데, 이 배들은 분명히 건강을 거쳐야 했다.『역대삼보기歷代三寶紀』에는 소제蕭齊 연간에 부남국扶南國의 사문승沙門僧 가파라伽婆羅가 선박을 따라 도읍에 이르렀다는 기록이 있다.

건강에서 일본에 이르는 해상 교통은 비교적 늦게 생겨났다. 감진鑑眞이 동쪽의 일본으로 건너갔다는 노선은 양주揚州로부터 대운하를 거쳐 장강으로 들어가 일본으로 출항하는 것이었다.[6] 이 항로에 대해『당대화상동정전唐大和上東征傳』에는 구체적으로 기록이 되어 있다. 즉 양주의 용흥사龍興寺에서 출발하여 강 입구에 이르러 배를 타고 → 소주 황혁포黃滧浦 → 오키나와(阿兒奈波島) → 야쿠시마(益救島) → 다네가시마(多禰島) → 가고시마 가와베군 아키메우라(薩摩國 阿多郡 秋妻屋浦) → 후쿠오카 다자이후(太宰府)에 도착했다는 기록이다. 이 남도 항로는 오키나와까지의 거리가 멀고 중간에 의지할 섬이 없어 위험 부담이 큼에도 불구하고 이를 이용한 것은 일본과 통일신라 관계의 악화로 인해 한반도 해협 및 연안 열도로 다니기가 어려웠기 때문이었다.

3. 중국과 한반도 삼국의 교통

불교조상은 중국에서 한반도 삼국으로 전해졌다. 전파 경로는 육로와 해로가 있었는데 서로 달랐다. 한반도는 중국 요동과 접해 있어 중국과의 관계가 밀접했기 때문에 쌍방은 주로 육로로 했다. 그러나 육조 시기에는 육로가 막혔기 때문에 중국 남방 정권과 한반도 삼국 간의 왕래는 주로 바닷길을 이용했다.

---

3) 阮榮春,「早期佛敎造像的南傳系統」,『東南文化』1990년 제1, 2기 합집; 黃文昆 編,『佛敎初傳南方之路文物圖錄』(文物出版社, 1993년판).
4) 楊泓,「吳, 東晉, 南朝的文化及其對海東的影響」,『考古』1984년 제6기; 楊泓,「絲綢之路由中國向日本的延伸」,『文物』1989년 제1기; 李軍,「關於寧波爲吳東渡日本出海口的考證」,『南方文物』2004년 제1기.
5) 楊泓,「關於南北朝時靑州考古的思考」,『文物』1998년 제2기; 費泳,「"靑州模式"造像的源流」,『東南文化』2000년 제3기; 李靜傑,「靑州風格佛敎造像的形成與發展」,『敦煌硏究』2007년 제2기; 李靜傑,「山東北朝佛敎造像因素向朝鮮半島的傳播」,『石窟寺硏究』第五輯(文物出版社, 2014년판), 276~293쪽; 吉村怜,「靑州龍興寺遺址出土·北齊インド風佛像の起源」,『奈良美術硏究』16호 (2015).
6) 吳延璆·鄭彭年,「古代揚州港及其在中日文化交流史上的地位」,『中外關係史論叢』제4집(1992).

특히 백제와 신라는 바다를 사이에 두고 일본과 인접해 있어 중국 불교조상이 한반도를 거쳐 일본에 전해지는 데 큰 역할을 했다.

1) 중국과 고구려의 육·해 교통

중국과 한반도 간 육로 교통은 오래전부터 이어져 왔다. 『한서』「지리지」와 『양서』「동이·고구려」에는 한나라 무제 원봉 4년(기원전 107)에 (고)조선을 멸망시켰고 한반도 북부 지역에 각각 현도와 낙랑 2군을 두었다고 기록되어 있다. 당시 고구려는 현도군의 한 현이었다. 『삼국사기』 권17에는 고구려는 미천왕 12년(311)에 요동군, 14년(313)에 낙랑군, 16년(315)에 현도군을 공격해 한반도 한성 이북 지역을 점령했다고 기록되어 있다. 그리고 장수왕 13년(427)

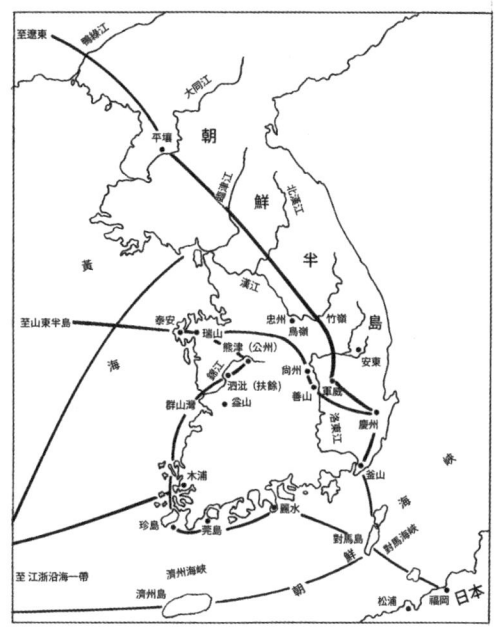

[9-2] 한나라부터 당나라까지의 중국과 한반도 교통노선 안내도(費泳 만듦)

에 수도를 평양으로 천도하였다는 기록이 있다. 『후한서』「동이열전」에는 한 무제가 고조선을 멸망시킨 뒤 "동이가 처음으로 상경上京과 통교하게 되었다", "건무(22~55) 초에 재차 조공을 바치러 왔다"고 기록되어 있으며, 이후 고구려는 중국 정권과 오랫동안 조공 관계를 유지하였다.

고구려와 중국 남방 육조 정권과의 교통 왕래는 해로와 육로를 통해서 모두 가능했다.

해로에 대한 기록은 정사인 『삼국지』「오서·오주전」에서 가장 먼저 볼 수 있는데, 가화 2년(233) 오나라의 손권이 사굉謝宏과 진순陳恂을 고구려에 사신으로 보냈고, 그들은 해로를 통해 고구려왕이 선사한 말 80필을 배에 싣고 돌아왔다는 기록이 있다. 하지만 이때 손권이 집권한 오나라와 고구려의 관계는 불안정하였다. 『삼국사기』 권17에, 고구려 동천왕 10년(236)에 손권이 호위胡衛를 고구려에 사신으로 보내 화친을 청했으나, 후에 사자가 피살당했고 수급은 위나라로 보내졌다는 내용이 기재되어 있다.

건강에서 고구려에 이르는 공식 해로 교통은 동진東晉 이후 점차 빈번해졌다. 『양서梁書』「동이」에는 "동이의 (여러) 나라 중에서 고조선이 제일 강했는데, 기자箕子의 교화를 입어 그 문물이 예악禮樂에 합당했다고 한다. (조씨의 나라인) 위나라 시대에는 고조선의 동쪽에 마한(후에 백제 구역), 진한(후에 신라 구역)은 대대로 중국과 왕래했다. 진晉나라가 장강 이남으로 옮겨간 후 바다를 건너 사절을 파견한 나라로는 고구려와 백제가 있었는데, 송宋과 제齊 시기에도 직공職貢 했었으며 양梁나라가 흥기하자, (조공이) 더욱 빈번해졌다"는 기록이 있다.

고구려에서 육조의 도성까지의 해로는 당시 중국 북방 정권의 습격을 받기도 했다. 『삼국사기』 권18에 "고구려 장수왕 68년(480), 왕은 해로를 통해 여노餘奴 등을 사신으로 하여 남제로 보내 초빙하려 했는데 위魏의 광주인光州人에게 가로막혀 여노 일행은 경성으로 끌려갔다"는 기록이 있다. 또한 『삼국사기』 권19에

"고구려 안장왕 2년(520), 양梁나라 고조는 사자 강법성江法盛을 보내 의관衣冠과 검패劍佩를 내리도록 하였는데, 위병魏兵이 바다 한가운데로 나아가 그를 붙잡아서 낙양으로 보냈다"는 기록도 있다. 하지만 고구려와 육조 정권 간의 해상 왕래는 북위 정권의 급습에도 불구하고 일상화되었다.

『남제서南齊書』「동이·고구려」에 따르면, 제나라 태조 건원 3년(481) 고구려가 소제蕭齊에게 "사신을 파견하여 공물을 바쳤다. 배를 타고 바다를 건너 항상 사신과 통역관이 오고 갔다. 또한 위나라의 포로가 되어도 고구려는 강성해서 전혀 구애받지 않았다"고 기록되어 있다. 고구려와 남조 간 상호 교류를 했던 출항지는 주로 황해남도 남쪽 해안 일대에 있었을 것이다.

육로에 대한 내용은 『삼국사기』 권26에 따르면, 백제 문주왕 2년(476) "사신을 보내 송나라에 알현하고자 했으나, 고구려가 길을 막는 바람에 이곳에 도착하지 못하고 그대로 돌아갔다"라는 기록이 있는데, 이를 통해서 간략하게 엿볼 수 있다. 즉, 백제 사신의 이번 여정은 고구려를 경유해 육로로 유송劉宋까지 가려고 한 것인데 이를 허용하지 않은 것은 고구려와 육조 정권 간에는 일정한 조건에서만 육로로 교제할 수 있었음을 의미한다.

2) 중국과 백제의 육·해 교통

상술한 『양서』「동이」에 따르면, 중국과 백제 간 교류는 고구려와 멀지 않았으므로 동진東晉 이후 양국 간 왕래는 주로 해로를 통해 이루어졌다. 이러한 사실은 "진晉나라가 장강 이남으로 옮겨간 후부터 바다를 건너 사신을 파견한 나라로는 고구려와 백제가 있었다"라는 기록을 통해 확인할 수 있다.

기록에 따르면 해로 교통은 대략 4세기 후반에야 시작되었다. 『삼국사기』 권24에는 백제 근초고왕 27년(372)에 "진晉나라에 사신을 파견하여 조공을 바쳤다"라고 기록되어 있다. 그리고 근구수왕 5년(379)에 "진晉나라에 사신을 파견하여 입조하려 했으나 해상에서 심한 바람을 만나 도착하지 못하고 그대로 돌아갔다"라고 기록되어 있다. 그 이전이나 이후에 백제가 몇 차례 동진에 사신을 파견하여 조공했을 가능성은 충분하다. 『송서』「백제국」에는 동진 안제 의희 12년(416)에 백제에 사신을 파견하여 "백제왕 여영餘映을 사지절, 도독백제제군사, 진동장군, 백제왕으로 봉했다"고 기록되어 있다. 동진과 백제 간의 교류는 해로 위주였을 것으로 보이며, 이후 백제는 송·제·양·진에게 조공하였다.[7]

백제에서 육조 남방 정권과의 교류는 해로를 이용했는데, 시기에 따라 다른 항로를 선택했을 가능성이 있다. 백제의 출항지를 보면, 충남 서부의 태안·서산 등지에서는 바다를 사이에 두고 산동반도와 가장 가까웠다. 『구당서』「동이」에는 백촌강白村江 전투를 앞두고 치주淄州, 청주靑州, 내주萊州, 해주海州 등 네 개 주의 당나라 병사 7천 명이 해로를 통해 백제의 웅진으로 향했다는 기록이 있다. 이 네 개 주는 대부분 산동반도에 위치해 있으므로, 산동반도가 바다를 건너 백제에서 가장 작전하기 쉬운 위치였음을 알 수 있다. 한반도 전라남도 목포는 백제의 서남쪽에 위치하고 있으므로, 이곳은 강절江浙(강소성과 절강성) 연안과 매

---

7) 楊泓, 「中國南朝對百濟佛教文化的影響」, 『中國文物報』(2009.2.20).

우 가깝다.[8]

중국의 출항지는 시기별로 산동반도나 강절 연안 두 곳 중 한 곳을 선택했을 가능성이 있으므로, 두 곳 가운데 한 곳을 확정하기는 상대적으로 쉽지 않다. 특히 산동반도에 위치한 옛 청주 지역은 동진東晉과 남조南朝의 관할 지역[9]이었기 때문에, 청주가 남조 정권에 귀속된 거의 60년 가까운 기간 동안(동진 의희 6년 [410]~북위 황흥 3년[469]) 백제에는 태안泰安 일대 → 동래군(혹은 장광군)에 이르는, 그리고 목포 일대 → 강절 해안 일대에 이르는 두 개의 해상 항로가 있었다. 청주가 북위에 점령된 후에도 백제는 여전히 후자의 항로로 남조와 왕래할 수 있었다. 청주는 특수한 지리적 위치와 불교의 동점東漸 과정에서의 위상으로 말미암아 이미 학자들의 주목을 받은 곳이다.

모리 히사시(毛利久)는 "북조 양식은 고구려를 거쳐 백제에 전래된 것으로 널리 알려져 있지만, 상술한 충청남도 서쪽에 위치한 서산시瑞山市[10]은 예로부터 중국 산동 지방과 밀접한 관계를 유지해 왔기 때문에 직접적인 전파도 불가능하지는 않았다"[11]고 주장했다. 청주의 북조 불교조상에 남조의 흔적이 강하게 남아 있는 점으로 짐작하면, 청주 지역은 남조 불교조상 문화가 해동 지역으로 전파되었던 하나의 경유지로 볼 수도 있다.

육로 교통은 백제가 고구려를 경유하여 유송劉宋에게 조공하고자 했는데 고구려에 의해 막혔다. 백제가 육로를 통해 고구려 및 중국 북방 정권 관할을 거쳐 남방 육조와 교류했다면 그동안 많은 제약을 받았을 것이다.

3) 중국과 신라의 육·해 교통

『양서』 「동이」에 "위나라 때, 조선 동쪽 지역의 마한(후에 백제 구역)과 진한(후에 신라 구역)의 사람들은 대대로 중국과 왕래를 해 왔다"라는 기록으로 보아, 중국과 신라 간 교류는 고구려 및 백제와 비슷했을 것이다.

신라와 중국 사이에는 고구려(북쪽), 백제(서쪽)가 있으므로, 신라는 이러한 특수한 지리적 위치로 말미암아 중국과의 왕래는 백제와 고구려에 크게 의존했다.[12] 고구려로부터 신라에 이르려면 죽령竹嶺을 넘어 군위軍威를 거쳐 경주에 다다르게 된다. 군위군에는 대략 7세기 중엽의 군위삼존석굴 석굴 조상이 남아 있어 이러한 전파 경로가 존재했음을 보여 준다. 백제로부터 신라에 이르려면 조령鳥嶺을 건너 상주尙州와 선산善山을 거쳐 경주에 이르게 된다.

신라와 중국 남육조 간 교류는 한반도 삼국 중 가장 늦은 시기에 이루어졌으며, 주로 공식적으로 바닷

---

8) 세키노 다다시(關野貞)는 『朝鮮的建築與藝術』에서 "백제의 군산과 목포 일대는 서남 해역을 통하면 중국 남부의 소주와 항주 일대와 바다를 사이에 두고 있어 해로를 이용하면 東晉과 남조의 송, 제, 양, 진과의 왕래가 매우 편리하다"고 했다. 우쳐(吳焯)는 『朝鮮半島美術』에서 "충청남도는 백제의 옛 땅으로, 중국 산동반도와 가장 가까운 곳이다"라고 했다.
9) 옛 청주 지역에는 동래군과 장광군 두 곳의 출항지가 있었다. 옛 청주는 동진 의희 6년(410)부터 북위 황흥 3년(469) 사이 거의 60년 동안 동진과 남조의 통치 하에 있었다.
10) 역자 주: 원문은 서산군.
11) 毛利久, 「佛像の東漸と飛鳥彫刻」, 『日本古寺美術全集 1』(集英社, 1979년판), 90~96쪽.
12) 張學鋒, 「四至五世紀東亞世界的形成與東晉南朝」, 『回顧與探索—中國魏晉南北朝史學會第九屆年會論文集』(湖北教育出版社, 2009년판), 268~270쪽.

길을 통해 이루어졌다. 신라가 처음 남조 소량蕭梁 정권에 사신을 파견하여 조공할 때도 '백제의 사신'을 따라왔는데, 이 내용은 『양서』「동이·신라」에 보인다. 여기에는 "신라는…… 보통 2년(521)에, 성은 모募이고 이름은 진秦인 신라의 왕이 처음으로 사신을 파견했고 백제를 따라와 지방 특산품을 바쳤다"는 기록이 있다. 이 기록은 『삼국사기』에서도 보이는데, 이 여정은 바닷길임이 분명했다.

『삼국사기』 권4에는 법흥왕 15년(528)에 불법을 행할 때 소량蕭梁이 사신을 파견하여 의복과 향물香物을 하사하였다는 기록이 있다. 소량에서 신라에 이르는 해상 항로가 정식적으로 개통되었는데, 문헌에는 이 항로의 구체적인 출항지가 명시되지 않았다.

한반도 서부가 신라에 점령된 6세기 중반 이전에는, 신라와 남조 사이의 해상 항로는 대체로 강절江浙 연해 일대에서 출발해서 신라 남부 연해를 따라 신라에 도착하는 항로였든지 혹은 탐라(제주도)와 대마도를 통과해서 신라에 도착하는 항로였다.

6세기 중반부터 신라는 고구려를 압박하기 시작했다. 신라 진흥왕 12년(551), 신라는 백제·임나任那 연합군과 함께 고구려를 정벌하는 과정에서 국토가 북서쪽으로 확장되어 서쪽으로는 죽령竹嶺 이북, 고현高峴 이남의 열 개 군을 얻었다. 그리고 554년에는 백제와의 전쟁에서 백제의 성왕을 죽이고 백제가 점령한 한강 유역의 여섯 개 군 지역까지 세력을 확장하여 서쪽으로 황해와 접하게 되었다.[13] 이때 신라는 서쪽으로 출항하는 출구가 생겨 남조와 교류할 수 있게 되었다. 즉, 이 바닷길은 한강 출항지 일대에서 출발해서 동래군 혹은 건강 일대에 도착하는 길로, 대체적으로 일본의 견당사가 거쳐 간 '신라도'와 일치했다.

4. 불교조상이 한반도를 거쳐 일본으로 전달된 경로

고대 문헌 및 관련 실물 자료에 따르면, 불교문화 특히 불교조상은 한반도의 백제와 신라를 통해서 일본에 전파되었다. 그중 백제는 신라보다 일찍 일본에 영향을 끼쳤다. 일본의 불교 공식 전래(538)는 긴메이(欽明) 시기 백제가 일본에 전해 준 것을 기점으로 한다. 게다가 고문헌에 백제가 일본으로 불상을 보냈다는 기록이 있는데, 이 역시 백제에서 일본으로 전파되는 통로였다. 고증에 따르면, 백제의 도성인 웅진(공주)이나 사비(부여)의 금강을 따라 군산만에 다다른 후, 다시 백제의 서부 해안을 따라 남쪽으로 항해하여 목포, 진도, 완도를 거쳐 다시 동쪽으로 여수에 이른다. 이곳을 지나 계속 동쪽으로 나아가면 대마도에 도착하게 되고, 다시 대마도 해협을 건너 일본에 도착하게 된다.

---

13) 『일본서기』, 권19, 긴메이 12년(551), "백제의 聖明王은 친히 백제의 군대와 두 나라(신라와 임나)의 병사들을 거느리고 고려를 정벌하여 한성 지역을 얻었다. 또 진군하여 평양 6개 군을 토벌하여 옛 영토를 수복했다." 『삼국사기』, 권4, 신라 진흥왕 9년(548), "봄 2월, 고구려가 穢人과 함께 백제의 獨山城을 공격하자 백제가 구원을 청하였다. (진흥)왕은 장군 朱玲을 보냈다. 주령은 굳센 병사 3천 명을 거느리고 그들을 공격하여 많은 사람들을 죽이거나 사로잡았다.…… 11년(550) 봄 정월, 백제가 고구려의 道薩城을 빼앗았다. 3월, 고구려가 백제의 金峴城을 함락시켰다. (진흥)왕은 두 나라의 병사가 피로해진 틈을 타 이찬 이사부에게 명하여 병사를 내어 공격하게 했다. 두 성을 빼앗았다.…… (12년) 왕은 거칠부 등에게 명하여 고구려를 침공하게 하였는데, 승세를 타고 10개 군을 취했다.…… 15년(554) 가을 7월, 明活城을 보수하여 쌓았다. 백제 왕 明穠(성왕)이 加良과 함께 管山城에 쳐들어왔다. 군주 각간 于德과 이찬 耽知 등이 맞서 싸웠으나 전세가 불리하였다. 신주의 군주 金武力이 주의 병사를 이끌고 나아가 어우러져 싸웠는데, 裨將인 三年山郡의 高干都刀가 빠르게 공격하여 백제왕을 죽였다. 이에 모든 군사들이 승세를 타고 싸워서 크게 이겼다."

이 노선은 긴메이 왕조 이래로 남조의 불교문화가 백제를 거쳐 다시 일본으로 전해지는 통로이다.[14] 이 노선은 일본의 마쓰우라 반도나 나노즈(那之津)에 상륙이 모두 가능하다. 『일본서기』 권22에는 스이코(推古) 17년(609)에 백제의 승려 도흔道欣 등이 백제왕의 명을 받들어 오吳나라로 떠났는데, 도중에 폭풍을 만나 후쿠오카에 표류했다고 기록되어 있다.

신라는 백제보다 대략 30년 늦게 일본에 불상을 보냈다. 정사에는 비다쓰(敏達) 8년(579)에 신라가 지질정枳叱政 내말奈末을 일본에 파견하여 불상을 보냈다는 기록이 있다. 신라의 불상이 비교적 늦게 일본에 전래된 것은 신라가 좀 늦게 불교를 수용(528)했기 때문이기도 하고 또한 신라의 확장에 대한 일본의 불신과 관련이 있는 것으로 보인다. 548년에서 554년 사이에 신라는 고구려와 백제의 싸움에서 크게 승리하여 고구려와 백제를 갈라놓고 서쪽으로 출항하는 통로를 확보하였다. 이는 훗날 신라·당 연합군이 일본·백제 연합군을 이길 수 있는 토대가 되기도 했다.

7세기 초, 신라와 일본의 관계는 악화되었다. 이러한 사실은 『일본서기』에 기록된 다음과 같은 사건을 통해 드러난다.

스이코 8년(600), 신라와 일본은 한반도 남부에 속한 임나에서 교전을 벌였다. "천황은 임나를 구하고자 했다. 이해, 사가이베노오미(境部臣)를 대장군으로 삼고 호즈미오미(穗積臣)를 부장군으로 삼아 만여 명의 군사를 거느리고 임나를 위하여 신라를 치도록 명하였다." 신라와 일본은 한반도 남부에 속한 임나에서 교전을 벌였다. 일본군이 바다를 건너 교전을 벌인 결과 신라를 압박하자 신라는 여섯 개 성을 할양해 주면서 항복을 청했다.

스이코 9년, 신라의 간첩이었던 가마타(迦摩多)가 대마도에서 체포되자, 같은 해 일본은 신라를 침공하기로 합의했다.

스이코 10년, 일본 구메노미코(來目皇子)가 신라 공격을 위한 장군에 임명되자 (그는) 군졸 2만 5천 명을 후쿠오카에 집결시키고, 백제의 도움을 받아 신라를 공격할 준비를 하였다. 하지만 이번 행동은 구메노미코가 "병으로 인해 정벌에 성과가 없었다."

스이코 11년, 구메노미코가 서거했다. 이해부터 구메노미코의 형인 다이마노미코(當麻皇子)가 신라 정벌 장군이 되었다. "다이마노미코가 오사카에서 출항했다. 병오일 다이마노미코가 하리마(播磨)에 도착했을 때 그때 따라왔던 부인 도네리노히메미코(舍人姬王)가 아카시(赤石)에서 죽었다. 그래서 아카시의 히카사노오카(檜笠岡) 위에 묻었다. 이 때문에 다이마노미코가 되돌아와서 결국 정벌하지 못했다."

다이마노미코의 휴전으로 일본과 신라의 관계가 개선되었다. 스이코 16년에 이르러 신라인의 일본행은 "신라인인 다화多化가 일본에 오는" 국면이 되었고, 이와 더불어 신라와 일본 간 불상 교류도 긴밀해졌다.[15] 이 중 고류지(廣隆寺)에 봉안된 스이코 31년(623)의 보계미륵상寶髻彌勒像은 7세기 초 약 10여 년 동안 신

---

14) 吉村怜, 「止利式佛像の源流」, 『美術史研究』 20호(1983).
15) 『일본서기』에는 다음과 같이 기록되어 있다. "스이코 24년(616), 신라는 내말 죽세사를 파견하여 불상을 바쳤다." 스이코 31년(623), "신라는 대사로 내말 지세이를 보내고 임나는 달솔 내말지를 보내 함께 입조하였다. 그리고 불상 1구, 금탑과 사리 및 대관정번 1구와 소번 12조를 바쳤다. 이에 불상은 가도노(葛野) 하타데라(秦寺, 고류지)에 모시고, 나머지 사리, 금탑, 관정번 등은 모두 사천왕사에 들여놓았다."

라와 일본 간의 우호적인 모습을 보여 주는 것일 수도 있다. 같은 해 신라는 임나로 인해 일본과의 관계가 악화되었는데, 이는 『일본서기』에 "신라는 임나를 정벌하니, 임나는 신라에 복속되었다. 이에 천황은 신라를 토벌할 계획을 세웠다"는 기록에서 확인할 수 있다.

623년은 이미 당나라 초기에 해당한다. 그때까지 일본은 수나라에 견수사를 다섯 차례 파견했다. 고류지의 보계미륵상에 표현된 남조 양식을 통해, 신라와 일본의 불상은 이전의 남조 양식을 상당 부분 계승하고 있었음을 짐작할 수 있다. 특히 일본의 경우 수나라로 다섯 차례의 사절단을 파견했음에도 불구하고 당시의 일본 불상에 근본적인 변화를 가져오지는 못한 것으로 보인다. 이는 소가노 우마코(蘇我馬子)가 태어난 해(626년 사망)에 시바다치시(司馬達止) 가문과 도리식(止利式) 불상을 확고히 지지한 것과 관련 있음이 분명하다. 즉, 이러한 남조풍이 선명한 불상은 소가노 우마코 사후 내지는 다이카 개신 이전까지 일본에서 지배적이었을 것이다.

신라에서 일본으로 불교 및 불상을 전파한 노선은 부산 일대에서 대한해협을 건너 쓰시마섬(對馬島)과 이키섬(壹岐島)을 지나 하카타(博多)에 이르는 노선이었음이 분명하다.

맺음말

　오吳, 동진, 남조는 불교문화가 해동 지역으로 전파되는 과정에서 했던 역할, 특히 초기 해동 지역의 불교문화에 미친 영향은 매우 뚜렷한데 주로 다음 몇 가지 측면에서 나타난다. 첫째, 해동 지역에 현존하는 최초의 불교조상의 발원지는 손오孫吳 지역이다. 둘째, 한반도 삼국시대 불교의 전래 과정을 살펴보면 고구려가 전진의 부견과 동진 고승들로부터 불교를 거의 동시에 받아들였고, 백제 불교는 동진에서, 신라 불교는 소량에서 전래되었으며, 일본 불교는 백제를 거쳐 동진에서 일본에 전입된 것이다. 셋째, 한반도 삼국시대, 일본 아스카와 하쿠호시대 불교조상의 주된 양식은 모두 남조 양식을 나타냈다.

　남조가 멸망된 후 약 반세기 동안, 일본은 하쿠호시대에, 한반도는 통일신라시대에 접어들었다. 북조에 원류를 둔 일련의 불교조상 양식은 수당시대로 계승되었는데, 이 양식은 해동 지역에서 중시되기 시작했고 점차 유행하게 되었다.

　불교문화의 전파는 크게 사적과 공적의 두 가지 경로를 통해 이루어졌는데, 불교조상이 보급되는 과정에서 어느 쪽이 더 큰 역할을 했는지, 어느 것이 더 중요했는지는 가늠할 수 없으며 똑같이 중시되어야 한다. 불교는 고인도에서 중국으로 전래되었고, 중국을 거쳐 한반도와 일본으로 전해지는 과정에서 사적과 공적 측면의 두 가지 경로로 전파되었다. 일반적으로 사적으로 전파되는 것은 공적 측면에서의 공식적인 전파보다 더 일찍 발생하였고, 공적인 전파는 각국의 정사에 많이 기록되어 있으나 사적인 전파는 전설이나 관련 실물에 나타나는 경우는 많지만 일반적으로 정사에서는 볼 수 없다. 탕용퉁(湯用彤)의 저서 『한·위·양진·남북조의 불교사』(漢魏兩晉南北朝佛敎史)와 런지위(任繼愈)의 저서 『중국불교사中國佛敎史』에서 모두 불교가 정식으로 중국에 전입되기 전에 중국에서 유행했다는 전설에 관한 기록이 있다. 고고학적 발굴을 통해 출토된 실물 자료를 보면 불교와 밀접한 관련이 있는 조상 요소는 불교가 중원에 본격적으로 전래되기 전에 벌써 서한의 민속에 스며들어 있었다. 예를 들어, 하북 만성滿城 서한묘 1호와 강소성江蘇省 우이盱眙에서 출토된 서한 강도江都 왕릉 1호 묘의 작은 동인銅人에서는 모두 시무외인을 한 불상의 특징이 나타난다.

　사적으로 전파된 일본 불교는 고분에서 출토된 3세기 중반의 동경銅鏡으로 그 기원을 거슬러 올라갈 수 있다. 『원형석서元亨釋書』에서 소량蕭梁 사마달 등은 게이타이 16년(522)에 일본에서 사찰을 건립하고 예불한 기록이 있다. 이 사건들은 일본이 백제로부터 불교를 받아들였던 538년보다 더 일찍 발생하였다. 사마달 가족이 예불하고 불상을 주조한 것은 아스카시대 소가노 우마코(蘇我馬子)로부터 후원을 받은 것이다. 사마달의 손자 도리(止利)가 창조한 도리식 불상은 실제로 아스카시대 불교조상의 대표로 정착되었다. 물론 일본 정사에는 같은 시대에 한반도 삼국이 일본에 불상을 헌납하였다는 기록도 많이 있기는 하지만 불교가 사적으로 전파하는 과정에서 중국 불교문화가 해동 지역에 미친 영향을 살펴본다면 한반도보다 일본에 더 일찍 전입되었을 가능성도 있다.

　한반도에서 불교의 사적 전파는 동진 시기 아도阿道와 순도順道 등 한반도를 돌아다녔던 동진 고승들이 불법을 전파했다는 기록을 통해 알 수 있고, 고구려시대에 고승들의 이런 경력은 역사상 '해동 불법의 시초'로 불렸다.

다시 불교를 공적으로 전파하는 시각으로 살펴보면 공식적인 차원에서 불교를 외부로 전파하는 것은 그 나라에서 불교가 이미 성숙해졌다는 것을 증명할 수 있다. 1세기 고인도에서는 대승불교가 본격적으로 성립되었고 불상도 탄생하기 시작하였으며 바로 이 무렵에 불교가 정식으로 중국에 전입되었다. 동진과 서진 사이에 중국 불교는 독보적인 길로 나아갔으며, 동진 불교예술 분야에서도 대규·대웅 부자, 고개지 등과 같은 위대한 조각가와 회화 대가들을 배출하였는데, 이는 바로 동진시대에 불교가 백제로 전입될 수 있는 기반이기도 했다.

6세기 중반에 불교가 백제를 거쳐 일본에 본격적으로 전입되면서 백제 불교와 조상은 비교적 성숙한 단계로 거듭났고 당시 백제 불교는 주로 남조의 영향을 많이 받았다. 그때 백제는 『열반』경의經義를 구하러 사신을 양梁에 파견해 왔고 장인工匠과 화가들도 요청한 기록이 있다. 건흥建興 5년 병진명丙辰銘 광배, 정지원鄭智遠명 조상을 살펴보면 백제 불교조상은 이미 매우 완전한 상태를 갖추게 되었고 남경 덕기광장 공사 현장에서 출토된 남조 조상의 제작 기술과 조형적인 특징이 비슷하다. 불교의 사적 전파든 공적 전파든 남방의 육조는 한전불교문화권에서는 주도적인 위치를 차지하였다.

남방 육조 시기 불상의 해동 지역으로의 전파 과정을 파악하기 전에 남방 불교조상이 당시 중국에서 어떤 위치에 있었는지 명확히 밝혀야 한다. 한나라부터 서진까지 중국 불교조상이 남방에서 시작된 것은 실물 자료로 입증되었다. 물론 그 시기에 불교 의궤에 맞지 않는 조상이 다른 불상에 뒤섞였다는 점은 불교 전파 초기에 중국 불상의 미숙한 모습을 보여 준다. 동진 시기 '대규·대웅 부자의 불상 형식'과 협저불상夾紵佛像(건칠불상), 고개지가 처음으로 만든 유마힐상 등은 모두 동진 불교조상이 점차 성숙해졌음을 의미하였고 또한 외래 불교예술이 중국에서 현지화한 이정표적 의의도 갖는다.

남북조 시기는 중국의 불교예술이 한반도와 일본에 깊은 영향을 미친 중요한 시기로, 그때 중국 불교예술 분야에서 규모가 큰 조형적인 전환이 두 번이나 나타났는데, 모두 남조의 건강에서 시작되었다. 남조의 육탐미, 승우, 장승요 등 불교예술 대가들은 바로 이런 조형의 창시자이자 구체적으로 주도한 사람이기도 했다. 조형 전환으로 약 5세기 말 유행했던 '수골청상', '포의박대식' 불상이 북방 운강석굴, 용문석굴, 공현석굴, 맥적산석굴, 막고굴 등 중원 지역과 실크로드 연결선에 놓여 있는 석굴사까지 각 지역에 영향을 미쳤다. 또한 6세기 중반 유행했던 '면단이염'과 '변화된 포의박대식' 불상의 조형 전환이 중국에서 지역 간에 전파되는 경향으로 보였으나 전파 경로는 예전과 달라 주로 남경, 성도로부터 청주, 섬서陝西, 맥적산석굴 등의 지역에 영향을 미쳤고, 동위와 북제 관할 지역에서는 청주부터 북방 정주定州로 뻗쳐 나갔다. 이 지역의 불상은 '변화된 포의박대식' 법의를 중심으로 하였으며, 점차 '남방식 불교장엄조상 루트'를 형성하였다. 6세기 중반 '남방식 불교장엄조상 루트'는 모종의 둥근 고리 형태環形로 다른 지역을 둘러싸는 구조를 형성했고 동위, 북제의 정치적인 중심지 부근에 있는 석굴사의 '부탑쌍견하수식' 불상에 영향을 미치게 하여 '부탑쌍견하수식' 불상은 점차 위축되었다.

5세기 말부터 남북조까지 긴 시간 동안에 남조 불교조상의 양식과 조형적인 특징은 중국 동부 연해 지역에서 여전히 지배적인 위치를 차지하였는데, 이것으로 한반도 삼국시대와 일본의 아스카시대 불상이 전반적으로 남조의 영향을 많이 받았다는 현상을 설명할 수 있다.

요시무라 메쿠미(吉村怜)는 "진晉나라가 남하한 후, 강남에서 일어난 각 나라들은 강대한 북위를 봉쇄하기 위해 주변 각국과 관계를 강화하고 북위를 둘러싸고자 하는 포위망을 구성하였다. 먼저 동쪽으로는 고구려와 백제와 연결되었으며, 백제를 통해 신라와 일본 간에도 관계를 맺었다. 서쪽으로는 하남국河南國과 탕창국宕昌國과 연결되었으며, 또한 하남국을 통해 북쪽의 대국인 흉노(蠕蠕은 흉노족의 별칭), 서역 각국과 왕래를 실현하게 되었다. 남조를 중심으로 한 문화권이 바로 이런 정치적인 배경 하에서 형성되었다"[1]고 했다. 5세기에 형성된 남조 중심의 이 문화권은 6세기 중반 동아시아 불상 양식 분포의 판도에도 어느 정도 반영되어 있다.

589년에 남조의 멸망은 해동 지역 불교조상의 발전에 커다란 영향을 미쳤고 이전에 형성했던 남조를 중심으로 한 동아문화권에 있는 불교조상의 양식과 구조를 근본적으로 뒤흔들었다. 해동 지역은 이전에 남조로부터 배우고 익혔던 방식에서, 출현 시기는 다소 뒤늦었지만, 북조의 양식을 배우는 것으로 전환되었다. 크게 보면 한반도 삼국시대와 일본 아스카시대에 불교조상의 발원지는 중국 남방이었는데, 한반도가 통일신라시대에 들어가면서, 일본은 하쿠호시대에 접어든 후에, 북조부터 시작하여 수당隋唐시대에 흥성했던 '부탑쌍견하수식'과 '반피식' 불상 양식이 해동 지역에서 유행하였다. 동시에 이전에 남조에 원류를 둔 불상 양식은 점점 약화되었다.

한반도와 일본이 중국 불교조상의 영향을 받은 구체적인 과정이 똑같지는 않은데, 한반도는 중국 요동반도에 인접하였기 때문에 불상의 남방식 특징이 나타나기 이전에는 십육국 시기의 금동불상 양식과 많이 유사하다. 특히 삼국시대의 불상 양식 발전 과정은 다음과 같다. '통견식'(4세기 말부터 5세기 초) → '포의박대식'(6세기 상반기) → '변화된 포의박대식'(6세기 하반기) → '부탑쌍견하수식', '반피식'과 '부탑쌍견하수식'이 융합됨(7세기 후). 실물 자료에 의하면, 6세기 한반도의 불상 양식은 주로 남조에서 만들어진 '포의박대식'과 '변화된 포의박대식' 두 가지 양식이다. 7세기 후, 북조에서 만들어진 '부탑쌍견하수식', '반피식'과 '부탑쌍견하수식'의 융합 양식이 점차 활발하게 조성되었고 이와 동시에 '편단우견식' 불상이 출현하기도 하였다. 이 외에 '변화된 포의박대식' 불상은 통일신라시대에도 여전히 있었지만 당唐 초기에는 거의 보이지 않는다.

한반도 삼국시대의 불교조상의 조형적인 특징을 지역별로 구분하는 것이 비교적 어려운 것은 여러 가지 이유가 있다. 한반도 삼국의 행정 판국은 고정불변하지 않았고, 특히 6세기 초부터 7세기 초까지 삼국 간 전쟁 때문에 고구려와 신라의 행정 면적이 급격히 변화하고 있었다. 또한 불교가 한반도 삼국 사이에 공적으로 전파되는 동시에, 불상이 삼국 간에 재전再傳하는 과정도 있었는데 즉 고구려는 남쪽으로, 백제는 동쪽으로 발전하는 경향이 있어서 삼국 간의 불상 차이를 크게 줄일 수 있었을 것이다. 특히 삼국시대 6세기 불교조상의 원류는 모두 중국 남방에서 기원하였다고 할 수 있다. 그러나 7세기 들어 신라에서는 '동안단구童顔短軀', '편단우견식' 불상이 유행하였고, 일본 하쿠호시대 불교조상의 표현에도 어느 정도 영향을 미치게 되었다.

일본의 아스카와 하쿠호 시대 불상 양식의 발전 과정은 다음과 같다. '변화된 포의박대식'과 '포의박대식'(7세기 중반 이전) → '부탑쌍견하수식', '반피식'과 '부탑쌍견하수식'의 융합 양식, '반피식'에 '변화된 포의박

---

1) 吉村怜, 『天人誕生圖研究』(中國文聯出版社, 2002년판), 123~130쪽.

대식'을 겹쳐 입은 양식(7세기 중반 후)으로, 바꾸어 말하면, 일본의 불교조상은 아스카시대에는 남조 양식을 많이 답습하였고 하쿠호시대에는 주로 북조, 수당의 양식을 많이 따랐다.

주목할 만한 것은 아스카시대에 남조 양식의 전입 경로는 두 가지가 있는데, 하나는 사마달이 소량에서 직접 받아들인 것이다. 그 가족이 아스카시대에 사찰을 건립하고 불상을 주조하는 백여 년 동안의 발전기를 맞이하였다. 같은 시대에 백제, 고구려와 신라가 일본에 불상을 헌납한 기록은 일본 정사에도 많이 확인된다. 하쿠호시대에 나타난 불상 양식은 후세 일본 불상의 기본적 구조를 형성하게 하였다. 즉, 하쿠호시대 말기에 일본은 중국과 불상 간의 격차를 많이 좁혔다. 일본은 7세기 초 수나라에 사신을 보냈고 다이카 개신을 거쳐 하쿠호시대로 들어간 후부터 일본은 실제로 한반도를 건너뛰고 직접 중국으로부터 학습하기 시작하였고 바로 그때부터 한반도가 일본에 불상을 헌납했다는 역사 기록이 거의 없어졌다. 하지만 약 7세기쯤에 한반도와 일본에서 모두 유행했던 '동안단구식'의 불상은 여전히 소홀할 수 없다. 일본 불상은 중국 북주와 신라 불상의 영향을 동시에 받은 것인가?

'통견식' 불상이 일본에서 나타난 시기는 한반도와 달리, 두 단계로 나눌 수 있다. 고분에서 출토된 3세기 중반의 불수동경에서 이미 단서가 나타나기 시작하였는데 이는 중국 장강 유역 초기의 불교조상에서 기원했을 것이다. 그 후 긴 시간 동안 '통견식' 불상이 일본에서 보이지 않다가, 표준화된 '통견식' 불상이 일본에 아주 늦게 나타났다. 약 10세기에 조넨(奝然)이 송宋으로부터 가져온 석가모니불입상에서 비롯되었는데 이 불상은 가마쿠라시대의 복고풍에 따라 열광적으로 사랑을 받았고 많이 모방되었다. 바꾸어 말하면 십육국 시기 중국에서 유행하였던 '통견식' 불상은 한반도 초기의 불상에 영향을 미쳤지만 일본 아스카와 하쿠호시대의 불교조상에는 영향을 미치지 못하였다.

아스카와 하쿠호 시대의 불교조상에는 목태칠상木胎漆像이 많이 등장하였다. 예를 들어 호류지 유메도노의 관음상, 백제관음, 사대천왕상, 호린지(法輪寺) 허공장보살상, 약사여래상, 주구지(中宮寺) 쌍계보살반가상, 고류지(廣隆寺) 보관 보살반가상, 단계單髻 보살반가상 등이 비교적 유명하다. 이 중 일부는 한반도 삼국시대 불교조상 모습과 비슷하지만 진짜 목태칠상은 한반도에는 극히 드물고 또한 협저칠상(건칠상) 공예는 진송晉宋 시기에 '대규·대웅 부자'에 의해 창조된 것이다. 특히 호류지에 있는 찰랑거리는 백제 관음보살상 구조는 전통적인 석조 유형의 조상 예술에 적합하지 않고 재료가 비교적 가볍고 유연성이 강한 건칠 기법으로만 만들 수 있다. 그리하여 아스카시대 일본은 중국 남방의 조상 기술을 직접 학습했을 가능성이 있고 한반도를 거쳐서 재전再傳되는 과정이 없을 수도 있다.

5세기 초 이후 동아 불교조상을 전파하는 과정에서는 산동 청주青州 지역의 역할에 주목해야 한다. 청주 지역은 중국 남북 큰 지역 사이에 자리를 잡고 있어 줄곧 남북의 정권들이 반드시 쟁탈해야 하는 요충지였고, 청주 지역의 불교조상에 나타나는 지역 양식과 조형적인 특징에서는 남북 불교문화 영향력이 반복되었음을 시사하고 있다. 동아시아 불교문화권을 살펴보면 청주는 바다 쪽으로 한반도와 가깝고 좋은 항구도 보유하고 있으므로 중국 불교조상이 해동 지역으로 전파되는 중요한 수출 항구로 정착되었다. 이 점은 역사 기록 중의 '신라도'에 의해 확인된 사실이다. 실물 자료를 살펴보면, 청주 지역에서 출토된 북조 시대 불교조상은 성도 및 남조시대 건강 불교조상 및 한반도 삼국시대의 불교조상과 조상 요소 면에서 많은 곳이 매우 유사하다. 예를 들어, 6세기 중반 청주 지역에서 '우단식' 불상들이 많이 속출했고 이와 비슷하게 7세기 신라시대에도 '우단식' 불상이 많이 나타났다는 점을 보면 한반도의 불상이 청주로부터 많은 영향을 받았다고 할 수 있다.

중국과 해동 지역 간의 왕래, 특히 한반도와의 왕래는 최초 상나라(商代) 말기에 기자箕子가 세운 조선 시기로 거슬러 올라갈 수 있다. 그 후, 한무제가 조선을 멸망시켰고 한반도에 대한 관리를 강화하였으며 그때 한반도 건너편에 있는 일본도 해마다 한나라에 공물을 바친 바가 있었다. 이런 일을 통해 중국과 해동 지역 간의 왕래는 불교가 정식으로 중국에 전입되기 오래전부터 벌써 시작되었고 또한 초기의 왕래는 주로 육상 교통로를 통하여 진행되어 왔다는 것을 알 수 있다.

문헌 기록에 따르면 3세기 후, 중국과 해동 지역의 해상 왕래가 활발해지면서 구체적인 교류 경로도 점차 분명해진다. 한전불교문화권 내에서는 불교문화가 해상과 육상 두 방식으로 해동으로 전입되었다. 육조시대에 중국과 한반도 할거 정권이라는 지정학적 특징 때문에, 육상 교통은 동아시아 불교를 전파하는 과정에서 중요한 역할을 하지 않았고, 해상 교통이 더욱 빈번하게 이용되었으며, 중국 남방의 경향이 더욱 그러했다.

불교의 공적 전파를 놓고 보면 중국 불교문화를 해동 지역까지 전파하는 경로는 '중국 → 한반도 → 일본'이었지만 이런 인식은 너무 포괄적일 뿐만 아니라 문화 전파의 복잡성을 상당히 약화시킨 것이었다. 공적과 사적 전파를 모두 함께 고려한다면 다음 몇 가지로 요약할 수 있다. '중국 북방 → 한반도 → 일본', '중국 남방 → 중국 북방 → 한반도 → 일본', '중국 남방 → 한반도 → 일본', '중국 남방 → 일본'. 물론 이 네 가지 경로의 발생 시점은 추정하기 어렵다. 손오孫吳 시기에 일본 사람이 이미 회계會稽 시장에 출현했고, 사마달은 소량 출신이며 중·일의 해상 교류는 산동 내주萊州에 정박했었다는 점을 감안하면 위의 네 가지 전파 방식은 불교가 해동으로 전파되는 과정에서 중요한 역할을 한 것 같고, 그중 대부분은 해상으로 전파되었다고 할 수 있다.

구체적으로 보면, 육조시대에 중국 동부 연해부터 해동 지역으로 항해하는 과정에서 최초로 많이 이용했던 경로는 두 가지인데, 하나는 산동반도 내주를 거쳐 황해를 건너 한반도 서부와 남부 해안 지역을 따라 항해한 후 대한해협을 건너 일본까지 가는 '신라도'를 말한다. 다른 하나는 절강성 회계 지역에서 출발하여 일본까지 직접 항해했지만, 이 항로의 구체적인 경로는 7세기 중반 이전까지도 아직 명확하지 않다. 일본에서 한반도보다 일찍 출토된 불교 문화재가 있고 이 문화재는 3세기 오나라 지역의 특성을 가졌다. 또한 그 당시 산동반도는 불교를 숭상하지 않는 조위曹魏 판도에 들어 있다는 점을 감안하면, 3세기 중·일 간 해상 왕래에 한반도를 거치지 않는 항로가 이미 개척되어 있었다고 할 수 있다. 이 길은 '오당길'(吳唐之路)일 가능성이 높다. 앞의 길은 중국, 한반도와 일본을 연결시켜 주었고, 후자는 중국과 일본을 직결시켜 주었다. 이 항로가 있었기에 7세기 중반 이전에 한반도와는 달리 일본 불교조상에 중국 남방과 유사한 중국 남방 문화 요소가 들어 있다는 점을 설명할 수 있다.

2018년 4월 16일

후기

『육조시대 불교조상이 한반도와 일본에 미친 영향』은 필자가 2013년 신청한 국가사회과학기금 프로젝트의 결과물이고 2018년에 완성되었다. 이 프로젝트는 최초로 남방 육조가 해동 지역 불교조상에 미친 주도적인 영향을 비교적 체계적으로 검토하고 연구하였다. 이 프로젝트를 심사한 전문가는 중국사회과학원 딩밍이(丁明夷) 연구원(심사팀장), 용문석굴연구소 원위청(溫玉成) 연구원, 돈황연구원 마더(馬德) 연구원, 남경항공항천대학 처광진(車廣錦) 교수, 청화대학 리징제(李靜傑) 교수 등이다. 그들의 검토 및 정곡을 찌른 의견에 감사드린다. 이 분야의 연구는 긴 시간 동안에 두 가지 아쉬운 현안을 안고 있다. 하나는 고문헌 중에 기록된 남방 육조 불교 문명의 우수성이 남방에 현존하는 부족한 실물과 무척이나 대조된다는 점이다. 둘째, 해동 지역 초기 불교조상의 출처를 검토할 때 많은 학자들이 중국 북방의 역할과 위상을 중요시하고 남방 육조 시기를 많이 소홀하였다. 이런 인식으로 인해 역사상의 많은 중요한 현상이나 문제에 대해 합리적인 해명을 얻기 어려운 실정이다. 이를테면 장강 유역에서 출토된 삼국, 양진 시기의 불식동경과 일본 고분에서 출토된 불식동경 간의 유사성, 해동 4국의 불교는 동진, 남조에서 직접적이거나 간접적으로 전입되었다는 것, 동진·남조를 중심으로 고구려, 백제, 신라, 일본, 하남국, 탕창국, 흉노 등과 함께, 북위와 대치하는 둥근 고리 형태의 포위권이 형성되었다는 것, 한반도 삼국시대, 일본의 아스카시대에 북조시대의 '반피식', '부탑쌍견하수식' 불상이 유행하지 않고 남조 시기에 창조했던 '포의박대식' 불상이 유행하였다는 것 등이다. 또한 대규·대웅 부자가 창작한 '협저' 불상은 중국 북방에서 유행하지 않았지만 오히려 일본의 건칠불상에 많은 영향을 미쳤다 등이다.

천인커(陳寅恪)는 "남북조가 '선후와 고저'의 차이가 있고, 남조南朝가 북조北朝보다 앞선다는 것은 경제생활, 사회풍속 등 여러 가지 측면에서 알 수 있다"고 하였다. 이 말은 역사의 정체성을 건드렸다고 할 수 있다. 이 시기에 북위 효문제는 '한족 문화에 동화하자'(漢化)라는 제도 개혁을 추진해 나가고 남조의 경전 서적과 문화재를 많이 도입하였다. 동진, 남조 시기에 창조된 '대규·대웅 부자의 불상 형식', '수골청상', '면단이염'은 심미적 측면에서 그 시대를 앞서가면서 가장 토착화된 불상의 조형적 특징으로 정착되었다. 승우가 만든 장팔대불은 '총하 왼쪽 지역에서는 금동불상 중에서 최고'(葱河以左, 金像之最)라는 명성을 가지고 있다.

고대 문헌의 기록만으로는 아직 부족하다. 문헌과 실물을 함께 중시해야 해동 지역 불교조상의 출처에 대한 객관적인 분석과 판단이 가능해진다. 이에 대하여, 세키노 다다시(關野貞), 양홍(楊泓), 요시무라 메쿠미(吉村怜) 등 학자들은 물질적 측면에서 많은 노력을 하였고 연구 방법과 맥락에 있어 후세 사람들에게 방향을 개척해 주었다.

최근 몇 년간에 남경 덕기광장 공사 현장과 서하산석굴 그리고 사천 성도 지역에 연이어 남조 불상이 새로 발굴되면서 연구자들로 하여금 한전불교문화권에 남육조 시기의 불상이 차지하는 중심적인 입지를 더 한층 인식하게 하였다.

이 프로젝트의 추진은 두 가지 관련된 과제를 포함하고 있는데, 하나는 남방 육조 불교조상의 발전 맥락 및 같은 시기 중국 불상에서의 위치, 다른 하나는 남방 육조 불상이 해동 지역에 미친 영향이다. 그중 앞의 문제는 뒤의 문제를 해결하는 전제 조건이자 기초이다.

남방 육조 불교조상의 발전 맥락과 위치 중 가장 핵심적인 것은 '건강 양식'의 확립으로, 남조 불교조상은 '수골청상', '포의박대식'에서 '면단이염', '변화된 포의박대식'의 형식적인 전환을 드러내 보이고, '육조의 미소', '쌍계', '고사리 형 모양의 수발垂髮' 등 남방 불교조상의 요소 및 '변화된 포의박대식' 불의를 주체로 하는 '남방식 불교장엄조상 루트'의 형성 등을 포함한다. 5세기 말과 6세기 중반 중국 불상의 조형적인 변화는 모두 남조에서 기원하였다. 그리하여 남북조의 전파 구도를 잘 확정하는 것은 해동 지역 불상의 원천을 확립하는 것과 직결된다.

남방 육조 불상이 해동 지역에 미친 영향은 일부 중요한 현상이나 문제의 발견 및 분석과 관련된다. 이를테면, 오나라 지역에서 일본에 불식동경으로 대표되는 불교문화 수출, 공적과 사적 전파 두 가지 측면에서 한반도의 삼국시대와 일본 아스카시대 '건강 양식' 불상의 전파에 대한 재조명, 일본 하쿠호시대 불교조상의 원천, 남방 육조가 해동 지역에 불교문화를 전파한 구체 경로 등이다.

인연이 있어 재차 남경박물원의 옛 원장이신 량바이취안(梁白泉) 선생께 서문을 써 달라고 부탁드렸다. 량 교수님은 90세 고령이지만 여전히 그의 문장은 예리하고 지혜롭다. 서문에서 역사, 종교, 고고학부터 육조시대, 한문화권을 언급하셨으며, 본 프로젝트의 거시적 시각을 요약해 주셨다. 또한 수년간 많은 관련된 연구 자료를 제공해 주시고 이 책의 출판을 적극 추천해 주신 돈황투루판협회의 고문이자 중화서국의 감수이신 차이젠훙(柴劍虹) 선생에게도 감사드리며, 중화서국 뤄화퉁(羅華彤) 주임과 가오톈(高天) 감수의 지지와 성원에도 감사드린다.

페이융(費泳)
2019년 3월 7일 남경에서

참고문헌

원전

朴永善 輯, 『朝鮮禪敎考』(『續藏經』 제87책, No.1622. 日本 明治 38[1905]~大正 元年[1912]).
佛陀耶舍·竺佛念 譯, 『佛說長阿含經』(『大正藏』 제01책, No.0001).
釋道安 撰, 瞿曇僧伽提婆 譯, 『增一阿含經』(『大正藏』 제02책, No.0125).
竺法護 譯, 『佛說力士移山經』(『大正藏』 제02책, No.0135).
역자 미상, 『佛說菩薩本行經』(『大正藏』 제03책, No.0155).
역자 미상, 『大方便佛報恩經』(『大正藏』 제03책, No.0156).
竺法護 譯, 『普曜經』(『大正藏』 제03책, No.0186).
地婆訶羅 譯, 『方廣大莊嚴經』(『大正藏』 제03책, No.0187).
闍那崛多 譯, 『佛本行集經』(『大正藏』 제03책, No.0190).
畺良耶舍 譯, 『佛說觀無量壽佛經』(『大正藏』 제12책, No.0365).
竺法護 譯, 『佛說彌勒下生經』(『大正藏』 제14책, No.0453).
鳩摩羅什 譯, 『維摩詰所說經』(『大正藏』 제14책, No.0475).
工布查布 譯解, 『佛說造像經量經解』(『大正藏』 제21책, No.1419).
志磐, 『佛祖統紀』(『大正藏』 제49책, No.2035).
道宣, 『續高僧傳』(『大正藏』 제50책, No.2060).
贊寧 外, 『宋高僧傳』(『大正藏』 제50책, No.2061).
覺訓, 『海東高僧傳』(『大正藏』 제50책, No.2065).
眞人元開, 『唐大和上東征傳』(『大正藏』 제51책, No.2089).
慧超·圓照 外, 『游方記抄』(『大正藏』 제51책, No.2089).
道宣, 『集神州三寶感通錄』(『大正藏』 제52책, No.2106).
法琳, 『辯正論』(『大正藏』 제52책, No.2110).
契嵩, 『鐔津文集』(『大正藏』 제52책, No.2115), 卷4, 「中庸解」.
贊寧, 『大宋僧史略』(『大正藏』 제54책, No.2126).
道誠 集, 『釋氏要覽』(『大正藏』 제54책, No.2127).
僧祐, 『出三藏記集』(『大正藏』 제55책, No.2145).

歐陽修·宋祁, 『新唐書』, 中華書局, 1975年版.
金富軾 著, 孙文范 外 校勘, 『三國史記』, 吉林文史出版社, 2003年版.
武田祐吉 校注, 『日本書紀』 卷1~6, 朝日新聞社, 1948~1957年版.

房玄齡 外, 『晉書』, 中華書局, 1974年版.

釋道世, 『法苑珠林』, 江蘇廣陵古籍刻印社, 1990年版.

釋慧皎 撰, 湯用彤 校注, 『高僧傳』, 中華書局, 1992年版.

蕭子顯, 『南齊書』, 中華書局, 1972年版.

沈約, 『宋書』, 中華書局, 1974年版.

令狐德棻 外, 『周書』, 中華書局, 1971年版.

姚思廉, 『陳書』, 中華書局, 1972年版.

姚思廉, 『梁書』, 中華書局, 1973年版.

魏收, 『魏書』, 中華書局, 1974年版.

魏徵·令狐德棻, 『隋書』, 中華書局, 1973年版.

劉昫 外, 『舊唐書』, 中華書局, 1975年版.

李百藥, 『北齊書』, 中華書局, 1972年版.

李延壽, 『南史』, 中華書局, 1974年版.

李延壽, 『北史』, 中華書局, 1975年版.

一然 著, 權錫煥·陳蒲淸 注譯, 『三國遺事』, 岳麓書社, 2009年版.

張彦遠, 『歷代名畫記』, 人民美術出版社, 1983年版.

陳壽 撰, 裴松之 注, 『三國志』, 中華書局, 1959年版.

許嵩 撰, 張忱石 點校, 『建康實錄』, 中華書局, 1986年版.

皇円 編, 『扶桑略記』, 吉川弘文館, 1965年版.

단행본

江蘇省美術館 編, 『六朝藝術』, 江蘇美術出版社, 1996年版.

姜友邦, 『韓國佛敎雕塑的源流』, (株)大圓社, 1995年版.

鎌田茂雄, 『中國佛敎史』 第二卷, 東京大學出版會, 1983年版.

高田修, 『印度及南海の佛敎美術』, 創藝社, 1943年版.

關野貞, 『日本の建築と藝術』, 巖波書店, 1940年版.

關野貞, 『朝鮮の建築と藝術』, 巖波書店, 1941年版.

久野健, 『佛像事典』, 東京堂出版, 1975年版.

久野健, 『古代朝鮮佛と飛鳥佛』, 東出版, 1979年版.

久野健, 『古代小金銅佛』, 小學館, 1982年版.

久野健, 『飛鳥白鳳天平佛』, 法藏館, 1984年版.

久野健 等 編, 『美術史〈日本〉』, 近藤出版社, 1970年版.

龜井高孝・三上次男・林健太郎・堀米庸三 編,『世界史年表・地圖』, 吉川弘文館, 1995年版.

宮大中,『龍門石窟藝術』(增訂本), 人民美術出版社, 2002年版.

宮治昭,『涅槃と彌勒の圖像學―ィンドから中央アジアへ』, 吉川弘文館, 1992年版.

宮治昭,『佛教美術のイコノロジ―インドから日本まで』, 吉川弘文館, 1999年版.

宮治昭,『インド美術史』, 吉川弘文館, 2009年版.

氣賀澤保規,『中國中世佛教石刻の研究』, 勉誠出版, 2013年版.

吉村怜,『天人誕生圖研究』, 中國文聯出版社, 2002年版.

金申,『中國歷代紀年佛像圖典』, 文物出版社, 1994年版.

金申,『佛像的鑒藏與辨僞』, 上海辭書出版社, 2002年版.

金申 編著,『海外及港臺藏歷代佛像珍品紀年圖鑒』, 山西人民出版社, 2007年版.

奈良美術研究所,『佛教美術からみた四川地域』, 雄山閣, 2007年版.

羅宗眞,『六朝考古』, 南京大學出版社, 1994年版.

羅宗眞,『魏晉南北朝考古』, 文物出版社, 2001年版.

南京博物院 編,『梁白泉文集』博物館卷, 文物出版社, 2013年版.

盧輔聖 主編,『中國南方佛教造像藝術』, 上海書畫出版社, 2004年版.

段文傑,『段文傑敦煌藝術論文集』, 甘肅人民出版社, 1994年版.

大阪市立美術館,『六朝の美術』, 平凡社, 1976年版.

大西修也,『日韓古代彫刻史論』, 中國書店, 2002年版.

大村西崖,『支那美術史彫塑篇』, 國書刊行會, 1972年版.

東京國立博物館,『東洋美術をめぐる旅』, 平凡社, 2013年版.

東方朔,『十洲記』, 新文豐出版公司, 1984年版.

馬德,『敦煌莫高窟史研究』, 甘肅教育出版社, 1996年版.

馬德,『敦煌古代工匠研究』, 文物出版社, 2018年版.

馬世長・丁明夷,『中國佛教石窟考古概要』, (臺北)藝術家出版社, 2007年版.

梅原末治,『歐米に於ける支那古鏡』, 刀江書院, 1931年版.

梅澤和軒,『六朝時代の藝術』, アルス社, 1928年版.

毛利久,『天平彫刻』, 小學館, 1970年版.

毛利久,『佛像東漸―朝鮮と日本の古代彫刻』, 法藏館, 1983年版.

潘運告 主編, 熊志庭 等 譯注,『宋人畫論』, 湖南美術出版社, 2000年版.

方國瑜,『中國西南歷史地理考釋』上, 中華書局, 1987年版.

費泳,『南北朝佛教藝術研究』, 四川美術出版社, 2006年版.

費泳,『中國佛教藝術中的佛衣樣式研究』, 中華書局, 2012年版.

費泳,『漢唐佛教造像藝術史』(增訂本), 湖北美術出版社, 2017年版.

四川博物館 等 編著, 『四川出土南朝佛教造像』, 中華書局, 2013年版.

徐光冀 主編, 『永不逝落的文明, 三峽文物搶救紀實』, 山東畫報出版社, 2003年版.

徐錫台 等, 『周秦漢瓦當』, 文物出版社, 1988年版.

西村公朝・小川光三, 『佛像の見分け方』, 新潮社, 1987年版.

石松日奈子, 『北魏佛教造像史研究』, 文物出版社, 2012年版.

陝西省考古研究所秦漢研究室, 『新編秦漢瓦當圖錄』, 三秦出版社, 1986年版.

成都文物考古研究院編著, 『成都下同仁路』, 文物出版社, 2017年版.

小林剛, 『御物金銅佛像』, 國立博物館, 1947年版.

小杉一雄, 『中國佛教美術史の研究』, 新樹社, 1980年版.

小杉一雄, 『奈良美術の系譜』, 平凡社, 1993年版.

松原三郎, 『中國佛教彫刻史研究』, 吉川弘文館, 1961年版.

松原三郎, 『東洋美術全史』, 東京美術, 1974年版.

水野清一, 『中國の佛教美術』, 平凡社, 1966年版.

水野清一, 『中國の佛教美術』, 平凡社, 1990年版.

水野清一・長廣敏雄, 『龍門石窟の研究』, 座右寶刊行會, 1941年版.

沈從文 編著, 『中國古代服飾研究』(增訂本), 上海書店出版社, 1997年版.

児玉幸多 編, 『日本史年表・地圖』, 吉川弘文館, 1995年版.

楊伯達 著, 松原三郎 譯, 『埋もれた中國石佛の研究』, 東京美術, 1985年版.

梁思成, 『中國雕塑史』, 百花文藝出版社, 2006年版.

楊泓, 『美術考古半世紀』, 文物出版社, 1997年版.

閻文儒, 『中國石窟藝術總論』, 天津古籍出版社, 1987年版.

閻文儒・王萬靑, 『炳靈寺石窟』, 甘肅人民出版社, 1993年版.

吳焯, 『佛教東傳與中國佛教藝術』, 浙江人民出版社, 1991年版.

吳焯, 『中國南方早期佛教藝術展』, 南京博物院, 1991年版.

吳焯, 『朝鮮半島美術』, 中國人民大學出版社, 2004年版.

沃爾夫林, 『美術史的基本概念』, 北京大學出版社, 2011年版.

溫玉成, 『中國石窟與文化藝術』, 上海人民美術出版社, 1993年版.

阮榮春, 『佛教南傳之路』, 湖南美術出版社, 2000年版.

韋正, 『六朝墓葬的考古學研究』, 北京大學出版社, 2011年版.

劉鳳君, 『山東佛像藝術』, 文物出版社, 2008年版.

劉志遠・劉廷壁 編, 『成都萬佛寺石刻藝術』, 中國古典藝術出版社, 1958年版.

柳昌宗, 『東亞瓦當文化』, 韓國美術文化出版公司, 2009年版.

栗田功, 『ガンダーラ美術Ⅰ佛傳』, 二玄社, 1990年版.

栗田功,『ガンダーラ美術の名品』, 二玄社, 2008年版.

李昆聲 主編,『南詔大理國雕刻繪畫藝術』, 雲南人民出版社・雲南美術出版社, 1999年版.

李淞,『中國道教美術史』第1卷, 湖南美術出版社, 2012年版.

李崇峰,『中印佛教石窟寺比較研究』, 北京大學出版社, 2003年版.

李蔚然,『南京六朝墓葬的發現與研究』, 四川大學出版社, 1998年版.

李泰 等 著, 賀次君 輯校,『括地志輯校』, 中華書局, 1980年版.

逸見梅榮,『佛像の形式』, 東出版, 1975年版.

日本密敎辭典編纂會,『密敎大辭典』, 法藏館, 1931年版.

任繼愈,『中國佛教史』卷1・2, 中國社會科學出版社, 1985年版.

任繼愈,『中國佛教史』卷3, 中國社會科學出版社, 1988年版.

林巳奈夫,『漢代の文物』, 京都大學人文科學研究所, 1976年版.

林樹中 主編,『中國美術全集: 雕塑編 3—魏晉南北朝雕塑』, 人民美術出版社, 1988年版.

林樹中 編著,『六朝藝術』, 南京出版社, 2004年版.

長廣敏雄,『大同石佛藝術論』, 高桐書院, 1946年版.

長廣敏雄,『六朝時代美術の研究』, 美術出版社, 1969年版.

張夫也,『日本美術』, 中國人民大學出版社, 2004年版.

張斯鴻・何秋雨 主編,『佛峙天姥』, 中國書店, 2016年版.

張淑敏,『山東博興銅佛像藝術』, (臺北)藝術家出版社, 2005年版.

田村圓澄・黃壽永 編,『百濟文化と飛鳥文化』, 吉川弘文館, 1978年版.

田村圓澄・黃壽永,『半跏思惟像の研究』, 吉川弘文館, 1985年版.

浙江省文物管理委員會 編,『金華萬佛塔出土文物』, 文物出版社, 1958年版.

浙江省博物館 編,『東土佛光: 浙江省博物館典藏大系』, 浙江古籍出版社, 2008年版.

町田甲一,『概說日本美術史』, 吉川弘文館, 1983年版.

趙聲良,『飛天藝術』, 江蘇美術出版社, 2008年版.

佐和隆研,『佛像圖典』, 吉川弘文館, 1962年版.

周錫保,『中國古代服飾史』, 中國戲劇出版社, 1984年版.

中國社會科學院考古研究所 等,『滿城漢墓發掘報告』, 文物出版社, 1980年版.

中國社會科學院考古研究所,『古都遺珍—長安城出土的北周佛教造像』, 文物出版社, 2010年版.

中吉功,『新羅高麗の佛像』(增訂版), 二玄社, 1973年版.

曾布川寬,『唐代龍門石窟造像的研究』, 臺灣藝術家出版社, 1992年版.

曾布川寬,『中國美術の圖像と樣式』, 中央公論美術出版, 2006年版.

陳明達・丁明夷 主編,『中國美術全集: 雕塑編 13』, 文物出版社, 1989年版.

陳明華,『韓國佛教美術』, (臺北)藝術家出版社, 1999年版.

陳寅恪 著, 萬繩楠 整理,『魏晉南北朝史講演錄』, 黃山書社, 1987年版.
陳佩芬,『上海博物館藏青銅鏡』, 上海書畫出版社, 1987年版.
靑州市博物館 編,『靑州龍興寺佛敎造像藝術』, 山東美術出版社, 1999年版.
村田靖子 著, 金申 譯,『佛像的系譜』, 上海辭書出版社, 2002年版.
村田靖子,『小金銅佛の魅力: 中國·韓半島·日本』, 里文出版, 2004年版.
秋山光和·辻本米三郎,『法隆寺玉蟲櫥子と橘夫人櫥子』, 巖波書店, 1975年版.
湯用彤,『漢魏兩晉南北朝佛敎史』, 北京大學出版社, 1997年版.
樋口隆康,『古鏡』, 新潮社, 1979年版.
阪元義種,『古代東アジアの日本と朝鮮』, 吉川弘文館, 1978年版.
河南省文化局文物工作隊,『鄧縣彩色畫像磚墓』, 文物出版社, 1958年版.
賀雲翺,『六朝瓦當與六朝都城』, 文物出版社, 2005年版.
賀中香,『六朝武昌與出土銅鏡硏究』, 五洲傳播出版社, 1998年版.
胡國强 主編,『故宮收藏曲陽造像』, 紫禁城出版社, 2009年版.
胡文和,『中國道敎石刻藝術史』上冊, 高等敎育出版社, 2004年版.
湖北省博物館·鄂州市博物館,『鄂城漢三國六朝銅鏡』, 文物出版社, 1986年版.
黃文昆 編,『佛敎初傳南方之路文物圖錄』, 文物出版社, 1993年版.
黃壽永,『新羅の石佛』, 朝日新聞社, 1974年版.
黃壽永,『韓國美術全集 5: 佛像』, 同和出版公社, 1974年版.
希勒格(귀스타브 슐레겔, Gustave Schlegel) 著, 馮承鈞 譯,『中國史乘中未詳諸國考證』, 商务印書館, 1928年版.

『ガンダーラの美術とシルクロードの繪畫』, 泉屋博古館, 2012年版.
『ガンダーラの彫像』, 根津美術館, 2000年版.
『鎌倉の彫刻·建築』(日本美術全集 12卷), 學習硏究社, 1978年版.
『館藏中國の石佛: 北齊佛の魅力』, 根津美術館, 2009年版.
『國寶法隆寺展: 法隆寺昭和資財帳調查完成記念』, 小學館, 1994年版.
『大英博物館所藏インドの佛像とヒンドゥーの神々』, 朝日新聞社, 1994年版.
『大英博物館展: 100のモノが語る世界の歷史』, 筑摩書房, 2015年版.
『東アジアの金銅佛—中國·韓國·日本』, 大和文華館, 1999年版.
『白鳳—花ひらく佛敎美術』, 奈良國立博物館, 2015年版.
『百濟·新羅の金銅佛—飛鳥·白鳳佛の源流』, 大和文華館, 1982年版.
『保利藏珍』, 岭南美術出版社, 2000年版.
『佛像鑑賞のしおり: 佐野美術館藏品シリーズ』, 佐野美術館, 2000年版.
『飛鳥·白鳳の在銘金銅佛』, 奈良國立文化財硏究所飛鳥資料館, 1976年版.

『飛鳥・白鳳の在銘金銅佛(銘文篇)』, 奈良國立文化財研究所, 1977年版.

『山東青州龍興寺出土佛教石刻造像精品』, 中國曆史博物館, 1999年版.

『三國時代佛教彫刻』, 國立中央博物館, 1990年版.

『世界美術大全集: 東洋編 4—隋・唐』, 小學館, 1997年版.

『世界美術大全集: 東洋編 3—三國・南北朝』, 小學館, 1998年版.

『世界美術大全集: 東洋編 10—高句麗・百濟・新羅・高麗』, 小學館, 1998年版.

『シルクロ—ド・佛教美術傳來の道』, 奈良國立博物館, 1988年版.

『アンコ—ルワツトとクメ—ル美術の1000年展』, 朝日新聞社, 1997年版.

『インド・マトゥラ—彫刻展』, 東京國立博物館, 2002年版.

『日本古寺美術全集 1—法隆寺と飛鳥の古寺』, 集英社, 1979年版.

『日本古寺美術全集 2—法隆寺と斑鳩の古寺』, 集英社, 1979年版.

『日本國寶展』, 殼新聞社, 2014年版.

『中國南方早期佛教藝術展』, 南京博物院, 1991年版.

『中國石窟雕塑全集』, 重慶出版社, 2000年版.

『特別展・キトラ古墳壁畫』, 朝日新聞社, 2014年版.

『特別展・みちのくの佛像』, NHK/NHKプロモ—ション, 殼新聞社, 2015年版.

『特別展・菩薩』, 奈良國立博物館, 1987年版.

『特別展・百濟觀音—法隆寺寶物獻納110年』, 東京國立博物館, 1988年版.

『特別展・日本の考古學—その步みと成果』, 東京國立博物館, 1988年版.

『パキスタン・ガンダ—ラ彫刻展』, 東京國立博物館, 2002年版.

Delia Pemberton, *Buddha: The British Museum*, Art Media Resources Ltd, 2002.

Dr. Usha Rani Tiwari, *Sculptures of Mathura and Sarnath: A Comparative Study(Upto Gupta Period)*, Sundddeep Prakashan(New Delhi), 1998.

James C. M. Khoo, *Art and Archaeology of Fu Nan*, Orchid Press, Thailand, 2003.

J. E. van Lohuizende leeuw, *The Scythian Period*, Leiden, 1949.

John Guy, *Lost Kingdoms, The Metropolitan Museum of Art*, New York, 2014.

John Kieschnick, *The Impact of Buddhism on Chinese Material Culture*, Princeton University Press, 2003.

J. Marshall, *The Buddhist Art of Gandhara*, Cambridge, 1960.

Osvald Siren, *Chinese Sculpture: From the Fifth to the Fourteenth Century*, SDI Publications, 1998.

P. C. Swann, *An Introduction to the Arts of Japan*, New York: Frederick A. Praeger, 1958.

Susan and Christian Murck, *Theories of the Arts in China*, Princeton University Press, 1983.

Arts of Ancient Vietnam, Yale University Press, New Haven and London, 2009.

Eternal Images of Sakyamuni: Two Gilt-Bronze Korean National Treasures, Published by The Korea Foundation, 2008.

Pakistan: Les arts du Gandhara, Musee des Arts asiatiques Guimet, Paris, 2010.

The Golden Age of Classical India the Gupta Empire, Isabelle Floc'h, 2007.

Treasures Rediscovered: Chinese Stone Sculpture from the Sackler Collection at Columbia University, Miriam and Ira D. Wallach Art Gallery, Columbia University in the City of New York, 2008.

Wisdom Embodied: Chinese Buddhist and Daoist Sculpture in The Metropolitan Museum of Art, Yale University Press, 2011.

논문

葛玲玲,「南京六朝陶俑述略」,南京市博物館 編,『六朝文物考古論文選』(油印本), 1983.

甘肅省文物工作隊,「馬蹄寺, 文殊山, 昌馬諸石窟調査簡報」,『文物』1965年 第3期.

江西省文物考古研究所・南昌市博物館,「南昌火車站東晉墓葬群發掘簡報」,『文物』2001年 第2期.

岡田健,「南北朝後期佛敎美術の諸相」,『世界美術大全集: 東洋編 3』,小學館, 1998年版.

岡田健・石松日奈子,「中國南北朝時代の如來像著衣の硏究」上,『美術研究』356號, 1993.

高田修,「ガンダーラの菩薩思惟像」,『美術研究』235號, 1965.

高田修,「ガンダーラ美術における大乘の徵証―彌勒と觀音像」,『佛敎藝術』125號, 1979.

霍巍,「四川大學博物館收藏的兩尊南朝石刻造像」,『文物』2001年 第10期.

關野貞,「塼より見たる百濟と支那南北朝特に梁との文化關係」,『朝鮮の建築と藝術』,巖波書店, 1941年版.

關野貞,「朝鮮の瓦文樣」,『朝鮮の建築と藝術』,巖波書店, 1941年版.

廣西壯族自治區文物工作隊,「廣西西林縣普馱銅鼓墓葬」,『文物』1978年 第9期.

廣元市文物管理所,「廣元新發現的佛敎造像」,『文物』1990年 第6期.

久野健,「飛鳥大佛論 上・下」,『美術研究』300・301號, 1975.

久野健,「法隆寺西院と飛鳥地方の美術」,『日本古寺美術全集 1』,集英社, 1979年版.

久野健,「飛鳥佛の誕生」,『美術研究』315號, 1980.

宮治昭,「ガンダーラにるけお半跏思惟の圖像」,『半跏思惟像の研究』,吉川弘文館, 1985年版.

吉林省文物考古研究所・重慶雲陽縣文物保護管理所,「雲陽舊縣坪遺址發掘報告」,『重慶庫區考古報告集』,科學出版社, 1998年版.

吉村怜,「雲崗石窟における蓮華生の表現」,『美術史』37號, 1960.

吉村怜,「龍門北魏窟における天人誕生の表現」,『美術史』69號, 1968.

吉村怜,「南北朝佛像樣式史論」,『國華』1066號, 1983.

吉村怜,「止利式佛像の源流」,『美術史研究』20號, 1983.

吉村怜,「南朝天人圖像の北朝及び周諸國への傳播」,『佛敎藝術』159號, 1985.

吉村怜,「南朝の法華經普門品變相」,『佛敎藝術』162號, 1985.

吉村怜,「法隆寺献納御物王延孫造光背考」,『佛敎藝術』184號, 1990.

吉村怜,「日本早期佛敎像における梁・百濟樣式の影響」,『佛敎藝術』201號, 1992.

吉村怜,「止利式佛像と南朝樣式の關係」,『佛敎藝術』219號, 1995.

吉村怜,「飛鳥白鳳彫刻史試論」,『佛敎藝術』227號, 1996.

吉村怜,「成都萬佛寺址出土佛像と建康佛敎」,『佛敎藝術』240號, 1998.

吉村怜,「論止利樣式起源南朝—止利式佛像的源流」,『天人誕生圖研究』, 中國文聯出版社, 2002年版.

吉村怜,「佛像の着衣〈僧祇支〉と〈偏衫〉について」,『南都佛敎』81號, 2002.

吉村怜,「古代比丘像の着衣と名稱—僧祇支・汗衫・偏衫・直裰について」,『博物館』587號, 2003.

吉村怜,「中國古代佛像の著衣の基本形式」,『佛敎藝術』329號, 2013.

吉村怜,「青州龍興寺遺址出土・北齊インド風佛像の起源」,『奈良美術研究』16號, 2015.

金申,「吳越國王造阿育王塔」,『東南文化』2002年 第4期.

金維諾,「麥積山石窟的興建及其藝術成就」,『中國石窟・天水麥積山』, 文物出版社, 1998年版.

金維諾,「簡論青州出土造像的藝術風範」,『山東青州龍興寺出土佛敎石刻造像精品』, 中國曆史博物館, 1999.

奈良國立文化財研究所,「飛鳥寺発掘調査報告」,『研究所學報』第5冊, 1958.

羅宗眞,「南京西善橋油坊村南朝大墓的發掘」,『考古』1963年 第6期.

南京博物院,「江蘇丹陽胡橋南朝大墓及磚刻壁畫」,『文物』1974年 第2期.

南京博物院,「江蘇丹陽縣胡橋, 建山兩座南朝墓葬」,『文物』1980年 第2期.

南京博物院・南京市文物保管委員會,「南京西善橋南朝墓及其磚刻壁畫」,『文物』1960年 第1期.

南京博物院 等,「江蘇盱眙縣大云山西漢江都王陵一號墓」,『考古』2013年 第10期.

南京市博物館,「南京郊縣四座吳墓發掘簡報」,『文物資料叢刊』第8輯, 1983.

雷玉華・顏勁松,「成都市西安路南朝石刻造像清理簡報」,『文物』1998年 第11期.

雷玉華 等,「四川汶川出土的南朝佛敎石造像」,『文物』2007年 第6期.

段文傑,「八十年代的敦煌石窟研究」,『中國文物報』第40期, 1988年 10月 7日.

唐長壽,「樂山麻浩, 柿子灣崖墓佛像年代新探」,『東南文化』1989年 2期.

唐長壽,「四川樂山麻浩一號崖墓」,『考古』1990年 第2期.

唐長壽,「四川早期佛敎遺物辨識」,『東南文化』1991年 第5期.

大橋一章,「飛鳥寺の創立に關する問題」,『佛敎藝術』107號, 1976.

大西修也,「再建法隆寺と藥師銘成立の過程」,『佛敎藝術』133號, 1980.

董玉祥, 「麥積山石窟的分期」, 『文物』 1983年 第6期.

董玉祥, 「麥積山石窟的北魏窟龕及其造像」, 『麥積山石窟』, 甘肅人民出版社, 1984年版.

杜在忠·韓崗, 「山東諸城佛敎石造像」, 『考古學報』 1994年 第2期.

鄧宏裏·蔡全法, 「沁陽縣西向發現北朝墓及畫像石棺牀」, 『中原文物』 1983年 第1期.

馬彦·丁明夷, 「廣元千佛崖石窟調查記」, 『文物』 1990年 第6期.

梅養天, 「四川彭山縣崖墓簡介」, 『文物參考資料』 1956年 第5期.

綿陽博物館·安縣文管所, 「四川安縣文管所收藏的東漢佛像搖錢樹」, 『文物』 2002年 第6期.

毛利久, 「飛鳥大佛の周邊」, 『佛敎藝術』 67號, 1968.

毛利久, 「佛像の東漸と飛鳥彫刻」, 『日本古寺美術全集 1』, 集英社, 1979年版.

木田知生, 「江浙早期佛寺考」, 『東南文化』 1992年 第1期.

樊錦詩·馬世長·關友惠, 「敦煌莫高窟北朝洞窟的分期」, 『中國石窟·敦煌莫高窟 1』, 文物出版社, 1982.

步連生, 「孔望山東漢摩崖佛敎造像初辨」, 『文物』 1982年 第9期.

福山敏男, 「法隆寺問題管見」, 『東洋美術』 19號, 1933.

福山敏男, 「飛鳥寺の創立に關する研究」, 『史學雜誌』 45-10, 1934.

傅擧有, 「論秦漢時期的博具, 博戱兼及博局紋鏡」, 『考古學報』 1986年 第1期.

費泳, 「"靑州模式"造像的源流」, 『東南文化』 2000年 第3期.

費泳, 「南朝佛敎造像硏究」, 南京藝術學院 2001年 碩士學位論文.

費泳, 「論南北朝後期佛像服飾的演變」, 『敦煌硏究』 2002年 第2期.

費泳, 「四川南朝造像對麥積山的影響及傳播」, 『麥積山石窟藝術文化論文集』, 蘭州大學出版社, 2004年版.

費泳, 「佛衣樣式中的"褒衣博帶式"及其在南北方的演繹」, 『故宮博物院院刊』 2009年 第2期.

費泳, 「佛衣樣式中的"半披式"及其在南北方的演繹」, 『敦煌硏究』 2009年 第3期.

費泳, 「"敷搭雙肩下垂式"與"鉤紐式"佛衣在北朝晚期的興起」, 『考古與文物』 2010年 第5期.

費泳, 「新昌大佛衣著樣式考辨」, 『南京藝術學院學報』(美術與設計版) 2011年 第5期.

費泳, 「棲霞山大佛衣著樣式考辨」, 『南京藝術學院學報』(美術與設計版) 2012年 第4期.

費泳, 「"建康模式"的形成及佛像樣式特徵」, 『南京藝術學院學報』(美術與設計版) 2017年 第1期.

費泳, 「南京德基廣場南朝佛敎造像的新發現」, 『藝術探索』 2018年 第1期.

費泳, 「南京棲霞山新發現的"江總殘碑"及相關問題」, 『南京藝術學院學報』(美術與設計版) 2018年 第1期.

史巖, 「關於廣元千佛崖造像的創始時代問題」, 『文物』 1961年 第2期.

四川省文物管理委員會, 「四川忠縣涂井蜀漢崖墓」, 『文物』 1985年 第7期.

山東省博物館, 「北魏正光六年張寶珠等造像」, 『文物』 1961年 第12期.

山東省靑州市博物館, 「靑州龍興寺佛敎造像窖藏淸理簡報」, 『文物』 1998年 第2期.

山名伸生, 「吐穀渾と成都の佛像」, 『佛敎藝術』 218號, 1995.

常州市博物館, 「常州南郊戚家村畫像磚墓」, 『文物』 1979年 第3期.

西田守夫,「鉛同位體比法によゐ漢式鏡研究への關係資料について」,『博物館』1982年 1月.

徐苹芳,「三國兩晉南北朝的銅鏡」,『考古』1984年 第6期.

石松日奈子,「陝西省耀県薬王山博物館蔵『魏文朗造像碑』の年代について—北魏始光元年銘の再檢討」, 『佛教藝術』240號, 1998.

石松日奈子,「耀縣藥王山博物館魏文朗造像碑的製造年代」,『道教美術新論』, 山東美術出版社, 2008年版.

小野勝年,「新昌・石城寺とその彌勒像」,『佛教藝術』163號, 1985.

小杉一雄,「裳懸座考」,『佛教藝術』5號, 1949.

蘇鉉淑,「古代東亞諸國單層方塔研究」,『文物』2010年 第11期.

孫貫文,「北京大學圖書館藏歷代石刻拓片草目 2」,『考古學集刊』第8輯, 1994.

孫機,「漢鎭藝術」,『文物』1983年 第6期.

孫機,「中國早期高層佛塔造型之淵源」,『中國聖火—中國古文物與東西文化交流中的若干問題』, 遼寧教育出版社, 1996年版.

孫華,「四川綿陽平陽府君闕闕身造像」,『漢唐之間的宗教藝術與考古』, 文物出版社, 2000年版.

松原三郎,「北魏の鄴県様式石彫に就て」,『國華』753號, 1954.

松原三郎,「中國佛像樣式の南北—その試論として」,『美術史』59號, 1965.

松原三郎,「四十八體佛—その系譜について」,『古美術』19號, 1967.

松原三郎,「飛鳥白鳳佛と朝鮮三國の佛像」,『美術研究』68號, 1968.

松原三郎,「飛鳥白鳳佛源流考 1・2・3・4」,『國華』931・932・933・935號, 1971.

松原三郎,「中國佛像樣式の南北再考」,『美術研究』296號, 1974.

松原三郎,「三國時代初期の金銅佛について」,『古美術』52號, 1977.

松原三郎,「中國南朝像資料考」,『佛教藝術』130號, 1980.

松原三郎,「隋造像樣式成立考」,『佛教藝術』208號, 1993.

水野清一,「飛鳥白鳳佛の系譜」,『佛教藝術』4號, 1949.

水野清一,「中國における佛像のはじまり」,『中國の佛教美術』, 平凡社, 1990年版.

宿白,「參觀敦煌莫高窟第285號窟劄記」,『文物參考資料』1956年 第2期.

宿白,「雲崗石窟分期試論」,『考古學報』1978年 第1期.

宿白,「『大金西京武州山重修大石窟寺碑』的發現與研究」,『北京大學學報』(哲學社會科學版) 1982年 第2期.

宿白,「涼州石窟遺跡與"涼州模式"」,『考古學報』1986年 第4期.

宿白,「東陽王與建平公」,『敦煌吐魯番文獻研究論集』第4輯, 北京大學出版社, 1988年版.

宿白,「南朝龕像遺跡初探」,『考古學報』1989年 第4期.

宿白,「莫高窟現存早期洞窟的年代問題」,『中國文化研究所學報』第20권, 1989.

宿白,「洛陽地區北朝石窟的初步考察」,『中國石窟・龍門石窟 1』, 文物出版社, 1991年版.

宿白,「平城實力的集聚和"雲崗模式"的形成與發展」,『中國石窟・雲崗石窟 1』, 文物出版社, 1991.

宿白, 「洛陽地區北朝石窟的初步考察」, 『中國石窟寺研究』, 1996年版.

宿白, 「青州龍興寺窖藏所出佛像的幾個問題」, 『文物』 1999年 第10期.

宿白, 「四川錢樹和長江中下游部分器物上的佛像」, 『文物』 2004年 第10期.

顏尚文, 「后漢三國西晉時代佛教寺院之分布」, 『臺灣師範大學歷史學報』 第13期, 1985.

楊伯達, 「曲陽修德寺出土紀年造像的藝術風格與特徵」, 『故宮博物院院刊』 1960年 第2期.

梁白泉, 「你是誰人面紋瓦當四問」, 『藝術學界』 2012年 第2期.

楊富學・王書慶, 「敦煌文獻頁2977所見早期舍利塔考」, 『敦煌學輯刊』 2010年 第1期.

楊秀清, 「飛天裊裊會棲霞」, 『南京棲霞山石窟藝術與敦煌學』, 中國美術學院出版社, 2002年版.

楊枝高, 「四川崖墓略考」, 『華文月刊』 1940年 第6期.

楊泓, 「試論南北朝前期佛像服飾的主要變化」, 『考古』 1963年 第6期.

楊泓, 「吳, 東晉, 南朝的文化及其對海東的影响」, 『考古』 1984年 第6期.

楊泓, 「絲綢之路由中國向日本的延伸」, 『文物』 1989年 第1期.

楊泓, 「跋鄂州孫吳墓出土陶佛像」, 『考古』 1996年 第11期.

楊泓, 「關於南北朝時青州考古的思考」, 『文物』 1998年 第2期.

楊泓, 「論定州北朝石造像」, 『保利藏珍』, 嶺南美術出版社, 2000年版.

楊泓, 「中國南朝對百濟佛教文化的影響」, 『中國文物報』 2009年 2月 20日.

於豪亮, 「"錢樹""錢樹座"和魚龍漫衍之戲」, 『文物』 1961年 第11期.

閻文儒, 「石窟寺藝術」, 『考古學基礎』, 科學出版社, 1958年版.

閻文儒, 「孔望山佛教造像的題材」, 『文物』 1981年 第7期.

閻文儒, 「麥積山石窟的歷史, 分期及其題材」, 『麥積山石窟』, 甘肅人民出版社, 1984年版.

靈台縣文化館, 「甘肅靈台發現的兩座西漢墓」, 『考古』 1979年 第2期.

吳延璆・鄭彭年, 「古代揚州港及其在中日文化交流史上的地位」, 『中外關系史論叢』 第4輯, 1992.

吳廷璆・鄭彭年, 「佛教海上傳入中國之研究」, 『歷史研究』 1995年 第2期.

吳焯, 「西國佛畫論考」, 『南亞研究』 1988年 第3期.

吳焯, 「孔望山摩崖造像雜考」, 『文物』 1989年 第12期.

吳焯, 「四川早期佛教遺物及其年代與傳播途徑的考察」, 『文物』 1992年 第11期.

吳焯, 「從相鄰國的政治關系看佛教在朝鮮半島的初傳」, 『中國史研究』 2006年 第1期.

溫玉成, 「公元1至3世紀中國的仙佛模式」, 『敦煌研究』 1999年 第1期.

溫玉成, 「龍門北朝小龕的類型, 分期與洞窟排年」, 『中國石窟・龍門石窟 1』, 文物出版社, 1991年版.

溫玉成, 「"早期佛教初傳中國南方之路"質疑」, 『四川文物』 2000年 第2期.

溫玉成, 「龍門石窟藝術綜論」, 『中國石窟雕塑全集』, 重慶出版社, 2001年版.

溫玉成, 「孔望山摩崖造像研究總論」, 『敦煌研究』 2003年 第5期.

阮榮春, 「孔望山佛教造像時代考辨」, 『考古』 1985年 第1期.

阮榮春,「早期佛教造像的南傳系統」,『東南文化』1990年 第1·2合期.

王伯敏,「中國山水畫的發展與道釋思想的關系」,『學術月刊』1983年 第9期.

王衛明,「中國南朝佛教彫刻基本樣式論稿」,日本文理大學太平洋地域研究所,『研究紀要』創刊號, 1990.

王毅,「北涼石塔」,『文物資料叢刊』1977年 第1期.

王仲殊,「關于日本三角緣神獸鏡的問題」,『考古』1981年 第4期.

王仲殊,「關于日本的三角緣佛獸鏡」,『考古』1982年 第6期.

王仲殊,「日本三角緣神獸鏡綜論」,『考古』1984年 第5期.

王仲殊,「論吳晉時期的佛像夔鳳鏡」,『考古』1985年 第7期.

王志高,「略論南京出土的孫吳人面紋瓦當對朝鮮半島的影響」,『2007江蘇省文博論集』,南京出版社, 2008年版.

王志高·王光明,「南京紅土橋出土的南朝泥塑像及相關問題研討」,『東南文化』2010年 第3期.

姚崇新,「試論扶南與南朝的佛教藝術交流」,『藝術史研究』18집, 中山大學出版社, 2016年版.

熊谷宣夫,「甲寅銘王延孫造光背考」,『美術研究』209號, 1960.

袁曙光,「四川省博物館藏萬佛寺石刻造像整理簡報」,『文物』2001年 第10期.

魏正瑾·白寧,「棲霞山石窟南朝無量壽大像勘察記」,『石窟寺研究』第3輯, 文物出版社, 2012年版.

劉建國,「鎮江東晉墓」,『文物資料叢刊』第8輯, 1983.

劉建華,「彩繪佛三尊造像」,『保利藏珍』,岭南美術出版社, 2000年版.

俞偉超,「東漢佛教圖像考」,『文物』1980年 第5期.

俞偉超·信立祥,「孔望山摩崖造像的年代考察」,『文物』1981年 第7期.

柳涵,「鄧縣畫像磚墓的時代和研究」,『考古』1959年 第5期.

殷光明,「北涼石塔分期試論」,『敦煌研究』1997年 第3期.

李軍,「關於寧波爲吳東渡日本出海口的考證」,『南方文物』2004年 第1期.

李文生,「龍門石窟北朝主要洞窟總敘」,『中國石窟·龍門石窟 1』,文物出版社, 1991年版.

李少南,「山東博興出土百餘件北魏至隋代銅造像」,『文物』1984年 第5期.

李淞,「漢代藝術中的西王母—中國第一神像的産生與演變」,南京藝術學院 1999年 博士學位論文.

李蔚然,「南京六朝墓葬」,『文物』1959年 第4期.

李裕群,「天龍山石窟調查報告」,『文物』1991年 第1期.

李裕群,「試論成都地區出土的南朝佛教石造像」,『文物』2000年 第2期.

李靜傑,「青州風格佛教造像的形成與發展」,『敦煌研究』2007年 第2期.

李靜傑,「山東北朝佛教造像因素向朝鮮半島的傳播」,『石窟寺研究』第5輯, 文物出版社, 2014年版.

李靜傑·田軍,「定州系白石佛像研究」,『故宮博物院院刊』1999年 第3期.

林樹中,「江蘇丹陽南齊陵墓磚印壁畫探討」,『文物』1977年 第1期.

林樹中,「常州畫像磚墓的年代與畫像磚的藝術」,『文物』1979年 第3期.

林良一,「玉蟲櫥子と橘夫人櫥子」,『日本古寺美術全集』第2卷, 集英社, 1979年版.

長廣敏雄,「晉宋間の竹林七賢と榮啓期の畫圖」,『國華』857號, 1963.

長廣敏雄,「宿白氏の雲崗石窟分期論を駁す」,『東方學』第60輯, 1980.

長廣敏雄,「什麼是美術樣式」,『美術研究』1980年 第4期.

長廣敏雄,「雲崗石窟第9, 10雙窟的特徵」,『中國石窟·雲崗石窟 2』, 文物出版社, 1994年版.

蔣明明,「佛教與六朝越窯青瓷片論」,『東南文化』1992年 第1期.

蔣明明,「齊永明六年紀年石佛造像」,『東南文化』1992年 3·4合刊.

張肖馬·雷玉華,「成都市商業街南朝石刻造像」,『文物』2001年 第10期.

張學鋒,「四至五世紀東亞世界的形成與東晉南朝」,『回顧與探索—中國魏晉南北朝史學會第九屆年會論文集』, 湖北教育出版社, 2009年版.

錢國祥,「漢魏洛陽城出土瓦當的分期與研究」,『考古』1996年 第10期.

田邊三郎助,「飛鳥佛と南北朝の佛像」,『歷史公論』116號, 1985.

田村圓澄,「半跏思惟像の諸問題」,『半跏思惟像の研究』, 吉川弘文館, 1985年版.

鄭金星·劉受農·楊榮春·梁白泉,「江蘇鎭江甘露寺鐵塔塔基發掘記」,『考古』1961年 第6期.

丁明夷,「關於雲崗石窟分期的幾個問題—兼與長廣敏雄先生商榷」,『世界宗教研究』1981年 第4期.

丁明夷,「鞏縣天龍響堂安陽數處石窟寺」,『中國美術全集: 雕塑編 13』, 文物出版社, 1989年版.

丁明夷,「川北石窟劄記」,『文物』1990年 第6期.

鄭禮京,「隋菩薩像の成立について」,『佛敎藝術』240號, 1998.

鄭禮京,「過渡期の中國佛像にみられる模倣樣式と變形樣式て」,『佛敎藝術』247號, 1999.

町田甲一,「元興寺本尊飛鳥大佛」,『國華』942號, 1972.

町田甲一,「南北朝佛像樣式史論批判」,『國華』1102號, 1987.

諸城市博物館,「山東諸城發現北朝造像」,『考古』1990年 第8期.

趙力光·裴建平,「西安市東郊出土北周佛立像」,『文物』2005年 第9期.

足立康,「法隆寺甲寅在銘釋迦像光背」,『日本彫刻史の研究』, 龍吟社, 1944年版.

曾布川寬,「六博の人物坐像銅鎭と博局文について」,『中國美術の圖像と樣式』, 中央公論美術出版, 2006年版.

陳大章,「河南鄧縣發現北朝七色彩繪畫像磚墓」,『文物參考資料』1958年 第6期.

陳明達,「北朝晚期的重要石窟藝術」,『中國美術全集: 雕塑編 13』, 文物出版社, 1989年版.

陳永淸·張浩林,「邳州東漢紀年墓中出土鎏金銅佛造像考略」,『東南文化』2000年 第3期.

陳寅恪,「南北社會的差異與學術的溝通」,『魏晉南北朝史講演錄』, 黃山書社, 1987年版.

淺井和春,「敦煌石窟學術調査(第一次)報告書」, 東京藝術大學美術學部, 1985年版.

秋山光和,「玉蟲櫥子·橘夫人櫥子の繪畫」,『法隆寺玉蟲櫥子と橘夫人櫥子』, 巖波書店, 1975年版.

阪元義種,「倭國王の國際的地位—五世紀の南朝を中心として」,『古代東アジアの日本と朝鮮』, 吉川弘文館, 1978年版.

八木春生,「南北朝時代における陶俑」,『世界美術大全集: 東洋編 3』, 小學館, 1998年版.

八尋和泉,「日本二十六聖人記念館の銅造半跏思惟像について」,『半跏思惟像の研究』, 吉川弘文館, 1985年版.

坪井清足,「日記から—三角緣神獸鏡」,『朝日新聞』1982年 5月 22日 夕刊.

河北省文物研究所 等,「河北南宮後底閣遺址發掘簡報」,『文物』2012年 第1期.

賀世哲,「從供養人題記看莫高窟部分洞窟的營建年」,『敦煌莫高窟供養人題記』, 文物出版社, 1986年版.

賀世哲,「關於北朝石窟千佛圖像諸問題」,『敦煌研究』1989年 第3期.

賀雲翱,「中國南方早期佛教藝術初探」,『東南文化』1991年 第6期.

賀雲翱,「六朝都城佛寺和佛塔的初步研究」,『東南文化』2010年 第3期.

賀雲翱 等,「三至六世紀東西文化交流的見證: 南朝銅器的科技考古研究」,『南方文物』2013年 第1期.

夏長生,「中國全臂維納斯—定州發現一批東魏石造像」,『文物天地』1994年 第4期.

何志國,「四川樂山麻浩一號崖墓年代商榷」,『考古』1993年 第8期.

向達,「攝山佛教石刻補記」,『唐代長安與西域文明』, 三聯書店, 1957年版.

許輝,「六朝都城建康與"六朝文化"」,『東南文化』1998年 增刊2(六朝文化國際學術研討會暨中國魏晉南北朝史學會第六屆年會論文集).

湖北省文物考古研究所・鄂州市博物館,「湖北鄂州市塘角頭六朝墓」,『考古』1996年 第11期.

湖北省文物管理委員會,「武昌蓮溪寺東吳墓清理簡報」,『考古』1959年 第4期.

和辻哲郎,「推古天平美術の樣式」,『和辻哲郎全集 4』, 巖波書店, 1962年版.

黃文昆,「麥積山的歷史與石窟」,『文物』1989年 第3期.

黃文昆,「十六國的石窟寺與敦煌石窟藝術」,『文物』1992年 第5期.

黃文昆,「中國早期佛教美術考古泛議」,『敦煌研究』2015年 第1期.

「犍陀羅寺院構造與佛像雕刻特輯」,『講座美術史』23號, 碌人出版, 2004年版.

「朝鮮の佛教美術特集」,『佛教藝術』83號, 每日新聞社, 1972年版.

「重慶豐都槽房溝發現有明確紀年的東漢墓葬」,『中國文物報』2002年 7月 5日.

「韓國金銅佛特輯」,『大和文華』第76號, 大和文華館, 1986年版.

A. Soper, "South Chinese Influence on the Buddhist Art of the Sixth Dynasties Period", *Bulletin of Museum of Far East Antiquity 32*, 1960.

M. Taddei, "Harpocrates-Brahmā-Maitreya: A Tentative Interpretation of a Gandharan Relief from Swāt", *Dialoghi di Archeologia*, Anno Ⅲ, Numero 3, 1969.

J. Brough, "Amitābha and Avalokiteśvara in an inscribed Gandhāra Sculpture", *Indologica*

Taurinensia Vol.X, Torino, 1982.

J. C. Huntington, "Origin of the Buddha Image, Early Image, Traditions and the Concept of Buddha-darsanapunya", A. K. Narian(ed.), *Studies in Buddhist Art of South Asia*, New Delhi, 1985.

Junghee Lee, "From Siddhartha to Maitreya in Trance: A Study of the Iconography of Pensive", *Eternal Images of Sakyamuni*, Published by The Korea Foundation, 2008.

Kang Woobang, "Two Pensive Images: New Interpretation on the Best of Styles from Two Different Ages", *Eternal Images of Sakyamuni*, Published by The Korea Foundation, 2008.

S. L. Huntington, "Early Buddhist Art and the Theory of Aniconism", *Art Journal* Vol. 49, 1990.

저·역자 약력

지은이 페이융(費泳)
南京예술대학 교수, 박사생 지도교수. 중국 미술사 및 불교예술 연구에 줄곧 매진하고 있다. 중국사회과학기금 예술학프로젝트 심사위원 등을 역임하고 있다. 2019년에는 중국 교육부로부터 '장강학자 장려계획' 특별 전문교수로 선정되었다. 관련 저술로는 『중국 불교예술의 불의 양식 연구』, 『한당 불교조상 예술사』 등이 있고, 『돈황연구』, 『고궁박물원원간』 등 전문 학술지에 40여 편의 논문이 게재되어 있다.

옮긴이 중제(鐘潔)
산동사범대학 한국어학과를 졸업하고, 연변대학에서 석사학위를, 전북대학교 국어국문학과에서 국어학을 전공하여 박사학위를 취득했다. 2023~2024년 서울대학교 국어교육연구소 방문학자였고 현재 산동사범대학 한국어학과 교수로 재직하고 있으며 주로 한중 통번역, 한중 문화 연구에 종사하고 있다. 저서로는 『한·중 합성어 비교 연구』가 있고, 『대한민국 임시정부 주화 대표단 연구』, 『한중 문화협회와 한국 독립운동에 관한 새로운 고찰』, 『한국 독립운동 인물 연구』 등의 역서 및 다수의 논문이 있다. 2024년의 해외한국학 씨앗형 사업을 수행하고 있다.

박영록(朴英綠)
성균관대학교 중문학과를 졸업하고 동 대학원에서 한어사를 전공으로 석사와 박사 학위를 취득하였다. 현재 한국교통대학교 중국어학과 교수로 재직하고 있다. 불경, 선어록, 송대사료, 원대 백화비와 법전 등의 문헌을 두루 다루고 있으며, 『宋代榜文』, 『高麗史』 蒙元代 蒙文直譯體 漢語 公牘 硏究』 및 『中國佛敎文化論』(賴永海 著), 『三朝北盟會編』(宋 徐夢莘 撰), 『원대 공문의 몽어 직역문과 문언역 한어비교』(臺灣 洪金富 著) 등 다수의 논저와 역서가 있다.

김하종(金河鍾)
중국 산동대학에서 언어문자학 전공으로 박사학위를 취득했고, 초당대학교 한중정보문화학과 교수를 거쳐 현재 제주한라대학교 교수로 재직하고 있다. 『그림문자로 이해하는 541개 한자부수』, 『에로스와 한자』, 『이것이 글자다』, 『진시황의 사자 서복, 역사인가 전설인가!』, 『문화문자학』, 『문자학의 원류와 발전』 등 다수의 논저와 역서가 있고, 발표 논문은 「殷商金文詞彙硏究」, 「암각화 부호와 고문자 부호와의 상관성 연구 1, 2」, 「고문자에 반영된 용(龍)의 원형(原型) 고찰」, 「한국어 祖語의 한자 창제에 미친 영향 1, 2」 외 다수가 있다.

김세영(金世榮)
용인대학교 대학원 고고미술사학과에서 석사, 용인대학교 대학원 문화재보존학과(불교미술사)에서 박사학위를 취득했다. 송광사성보박물관 학예연구원과 국립중앙박물관 미술부 연구원을 거쳐 현재 용인대학교 박물관 학예연구사로 재직하고 있다. 용인대학교 강사와 불교미술사학회 편집위원을 겸하고 있으며, 논저로 「順天 松廣寺 佛祖殿 佛像과 浮休門中의 思想」(『미술자료』 92, 2017), 「朝鮮 後期 華嚴 佛事의 地域的 流行과 僧侶門中 交流: 송광사 화엄전 불사 중심으로」(『美術史學』 40, 2020) 등이 있다.

감수자 배재호(裵宰浩)
국립대만대학 예술사연구소 석사 과정을 수료하고, 홍익대학교 대학원에서 불교미술사 전공으로 석사·박사 학위를 취득하였다. 국립중앙박물관 미술부 학예연구사(1988~1996), 하버드대학교 한국학연구소 방문학자, 대통령실 정책자문위원(문화재), 문화유산청 문화재위원, 한국미술사학회 이사를 역임하였으며, 현재 용인대학교 문화유산학과 교수(1996~)로 재직하고 있다. 『한국의 불상: 통일신라 편』, 『한국의 불상: 고구려·백제·신라 편』, 『중국 불상의 세계』, 『당대불교조각』 등을 저술하였고, 『중국사원 문화기행』과 『중국석굴과 문화예술』을 번역하였다.